PAUL ROUAIX

Dictionnaire des idées suggérées par les mots

ARMAND COLIN

PRÉFACE

La grammaire enseigne les lois des formes et des juxtapositions de mots : rien n'enseigne les mots. *Les enfants sont d'une pauvreté de vocabulaire peu imaginable. Et pourtant, qu'ils ouvrent un livre, qu'on leur parle : ils comprennent beaucoup plus d'expressions qu'ils ne seraient capables d'en employer ; chez eux, la compréhension se fait à la simple lecture ou à l'audition des mots de la langue maternelle et cela, avec les nuances qui distinguent l'idée de ses analogues.*

Qu'il s'agisse d'écrire, tous ces mots échappent à leur mémoire et laissent au dépourvu l'écrivain inexpérimenté ; or cet embarras est de tous les âges. On a, selon l'expression vulgaire, « le mot sur le bout de la langue » ou de la plume, et ce mot ne se présente pas à l'esprit.

Où le chercher ? où le trouver ?

Les dictionnaires ordinaires sont là : le mot désiré y figure évidemment ; mais, pour le découvrir, il faut d'abord le connaître, et, si on le connaissait, point ne serait besoin de le chercher.

C'est que les dictionnaires actuels sont, à proprement parler, des dictionnaires de « version » : ils traduisent *les mots par des mots.*

*Notre dictionnaire est un dictionnaire de « thème » — d'un thème dont le texte serait presque l'idée elle-même. Aux mots représentant l'*idée simple, *sous sa désignation la plus simple, se juxtaposent, en un ordre raisonné, les mots qui traduisent cette* idée *dans ses éléments, ses espèces, ses nuances — être, qualité, action —, groupement fécond en synonymes, équivalents, associations d'idées, etc. Ce n'est donc point un choix de mots usuels, c'est* la langue française tout entière qui figure ici. *Nous donnons le mot qu'on ignore comme celui qu'on a oublié.*

Et ces mots éveillent les idées, remédiant ainsi à la difficulté plus grande d'aller de l'idée au mot que du mot à l'idée.

Les programmes de l'Enseignement classique ou moderne, secondaire ou primaire, imposent des textes à modifier, des vers à compléter. *L'élève ne sait où trouver les éléments d'un travail vraiment utile. Notre dictionnaire lui en fournit les moyens. Il présente en outre cet avantage qu'il fait passer en revue au lecteur les mots du groupe tout entier.*

Dans la composition française et les exercices de style, les défauts les plus fréquents sont les répétitions de mots, l'impropriété. Les premières tiennent précisément à la pauvreté du vocabulaire de l'élève. Il emploie le même mot parce qu'il n'en possède point d'autre ou du moins n'en a point d'autre qui soit présent à son esprit. L'impropriété vient de ce que choisir le terme propre suppose la connaissance de la série des mots analogues : la mémoire les lui refuse, notre livre les lui apporte.

Oserons-nous dire que nous ne concevons pas une étude du français vraiment profitable sans un dictionnaire du genre de celui que nous offrons au public.

Paul ROUAIX.

DICTIONNAIRE DES IDÉES

suggérées par les mots.

A

abaisse
V. *pâtisserie*
abaisser
V. *bas, baisser*
abajoue V. *face*
abandonner
V. *quitter, donner* et *vide*
abaque
V. *colonne*
abasourdir
V. *bruit*
abâtardir
V. *pire*
abattement
V. *inaction*
abattoir
V. *boucherie*
abattre V. *bas*
abbaye
V. *monastère*

abbé
abbesse
abbaye
abbatial
V. *clergé*

Abbeville
abbevillois

abcès
tumeur
cancer
clou
anthrax
apostème
apostume
bubon
bube
furoncle
empyème
flegmon
fongus
fongosité
hématocèle
lipôme
panaris
mal blanc
mal d'aventure
pustule
bourbillon
abcéder
apostumer
naître
se former
se gonfler
mûrir
aboutir
s'épancher
se percer
s'ouvrir
se vider
se fermer
V. *maladie*

Abdère
abdéritain

abdiquer
V. *quitter*
abdomen
V. *ventre*

abeille
mouche à miel
apiaire
abeille ouvrière
essaim
reine
rucher
ruche
aiguillon
dard
miel
cire
gâteau
rayon
alvéole
propolis
apiculture
apiculteur
essaimage

bourdonner
voltiger
piquer
butiner
essaimer
rucher

Hybla
Hymette
Aristée

aberration
V. *erreur*
abêtir V. *bête*
abhorrer
V. *haine*
abîme V. *creux*
abîmer V. *pire*
abject V. *mépris*
abjurer V. *quitter*
ablégat
V. *ambassade*
ablette
V. *animal*
ableret V. *pêche*
ablution V. *laver*
abnégation
V. *bonté*
abolir V. *défaire*
abominable
V. *mal*
abondance
V. *beaucoup* et *quantité*
abonner
V. *journal*
abord V. *accueil*
aborder V. *rencontre* et *navire*
aborigène
V. *patrie*
aborner V. *borne*
abouchement
V. *visite*
abouter
V. *charpente*
aboutir
V. *résultat*
aboyer V. *chien*
abrégé V. *peu*
abreuver
V. *boire*

abri
refuge
retraite
lieu sûr
asile
garage
cachette
repaire
tanière
terrier
trou
gîte
bauge
clapier
rabouillère
renardière
fourmilière
guêpier
remise
remisée
reposée
ressui
taupinière
antre
caverne
grotte
protection
défense
rempart
casemate
abri-vent
parapet
garde-fou
paratonnerre
auvent
banne
marquise
abat-vent
dais
pavillon
parapluie
parasol
ombrelle
paravent
écran
pare-étincelle
garde-feu
moustiquaire
recel
recèlement

abrité
couvert
protégé
garanti
assuré
sûr
inviolable

abriter
couvrir
protéger
garantir
assurer
garer
défendre
masquer

recéler
retrancher
servir d'abri
être à l'abri
se mettre à
se tenir à
trouver un
chercher asile
demander asile
se garer
se garantir
se couvrir
se mettre hors des atteintes
se réfugier
se clapir
se motter
se terrer
se blottir
se tapir
se dérober
se barricader
se retrancher
V. *toit*

abricotier
V. *plante*

abroger V. *loi*

abrupt V. *penché*

abruti V. *bête*

abscission
V. *ôter*

absent
manquant
parti
enfui
échappé
en allé
déménagé
décampé
invisible
disparu
évanoui
évaporé
envolé
semestrier
éclipsé
défaillant
contumace
escamoté
en voyage
en course

absence
manque
défaut
disparition
fugue
escapade
congé
alibi
déficit
éclipse

s'absenter
faire une absence
faire défaut
manquer
manquer à l'appel
ne pas être là
faire faute
partir
s'enfuir
s'en aller
déménager
décamper
s'éclipser V. *quitter*
signaler l'absence
remarquer l'absence
trouver porte close
trouver visage de bois

abside V. *église*

absinthe
V. *plante*

absolu
V. *métaphysique*, *commander*, *chef*

absolutisme
V. *chef*

absorber V. *manger*, *attention*

absoudre
acquitter
innocenter
renvoyer absous
remettre
pardonner
renvoyer des fins de la plainte
relâcher
relaxer
décharger
lever
libérer
réhabiliter

absolution
acquittement
remise
pardon
absoute
renvoi
relaxation
décharge
libération
réhabilitation
non-lieu
pénitence
absolutoire

abstème V. *boire*

abstenir (s')
V. *non* et *inaction*

absterger
V. *laver*, *arroser*

abstinence
V. *faim*

abstrait
abstractif
abstraire
abstraction
abstraitement
abstractivement
V. *idée*

abstrus
V. *difficile*

absurdité
sottise
non-sens
ânerie
naïveté
bêtise
balourdise
déraison
extravagance
insanité
incohérence
divagation
illogisme
ineptie
logomachie
amphigouri
niaiserie
bourde
absence
distraction
étourderie
inconséquence
énormité
antilogie
antinomie
pantalonnade
pasquinade

absurde
bête
sot
balourd
déraisonnable
extravagant
stupide
niais
incohérent
saugrenu
inepte
logomachique
amphigourique
illogique
irrationnel
naïf
inconséquent
lourdaud
gauche
âne
serin
dinde
oie
nul
imbécile
idiot
benêt
brute

nigauder
lantiponner
niaiser
faire la bête
n'avoir pas le sens commun
n'avoir pas l'ombre du bon sens
déraisonner
extravaguer
battre la breloque
battre la campagne
divaguer V. *bête*, *bêtise*

abus
V. *crime* et *trop*

abuser
V. *tromper*

Abyssinie
abyssin
abyssinien
choan
négus
ras

acabit
V. *manière d'être*

acacia V. *plantes*

Académie
institut
corps académique
les quarante
fauteuil académique
palmes vertes
séance académique
académicien
immortel
candidat
parrain
récipiendaire
candidature
admission

réception
suffrage
se présenter [ture
poser sa candida-
prendre séance
académiquement
acajou V. *plantes*
acanthe
V. *plantes*
acariâtre
V. *caractère*
acarus V. *animal*
acaule V. *tige*
accabler
V. *poids* et *travail*
accalmie
V. *tranquille*
accaparer
V. *acheter*
accéder
V. *chemin* et *approbation*
accélérer
V. *mouvement*
accent
accent aigu
accent grave
accent circonflexe
cédille
coronis
esprit
rude
doux
point
apostrophe
astérisque
renvoi
accentuer
accentuation
acceptable
V. *approbation*
accepter V. *recevoir*, *approbation*
accepteur
V. *dette*
acception
V. *signe*, *signifier*
accès V. *maladie*
accessible
V. *arriver*, *accueil*
accession
V. *approbation*
accessit
V. *récompense*
accident
V. *événement*
accidenté
V. *irrégulier*
accise V. *impôt*

acclamation
V. *louange*
acclimatation
V. *habitude*
accointance
V. *aimer*
accolade V. *accueil*, *écriture*
accoler V. *accueil*, *association*
accommoder
V. *cuisine*
accommodant
V. *bon*
accompagnement V. *musique*
accompagner
suivre
escorter
faire cortège
faire conduite
conduire
reconduire
ramener
s'attacher à [pas
marcher sur les
emboîter le pas
être compagnon
de route
faire route avec
aller de conserve
aller de concert
marcher ensemble
être de la suite de

compagnon
compagne
camarade de route
acolyte
satellite
suivant
suivante
cavalier [gnie
dame de compa-
dame d'honneur
fille d'honneur
demoiselle d'hon-
duègne [neur
chaperon
inséparable
suite
escorte
cortège
équipage
train
convoi
file
compagnie

Achate
accessoire
accessoirement
accompli V. *bien*
accomplir
V. *faire*
accord V. *union*, *harmonie*
accordailles
V. *mariage*
accordéon
V. *instrument*
accorder
V. *donner*, *permettre*, *instrument*
accordeur
V. *musicien*
accordoir
V. *instrument*
accore
V. *charpente*
accort V. *accueil*
accoster
V. *rencontre*
accoter V. *appui*
accoucher
mettre au monde
mettre bas
donner le jour
faire ses couches

accouchement
parturition
enfantement
gestation
grossesse
gésine
état intéressant
relevailles
grosse
enceinte
puerpéral
accoucheur
sage-femme

obstétrique
accoupler
V. *assembler*
accourcir
V. *petit*
accoutrement
V. *vêtement*
accoutumé
V. *habitude*
accrocher
V. *pendre*
accroître (s')
V. *plus*
accroupi
V. *attitude*

accueil
abord
réception
hospitalité
table ouverte
maison du bon
Dieu
gracieuseté
affabilité
amabilité
accortise
aménité
bonhomie
embrassement
embrassade
accolade
baiser
salut
refrognement
renfrognement
rebuffade
acrimonie
grise mine
accueillant
accessible
accostable
avenant
de bonne compo
sition
hospitalier
aimable
accort
affable
rébarbatif
inhospitalier
inabordable
inaccostable
acrimonieux
maussade
désagréable
refrogné
renfrogné
ours

affablement
aimablement

accueillir
recevoir
faire bon visage
faire bon accueil
recevoir à bras
ouverts
embrasser
accoler
serrer la main
baiser
saluer
mal recevoir
faire la tête

faire le nez
faire la mine
recevoir comme un chien dans un jeu de quilles

acculer V. *difficulté* et *pousser*

accumuler V. *beaucoup*

accuser
inculper
incriminer
dénoncer
imputer
attribuer
reprocher
dire son fait
attaquer
s'en prendre à
mettre en cause
actionner
assigner
appeler en justice
citer en justice
déférer
requérir contre
se porter accusateur
former une acc.
formuler une acc.
dresser une acc.
articuler une acc.
porter une acc.
soulever une acc.
intenter une action
mettre en acc.
mettre sur la sellette.
mettre au pilori
mettre à l'index
clouer au pilori
taxer de
traiter de
noter d'infamie
dénoncer au mépris, etc.

charger [dre
dire pis que pendre
noircir
médire
calomnier
diffamer
vilipender
déblatérer
éreinter
dénigrer
brocarder
détracter
mettre sur le compte
mettre sur le dos
arguer de [de
rendre responsable de
faire un crime de
se livrer à des acc.
faire le bouc émissaire
prêter l'oreille à
donner prise à
prêter le flanc à
être à l'abri de
être en butte à
se laver de
rétorquer
réfuter

accusation
acte d'accusation
réquisitoire
vindicte publique
chef d'acc.
grief d'acc
point d'acc.
inculpation
incrimination
attaque
insinuation
coup de langue
coup de patte
calomnie
diffamation
diatribe
déblatération
dénigrement
détraction
éreintement
médisance
dénonciation
délation
haro
anathème
critique
brocard
imputation

accusateur
procureur
substitut
calomniateur
médisant
diffamateur
diffamatoire
délateur
dénonciateur
détracteur
accusé
coaccusé
inculpé
intimé
prévenu
accusable
préventif

fondé
mal fondé
calomnieux
imputable
calomnieusement
V. *juge* et *tribunal*

acéphale V. *tête*

acerbe
V. *goût*, *dur*

acéré V. *acier*, *dur*

acescence
V. *acide*

Achaïe
achéen

achalander
V. *commerce*

acharné
V. *volonté*

achat
acquisition
emplette
marché
comptant
terme
tempérament
abonnement
prix fixe
accaparement
enchère
surenchère
folle enchère
acquêt
acheteur
acquéreur
preneur
chaland
client
pratique
cessionnaire
adjudicataire
enchérisseur
accapareur
command
clientèle
chalandise
achalandage
V. *commerce*

ache V. *plante*

acheminer (s')
V. *marcher*

acheter
acquérir [rour
se rendre acquéreur
faire emplette
accaparer
monopoliser
centraliser
rafler
faire les frais
faire la dépense
faire l'achat
faire l'acquisition
se livrer à des achats
se payer [achats
racheter
enlever
mettre une enchère
pousser [chère
enchérir
surenchérir
marchander
liarder

cher
les yeux de la tête
bon marché
avantageux
coûteux
à haut prix
à bas prix
au comptant
à deniers comptants
à crédit [tants
en gros
en détail
au détail
à réméré
en adjudication
à l'encan
aux enchères
V. aussi *payer* et *vente*

achever V. *finir*

achopper
V. *frapper*

achromatique
V. *couleur*

acide
piquant
mordant
aigre
âcre
acerbe
sur
acidulé
aigret
aigrelet
suret
aigre-doux
vinaigré
acéteux
acétique

acidifiable
fermentescible
acescent
éventé
mordre
piquer
tourner
fermenter
aigrir
acidifier
aciduler
chancir
surir
avoir une pointe
moisir

acidité
âcreté
aigreur
acescence
aigrissement
moisissure
fermentation
ferment
chancissure
crudité
verdeur
acidification

acier
aciérie
aciérer
acérer
aciérage
aciération
acérain

acné V. *maladie*

acolyte V. *accompagner*

acompte V. *payer*

aconit V. *plante*

acoquiner V. *habitude*

acotylédone V. *botanique*

à-coup V. *vite*

acoustique
son
vibration
production
propagation
transmission
ondes sonores
intensité
hauteur
sirène
timbre
intervalles
gamme
note
diapason
sonomètre
échomètre
échométrie
phonomètre
microphone
phonographe
nœud
ligne nodale
nœud fixe
ventre
ventre fixe
verge
corde
plaque
tuyau
bouche
pied
lumière
anche
anche battante
anche libre
V. *bruit*

acquérir V. *prendre et acheter*

acquiescer V. *approbation*

acquitter V. *payer* et *absoudre*

acre V. *surface*

âcre V. *acide*

acrimonie V. *caractère* et *accueil*

acrobate V. *gymnastique*

acropole V. *haut*

acrostiche V. *vers*

acrotère V. *architecture*

acteur V. *comédien*

action
acte
activité
énergie
ardeur
enthousiasme
emportement
zèle
souplesse
agilité
pétulance
diable au corps
foucade
coup de tête
pratique
occupation
travail
mouvement
besogne
ouvrage
œuvre
tâche
fonction
devoir
obligation
conduite
manière d'agir
exploit
fait
gestes
initiative
manœuvre
machination
intrigues
opération
agissement
manigance
intervention
pas
démarche
industrie
affaires
entreprise
exploitation
fabrication
métier
profession

agent
acteur
auteur
promoteur
majordome
factotum
fauteur
opérateur
coopérateur
collaborateur
complice

agir
faire
se mettre à l'œuvre
se donner du mal
manœuvrer
machiner
manigancer
faire acte de
se livrer à des actes
se laisser aller à des actes
dépenser son activité
montrer de l'activité
avoir le diable au corps
se donner du mouvement
se remuer
s'agiter
se démener
faire feu des quatre pieds
faire flèche de tout bois
n'épargner rien
ne pas se ménager
déployer son activité
se multiplier
procéder à
collaborer
coopérer
participer à
mettre la main à
s'employer à
exécuter
réaliser
opérer
accomplir
achever

actif
agissant
remuant
entreprenant
vif
zélé
empressé
affairé
déluré
délié
souple
svelte
dégourdi
sémillant
ingambe
preste
leste
fringant
pétulant
endiablé
actionné
infatigable
de fer
toujours en l'air
mouche de coche
vif comme la poudre

actuel V. *date*

acuité V. *pointe*

acuponcture V. *chirurgie*

acutangle
V. *angle*
adage V. *proverbe*
adagio
V. *musique*
adaptation
V. *convenir*
addition V. *arith-*
métique et *plus*
adducteur
V. *muscle*
ademption
V. *héritage*
adepte
V. *disciple*
adéquat V. *égal*
adhérence
V. *assembler*
adhérent V. *dis-*
ciple, *approbation*
adhérer
V. *association* et
approuver.
adiante V. *plante*
adieu V. *quitter*
adjacent V. *près*
adjudication
V. *vente*
adjurer
V. *demander*
admettre
V. *approbation*

administra-
tion
bureaucratie
bureaux
gestion
gérance
intendance
conduite
direction
queue de la poêle
rouages

administratif
bureaucratique
directorial

administrative-
ment [de
sous la direction

administrer
régir
gérer
diriger
mener
gouverner
prendre en mains
être à la tête de
entrer dans l'ad-
ministration
confier l'adminis-
tration
V. aussi *employé*
et *comptabilité*

admiration
contemplation
extase
fascination
estime
grand cas
prix
éblouissement
saisissement
émerveillement
ravissement
enthousiasme
engouement
transports de

admirable
merveilleux
mirifique
fascinateur
extraordinaire
remarquable
considérable
surprenant
étonnant
ravissant
éblouissant
merveille

admirer
apprécier
priser
faire cas de
goûter
estimer
être ébloui
— émerveillé
— étonné
être frappé de
être ravi
rester en extase
s'extasier
n'en pas croire ses
yeux
s'enthousiasmer
se pâmer
être dans le ravis-
sement
se récrier de
être saisi de
ne pas revenir
être grand admi-
rateur [ration
être plein d'admi-
être fanatique de
être idolâtre de
être entiché de
être engoué de
être enthousiaste
de [mé de
être enthousias-
être transporté
d'admiration
pour
mettre aux nues
mettre au pinacle
regarder bouche
bée
être à genoux de-
vant
être en adoration
devant
être fasciné par
tomber en admi-
ration
n'avoir d'yeux
que pour
être l'objet de
l'admiration
exciter des trans-
ports d'admira-
tion [miration
faire naître l'ad-
imposer l'admira-
tion
frapper d'admira-
fasciner [tion
émerveiller
éblouir
ravir
surprendre
saisir
étonner [miration
transporter d'ad-
admiratif
admirateur
fanatique
enthousiaste
appréciateur
dilettante [fonde
admiration pro-

admirablement
V. *beau*
admissible
V. *approbation*
admission
V. *entrée*
admonester
V. *conseil*
admonition
V. *conseil*
adné V. *plante*

adolescence
V. *enfant* et *jeune*
adoniser
V. *toilette*
adopter
V. *père* et *opinion*

adorateur
dévot
fidèle

adorer
honorer
rendre un culte
rendre adoration
tomber en adora-
tion [doration
s'abîmer dans l'a-
se plonger dans
l'adoration
s'agenouiller

adoration
culte
dévotion
adoration perpé-
ardeur [tuelle
ferveur
piété
recueillement
extase

adorable

adorablement
V. *religion*
ados
V. *penché*, *haut*
adosser V. *appui*
adouber V. *jeu*
adoucir V. *doux*
adragant V. *colle*
adresse V. *lettre*,
adroit et *maison*

adroit
habile
capable
expert
agile
dégourdi
leste
preste
souple
svelte
fort
exercé
délié
dégagé
rompu
entendu
expérimenté

adresse
habileté
dextérité
agilité
prestesse
souplesse
pratique
art
artifice
tour
procédé
moyen
truc
recette
stratagème

montrer son adresse
faire preuve d'adresse
user d'adresse
jouer d'adresse
exercer son adresse
avoir de l'adresse
acquérir de l'adresse
être passé maître
en remontrer
s'y entendre
être ferré
être de première force [main
avoir le tour de

adroitement
expertement
agilement
lestement
prestement
habilement

adresse d'esprit V. *habileté*

adresser V. *envoyer*

adulation V. *flatterie*

adulte V. *âge*

adultère V. *mariage*

adultération V. *mal*

aduste V. *feu*

advenir V. *événement*

adventice V. *plante, idée*

adverbe V. *mot*

adversaire V. *opposé*

adversité V. *malheur*

adynamie V. *maladie*

aérer V. *air*

aérien V. *air*

aériforme V. *air*

aérolithe V. *pierre*

aéromancie V. *air*

aérométrie V. *physique*

aéronaute V. *ballon*

aéroplane V. *Addenda*

aérostat V. *ballon*

affable

accessible
abordable
accostable
accueillant
doux
bon
affectueux
familier
avenant
simple
amical
fraternel
paternel
paterne
sociable
liant
traitable

affabilité
aménité
bonnes grâces
douceur
simplicité
amitié
sociabilité

accueillir
recevoir
faire bon accueil
faire bon visage
avoir de bonnes paroles

affablement
amicalement
doucement
affectueusement
fraternellement
paternellement
V. *accueil*

affabulation V. *sujet*

affadir V. *doux*

affaiblir V. *faible*

affairé V. *action*

affaires V. *finances, commerce*

affaissement V. *tomber, attitude* et *inaction*

affaiter V. *fauconnerie*

affaler V. *attitude*

affamer V. *faim*

affectation V. *subtil* et *hypocrisie*

affection V. *aimer*

afférent V. *avoir*

affermer V. *locataire*

affermir V. *immobile*

afféterie V. *subtil* et *hypocrisie*

affiche

placard
pancarte
annonce
réclame
publicité
proclamation
profession de foi
manifeste
prospectus
programme
afficheur
ambulant
sandwich
distributeur
colleur
annoncier
affichage

afficher
placarder
annoncer
publier
proclamer
coller des affiches
lancer un prospectus [ches
arracher des affi-
lacérer
par voie d'affiches

affidé V. *associé*

affiler V. *aiguiser*

affiliation V. *assemblée*

affiner V. *mieux* et *métal*

affinité V. *attirer*

affiquet V. *bijou*

affirmer

dire
assurer
attester
prétendre
soutenir
mettre en fait que
maintenir
avancer
alléguer
proclamer
publier
déclarer
jurer
articuler
certifier
confirmer
garantir
insister
protester [bonnet
prendre sous son
se prononcer
pour l'affirmative
être
tenir [neur
affirmer sur l'hon-
affirmer sous la foi du serment
affirmation
affirmative
assurance
protestation
dire
thèse
allégation
déclaration
articulation
assertion
version
attestation
certificat
confirmation

affirmatif
catégorique
certain
positif
tranchant
dogmatique

affirmativement
catégoriquement
positivement
dogmatiquement

ex cathedra
ex professo
mordicus
affleurer V. *bord* et *haut*
afflictif V. *punir*
affliction V. *chagrin*
affluence V. *beaucoup*
affluent V. *rivière*
afflux V. *beaucoup*
affolé V. *folie*
affouage V. *forêt*
affouillement V. *trou, user*
affourche V. *navire*
affranchir V. *poste* et *libre*
affre V. *mort*
affréter V. *navire*
affreux V. *laid, triste*
affriander V. *appétit* et *attirer*
affrioler V. *attirer*
affronter V. *courage*
affublement V. *vêtement*
affût V. *canon*
affûter V. *aiguiser*
Afghanistan
afghan
Afrique
africain
aga V. *chef*
agacer V. *colère*
agacerie V. *caresse*
agame V. *plante*
agami V. *animal*
agape V. *repas*
agapète V. *monastère*
agaric V. *plante*
agate V. *substance* et *joaillerie*
âge
années
vie
ans accomplis
ans sonnés
âgé de
à l'âge de
en âge de

trentaine
quarantaine
cinquantaine
soixantaine

avoir tel âge
avoir ... ans accomplis
compter ... ans
être dans sa ... année [ans
aller sur ses ...
arriver à ... âge
atteindre
passer l'âge de ...
être d'âge à ...
être en âge de ...
porter son âge
paraître son âge
accuser son âge
on ne lui donnerait pas son âge
friser ... âge

âgé
vétéran
vieux
ancien
doyen
doyenne
adulte
mûr
aîné
cadet
cadette
puîné
quadragénaire
quinquagénaire
sexagénaire
septuagénaire
octogénaire
nonagénaire
centenaire

décanat
primogéniture
aînesse
droit d'ancienneté
bénéfice de l'âge
dispense d'âge
V. *enfant, vieillesse, maturité, année*

Agen
agénais
agence
V. *boutique*
agencement V. *arrangement*
agenda V. *livre* et *cahier*
agenouiller V. *genou*
agent
employé
commis
secrétaire
délégué
mandataire
fondé de pouvoir
intendant
gérant
régisseur
homme de confiance
factotum
cheville ouvrière
bras droit
entremetteur
intermédiaire
négociateur
homme de paille
prête-nom
séide
suppôt
agglomération V. *assemblée*
agglutiner V. *colle*
aggrave V. *excommunier*
aggraver V. *plus*
agile V. *action*
agiotage V. *finance*
agir V. *action*
agitateur V. *sédition*
agiter
secouer
ébranler
remuer
brouiller
bousculer
cahoter
ballotter
troubler
balancer
bouleverser
fouetter
battre
secouer comme un prunier

agitation
secousse
ébranlement
bousculade
trouble
bouleversement
perturbation
cahot
ballottement
balancement
saccade
mayonnaise
V. *mouvement*
agnat V. *famille*
agneau V. *mouton* et *caractère*
agonie V. *mort*
agouti V. *animal*
agrafe V. *fermer* et *bijou*
agraire V. *sédition*
agrandir V. *plus*
agréable
attrayant
attractif
gracieux
charmant
délicieux
délectable
enchanteur
enivrant
adorable
régalant
affriolant
ragoûtant
bon
commode
confortable
séduisant
captivant
entraînant
intéressant
coquet
piquant
aimable
sympathique
avenant
plaisant
engageant
riant

agrément
attrait
attraction
amabilité
aménité
art de plaire
délice
régal
bien-être

plaisir
satisfaction
confort
séduction
appas
charme
ensorcellement
entraînement
enchantement
fascination
agacerie
intérêt
grâce

plaire
agréer
contenter
délecter
flatter
complaire
conquérir
faire la conquête
séduire [de
intéresser
attacher
enivrer
enthousiasmer
entraîner
ravir
fasciner
réjouir
rire
sourire
revenir
convenir
aller (cela me va)
faire l'affaire
satisfaire
causer de la satis-
charmer [faction
ensorceler
enchanter
se concilier
gagner
s'ouvrir
goûter
éprouver de la satisfaction

agréer
V. *recevoir*

agrégat
V. *ensemble*

agrégation
V. *université*

agrément
V. *agréable*

agrès V. *navire*

agression
V. *attaque*

agreste
V. *campagne*

agriculture
agronomie
travaux agricoles
culture [cole
exploitation agri-
concours agricole
mérite agricole
aménagement
irrigation
drainage
desséchement
défrichement
assolement
dessolement
jachère
terrain
terre
terreau
paillis
sol
humus
terre végétale
terre arable
prairie artificielle
novale
amendement
engrais
guano
poudrette
fumier
fumure
fumage
chaulage
colmatage
falunage
marnage
binage
semailles
ensemencement
semis
semence
graine
labour
labourage
quartage
sarclage
dépiquage
récolte
moisson
battage
céréales
légumes
fourrage
pâturage
champ
pré
prairie
sillon
rigole
drain
agriculteur
cultivateur
laboureur
agronome
paysan
fellah
moujik
fermier (V.)
semeur
planteur
moissonneur

exploiter
défricher
jachérer
assoler
dessoler
cultiver
fumer
marner
chauler
amender
colmater
faluner
labourer
herser
houer
ensemencer
semer
sarcler
battre
dépiquer
sarcler
faucher
moissonner
récolter
rentrer

machine agricole
locomobile
batteuse
machine à battre
tarare
buttoir
émottoir
brise-mottes
faneuse
moissonneuse
charrue
régénérateur
faucheuse
ébarbeuse
faucille
faux
fléau
rouleau
semoir
bêche
herse
limon
châssis
peigne
houe
écobue
pioche
pelle
pie montoise
binette
serfouette
fenil
agronomique
agricole V. *charrue*, *labourer*, *ferme*

agriculture
(élevage) V. *bestiaux*

Agrigente
agrigentin

aguerri
V. *habitude*

aguets V. *piège*

ahaner
V. *fatigue*

aheurter
V. *volonté*

ahuri V. *étonner*

aider
seconder
venir à l'aide
venir en aide
prêter aide
porter aide
porter secours
voler au secours
secourir [cousse
venir à la res-
prêter son concours
prêter main forte
renforcer
prêter assistance
assister
appuyer
soutenir
faciliter
se prêter à [gne
mâcher la beso-
se faire l'auxiliai-
concourir [re
subvenir
souffler
tendre la perche
se mettre en quatre

pousser à la roue
participer
contribuer
coopérer
collaborer
soulager
s'entraider

aide
assistance
secours
concours
participation
contribution
protection
soulagement
facilités
appui
coopération
collaboration
coup de main
coup d'épaule
renfort

aide
sous-aide
adjudant
adjuteur
coadjuteur
auxiliaire
subsidiaire
coopérateur
collaborateur
obligeant
serviable
secourable
bon
adjuvant
avoir pour aide
trouver une aide
appeler à l'aide
appeler au secours
implorer l'aide
réclamer
avoir recours à

aïeul V. *famille*

aigle
roi des airs
aiglon
aiglette
alérion
balbuzard
envergure
serre
aire
airer

aigre V. *acide*

aigrette
V. *plumet*

aigreur V. *colère* et *acide*

aigu
pointu
acéré
aiguisé
affilé
acuminé
épineux
pénétrant
pénétratif
térébrant
aculéiforme
subulé
acuité
aiguillon
pointe

aiguiser (V.)
affiler
épointer
émousser
V. *trou*

aiguade V. *eau*

aiguail V. *eau*

aigue-marine
V. *joaillerie*

aiguière
V. *récipient*

aiguillade
V. *fouet*

aiguillage
V. *station*

aiguille
passe-lacet
pointe
corps
tête
cannelure
œil
trou
chas
aiguillier
étui à aiguilles
aiguillée
enfiler
épointer
coudre
épointage
épointement
V. *coudre*

aiguillon
V. *pointe*

aiguillonner V. *piquer* et *conseil*

aiguiser
V. aussi *aigu*
affiler
repasser
passer à la meule
affûter
émoudre
rémoudre
émorfiler

aiguisement
repassage
affilage
affûtage
affilerie
aiguiserie
coutellerie
affiloir
pierre à aiguiser
queue
fusil
meule
roue
cuir à rasoir
rémouleur
gagne-petit
repasseur
aiguiseur
coutelier
morfil
tranchant
pointe

aiguillette
V. *fermer*

ail
alliacé
tête
gousse
aillade
ailloli

aile
aileron
élytre
plume

penne
remige
fouet
talonnières
pétase
caducée

ouvrir les ailes
déployer les ailes
s'envoler
prendre son essor
prendre sa volée
s'élever
planer
fendre l'air
replier les ailes
voler
voleter
voltiger
vol
volée
essor
coup d'aile
demi-vol
envergure
ailé
diptère
diplοptère
essorant
éployé
à tire d'aile V. *animal* et *insecte*

ailleurs
autre part
alibi
V. *absence*

aimable
V. *agréable*

aimant
pierre d'aimant
fer aimanté
électro-aimant
fer à cheval
pôles
portant
porte-poids
barre
contact
armure
armature

aimanter
attirer

aimantation
attraction
répulsion
magnétisme
magnétique

aimer
(les choses)
être amateur de
apprécier
goûter [pour
avoir un faible
avoir du goût
se plaire à [pour
s'amuser à [sir
trouver son plaisir
se complaire à
s'adonner à
se livrer à
se donner à
s'éprendre
s'enthousiasmer
adorer
être gourmand de
avoir le culte de

avoir la passion de
s'engouer de
raffoler de

amour
goût
penchant
pente
prédilection
préférence
vocation
passion
dilettantisme

amateur
appréciateur
passionné pour
dilettante
fanatique
enthousiaste
engoué
adorateur

aimer
(les personnes)
affectionner [tié
se prendre d'ami-
se lier
s'accointer [tion
avoir de l'affec-
nourrir de l'affection
éprouver de l'affection
ressentir de l'affection
s'attacher à
avoir de la sympathie
sympathiser
se prendre d'amitié pour
prendre pour ami
admettre dans son amitié
être bien avec
être au mieux
être intime [avec
être à tu et à toi
aimer comme un frère
nouer amitié
porter dans son cœur
adorer
s'enticher de
s'engouer de
se coiffer de
n'avoir d'yeux que pour
acquérir l'amitié
mériter l'amitié
inspirer de l'amitié [tié
se concilier l'ami-
gagner l'amitié
faire la conquête de
être dans les papiers de
dans les bonnes grâces
être en bons termes
cimenter l'amitié
renouer
perdre l'amitié
montrer de l'amitié
témoigner de l'amitié
faire preuve d'amitié

amitié
affection
dévouement
attachement
union
tendresse
intimité
confraternité
prédilection
préférence
nœuds
liens
accointance
privauté
familiarité
accord
camaraderie
sympathie
harmonie
brouille
réconciliation
froid
rupture
constance
fidélité

ami
camarade
condisciple
copain
compère et compagnon
intime
ami d'enfance
préféré
alter ego
autre soi-même
Benjamin
paire d'amis
grand ami
âme damnée
favori

chaud
fidèle
constant
éprouvé
sûr
étroite amitié
inséparable
affectueux
affectionné
aimant
chaleureux
cordial
fervent
ardent
dévoué
amical
bien-aimé
cher
chéri
préféré
tendre
affectif

amicalement
affectueusement
tendrement
intimement
chaudement
cordialement
ardemment
chèrement [ment
sympathique-
éperdument

aine
inguinal

aîné
aînesse
primogéniture

air
ciel
atmosphère
éther
espace
voûte étoilée
olympe
zénith
pôle
région céleste
plaines de l'air
couches de l'air
azur
empyrée [tes)
pourpris (céles-
firmament
immensité
météore
aérolithe
bolide
aérostat
aérobie
effluence
effluve
émanation
exhalaison
miasme
touffeur
bouffée
mofette
malaria
aération
ventilation
aéromancie
aérographie
aérologie
aérométrie
aérostation
aéroscope

aérien
céleste
atmosphérique
aéricole
aérifère
aériforme
pur
serein
miasmatique
effluent
aérer
ventiler
ventilateur
V. *voler*, *respirer*, *temps qu'il fait*, *vent*

airain V. *métal*
aire V. *surface* et *aigle*
airée V. *moisson*
airelle V. *plante*
airer V. *aigle*
ais V. *planche*
aisance V. *fortune* et *facile*
aise V. *joie*
aisément V. *facile*
aisselle V. *bras*

Aix
aixois
Ajaccio
ajaccien
ajonc V. *plante*
ajoupa V. *maison*

ajourner
V. *tard, date*
ajouter V. *plus*
ajuster V. *ensemble, joindre*
ajutage
V. *canalisation*
alambic
appareil distilla- [toire
chaudière
cucurbite
cornue
récipient
réfrigérant
serpentin
condenseur

distiller
rectifier
sublimer
volatiliser
distillateur
bouilleur de cru

distillerie
distillation
V. *distiller*
alambiqué
V. *subtil*
alanguir
V. *inaction*
alarme V. *crainte*
Albanie
albanais
albâtre
V. *substance*
albatros
V. *animal*
albergier
V. *plante*
Albi
albigeois
albinos V. *cheveu*
albugineux
V. *blanc*
album V. *cahier*
albumen V. *œuf*
albumine
V. *substance*
alcade V. *juge* et *magistrat*
alcali
ammoniac
ammoniacal
ammoniacé
ammoniaque
alcalinité
alcalescence
alcalisation
alcalin
alcalescent
alcaloïde
alcaliser
alchimie
grand art
science occulte
science hermétique
grand œuvre
transmutation
pierre philosophale
alchimiste
alchimique
alcarazas
V. *froid*
alcool
alcoolat
alcoolisme
alcoolique
alcooliser
alcoolisation
alcoomètre
alcyon V. *animal*
alderman
V. *magistrat*
aléatoire
V. *incertain*
Alençon
alençonnais
alène V. *outil*
alénois V. *cresson*
alentour
V. *autour*
alépine V. *étoffe*
alérion V. *blason*
alerte V. *crainte*
aléser V. *trou*
alevin V. *poisson*
Alexandrie
alexandrin
alexipharmaque V. *remède* et *poison*
alezan V. *cheval*
alèze V. *pli*
alfa V. *plante*
alfénide V. *métal*
alganon V. *bagne*
algarade
V. *colère*
algèbre
calcul algébrique
quantité algébrique
formule
expression
être affecté d'un signe
nombre positif
nombre négatif
coefficient
exposant
monôme
binôme
trinôme
polynôme
quantité rationnelle
quantité irrationnelle.
quantité entière
quantité fractionnaire.
degré
homogénéité
termes semblables
réduction
puissance
carré
cube
ordonner
polynôme complet
polynôme incomplet
équation
égalité
identité
membre
terme
facteur
inconnue
valeur
discussion
solution
résolution
altération
équation numérique
système d'équations
substitution
réduction
élimination
quantité négative
valeur absolue
inégalité
impossibilité
indétermination
incompatibilité
élever au carré
extraire la racine
quantité radicale
commensurable
incommensurable
nombre imaginaire
décomposition
maxima
minima
équation bicarrée
progression
raison
croissante
décroissante
logarithme
base
logarithme vulgaire
logarithme de Briggs
caractéristique négative
valeur approximative
approximation
binôme de Newton
en fonction de
algébrique
algébriquement
algébriste
Alger, Algérie
algérois
algérien
algide V. *froid*
alguazil V. *police*
algue V. *plante.*
alibi V. *absence*
alibiforain
V. *absurdité*
aliboron V. *âne*
alidade
V. *arpenteur*
aliéné V. *folie*
aliéner V. *vendre*
alignement
V. *ligne*
aliment
V. *nourriture*
alinéa V. *écrire*
aliquante
V. *mathématique*
aliquote
V. *mathématique*
alisier V. *plante*
aliter V. *lit*
alizé V. *vent*
alkékenge
V. *plante*
alkermès
V. *remède*
allaiter V. *lait*
allécher
V. *attirer*
allée V. *chemin* et *marcher*
allégation
V. *affirmer*
alléger V. *poids*
allégorie
emblème

symbole
image
métaphore
comparaison
personnification
signe
attribut
insignes
caractère
marque
indice
armoiries
blason
enseigne
symptôme
incarnation
prosopopée
parabole
allusion
fabliau
fable
apologue
mythe
légende
figure
fiction
iconographie
symbolique
mythologie
iconologie

allégorique
emblématique
symbolique
attributif
caractéristique
iconologique
métaphorique
parabolique
fabuleux
mythique
mythologique
figuré
figuratif
fictif
légendaire

allégoriser
symboliser
figurer
feindre
imaginer

allégoriseur
allégoriste
iconographe
mythologiste
mythologue

allégoriquement
emblématiquement
symboliquement
métaphoriquement
fabuleusement
figurativement

allègre
V. *mouvement*
allégresse
V. *joie*
Allemagne
allemand
germain
teuton

germanique
teutonique
germaniser
germanisation
germanisme
reichstag
landtag
landsturm
landwehr
allemande
V. *danse*
aller V. *marcher*
alleu V. *avoir*
alliacé V. *ail*
allier V. *guerre, association, filet*
alligator
V. *animal*
allitération
V. *répétition*
allocation
V. *donner*
allocution
V. *discours*
allodial
V. *féodalité*
allonge V. *table*
allonger
V. *grand*
allopathe
V. *médecin*
allouer V. *donner*
allumer
V. *feu* et *éclairage*
allumette
allumette chimique
bois
soufre
phosphore
allumette suédoise
— amorphe
— viennoise
allumette soufrée
— bougie
boîte d'allumettes
frotter
allumer
s'allumer
prendre
amadou
briquet (battre le)
allure V. *attitude, marcher*
allusion
V. *allégorie*
alluvion
V. *plus, eau*
almanach
V. *calendrier*
almée V. *danse*
aloès
V. *plante, remède*
aloi V. *métal*
alopécie
V. *cheveu*
alose V. *animal*
alouette
grisoller
alourdir V. *poids*
aloyau
V. *viande*
alpaca
V. *animal, étoffe*

Alpes
alpestre
alpique
alpin
cisalpin
transalpin
subalpin
alphabet
V. *lettres*
Alsace
alsacien
altercation
V. *colère*
altérer V. *boire, soif* et *changer*
alternative
V. *événement*
alterner
V. *changer*
altesse
V. *aristocratie*
althœa V. *plante*
altier V. *orgueil*
altitude V. *haut*
alto V. *violon*
altruisme
V. *bonté*
alucite V. *animal*
aluminium
V. *substance*
alun
alunière
alunation
alunage
aluner
alvéole V. *creux* et *dent*
alvin V. *ventre*
amabilité
V. *agréable*
amadouer
V. *caresse, attirer*
amadouvier
V. *plante*
amaigrir
V. *maigre* et *moins*
amalgame
V. *unir*
amandier
V. *plante*
amant V. *amour*
amarante
V. *plante*
amariner
V. *navire*
amarre V. *lien*
amarrer
V. *navire*
amaryllis
V. *plante*
amas V. *ensemble*
amasser
V. *assembler*
amassette
V. *peintre*
amateloter
V. *navire*
amateur
V. *aimer*
amatir V. *dépoli*
amaurose
V. *maladie, œil*
amazone
V. *femme, vêtement*
ambage V. *obscur*
ambassade
corps diplomatique
députation
légation
consulat
mission
mission diplomatique
chancellerie

nonciature
internonciature
lettres de créance
exequatur
lettres de rappel
message
mandat
instructions
pouvoirs
blue-book
diplomatie
ambassadeur
ambassadrice
diplomate
représentant
ministre
plénipotentiaire
nonce
internonce
légat
ablégat
chargé d'affaires
attaché
agent
consul
député
envoyé
émissaire
mandataire
exprès
estafette
courrier
messager
fondé de pouvoirs
parlementaire
héraut
persona grata

charger de
prendre pour
envoyer en
appeler à une
confier la mission
donner le mandat
commissionner
dépêcher
envoyer
déléguer
députer
accréditer
rappeler
représenter

par voie diplomatique

ambe V. *jeu*
ambesas V. *jeu*
ambiant
V. *autour*

ambidextre
V. *main*
ambigu
V. *obscur*, *cartes*
ambition
soif des honneurs
aspiration
prétention
souhait
convoitise
passion
visées
vues
espérances
désir
envie
idéal
but
ardeur
poursuite des honneurs
intrigue
manœuvre
manigance
cabale
pas
démarches
brigue
menées ambitieuses
ambitieux
prétendant
candidat
intrigant
aventurière
intrigante
dévoré par l'ambition
affamé de gloire
affamé d'honneurs
miné par l'ambition
agité par l'ambition
envieux
jaloux de
passionné pour
insatiable

ambitionner
brûler de l'ambition de
prétendre à
désirer
convoiter
envier
souhaiter
appeler de ses vœux
aspirer à
poursuivre
ne vouloir que
ne voir que
être affamé de
afficher la prétention de
soupirer après
briguer
intriguer
cabaler
former des cabales
tramer des intrigues
parvenir
arriver
se pousser
couronner l'ambition
assouvir
ambitieusement

amble V. *cheval*
amblyopie
V. *maladie*, *œil*

Amboise
amboisien
ambacien
ambon V. *église*
ambre
V. *substance*
ambrette
V. *plante*
ambroisie
V. *dieux*
ambulance
V. *hôpital*
ambulant
V. *changer*

âme
esprit
essence
principe
intelligence
volonté
entité
moi
spiritualité
liberté
émanation
hypostase
métempsycose
transmigration
philosophie
psychologie
spiritualisme
idéalisme
matérialisme
spirituel
immatériel
pur
rationnel
V. *intelligence*

améliorer
V. *mieux*
aménager
V. *disposer*
amende
V. *punition*
amender
V. *mieux*
amener
V. *conduire*
aménité
V. *caractère*
amentacée
V. *plante*
amenuiser
V. *petit*
amer V. *goût*
Amérique
américain
yankee
amers V. *signe*
ameublement
V. *meuble*
ameublir
V. *mariage*
ameuter
V. *sédition*
ami V. *aimer*
amiante V. *substance* et *feu*
amide
V. *substance*
amidon
amidonner
amidonnier
amidonnerie
amylacé
Amiens
amiénois
amincir V. *petit*
amiral V. *officier*
amitié V. *aimer*
ammoniaque
V. *substance*
ammonite V. *coquille*, *géologie*
amnistie
V. *pardonner*
amodier V. *ferme*
amoindrir
V. *moins*
amollir
V. *paresse* et *mou*
amonceler
V. *beaucoup*
amont V. *rivière*
amorce
V. *attirer* et *fusil*

amorphe
V. *allumette*
amortir
V. *payer* et *coup*
amour
passion
inclination
flamme
feu
sentiment tendre
flirt
penchant
galanterie
marivaudage
faveurs
privauté
tendresse
peine de cœur
transport
enivrement
idolâtrie
caprice
amourette
passade
jalousie
constance
fidélité
froideur
froid
infidélité
conquête
caresse (V.)

amant
amante
amoureux
bon ami
soupirant
objet
idole
godelureau
galant
don Juan
sigisbée
conquérant
galantin
muguet
séducteur
bourreau des cœurs
coqueluche
adonis
céladon

ardent
brûlant
tendre
féru
fou
aveugle
éperdu
transi
platonique
sentimental

aimer
en tenir pour
avoir du penchant
s'amouracher
s'énamourer
se coiffer
s'enticher
avoir un faible
s'assoter
s'éprendre
être épris
se passionner
idolâtrer
brûler
s'embraser
être féru
se déclarer
filer le parfait amour
roucouler
conter fleurette
flirter
marivauder
mugueter
courtiser
faire la cour
donner sa foi

amoureusement
ardemment
éperdument
follement
amour-propre
V. *orgueil*
amovible
V. *changer*
ampélidées
V. *plante*
amphibie
V. *animal*
amphibologie
V. *obscur*
amphictyon
V. *assemblée, juge*
amphigouri
V. *absurde*
amphithéâtre
V. *théâtre* et *forme*
amphitryon
V. *repas*
amphore
V. *récipient*
ample V. *grand*
ampliation
V. *double*
amplifier
V. *grand*
ampoule
V. *maladie*
amputation V. *couper*, *chirurgie*
Amsterdam
amstellodamois
amulette
V. *talisman*
amunitionner
V. *guerre*
amure V. *voile*
amusement
V. *plaisir*
amusette
V. *plaisir*
amygdale
V. *bouche*
amygdalite
V. *maladie*
amylacé
V. *amidon*
an V. *année*
anachronisme
V. *erreur*
anacoluthe
V. *rhétorique*
anagramme
V *lettres*
analectes
V. *livre*
analeptique
V. *remède*
analogie
V. *semblable*
analyse V. *détail*, *observation*
anamorphose
V. *forme*
ananas V. *plante*
anarchie
V. *désordre*
anastomose
V. *union*
anastrophe
V. *rhétorique*
anathème
V. *blâme*
anatomie
dissection
vivisection
amputation
ablation
préparation

opération chirurgicale
anatomiste
chirurgien
dissecteur
vivisecteur
préparateur
prosecteur
amphithéâtre
sujet
pièce anatomique
scalpel

anatomiser
disséquer
viviséquer
anatomique
chirurgical
anatomiquement
V. *squelette*
Ancenis
ancenien
ancêtres
V. *famille*
anche
V. *instruments*
anchois
V. *animal*
ancien V. *âge*
ancolie V. *plante*
Ancône
anconitain
ancre
ancre de touée
ancre de veille
grappin
jas
verge
vergue
aisselle
croisée
bras
branche
bec
dent
pointe
ancrage
mouillage

affourche
jeter l'ancre
ancrer
affourcher
être à l'ancre
mouiller
chasser sur l'ancre
étalinguer
désancrer
déraper
lever l'ancre
andain V. *moisson*
Andalousie
andalou

Andelys
andelisien
Andorre
andorran
andouille
V. *charcuterie*
andouiller
V. *cerf*
âne
bête de somme
bête asine
ânesse
ânon
grison
baudet
maître aliboron
bourrique
bourriquet
bourricot
roussin d'Arcadie
bât
ânée
clochette
ânier

chauvir
dresser l'oreille

braire
monter à âne
braiment
anéantissement V. *rien*
anecdote
V. *événement*
anémie
V. *maladie* et *sang*
anémomètre
V. *vent*
anémone
V. *plante*
anesthésie
V. *insensible*
aneth V. *plante*
anévrisme
V. *maladie*
anfractuosité
V. *irrégulier*
ange
bon ange
ange gardien
hiérarchie
chœur
séraphin
chérubin
trône
domination
vertu
puissance
principauté
prince
archange
ange déchu
ange du mal
ange des ténèbres

angélique
séraphique
archangélique
aile
angélique
V. *bonbon*
angélus V. *prière*
Angers
angevin
angine V. *maladie*
angle
ligne brisée
coin
encoignure
enfoncement
renfoncement
écoinçon
coude
recoin
pan coupé
biseau
chanfrein
brisis
carne
angle curviligne
— sphérique
— droit
— obtus
— aigu
— rentrant
— saillant
— adjacent
— supplémentaire
— complémentaire
— correspondant
— alterne-interne
— alterne-externe
— opposé par le sommet
— au centre
— d'incidence
— de réflexion
— de réfraction
triangle
delta
triangle isocèle
— scalène
— équilatéral
— isogone
triangle équiangle
— rectangle
— semblable
— inscrit
— circonscrit
— sous-contraire
— antiparallèle
trigone
quadrilatère
parallélogramme
carré
trapèze
trapézoïde
pentagone
hexagone
heptagone
octogone
ennéagone
décagone
dodécagone
polygone
dièdre
trièdre
tétraèdre
pentaèdre
hexaèdre
heptaèdre
octoèdre
decaèdre
dodécaèdre
polyèdre
complément
supplément
sinus
cosinus
côté
hypoténuse
base
arête
pointe
sommet
hauteur
médiane
bissectrice
diagonale
corde
arc
secteur
degré
rapporteur
équerre
goniomètre
graphomètre
géométrie
trigonométrie

angulaire
anguleux
coudé
adjacent
équiangle
acutangle
rectangle
rectangulaire
triangulaire
trigonométrique
orthogonal
polygonal (etc.)
triangulairement
angulairement
sous un angle
à angle droit
d'équerre

tracer
mener
figurer
adoucir
émousser
biseauter
chanfreiner
écorner
Angleterre
anglais
britannique
John Bull
Albion
anglicisme
anglomanie
anglomane
anglophobie
anglophobe
anglo-saxon
angoisse
V. *inquiet*
angon V. *arme*
angora V. *chat*
Angoulême
angoumois
anguillade
V. *coup*
anguille
V. *animal*
anhydre V. *eau*
anicroche
V. *obstacle*
aniline V. *substance* et *teinture*
animadversion V. *haine*
animal
être animé
être vivant
créature
pécore
bestiole
bête
bétail

bestiaux
brute
monstre
gibier
règne animal
animalité
faune
métis
espèce
mammifère
pachyderme
proboscidien
cétacé
oiseau
volatile
reptile
batracien
oisson
insecte
papillon
crustacé
coquillage
mollusque
molluscoïde
tunicier
bryozoaire
polype
coralliaire
zoophyte
animalcule
infusoire
sarcodaire
spongiaire
microbe

féroce, fauve
carnassier
carnivore
omnivore
frugivore
granivore
herbivore
ruminant
ichtyophage
insectivore
vorace
rongeur
bête de proie
sauvage
venimeux
domestique
apprivoisé
amphibie
amphibien
aquatique
ovipare
ovovivipare
à sang chaud, froid
acéphale

bimane
quadrumane
pédimane
solipède
bipède
dipode
quadrupède
décapode
myriapode
fissipède
palmipède
céphalopode
gastéropode
ptéropode
arthropodaire
tardigrade
plantigrade
digitigrade
tarsier
anoure
nyctalope
parasite
échinoderme
chéiroptère
diptère
coléoptère
hémiptère
hyménoptère
lépidoptère
névroptère
édenté
échidné
articulé
vertébré
invertébré
allantoïdien
anallantoïdien
ostéozoaire
protozoaire
entomozoaire
entozoaire
malacozoaire
rayonné
radiaire
acalèphe
annelé
tubellarié
ostracé
testacé
didelphe
marsupiaux
gallinacé
grimpeur
hirudiné
iguanien
lémurien
ophidien
planirostre
conirostre

tenuirostre
pleuronecte
arachnide
annélide
helminthe
cestoïde
rotateur
caméléonien
chélonien
conchylifère
saurien
sélacien

zoologie
histoire naturelle
élève, élevage
acclimatation
apprivoisement
apprivoiser
domestiquer
domestication
élever
acclimater
jardin d'acclimatation
jardin zoologique
ménagerie
dompteur
charmeur
psylle

physiologie
anatomie
classification
embranchement

abeille (Insecte)
able (Poisson)
ablette (P)
acanthoptérygiens (P)
acarus (I)
accipitre (Oiseau)
agace (O)
agami (O)
agneau
agouti
aï
aigle (O)
albatros (O)
alcyon (O)
alligator
alose (P)
alouette (O)
alpaca
altise (I)
alucite (I)
ammonite (C)
anaérobie
anatides (O)
anchois (P)

âne, ânesse, ânon
angora
anguille (P)
antilope
ara (O)
araignée (I)
argonaute (C)
argus (I)
arpenteuse (I)
artison (I)
ascaride (Ver)
aspic (Serpent)
astérie
asticot (V)
atèle
aurochs
autour (O)
autruche (O)
axolotl
siredon
babouin
bacille
bactérie
bactéridie
balatine (I)
baleine
bar (P)
barbeau (P)
barbillon (P)
barbue (P)
bardot
barnacle (O)
bartavelle (P)
basilic
baud
bécasse (O)
bécasseau (O)
bécassine (O)
becfigue (O)
becfin (O)
bélemnite (C)
belette
bélier
belle-dame (I)
bengali (O)
bergeronnette (O)
bernacle (O)
biche, bichette
bichon
bidet
bique
biquet, biquette
biset (O)
bison
blaireau
blatte (I)
boa (S)
bombyx (I)
bœuf

bondrée (O)
bouc
bouledogue
bouquetin
bourdon (I)
bousier (I)
bouvillon
bouvreuil (O)
brebis
brème (P)
brochet (P)
brocheton (P)
bruant (O)
bruche (I)
bubale
buccin (Coq.)
buffle
buffletin
bupreste (I)
burgau (C)
busard (O)
buse (O)
butor (O)
cabillaud (P)
cabri
cacatois (O)
cachalot
cafard (I)
caille (O)
cailleteau (O)
caïman
calandre (I)
calmar (C)
caméléon
caméléopard
campagnol
canard, cane (O)
caneton (O)
canette (O)
canari (O)
cancre
cancrelat (I)
canepetière (O)
caniche
cantharide (I)
capricorne (I)
carabe (I)
caracal
caret
carnassier
carpe (P)
carpillon (P)
carpeau (P)
carpette (P)
carrelet (P)
casoar (O)
castor
cavale
céraste (S)

cercopithèque
cerf
cerf-volant (I)
cétacé
cétoine (I)
chabot (P)
chacal
chameau, -elle
chamois
chanterelle (O)
chapon (O)
chaponneau (O)
charançon (I)
chardonneret (O)
chat, chatte
chat-huant (O)
chat-pard
chat-tigre
chauve-souris
chenille (I)
cheval
chevesne (P)
chèvre
chevreau
chevreuil
chevrette
chevrillard
chevrotain
chien, chienne
chimpanzé
chinchilla
choucas (O)
chouette (O)
cicindèle (I)
cigale (I)
cigogne (O)
cigogneau (O)
ciron (I)
civette
clabaud
cloporte (I)
clovisse (C)
clupée (P)
cobaye
coccinelle (I)
cochenille (I)
cochet (O)
cochevis (O)
cochon
cochon d'Inde
cochon de lait
coliart (P)
colibri (O)
colimaçon
colombe (O)
condor (O)
congre (P)
conque (C)
constrictor (S)

coq (O)
corail
corbeau (O)
corbillat (O)
cormoran (O)
corneille (O)
cosson (I)
coucou (O)
cougouar
couleuvre (S)
couleuvreau (S)
courlis (O)
courtilière (I)
cousin (I)
crabe
crabier
crapaud
crécerelle (O)
crevette
criquet (I)
crocodile
crotale (S)
cul-blanc (O)
cygne (O)
cynips (I)
cynocéphale
cyprin (P)
daguet
daim, daine
danois
dauphin
daurade (P)
demoiselle (I)
dinde (O)
dindon (O)
dindonneau (O)
dinothérium
dogue
doguin
donzelle (P)
dorade (P)
doryphore (I)
dragon
draine (O)
dromadaire
duc (O)
durham
dytique (I)
échassier (O)
échidné
écrevisse
écureuil
effraie (O)
eider (O)
élan
éléphant
émerillon (O)
émouchet (O)
engoulevent (O)

engri
épagneul
épaulard
éperlan (P)
épervier (O)
éphémère (I)
épinoche (P)
éponge
escarbot
escargot
espadon (P)
esturgeon (P)
étoile de mer
étourneau (O)
étrille
exocet (P)
faisan, -e (O)
faisandeau (O)
faon
faucheux (I)
faucon (O)
fauconneau (O)
fauvette (O)
flamant (O)
forficule (I)
formica-leo (I)
fouine
foulque (O)
fourmi (I)
fourmilier
fourmi-lion (I)
francolin (O)
frégate (O)
frelon (I)
fresaie (O)
freux (O)
friquet (O)
furet
gade (P)
galéopithèque
gallinsecte (I)
gardon (P)
gavial
gazelle
geai (O)
gecko
gélinotte (O)
genet, -te
gerboise
gerce (I)
gerfaut (O)
gibbon
girafe
gobe-mouches (O)
goéland (O)
goélette (O)
goret
gorgone
gorille

goujon (P)
grand-duc (O)
grèbe (O)
grenouille
grianneau (O)
griffon
grillon (I)
grimpereau (O)
grimpeurs (O)
griset (O)
grive (O)
grolle (O)
grondin (P)
gros-bec (O)
grue (O)
guais (hareng)
guenon
guenuche
guépard
guêpe (I)
guignard (O)
gymnote (P)
gypaète (O)
halbran (O)
hamster
hanneton (I)
haquenée
hareng (P)
hase
helminthe
hémione
hérisson
hermine
héron (O)
héronneau (O)
hibou (O)
hippocampe
hippopotame
hirondelle (O)
hobereau (O)
hocco (O)
hochequeue (O)
homard
homme
huard (O)
huette (O)
huître (C)
hulotte (O)
huppe (O)
hurleur
hydre
hyène
hyménoptères (I)
ibis (O)
ichneumon
ichtyolithe (C)
ichtyosaure
iguane
iguaniens

infusoires
insecte
isard
isatis
iule
jaguar
jars (O)
jocko
jument
kahouanne
kakatoès (O)
kamichi (O)
kangourou
lagopède (O)
laie
lama
lamantin
lamproie (P)
lampyre (I)
laneret (O)
langouste
lanier (O)
lapereau
lapin
lavaret (P)
lémuriens
léopard
lépidoptères (I)
lérot
levraut
levrette
lévrier
levron
lézard
libellule (I)
lice
lièvre
limace
limaçon
limande (P)
limier
linot, -te (O)
lion, -ne
lionceau
litorne (O)
loche (P)
loir
lombric
loriot (O)
lotte (P)
loup, louve
loup-cervier
loutre
louveteau
luciole (I)
lynx
macaque
macreuse (O)
madrépore

madréporique
magnan
maki
mammouth
manchot (O)
mandarin (O)
mandrill
mangouste
mante (I)
maquereau (P)
marabout (O)
marcassin
margay
margot (O)
maringouin (I)
marmotte
mars (I)
marsouin
marsupiaux
marte
martin (O)
martinet (O)
martin-pêcheur
martre [(O)
mastodonte
mâtin
mâtineau
mauviette (O)
mauvis (O)
méduse
mégalosaure
megathérium
menon
mérinos
merlan (P)
merle (O)
merluche (P)
mésange (O)
microbe
milan (O)
mille-pattes (I)
mille-pieds (I)
millépore
mite (I)
moineau (O)
morse
morue (P)
motacille (O)
mouche (I)
moucherolle (O)
moucheron (I)
mouette (O)
mouflon
moule (C)
moustique (I)
mouton
muge (P)
mule
mulet

mulot
murène (P)
murex (C)
musaraigne
musc
mygales (I)
myriapode (I)
narval
nautile (C)
nécrophore (I)
nérite (C)
névroptère (I)
nilgaut
ocelot
oestre (I)
oie (O)
oiseau
oiseau-mouche(O)
oiselet (O)
oisillon (O)
oison (O)
ombre (P)
ombre - chevalier
onagre [(P)
once
ophidien (S)
opossum
orang-outang
oreillard
orfraie (O)
orignal
ornithorynque
orque
orthoptère (I)
ortolan (O)
orvet (S)
otarie
ouistiti
ours
ourse
oursin
ourson
outarde (O)
outardeau (O)
oxyure
paca
pachyderme
paille-en-queue(O)
paléothérium
palmipède (O)
palombe (O)
pangolin
panthère
paon, paonne (O)
papillon (I) [(O)
oiseau de paradis
paresseux
passereau (O)
pécari

pélican (O)
perce-bois (I)
perce-oreille (I)
perche (P)
perdreau (O)
perdrix (O)
perroquet (O)
perruche (O)
pétrel (O)
phalène (I)
phénicoptère (O)
phoque
phylloxéra (I)
pic (O)
pie (O)
pie-grièche (O)
pieuvre
pigeon (O)
pigeonneau (O)
piloris
pingouin (O)
pinne marine (C)
pinson (O)
pintade (O)
pivert (O)
pivoine (O)
placune
plésiosaure
pleuronecte (P)
plie (P)
plongeon (O)
pluvier (O)
poisson
polype
poney
pongo
porc
porc-épic
pou
poulain
poule (O)
poulet (O)
pouliche
poulpe
poupart
pourceau
pouprier (C)
pousse-pieds (C)
poussin (O)
proboscidien
protozoaire
ptérodactyle
puce (I)
puceron (I)
puma
punaise (I)
putois
pygargue (O)
pyrale (I)
python (S)
quadrumane
quadrupède
radiaire
raie
raine
rainette
râle (O)
ramereau (O)
ramier (O)
rat, raton
ratier
reinette
rémora (P)
rémore (P)
renard
renarde
renardeau
renne
requin (P)
rhinocéros
rock (O)
roitelet (O)
roquet
rossignol (O)
rouge (O)
rouge-gorge (O)
rouge-queue (O)
rouget, -te (P)
rouleur (I)
rouleuse (I)
rousserolle (O)
roussette
sacre (O)
sacret (O)
sajou
sagouin
salamandre
salangane (O)
salicoque
sanglier
sangsue
sansonnet (O)
sapajou
saperde (I)
sarcelle (O)
sarcopte (I)
sardine (P)
sarigue
saumon (P)
saumoneau (P)
sauterelle (I)
scarabée (I)
scare (P)
scie (P)
scinque
scolopendre (I)
scombre (P)
scorpion (I)
scytale (S)
sèche
secrétaire (O)
seiche (P)
sélacien (P)
seps
serin (O)
serpent
serpenteau (S)
serval
silure (P)
singe
siredon
sole (P)
solen (C)
sonoré (O)
souffleur
sourd
souris
spare (P)
spatule (O)
sphinx (I)
squale (P)
staphylin (I)
stercoraire (I) et (O)
sterne (O)
surmulet (P)
surmulot
tadorne (O)
tænia
taisson
tamanoir
tamarin
tanche (P)
tangara (O)
taon (I)
tapir
tarentule (I)
tatou
taupe
taupe-grillon (I)
taupin (I)
taureau
teigne (I)
ténia
termite (I)
terre-neuve
têtard
tétras (O)
thon (P)
tiercelet (O)
tigre
tigresse
tipule (I)
tique (I)
tiquet
torcol (O)
torpille (P)
tortue
toucan (O)
tourd (P)
tourtereau (O)
tourterelle (O)
traquet (O)
trichine
trigonocéphale (S)
trilobite
truie
truite (P)
turbot (P)
turbotin (P)
umble (P)
unau
univalve
urus
vache
vairon (P)
vampire
vandoise (P)
vanesse (I)
vanneau (O)
vautour (O)
veau
ver
ver-coquin
verdier (O)
vermisseau
verrat
vibrion
vigogne
vipère (S)
vipereau (S)
vison
vive (P)
vrillette
xiphias (P)
yack
zèbre
zébu
zibeline V. *gîte*

animalier
V. *peintre* et *sculpteur*

animation
V. *mouvement*

animer V. *vie*

animisme
V. *philosophie*

animosité
V. *haine*

anis
aniser
anisette

Anjou
angevin

ankylose
V. *maladie*

annales
V. *histoire*
Annam
annamite
annate V. *année*
anneau
annelet
annelure
virole
bague
bracelet
armille
collier
manille
périscélide
torques
anse
boucle
annulaire

anneler
boucler
entourer
ceindre
serrer
faire
défaire
mettre
porter
ôter
Annecy
annecien
année
an
date
millésime
antan
anniversaire
bout de l'an
annuité
annualité
annate
cours de l'année
bissexte
bissextile
vieux style
nouveau style
russe
julienne
grégorienne
républicaine
sabbatique
civile
scolaire
astrale
sidérale
solaire
pleine
cave
climatérique
jubilaire
calendrier
almanach
agenda
annuaire
éphémerides
fastes
annales

annuel
annal
biennal
bisannuel
triennal
trisannuel
quadriennal
olympiade
quinquennal
lustre
septénaire
septennal
décennal
vicennal
trentaine
quarantaine
quadragénaire
quinquagénaire
sexagénaire
septuagénaire
octogénaire
nonagénaire
séculaire
noces d'argent
noces d'or
jubilé
cinquantaine
cinquantenaire
centenaire
siècle
an révolu
an passé
an dernier
an prochain
annuellement
annelés
V. *animal*
annexe V. *plus*
annihiler
V. *défaire*
anniversaire
V. *année*
Annonay
annonéen
annoncer
donner la nouvelle
faire connaître
renseigner
mettre au courant
informer
transmettre
faire part
faire savoir
notifier
mander
raconter
dire
révéler
accuser (réception)
apprendre
redire
colporter
ébruiter
accréditer
crier sur les toits
proclamer
publier
débiter
trompeter
corner
tambouriner
communiquer
confier
porter à la connaissance
divulguer
rapporter
relater
alarmer
le bruit court
le bruit transpire

annonce
annonciation
nouvelle
information
racontar
part
communication
confidence
divulgation
rapport
relation
récit
propos
bavardage
cancan
on-dit
bruit du jour
commérage
anecdote
ana
réclame
publicité
rumeur
ouï-dire
colportage
communication
renseignement
mention
notification
proclamation
Annonciation
V. *fête*
annoter V. *note*
annuaire
V. *année*
annualité
V. *année*
annuité V. *année*
annuler
V. *défaire*
anoblir
V. *noblesse*
anodin V. *doux*
anomalie
V. *irrégulier*
ânon V. *âne*
ânonner V. *lire*
anonyme V. *nom*
anormal
V. *irrégulier*
anse V. *prendre*
antagonisme
V *combat* et *contraire*
antan V. *année*
antarctique
V. *sud*
antécédent
V. *précéder*
antéchrist
V. *christ*
antédiluvien
V. *géologie* et *vieux*
antenne
V. *insecte* et *mât*
antérieur
V. *date*
anthologie
V. *livre*
anthrax V. *abcès*
anthropologie
V. *science*
anthropomorphisme V. *dieu*
anthropophagie V. *nourriture*
antilope
V. *animal*
antimoine
V. *substance*
Antioche
antiochéen
antipathie
V. *déplaire*
antipode
V. *contraire*

antiquité
V. *vieux*
antithèse
V. *contraire*
antre
caverne
grotte
souterrain
repaire
tanière
terrier
renardière
trou
réduit
casemate
bauge
taupinière
reposée
gîte
clapier
cachette

se tapir
se terrer
se blottir
gîter V. *abri*
Anvers
anversois
anxiété
V. *inquiet*
aorte V. *cœur*
août V. *mois*
apaiser V. *paix*, *tranquillité*
apanage
V. *féodalité*
aparté
V. *comédien*, *dire*
apathie
V. *inaction*
apercevoir
V. *voir*
apétale V. *plante*
apetisser
V. *moins*
aphélie
V. *astronomie*
aphérèse
V. *grammaire*
aphone
V. *voix* et *parler*
aphorisme
V. *proverbe*
aphte V. *maladie*
aphylle V. *plante*
apiculture
V. *abeille*
apitoyer V. *bonté*
aplanir V. *plat*
aplatir V. *plat*
aplomb V. *droit* et *courage*
apocope
V. *grammaire*
apocryphe
V. *faux*
apode V. *pied*
apogée V. *astronomie* et *succès*
apologie
V. *louange*
apologue
V. *fable*
aponévrose
V. *corps*
apophtegme
V. *proverbe*
apophyse V. *os*
apoplexie
V. *maladie*
apostasie
V. *quitter*
apostropher
V. *parler*
apostème
V. *abcès*
aposter V. *placer*
apostiller
V. *lettre*
apostolat
V. *apôtre*
apothéose
V. *Dieu*
apôtre
envoyé du Christ
disciple
missionnaire
apostolat
prédication
mission
ministère
apostolique
prêcher
évangéliser
convertir
apostolicité
apostoliquement
apparat
V. *richesse*
appareiller
V. *navire* et *semblable*
apparence
V. *paraître*
apparenter
V. *famille*
appariteur
V. *domestique*
appartement
demeure
résidence
adresse
domicile
intérieur
pénates
lares
foyers
home
chez soi
local
logement
logis
chambre
chambrette
chambre meublée
chambre de garçon
cabinet
mansarde
galetas
bouge
trou
taudis
cambuse
cassine
cellule
cabanon
cabine
baraque
pied à terre
camp volant
garçonnière
bonbonnière
gîte
réduit
gourbi
soupente
loge
emménagement
ameublement
déménagement
entrée
vestibule
antichambre
salle d'attente
dégagement
disposition
êtres
pièces qui se commandent
pièces qui donnent sur
prendre jour sur
habitable
logeable
couloir
corridor
pièce
pièce à feu
pièce mansardée
pièce lambrissée
salon
hall
petit salon
boudoir
fumoir
cabinet
bureau
salle de bains
salle de billard
salle à manger
réfectoire
office
dépense
cuisine
chambre à coucher
alcôve
dortoir
garde-robe
lingerie
nursery
vestiaire
cabinet de toilette
lavabo
cabinet noir
water-closet
lieux d'aisances
latrines
plafond
mur
lambris
parquet
porte
fenêtre
adresse
étage
écriteau
arrêter un logement
retenir
denier à dieu
arrhes
location
état des lieux
bail
locataire
propriétaire
essuyer les plâtres
élire domicile
demeurer
résider
être domicilié
s'établir
se fixer
hiverner
rester
habiter

loger
camper
emménager
pendre la crémail-
congé [lère
déménager
décamper
déloger
vider les lieux

cloche de bois
clef sous la porte
casanier
logeable
habitable
locataire
locatif
déménageur

appartenir
V. *avoir*

appas V. *beauté*

appât V. *attirer*

appauvrir
V. *pauvre*

appeau V. *chasse*

appel
convocation
citation
assignation
signe
appellation
invitation
invite

rappel
appeler
héler
houper
convoquer
assigner
sonner
siffler
interpeller
apostropher
faire venir
dire de venir
mander
convier
inviter
citer
se rendre à l'appel
répondre à
être sourd à
faire défaut
rappeler
appellatif [*plus*

appendice V.

appendre
V. *pendre*

appentis
V. *édifice*

appesantir
V. *poids* et *dire*

appétence
V. *appétit*

appétit
besoin de manger
envie
désir
appétence
faim
soif
boulimie
pica
adéphagie
avidité
gourmandise
gloutonnerie
voracité
goinfrerie
faim canine
fringale
anorexie
manque d'appétit
inappétence
dégoût
gros mangeur
bonne fourchette
gouffre
famélique
affamé
dévorant
insatiable
boulimique
porté sur la bouche
goinfre
ogre
gargantua
appétissant
ragoûtant

mourir de faim
aiguiser l'appétit
exciter l'appétit
donner de l'appétit
ouvrir l'appétit
mettre en appétit
mettre en goût
ragoûter
affriander
avoir les yeux plus grands que le ventre.
avoir l'estomac dans les talons
V. aussi *envie*

applaudir
acclamer
complimenter
féliciter
congratuler
crier bravo
battre des mains
claquer des mains
bisser
crier *bis*
saluer par ses applaudissements
accueillir par
faire retentir
pousser des acclamations [ras
pousser des hour-

applaudissement
compliment
éloge
louange
acclamation
tonnerre d'appl.
salve d'applaudis-
ban [sements
bravo
hourra
vivat
bis
claquement
battement
claque
succès
félicitation
congratulation
accueil enthou-
ovation [siaste
triomphe
applaudisseur
acclamateur
claqueur
romain
à tout rompre

application V. *attention* et *plus*

applique V. *plus*

appliquer V. *près* et *frapper*

appoggiature
V. *musique*

appoint V. *payer*

appointement
V. *employé* et *payer*

apport V. *donner*

apporter
V. *porter*

apposer
V. *signature*

apposition V. *grammaire*, *près*

apprécier
V. *juger*

appréhender
V. *prendre* et *crainte*

apprendre
s'instruire
étudier
approfondir
faire des études
avancer [sage de
faire l'apprentis-
être informé
être averti

instruction
acquis
étude
connaissance
teinture
progrès
force
apprentissage
enseignement
éducation
science
savoir
doctrine
système
méthode
art
pratique
théorie

maître
docteur
professeur
écolier
élève
disciple
apprenti
commençant
débutant
novice
néophyte
catéchumène
aspirant
clerc
rapin
conscrit

instruit
savant
expert
fort
entendu
rompu à
exercé à

habile
formé
versé dans
apprenti
V. *apprendre*
apprêt
V. *préparer*, *hypocrisie*, *style*
apprêteur
V. *métier*.
apprivoiser
V. *doux*
approbation
acquiescement
consentement
oui
adhésion
suffrage
agrément
assentiment
amen
accord
accession
ratification
sanction
acceptation
blanc seing
carte blanche
yeux fermés

approuver
acquiescer
consentir
accepter
concéder
souscrire à
accéder à
n'en pas disconvenir
dire oui
en demeurer d'accord
adhérer
donner son adhésion
donner son suffrage
agréer
tenir pour agréable
ratifier
se prononcer pour
assentir
adopter l'opinion
partager l'opinion
se ranger à l'opinion
se rallier à l'opinion
se déclarer pour
tomber d'accord
donner son consentement
donner les mains
sanctionner
dire *amen*
faire chorus
hurler avec les loups
tenir pour bon
admettre
passer
en passer par

adhérent
approbateur
adepte
approbatif
acceptable
inacceptable
admissible
inadmissible
probatoire
probant
confirmatif
approbativement
confirmativement
V. aussi *applaudir*
approcher
V. *près*
approfondir V. *attention* et *trou*
approprier
V. *convenir*
approuver
V. *approbation*
approvisionner V. *nourriture*
approximation V. *près*
appui
soutien
support
aide
secours
renfort
bâton de vieillesse
épaulement
arc-boutant
contrefort
pilier
pilastre
pied
poteau
colonne
étai
accoudoir
accotoir
miséricorde
balustrade
rampe
tuteur
appui-main
tasseau
adossement
accotement

s'appuyer
porter sur
poser sur
reposer sur
s'arc-bouter
s'accouder.
s'étayer
se soutenir
être flanqué de
appuyer
accoter
soutenir
supporter
adosser
étayer
flanquer
porter
épauler
âpre V. *dur*, *goût*
après (et les composés)
V. *date* et *suivre*
aptitude
V. *intelligence*
apurer
V. *comptabilité*
aquafortiste
V. *artiste*
aquarelle
V. *peinture*
aquarium
V. *poisson*
aquatique
V. *eau*
aqueduc V. *eau*
Aquitaine
aquitain
aqueux V. *eau*
aquilin V. *nez*
aquilon V. *vent*
arabesque
V. *dessin*
Arabie
Islam
arabe
sarrasin
sarracénique
maure
more
mauresque
cheik
émir
calife
califat
caïd
chérif
marabout
mosquée
minaret
muezzin
tribu
gourbi
douar
smalah
fantasia
aman
burnous
V. *race* et *mahométan*
arable V. *labour*
arachide
V. *plante*
arachnide
V. *animal*
arachnoïde
V. *cerveau*
Aragon
aragonais
araignée
V. *animal*
araser V. *plat*
aratoire
V. *labour*
arbalète
arbalète à croc
arbalète à rouet
arbalète à cranequin
fût
arbre
bois
arc
corde
étrier
crémaillère
cranequin
fourche
fourchette
flèche
trait
vireton
jalet
carreau
matras
arbalétrier
cranequinier

bander
tendre
débander
décocher
arbalétrier
V. *charpente*
arbitre V. *juge*

arborer V. *droit*
arbousier
V. *plante*
arbre
arbrisseau
arbuste
mai
broussaille
taillis
futaie
buisson
fourré
hallier
bouquet d'arbres
allée d'arbres
rideau d'arbres
treille
tonnelle
berceau
bois
forêt
essence
flore
arbre fruitier
indigène
exotique
arbre d'agrément
arbre de plein vent
arbre en espalier
arbre en quenouille
arbres en quinconce
le pied
le bas
le haut
la cime
tête
racine
collet
souche
bois
nœud
fibre
fil
tige
tronc
écorce
lais
baliveau
tayon
cornier
courson
pérot
puine
galle
gallifère
ramure
branchage
branche
rameau
feuillée
feuillage
verdure
ombrage
feuille
fleur
dendrite

s'élever
se dresser
se couvrir de feuilles
se couronner de feuilles
drageonner
planter
enter
abattre
greffer
déraciner
déplanter
tailler
pincer
émonder
boiser
déboiser
reboiser

arborisation
arboriculture
sylviculture
boisement
déboisement
reboisement
repeuplement
taille
pépinière
plantation
complant
souchetage
drageon
écrues
plant
rejeton
revenue
sauvageon
pousse
sion
quillette
bouture
sautelle
marcotte
broussin
bryon
brout
émondes
arboriculteur
bûcheron
émondeur
soucheteur
boisé
déboisé
reboisé
couvert
abrité
ombragé
branchu
arborescent
arborisé
noueux
rameux
touffu
feuillu
encroué
vert
sec
mort
écuissé
V. *jardin* et *forêt*
V. à **plantes** la liste des arbres

arc
bois
cornes
corde
coche
doigtier
carquois
flèche barbelée
trait
papegai
archer
franc-archer
sagittaire

bander
tendre
encocher
détendre
débander
décocher
lancer

arcade V. *voûte*
arc
courbe
cintre
demi-cercle
arceau
arcature
arche
archivolte
voûte
voussure
arc-boutant
arc-doubleau
formeret
berceau
courbe
courbure
cambrure

s'arquer
se courber
s'arrondir
se cintrer
se busquer
voûter
cambrer

géminé
terné
aveugle
courbé
arqué
cambré
bombé
arrondi
cintré
plein cintre
roman
ogival
gothique
tiers point
tierceron
équilatéral
aigu
en lancette
lancéolé
pointu
extradossé
trilobé
quadrilobé
polylobé
flamboyant
brisé
aplati
Tudor
fer à cheval
moresque
outrepassé
surbaissé
surhaussé
déprimé
contourné
infléchi
rampant
renversé
zigzagué
en talon
en accolade
en berceau
en doucine
en anse de panier
Arcadie
arcadien
arcane V. *secret*
arc-en-ciel
météore
phénomène céleste

écharpe d'Iris
irisé
rouge
orangé
jaune
vert
bleu
indigo
violet

archaïque
V. *vieux*
archal V. *métal*
archange
V. *ange*
arche V. *pont*
archéologie
V. *science*
archer V. *arc*
archet V. *violon*
archétype
V. *image*
archevêque
V. *évêque*
archi
(V. les composés aux simples)
archipel V. *île*

architecte
maître d'œuvre
ingénieur
vérificateur
métreur
architecte voyer
agent voyer
architectonographe
projet
étude
plan
tracé
dessin
épure
lavis
coupe
élévation
échelle
distribution
devis
attachement
conduite des travaux
règlement
mémoire
vérification
rabais
série
vacation
honoraires
drosser
lever
dessiner
bâtir
élever
construire
édifier
ériger
rebâtir
reconstruire
réparer
restaurer
entretenir

bâtisse
construction
édifice
monument
reconstruction
réparation
restauration

architecture
art architectural
architectonographie
art du bâtiment
construction
art architectonique
travaux
style
caractère
architecture civile
architecture publique
architecture privée
architecture religieuse
architecture rurale
architecture hydraulique
architecture navale
architectural
monumental
architectonique
architectonographique
édificateur
bâtisseur
constructeur
architecte
entrepreneur
édile
édilité
V. aussi *édifice*, *bâtir*, *style*, *colonne* et *ornement*

architrave
V. *fronton*

architriclin
V. *repas*

archives
archiviste
chartographe
paléographe
paléographie
chartographie
charte
cartulaire
chartrier

archivolte
V. *arcade*
archonte
V. *magistrat*
arçon V. *selle*
arctique V. *nord*
ardeur V. *feu*, *action* et *zèle*
ardillon V. *boucle*

ardoise
ardoisier
couvreur
assette
agrafe
feuilletis
ardoisière
ardoisé
ardoiseux
ardu V. *penché* et *difficile*
are V. *surface*
arec V. *plante*
arène V. *cirque*
aréole V. *cercle*

aréomètre
pèse-liqueur
pèse-acide
pèse-esprit
pèse-lait
pèse-nitrate
alcoomètre
œnomètre
galactomètre
aréopage V. *tribunal* et *juge*
aréostyle
V. *colonne*
aréotectonique
V. *fortification*
arête V. *ligne*, *angle*, *poisson*
arêtier
V. *charpente*
Arezzo
arétin

arganeau
V. *navire*

argent
argent en barre
argent en lingot
bas argent
argent fin
vermeil
plaqué
doublé
ruolz
essai
aloi
titre
poinçon
contrôle
argenture
argenterie
vaisselle plate

argenter
désargenter
doubler

orfèvre
bijoutier
plaqueur
argenteur
brunisseur
argentifère
argenté
argentin
argent V. *banque* et *finance*
Argentan
argentenais
argentine
V. *plante*

argile
terre glaise
marne
lut
terre à potier
kaolin
calamite
barbotine
grès
argileux
argilifère
argilacé
marneux
glaiseux
plastique
malléable
luter
glaiser
déluter
gisement
marnière

glaisière
gault
pyromètre
argos
argien
argot V. *langage*
argousin
V. *police*
argue V. *outil*
argument
V. *raisonnement*
argutie
V. *raisonnement*
aride V. *sec*
ariette V. *chant*
aristocratie
noblesse
noblesse du sang
haute extraction
noblesse d'épée
noblesse de robe
anoblissement
lettre de noblesse
quartiers
parchemins
généalogie
arbre généalogique
Croisades
armoiries ou blason
écu
titre
particule
caste
patriciat
grandesse
pairie
baronnie
marquisat
principat
classe élevée
grand monde
high life
monde
almanach de Gotha
faubourg Saint-Germain
noble faubourg
salons
la haute

noble
gentilhomme
gentilhomme campagnard
hobereau
aristocrate
noble personnage
beau nom
notabilité
émigré
boulevard de Gand
aîné
cadet
droit d'aînesse
majorat
héritier des armes
hidalgo
grand d'Espagne
boyard
magnat
piast
pair
lord
lady
laird
archiduc
archiduchesse
banneret
baron
baronne
chevalier
comte
comtesse
duc
duchesse
marquis
prince
princesse
altesse
vicomte
vicomtesse
vidame
gentleman
esquire
select
distingué
comme il faut
homme de qualité
patricien
patrice

aristocratique
nobiliaire
mésalliance

déroger
forligner
redorer son blason
V. aussi *féodalité*
aristoloche
V. *plante*
aristophane
aristophanesque
Aristote
aristotélicien
péripatéticien
péripatétisme
aristotélisme
Lycée
arithmétique
calcul
supputation
calcul mental
calcul de tête
calcul différentiel
mathématique
compte
abaque
boulier
arithmomètre
arithmographe
barême
table de Pythagore
table de multiplication
nombre
nombre concret
nombre abstrait
quantité
chiffre
chiffre romain
chiffre arabe
numération
opération
les quatre règles
addition
soustraction
multiplication
division
règle de trois
système métrique
problème
discussion
raisonnement
solution
réponse
preuve

additionner
soustraire
multiplier
diviser
élever au carré
élever au cube
extraire la racine
calculer
compter
opérer
faire le compte
supputer
évaluer
estimer
dénombrer
résoudre
arriver à un résultat
s'élever à
se chiffrer par
faire
arithméticien
calculateur
mathématicien
arithmétiquement
mathématiquement
arlequin
V. *comédien*
arlequinade
V. *absurde*

Arles
arlésien
armateur
V. *navire*
armature
V. *garnir*

arme
arme offensive
arme défensive
armure
arme blanche
arme de hast
arme de jet
arme à feu
arme de guerre
arme d'honneur
arme de parade
armes courtoises
canne
nerf de bœuf
porte-respect
canne à dard
canne à épée
bâton
massue
fléau
masse d'armes
marteau d'armes
coup de poing américain
casse-tête
épieu
dolon
pique
esponton
javeline
pilum
dard
trait
javelot
angon
harpon
lance
zagaie
framée
fourche de guerre
fer

couteau
coutelas
poignard
miséricorde
dague
sabre
épée
acier homicide
fer homicide
arc
flèche
arbalète
arquebuse
mousquet
fusil
pistolet
revolver
canon
canne à vent
fusil à vent
sarbacane
fronde
espringale
baliste
catapulte
scorpion
falarique
arsenal
dépôt d'armes
panoplie
détention d'armes
fourniment
équipement
armement
balistique
artillerie
arquebuserie
armurerie
munitions
port d'armes
prise d'armes
cliquetis
armurier
fourbisseur
arquebusier
artilleur

armé de pied en cap
armé jusqu'aux dents
bardé

être sans armes
être sur les armes
être sous les armes
au port d'armes
porter armes
présenter armes
désarmer
déposer les armes
mettre bas les armes
brandir
dégainer
épauler
lancer
envoyer

armée

force armée
armée permanente
forces
masses armées
corps d'armée
armée active
réserve
armée territoriale
armée auxiliaire
milice
garde nationale
garde mobile
garde
forces de terre
armée navale
forces de mer
troupes
troupes de ligne
troupe d'élite
ban
arrière-ban
corps franc
landwehr
landsturm
territoriale
levée en masse
recrue
infanterie
cavalerie
artillerie
génie
train
équipage
intendance
vivres
convoi
bagage
fourgon
valet d'armée
musique
clairon
tambour
ambulance
légion
régiment
bataillon
escadron
brigade
compagnie
bataillon sacré
phalange
bataillon carré
centre de l'armée
gros de l'armée
lignes
détachement
ronde
patrouille
corps d'observation
éclaireur
avant-garde
avant-poste
poste avancé
corps de bataille
front de bandière
tête
flanc
aile
queue
derrières
arrière-ligne
arrière-garde
traînards
détachement
division
garnison
poignée d'hommes
peloton
piquet
poste
centurie
décurie
cohorte
manipule
turme
compagnie de discipline
levée
appel
contingent
faire partie du contingent
être de la classe
effectif
conscription
répondre à l'appel
tirage au sort
tomber au sort
enrôlement
enrôleur
racoleur
recruteur
recrutement
racolement
engagement volontaire
engagement conditionnel
dispensé
dispense
réformé
réforme
exonéré
exonération
exempté
exemption
libéré
libération
insoumis
réfractaire
déserteur
désertion
camp
campement
bivouac
dépôt
caserne
cantonnement
fourniment
bidon
gamelle
cantine
cantinier
cantinière
vivandier
vivandière
manutention
avancement
grade

former
lever
mettre sur pied
appeler
enrôler
organiser
réunir
constituer
mobiliser
armer
incorporer
embrigader
caserner
recruter
enrégimenter
équiper
amunitionner
avitailler
ravitailler
monter
former le bataillon
entrer en campagne
occuper
manœuvrer
rallier
se débander
donner
aller au feu

lâcher pied
bivouaquer
camper
rompre les rangs
licencier [foyers
renvoyer dans les

étape
marche forcée
ordre de bataille
stratographie
militarisme
caporalisme
militairement
militariser

armeline
V. *fourrure*

armement
V. *arme*

Arménie
arménien

armer V. *arme*

armet V. *casque*

armillaire
V. *cercle*

armilles
V. *colonne*

armistice
V. *arrêt*

armoire
placard
vitrine
buffet
crédence
cabinet
dressoir
chiffonnier
bibliothèque
casier
cartonnier
bahut
coffre
commode
garde-manger
armoire à glace
secrétaire
tiroir
étagère
case
rayons
planche
taquet
crémaillère
battant
porte pleine
porte vitrée
pied
fronton
corniche

armoiries
V. *blason*

armoise
V. *plante*

armoisin
V. *étoffe*

armon V. *voiture*

armorial
V. *blason*

armoricain
V. *Bretagne*

armorier
V. *blason*

Armorique
V. *Bretagne*

armoriste
V. *blason*

armure
casque
gorgerin
col
gorgière
cuirasse
épaulière
brassard
cubitière
gantelet
bouclier
braconnière
tassette
lambrequin
cotte de mailles
brigandine
grèves
cuissard
genouillère
jambière
jambard
cnémide
soleret
pédieux
fermoir
agrafe
goupille
pivot
crochet
aiguillette
lanière
courroie
charnière
armure de joute
armure de tournoi
armure de parade
armure à tonne
armure cannelée
armure maximilienne
armure allemande
armure milanaise
panoplie
pièces de l'armure
caparaçon

s'armer
s'équiper
endosser
revêtir
mettre

armé
bardé de fer
chevalier
paladin
V. les *développements aux mots principaux*

armurier
V. *arme*

arnica V. *remède*

aromate
V. *odeur*

arome V. *odeur*

arpège
V. *musique*

arpent V. *surface*

arpenteur
géomètre
mesureur
topographe
mesurer
chaîner
jalonner
métrer
toiser
lever le plan
dresser le plan
tracer le plan
arpenter
cadastrer
arpentage
cadastrage
topographie
cadastre
jalonnement
plan
alidade
graphomètre
rapporteur
équerre
niveau à bulle
cercle à alignement
boussole
pinnule
chaîne
décamètre
corde
jalon
planchette
triangulation
V. *surface*

arpenteuse
V. *animal*

arquebuse
arquebuse à mèche
arquebuse à croc
arquebuse à crochet
arquebuse à rouet
crosse
fût
batterie
canon
fourche
pulvérin
arquebuser
arquebusade
arquebusier
arquebuserie

arquer V. *arc*

arracher
ôter
détacher
enlever
tirer
extraire
déraciner
extirper
débarrasser de
délivrer de
desceller
épiler
déplanter
déterrer
étriper
écarteler
effranger
effiler

arrachement
avulsion
enlèvement
extraction
déracinement
extirpation
épilation
effrangement
descellement
effilement
écartèlement

extratif
extirpateur
épilatoire
V. *moins*

arranger
V. *ordre, mieux*

Arras
arrageois
artésien

arrenter
V. *rente*

arrérages
V. *rente*

arrestation
emprisonnement
prise de corps
incarcération
mandat d'amener
descente de police
souricière

arrêter
emprisonner [son
conduire en prison
mettre en prison
mettre sous clef
incarcérer
mettre la main sur
mettre la main au collet
empoigner
s'assurer de la personne
appréhender
capturer
écrouer
coffrer
cloitrer
consigner
procéder à l'arrestation
effectuer l'arrestation

sous le coup d'une arrestation
menacé d'une arrestation

arrêt
intervalle
interruption
relâche
vacance
congé
repos
pause
station
halte
escale
quarantaine
étape
retard
obstacle
retardement
embargo
entr'acte
armistice
intermède
répit
trêve
temps d'arrêt
point d'arrêt
moment d'arrêt
enrayement

s'arrêter
s'interrompre
rester en place
relâcher
faire une pause
faire une halte
faire escale
éprouver un temps d'arrêt
subir un temps d'arrêt
avoir un temps d'arrêt
rester en panne
rester à quia
rester en souf-
stopper [france
arrêter
enrayer
immobiliser
interrompre
intercepter
couper
mettre un frein
refréner
endiguer
V. *obstacle*

arrêté
V. *commandement*

arrête-bœuf
V. *plante*

arrêtiste
V. *écrivain*

arrhes V. *payer*

arrière
en arrière
en queue
après
en arrière-plan
postérieurement
dernière partie
arrière-ban
arrière-ligne
arrière-train
arrière-garde
arrière-saison
arrière-fleur
arrière-corps
arrière-bec
arrière-voussure
arrière-boutique
arrière-cour
arrière-bouche
arrière-goût
arrière-caution
arrière-neveu
arrière-petit-fils
poupe
culasse
post-scriptum
bout
fin
talon
dos
dossier
repli
verso
dedans
revers
envers
retour
recul
retraite
reflux
remous
rebours
rebroussement
réaction
répercussion
rétroaction
reculade
refoulement
arrérage
arriéré
postérieur
rétrospectif
traînard

arriérer
reculer
fuir
lâcher pied
rompre
perdre du terrain
battre en retraite
se replier
rebrousser
refouler
repousser
refluer
remonter
revenir
rétrograder
retourner
rétroagir
arrière — pour les composés voir les simples

arriéré V. *dette, ignorance*

arrimer
V. *navire*

arriser V. *voile*

arrivage
V. *arriver*

arriver
approcher
venir
parvenir
provenir
survenir
revenir
débarquer
atterrir
aborder
accoster
toucher terre
descendre
mettre pied à terre
dételer
accéder
se présenter
se montrer
apparaître
comparaître
atteindre
tomber chez
surprendre

arrivée
arrivage
approche
accès
venue
débarquement
abordage
atterrissage
descente
débarcadère
station
terminus
quai
port
but du voyage
présentation
apparition
survenance

à l'heure
à propos
en retard
à l'appel
à la voix
à l'improviste
inopinément
sans crier gare
arrivant
visiteur

accostable
accessible
abordable
inaccessible
inabordable
inaccostable

arrobe V. *poids*

arroche
V. *plante*

arrogance
V. *orgueil*

arroger (s')
V. *injuste*

arrondir
V. *rond* et *courbe*

arrondissement V. *ville*

arroser
asperger
doucher
irriguer
mouiller
ondoyer
baptiser
imbiber
humecter
madéfier
abreuver
baigner
aiguayer
tremper
traverser
pénétrer (d'eau)
noyer
submerger
inonder
couvrir d'eau
injecter
seringuer
laver
absterger
bassiner

arrosage
arrosement
aspersion
abstersion
irrigation
mouillure
ondoiement
baptême
noyade
submersion
crue
débordement
grandes eaux
inondation
déluge
injection
douche
pluie
arrosoir
pomme d'arrosoir
lance
jet d'eau
pompe
goupillon
aspergès
aspersoir
rigole
seringue
injecteur
prise d'eau
bouche à incendie
tonneau
arroseur
V. *laver*, *eau*, *canal*

arrugie V. *canal*

ars V. *cheval* (2)

arsenal V. *arme*

arsenic
V. *substance*

art
habileté
talent
génie
goût
science
technique
pratique
tour de main
main
patte
faire
manière
style
métier
vocation
feu sacré
don
dispositions
inspiration
enthousiasme

art d'agrément
art d'amateur
arts libéraux
beaux-arts
dessin
musique
danse
chorégraphie
art plastique
architecture
sculpture
statuaire
peinture
gravure
glyptique
céroplastique
phelloplastie
art décoratif
décor
décoration
ornement
attribut
allégorie
art ornemental
art industriel
céramique
orfèvrerie
bijouterie
émaillerie
joaillerie
art textile
verrerie
ivoirerie
ébénisterie
pyrotechnie
art mécanique
artiste
théoricien
critique d'art
salonnier
connaisseur
amateur
curieux
Mécène
musée
conservatoire
galerie
pinacothèque
glyptothèque
collection
cabinet
exposition
salon
atelier
école
esthétique
idéal
œuvre
chef-d'œuvre
morceau
toile
V. aussi *artiste*, *beau*, *imagination* et *peintre*, *architecte*, etc.

artère V. *veine*

arthrite
V *articulation*

artichaut
fond
foin
feuille
au sel
à la barigoule
poivrade
à la sauce blanche
farci
artichautière

article
V. *grammaire*, *journal*, *articulation*

articulation
jointure
joint
jonction
attaches
membrure
article
emboîtement
ginglyme
jeu
coude
poignet
genou
cheville
hanche
clavicule
omoplate
arthrite
arthrose
entorse
luxation
déboîtement
désarticulation
ankylose
synovie

articulaire
arthritique
synovial

s'articuler
s'attacher
jouer
luxer
déboîter
désarticuler
ankyloser

articuler V. *dire*

artifice V. *habile*, *artificiel*

artifice (feu d')
pièce d'artifice
fusée
baguette
chenille
pétard
artichaut
chandelle romaine
marron
serpenteau

soleil
ballon
bombe
boîte
bouquet
chevalet
feu de bengale
gerbe
pluie
trajectoire
pyrotechnie
artificier
pyrotechnique
pyrique
tirer
partir

artificiel
factice
postiche
fardé
pas naturel
conventionnel
faux
truqué
emprunté
imité
fabriqué
frelaté
falsifié
contrefait
simulé
sophistiqué
spécieux
décevant
chimérique
clinquant
illusoire
trompeur
menteur
mensonger
déguisé
travesti
dissimulé
d'emprunt
V. *hypocrisie*

artificieux
V. *hypocrisie*

artillerie
balistique
génie militaire
train
artillerie de siège
artillerie de place
artillerie de campagne
artillerie de montagne
artillerie légère
artillerie volante
artillerie de marine
artillerie de côte
hélépole
manœuvre
tir
bombardement
canonnade
coup de canon
salve
bordée
mitraille
décharge
feu plongeant
feu rasant
trouée
brèche
feu
pluie de projectiles
enfilade
ricochet
recul
enclouure
portée
volée
parabole
amplitude
arsenal
parc d'artillerie
polygone
poudrière
batterie
épaulement
embrasure
meurtrière
sabord
barbette
plate-forme
V. *canon*, *fortification*, *siège*

artimon V. *mât*

artisan V. *métier*

artison
V. *animal*

artiste
maître
grand maître
chef d'école
exposant
médaillé
logiste
virtuose
exécutant
praticien
amateur

doué
consommé
habile
serré
minutieux
original
spirituel
truqué

don
vocation
disposition
aptitude
inspiration
enthousiasme
génie
originalité
force
puissance
richesse
abondance
facilité
verve
prestesse
habileté
science
acquis
métier
pratique
technique
style
manière
patte
touche
faire
chic
goût
grâce
esprit
piquant
effet
vérité
illusion
trompe-l'œil
naturel
pauvreté
sécheresse
nudité
platitude

œuvre
morceau
chef-d'œuvre
œuvre magistrale
fait de main de maître
beau
idéal
forme
rendu
expression
invention
conception
disposition
composition
artistique
artistement

Artois
artésien

arum V. *plante*

aruspice
V. *devin*

as V. *carte*, *monnaie*

asbeste
V. *substance*

ascaride
V. *animal*

ascendance
V. *famille*

ascendant
V. *conseil*, *importance*

ascenseur
V. *escalier*

ascension
V. *haut*, *ballon*

ascète
V. *religieux*

ascite V. *maladie*

Asie
asiatique

asile V. *abri*

aspect
V. *voir* et *paraître*

asperge
pointes
griffes
botte

asperger
V. *arroser*

aspergès
V. *arroser*

aspérité
V. *pointe*

aspersion
V. *arroser*

aspersoir
V. *arroser*

asphalte
V. *bitume*

asphodèle
V. *plante*

asphyxie
V. *respiration*

aspic V. *animal*

aspirant
V. *officier*

aspiration
V. *ambition*, *respiration*

aspre V. *monnaie*
assagir
V. *sagesse*
Assaillir
V. *attaque*
assainir V. *sain*
assaisonnement V. *cuisine*
assassin V. *tuer*
assaut
V. *attaque*
assemblage
V. *menuiserie* et *ensemble*
assemblée
réunion
société
association
compagnie
entourage
union
agglomération
conglomération
centre
groupement
rassemblement
attroupement
meeting
fusion
accord
entente
connivence
tontine
cagnotte
souscription
participation
pique-nique
société coopérative.
ligue
alliance
solidarité
confédération
fédération
fédéralisme
coalition
croisade
corps
état
corporation
congrégation
confrérie
communauté
phalanstère
franc-maçonnerie
chœur
chorus
groupe
troupe
armée.
tribu
clan
bande
horde
harde
ramas
ramassis
tas
école
atelier
chapelle (petite)
coterie
cénacle
cabale
fronde
comité
cercle
club
chambrée
gynécée
harem
sérail
conférence
raoût
rout
soirée
matinée
réception
monde
cour
salon
syndicat
ghilde
jurande
maîtrise
hanse
tugend-bund
hermandad
conspiration
conjuration
complot
affiliation
inféodation
congrès
institut
chambre
chambre haute
sénat
chambre basse
parlement
conseil
assemblée délibérante
assemblée politique
assemblée nationale
convention
diète
diétin
concile
conclave
synode
sanhédrin
consistoire
aréopage
amphictyons
assiente
artel
junte
storthing
folkthing
rigsdag
reichstag
reichsrath
landtag
séance
délibération
tenue
assises
session
membre
sociétaire
jeton de présence
assistant
assistance

convoquer
tenir
ouvrir
clore
lever la séance
assister à
prendre part à
dissoudre
proroger

solidaire
syndical
hanséatique
fédératif
parlementaire
synodal
V. *associé*, *ensemble* et *désordre*

assembler
rassembler
unir
réunir
joindre
grouper
attrouper
ameuter
adjoindre
combiner
concerter
juxtaposer
rapprocher
accoler
attacher
conjoindre
mettre ensemble
allier
associer
incorporer
embrigader
enrégimenter
inféoder
affilier
englober
aboucher
confronter
mettre en présence
présenter
accoupler
amalgamer
marier
assortir
adapter
ajointer
ajuster
ajouter
additionner
annexer
accumuler
amonceler
agréger
agglomérer
agglutiner
masser
agrouper
amasser
entasser
collectionner
centraliser
monopoliser
cumuler
concentrer
coaliser
fondre
accorder
fusionner
mêler
mélanger
confondre
brouiller
embrouiller
enchevêtrer
coordonner
harmoniser
intercaler
insérer
emmancher
greffer
enter
souder
enchaîner
entrelacer

enlacer
nouer
lier
relier
emboîter
incruster
coller
cimenter
mastiquer
sceller
clouer
cheviller
visser
boulonner
coudre
de compagnie
ensemble
avec
conjointement
de pair
V. *associé* et *ensemble*

assentiment
V. *approbation*

asseoir (s')
s'accroupir
être sur son séant
se poser — —
se camper — —
se mettre — —
trôner
se placer
être posé
être juché sur
se rasseoir

à califourchon
à la renverse
assiette
séant
siège (V. ce mot)

assermenté V. *serment* et *clergé*

assertion
V. *affirmer*

asservir
V. *esclave*

assesseur
V. *magistrat*

assette V. *outil.*

assez
suffisamment
en quantité suffisante
passablement
congrûment
convenablement
honnêtement
raisonnablement
prou
suffire
contenter
satisfaire
suffisant
convenable
congru

assidu
V. *durée* et *zèle*

assiéger
V. *siège* (n° 2)

assiette
écuelle
plat
soucoupe
plateau
bassin
dessous de plat
sébille
gamelle
assiette à soupe
assiette à dessert
assiette plate
assiette creuse
fond
bord
marli
talus
service
vaisselle
assiettée
platée
vaisselle plate

assignat
V. *monnaie.*

assigner V. *donner* et *procès*

assimiler
V. *comparer*, *semblable*

assis
V. *asseoir* (*s'*)

assises
V. *tribunal*

assistance
auditoire
assemblée
galerie
salle
parterre
réunion
public
assistant
spectateur
auditeur
assister
être présent
faire acte de présence
être là
figurer
entendre
voir
écouter

assistance
V. *aide*

associé
coassocié
sociétaire
membre
compagnon
adjoint
acolyte
séquelle
assesseur
cavalier
conjuré
conspirateur
cabaleur
frondeur
clubiste
clubman
affilié
affidé
adepte
franc-maçon
inféodé
second
compère
consort
complice
allié
coalisé
croisé
fédéré
confédéré
fédéral
fédératif
confédératif
collectif
coopératif
social
corporatif
maçonnique
phalanstérien
tontinier
solidaire
syndical
synodal
conclaviste
synodique
consistorial
coopérateur
collaborateur
confrère
collègue
sénateur
conventionnel
aréopagite
député
conseiller
édile
jurat
condisciple
copain
Achate
camarade
deux têtes dans un bonnet
coreligionnaire

entrer dans
faire partie de
être membre de
participer à
prendre part à
s'engager dans
adhérer
former
contracter
fonder
constituer
fusionner
se réunir
s'unir
s'allier
s'associer
se solidariser
se coaliser
se liguer
se croiser
ne faire qu'un
mettre en commun
inféoder (s')
dissoudre
rompre
solidarité
V. aussi *assemblée* et *aimer*

assolement
V. *agriculture*

assombrir
V. *noir* et *triste*

assommer
V. *battre*

assommoir
V. *bâton*, *auberge*

assomption
V. *fête*

assonance
V. *musique*

assortir
V. *semblable*

assoter V. *amour*

assoupissement V. *sommeil*
assouplir V. *mou*
assourdir
V. *bruit*
assouvir V. *envie*
assujettir
V. *esclave*
assumer V. *responsabilité*
assurance
police
prime [tuelle
assurance mutontine [time
assurance mari-bureau Veritas
assurance contre l'incendie
assurance en cas de décès
assurance mixte
lloyd
sinistre
risque
risque locatif
mortalité
probabilité
ristorne
avenant
portefeuille

s'assurer

assureur
compagnie
courtier
assuré
tontinier
assurance
V. *courage, certitude, affirmer*
aster V. *plante*
astérie
V. *animal*
astérisme
V. *astre*
astérisque
V. *écriture*
astéroïde
V. *astre*
asthénie
V. *faiblesse*
asthme
V. *maladie*
astic V. *frotter*
asticot V. *animal, pêche*
asticoter
V. *colère*
astiquer
V. *nettoyer*
astragale
V. *os, moulure*
astrakan
V. *fourrure*
astral V. *astre*
astre
étoile
constellation
zodiaque
feu du ciel
flambeau du ciel
feu errant
mondes
globes de feu
astéroïde
astérisme

signe
soleil
lune
planète
satellite
nébuleuse
comète
tête
noyau
queue
anneau
disque [rente
grandeur appa-
limbe
aspect
phase
lever
coucher
éclipse
équation
conjonction
configuration
aberration
déviation
nutation
culmination
astronomie
uranographie
astrologie
sabéisme
catalogue
globe céleste
sphère céleste
carte céleste
astral
sidéral
astronomique
uranographique
acronyque

observer
cataloguer
luire
briller
scintiller
consteller
émailler
Uranie
V. aussi *astrologie, astronomie, étoile*
astreindre
V. *obligation*
astringent
V. *remède*
astrolabe
V. *astronomie*
astrologie
pronostication
divination
horoscope
astrologue
mage
augure
aruspice
aspect bénin
aspect maléfique
trin
trine aspect
quadrat aspect
quintil
ortive (amplitude)
influence
influx
signe
maisons

augural
astrologique
astrologiquement

lire l'avenir
dire
prédire
déchiffrer

astronomie
science astronomique [leste
mécanique cé-
cosmographie
cosmologie
uranographie
almageste
mensuration
système du monde
harmonie
ciel
sphère
observatoire
sphère armillaire
globe
gravitation
planète [taire
système plané-
nutation
déviation
aberration
évection
perturbation
excentricité
anomalie
cycle
équation
révolution
horizon
horizon visuel
horizon réel
horizon sensible
horizon artificiel
cercle finiteur
cercle déférent
cercle
limbe
degré
minute
seconde
tierce
scrupule
écliptique
nœud
rayon vecteur
épicycle
équateur
équatorial
tropique
parallèle
latitude
longitude
méridien
méridienne
parallaxe
vertical
zénith
nadir
pôles
antécédence
aphélie
dihélie
périhélie
apogée
périgée
digression
orbe
orbite
azimut
azimutal
révolution
ascension droite
hauteur

colure
équinoxe
équinoxial
précession
solstice
solsticial
lever diurne
mouvement
coucher
décours
déclin
déclinaison [dien
passage au méri-
point culminant
culmination
éclipse
phase
aspect
émersion
immersion
occultation
verre fumé
syzygie
opposition
conjonction
lunette
télescope
astrolabe
équatorial
héliostat
micromètre
cercle mural
radiomètre
quadrant
quart de cercle
octant
sextant
cosmographique
astronomique
cosmologique
astronome
V. *étoiles*

astuce V. *habileté*, *hypocrisie*
asymétrie
V. *irrégulier*
asymptote
V. *géométrie*
atavisme
V. *héritage*
ataxie
V. *maladie*

atelier
laboratoire
officine
ouvroir
chantier
manufacture
usine
work-house
atermoyer
V. *attendre*
athéisme V. *Dieu*, *philosophie*

Athènes
athénien
attique

athlète
gladiateur
hercule
lutteur
forain
saltimbanque
gymnasiarque
boxeur
acrobate
funambule
équilibriste
pugiliste
discobole
pancratiaste
laniste
gymnastique
jeu
tour de force
exercice
boxe
savate
lutte
combat
joute
paume
pentathle
pancrace
pugilat
bâton
escrime
saut
voltige
tremplin
trapèze
académie
gymnase
cirque
arène
palestre
stade
mail
gant
gantelet
ceste
poids
haltère
disque
balancier
anneau
prix
palme
agonothète
athlotète

athlétique
acrobatique
gymnique
funambulesque
V. aussi *gymnastique*
athrepsie
V. *maladie*
atlante
V. *colonne*
atlas V. *carte* [1]
atmosphère
V. *air*
atoll V. *île*
atome V. *division*
atomisme
V. *philosophie*
atone V. *faible*
atour V. *toilette*
atout V. *cartes* [2]
atrabilaire
V. *caractère*
âtre V. *cheminée*
atroce V. *cruel*, *laid*
atrophie V. *faiblesse*, *maladie*
attabler V. *repas*
attacher
V. *assembler*, *ensemble*, *lien*

attaque
agression
assaut
offensive
abordage
choc
heurt
charge
irruption
guet-apens
fausse attaque
feinte
provocation
cartel
défi

brusque
impétueuse
imprévue
à main armée
agressif
offensif
assaillant
agresseur
provocateur

attaquer
engager la lutte
en venir aux prises [mains
en venir aux
tomber sur
fondre
sauter sur
se porter en avant
se jeter
s'élancer
se ruer
donner
tomber à bras raccourcis
se livrer à une attaque
commencer
c'est le lapin qui a commencé
assaillir [sive
prendre l'offen-
aborder
charger
provoquer
défier

attarder
V. *attendre*
atteindre
V. *toucher*, *arriver*
atteinte V. *coup*
atteler V. *voiture*, *cheval*, *harnais*
attelle V. *harnais*
atteloire
V. *harnais*
attenant V. *bord*

attendre
s'attendre à
guetter
être dans l'attente
être aux aguets
faire le guet
être sur les charbons
être sur le gril
être sur les épines
faire antichambre
languir
se morfondre
poser
s'impatienter
être sur le qui-vive [tience
griller d'impa-
être de planton

attendre sous l'orme [l'eau
être le bec dans
croquer le marmot
rester en suspens
rester en souffrance
attendre pour
différer
remettre
tarder
retarder
s'attarder
atermoyer
tergiverser
surseoir
pauser
suspendre
temporiser
musarder
traîner [gueur
traîner en lonpatienter
se résigner
prendre patience
s'armer de patience
perdre patience
faire attendre
faire poser
tromper l'attente
décevoir l'attente

attente
expectative
quarantaine
atermoiement
tergiversation
sursis
suspension
pause
temporisation
stagnation
stationnement
angoisse
inquiétude
incertitude
anxiété
appréhension
perplexité
alarme
en permanence
en souffrance

temporisateur
temporiseur
suspensif
stagnant
stationnaire
expectant
expectatif
inquiet
perplexe
suspensif
musard
sœur Anne
Messie

attendrir V. *bon*

attentat
V. *crime*

attente
V. *attendre*

attention
application
concentration
absorption
tension
contention
vigilance
curiosité
esprit en arrêt
arrêt
auscultation
examen
considération
approfondissement

être attentif
être absorbé
être tout entier à
être concentré
s'attacher à
s'appliquer à
suivre
noter
remarquer
observer
étudier
approfondir
analyser
examiner
passer en revue
considérer
scruter
sonder
creuser
fouiller
regarder
tâter
écouter
flairer
goûter
déguster [tion
porter son atten-
prêter son atten-
diriger [tion
appliquer
arrêter
fixer
être tout yeux
être tout oreilles
boire les paroles
dresser l'oreille
prêter l'oreille
ouvrir l'œil

attention suivie
soutenue
profonde
attentif
attentionné
appliqué
inattentif
distrait

absorber l'atten-
accaparer [tion
attirer
exciter
éveiller
captiver
retenir
frapper
être l'objet de l'attention
arrêter l'attention
appeler l'attention sur
signaler à l'attention
échapper à
attentivement

attentionné
V. *bon*

atténuer
V. *moins*

atterrer
V. *tristesse*

atterrir
V. *arriver*

attester
V. *affirmer*

attiédir V. *moins* et *chauffage*

attifer V. *toilette*

attique V. *édifice*

attirail V. *bagage*

attirer
absorber
amener
exercer une attraction
faire venir
mander
appeler
héler
sonner
convoquer
convier
inviter
engager
amorcer
allécher
amadouer
acoquiner
captiver
séduire
charmer
fasciner
ensorceler
affriander
affrioler
appâter
répondre à
subir
mordre à

attractif
engageant
alléchant
attrayant
charmant
charmeur
séduisant
attraction
appât
appel
allèchement
agacerie
avances
invite
amorce
invitation
charme
fascination
affinité
attrait
V. *aimant*

attiser V. *feu*

attitré
V. *fonction*

attitude
position
posture
maintien
désinvolture
contenance
allure
façon
genre
démarche
dégaine [nir
manière de se te-
tenue
tournure
port

prestance
aspect
air
action oratoire
abandon
fausse position
physionomie
mine
contorsion
grimace
simagrée
singerie
geste
pantomime

abandonnée
simple
humble
modeste
rampante
suppliante
mélancolique
rêveuse
penchée
digne
démonstratif
expansif
debout
levé
assis
accroupi
baissé
couché
étalé
vautré
sur le dos
penché
incliné
affaissé
affalé
prosterné
courbé
en arrière
renversé
dégingandé
déhanché
allongé
ramassé
à cheval
à califourchon
accoudé
appuyé
adossé
le poing sur la
hanche
les bras ballants
les bras croisés
les jambes croi-
tête levée [sées

nez au vent

séant
accroupissement
inclinaison
prosternation
prosternement
affaissement
renversement
supination
allongement
accoudement
adossement
déhanchement

gésir
se tenir
se poser
se camper
se carrer
faire le beau
s'engoncer
se pelotonner
se ramasser
se lever
s'asseoir
s'accroupir
se baisser
se coucher
s'étaler
se vautrer
se pencher
s'incliner
se prosterner
se courber
s'affaisser
s'affaler
se mettre en deux
se mettre en chien
de fusil
se renverser
se dégingander
se déhancher
s'allonger
s'accouder
s'appuyer
s'adosser
avoir une attitude
prendre —
garder —
affecter —
se démener
se remuer
gesticuler [place
ne pas tenir en
mimer [tes
exprimer par ges-
se dandiner [les
hausser les épau-
V. *mouvement*

attorney
V. *magistrat*

attouchement
V. *toucher*

attraction
V. *attirer*

attrait V. *beauté*

attraper V.
tromper, *toucher*

attribuer
V. *accuser*, *donner*

attribut V. *signe*

attribution
V. *fonction*

attrister
V. *tristesse*

attrition V. *user*
et *remords*

attroupement
V. *assemblée*

aubade V. *chant*

aubain
V. *étranger*

aubaine
V. *hasard*

aube V. *matin*

aubépine
V. *plante*

aubère V. *cheval*

auberge
hôtellerie
hôtel
garni
pension
table d'hôte
bouillon
restaurant
gargote
débit
cantine
buffet
taverne
brasserie
café
casino
caveau
estaminet
bar
cabaret
bouchon
assommoir
buvette
caravansérail
posada
tournebride
aubergiste
hôtelier
logeur
traiteur
débitant
gargotier
cantinier
cantinière
vivandière
vivandier
buvetier
mastroquet
marchand de vins
guinguette
restaurateur
cafetier
cabaretier
limonadier
liquoriste
garçon
garçon de salle
extra
fille de salle
consommateur
pilier d'estaminet
habitué
pensionnaire
voyageur

descendre chez
prendre pension
consommer
héberger
recevoir
donner à
servir
à pied et à cheval

addition
note
carte
pourboire
ordinaire
prix fixe
à la carte
à la fourchette
portion
plat du jour [lier
cabinet particu-
V. *repas*, *cuisine*

aubergine
V. *plante*

aubergiste
V. *auberge*

aubier V. *bois*

aubifoin
V. *plante*

aubin V. *cheval*

Auch
auchois
auscitain

aucun V. *rien*

audace
hardiesse
assurance
confiance
fermeté
crânerie
témérité
folie
présomption
bravade
intrépidité
aplomb
front
décision
effronterie
impudence
outrecuidance

audacieux
hardi
ferme
résolu
crâne
osé
risqué
assuré
intrépide
imprudent
téméraire
irréfléchi
aventureux
hasardeux
inconsidéré
présomptueux
bravache
fou
cerveau brûlé
casse-cou
risque-tout
décidé
déterminé
délibéré
effronté
effronté comme un page
impudent
outrecuidant
cynique
éhonté
sans honte

s'enhardir
payer d'audace
payer d'aplomb
s'avancer
aller de l'avant
brûler ses vaisseaux
n'avoir pas froid aux yeux
se risquer
s'aventurer
aller tête baissée
se jeter à corps perdu
affronter
défier le danger
braver le danger
avoir le front de
oser

audacieusement
aveuglément
témérairement
présomptueusement
inconsidérément
follement
crânement
carrément
hardiment
fermement
résolument
intrépidement
hautement
délibérément
effrontément
impudemment
cyniquement
V. aussi *courage*

audience V. *entendre*, *écouter*

audiencier
V. *tribunal*

auditeur
V. *écouter*

auditif V. *écouter*

audition
V. *écouter*

auditoire
V. *écouter* et *assistance*

auge
auget
trémie
mangeoire
crèche
râtelier

augmenter
V. *plus*

augure V. *avenir*

augurer
V. *avenir*

auguste
V. *majesté*

aujourd'hui
V. *date*

aumône V. *don*

aumônière
V. *bourse*

aumusse
V. *vêtement*

aunage
V *mesure*

aune V. *longueur*

aune V. *plante*

auparavant
V. *précéder*

auprès V. *bord*

auréole
nimbe
gloire
rayon

auréolé
nimbé
rayonnant

auriculaire
V. *oreille*, *doigt*

aurifère V. *or*

aurochs
V. *animal*

aurore V. *matin*

ausculter V. *écouter*, *médecine*

auspice V. *devin*

aussi V. *plus*, *semblable*

aussitôt V. *vite*

austère
sévère
rigide
imposant
grave
compassé
sérieux
froid
sobre
détaché
désintéressé
patriarcal
vénérable
respectable

austérité
sévérité
rigidité
gravité
sérieux
froideur
sobriété
détachement
désintéressement

austral V. *Sud*

autan V. *vent*

autant V. *égal*

autel
sainte table
maître-autel
autel privilégié
autel latéral
reposoir
tabernacle
nappe
parement
devant
custode
dais
pavillon
ciborium
baldaquin
table
cornes
retable
contre-retable
crédence
tavaiolle
chancel
cancel
marche
degré
diptyque
triptyque

élever
dresser
consacrer
s'approcher de

auteur V. *faire*

auteur V. *écrivain* et *cause*

authentique
vrai
réel
légalisé
original
autographe
olographe
chirographaire
prouvé
certain
indéniable
incontestable
incontesté
assuré
avéré
notoire
certifié
confirmé

authenticité
vérité
originalité
confirmation
légalisation
certificat
visa
témoignage
preuve

caractère d'authenticité
cachet d'authenticité
authentiquer et les composés des précédents

autobiographie V. *histoire*
autochtone
V. *origine*, *patrie*
autocrate
V. *commander*
autodafé
V. *supplice*
autographe
V. *écrire*
automate
V. *mouvement*
automédon
V. *cocher*
automne
arrière-saison
derniers beaux jours
chute des feuilles
vendémiaire
brumaire
frimaire
septembre
octobre
novembre
automnal
septembral
automobile
V. *addenda*
autonomie
V. *liberté*
autopsie
V. *anatomie*
autoriser
V. *permettre*
autorité V. *commandement*
autour
alentour
pourtour
tour
enclave
circuit
périple
contour
cercle
périphérie
périmètre
ceinture
cordon
couronne
ourlet
banlieue
environs
abords
bord
bordure
cadre
encadrement
entourage
sertissure
circonvallation
circonvolution
enceinte
blocus
investissement

entourer
enceindre
enserrer
ceindre
enchâsser
embrasser
enclaver
enclore
contourner
border
ourler
encadrer
couronner
sertir
investir
bloquer
cerner
envelopper
circonscrire
circonvenir
environner
faire cercle
autour V. *animal*
autre
différent
distinct
dissemblable
dissimilaire
hétérogène
disparate
inégal
majeur
mineur
supérieur
inférieur
opposé
contraire
discordant
incomparable
divers [temps
la pluie et le beau
l'eau et le feu

il y a tout un
détonner [monde
jurer
hurler
se distinguer
se différencier
contraster
discorder
s'écarter
faire la différence
établir une différence
différencier
distinguer
séparer

différence
dissemblance
dissimilitude
hétérogénéité
distinction
démarcation
écart
opposition
contraste
disparité
variété
variation
changement
diversité
nuance
autrefois
V. *passé*
autruche
V. *animal*
autrui
prochain
semblable
frère
autre
Autun
autunois
auvent V. *abri*
Auvergne
auvergnat
Auxerre
auxerrois
auxiliaire
V. *aide*
avachir V. *mou*
aval V. *dette*, *bas*
avalanche
V. *neige*
avaler V. *manger*
avancement
V. *fonction*
avancer
V. *marche*, *payer*
avanie
V *malheur*
avant V. *les composés aux simples* et à *précéder*
avantage
V. *utile*
avare
cupide
avide
rapace
âpre au gain
intéressé
égoïste
avaricieux
regardant
serré
chiche
ladre
hardeur
mercantile
lésineur
épargnant
mesquin
pingre
chien
rat
économe
parcimonieux
dur à la détente
large des épaules
grippe-sou
fesse-mathieu
harpagon
chipotier
grigou

regarder à la dépense
économiser
compter
se montrer ménager de ses écus
ménager ses écus
liarder
lésiner
chipoter
marchander
entasser
thésauriser
couper un liard en quatre
ne penser qu'à soi

avarice
cupidité
avidité
âpreté
intérêt
égoïsme
ladrerie
lésinerie

lésine
parcimonie
mesquinerie
économie
avarice crasse
avarice sordide

avarie V. *mal*

avatar
V. *changement*

avec V. *assemblée*, *associé*, *harmonie*, *accompagner*

avelanède
V. *plante*

aveline V. *plante*

avelinier
V. *plante*

avenant
V. *assurance*

avènement
V. *commencement*

avenir
futur
ultérieur
postérieur
temps prochain
temps lointain
destinée
destin
lendemain
en perspective
ce que réserve
plus tard [l'avenir
désormais
dorénavant
dans ... temps
sous ... jours
postérité
descendance
arrière-neveux
générations futures
succession des temps
temps qui suit
présage
pronostic
prévoyance
prescience
prédiction
espérance
attente
crainte
expectative
perspective
qui vive
V. *deviner* et *devin*

avent V. *fête*

aventure
hasard
incident
épisode
conjoncture
circonstance
occurrence
accident
faits
exploits
risques
périls
aventurier
écumeur
flibustier
pirate
corsaire
boucanier

s'aventurer [ture
héros d'une aventure
courir les aventures [connu
se lancer dans l'inconnu

aventureux
entreprenant
hasardeux
risqué
V. *audace*, *événement*

aventurine
V. *joaillerie*

avenue V *chemin*

avéré V. *certain*

averse V. *pluie*

aversion
V. *haine*

avertin
V. *vétérinaire*

avertir
prévenir
aviser
dire
informer
instruire
faire savoir
mettre au courant
indiquer
dénoncer
mettre en garde
crier gare
crier casse-cou
mettre en éveil
donner l'éveil
donner l'alarme
communiquer
montrer
signaler
avertissement
avis
information
indication
communication
signalement
recommandation
admonestation
remontrance
représentation
préavis

aveu
confidence
confession
meâ culpâ
secret

avouer
confier
confesser
s'ouvrir
reconnaître
décharger sa conscience [culpâ
faire son meâ
arracher des aveux

aveugle
aveugle-né [mière
privé de la lumière
frappé de cécité

aveuglement
cécité [mière
privation de la lumière

être aveugle
n'y voir goutte
n'y pas voir clair
n'y pas voir
avoir perdu le sens de la vue
aveugler
crever les yeux

à tâtons
à l'aveuglette

aviculture
V. *élevage*

avide
cupide
anxieux
désireux
convoiteux
plein d'envie
dévoré de désir
affamé de
altéré de...
agité par le désir
miné par le désir
aiguillonné par...
passionné pour

désirer
convoiter
envier
souhaiter
ambitionner
vouloir
ne rêver que
n'avoir d'yeux que pour
couver des yeux
guigner
lorgner
reluquer [vie
voir d'un œil d'envie
aimer
aspirer à
brûler du désir de
griller d'envie
poursuivre de ses désirs

avilir V. *mépris*

aviné V. *boire*

aviron V. *rame*

avis
opinion (V.)
manière de voir
croyance
conviction
sentiment
sentence
estimation
appréciation
cause
parti
profession de foi

être d'un avis
professer une opinion
tenir pour [nion
soutenir
prétendre
adopter
embrasser
se déclarer pour
se prononcer
abonder dans le sens
convenir [sens
partager l'opinion
être d'accord
opiner
opiner du bonnet
émettre un avis
ouvrir
avancer
asseoir son opinion
abjurer [nion sur
renoncer à

changer de tourner

girouette
arlequin
caméléon
préjugé
idée arrêtée
opinion acréditée
— soutenable
— insoutenable
V. *avertir* et *juger*

avisé
V. *intelligent*

aviser V. *avertir*

aviso V. *navire*

avitailler
V. *nourriture*

aviver V. *force*

avives V. *cheval*

avocat
défenseur
défendeur
demandeur
partie
maître X [reau
membre du barreau
avocat d'office
avocat stagiaire
bâtonnier
conseil de l'ordre
tableau
bâtonnat
avocat conseil
avocat consultant
jurisconsulte
légiste
droit
stage
barre
toge
toque
serviette
dossier
client
clientèle
conclusion
plaidoirie
plaidoyer
défense
débats
réplique

prendre pour avocat
avoir pour avocat
avocasser
plaider
prendre la parole
chicane
avocassier
avocasserie
V. *procès*

avoine
avénacé
V. *plante*

avoir
posséder
être en possession
être maître de
entrer en possession
obtenir
acquérir
acheter
se procurer
acquêter
se rendre maître
prendre possession
rentrer en possession
recouvrer
reprendre
atteindre à
arriver à
conquérir
capter
capturer
gagner
occuper
s'approprier
tenir
détenir
garder
jouir de
être pourvu
être nanti

possession
propriété
bien-fonds
avoir
encaisse
capital
fonds
portefeuille
valeurs
magot
sac
valeurs mobilières
valeurs immobilières
nue propriété
usufruit
alleu
allodialité
terre
acquêt
domaine
usucapion
obtention
jouissance
bénéfice
commende
collation
conquête
captation
capture
prise
occupation
recouvrement
rentrée en possession
appartenance

possesseur
propriétaire
copropriétaire
maître
détenteur
bénéficier
bénéficiaire
commendataire
collataire
nominataire
collateur
collatif
bénéficial
nominateur
possessif
allodial
domanial
afférent

avoisiner
V. *bord*

avorter
avortement
abortif

avorton
V. *irrégulier*

avoué V. *procès*

avouer V. *aveu*

avoyer
V. *magistrat*

Avranches
avranchin

avril V. *mois*

avulsion
V. *ôter*

axe V. *ligne*

axillaire V. *bras*

axiome V. *vérité*

axolotl
V. *animal*

axonge
V. *graisse*

azalée V. *plante*

azerolier
V. *plante*

azimut
V. *astronomie*

azote
V. *substance*

azur V. *ciel* et *couleur*

azyme V. *pain*

B

baba V. *pâtisserie*

babiller V. *parler*

babine V. *bouche*

babiole
V. *bagatelle*

bâbord V. *navire*

babouche
V. *chaussure*

babouin
V. *animal*

bac V. *cartes* et *navire*

baccara V. *cartes*

baccalauréat
diplôme
parchemin
titre [lier
grade de bachelier
programme
examen écrit
examen oral
examinateur
jury
épreuves
admissibilité
facultés
inscription
livret scolaire
obtention
notes
mention
préparation
présentation
candidat
aspirant
impétrant
bachelier [tres
bachelier ès lettres
bachelier ès sciences
admissible
admis
reçu

s'inscrire
se présenter
passer l'examen
affronter l'examen

être reçu
passer
échouer
bacchanale
V. *bruit*
Bacchus
bacchante
ménade
bacchanales
dionysiaques
bâche
V. *couverture*
bachelier
V. *baccalauréat*
bachot V. *navire*
bacille V. *maladie*
bâcle V. *porte*
bâcler V. *faire*
badaud
oisif
promeneur
passant
curieux
foule
galerie
badauderie
badauder
baderne
V. *voilure*
badiane
V. *plante*
badigeon
V. *peinture*
badine V. *bâton*
badiner
V. *plaisanter*
bafouer
V. *mépris*
bâfre V. *repas*
bagage
attirail
colis
ballot
malle
havresac
paquet
besace
bissac
sac
ferrière
fauconnière
sacoche
aumônière
ridicule
gibecière
effets
porte-manteau
valise
sac de nuit
sac de voyage
excédent
pacotille

porter
transporter
emporter
consigner
enregistrer
faire ses paquets
empaqueter
faire ses malles
plier bagage
trousser bagage
bagarre
V. *dispute*
bagasse V. *sucre*
bagatelle
futilité
riens
mots
babiole
brimborion
bibelot
bibus
niaiserie
calembredaine
baliverne
sornette
baguenauderie
bleuette
billevesée
puérilité
badinage
sottise
béotisme
frivolité
vanité
vétille
fadaise
verbiage
battologie

vain
futile
frivole
superficiel
niais
puéril
vétilleux
musard
sot
insipide
nul
creux
vide
sans importance
sans portée
en l'air
insignifiant
insipide
inconséquent

baliverner
baguenauder
vétiller
niaiser
musarder
bagne
galère
présides
travaux forcés
chiourme
garde-chiourme
chaîne
argousin
alganon
galérien
forçat
libéré
bagout V. *parler*
bague
anneau
alliance
chevalière
chaton
pierre
camée
intaille
porter une bague
doigt annulaire
écrin
baguier
dactyliothèque
monter en bague
baguenauder
V. *bagatelle*
baguenaudier
V. *plante*
baguer V. *coudre*
baguette
V. *bâton*
baguier
V. *bague*
bahut V. *meuble*
bahutier
V. *métier*
bai V. *couleur*
baie V. *rivage*
baigner V. *bain*
baignet
V. *pâtisserie*
baignoire
V. *bain*
bail
V. *appartement*
bâiller V. *bouche*
bailli V. *magistrat*
bâillon V. *silence*, *supplice*
bain
ablution
immersion
pédiluve
bain de pieds
bain de siège
bain simple
bain complet
bain de Barèges
pleine eau
bain froid
bain de rivière
bain de mer
bain à la lame
douche
bain de pluie
tub
hydrothérapie
fumigation
bain de vapeur
massage [bains
établissement de
école de natation
piscine
thermes
hammam
station balnéaire
plage
costume de bains
étuve
cabine
baignoire
sabot
chauffe-bain
caleçon
peignoir
baigneur
baigneuse

prendre un bain
entrer dans son
se baigner [bain
balnéaire
baïonnette
douille
pointe
sabre-baïonnette
croiser
charger
baïoque
V. *monnaie*
baiser V. *bouche*
baisser
descendre
diminuer
décroître

décliner
se déprimer
s'abaisser
s'abattre
s'affaisser
s'accroupir
tomber
dévaler
surbaisser

baisse
abaissement
rabaissement
décroissance
diminution
déclin
descente
dépression
abattement
affaissement
chute
décadence
abaisseur
abaissable

baissier
V. *banque*
baissière V. *vin*
baisure V. *pain*
bajoue V. *joue*
bal V. *danse*
baladin
V. *comédien*
balafre
V. *blessure*
balai
écouvillon
balai de crin
balai de chiendent
balai de jonc
tête de loup
faubert
houssoir
coup de balai
manche à balai
balayer
balayeur
balayeuse
balayure
balayage
balance
balance romaine
peson
bascule
balance Roberval
trébuchet
balance hydrostatique
pèse-lettre
ajustoir
plateau
bassin
arbre
bras
fléau
couteaux
aiguille
chapes
levier
poids
sensible
folle
juste
faussée
pesée
équilibre [chand)
balancier (mar-
balancelle
V. *navire*
balancer
V. *mouvement*
balancier V. *machine*, *balance*, *horloge*
balançoire
escarpolette
balandran
V. *vêtement*
balast V. *wagon*
balayer V. *balai*
balbutier
V. *parler*
balbuzard
V. *animal*
balcon
allège
tablette
barre d'appui
accoudoir
balustrade
barreau
grille
grillage
baldaquin
dais
pavillon
poêle
lambrequin
draperie
ciel de lit
velum
ciborium
Bâle
bâlois
baleine
baleineau
cétacé
fanon
blanc de baleine
Jonas
baleinière
V. *navire*
balèvre V. *lèvre*
balise V. *signe*
balisier V. *plante*
baliste
V. *artillerie*
balistique
V. *artillerie*
baliveau V. *forêt*
baliverne
V. *bagatelle*
ballade V. *poème*
balle V. *projectile*, *fusil*, *boule*
ballerine
V. *danseur*
ballet V. *danse*
ballon
aérostat
montgolfière
ballon captif
aéroplane
ballon dirigeable
aérostation
aviation
gonflement
dégonflement
ascension
descente
filet
suspentes
lest
guide-rope
cabillot
nacelle
ancre
soupape
parachute

lester
delester
jeter du lest

aéronaute
aérostier
aérostatier
ballonnier
aérostatique
aéronautique
ballonner
V. *forme*
ballot V. *bagage*
ballottement
V. *mouvement*
balnéaire
V. *bain*
baloche V. *plante*
balourdise
V. *bêtise*
balsamier
V. *plante*
balsamine
V. *plante*
balustrade
V. *colonnade*
balzan V. *cheval*
balzane V. *cheval*
bambin V. *enfant*
bambochade V. *débauche* et *tableau*
bambou V. *plante*
bamboula
V. *danse*
ban V. *publicité* et *cri*
banal
vulgaire
rebattu
ressassé
vieux
rococo
vieux jeu
pauvre
commun
connu
ordinaire
médiocre
simple
quelconque
poncif
usé
sans originalité
sans personnalité
insignifiant
usuel

banalité
vulgarité
pauvreté
médiocrité
insignifiance
banane V. *plante*
bananier
V. *plante*
banat V. *territoire*
banc
siège
banquette
banc d'œuvre
bancelle
petit banc
marchepied
escalier
escabelle
tabouret
placet

pied
siège
dossier
bras

bancal V. *boiteux*
banco V. *cartes*
bandage V. *chirurgie* et *médecine*
bande
sangle
bandeau
bandelette
banderole
phylactère
litre
bandage
appareil
écharpe
bandoulière
jugulaire
mentonnière
bourrelet
diadème

bander
sangler
entourer de
enrouler dans

bande
V. *assembler*
bandeau
V. *bande* et *cheveu*
bandelette
V. *bande*
bandereau
V. *instrument*
banderole
V. *bande*
bandière V. *drapeau* et *armée*
bandit
V. *criminel*
bandoline
V. *cheveu*
bandoulière
V. *ceinture*
banian V. *plante*
bank-note
V. *monnaie*
banlieue
suburbain
banneret
V. *féodalité*
banneton
V. *pêche*
bannette
V. *panier*
banni
V. *renvoyer*
bannière
V. *drapeau*
bannir
V. *renvoyer*
banque
finance
bourse [leurs
marché des valeurs
fonds
change
escompte
crédit
opération
placement
titre
prime
terme
déport
arbitrage
report
découvert
différence
courtage
commission
bordereau
corbeille
parquet
chèque
carnet
caisse
coffre-fort
guichet
agent de change
banquier
financier
capitaliste
traitant
changeur
courtier
boursier
remisier
coulissier
agioteur
spéculateur
boursicotier
haussier
baissier
banqueroutier

ouvrir une banque
tenir une banque
jouer
spéculer
agioter [tion
faire une opération
se lancer dans
se risquer dans
jouer à la hausse
jouer à la baisse
boire un bouillon
escompter
exécuter
faire sauter

spéculation
jeu
couverture
découvert
déficit
liquidation
déconfiture

banqueroute
V. *faillite*
banquet
V. *repas*
banquette
V. *banc*
banquier
V. *banque*
banquise
V. *glace*
baobab V. *plante*
baptême
ondoiement

baptiser
administrer le
donner [baptême
conférer
tenir sur les fonts
ondoyer

parrainage
parrain
marraine
compère
commère
compérage
filleul
filleule
prénom
patron
registre baptistaire
extrait de baptême
fonts [tême
baptistère
chrémeau
tavaïolle
baptismal

baquet
V. *tonneau*
bar V. *animal* et *auberge*
baragouin
V. *parole*
baraque
V. *boutique*
baraquement
V. *camp*
baraterie V. *vol*
baratte V. *beurre*
barbacane
V. *fortification*
barbare
V. *cruel* et *sauvage*
barbarisme
V. *mot*
barbe
collier de barbe
favoris
pattes de lapin
barbe en fer à cheval
barbe en pointe
barbe en éventail
barbe de sapeur
barbiche
houppe
impériale
royale
mouche
moustache
crocs [be
étrenne de la barbe
barbu
imberbe
blanc-bec
barbier

barbifier
faire la barbe
porter toute sa barbe [barbe
laisser pousser sa
se raser

barbe naissante
fournie
drue
serrée
postiche
poil follet
duvet
V. *cheveu*

barbeau
V. *animal*
barbelé V. *arc*
barbet V. *chien*
barbette
V. *fortification*
barbiche
V. *barbe*
barbichon
V. *chien*
barbier V. *barbe*
barbillon
V. *animal*

barbon V. *vieux*
barboter V. *boue*
barbouiller V. *sale*
barbu V. *barbe*
barbue V. *animal*
barcarolle V. *chant*
bard V. *voiture*
bardane V. *plante*
barde V. *poète*
bardeau V. *charpente*
bardelle V. *harnais*
barder V. *couvrir*
bardeur V. *métier*
bardit V. *chant*
bardot V. *mulet*
barguigner V. *hésiter*
barigel V. *police*
barigoule V. *artichaut*
baril V. *tonneau*
barioler V. *couleur*
barlong V. *forme*
barnache V. *oie*

baromètre
b. à siphon
b. anéroïde
b. à cuvette
b. métallique
monture
cadran
aiguille
tube
mercure
cuvette
échelle
degré
barymétrie
pression atmosphérique
pression barométrique
hauteur barométrique
courbe isobare
variations
temps lourd
temps bas

monter
baisser
être au beau fixe (etc.)

baron V. *noble*
baroque V. *irrégulier*
barque V. *navire*
barrage V. *écluse*

barre
barreau
traverse
barrette
tringle
bâton
bâtonnet
ringard
V. *bâton*

barreau V. *avocat*
barrette V. *coiffure* et *cardinal*
barricade V. *barrière*

barrière
barrage
digue
levée
clôture
fermeture
obstacle
mur
muraille
palissade
estacade
échalier
claire-voie
haie
fossé
séparation
grille
grillage
garde-fou
balustrade
parapet
digue
endiguement
V. aussi *fermer*

barrique V. *tonneau*
baryte V. *substance*
baryton V. *chanteur*
baryum V. *substance*

bas (adjectif)
bas
descendu
en bas
en aval
tombé
surbaissé
en contrebas
agenouillé
prosterné
accroupi
assis
gisant
affaissé
affalé
courbé
ployé
fléchi
penché
plié
étalé
rampant
traînant
couché
allongé
renversé
rabaissé
abaissé
déprimé
abattu
versé
terrassé
jeté bas
mis à bas
précipité
coulé
sombré
plongé
noyé
immergé
base
abaissable
V. *tomber*, *baisser* et *vil*

bas
chaussette
jarretière
jambe
semelle
talon
côtes

tricoter
repriser
rapiécer
mettre
enfiler
ôter

basalte V. *pierre*
basane V. *cuir*
basané V. *couleur*
basculer V. *mouvement*

base
fondement
fondation
soubassement
support
appui
bas
pied
piédestal
piédouche
socle

fondamental
jeter les bases
baser
fonder
appuyer
soutenir
supporter
faire porter sur
faire reposer sur
asseoir sur
établir
s'appuyer sur
saper

basilic V. *plantes*
basilique V. *église*
basin V. *étoffe*
basoche V. *avocat*
basque V. *vêtement*
basse V. *chant* et *musique*
bassesse V. *humiliation*
basset V. *chien*
bassette V. *cartes*
bassin V. *récipient*
bassiner V. *chauffage*
bassinet V. *fusil*
bassinoire V. *chauffage*
basson V. *instruments* (musique)
basterne V. *voiture*
bastingage V. *navire*
bastion V. *fortification*
bastonnade V. *battre*
bât V. *âne*
bataille V. *combat*

bataillon V. *armée*
bâtard V. *fils*
bateau V. *canotage* et *navire*
bateleur V. *comédien*
batelier V. *navire*
bâter V. *harnais*
batifoler V. *rire*
bâtiment V. *navire*
bâtir
construire
élever
édifier
ériger
rebâtir
reconstruire
réédifier
édifice
édification
réédification
construction
constructeur
édificateur
bâtisseur
entrepreneur
architecte
castor
V. *édifice*, *architecte*
batiste V. *étoffe*
bâton
gourdin
nerf de bœuf
massue
assommoir
trique
canne
jonc
rotin
latte
échalas
batte
houlette
sceptre
crosse
bâton pastoral
bâton de maréchal
bâton de chef d'orchestre
bâton augural
appui-main
bâtonnet
rondin
badine
stick
sion
règle
gaule
verge
férule
houssine
cravache
caducée
thyrse
alpenstock
béquille
jalon
jalonnage
palissade
estacade
pilotis
perche
pieu
piquet
aiguillade
aiguillon
pal
épieu
poteau
pilori
tuteur
rame
treillage
poteau
volige
planche
bâtonniste
bâtonnier
bastonnade
coup de bâton
volée
schlague
correction
bois vert

bâtonner
jouer du bâton
s'armer d'un bâton
administrer [ton
fustiger
crosser
houssiner
gauler
chabler
palissader
jalonner
ficher
planter
V. *charpente*
bâtonnat V. *avocat*
bâtonner V. *bâton*
bâtonnier V. *avocat*
bâtonniste V. *escrime*
batracien V. *animal*
battant V. *porte*
batte V. *bâton*
battellement V. *toit*
battement V. *mouvement*
batterie V. *canon*
batteur V. *métier*
batteuse V. *machine*
battoir V. *blanchissage*
battologie V. *bêtise*
battre
frapper
heurter
achopper
cogner
atteindre
férir
donner des coups
frapper comme un sourd [coups
administrer des
asséner
porter un coup
bourrer de coups
rouer de coups
assommer
casser les reins
corriger
frotter les oreilles
gourmer
lever la main sur
battre comme plâtre [qu'un
tomber sur quel-
corriger d'importance
donner une leçon
donner sur les
fouetter [ongles
cingler
fouailler
flageller
cravacher
bâtonner
crosser
claquer
confirmer
gifler
souffleter
abîmer
écharper
échiner
étriller
donner des étrivières
maltraiter
brutaliser
meurtrir
rosser
cosser
gauler
chabler
V. aussi *coup*
battue V. *chasse*
batture V. *dorure*
bau V. *charpente*
baud V. *chien*
baudet V. *âne*
baudir V. *chien*
baudrier V. *épée*
baudruche V. *peau*
bauge V. *sanglier*
baume V. *remède*
baumier V. *plante*
bavarder V. *parler*
bave V. *cracher*
bavette V. *cravate*
Bavière
bavarois
bavochure V. *difforme*
bavolet V. *coiffure*
bavure V. *moule*
bayadère V. *danseur*
bayart V. *voiture*
bayer V. *bouche*
Bayeux
bajocasse
bazar V. *boutique*
béant V. *trou*
béat V. *heureux*
béatifier V. *saint*
béatilles V. *nourriture*
béatitude V. *bonheur*
beau
magnifique
admirable

merveilleux
superbe
splendide
divin
sublime
cornélien
parfait
accompli
achevé
enchanteur
ravissant
idéal
féerique
prestigieux
magique
éblouissant
brillant
sans égal
sans pareil
sans second
unique
mirifique
un vrai bijou
une perle
incomparable
inimitable
éclatant
excellent
fini
à peindre
magistral
irréprochable
la perfection
adorable [même
comme un astre
comme le jour
avantageux
charmant
charmeur
élégant
distingué
fashionable
bien
sur son 31
à 4 épingles
dernier genre
dernier cri
select
musqué
comme il faut
à la mode
joli
gracieux
fin
délicat
aimable
mignon
bellot
bellâtre
riant
séduisant
coquet
gentil
plaisant
pittoresque
attrayant
svelte
bien
bien pris
bien proportionné
bien fait
bien tourné
Adonis
Apollon
modèle
chef-d'œuvre
V. *beauté*, *bien*, *admiration* et *élégant*

Beauce
beauceron

beaucoup
fort
force
quantité
abondamment
copieusement.
profusément
à profusion [tité
en grande quan-
en grand nombre
sans y regarder
à discrétion
bien de
plein de
bon nombre de
par milliers
en masse
en tas
à la pelle
à la douzaine
à satiété
à souhait
très
fort
fortement
sans fin
diablement
diantrement
grandement
infiniment
innombrablement
plantureusement
fameusement
fabuleusement
colossalement
amplement
inépuisablement
largement
prodigieusement
merveilleusement
abominablement
puissamment
au comble
considérablement
éminemment
absolument
souverainement
superlativement
superbement
suprêmement
divinement
au plus haut point
au plus haut degré
un débordement
à l'apogée [de
par excellence
extrêmement
extraordinaire-
ment
étonnamment
profondément
radicalement
foncièrement
remarquablement
souvent
fréquemment
V. *quantité*

beau-fils
V. *famille*

beau-frère
V. *famille*

beau-père
V. *famille*

beaupré V. *mât*

beauté
splendeur
magnificence
sublimité
perfection
brillant
charme
élégance
distinction
belles-manières
bel air
fashion
galbe
bon effet
joliveté
grâce
finesse
délicatesse
séduction
gentillesse
attrait
appas
avantages
sveltesse
belles propor- tions
régularité
correction
pittoresque
beauté céleste
beauté du diable
déjeuner de soleil
fleur de beauté
esthétique
critique d'art
bellâtre
phénix
V. *élégant*, *beau*

Beauvais
beauvaisien
bellovaque

bébé V. *enfant*

bec V. *oiseau*

bécarre
V. *musique*

bécasse
V. *animal*

bec-d'âne
V. *outil*

bec-de-cane
V. *serrure*

bec-de-corbin
V. *outil*

bec-de-lièvre
V. *bouche*

becfigue
V. *animal*

béchamel
V. *nourriture*

bêche V. *pelle*

béchique V. *remède* et *tousser*

becquée
V. *manger*

bedeau V. *église*

beffroi V. *tour*

bégayer
V. *parler*

bègue V. *parler*

bégueule
V. *pudeur*

béguin
V. *coiffure*

beige V. *couleur*

beignet
V. *pâtisserie*

béjaune V. *bête*

bêler V. *mouton*

bel-esprit
V. *esprit*

belette V. *animal*
bélier V. *mouton*
bélière V. *pendre*
bélître V. *grossier*
belladone V. *plante*
bellâtre V. *élégant*
belle-dame V. *plante*
belle-de-jour V. *plante*
belle-de-nuit V. *plante*
belle-fille V. *famille*
belle-mère V. *famille*
belle-sœur V. *famille*
belligérant V. *guerre*
belliqueux V. *guerre*
bellot V. *beau*
belluaire V. *cirque*

belvédère
kiosque
pavillon
gloriette
tourelle
V. *tour*
bémol V. *musique*
bénarde V. *serrure*
bénédicité V. *prière*
bénédictin V. *clergé*
bénédiction V. *bénir*

bénéfice
profit
rapport
avantage
gain
lucre
produit
rendement
tant pour cent
courtage
commission
casuel
aubaine
pécule
gratte
guelte
anse du panier
tour du bâton
grattage
boni
revenant bon
bonification
dividende
bénéfice brut
bénéfice net
vache à lait
mine
avantageux
profitable
lucratif
productif
fructueux
bénéficiaire
bénéficial

bénéficier
tirer bénéfice
gagner
battre monnaie
empocher
faire des bénéfices
être au-dessus de ses affaires
tirer profit de
accumuler
gagner gros
fructifier
glaner
grappiller
gratter
rapporter des bénéfices
rendre des bénéfices
V. *rente*
bénêt V. *bête*
bénévole V. *bon*

Bengale
bengali
bénin V. *bon*

bénir
donner sa bénédiction
imposer les mains
confirmer
oindre
consacrer
sacrer

bénédiction
bénédicité
consécration
onction
sacre
confirmation
bénédiction nuptiale
bénédiction paternelle
bénitier
fonts
eau bénite
eau lustrale
pain bénit
goupillon
aspergès
donneur d'eau bénite
benjoin V. *odeur*
benzine V. *nettoyer*
béquet V. *plus*
béquille V. *soutien*
ber V. *charpente*
bercail V. *berger*

berceau
bercelonnette
crèche
manne
dodo
couche
rideau
bercer
berceuse
V. *lit*
béret V. *coiffure*

Bergame
bergamasque
bergamote V. *plante* et *odeur*
berge V. *bord*

berger
bergère
pasteur
pâtre
pastoureau
pastourelle
bergerette
baile
gardeur
gardeuse
bouvier
chevrier
vacher
vachère
porcher
pâtureur
chien de berger
houlette
cornet à bouquin
cornemuse
ranz des vaches
pâturage
pacage
pâtis
troupeau
bercail
étable
bergerie
bouverie
parc
communaux
herbage
glandée
conduire
faire paître
mener paître
mettre au vert
pacager
parquer
bergère V. *siège*
bergerette V. *berger*
bergerie V. *berger*
bergeronnette V. *animal*

Berlin
berlinois
berline V. *voiture*
berlingot V. *confiseur*
berlue V. *erreur*
berme V. *chemin* et *fortification*
bernacle V. *coquillage*
berne V. *drapeau*
berner V. *railler*

Berri
berrichon
béryl V. *joaillerie*
besace V. *bagage*
besaigre V. *vin*
besaiguë V. *outil*

Besançon
bisontin
besant V. *monnaie* et *blason*
beset V. *dé*
besicles V. *lunettes*
bésigue V. *cartes*
besogne V. *travail*, *ouvrage*
besoin V. *pauvreté* et *envie*
bestiaire V. *cirque*
bestial V. *grossier*

bestiaux
V. *bétail*
bestiole V. *petit*
bêta V. *bête*
bétail
bestiaux
troupeau
bêtes à laine
bêtes à corne
bêtes de somme
bêtes de trait
taureaux
bœufs
vaches
génisses
veaux
béliers
moutons
brebis
agneaux
porcs
chèvres
chevaux
juments
poulains
mulets
mules
ânes
ânesses
ferme
élevage
dressage
pâturage
porcher
berger
toucheur
nourrisseur
éleveur
fermier
épizootie
clarine
sonnaille
exploitation
haras

affener
V. *berger*, *étable* et *ferme*
bête V. *animal*
bête
inintelligent
borné
épais
obtus
nul
sot
stupide
balourd
benêt
bêta
pauvre d'esprit
bêtasse
péronnelle
simple
bardot
plastron
tête de Turc
naïf
innocent
niais
nigaud
enfantin
puéril
peu doué
peu lumineux
imbécile
idiot
lourdaud
saugrenu
absurde
béjaune
hébété
abruti
en enfance
ganache
crétin
cruche
âne
âne bâté
oie
serin
dinde
bécasse
pécore
huître
dadais
jocrisse
jobard
jeanjean
godiche
nicodème
comme une oie

abêtir
abrutir
crétiniser
abalourdir
hébéter
en enfance (tomber)

bêtement
niaisement
stupidement
sottement
naïvement
innocemment
imbécilement
absurdement
bétel V. *plante*
bêtise
inintelligence
sottise
stupidité
balourdise
pauvreté d'esprit
simplicité
naïveté
niaiserie
futilité
enfantillage
puérilité
ravauderie
inanité
nigauderie
imbécillité
idiotie
idiotisme
absurdité
billevesée
alibiforain
arlequinade
calembredaine
lantiponnage
fadaise
pantalonnade
trivelinade
turlupinade
battologie
faribole
bourde
radotage
abrutissement
hébêtement
abêtissement
déraison
crétinisme
ânerie
V. *absurdité*
bétoine V. *plante*
béton
V. *maçonnerie*
bette V. *plante*
betterave
V. *plante*
beugler
V. *crier*
beurre
demi-sel
margarine
butyrine
motte de beurre
fil à beurre
beurre noir
fort
frais
salé
rance
fondu
butyreux
butyrique
beurrier
beurrière
beurrée
baratte
barattage
baratter
battre
beurrer
bévue V. *erreur*
bey V. *chef*
Béziers
biterrois
biaiser
V. *tourner*
Biarritz
biarrot
bibelot
curiosités
bagatelles
objet d'étagère
objet de vitrine
collection
galerie
collectionneur
curieux
amateur
collectionner
former une collection
bric-à-brac
marchand de curiosités
hôtel Drouot
ventes
trucage
contrefaçon
V. *brocanteur*
biberon V. *boire*
bible
livres saints
ancien testament
nouveau testament
parole de Dieu
saintes Écritures
Écriture sainte
Psautier
verset
Évangiles
interprétation
version
version des septante
vulgate
lettre
esprit
figure
symbole

parabole
glose
exégèse
massore
mischna
canonique
authentique
apocryphe
canon
canonicité
concordances

biblique
exégète
massorète
massorétique
exégétique

bibliographe
V. *livre*

bibliomane
V. *livre*

bibliophile
V. *livre*

bibliothèque
bibliothèque fermée
vitrine
casier
rayon
rang
tablette
tasseaux
crémaillère
échelle
catalogue
numéros
ex libris
ranger
cataloguer
collationner
classer
compléter
enrichir
monter

bibliothécaire
sous-bibliothécaire
V. *livre*

biceps V. *bras*

biche V. *cerf*

bichon V. *chien*

bichonner
V. *toilette*

bicoque
V. *maison*

bicyclette
vélocipède
machine
cycle
bicycle
tricycle
tandem
triplette
quadruplette
roue
roue directrice
pédale
pédalier
manivelle
pignon
chaîne
engrenage
bille
roulement
rayon
rayon tangent
jante
pneumatique
enveloppe
chambre à air
valve
guidon
frein
cadre
fourche
douille
tube hélical
selle
sacoche
garde-boue
pompe à air
cycliste
bicycliste
vélocipédiste
amateur
routier
touriste
coureur
professionnel
champion
entraîneur
équipe
team
course

sport
entraînement
performance
forme
développement
vélodrome
piste
virage
match
scratch
handicap
record
vélocipédique

être en forme
coller derrière
pédaler
couvrir une distance
virer
déraper

bidet V. *cheval*

bidon V. *récipient*

bief V. *canal*

bielle V. *machine*

bien
très bien
fort bien
artistement
parfaitement
divinement
merveilleusement
à merveille
à ravir
bravo !
divin
délicieux
excellent
admirable
bon
trouvé
choisi
beau
délicat
comme il faut
correct
impeccable
irrépréhensible
légitime
irréprochable
exemplaire
édifiant
recommandable
méritoire
louable
convenable
bienséant
décent
commode
satisfaisant
suffisant
louable
recevable
acceptable
sortable
rationnel
raisonnable
admissible
réglementaire
régulier
dans les règles
ordonné
compassé
régularité
correction
convenance
perfection
beauté
V. aussi *beau*

bien-être
V. *bonheur*

bienfaisant
V. *bon*

bienfait
service
bontés
bon office
obligeance
aide
secours
appui
dévouement
munificence
largesse
aumône
don
charité
obole
bonne œuvre
bienfaiteur
manteau bleu

faire l'aumône
distribuer
dispenser
obliger
aider
secourir
venir en aide
se montrer bienfaisant
être la providence
être secourable
être serviable
V. *bon*, *aider*

bien-fonds
V. *avoir*

bienheureux
V. *heureux*

biennal V. *année*

bienséance
V. *politesse*

bientôt V. *vite*

bienveillance
V. *bonté*

bienvenue
V. *hospitalité*

bière
ale
porter
stout
pale ale
faro
cervoise

petite bière
bock
demi
moss
chope
canette
pompe à bière
brasser
houblonner
brasseur
brasserie
café
houblon
malt
levure
drêche
houblonnière
Cambrinus
V. *auberge*

bière V. *mort*
biffer V. *effacer*
bifteck
V. *nourriture*
bifurcation V. *division*, *chemin*
bigame
V. *mariage*
bigarade
V. *plante*
bigarré
V. *couleur*
bigarreau
V. *cerise*
bigle V. *œil*
bigorne
V. *enclume*
bigorneau
V. *coquillage*
Bigorre
bigordan
bigot V. *religion*
bigue V. *grue*

bijou
joyau
parure
garniture
corbeille de mariage
ornement
diadème
couronne
aigrette
ferronnière
ferret
bague
boucle d'oreille
tabatière
bouton
épingle
bracelet
pendeloque
pendant
collier
chaîne
châtelaine
jaseran
broche
médaillon
breloque
rassade
croix
émail
nielle
camée
intaille
vrai
faux
imitation
simili
doré
doublé
fourré
bijoutier
joaillier
lapidaire
bijouterie
joaillerie
monture
sertissure
pierre
pierrerie
doublet

porter des bijoux
monter
sertir
mettre en œuvre
V. *joaillerie*

bilabié V. *fleur*
bilan V. *faillite*
bilatéral
V. *double*
bilboquet
V. *jouet*

bile
atrabile
fiel
biliaire
bilieux
ictérique
épanchement
flux
jaunisse
ictère
vésicule biliaire

bilingue
V. *langage*
bill V. *loi*

billard
jeu
tapis
drap
bande
blouse
mouche
bille
queue
cadette
procédé
carambolage
série
paire de lunettes
coulé
effet
recul
retro
crochet
trois bandes
quatre bandes
contre
raccroc
bille en tête
collé

queuter
faire fausse queue
manquer de touche
prendre la bille pleine
prendre bille en tête
billarder
masser
couler
caramboler
jouer
jouer la carotte
coller
décoller
en livrer

académie
partie
match
casin
poule
bouchon
quilles
professeur de billard
billardier
bande sensible
bande qui rend

bille
calot
jeu de billes
bloquette
triangle
villes
poursuite
cercle
pot
caler
bourrer

billebaude
V. *désordre*
billet V. *traite*

billet
ticket
contremarque
coupon
correspondance
entrée
billet de faveur
billet de location
service de première
guichet
faire queue
V. *Théâtre*

billeter
V. *étiquette*
billette V. *pont* et *bois*
billevesée
V. *bêtise*
billion V. *nombre*
billon V. *monnaie*
billon V. *haut*
billot V. *supplice*
bilobé V. *plante*
bimane V. *main*
bimbeloterie
V. *jouet*
binaire V. *double*
binard V. *voiture*
biner
V. *agriculture*
binet V. *flambeau*
biniou
V. *instrument*
binocle V. *lunette*
binôme
V. *algèbre*
biographie
V. *histoire*
biologie
V. *science*
bipède V. *pied*
bique V. *chèvre*
biquet V. *chèvre*
biribi V. *jeu*
birloir V. *fenêtre*
bis V. *couleur*
bis V. *double*
bisaïeul
V. *famille*
bisannuel
V. *année*

bisbille V. *ennui*
biscaïen
V. *projectile*
biscornu
V. *étonnant*
biscuit
V. *pâtisserie*
bise V. *vent*
biseau V. *penché*
biseauté
V. *cartes*
biset V. *animal*
bisette V. *dentelle*
bismuth
V. *remède*
bison V. *animal*
bisonne V. *étoffe*
bisquain
V. *fourrure*
bisque
V. *nourriture*
bisquer V. *colère*
bissa V. *bagage*
bissection
V. *double*
bissectrice
V. *angle.*
bisser
V. *comédien*
bissextil
V. *année*
bistouri
V. *chirurgie*
bistre V. *couleur*
bisulque V. *pied*
bitord V. *corde*
bitter V. *liqueur*
bitume
asphalte
bitumage
bitumer
bituminer
bitumineux
bivouac V. *camp*
bivalve
V. *coquille*
bizarre
V. *étonnant*
blafard V. *blanc*
blague V. *tabac*
blaireau
V. *animal*
blâmer
V. *désapprouver*
blanc
blanchâtre
chenu
d'albâtre
de lait
pâle
pâlot
blême
blafard
albuginé
albugineux
albinos
blanchir
pâlir
blêmir
pâleur
blancheur
albinisme
albugo

blanchissage
blanchiment
nettoyage
lessive
lessivage
coulage
empesage
repassage
savonnage
lavage
rinçage
glaçage
tuyautage
lavoir
buanderie
bateau-lavoir
étendoir
séchoir
cuve
battoir
lessiveuse
essoreuse
empois
fer à repasser
bleu
eau de javelle
charrée

laver
blanchir
couler
empeser
savonner
rincer
lessiver
repasser
essorer
cylindrer
glacer
herber
essanger
calandrer
blanchisseur
blanchisseuse
lavandier
lavandière.
blanc-manger
V. *nourriture*
blanc-seing
V. *commission*
blanque V. *jeu*
blanquette
V. *nourriture*
blasé V. *incrédule*

blason
armes
armoiries
armorial
héraldique
bannière
écu
écusson
emblème
devise
âme
exergue
légende
métaux
couleurs
émaux
argent
or
sinople
azur
gueules
sable
tourrures
hermine
vair
centre
abîme
chef
flanc
pointe
canton
quartier
fasce
pal
lambel
lambrequin
bande
barre
sautoir
bordure
supports
tenant
bouclier
pelte
saumite
champagne
chevron
orl
pile
giron
pairle
pièces honorables
besant
billette
anilles
tortil
mâcle
tourteau
merlette
sol
champ
parti
coupé
écartelé
tranché
taillé
gironné
tiercé
mi-parti
panne
hermine
brochant
passant
issant

essorant
adossé
accosté
flanqué
accompagné
cantonné
croiseté
clariné
bataillé
chevronné
burelé
fretté
chapé
chaussé
mantelé
flanqué
coticé
emmanché
enchaussé
fascé
palé
chevronné
camponné
appaumé
sommé
semé
brisé
rompu
blasonner
armorier
armoriste
V. *féodalité, aristocratie*

blasphème
V. *impie*
blatte
V. *animal*
blé V. *céréales*
blême V. *blanc*
bléser V. *parler*

blessure
infirmité
plaie
lèvres de la plaie
mutilation
lésion
morsure
coupure
cerne
ulcère
ulcération
cicatrice
balafre
estafilade
estocade
meurtrissure
contusion
écorchure
excoriation
égratignure
griffure
arquebusade
entaille
enchymose
ecchymose
coup (mauvais)
fracture
cassure
foulure
déboîtement
entorse
désarticulation
luxation
effort
hernie
membre démis
escarre

légère
contondante
dangereuse
grave
affreuse
horrible
mortelle
blessé
balafré
infirme
éclopé
écharpé
invalide
ulcéré
mutilé
amputé
estropié
contusionné
criblé de blessures
couvert de
atteint de

contusionner
blesser
balafrer
meurtrir
larder
mutiler
écloper
écharper
recevoir
attraper une b.
perdre un membre
cicatriser

infirmerie
hôpital
clinique
ambulance
chirurgie
chirurgien
charpie
appareil
éclisse
éclisser
traumatique
ulcéreux
vulnéraire
invulnérable
cicatriciel
invulnérabilité
grièvement
mortellement
légèrement
V. *coup, chirurgie*
blet V. *mûr*
bleu
azur
bleuâtre
bleu barbeau
bleu de ciel
bleu lapis
gros bleu
bleu marine
bleu de roi
bleu turquoise
bleuir
azurer
bleuet V. *plante*
blinder
V. *couvrir*
blindes
V. *fortification*
bloc V. *ensemble*
blocaille
V. *maçonnerie*
blockhaus
V. *fortification*
blocus V. *siège*

Blois
blaisois

blond
blond roux
blond ardent
blond cendré
fauve
blondin
blondine

blondir
blonde
V. *dentelle*
bloquer
V. *siège*
blottir V. *abri*
blouse
V. *vêtement* et *billard*
bluette
V. *feu, esprit*
bluter
V. *moulin*
boa V. *animal*
bobèche
V. *flambeau*
bobine V. *coudre*
bobinette
V. *porte*
bobo V. *mal*
bocage V. *forêt*
bocal V. *récipient*
bocard V. *briser*
bocarder
V. *briser*

bœuf
espèce bovine
taureau
bouvillon
veau
vache
génisse
vache laitière
taure
aurochs
bison
zébu
buffle
buffletin
bubale
bœuf gras
veau gras
corne
mufle
fanon
museau
bucrâne
pied fourchu

meugler
mugir
beugler
ruminer
vêler

bouvier
toucheur de bœuf
bouverie
boucherie
rumination
beuglement
meuglement
taurobole
hécatombe
tauromachie
(V. *cirque*)
boghei
V. *voiture*
bogue V. *fruit*
bohême
bohémien
tchèque

boire
absorber
avaler
lamper
sabler
laper
étancher sa soif
apaiser
s'abreuver
se désaltérer
boire à la santé
porter la santé
toaster
trinquer
aimer la bouteille
se livrer à des libations
lever le coude
boire à tire-larigo
boire à la régalade
se rafraîchir
boire un coup
déguster
siroter
faire trempette
humer
faire boire
abreuver
cuver le vin
aviner

s'enivrer

buveur
biberon
ivrogne
ivrognesse
aviné
ivre
abstème

buvable
potable

abreuvoir
abreuvage
abreuvement
buvette
comptoir
marchand de vins
cantine
auberge
bouteille
la dive bouteille
litre
flacon
gourde
fiole
biberon
verre
canon
consommation
vidrecome
pinte
hanap
timbale
coup
lampée
rasade
gorgée
rafraîchissement
potion
goutte
toast
boisson
bibition
libations
abondance
eau rougie
enivrement
ivresse
ébriété
ivrognerie
ribote
V. *ivre*, *boisson*

bois
cœur
moelle
aubier
écorce
nœud
loupe
fil
fibre
veine
boiserie
lambris
moulures
panneau
bille
billette
copeau
éclat
écharde
planche
placage
souche
bûche
cotret
rondin
margotin
fagot
branche
ramée
branchage
broutilles
brin
brindille
falourde
fascine
boisage
boisement

ligneux
dur
tendre
fibreux
veineux
noueux
vert
sec
mort
vermoulu
piqué
xylophage

couper
boiser
déboiser
reboiser
affouager
abattre
débiter
équarrir
enchanteler
travailler
sculpter
fendre
scier

bûcheron
boquillon
scieur
débardeur
chantier
bûcher
tas de bois
panier à bois
stère
voie
cent
bois en grume.
bois pelard
bois merrain
bois de chauffage
bois d'ébénisterie
bois de teinture
bois indigènes
bois exotiques

bois (*liste des*)
acajou
aigle (bois d')
aloès
amarante
aune
aulne
bois blanc
bois noir
bouleau
brésil
brésillet
buis
calambour
campêche
cèdre
charme
châtaignier
chêne
citronnier
cormier
cornouiller
ébène
érable
bois de fer
frêne
gaïac
hêtre
if
merisier
noyer
orme
palissandre
peuplier
pitch-pin
poirier
bois de rose
bois de santal
sandal
sapan
sapin
bois de teck
thuya
tilleul
V. *plantes*, *forêt*

boisseau
V *volume*

boissellerie
V. *métier*

boisson
breuvage
rafraîchissement
consommation
apéritif
eau
coco
vin
liqueur
spiritueux
bière
cidre
sirop
limonade
café
grog
lait
potion
tisane
décoction
infusion
bouillon
élixir
philtre
canard
bain de pied.
dissolution
solution
émulsion
préparation
V. *liqueur*, *bière*, *vin*, *impôt*, *boire*

boîte
fond
couvercle
charnière
serrure
boîtier
cassette
coffret
coffre
ciste
compartiment
case
arche
bahut
chapier
armoire
bière
cercueil

caisse
emballage
huche
malle V. *bagage*
tronc
boîte aux lettres
layette
baguier
dactyliothèque
écrin
étui
trousse
pochette
tabatière
bonbonnière
drageoir
carton
nécessaire
onglier
tirelire

boiteux
blessé
infirme
éclopé
estropié
impotent
bancroche
bancal
boiter
clocher
traîner la jambe

claudication
boiterie
béquille
canne

boîtier V. *boîte*
bol V. *vaisselle*
boléro V. *danse*
bolet V. *plante*
bolide V. *air*
Bologne
bolonais
bombardement V. *artillerie*
bombe
V. *projectile*
bombé V. *forme*
bombyx V. *soie*
bon (*des choses*)
V. *agréable*
bon(*des personnes*)
excellent
sensible
tendre
charitable
pitoyable
exorable
obligeant
secourable
serviable
généreux
large
dévoué
un père
bienfaisant
bienfaiteur
providence
paternel
paterne
fraternel
philanthrope
humanitaire
clément
humain
de cœur
cœur d'or
tout cœur
la bonté même
ange de bonté
cordial
affable
accueillant
accort
prévenant
attentionné
aimable
complaisant
tolérant
indulgent
doux
débonnaire
bénin
bénévole
bonhomme
faible
inoffensif
bienveillant
conciliant
coulant
accommodant
de bonne composition
traitable
miséricordieux
modèle de bonté
bonasse
faible

se montrer bon
s'attendrir
s'apitoyer
s'émouvoir
se dévouer
s'humaniser
faire preuve de bonté
avoir du cœur
être doux
ménager
avoir des ménagements pour
V. *bonté*

bonace V. *temps*
bonasse V. *bon*

bonbon
dragée
praline
papillote
surprise
fondant
bonbon anglais
sucre d'orge
sucre de pommes
pastille
berlingot
caramel
boule de gomme
menthe
marron glacé
pâte
guimauve
réglisse
lichen
jujube
chocolat
angélique
cédrat
cotignac
confiseur
confiserie
bonbonnière
drageoir
cornet
sac
boîte

bonbonne
V. *récipient*
bonbonnière
V. *boîte*
bon-chrétien
V. *poire*
bond V. *saut.*
bonde V. *tonneau*
bonder V. *plein*
bondir V. *saut*
bondon
V. *fromage*

bonheur
félicité
béatitude
prospérité
délices
chance
veine
aubaine
bonne étoile
bonne fortune
réussite
heureux hasard
bonheur providentiel
avantage
bien-être
aises
confort
plaisir
satisfaction
contentement
enchantement
ravissement
joie
extase
lune de miel
pays de Cocagne
paradis
eldorado
terre promise
bâton de maréchal
né coiffé
V. *heureux*

bonhomie
V. *bonté*
boni V. *bénéfice*
bonifier
V. *mieux*
bonjour V. *salut*
bonne
V. *domestique*
bonnet
V. *coiffure*
bonneterie
V. *linge*
bonnette V. *fortification, voile*

bonté
(des personnes)
cœur
qualités de cœur
excellence
tendresse
charité
générosité
largesse
dévouement
bienfaisance
obligeance
altruisme
condescendance
philanthropie
clémence
miséricorde
pitié
humanité
cordialité

affabilité
amabilité
aménité
bénignité
prévenance
complaisance
tolérance
indulgence
douceur
mansuétude
candeur
chatterie
faiblesse
débonnaireté
bonhomie
bienveillance
conciliation

bonté (*des choses*)
V. *agréable*

bonze V. *clergé*

borax
V. *substance*

borborygme
V. *bruit*

bord
bordure
côté
rebord
franc-bord
marge
cadre
encadrement
périphérie
entourage
bas-côté
contour
limbe
pourtour
frange
lisière
liséré
orle
liteau
flanc
aile
annexe
appentis
confins
plate-bande
orée
contre-allée
littoral
côte
rive
rivage
berge

côtoyer
border
toucher
longer
effleurer
affleurer
avoisiner
contourner
suivre
encadrer
entourer
marginer

latéral
marginal
adjacent
juxtaposé
attenant
avoisinant
voisin
proche
adjoint
tangent
parallèle
concentrique

à côté
le long de
côte à côte
latéralement
parallèlement
V. *autour*, *près*

bordage
V. *navire*

Bordeaux
bordelais

bordée
V. *artillerie*

border V. *bord*

bordereau
V. *facture*

bordigue
V. *pêche*

bordure V. *bord*

bore V. *substance*

boréal V. *nord*

borgne V. *œil*

borne
terme
limite
fin
bout
aboutissement
confins
extrémité
terme
point d'arrêt
point terminus
point extrême
délimitation
ligne de démarcation
abornement
bornage
limitation
séparation
frontière
barrière
cordon sanitaire
fermeture
clôture
lisière
pointe
fond

limitatif
démarcatif
séparatif
terminal
final
extrême

borner
limiter
barrer
terminer
délimiter
séparer
marquer la borne
aborner
fixer —
établir —
mettre
circonscrire
définir
franchir
dépasser
transgresser
confiner à
toucher a
aboutir à
finir à
V. *finir*

Bornéo
bornéen

borner V. *borne*

bornoyer V *voir*

Bosnie
bosniaque

bosquet V. *forêt*

bossage V. *moulure*

bosse V. *forme* et *bossu*

bosseler
V. *forme*

bossette
V. *harnais*

bossoir V. *navire*

bossu
contrefait
difforme
disgracié de la nature
marqué au B.
gibbeux
bosse
gibbosité
Polichinelle

bossuer V. *forme*

boston V. *cartes*

bot V. *pied*

botanique
science naturelle
herborisation
naturaliste
botaniste
herborisateur
botaniser
herboriser
classer
cataloguer
herbier
flore
règne végétal
plantes V. *plantes*

botte V. *chaussure*

botte V. *ensemble*

bottier
V. *chaussure*

bouc V. *animal*

boucaner
V. *cuire*, *chasser*

boucanier
V. *aventure*

boucassin
V. *étoffe*

boucaut
V. *tonneau*

boucharde
V. *outil*

bouche
cavité buccale
avant-bouche
arrière-bouche
pharynx
lèvre
babine
lippe
bec-de-lièvre
commissure
mâchoire
gencive
dent
langue
salive
palais
voile
voûte du palais
voûte palatale
gosier
gorge

amygdale
luette
mandibule
suçoir
trompe
barbillon
palpe
tentacule
languette
stylet
nutrition
respiration
mastication
bâillement
moue
rictus

avaler
bâiller
bayer aux corneil- [les
ouvrir
desserrer
fermer
faire la moue
mordre
baiser
baisoter
rire
sourire
cracher
saliver
baver
sucer

baiser
baisement
baise-main
bouchée
lippée
gargarisme
succion

buccal
palatal
lippu
béant
en cul-de-poule
lingual
sublingual
rince-bouche
V. *dent*, *maladie*, *langue*.

boucher
V. *fermeture*

boucherie
V. *viande*

bouchon
V. *bouteille*

bouchonner
V. *brosse*

bouchonnier
V. *métier*

boucle
agrafe
broche
fibule
fermail
bouclette
belière
mousqueton
arganeau
anneau
ardillon

boucler
fermer
attacher
agrafer

bouclier
écu
targe
parme
pelte
rondache
pavois
égide

bouder
faire la moue
faire mauvaise mine [sage
faire mauvais vi-
faire la grimace
mal recevoir
être dépité
être en délicatesse [contre
avoir une dent
être en froid
bougonner
grogner
avoir de l'humeur
être vexé

renfrogné
boudeur
désagréable
dépité
chagrin
bougon
grognon
ombrageux
morose
mauvaise humeur
grise mine
bouderie
dépit
moue
V. *accueil*, *caractère*, *bourru*

boudin
V. *charcuterie*

boudoir
V. *appartement*

boue
fange
vase
bourbe
gâchis
limon
tangue
crotte
immondices
égout
cloaque
ruisseau
bourbier
fondrière
ornière
saleté
embouement

boueux
fangeux
vaseux
bourbeux
gâcheux
limoneux
marécageux
sale
crotté
crotté comme un barbet
maculé
souillé
éclaboussé
barboter
embouer
s'embourber
patauger
être saucé
être éclaboussé

drague
dragueuse
décrottoir
grille
égoutier
boueur
enlever les boues
V. *égout*

bouée V. *port*

bouffer V. *forme*

bouffée V. *air*

bouffette
V. *passementerie*

bouffi *V. gros*

bouffissure
V. *gros*

bouffon V. *risible* et *comédien*

bougeoir
V. *flambeau*

bougie
V. *éclairage*

bougon *V. bourru*

bougran V. *étoffe*

bouillie
V. nourriture

bouillir
V. *chaleur* et *cuire*

bouilloire
V. *cuisine*

bouillon-blanc
V. *plantes*

bouillonner
V. pli

bouillotte
V. *cuisine*

boujaron
V. *bouteille*

boulanger
V. *pain*

boule
sphère
globe
ballon
pomme
boulet
calot
bille
boulette
pelote
balle
cochonnet
pilule
muscade
globule
bulle
pommeau
sphéricité
rotondité
boursouflure
bouffissure
gonflement
ballonnement

boursoufler
bouffir
ballonner
pommer
gonfler

rond
sphérique
sphéroïde
sphéroïdal
globulaire
globuleux

pommé
ballonné
bouffi
ventru
gonflé
soufflé
V. *forme*

bouleau
V. *plantes*

bouledogue
V. *chien*

boules (jeu de)
boule
but
cochonnet
joueur de boules
point
pointer
perdre sa boule

boulet
V. *projectile*

boulevard
boulevardier
V. *chemin*

bouleverser
V. *désordre*

boulier
V. *arithmétique*

boulimie
V. *appétit*

boulin
V. *charpente*

bouline V. *corde*

boulingrin
V. *jardin*

Boulogne
boulonnais

bouloir V. *chaux*

boulon V. *clou*

bouque V. *mer*

bouquer V. *bras*

bouquet
branche coupée
fleur
gerbe
sélam

faire un bouquet
composer
assembler

bouquetière
bouquetier
fleuriste
vase
cornet
langage des fleurs

bouquetin
V. *animal*

bouquin V. *livre*

bouracan
V. *étoffe*

bourbe V. *boue*

bourbillon
V. *abcès*

bourcette
V. *plantes*

bourdaine
V. *plantes*

bourdalou
V. *chapeau*

bourde V. *bêtise*

bourdillon
V. *tonneau*

bourdon
V. *cloche*, *animal*

bourdonner
V. *son*

bourdonnet
V. *chirurgie*

bourg V. *ville*

bourgade
V. *ville*

bourgeois
rentier
notable
oisif
retraité
pensionné
propriétaire
bourgeoisie
tiers état
bourgeoisement
M. Prudhomme

bourgeon
pousse
rejeton
œil
turion
bouton

bourgeonner
pousser
boutonner
se garnir de
germer

bourgeonnement
gemmation

bourgmestre
V. *municipal*

Bourgogne
bourguignon
burgonde

bourrache
V. *plantes*

bourrade
V. *bourru*

bourrasque
V. *vent*, *tempête*

bourre V. *étoffe*

bourreau
exécuteur
tortionnaire
aide
valet
hautes œuvres
exécution
supplice
échafaud
guillotine
couperet
billot

exécuter
torturer
supplicier
V. *supplice*

bourrée V. *danse*

bourrelé
V. *remords*

bourrelet
V. *bande*

bourrelier
V. *métier*

bourrer V. *garnir*

bourriche
V. *panier*

bourrique
V. *âne*

bourru
brusque
hargneux
rébarbatif
revêche
grincheux
bougon
grognon
désagréable
grossier
emporté
fantasque
colère
cavalier
violent
brutal
ours mal léché

bourrade
brusquerie
incartade
grossièreté
emportement
brutalité
rebuffade
grossièreté
violence

brusquer
froisser
choquer
bougonner
rabrouer
rudoyer
V. *colère*, *bouder*, *accueil* et *caractère*.

bourse
porte-monnaie
gousset
poche
escarcelle
aumônière
havre-sac
sacoche
ferrière
bourson
boursicaut
sac
fermoir

bourse
V. *banque* et *finance*

bousculer
V. *pousser*

bouse
V. *excrément*

bousillage
V. *maçonnerie*

boussole
habitacle
volet
cadran
indicateur
aiguille
pivot
direction
déclinaison
inclinaison
perturbation
déviation

affolée
astatique

bout
V. *borne* et *fin*

boutade
V. *caprice*, *esprit*

boutefeu
V. *canon*

boute-en-train
V. *gai*

bouteille
flacon
flasque
gourde
calebasse

carafon
burette
fiole
verre d'eau
service
gargoulette
pichet
cruche
cruchon
litre
boujaron
buire
huilier
vinaigrier
canette
chopine
chope
col
goulot
panse
fond
cul
bouchon
tire-bouchon
panier à bouteilles
porte-bouteilles

déboucher
boucher
cacheter
rincer
mettre en bouteilles
la dive bouteille

bouterolle
V. *epée*

boute-selle
V. *signal*

boutique
magasin
dépôt
établissement
entrepôt
succursale
agence
factorerie
bazar
débit
échoppe
fonds
maison
officine
chantier
arrière-boutique
comptoir
rayon
vitrine
étalage
étal
montre
devanture
enseigne
banne
marquise
store
volet
fermeture en fer

ouvrir
tenir
fermer
garder
être établi
tenir un fonds

boutiquier
commerçant
détaillant
étalagiste
étalier
débitant
entrepositaire
garçon
commis
dame de comptoir
demoiselle de magasin
courtaud de boutique
marchandise
stock
solde

boutis V. *sanglier*

boutisse
V. *maçonnerie*

boutoir
V. *sanglier*

bouton
V. *bourgeon*

bouton
olive
olivette
aiguillette
brandebourg
tire-bouton
boutonnière

agrafer
boutonner
déboutonner
dégrafer
défaire

boutonner
V. *bouton* et *bourgeon*

bouture V. *arbre*

bouverie
V. *étable*

bouvet V. *outil*

bouvier
V. *berger*

bouvillon
V. *bœuf*

bouvreuil
V. *animal*

boxe
V. *gymnastique*

boyard
V. *aristocratie*

boyau V. *ventre*

Brabant
brabançon

bracelet
porte-bonheur
gourmette

braconnage
V. *chasse*

bractée V. *feuille*

braie V. *linge*

brailler V. *crier*

braire V. *âne*

braise V. *charbon*

brancard
V. *voiture*

branche
rameau
ramure
ramification
branchage
branchette
pousse
rejeton
surgeon
gaule
rame
baguette
sion
gaulis
sarment
pampre
provin
touffe
ramée
rinceau
cime
brindille
mort-bois
broutille
ramilles
brin
plantard
plançon

pousser
s'étendre
ramifier
s'étaler
abattre
couper
émonder
élaguer
tailler
ébrancher

rameux
ramifié
sarmenteux
épais
touffu
entrelacé
fourni
branchu

bout de la branche
naissance de la branche

branchies
V. *respiration*

brandade
V. *nourriture*

brande V. *champ*

brandebourg
V. *passementerie*

brandevin
V. *liqueur*

brandiller
V. *mouvement*

brandir
V. *mouvement*

brandon V. *feu*

branle-bas
V. *mouvement*

branler
V. *mouvement*

braque V *chien*

braquer V. *fusil*

bras
membre
organe
épaule
paleron
omoplate
aisselle
arrière-bras
biceps
humérus
saignée
coude
avant-bras
cubitus
radius
poignet
main
doigt
brassée
brasse
coudée
embrassade
embrassement
enlacement

étreinte
moignon
manchot

brassard
manche
bras ballants
bras tendu
bras raccourci
à bras ouverts
brachial
cubital
huméral
radial
axillaire

étendre le bras
croiser les bras
ramener
donner
offrir
s'accouder
étreindre
bouquer
embrasser
serrer dans
brasser
coudoyer

brasero V. *chauffage*
brasier V. *feu*
brasiller V. *mer*
brasque V. *fonte*
brassard V. *bras*
brasse V. *nager*
brasserie V. *bière* et *auberge*
brassière V. *enfant*
brasure V. *souder*
brave V. *courageux*
braver V. *audace*
bravo V. *applaudissement*
bravoure V. *courage*
brayon V. *piège*
break V. *voiture*
brebis V. *mouton*
brèche V. *trou*
bréchet V. *oiseau*
bredouiller V. *parler*
bref V. *petit*
brégin V. *filet*
bréhaigne V. *génération*
brelan V. *cartes*
brelander V. *cartes*
brelle V. *navire*
breloque V. *bijou*
breluche V. *étoffe*
brème V. *animal*
Brescia
brescian
brésiller V. *broyer*
brésillet V. *bois*
Bresse
bressan
Bretagne
Armorique
breton
armoricain
bretonnant
bretailler V. *escrime*
bretauder V. *cheval*
bretelle
brassière
bricole
brayer
boutonnière
porter
mettre
brette V. *épée*
bretteler V. *maçonnerie*
bretteur V. *escrime*
breuil V. *forêt*
breuvage V. *boisson*
brevet
diplôme
licence
dépôt
breveté
déposé
prendre brevet
faire breveter
S. G. D. G
inventeur
invention
découverte
innovation
trouvaille
œuf de Colomb
Eurêka
V. *imagination*
bréviaire V. *messe*
bribe V. *division*
bric-à-brac V. *brocanteur*
brick V. *navire*
bricole V. *bretelle*
bride
bande
ruban
guide
rêne
courroie
bridon
brider
V. *bande* et *harnais*
Brie
briard
brièveté V. *petit*
brigade V. *armée*
brigadier V. *soldat*
brigand V. *criminel*
brigandine V. *armure*
brigantin V. *navire*
brigantine V. *navire*
brigue V. *ambition*
briller
luire
reluire
resplendir
flamboyer
rayonner
éblouir
éclater
étinceler
scintiller
chatoyer
miroiter
papilloter
brasiller
éclairer
illuminer

brillant
luisant
lumineux
resplendissant
splendide
flamboyant
rayonnant
radieux
rutilant
fulgurant
étincelant
éclatant
scintillant
chatoyant
miroitant
papillotant
éblouissant
phosphorescent
vif

lueur
brillant
lustre
splendeur
flamboiement
rayonnement
éclat
clinquant
étincelle
bluette
chatoiement
phosphorescence
fulguration
feu
lumière (V.)
rayon
illumination
reflet
brimade V. *moquerie*
brimbale V. *pompe*
brimbaler V. *mouvement*
brimborion V. *bagatelle*
brimer V. *moquerie*
brin V. *petit*
brindille V. *branche*
brio V. *mouvement*
brioche V. *pâtisserie*
Brioude
brivadois
brique V. *mur*
briquet V. *allumette et Addenda*
briquette V. *charbon*
bris V. *briser*
brise V. *vent*
brisées V. *chasse*
briser
casser
concasser
rompre
démembrer
écarteler
désarticuler

broyer
fracturer
désunir
désagréger
disjoindre
déchirer
disloquer
fracasser
mutiler
morceler
macquer
malaxer
bocarder
fendre
têler
ébrécher
écorner
échancrer
faire éclater
écacher [ceaux
mettre en mor-
mettre à morceaux
mettre en pièces
mettre en miettes
émietter
émier
brésiller
piler
égruger
écraser
réduire en poudre
pulvériser
porphyriser

brisure
bris
effraction
casse
rupture
déchirement
débris
dislocation
broiement
pulvérisation
porphyrisation
entame
entaille
capilotade
déchirure
écartèlement
fente
brèche
crevasse
fêlure
cassure
morceau
fragment
débris
poudre
miette
reste
éclats
fraction
brise-tout
brise-fer
marteau
pilon
mortier
bocard
enclume
V. *division*

brisis V. *toit*
brisque V. *cartes*
bristol V. *papier*
brisure V. *briser*
broc V. *récipient*

brocanteur
bric-à-brac
marchand de curiosités
brocantage
brocante
occasion
brocanteur

brocard V. *moquer*
brocart V. *étoffe*
brocatelle V. *étoffe* et *marbre*
brochage V. *livre*
broche V. *pointe*
brochet V. *animal*
brochette V. *cuisine* et *décoration*
brochure V. *livre*
brocoli V. *chou*
brodequin V. *chaussure*

broderie
ouvrage de broderie
tapisserie [rie
broderie à l'aiguille
broderie au mé- [tier
broderie au cro- [chet
feston
guipure
plumetis
cartisane
application
passé
entre-deux
craponne
soutache
passement
point
petit point
gros point
broder

brodeur
brodeuse
métier
brodoir
navette
crochet
fuseau
canevas
V. *passementerie*, *coudre*

brome V. *substance*
broncher V. *tomber*
bronches V. *poumon*
bronchotomie V. *chirurgie*
bronze V. *métal*
bronzé V. *insensible*
broquart V. *cerf*
broquette V. *clou*

brosse
brosser [brosse
donner un coup de
décrotter
nettoyer
étriller
bouchonner
brosseur
dos de la brosse
poils de la brosse
vergette
étrille
brossée
brosserie
brossier

brou V. *teinture*
brouet V. *nourriture*

brouette
roue
bras
support
brouettée
brouetter
brouettier

brouillard V. *temps*
brouiller V. *désordre* et *haine*
brouillon V. *essai* et *caractère*
brouir V. *soleil*
broussailles V. *forêt*
broussin V. *arbre*
brout V. *arbre*
brouter V. *manger*
broutille V. *branche*
broyer V. *briser* et *écraser*
bru V. *mariage*
brucelles V. *outil*

Bruges
brugeois

brugnon V. *plantes*
bruine V. *pluie*
bruire V. *bruit*

bruit
murmure
chuchotement
bruissement
frou-frou
bourdonnement
ronron
chantonnement
chevrotement
pépiement
roucoulement
borborygme
gargouillement
gémissement
soupir
gazouillement
susurrement
grognement
souffle
plainte
glapissement
clapotement
clapotis
clapotage
craquement
crépitation
crépitement
cliquetis
glouglou
tintement
choc
crissement
clappement

grincement
sifflement
voix
chant
son
accord
accent
assonance
dissonance
harmonie
sonorité
timbre
écho
cri
clameur
clabauderie
rumeur
grondement
huée
sabbat
train
vacarme
tapage
boucan
abasourdissement
fracas
éclat
détonation
explosion
pétarade
charivari
hourvari
cacophonie
brouhaha
tohu-bohu
tintamarre
bacchanale
assourdissement

confus
bas
faible
doux
grave
sourd
nasillard
indistinct
imperceptible
léger
clair
argentin
distinct
ronflant
sonore
aigre
crépitant
sec
haut
nourri
plein
fort
éclatant
retentissant
criard
bruyant
tapageur
abasourdissant
perçant
faux
juste
harmonieux
étourdissant
assourdissant
strident
infernal
diabolique
charivarique

bruire
murmurer
chuchoter
chantonner
siffler
fredonner
bourdonner
ronronner
roucouler
gazouiller
glapir
pépier
geindre
gémir
soupirer
gronder
marmotter
grogner
tinter
craquer
crépiter
crisser
clapper
grincer
détoner
tambouriner
carillonner
charivariser
clabauder
crier
huer
crier haro
crier à tue-tête
faire du sabbat
faire du train
mener grand bruit
éclater
tonner
casser la tête
abasourdir
assourdir
étourdir
rompre les oreilles
déchirer les oreilles
crier comme un sourd
retentir
répercuter
résonner

bruyamment

brûler V. *feu*
brûlot V. *navire*
brume V. *temps*
brun V. *couleur*
brunir
V. *couleur* et *polir*
brunissage
V. *polir*
brusque
V. *bourru* et *rapide*
Bruxelles
bruxellois
brut
mal dégrossi
mal équarri
grossier
informe
mal léché
fruste
inachevé
rudimentaire
brutal V. *bourru*
brutalité V. *coup*
brute V. *animal*
bruyant V. *bruit*
bruyère
V. *plante*
bryone V. *plante*
buanderie
V. *blanchissage*
bubale V. *animal*
bube V. *abcès*
buccal V. *bouche*
buccin V. *coquille*
buccinateur
V. *muscle*
bucentaure
V. *navire*
bûche
V. *chauffage*
bûcheron
V. *forêt*
bucolique
V. *campagne*
budget
deniers publics
trésor public
fonds publics
caisse publique
grand livre
emprunt
dette
dette flottante
dette consolidée
charges
revenus
crédit public
finances
liste civile
inscriptions
monnaie
amortissement
annuité
dotation
rente
conversion
assiette de l'impôt
douzièmes provisoires
budgétaire
budgétivore
établir le budget
voter
ministre
intendant
surintendant
sous-secrétaire d'État
commission du budget
Cour des comptes
contrôleur
trésorier
trésorier-payeur
receveur particulier
receveur général
percepteur
échiquier
publicain
questeur
traitant
fermier-général
inspecteur
payeur
V. *finances* et *impôt*
buée V. *vapeur*
buffet
dressoir
servante
buffet à vitrine
buffet à étagère
buffle V. *animal*
buffleterie
V. *ceinture*
buffletin
V. *animal*

bugle
V. *instruments*
bugle V. *plantes*
buglosse
V. *plantes*
bugrane
V. *plantes*
buire V. *bouteille*
buis V. *plantes*
buisson V. *arbre*
bulbe V. *plante*
Bulgarie
bulgare
bulle V. *gaz, pape*
bulletin V. *page*
buraliste
V. *employé*
bureau
table-bureau
bureau-ministre
bureau-caisse
bureau à cylindre
secrétaire
abattant
pupitre [reau
garniture de bu-
bureaucratie
V. *administration*
bureaux
V. *administration* et *employé*
burette
V. *bouteille*
burgau
V. *coquille*
burgrave
V. *chef*
burin V. *gravure*
buriner
V. *gravure*
burlesque V. *risible* et *comédien*
burnous
V. *vêtement*
bursal V. *impôt*
busard V. *animal*
busc V. *corset*
buse V. *animal* et *bête*
busquer
V. *arcade*
buste
V. *statue, corps*
but
cible
objectif
objet
visée
rêve
mire
viser
pointer
braquer
coucher en joue
mirer
atteindre
toucher
frapper V. *cause*
buter V. *volonté*
butin V. *dépouille*
butiner V. *abeille*
butor V. *animal, caractère*
butte
V. *montagne*
butter V. *tomber*
butyreux
V. *beurre*
buvette
V. *auberge*
buveur V. *boire*

Byzance
byzantin

C

cab V. *voiture*
cabale
V. *ambition*
cabalistique
V. *magie*
caban V. *vêtement*
cabane
V. *habitation*
cabanon
V. *prison*
cabaret
V. *auberge*
cabas V. *panier*
cabestan V. *grue*
cabine
V. *bain, navire*
cabinet
V. *appartement*
câble
V. *corde* et *voilure*
cabochon
V. *joaillerie*
cabotage
V. *navire*
cabotin
V. *comédien*
cabrer V. *cheval*
cabri V. *chèvre*
cabriole V. *saut*
cabriolet
V. *voiture*
cacade V. *peur*
cacaotier
V. *plantes*
cacatois
V. *animal*
cachalot
V. *animal*
cache-cache
V. *jeu*
caché
obscur
occulte
invisible
clandestin
subreptice
secret
mystérieux
dérobé
furtif
inaperçu
dissimulé
latent
masqué
voilé
anonyme
dans sa coquille
incognito
subrepticement
en catimini
in petto
en tapinois
sous le boisseau
à l'insu de
à l'état latent
sous le voile de
à la dérobée
ni vu, ni connu
V. *secret*
cachemire
V. *vêtement*
cache-nez
V. *vêtement.*
cache-pot
V. *vase*

cacher
celer
recéler
dissimuler
masquer
voiler
couvrir
enfouir
dérober à la vue
tenir secret
garder pour soi
faire un mystère
taire [de
ne pas trahir
recel
enfouissement
dissimulation
secret
mystère
cacher (se)
s'éclipser
disparaître
se dérober
se retirer
se blottir
se tapir
se clapir
se terrer
cachet
empreinte
estampille
seing
sceau
anneau
scellé
chiffre
monogramme
armes
armoiries
initiales
plomb
bulle
poinçon
anneau
contre-sceau
marque
cire
timbre
sigillaire
sigillé

cacheter
sceller
estampiller
buller
chiffrer
plomber
poinçonner
contre-sceller
marquer
timbrer
apposer un cachet
mettre —
imprimer —
briser
rompre
décacheter
desceller

estampillage
scellement

poinçonnage
timbrage
bris de scellés
rupture
garde des scellés
cachet
V. *élégance*
cachette V. *abri*
cachexie
V. *maladie.*
achot V. *prison*
cachottier
V. *taire*
cacochyme
V. *malade*
cacographie
V. *grammaire*
cacolet
V. *harnais*
cacophonie
V. *bruit*
cactus V. *plantes*
cadastre
V. *arpentage.*
cadavre V. *corps* et *enterrement*
cadeau V. *donner*
cadenas
V. *serrure*
cadence
V. *musique*
cadenette
V. *cheveu*
cadet V. *âge*
cadette V. *billard*
cadi V. *juge*
cadis V. *étoffe*
cadmium
V. *substance*
cadole V. *serrure*
cadran V. *horloge*
cadrat
V. *imprimerie*
cadratin
V. *imprimerie*
cadrature
V. *horloge*

cadre
encadrement
bordure
châssis
médaillon
cartouche
passe-partout
parquet
encadrer
parqueter
encadreur

caduc V. *faible*
caducée
V. *bâton*
Caen
caennais
cafard V. *animal*, *hypocrite*
café
moka
marc de café
caféine
griller
torréfier
moudre
passer
filtrer
verser
sucrer
remuer
boire
prendre

gloria
mazagran
pousse-café
bain de pied
canard
tasse
demi-tasse
soucoupe
cuiller
sucrier
pince à sucre
service
cabaret
cafetière
marabout
samovar
verseuse
moulin
filtre
café V. *auberge*
caféier V. *plante*
cafetan
V. *vêtement*
cafetier
V. *auberge*
cafetière V. *café*
cage
volière
faisanderie
pigeonnier
colombier
poulailler
sabot
poussinière
mangeoire
auget

bâton
os de seiche
grain
chènevis
millet
colifichet
mouron
cagnarder
V. *inaction*
cagneux
V. *jambe*
cagnotte V. *jeu*
cagot V. *piété*
cagoule
V. *vêtement*

cahier
livres
registre
brouillard
buvard
répertoire
obituaire
brouillon
net
corrigé
relié
carnet
calepin
album
bloc-notes
agenda
portefeuille
livret
écrou
rôle
état
matricule
cahin-caha
V. *mal*

Cahors
cadurcien
cahot V. *saut*
cahute
V. *habitation*
caïd V. *chef*
caïeu V. *plante*

caille
cailleteau
courcaillet
caillebotte
V. *lait*
cailler V. *lait*
caillot
V. *lait* et *sang*
caillou V. *pierre*
caïmacan V. *chef*
caïman V. *animal*
caïque V. *navire*

caisse
coffre
cassette
coffre-fort
caisson
malle
colis
valise
mallette
carton
écrin
gaine
huche
pétrin
banneton

encaisser
emballer
enfermer
serrer
décaisser
déballer
défaire

layetier
emballeur
malletier
gainier
caissier
V. *employé*
caisson
V. *canon*, *plafond*
cajoler
V. *caresser*
cal V. *dur*
calade V *penché*
Calais
calaisien
calambour
V. *bois*
calament
V. *plante*
calamine
V. *substance*
calamistrer
V. *cheveu*
calamite
V. *argile*
calamité
V. *malheur*
calandrer
V. *polir*
calcaire
V. *chaux*
calcaneum
V. *pied*
calcédoine
V. *joaillerie*
calciner V. *feu*
calcium V. *chaux*

calcul
V. *arithmétique*
cale
V. *navire, support*
calebasse
V. *plante*
calèche
V. *voiture*
caleçon
V. *vêtement*
calemard
V. *écrire*

calembour
jeu de mots
trait d'esprit
jouer sur les mots

calendrier
almanach
éphémérides
annuaire
faste
style
vieux style
nouveau style
grégorien
julien
républicain
perpétuel
saint
fête
jour férié
comput
épacte
nombre d'or
quantième
date
V. *chronologie* et *mois*

calepin V. *cahier*
caler V. *support*
calfat V. *marin*
calfeutrer
V. *fermer*
calibre V. *mesure*
calice
V. *récipient, fleur*
calicot V. *étoffe*
calife V. *chef*
câlin V. *caresser*
câliner
V. *caresser*
calleux V. *main*
calligraphie
V. *écriture*
calmande
V. *étoffe*
calmar
V. *animal*

calme
V. *tranquille*
calomel
V. *remède*
calomnie
V. *accusation* et *désapprouver*
calorie V. *chaleur*
calorifère
V. *chauffage*
calotte
V. *coiffure*
caloyer V. *clergé*
calquer
V. *dessiner*
calumet V. *tabac*
calvaire
V. *douleur*

Calvi
calvais
calville
V. *pomme*
calviniste
V. *religion*
calvitie
V. *chauve*
camaïeu
V. *peinture*
camail
V. *vêtement*
camaldule
V. *clergé*
camarade
V. *aimer*
camard V. *nez*
cambouis
V. *graisse*

Cambrai
cambraisien
cambrer
V. *arcade*
cambuse
V. *navire*
cambusier
V. *marin*

camée
intaille
pierre gravée
bijou
glyptique
glyptographie
glyptothèque
caméléon V. *animal, changeant*
camélia V. *plante*
cameline
V. *plante*

camelot
V. *étoffe*
camelote
V. *qualité* (chose)
camérier
V. *clergé*
caməriste
V. *domestique*
camerlingue
V. *cardinal*
camion V. *voiture*
camisole
V. *vêtement*
camomille
V. *plante*
camouflet
V. *outrage*

camp
campement
camp retranché
camp volant
circonvallation
fossé
tranchée
retranchement
approches
bivouac
bivac
quartiers
quartiers d'hiver
baraquement
castramétation

camper
tracer
dresser
baraquer
établir son camp
asseoir son camp
bivouaquer
planter sa tente
lever le camp
décamper
campagnard
V. *champ*
campagne
V. *champ*
campagnol
V. *animal*
campane
V. *passementerie*
campanile
V. *clocher*
campanule
V. *plante*
campêche
V. *teinture*
campement
V. *camp*

camphre
V. *substance*
camphrier
V. *plante*
camus V. *nez*
Canada
canadien
canaille
V. *criminel*

canalisation
conduite
conduit
tuyau
branchement
caniveau
dérivation
drainage
irrigation
égout
cloaque
canal
chenal
étier
grau
aqueduc
rigole
drain
naville
souillard
arrugie
goulette
chéneau
gargouille
plomb
gouttière
émissaire
coupure
saignée
branche
bief
sas
buse
vanne
écluse
plafond
ajutage
aludel
bouche d'incendie
prise d'eau
compteur
regard
descente des eaux
tout à l'égout
eaux ménagères
eaux vannes

canaliser
établir
poser

ouvrir
fermer
dégorger
engorger
dériver
irriguer
V. aussi *écluse*

canamelle
V. *plante*

canapé V. *siège*

canard
palmipède
anatide
malart
cane
carette
caneton
halbran
sarcelle
eider
macreuse
mandarin
mulard

barboter

coincoin
canardière

canari V. *animal*

cancan V. *parler*

cancel V. *église*

cancer
V. *maladie*

cancrelat
V. *animal*

candélabre
V. *flambeau*

candeur
V. *innocence*

candidat
postulant
candidat officiel
se mettre sur les rangs
se présenter
se porter
poser sa candidature
solliciter
demander
briguer
intriguer
manœuvrer
élire
nommer
passer
être blackboulé

candidature
élection
manœuvres électorales
profession de foi
mandat
confiance
liste
nomination
suffrage
vote
scrutin
ballottage
échec

candide
V. *innocence*, *naïveté*

Candie
Crète
candiote
crétois

candir V. *sucre*

cane V. *canard*

canepetière
V. *animal*

canepin V. *peau*

caneton
V. *canard*

canette
V. *canard* et *bière*

canevas
V. *broder*

canezou
V. *vêtement*

cangue
V. *supplice*

caniche
V. *chien*

canicule
V. *chaud*

canif V. *couteau*

caniveau
V. *canalisation*

canne V. *bâton*

canner
V. *vannerie*

canneberge
V. *plante*

cannelas
V. *confiserie*

canneler
V. *moulure*

cannelier
V. *plante*

cannelle
V. *plante*

cannelle
V. *tonneau*

cannelure
V. *moulure*

cannetille
V. *passementerie*

cannibale
V. *nourriture*

canon
affût
bouche
gueule
embouchure
âme
chambre
lumière
anse
tourillon
astragale
collet
culasse
canon rayé
pièce
bouche à feu
pièce de campagne
pièce de siège
artillerie
balistique
matériel de guerre
batterie
coulevrine
bombarde
caronade
mortier
obusier
mitrailleuse
mangonneau
pierrier
caisson
flasque
sabot
obturateur

canonnier
artilleur
servant
mise en batterie
manœuvre
canonnade
bombardement
bordée
décharge
feux
salve

armer
braquer
mettre en batterie
pointer
démasquer
tirer
canonner
bombarder
gronder
tonner
cracher la mitraille
foudroyer
battre en brèche
mitrailler
démonter
éteindre le feu de
désarmer
enclouer

charge
étoupille
étoupillon
portée
amplitude
trajectoire
refouloir
boutefeu

canon (droit)
V. *loi*

canonicat
V. *chanoine*

canoniser
V. *saint*

canonnade
V. *canon*

canonnière
V. *navire*, *jouet*

canotage
canot
carène
quille
avant
arrière
proue
poupe
bordage
banc
pont
tillac
cabine
mât
ligne de flottaison
gouvernail
barre
cheville
tolet
système
dame
aviron
godille
rame
pagaie
écope
gaffe
croc
perche
amarre

naviguer

canoter
aller sur l'eau
aller en canot
aller en bateau
faire une partie de canot
embarquer
démarrer
ramer
monter en pointe
monter en couple
nager
filer
manœuvrer
godiller
tenir la barre
être à la barre
barrer [barre
donner un coup de
gouverner
amarrer
débarquer
faire eau
embarquer de
échouer [l'eau
chavirer

équipe
équipage
canotage
régate
sillage
à force rames
canotier
batelier
pilote
nautonier
rameur
marin d'eau douce
marinier
gondolier
passeur
les noms de bateaux sont au mot *navire*

cantaloup
V. *melon*
cantate V. *chant*
cantatrice
V. *chanteur*
cantharide
V. *animal*
cantilène
V. *chant*
cantine
V. *auberge*
cantique
chant religieux
hymne
entonner
chanter les louanges du Seigneur
V. *chant, prière*
canton
V. *territoire*
cantonade
V. *théâtre*
cantonner
V. *seul*
cantonnier
V. *chemin*
cantonnière
V. *rideau*
caoutchouc
V. *substance*
cap V. *mer*
capable
V. *pouvoir*
capacité V. *intelligence, compétence, volume*
caparaçon
harnais
harnachement
têtière
chanfrein
frontal
œillère
boutoir
nasal
housse
girel
bardé de fer
caparaçonner
barder
cape V. *vêtement*
capeline
V. *vêtement*
capendu
V. *pomme*
capillaire
V. *petit, cheveu*
capilotade
V. *défaite*
capitaine
V. *officier*
capital
V. *finance*
capitale V. *ville*
capitaliser
V. *finance*
capitaliste
V. *finance*
capitation
V. *impôt*
capiteux V. *vin*
capiton
V. *meuble*
capitoul
V. *municipal*
capitulaire
V. *loi*
capitulation
V. *siège de ville*
caporal V. *soldat*
capote V. *cartes, vêtement*
Capoue
capouan
câpre
V. *nourriture*
caprice
fantaisie
lubie
boutade
coup de tête
accès
frasque
foucade
fredaine
incartade
extravagance
singularité
marotte
dada
folie
capricieux
léger
fantasque
changeant
lunatique
inégal
inconstant
mobile
extravagant
fou
insensé
cerveau brûlé

capricieusement
extravagamment
follement
capricorne
V. *étoile, animal*
capron V. *fraise*
capsule V. *fusil, récipient.*
captal V. *chef*
capter
V. *tromper*
captif
pris
prisonnier
esclave
enchaîné
dans les fers
privé de sa liberté
prendre
faire prisonnier
capturer
enchaîner
emprisonner
faire esclave
réduire en esclavage
détenir
rançonner
relâcher
rendre la liberté
captivité
capture
prise
fers
chaînes
esclavage
rançon
rachat V. *prison*
capuchon
V. *chapeau*
capucin V. *clergé*
capucine
V. *plantes, fusil*
capulet
V. *vêtement*
caque V. *tonneau*
caquet V. *parler*
carabé
V. *substance*
carabine V. *fusil*
carabinier
V. *cavalerie*
caraco
V. *vêtement*
caracoler
V. *cheval*
caractère V. *imprimerie, écriture*
caractère
manière d'être
nature
naturel
complexion
tempérament
humeur
aigreur
brusquerie
volonté
caprice (voir)
tendance
douceur
aménité V. *accueil*
manie
insociabilité
misanthropie
acrimonie

bonne pâte
doux comme un mouton
agréable
sympathique
liant
sociable
traitable
affable
facile
souple
doux
faible
hésitant
flottant
heureux
sentimental
cœur sur la main
franc
carré
rond
entier
bourru
butor
cassant
sec
fier
énergique
violent
intraitable
emporté
indomptable
despote
détestable
mauvais
tracassier
taquin
revêche
morose
bougon
acrimonieux
difficile
insociable
misanthrope
ours
chagrin
taciturne
aigri
boudeur
grondeur
maussade
désagréable
brouillon
tâtillon
vétilleux
pointilleux
grognon
hargneux
acariâtre
pointu
maniaque
fantasque
bizarre
lunatique
ombrageux
capricieux
atrabilaire

former
dresser
assouplir
manquer de
V. *bourru*, *colère*, *accueil*

carafe
V. *bouteille*

caramboler
V. *billard*

caramel V. *sucre*

carapace
V. *enveloppe*

caraque
V. *navire*

carat V. *titre*

caravane
V. *cortège*

caravansérail
V. *auberge*

caravelle
V. *navire*

carbatine
V. *peau*

carbone
V. *charbon*

carboniser
V. *feu.*

carcan
V. *supplice*

carcasse V. *os*

carcinome
V. *maladie*

cardamine
V. *plantes*

carder
V. *matelas*

cardialgie
V. *cœur*

cardiaque
V. *cœur*

cardinal
camerlingue
camérier
sacré collège
cardinalat
dignité cardinalice
éminence
camerlingat
ordre
pourpre
chapeau
barrette
exaltation
promotion

préconiser
donner le chapeau

cardon V. *plantes*

carême
ramadan
quadragésime
quadragésimal
V. *jeûner*

carène
V. *canotage*

caresse
gentillesses
gâteries
tendresses
mamours
amitiés
amabilités
câlinerie
cajolerie
mignotise
patelinage
attentions
chatteries
prévenances
bontés
attentions
petits soins
obligeance
égards
complaisance
gracieusetés
préférence
avances
agaceries
minauderie
empressement
témoignage d'affection
douceur
accolade
embrassade
baiser
embrassement
poignée de main
étreinte
shake-hand

caressant
câlin
cajoleur
patelin
patelineur
enjôleur
obséquieux
doucereux
mielleux
enjôleur
officieux
prévenant
obligeant
serviable
complaisant
empressé
aux petis soins
attentionné
aimable
accort
chat
caresser
cajoler
pateliner
dorloter
câliner
manger de caresses
choyer
mignoter
gâter
tenir dans du coton
courtiser
minauder
enjôler
amadouer
embrasser
accoler
baiser
baisotter
étreindre
serrer dans ses bras
presser sur son cœur
donner des caresses
recevoir
couvrir de [ses

caret V. *corde*

caret V. *animal*

cargaison
V. *navire*

carguer
V. *voilure*

cariatide
V. *colonne*

caricature
charge
pochade
fantaisie
parodie
caricaturiste
parodiste
caricaturer
charger
croquer
parodier
caricatural

carie V. *maladie*

carillon V. *cloche*
carlin V. *chien*
carmagnole V. *danse*
carme V. *clergé*
carmeline V. *laine*
carmélite V. *clergé*
carmin V. *couleur*
carminatif V. *remède*
carnage V. *tuer*
carnassier V. *animal*
carnassière V. *chasse*
carnation V. *peau*

carnaval
jours gras
dimanche gras
lundi gras
mardi gras
carême-prenant
mi-carême
mascarade
masque
déguisé
travesti
titi
chicard
débardeur
arlequin
arlequine
pierrot
pierrette
polichinelle
colombine
folie
domino
bœuf gras
ordre et marche
cortège
cavalcade
char
masque
loup
faux nez
confetti
serpentin
costume
travestissement
déguisement
descente de la Courtille
bal de l'Opéra
la reine
le roi

carnavalesque

carne V. *angle*
carnet V. *cahier*
carnier V. *chasse*
carnifier V. *viande*
carnivore V. *manger*
caronade V. *canon*
caroncule V. *œil*
carotide V. *veine*
carotte V. *plantes*
caroubier V. *plantes*
carpe V. *animal*
carpette V. *tapis*
carpillon V. *animal*
carquois V. *arc*
carre V. *chapeau*
carré V. *forme*
carreau V. *fenêtre* et *pavage*
carrefour V. *chemin*
carrelage V. *pavage*
carrelet V. *corde*, *animal*
carrelure V. *chaussure*
carrier V. *carrière*

carrière
ardoisière
falunière
plâtrière
nitrière
marnière
glaisière
marbrière
latomie
exploitation
galerie
chemin
plafond
ciel
étai
pilier
soubardier
puits
filon
banc
lit
couche
joint
étanfiche
souchet
masse
bloc
quartier
treuil
calende
roue
rossignol
bousin
casse-pierre
engrois
esse
picot
carrier

carriole V. *voiture*
carrossable V. *chemin*
carrosse V. *voiture*
carrousel V. *cheval*
carrure V. *force*
cartayer V. *cocher*

carte géographique
sphère
mappemonde
planisphère
projection
atlas
carton
croquis
plan
méridien
latitude
longitude
degré
échelle
équateur
tropique
parallèle
pôle
zone
légende
cartouche
cartographie
topographie

relever
établir
dresser
lever
calquer
faire
dessiner

géographique
hydrographique
géologique
hypsométrique
muette
exacte
inexacte
complète
physique
politique
administrative
routière
topographique

géographe
topographe

cartel V. *duel*, *horloge*

cartes (jeu de)
jeu de piquet
jeu de whist
jeu
jeu entier
sixain
sizain
cartes biseautées
cartes truquées
portée
tarot
table à jeu
boîte à jeu
boute
marque
mise
ponte
renvi
enjeu
cave
jeton
fiche
tableau
cagnotte
plaque
couleur
pique
trèfle
carreau
cœur
as
baste
matador
figures
roi
dame
valet
dix
neuf

huit
sept
six
cinq
quatre
trois
deux
carte basse
bûche
carte seconde
tierce majeure
tierce basse
quatrième
quinte
seizième
dix-septième
dix de blanc
soixante
quatre-vingt-dix
quatorze
brelan
séquence
renonce
donne
maldonne
refait
levée
pli
point
polnt de refus
écart
talon
tourne
retourne
rentrée
atout
mistigri
mignon
carte à jouer
vole
dévole
banque
croupier
livre
joueur
mort
ponte
partenaire
commerçant
demandeur
souteneur
décavé
grec
banquier
brelandier
cartier
cercle
casino
tapis vert

maison de jeu
tripot
tenancier
ambigu [gne
homme d'Auver-
manille
piquet
cent de piquet
piquet à trois
piquet voleur
piquet normand
écarté
rams
brelan
comète
charivari
biribi
bruscambille
brusquembille
hombre
bataille
polignac
baccara
bac
mariage
brisque
impériale
nain jaune
pharaon
blanque
barbacole
bog
hoc
hoca
bassette
boston
whist
la bête
mouche
bézigue
bézy
la fille
la bonne
bouillotte
commerce
macao
nain jaune
quadrette
quadrille
reversis
romestecq
trente et quarante
trente et un
trois sept
trésette
triomphe
poker
lansquenet
chemin de fer

partie
parties sèches
parties liées
manche
revanche
belle
point
prime
petite prime
grande prime
tricon
flux
fredon
brelan carré
doublet
paroli
à fond de taille
jeu simple
jeu double
belle
petite
consolation
indépendance
petite —
grande —
coup de misère
vole
capot
pic
repic
chelem
honneurs
simple demande
petite misère
piccolo
piccolissimo
la misère des quatre as [sur table
la petite misère
la grande misère sur table
boston seul
boston sur table
la passe
façon
carre
va-tout
sans-plus
relance
brelan carré
brelan favori
brelan carré à l'anglaise
Saint-James
troc pour troc
pour argent
impériale de cartes blanches
point payé

dix de blanc
renonce
quinola
à la bonne
espagnolette
rome
stecq
napolitaine
calladon
colladondrion
enfilade
rob
trick
macédoine
opéra

jouer
cartonner
brelander
avoir la main
tenir les cartes
être premier en
battre [cartes
brouiller
mêler
tailler
couper [coupe
faire sauter la
filer la carte
donner
retourner
écarter
se défausser de
se garder à
battre atout
faire une levée
faire un pli
avoir le point
faire la vole
compter [muette
compter à la
marquer
abattre son jeu
accuser son jeu
s'y tenir
tiquer
fournir
couvrir
couper
renoncer
relancer
brûler la banque
abattre 8
abattre 9
tirer
crever
être bac
être plein
ponter

miser
renvier
amener
coucher
faire banco
voir le jeu
avoir la mouche
prendre la mouche
écarter
proposer
demander
refuser
passer
soutenir
être à la mouche
faire la bête
se caver
décaver
se carrer
se racheter
décarrer
contrecarrer
voir
tenir
passer parole
filer
appeler
arroser
commercer
annoncer
forcer
ramser
faire rams
jouer
perdre
faire un pont
tricher
cartomancie
cartomancien
tireuse de cartes
tirer les cartes

Carthage
Carthaginois
punique

cartier V. *cartes*

cartilage
V. *corps*

cartisane
V. *broderie*

cartomancie
V. *devin* et *cartes*

carton V. *papier*

cartonnier
métier et *armoire*

cartouche
douille
broche
plomb
bourre
poudre
culot
rondelle
charge
calibre
cartouchière
cartouche

cartouche V. *ornement* et *cadre*

cartulaire
V. *archives*

carus V. *sommeil*

carvi V. *plantes*

caryophyllée
V. *plantes*

cas
nominatif
vocatif
accusatif
génitif
datif
locatif
instrumental
cas oblique
cas direct
cas sujet
cas régime

cas V. *événement*

casanier
V. *inaction*

casaque
V. *vêtement*

cascade V. *eau*

case V. *boîte* et *habitation*

caséeux
V. *fromage*

casemate V. *fortification* et *prison*

caser V. *placer*

caserne
dépôt
casernement
baraquement
cantonnement
poste
quartier

casier V. *armoire*

casilleux
V. *faible*

casimir V. *étoffe*

casino V. *auberge* et *cartes*

casoar V. *animal*

casque
armet
bassinet
cabasset
morion
salade
heaume
calotte
pot de fer
coiffe de mailles
coifette
bourguignote
plumet
plumail
cône
porte-plumail
porte-aigrette
camail
aigrette
chenille
panache
lambrequin
antennes
timbre
cimier
frontal
vue
oculaire
œillère
mézail
ventail
crible
grille
visière
nasal
jugulaire
cervelière
couvre-nuque
vervelle
mentonnière
bavière

s'armer
se casquer
coiffer
porter

heaumier
heaumerie

casquette
V. *coiffure*

cassant V. *colère*

cassation
V. *procès*

cassave V. *farine*

casse V. *briser*

casse-cou
V. *audace*

casse-noisette
V. *outil*

casse-noix
V. *outil*

casser V. *briser*

casserole
V. *cuisine*

cassetin
V. *imprimerie*

cassette V. *boîte*

cassier V. *plantes*

cassine
V. *habitation*

cassis
V. *plantes*, *liqueurs*

cassolette
V. *odeur*

casson V. *sucre*

cassonade
V. *sucre*

cassure V. *briser*

castagnette
V. *instruments*

caste V. *société*

Castille
Castillan

castor V. *animal*, *fourrure*

castramétation V. *camp*

casuel V. *payer*

casuiste
V. *raisonnement*

catachrèse
V. *rhétorique*

cataclysme
V. *malheur*

catacombes
V. *cimetière*

catafalque
V. *enterrement*

cataire V. *plantes*

catalectes
V. *division*

catalepsie
V. *maladie*

Catalogne
Catalan

catalogue
inventaire
liste
nomenclature
état
dresser
cataloguer

catalpa
V. *plantes*

cataplasme
V. *remède*

catapulte
V. *artillerie*

cataracte
V. *eau*

catarrhe
V *maladie*

catastrophe
V. *malheur*
catéchisme
V. *religion*
catéchumène
V. *religion*
catégorie
V. *division*
catégorique
V. *certain, commandement*
cathédrale
V. *église*
catholique
V. *religion.*
catir V. *étoffe*
catogan V. *cheveu*
cauchemar
V. *rêve*
caudataire
V. *flatteur*
cauris V. *coquille*

cause
principe
explication
raison d'être
fondement
base
origine
germe
ferment
brandon
source
point de départ
fin mot
causalité
raison
raison majeure
motif
mobile
pourquoi
agent
promoteur
instigateur
inspirateur
excitateur
auteur
boute-en-train

causer
produire
avoir pour effet
avoir pour résultat
avoir pour conséquence
donner naissance [à
faire
former
créer
faire naître
amener
contribuer à
conduire à
entraîner
aboutir à
mouvoir à
pousser à
provoquer
inspirer
susciter
fomenter
exciter
allumer
être artisan de
apporter
occasionner
motiver
développer
attirer
déterminer
avoir pour cause
venir de
dériver de
découler de
émaner
causer V. *parler*
causeuse
V. *siège*
caustique
V. *esprit*
cauteleux
V. *ruse, hypocrite*
cautère
V. *remède*
caution
V. *garant*
Caux
cauchois
cavalcade
V. *cavalerie*
cavalerie
cavalerie légère
cavalier
chevalier
amazone
carabinier
gendarme à cheval
chasseur à cheval
chevau-léger
cuirassier
dragon
hussard
lancier
guide
cosaque
spahi
uhlan
mameluk
croate
cataphracte
argoulet
reître
éclaireur
cavalcadour
cavalcade
fantasia
vedette
charge
carrousel
boute-selle
cheval de parade
cheval de bataille
remonte
escadron
brigade
étendard
fanion
guidon
cornette
porte-étendard
porte-crosse
fontes
sabretache
chabraque
fourragère
dolman

évoluer
caracoler
charger
fourrager
éclairer

cavalier
V. *cavalerie, cheval, orgueil*
cavatine
V. *chant*
cave
caveau
sous-sol
cellier
souterrain
silo
chai
trappe
soupirail
poulain
chantier
casier à bouteilles
porte-bouteilles
lattes
encaver
caviste
cellerier
descente en cave
avalage
encavement
caveçon
V. *harnais*
cavée V. *chemin*
caverne
V. *antre*
cavet V. *moulure*
caviar
V. *nourriture*
cavillation
V. *moquerie*
cavité V. *trou*
cécité V. *aveugle*
céder
dire oui
approuver
acquiescer
dire amen
ne pas dire non
vouloir bien
consentir
donner les mains [à
accéder à
concéder
entrer dans les vues de
se prêter à
condescendre
daigner
s'abaisser à
se soumettre
capituler
mettre bas les armes
en passer par
accepter de
se rendre
mettre les pouces
baisser pavillon
en rabattre
composer avec
venir à composition
transiger
pactiser
s'incliner
se laisser fléchir
démordre de
se départir
soumission
capitulation
acquiescement
approbation
consentement
concession
acceptation
V. *donner*
cédille V. *écriture*
cédrat V. *plantes*
cèdre V. *plantes*
cédule V. *convention*

ceindre V. *autour*

ceinture
ceinturon
baudrier
buffleterie
écharpe
ceint
demi-ceint
bandoulière
cordelière
sangle
pagne
brassard
ceste
jarretière
bretelle
bricole
fanon
manipule
bande
bandelette
bandeau
diadème
couronne
serre-tête
turban
ferronnière
fronteau
collier
bracelet

ceinture
(parties de la)
pendant
mordant
portant
trou
œil
œillet
anneau
boucle
ardillon
plaque
porte-épée
belière

célèbre V. *gloire*
celer V. *cacher*
céleri V. *salade*
célérité V. *vite*
céleste V. *ciel*

célibat
libre
célibataire
garçon
vieux garçon
vieille fille
monter en graine
coiffer Ste Catherine.

cellerier V. *cave*
cellier V. *cave*
cellule V. *récipient* et *prison*
cémenter
V. *métallurgie*
cénacle
V. *assemblée*

cendre
escarbille
résidu
cendrier
réduire en cendres
lessive

cinéraire
cendreux
lixiviel
incinérer
lessiver
incinération
lixiviation
crémation

cens V. *impôt*
censeur
V. *université*
censitaire
V. *impôt*
censive V. *rente*
censure
V. *désapprouver*

cent
centaine
centurie
siècle
centième
centuple
centésimal
centièmement
centupler
centigrade
centigramme
centimètre
centilitre
centiare
centime
centistère
hectare
hecto
hectogramme
hectolitre
hectomètre
centenaire
centenier
centurion
centumvir
cent-suisses
cent-garde
hécatombe
centupler

centaure
V. *monstre*
centaurée
V. *plantes*
centenaire
V. *cent*
centenier
V. *chef*
centime
V. *monnaie*
centon
V. *semblable*
centre V. *milieu*
centrifuge
V. *mouvement*
centripète
V. *mouvement*
centumvir
V. *juge*
centurie V. *cent*
centurion
V. *chef*
cep
V. *plantes* et *vigne*
cépage V. *vigne*
cèpe V. *plantes*
cépée V. *tige*
céphalalgie
V. *tête*

céramique
gresserie
faïencerie
poterie
grès
grès cérame
faïence
porcelaine
pâte tendre
pâte dure
Sèvres
Saxe
majolique
terre cuite
demi-porcelaine
barbotine
biscuit
cailloutage
terre de pipe
figuline
tuile
brique
revêtement
carrelage
pavement
lave émaillée
boccaro
hygrocérame
hydrocérame
plaque
azuléjo
alcaraza
pot à fleur
potiche
vase
vaisselle
console
métope
antéfixe
figuline
matière plastique
argile
derle
kaolin
terre réfractaire
pegmatite
fondant
fritte
couverte
glaçure
lustre
vernis
émail
engobe
calcine
marque
monogramme
décoration
couleur
palette
grand feu
feu de moufle

craquelé
flammé
flambé
truité
céladon
translucide
opaque
voilé
coulé

céramiste
potier
faïencier
porcelainier
réparateur
attaches
crochet
ballon
tour
girelle
roue
payen
calibre
crochet
moule

tournassin
pâte
lavage
voquage
façonnage
ébauchage
tournage
tournassage
calibrage
moulage
coulage
rachevage
dégourdi
cuisson
encastage
mise au four
retrait

four
fausse-tire
cazette
pernette
colifichet
montres
alandier
tournette
molette
habillage
garnissage
gauchissage

céraste
V. *animal*
cérat V. *cire*
cercle et **courbe**
rond
circonférence
ligne courbe
ligne circulaire
cycloïde
disque
rondelle
cerceau
armille
anneau
lune
auréole
collier
bracelet
bague
couronne
halo
périphérie
cerne
orbe
orbite
contour
tour

roue
zone
zodiaque
équateur
écliptique
tropique
colure
épicycle
épicycloïde
ovale
ellipse
hyperbole
parabole
croissant
lunule
courbe
courbure
flexuosité
flexion
inflexion
spire
hélice
volute
spiral
serpentine
ondulation
chantournement
sinuosité
tortuosité
torsion
tortil
aréole

tracer
mener
dessiner
inscrire
circonscrire
chantourner
cercler
infléchir
fléchir
tourner
courber
serpenter
onduler
contourner
lover
enrouler

compas
rapporteur
pistolet
centre
degré
diamètre
rayon
sécante
tangente
coordonnée

abscisse
asymptote
segment
secteur
corde
arc
flèche
co-sécante
cosinus
angle au centre
angle à la circonférence
foyer
axe
génératrice
quadratrice
quadrature
courbe
circulaire
rond
annulaire
armillaire
orbiculaire
orbiculé
orbitaire
arrondi
annelé
bouclé
curviligne
tangent
trajectoire
homocentrique
concentrique
excentrique
sécant
verticillé
serpentin
spiral
sinueux
tournant
tortueux
flexueux
cycloïdal
ondulé
contourné
chantourné
retroussé
courbé
cerclé
concave
convexe
bombé
en cercle
en amphithéâtre
radial
hélicoïde
hélicoïdal
parabolique
paraboloïde
elliptique

ellipsoïdal
ovoïde
hyperbolique
hyperboloïde
diamétral
V. *arcade* et *boule*
cercueil
V. *mort*
céréales
productions de la terre
dons de Cérès
froment
grain tendre
grain dur
touselle
blé
blé d'hiver
blé de mars
trémois
blé géant
blé blanc
blé richelle
blé meunier
blé des haies
blé pétianelle
blé Lama
blé garagnon
seisette
blé barbu
blé à chapeau
blé hérisson
poulard
blé miracle
aubaine
blé de Pharaon
blé de Pologne
turquet
épeautre
seigle
conseigle
méteil
passe-méteil
orge
orge escourgeon
orge éventail
orge céleste
orge trifurquée
fromental
avoine
avoine courte
riz
riz sans barbe
sarrasin
bucaille
maïs
maïs quarantin
maïs nain
maïs à bec

maïs millet
millet
mil
sorgho
mouture
egilops
agrostide
alica
avrillet
farrago
ablais
airée
battage
champart
champartage
champ
grange
grenier
silo
batteuse
faucille
faulx
fléau
escourgeon
batteur
calvanier
glaneur
glaneuse
messier
moissonneur
faucheur
blatier
fromentacé
versé
cornu
sur pied
en herbe
monté
moucheté
rouille
retrait
charbon
nielle
gerzeau
alucite
charançon
noctuelle
carie

battre
couper
cribler
dépiquer
gerber
glaner
javeler
vanner
monder
emblaver
remblaver
éfaner
biser
plâtrer
carier
charbonner
cloquer
nieller
charbouiller
brûler
brouir

tige
chalumeau
chaume
balle
glume
paille
bourrier
fane
pampe
épi
touselle
esteule
nœud
gerbe
gerbée
glane
glanure
javelle
meule
V. *agriculture*

cérémonial
étiquette
cant
hiérarchie
protocole
civilité
usages
convenances
politesse
cérémonie
formes
manières
façons
honneurs
réception
V. *aristocratie*

cérémonie
V. *fête*

cérémonieux
faiseurs de cérémonies
affecté
guindé
apprêté
collet monté
empesé
maniéré
faire des façons
faire la petite bouche
se faire prier

cerf
chevreuil
daim
axis
élan
renne
faon
broquart
daguet
chevrillard
chevrotin
biche
bichette
daine
chevrette
bois
portée
bosse
enflure
broche
cor
épois
andouiller
dague
refait
revenu
chevillure
pivot
fraise
meule
pierrure
paramont
paumure
empaumure
chandelier
pied
comblette
éponge
ergot
garde
foulure
sole
massacre
Actéon
nébride
bien né
enfourché
pommé

bramer
réer
raire
raller
brosser
muser
daguer
frayer
charbonner
embucher
rembucher
débucher
ruminer
ronger
viander
muer
jeter son bois
mettre bas (bois)
chasser
courre
forcer

trolle
erre
randonnée
refuite
rembuchement
cervaison
hallali
abois
honneur du pied
venaison
curée
menus droits
reposée
chambre
fort
gîte
régalis
brisées
bramement

cerfeuil
V. *plantes*

cerf-volant
V. *jouet*

cerise
noyau
queue
anglaise
montmorency
guigne
griotte
bigarreau
cerisette
merise
gobet
cerisaie
cerisier
merisier
griottier
cerise à l'eau-de-vie

cerner V. *autour*

céroplaste
V. *circ*

certain
sûr
assuré

immanquable
inévitable
fatal
évident [jour
clair comme le
manifeste
net
palpable
tangible
ostensible
visible
incontestable
irréfutable
démontré
confirmé
admis
avéré
notoire
patent
indubitable
indéniable
irrécusable
indiscutable
exact
mathématique
vrai
catégorique
formel
littéral
péremptoire
sans conteste
constant
fondé
authentique
hors de doute
sans l'ombre d'un
infaillible [doute
article de foi
parole d'évangile

à coup sûr
évidemment
assurément
certainement
sûrement [ment
immanquable-
inévitablement
infailliblement
clairement
nettement
manifestement
visiblement
intelligiblement
ostensiblement
ouvertement
franchement
carrément [ment
incontestable-
notoirement
indubitablement
indiscutablement
exactement
littéralement
à la lettre [ment
mathématique-
vraiment
formellement
ex cathedra
ex professo
péremptoirement
être constant
sauter aux yeux
crever les yeux
être cousu de fil
blanc
tomber sous le
sens
être de fait que

certificat
V. *certitude*

certifier V. *affirmer*, *certitude*

certitude
conviction
croyance
croyance ferme
assurance
foi
credo
certitude absolue
certitude enraci-
inébranlable [née
ferme
évidence
netteté
authenticité
caractère d'authenticité
infaillibilité
dogme
axiome
preuve
certificat
visa
confirmation
notoriété
autorité

être certain
être assuré
tenir pour certain
avoir l'assurance
que [que
avoir la certitude
être convaincu
mettre la main au
feu de
s'affermir dans sa
conviction
acertainer
vérifier [tude
acquérir la certi-
acquérir la preuve
assurer
attester
certifier
ratifier
viser
affirmer
approuver
corroborer
confirmer
fortifier
prouver
venir à l'appui de
militer en faveur
de [mation dans
trouver sa confir-
s'appuyer sur
se fonder sur

cérumen
V. *oreille*

céruse
V. *substance*

cervaison
V. *cerf*

cerveau
méninges
dure-mère
arachnoïde
méningine
pie-mère
carotide
encéphale
cervelle
cervelet
scissure
hémisphère
corps calleux
mésolobe
épisphérie
circonvolution
anfractuosité
sillon
chiasma
tubercule cendré
tige pituitaire
tubercule pisi-
forme [laire
tubercule mamil-
espace perforé
pont de Varole
protubérance annulaire
bulbe rachidien
lobule frontal
lobe frontal
hippocampe
pédoncules
nerf
paire
pathétique
trijumeau
trifacial
nerf spinal
nerf de Wrisberg
olfactif
optique [gien
glosso-pharyn-
oculo-moteur
pneumo-gastrique
nerf accessoire de
Willis
hypoglosse
lobes sphénoïdaux
scissure de Sylvius [cules
cloison des ventri-
septum lucidum
voûte aux trois
piliers
glande pinéale
conoïde
insula de Reill
hiatus de Fallope
aqueduc de Syl-
ergot [vius
globule
isthme
nate
corps olivaire
valvule
ventricule moyen
calamus scripto-
citerne [rius
ventricules laté-
corps strié [raux
couche optique
bandelette
corps frangé
corne d'Ammon
cérébrine
cérébrique
pulpe
substance grise
substance médul-
laire [cale
substance corti-

cérébral
cérébelleux
cérébro-spinal
interlobaire
encéphalique
hydrocéphale

méningite
cérébro-sclérose
céphalite
céphalonose
cérébellite
transport
congestion
épanchement
ramollissement
cervelas
V. *charcuterie*
cervelet
tente
protubérance
lobe
faulx
ventricule
arbre de vie
cervelle
V. *cerveau*
cervical V. *cou*
cervoise V. *bière*
César
césarien
cesser
V. *inaction*
cession
V. *céder* et *donner*
ceste V. *gant*
césure V. *vers*
cétacé V. *animal*
cétoine
V. *animal*
Cévennes
cévenol
Ceylan
cinghalais
chablis V. *forêt*, *vin*
chabot V. *animal*
chacal V. *animal*
chaconne
V. *danse*
chafouin
V. *petit*, *hypocrite*
chagrin
V. *tristesse*, *cuir*
chagriner
V. *tristesse*
chai V. *cave*
chaine V. *lien*
chainetier
V. *métier*
chair V. *viande*
chaire V. *tribune*
chaise V. *siège*
chaland V. *boutique*, *navire*
chalcographie
V. *gravure*
châle V. *vêtement*
chalet
V. *habitation*
chaleur
ardeur
feu
incandescence
effervescence
haute température
bouffée de chaleur
calorie
degré
tiédeur

chaud
ardent
brûlant
incandescent
haut
fort
élevé
caniculaire
torride
tropical
cuisant
rouge
à blanc
bouillant
effervescent
calorifique
étouffant
suffocant
accablant
doux
tempéré
tiède
faible

athermane
diathermane
thermal
isotherme
calorique
chaleur rayonnante
— radiante
— latente
— spécifique
réverbération
rayonnement
émission
rayon
calorifère
chauffage (V.)
calorimètre
pyromètre
pyroscope
thermomètre
thermoscope
éolipyle
calorification
caloricité
conductibilité
canicule
été V. *chauffage*, *chauffer* et *temps (qu'il fait)*.
chaleureux
V. *enthousiasme*
chalon V. *filet*
chaloupe V. *navire* et *canotage*
chalumeau V. *herbe*, *instrument*
chamade
V. *tambour*
chamailler
V. *dispute*
chamaillis
V. *dispute*
chamarrer
V. *passementerie*
chambellan
V. *royauté*

Chambéry
chambérien
chambouin
V. *verre*
chambranle
V. *porte*
chambre
V. *appartement*
chambrière V. *domestique*, *fouet*

chameau
chamelle
dromadaire
chamelier
caravane
chamois
V. *animal*
chamoiser
V. *peau*

champ
campagne
terre
propriété
bien-fonds
glèbe
plaine
herbage
luzernière
brande
pré
prairie
pâturage
lande
pâtis
agriculture
paysage
culture
pièce de terre
lopin
morceau de terre
rase campagne
pleine campagne
clos
enclos
ferme
borde
bastide
chènevière
garenne
vignobles
plantation
village
villégiature
villa
maison de campagne
paysan
paysanne
campagnard
rustre
croquant
manant
vilain
cultivateur
agriculteur
hobereau
gentilhomme campagnard
agronome
fermier
laboureur
messier
garde champêtre
rustique
rural
agreste
champêtre
pastoral
idyllique
agricole
agronomique

vivre à la campagne
se retirer à la campagne
aller planter ses choux

poésie pastorale
idylie
églogue
bucolique

émaillé de fleurs
V. *agriculture*
champagne
mousseux
tisane
clicquot
crème
fleur
marque
carte
cornet
coupe
Champagne
champenois
champart
V. *impôt*
champêtre
V. *champ*
champignon
pied
collet
chapeau
lamelle
feuillet
thèques
basides
cystides
champignonnière
couche
blanc de champignon
agaric
bolet
cèpe
morille
mousseron
oronge
clavaire
chanterelle
téléphore
vesse-de-loup
oïdium
maniveau
champion
V. *combattant*
champlevé
V. *émail*
chance V. *hasard* et *bonheur*
chanceler
V. *tomber*
chancelier
V. *juge*
chancelière
V. *pied*
chancre
V. *maladie*
chandeleur
V. *fête*
chandelier
V. *flambeau*
chandelle
V. *éclairage*
chanfrein
V. *couper*, *harnais*
changeant
inconstant
infidèle
léger
mobile
inconsistant
transitoire
éphémère
variable
alternatif
versatile
volage
lunatique
instable
amovible
altérable
transmuable
modifiable
incertain
muable
flottant
indécis
apostat
renégat
transfuge
arlequin
girouette
caméléon
Protée
alternativement
variablement

changement
modification
mutation
virement
commutation
remplacement
permutation
transformation
transmutation
métamorphose
avatar
transfiguration
métempsycose
peau neuve
mue
conversion
chemin de Damas
évolution
variation
dédit
palinodie
volte-face
variété
variabilité
transmutabilité
inconsistance
manque de suite
inconstance
infidélité
légèreté
amovibilité
instabilité
incertitude
mutabilité
réforme
révolution
anastrophe
métathèse
métalepse
métaplasme
interversion
transposition
chassé-croisé
troc
travestissement
bouleversement
revirement
apostasie
rétractation
reniement
parjure
altération
alternat
dégénérescence
déformation
innovation
nouveauté
renouvellement
amendement
rectification
variante
nuance
correction
accommodation
adaptation
remaniement
dessolement
lycanthropie
lycanthrope
changer
modifier
permuter
commuer
intervertir
alterner
troquer
transformer
changer la face [de
déranger
dénaturer
travestir
transmuer
transmuter
métamorphoser
transfigurer
convertir en
transposer
varier
muer
bouleverser
défigurer
révolutionner
altérer
rectifier
corriger
amender
adapter
accommoder
réformer
remanier
remplacer
innover
faire peau neuve
tourner
virer
déchanter
se déjuger
se dédire
renier
apostasier
renoncer à
abandonner
dessoler
faire table rase
du tout au tout
alternativement
à tour de rôle
V. *autre*
changeur V. *finance* et *banque*
chanoine
chanoinesse
canonicat
canonial
chanson V. *chant*
chansonner
V. *moquer*
chant
ramage
organe
accent
timbre
étendue
portée
registre
émission
plain-chant
solfège

homophonie
mélodie
mélopée
air
morceau
grand air
antienne
choral
chœur
cantique
hymne
noël
motet
oratorio
couplet
cavatine
air de bravoure
récit
récitatif
cantabile
roulade
vocalise
ariette
solo
duo
trio
quatuor
quintette
sextuor
septuor
reprise
refrain
leit-motiv
scie
cantilène
romance
complainte
chanson
chansonnette
ronde
pont-neuf
bardit
ballade
cantate
aubade
sérénade
barcarolle
fredon
fredonnement
gazouillis
gazouillement
partie
contre-partie
accompagnement
basse
basse continue
basse fondamentale
basse chiffrée
grégorien
ambrosien

chanter
entonner
donner de la voix
vocaliser
triller
filer
couler
porter
lier
chantonner
fredonner
moduler
gazouiller
gringotter
murmurer
bourdonner
sombrer
barytonner
psalmodier
roucouler
s'égosiller
s'époumoner
détonner
casser la tête
casser les oreilles
chevroter
avoir un chat
attaquer un morceau
chanter juste
faux
à pleine voix
faux-bourdon
en fausset
en mesure
V. les mots particuliers à l'article de chaque oiseau.

chantage
V. *crime*

chanteau
V. *division*

chantepleure
V. *tonneau*

chanter V. *chant*

chanterelle
V. *violon*

chanteur
artiste
virtuose
étoile
ténor
ténorino
haute-taille
haut-dessus
haute-contre
dessus
soprano
medium
mezzo soprano
contralto
baryton
basse
basse-dessus
basse-contre
basse-contrainte
basse-taille
chantre
choriste
orphéoniste
barde
ménestrel
trouvère
troubadour
minnesinger
castrat
chanteuse
cantatrice
prima donna
diva
divette
chanteuse légère
chœur
coryphée
soliste
partie
unisson
maîtrise
chapelle
chantrerie
orphéon
concert vocal
conservatoire
pinson
rossignol

chantier
V. *chauffage*

chantignole
V. *charpente*

chantourné
V. *forme*

chantre
V. *chanteur*

chanvre V. *toile*

chaos V. *désordre*

chape V. *vêtement*

chapeau d'homme
couvre-chef
chapeau haut de forme
chapeau haute forme
coiffure
bousingot
bolivar
financier
claque
gibus
melon
tyrolien
chapeau mou
chapeau canotier
casquette
béret
toque
toquet
mortier
calotte
passe-montagne
capuce
capuchon
chaperon
caudebec
panama
sombrero
pétase
barrette
tiare
mitre
colback
bonnet à poil
bonnet de police
schapska
turban
fez
képi
shako
bicorne
tricorne
bourrelet
béguin
têtière

bord
carre
fond
aile
ganse
cordon
galon
laisse
coiffe
cuir
ruban
bourdalou
cocarde
gland
plumet
panache
pompon
crêpe
jugulaire

visière

mettre
porter
coiffer
ceindre
se couvrir
se découvrir
saluer
porter la main à son chapeau
repasser [de fer
donner un coup

fer
carton à chapeau
bichon
brosse à chapeau
soie
castor
feutre
paille
apprêt
lustre
chapellerie
chapelier

chapeau de femme
capote
coiffure
toque
toquet
Rubens
Rembrandt
canotier
capeline
comète
coiffe
bonnet
béguin
fontange
fanchon
barbe
marmotte
escoffion
cornette
carpente
tour
serre-tête
bagnolet
bagnolette
hennin
bergère
carcasse
forme
bavolet
coiffe
brides
garniture
marabout
aigrette
nœud
plume
fleur
pompon
ruban
gaze
voile
voilette
filet
réseau
résille
modes
modiste
trottin

chapelain
V. *clergé*
chapelet
V. *prière*
chapelier
V. *chapeau*
chapelle
V. *église.*
chapellenie
V. *clergé*
chapelure
V. *pain*
chaperon
V. *chapeau*
chaperonner
V. *protection*
chapiteau
V. *colonne*
chapitre
V. *livre* et *clergé*
chapitrer
V. *conseil*
chapon V. *coq*
chaponnière
V. *cuisine*
char V. *voiture*
charabia
V. *langage*
charade V. *jeu*
charançon
V. *animal*

charbon
combustible
charbon de bois
charbon de Paris
braise
braisette
fumeron
boule
boulet
brique
briquette
poussier
escarbille
résidu
charbon de terre
Mons
Charleroi
anglais
Cardiff
tête de moineau
gailleterie
gaillette
gailletin
houille
tourbe
lignite
anthracite
coke
charbonnage
charbonnier
houiller
houillère
tourbière
mine
houilleux
V. aussi *chauffage*
charbouiller
V. *céréales*

charcuterie
charcutier
charcutière
tenir
vendre
débiter
porc
cochon
lard
panne
graisse
saindoux
chair à saucisses
veau piqué
saucisse
cervelas
saucisson
chipolata
crépine
crépinette
mortadelle
boudin
andouille
andouillette
rillettes
pâté de foie
foie gras
terrine
fromage de porc
fromage d'Italie
pied
pied truffé
jambon
jambonneau
jambon fumé
hure
petit salé
galantine
langue fourrée
langue écarlate
boudinière

chardon
V. *plantes*
chardonneret
V. *animal*
chardonnette
V. *plantes*
charge V. *poids*, *caricature* et *fonction*
charger V. *poids* *cavalerie* et *commission*
chariot V. *voiture*
charitable
V. *bon*
charité V. *donner*
charivari
V. *bruit*
charlatan V. *comédien*, *hypocrite*

Charleville
carolopolitain
charlotte
V. *pâtisserie*
charme
V. *plantes*
charmer
V. *agréable*
charmille
V. *jardin*
charmoie
V. *forêt*
charnage
V. *viande*
charnel
V. *débauche*
charnier
V. *cimetière*
charnière V. *pli*
charnu V. *viande*
charogne
V. *mort*

charpente
charpenterie
charpentier
échafaud
échafaudage
baliveau
perche

écoperche
échasse
boulin
étai
accore
opes
chablot
chevalet
chat
comble
arêtier
étançon
faîtage
ferme
lien
aisselier
entrait
tirant
poinçon
arbalétrier
chevron
moise
sablière
panne
échantignole
jambette
contrefiche
coyau
chanlatte
carcasse
bau
ber
bâti
chevêtrier
chevêtre
colombe
patin
couche
croisillon
étrésillon
jambe de force
latte
lattis
bardeau
sommier
linçoir
linteau
longuerine
limande
montant
pied cornier
pied droit
pointal
sole
semelle
sablière
travée
traverse
ventrière
poutre
poutrelle
madrier
solive
soliveau
potence
tournisse
racinal
portereau
poitrail
jumelle
étrier
faux-tirant
lierne
languette
guette
guetton
gousset
entretoise
empoutrerie
enchevêtrure
enchevauchure
chevalement
enlaçure
enrayure
embrèvement
embrassure
assemblage
solivage
épaulement
cheville
verrin
dent
tenon
boulon
coin
tasseau
tirant
mortaise
onglet
entaille
ételon
règle
trusquin
compas
rouanne
rouannette
rameneret
repère
jauge
crayon
équerre
simbleau
aideau
équilboquet
herminette
gouge
piochon
poinçon
amorçoir
bec d'âne
besaiguë
laceret
tarière
traçon
traceret

tringler
ligner
équerrer
ruiler
assembler
embrever
abouter
amaigrir
débillarder
dégrossir
équarrir
amorcer
arbalétrer
boulonner
charpenter
cloisonner
latter
dresser
dédosser
dégauchir
enliouber
enrayer
lierner
étançonner
moiser
quarderonner
V. *toit*

charpie
V. *chirurgie*

charretée
V. *voiture*

charretier
V. *cocher*

charrette
V. *voiture*

charrier
V. *traîner*, *glace*

charroi
V. *traîner*

charron
V. *métier*

charrue
instrument aratoire
charrue sous-sol
baterse
cabat
coutrier
charrue Guillaume
— de Brie
— champenoise
charrue de Roville
— de Pulche
— bineuse
— brabant
— Dombasle
— fouilleuse
— piocheuse
— Grange
— Valcourt
— ratissoire
— rigoleuse
— taupe
houe
scarificateur
griffon
soc
aile
souche
gendarme
coutre
coutelière
sep
talon
soupeau
versoir
oreille
tourne-oreille
étançon
âge
haie
haye
flèche
régulateur
chaîne
manche
mancheron
rets
traînoire
caquetoire
babilloire
avant-train
épée
timon
court-bouton
crochet
happe
épart
paumillon
joug
essieu
sellette
armons
levier de dépique
ambranloire
frion
curon V. *labourer*

charte
V. *archives*

Chartres
chartrain
chartreux
V. *clergé*
chartreuse
V. *liqueur*
chartrier
V. *archives*
chas V. *aiguille*

chasse
battue
rabattue
rabat
affût
partie de chasse
grande chasse
chasse en plaine
chasse au vol
chasse à courre
chasse à la passée
chasse au miroir
chasse réservée
chasse particuliè-
bourrée [re
glanée
braconnage
vénerie
fouée
brisées
ouverture
fermeture
assemblée
rendez-vous de
halte [chasse
muette
garenne
louveterie
parc
meute
vautrait
refuite
cynégétique
relaissé
V. aussi *chasser* (2), *chasseur*, *cerf*, *piège* et *gibier*
chassé-croisé
V. *changement*, *danse*
chasse-marée
V. *navire*
chasser (1)
V. *renvoyer*
chasser (2)
braconner
boucaner
battre
quêter
rabattre
tirer
manquer
tirasser
enfumer
débusquer
débucher
lancer
forlancer
forcer
traquer
forhuir
daguer
détourner
dépister
barrer
fureter
sonner
houper
grailler
huer

fanfare
sonnerie
hallali
au lit
tayaut
haut-à-haut
tout-coi
V. *chien*
chasseresse
V. *chasseur*

chasseur
enfant de St-Hu-
Nemrod [bert
Diane
boucanier
braconnier
louvetier [se
capitaine de chas-
lieutenantdechas-
chasseresse [se
garde-chasse
garennier
veneur
vautreur
guêtre
jambière
salopette
carnier
carnassière
cor de chasse
cor
cornet
huchet
couteau de chasse
fusil
détortoir
vouge
épieu
permis de chasse
port d'armes
chien
meute
furet
appeau
piège
collet
breste
tirasseau
glu
gluau
pipée
courcaillet
sublet
miroir
poil
plume
pièce
tableau
carnage
curée
fouaille
gîte
refui
ressui
remise
reposée
fort
menée
erres
foulures
foulées
traces
régali
piste
randonnée
refuite
contre-ongle
change
rembûchement
V. *gibier*
chassieux
V. *œil*
châssis V. *cadre*
chaste V. *pudeur*
chasuble
V. *vêtement*
chasublier
V. *métier*

chat
félin
angora
chat de gouttière
matou
minet
minette
chaton
petit
chattemite
Raminagrobis
chattée

mettre bas
chatter
ronronner
miauler
se farder
couper

ronron
miaulement
patte de velours
pâtée
chatière
mère Michel
châtaigne
bogue
portalonne
evalade
nouzillarde
marron
marronnier
châtaignier
châtaigneraie
châtain
V. *cheveu*
château
V. *palais* et *maison*
Châteaudun
Dunois
Château-Gontier
castrogontérien
châtelain
V. *féodalité*
châtelaine
V. *bijou*
châtelet
V. *palais*
châtellenie
V. *féodalité*
Châtellerault
châtelleredais
chat-huant
V. *animal*
châtier V. *punir*
châtiment
V. *punir*
chaton
V. *chat* et *bague*
chatouiller
V. *toucher*
chatoyer
V. *briller*

chatterie
V. *caresse*
chat-tigre
V. *animal*
chaud
V. *chaleur*
chaudière
machine
sole
gante
tube
carneau
bouilleur
soupape
réservoir
prise de vapeur
cylindre
four
fourneau
foyer
cheminée
locomotive
locomobile
alambic
bachole
pistolet
campane
vapeur
vaporisation
surface de chauffe
alimentation
combustible
pression
atmosphère
manomètre
niveau
indicateur
flotteur
chaudronnerie
dinanderie
étamage
chaudronnier
dinandier
étameur
rétameur
cuivre
fer battu
tôle
tas
bigorne
carre
rivet
clou

écrouir
planer
dresser
emboutir
recuire
cintrer
chever
étamer
river

chaudron
marmite
bassine
casserole
bassinoire
batterie de cuisine
crémaillère
pied
trépied
happe
oreille
poêle
poêlon
poissonnière
V. *cuisine*
chauffage
appareil de chauffage
calorifère
cheminée (Voir)
poêle
poêle mobile
four
fourneau
brasero
chauffe-doux
chauffoir
chaufferette
gueux
bassinoire
boule
moine
étouffoir
réchaud
bouche de chaleur
caléfacteur
caléfaction
combustible
charbon (Voir)
bois
bûche
bois de chauffe
bois de boulange
bois à brûler
souche
allume-feu
boule résineuse
copeau
ligot
bottillon
margotin
fagot
fumeron
motte
chantier
charbonnier
tôlier
fumiste
poêlier
chauffer
tiédir
attiédir
bassiner
bouillir V. *cuire*, *cheminée*
chauffe-cire
V. *cachet*
chaufferette
V. *chauffage*
chauffoir
V. *chauffage*
chaufournier
V. *chaux*
chauler
V. *chaux*
chaume
V. *céréales*
chaumière
V. *habitation*
chaumine
V. *habitation*
chaussée
V. *chemin*
chausse-pied
V. *chaussure*
chausser
V. *chaussure*
chaussette
V. *bas*
chausson
V. *chaussure*
chaussure
botte
brodequin
bottine
soulier
soulier découvert
soulier à la molière
napolitain
escarpin
savate
socque
caoutchouc
patin
sabot
galoche
chausson
bain de mer
snow-boot
espadrille
sandale
mocassin
pantoufle
babouche
mule
godillot
cothurne
calige
talonnière
guêtre
houseaux
tige
semelle
demi-semelle
semelle double
cambrure
sous-pied
talon
talon haut
t. Louis XV
t. anglais
t. plat
empeigne
claque
bout
poulaine
cou-de-pied
ailette
trépointe
contrefort
avant-pied
tirant
bride
cordon
patte
boucle
boutonnière
œillet
lacet
crochet
cloué
à vis
cousu
verni
veau
à boutons
à élastiques
marchand de crépins
formier
bottier
cordonnier
savetier
carreleur
raccommodeur
piqueuse
sabotier
talonnier
décrotteur
cordonnerie
échoppe
crépin
manique

alêne
poix
soie
ligneul
forme
marteau
pointe
semence
tranchet
lissoir
tire-pied
mesure
pied-droit
point
pointure
ressemelage

clouer
piquer
monter
border
lisser
astiquer
ressemeler
rapiécer
chausser
pointer
porter
se chausser
guêtrer
lacer
délacer
user
déformer
éculer
cirer

chausse-pied
corne
tire-bouton
cirage
boîte à cirage
brosse à reluire
brosse
décrottoire
décrottoir
prison de Saint-Crépin

chauve
V. *cheveu*

chauve-souris
V. *animal*

chauvin
V. *patrie*

chauvir
V. *oreille*

chaux
pierre à chaux
chaux vive
chaux éteinte
calcium
chaux anhydre
chaux hydraulique
ciment
mortier
eau de chaux
lait de chaux
blanc de chaux
laitance
craie
calcination
cuite
fusage
four
chaufour
bouloir
chaulier
chaufournier
chauler
chaulage
calcaire

chavirer
V. *tomber*

chebec V. *navire*

chef
maître
seigneur
grand
gouvernant
supérieur
commandant
gouverneur
directeur
intendant
surintendant
régent
leader
meneur
chef de file
dictateur
autocrate
tyran
despote
maître absolu
César
souverain
monarque
potentat
tsar
czar
empereur
sire
roi
prince
altesse
grand-maître
principicule
tyranneau
président
vice-président
stathouder
grand-pensionnaire
protecteur
électeur
burgrave
margrave
landgrave
staroste
hautesse
monseigneur
grand-seigneur
sultan
pacha
padischah
khédive
vizir
grand-vizir
reis-effendi
dey
bey
caïmacan
capitan-pacha
aga
séraskier
mahdi
caïd
calife
émir
chérif
cheik
soudan
négus
ras
cacique
khan
grand mogol
mandarin
mikado
taïkoun
nabab
shah
sofi
radjah
maharadjah
satrape
pharaon
archonte
harmoste
éphore
lucumon
brenn
captal
consul
proconsul
décemvir
triumvir
propréteur
préteur
édile
centurion
centenier
décurion
gonfalonier
provéditeur
procurateur
doge
podestat
laird
leude
hospodar
vayvode
magnat
hetman
souveraine
reine
impératrice
czarine
régente
sultane
dogaresse
princesse

premier rang
souveraineté
primauté
puissance
pouvoir
primatie
hégémonie
royauté
trône
sceptre
couronne
commandement
haute main
gouvernement
monarchie
empire
autorité
suprématie
seigneurie
suzeraineté
domination
oppression
autocratie
tyrannie
dictature
absolutisme
bon plaisir
main de fer
despotisme
esclavage
servitude
arbitraire
proconsulat
consulat

décemvirat
triumvirat
directoire
propréture
préture
édilité
protectorat
présidence
vice-présidence
dogat
procuratie
stathoudérat
satrapie
lucumonie
règne
régence
principat
électorat
margraviat
landgraviat
starostie
hautesse
grandesse
magistère
califat
khédivat
padischah
pachalick
nababie
mandarinat
monarchique
gouvernemental
impérial
royal
autocratique
tyrannique
oppressif
despotique
dictatorial
césarien
décemviral
consulaire
proconsulaire
prétorien
curule
présidentiel
seigneurial
triumviral
khédivial
beylical
primatial
V. aussi *commander*, *féodalité* et *ordre*

chef-d'œuvre
V. *beau*

chef-lieu V. *ville*

cheik V. *chef*

chélidoine
V. *plante*

chemin
route
voie
communication
promenade
avenue
boulevard
artère
rue
passage
servitude
laie
allée
contre-allée
sentier
sente
lacet
cavée
raidillon
venelle
chemin de halage
— de traverse
— de ronde
— vicinal
route nationale
—départementale
— de grande communication
ruelle
cul-de-sac
impasse
accul
berme
rampe
rond-point
carrefour
étoile
patte d'oie
place
embranchement
bifurcation
tournant
chaussée
levée
empierrement
macadam
pavé
bordure
ornière
caniveau
trottoir
ruisseau
voirie

praticable
beau
carrossable
court
encaissé
battu
frayé
raide
montant
tortueux
bordé
étroit
barré
impraticable
mauvais
défoncé
détourné
dérobé

suivre
prendre
passer par
se frayer
s'ouvrir
faire route
cheminer
s'acheminer
faire le chemin
passer
arpenter
parcourir
prendre par le plus court
couper
tourner
faire un crochet
prendre par
dévier
dévoyer
se fourvoyer
se tromper de
se perdre
mener à
conduire à
accéder à
déboucher sur
bifurquer
aboutir

voirie
viabilité
vicinalité
entretien
voyer
cantonnier
balayeur
arroseur
paveur
V. *voyage*

chemin de fer
V. *gare*, *voyage*, *locomotive*, *wagon*

cheminée
c. capucine
c. à modillons
c. Louis XV
c. Pompadour
c. en bois
c. d'usine
adossée
affleurée
en saillie
en encoignure
à l'Anglaise
à la Lorraine
à la Prussienne
foyer
âtre
cœur
plaque
contre-cœur
jambage
pied-droit
châssis à rideau
trappe
tablette
chambranle
tablier
manteau
hotte
faux-manteau
console
courge
modillon
jambage
joue
socle
enchevêtrure
coffre
conduit
tuyaudecheminée
gousset
chemineau
wagon
boisseau
souche
mitre
mitron
chapeau
fumivore
tournevent
gueule-de-loup
buse
gorge
clef
bouche de chaleur
appel
ventouse
landier
chenet
barre

chevrette
hâtier
contre-hâtier
crémaillère
grille
cendrier
étouffoir
croissant
porte-pincette
pincette
pelle
fourgon
tisonnier
soufflet
souffleur
garde-feu
pare-étincelle
écran
devant de chemi- [née
tirage
feu de cheminée
suie

tisonner
lever la trappe
baisser la trappe
tirer
ronfler
fumer
rabattre
ramoner

ramonage
hérisson
grappin
genouillère
terre à four
ramoneur
fumiste
poêlier [bon
V. *chauffage*, *char-*

cheminer
V. *marcher*

chemise
linge
c. de jour
c. de nuit
c. d'homme
c. de femme
c. d'enfant
chemisette
camisole
cilice
haire
plastron
corps
pan
gorge
coulisse
manche
col
devant
jabot
manchette
poignet
boutonnière
bouton
garniture
patte
épaulette
entre-deux
broderie
empiècement
cordelière
shirting
coton
madapolam
nansouk
percale
toile
linon
batiste
oxford
flanelle
brodée
plissée
empesée
de couleur
chemisier

mettre une chemi- [se
passer
ôter
changer de

chênaie V. *chêne*
chenal V *port*
chenapan
V. *criminel*

chêne
rouvre
quercitron
yeuse
chêneau
chênaie
gland
alvéole
avelanède
cupule
glandée
glandage
abatture

chéneau
V. *canalisation*
chenet
V. *cheminée*
chènevière
V. *plante*
chènevis
V. *plante*
chènevotte
V. *plante*
chenil V. *chien*
chenille
V. *animal*
chenillette
V. *plante*
chenu
V. *cheveu* et *blanc*
cheptel V. *ferme*
chèque
V. *banque*
cher V. *aimer*
cher V. *prix*
chercher
V. *curieux*
chère
V. *nourriture*
chérif V. *chef*
chérir V. *aimer*
cherté V. *prix*
chérubin
V. *ange* et *préférer*
chervis
V. *plantes*
chester
V. *fromage*
chétif V. *faible*

1. cheval
race chevaline
solipède
coursier
monture
destrier
palefroi
postier
mallier
carrossier
limonier
cheval de selle
— de course
— de main
— de louage
— de poste
— de trait
— de parade
— de réforme
— réformé
— anglais
— arabe
— pur sang
— demi-sang
étalon
hongre
genêt d'Espagne
barbe
cob
poney
poulain
dada
bidet
rosse
rossinante
haridelle
canard
roussin
portechoux
jument
poulinière
cavale
haquenée
pouliche
Pégase
Bucéphale
Incitatus
centaure
centauresse
hippocampe
hippogriffe
hippophagie
hippophagique
manège
académie
hippodrome
cirque
courses
turf
tattersall
remonte
maquignonnage
paire de chevaux
attelage
cavalcade
caracole
volte
carrousel
chevauchée
cavalerie
cavalier
gentleman rider
sportman
piqueur
amazone
jockey
écuyer
groom
palefrenier
cocher
automédon
entraîneur
maquignon
attelage à la Daumont
bricolier
chevalenarbalète
cheval de renfort

hennissement
panser
pouliner
maquignonner
V. *harnais*, *cocher*, *cavalerie*, *équitation*, *sport*

2. cheval
(*parties du*)
tête
naseau
souris
bouche
dent
croc
barre
langue
écume
lèvre
menton
ganache
chanfrein
joue
auge
salière
toupet
oreille
cou
crinière
encolure
épaule
paleron
avant-main
poitrail
avives
avant-bras
châtaigne
genou
coude
canon
fanon
ergot
boulet
pied
fourchette
paturon
couronne
biseau
balzane
sabot
pince
quartier
corne
petit pied
sole
fer
garrot
dos
flanc
ventre
reins
esquine
arrière-main
croupe
ars
gigot
hanche
arête
queue
enfourchure
cuisse
grasset
jambe
jarret
crin
crinière
robe
pelage
poil
couleur

3. cheval
(*allure*)
allure
pas
trot
galop
galopade
grand galop
ventre à terre
bride abattue
amble
air
air relevé
belles actions
entrepas
aubin
pas averti
pas allongé
pas relevé
pas cadencé
terre à terre
mésair
pesade
pointe
volte
saccade
saut
virevolte
écart
entrepas
quinte
piaffe
courbette
ruade
estrapade
bronchement
caracole
aller au pas
trotter
galoper
ambler
volter
faire une faute
piaffer
faire un écart
se dérober
ruer
broncher
butter
chopper
caracoler
parader
stepper
courir
s'ébrouer
chauvir
marquer
ballotter
s'éparer
ciller
hocher
faucher
harper
forger
se cabrer
éventer
balancer
battre à la main
manier
gagner
prendre le mors aux dents
s'emporter
s'abattre
se couronner
hennir
nicter
corner
pouliner
s'armer
éventer
billarder
s'embarrer
fringuer
aubiner
badiner
coailler
quoailler
allonger
accouer
dresser
monter
chevaucher
étriller
bouchonner
courtauder
renetter
bretauder

4. cheval
(*couleur*)
poil
robe
pelage
blanc
clair
foncé
lavé
aubère
isabelle
jaune
étourneau
rouan
alezan
poil de vache
brun
alezan brûlé
rubican
bai
gris
gris pommelé
gris souris
noir
louvet
more
moreau
zain
pie
zébré
tacheté
moucheté
marqueté
étoilé
miroité
baillet
balzan
cavecé
herminé
vairons (yeux)

5. cheval
(adjectifs autres que ceux de couleur)
ardent
fougueux
fringant
ombrageux
écouteux
vicieux
rétif
ramingue
apercevable
sauvage
doux
efflanqué

fourbu
poussif
fortrait
couronné
cornard
rogneux
morveux
farcineux
malandreux
morfondu
court-jointé
long-jointé
haut-monté,
court-monté
sous-lui
brassicourt
camus
pinçard
rampin
cagneux
panard
cambré
goussaut
bégu
oreillard
bouleté
bouleux
solbatu
barré [mal)
croupé (bien ou
ensellé
anglaisé
bretaudé
courtaudé
encastelé
monaut

tare
défaut
balzane

6. cheval
(*maladies*)
hippiatrie
vétérinaire
Alfort
moraille
morailler
gourme
farcin
gale
rogne
albugo
crevasse
barbe
ladre
dragonneau
avives
capelet
éparvin
farcin
nerf-férure
fortraiture
couronne
couronnement
malandre
fourbure
mal naviculaire
crapaudine
crapaud
clou-de-rue
bleime
kéraphyllocèle
fic
loupe
embarrure
lampas
jarde
jardon
javart
vessigon
seime
solandre
mémarchure
entorse
encastelure
entretaillure
gras-fondu
gras-fondure
malandre
suros
solbature
étranguillon
faim-valle
s'encasteler
se couronner
(V. *équitation* et *sport*

chevalerie
V. *chevalier*

chevalement
V. *charpente*

chevaleresque V. *chevalier*

chevalet
V. *peintre*, *supplice*

chevalier
chevalier errant
paladin
ordre équestre
chevalerie
preux
pair
héros
banneret
écuyer
héraut
page
damoisel
bachelier
champion
armure
bannière
vœu
devise
couleurs
dame
blason
armoiries
monture
accolade
dégradation
donner l'accolade [lade
recevoir l'acco-
être armé chevalier
être fait chevalier
être sacré cheva-
dégrader [lier
partir en guerre
courir les aventu-
chevaucher [res
jeter le gant
défier
aventures
exploits
faits d'armes
geste
prouesse
champ clos
tournoi
lice
épreuve
pas d'armes
chevaleresque
justicier
héroïque
romanesque
féal
loyal
félon
Roland
don Quichotte
Bayard

chevalière
V. *bague*

chevauchée
V. *cheval* (1)

chevaucher
V. *cheval* (3)

chevau-léger
V. *cavalerie*

chevecier
V. *clergé*

chevelure
V. *cheveu*

chevet V. *lit*

chevêtre
V. *chirurgie*, *charpente*

cheveu
chevelure
flot de chevelure
boucle
ondulation
anneau
frison
marteau
annelure
accroche-cœur
face
frisure
épi
queue
chignon
bandeau
toupet
faux toupet
tour de tête
tire-bouchon
anglaise
crin
crinière
poil
postiche
perruque
calvitie
alopécie
xérasie
pelade
teigne
gourme
pellicule
racine
bulbe
système pileux
coiffure
coupe
taille
tonsure
raie [Vierge
bandeau à la
cadenette
catogan
à la chien
à la Bressant
à la malcontent
aux enfants d'É-
à la Titus [douard
en brosse
pileux
pilaire
chevelu
capillaire
annelé

frisé
bouclé
ondulé
ondé
tressé
natté
peigné
fourni
épais
touffu
crépu
ébouriffé
hérissé
fin
rare
épars
échevelé
décoiffé
mal peigné
défrisé
en désordre
blanc
de neige
blanchi
chenu
albinos
gris
grison
blond
blondasse
blondissant
d'or
châtain
rouge
carotte
blond-ardent
brun
noir
d'ébène
de geai
chauve

perruquier
coiffeur
barbier
figaro
artiste capillaire
bandoline
pommade
peigne
brosse
ciseaux
tondeuse
fer à friser
bourse
peigne à chignon
houppe
boîte à poudre
poudre
papillotes
filet
réseau
teinture
barbe
schampoing
coup de peigne
peignoir

peigner
friser
frisotter
coiffer
natter
tresser
faire la raie
couper
tailler
rafraîchir
tondre
épiler
scalper
crêper
passer au fer
calamistrer
lisser
pommader
bichonner
poudrer
blondir
blanchir
brunir
grisonner
teindre
se dégarnir
tomber [veux
perdre des che-
laisser flotter
laisser déborder

cheville
V. *clou, vers*

chèvre
bique
chèvre mousse
chevreau
cabri
biquot
biquet
biquette
bouc
chamois
isard
bouquetin
œgagre

bêler
chevroter
bêlement
chevrier
chevrotin

chèvre V. *grue*
chèvrefeuille
V. *plantes*
chèvre-pied
V. *dieux*
chevrette
V. *cerf, cheminée*
chevreuil
V. *cerf*
chevrier
V. *chèvre*
chevrillard
V. *cerf*
chevron
V. *soldat*
chevroter
V. *voix* et *chèvre*
chevrotin
V. *chèvre*
chevrotine
V. *projectile*
chibouque
V. *tabac*
chicane
V. *dispute*
chiche V. *avare*
chicon V. *plantes*
chicorée
V. *plantes*
chicot V. *dent*
chicotin V. *goût*

chien
molosse
cerbère
toutou
roquet
chien de garde
chien de berger
mâtin
chien de chasse
limier
chien d'arrêt
cocker
Saint-Germain
setter
barreur
chien courant
chien couchant
basset
braque
épagneul
épagneule
lévrier
bull-dog
bull
danois
terre-neuve
Saint-Bernard
dogue
doguin
caniche
griffon
barbet
barbichon
barbichet
turquet
chien-loup
terrier
ratier
bichon
baud
carlin
King Charles
levrette
chienne
levron
lice
houret
meute
vautrait
houraillis
chenil
loge
niche
collier
collier de force
accouple
couple
harde
laisse
fouet
sifflet
plate-longe
muselière
pâtée
soupe
cretons
chiendent
nerprun

manger
happer
laper
aboyer
japper
clabauder
glapir
hurler
donner de la voix
quêter
arrêter
être en arrêt
se mettre en arrêt
garder l'arrêt
éventer
halener

harpailler
rapporter
coailler
barrer
prendre le change
découpler
être en défaut
couvrir
mâtiner
être en chasse
mettre bas
chienner
coupler
harder
tenir en laisse
museler
siffler
baudir
dresser
hourailler
faire le beau
happement
aboi
aboiement
jappement
rage
hydrophobie

chien savant
herbaut
bien coiffé
courtaud
levretté
clabaud
aboyeur
monaut
baubi
vairon
bûté
décousu
essorillé

robe
poil
croc
museau
queue [pette
queue en trom-
balai
fouet
nez
flair
odorat
Saint Roch
Alcibiade
Montargis
Azor
Médor
Tom
pille !

apporte !
hardi !
tayaut !
tout-beau !
tout-coit !

chiendent
V. *plante*

chiffon
loque
haillon
guenille
lambeau
oripeau

chiffonner
V. *plier*

chiffonnier
chiffonnière
hotte
crochet
lanterne
ordure
tas
poubelle
V. *chiffon*

chiffre
V. *arithmétique*

chignon
V. *cheveu*

chimère
V. *imagination*

chimie
matière
corps
propriété
cohésion
agrégation
affinité
molécule
cristallisation
cristallographie
système cristallin
cristal
facette
clivage
forme
axe
sublimation
dimorphe
trimorphe
polymorphe
amorphe
isomorphe
corps simple
corps composé
homogène
hétérogène
combinaison
allotropie
synthèse
dosage
décomposition
dissolution
saturation
analyse
a. qualitative
a. quantitative
liquéfaction
solidification
soluble
insoluble
état naturel
hydraté
monohydraté
solide
liquide
gazeux
réactif
densité
ébullition
fusion
incolore
fusible
vitrifiable
conductibilité
liquation
solubilité
fusibilité
calcination
hydratation
basicité
basification
isomérie
état naissant
précipité
nomenclature
métaux
métalloïdes
haloïdes
halogènes
amphigènes
binaires
acides
bases
neutres
ternaires
sels
équivalents
formule
signe
symbole
notation
oxygène
azote
hydrogène
carbone
soufre
phosphore
chlore
alcalins
potassium
sodium
baryum
chaux
aluminium
métaux
fer
zinc
étain
cuivre
plomb
laiton
bronze
mercure
argent
or
platine
métallurgie
chimie organique
alcalis
cellulose
fécule
amidon
dextrine
glucose
fermentation
alcool
éther
huile
suif
savon
résine
teinture
protéique
gélatine
tannage
réaction
expérience
manipulation
préparation
chimiste
préparateur
manipulateur
piston
laboratoire
appareil
four à réverbère
cornue
retorte
ballon
cloche
matras
récipient
tube
aludel
tube coude
tube en U

éprouvette
capsule
coupelle
tube de Liebig
creuset
flacon
flacon tubulé
tubulure
filtre
alambic
eudiomètre
pistolet de Volta
agent chimique
action
réaction
caput mortuum
catalyse
docimasie
résolution
décantation
désoxydation
chimique
atomique
chimiquement

analyser
faire la synthèse
combiner [sence
mettre en pré-
sublimer
doser
décomposer
recomposer
dissoudre
saturer
condenser
précipiter
préparer
liquéfier
solidifier
réagir
vitrifier
calciner
décanter
évaporer
vaporiser
réduire
léviger
V. *substances*

chimiste
V. *chimie*

chimpanzé
V. *animal*

chinchilla
V. *fourrure*

Chine
céleste empire
chinois
fils du ciel
mandarin
Confucius
pagode
magot
potiche
tael
chinoiserie
sinologue

chiné V. *couleur*

chinoiserie
V. *raisonnement*

chiourme
V. *bagne*

chipie V. *pudeur*

chipoter V. *mal*

chique V. *tabac*

chiquenaude
V. *coup*

chiragre
V. *maladie*

chirologie
V. *main.*

chiromancie
V. *devin*

chirurgie
opération
chirurgien
major
aide-major
lithotomiste
praticien
prosecteur
carabin
rebouteur
avulsion
ablation
excision
acuponcture
amputation
autopsie
dissection
vivisection
réduction
cautérisation
adduction
énucléation
extraction
extirpation
exérèse
scarification
incision
ponction
saignée
transfusion
ligature
suture
bandage
chevêtre
spica
pansement
sondage
résection
section
aponévrotomie
artériotomie
bronchotomie
laryngotomie
lithotomie
lithotritie
phlébotomie
trachéotomie
ténotomie
gastrotomie
ovariotomie
opération césarienne

procéder à une (opération)
opérer
amputer
charcuter
inciser
exciser
cautériser
extraire
extirper
panser
bander
réduire
reséquer
ruginer
saigner
sonder
scarifier
trépaner
disséquer
viviséquer
éclisser

patient
appareil
arceau
gouttière
éclisse
charpie
bourdonnet
sindon
séton
pointes de feu
sonde
bistouri
trocart
trois-quarts
valet à patins
scarificateur
rugine
spéculum
forceps
lancette
scalpel
pince
érigne
scie
trépan
lithotome
lithotriteur
trousse
chirurgical
opératoire
chirurgique

chlore
V. *substances*

chloroforme
V. *substance, sommeil.*

chlorose
V. *maladie*

choc V. *coup.*

chocolat
cacao
tablette
moussoir
chocolatière
chocolatier
V. *manger*

chœur V. *chant, église*

choir V. *tomber*

choisir
faire un choix
faire son choix
fixer son choix
arrêter s. c.
s'en tenir à [sur
jeter son dévolu
préférer
adopter
élire [pour
se déterminer
s'en tenir à
se décider pour
donner la palme à
distinguer
prendre
donner sa voix
donner son suffrage
jeter le mouchoir
trier
opter

choix
sélection
option
préférence
prédilection

dessus du panier
fleur
crème
élite
chérubin
analectes
morceaux choisis
anthologie
chrestomathie

choisi
trié
trié sur le volet
select
préférable
V. *aimer*

choix V. *choisir*
choléra
V. *maladie*
chômer
V. *inaction*
chondrologie
V. *science*
chope V. *bière*
chopine
V. *volume*
chopper
V. *tomber*
choquer V. *frapper, orgueil*
choral V. *chant*
chorée V. *maladie, mouvement*
chorège
V. *théâtre*
chorégraphie
V. *danse*
chorévêque
V. *évêque*
choriste
V. *chanteur*
chorographie
V. *géographie*
choroïde V. *œil*
chorus
V. *approbation*
chose V. *matière, substance*

chou
brocoli
chou de Bruxelles
chou cabus
chou pommé
pancaliers
chou-rave
roquette
cœur
feuille
côte
trognon
piéride

choucas
V. *animal*
choucroute
V. *nourriture*
chouette
V. *animal*
chou-fleur
V. *plante.*
chouquet
V. *mât*
choyer
V. *caresse*
chrème
V. *sacrement*
chrémeau
V. *baptême*
chrestomathie V. *choisir*
chrétien
V. *religion*
Christ
V. *Jésus-Christ*
chrome
V. *substance*

chromolithographie
V. *gravure*
chroniqueur
V. *histoire, journal.*
chronogramme V. *chronologie*

chronologie
date
millésime
chronogramme
quantième
terme
temps fixé
échéance [temps
succession des
époque
ère
âge
période
comput
synchronisme
simultanéité
contemporanéité
anachronisme
parachronisme
métachronisme
fastes
annales
éphémérides
anniversaire
cinquantenaire
centenaire
jubilé
noces d'or
noces d'argent
tablettes
almanach
calendrier
agenda
autrefois
anciennement
il y a beau temps
il y a beau jour
il y a belle lurette
dans le temps
jadis
récemment
naguère
auparavant
avant
veille
avant-veille
lendemain
jour d'après
dorénavant
surlendemain
demain
après demain
dans ... jours
de ... en huit
d'ores et déjà
à cette heure
en ce moment
aujourd'hui
maintenant
ce jour
actuellement
de nos jours
de notre temps
simultanément
dans le courant de
de mémoire
d'homme [quité
d'une haute anti-
préhistoire [ques
temps préhistori-
âge de pierre
âge de bronze
âge de fer
la nuit des temps
temps fabuleux
t. héroïques
t. mythologiques
t. bibliques
t. homériques
les temps les plus
reculés
antiquité
moyen âge
renaissance
temps modernes
temps contempo-
rains [déenne
période chal-
p. victorienne
p. dionysienne
jours alcyoniens
cercle lunaire
cycle
olympiade
hégire
lunaison
lustre

dater
antidater
postdater
contredater
avancer la date
prendre la date
fixer la date
arrêter la date
établir la date
computer
remonter à
échoir
tomber
arriver

chronologique
ancien
antique
antédiluvien
reculé
préhistorique
primitif
immémorial
séculaire
vieux
suranné
contemporain
simultané
actuel
présent
récent
frais
nouveau
périodique
jubilaire
chronologiste
V. *année, précéder, suivre, calendrier* et *avenir*

chronomètre
V. *montre*
chrysalide
V. *insecte*
chrysanthème V. *plante*

chrysocale
V. *métal*
chrysocolle
V. *souder*
chrysolithe
V. *joaillerie*
chuchoter
V. *parler*
chuinter
V. *lettres*
chut V. *silence*
chute V. *tomber*
chyle
V. *digestion*

Chypre
cypriote
cible V. *but*
ciboire V. *messe*
ciboule
V. *plantes*
cicatrice
V. *blessure*
cicéro
V. *imprimerie*
cicérole
V. *plantes*
cicerone V. *guide*
cicindèle
V. *animal*
cidre V. *boisson*
ciel V. *air*
cierge
V. *éclairage*
cigale
V. *animal*
cigare V. *tabac*
cigogne
cigogneau
claqueter
ciguë V. *plantes*
cil V. *œil*
cilice V. *chemise*
cillé V. *œil*
cime V. *haut*

ciment
chaux-ciment
ciment de tuileaux
ciment romain
ciment naturel
c. artificiel
c. de Parker
c. métallique
c. de Boulogne
c. de Pouilly
c. de Vassy
c. de Portland
mortier
blanc de bourre
mortier hydraulique
béton
béton gras
b. maigre
b. plastique
b. aggloméré
corroi
repous
cuisson
calcination
bétonnière
bassin
arçon
oiseau
bouloir
rabot
talon
bétonnage
enduit
crépit
scellement

corroyer
gâcher
lier
prendre
faire prise
enduire
jointoyer
cimenter
sceller
bétonner
éventer
cimentier
cimeterre
V. *épée*
cimetière
nécropole
dernier asile
champ de repos
catacombes
columbarium
charnier
Clamart
champ des navets
terrain
fosse
fosse commune
concession
urne
urne cinéraire
four crématoire
entourage
cyprès
porte-couronne
couvre-couronne
croix
monument
chapelle
mausolée
caveau
pierre tombale
dalle tumulaire
épitaphe
ci-gît
cénotaphe
sarcophage
tombe
tombeau
sépulcre
acerre
urne
cippe
cadavre
corps
mort
cendres
dépouille mortelle
momie
mânes
bière
cercueil
poignée
sapin
chêne

funèbre
funéraire
sépulcral
cinéraire
tombal
tumulaire
fossoyeur
gardien
marbrier
jour des morts
V. *enterrement*
cimier V. *casque*
cinabre
V. *substance*
cinématographe
V. *Addenda*
cinéraire V. *cimetière*, *cendre*
cingler
V. *frapper*, *navire*
cinnamome
V. *plantes*
cinq
quinte
quine
quintuple
pentamètre
pentacorde
pentagone
pentaèdre
pentathle
lustre
quinquennium
quintidi
quinquérème
quintette
quintefeuille
pentandrie
pentapole
pentateuque
quinto
quinquennal
cinquième
quint
quinaire
quintil
pentagonal
cinquièmement
quinto
quintupler
cinquante
quinquagénaire
jubilaire
jubilé
noces d'or
cinquantaine
quinquagésime
cinquantenier
cinquième
V. *cinq*
cintre V. *cercle*
cipaye V. *soldat*
cipolin
V. *marbre*
cippe V. *colonne*
cirage
V. *chaussure*
circée V. *plantes*
circompolaire
V. *pôle*
circoncire
V. *juif*
circonférence
V. *cercle*
circonflexe
V. *accent*
circonlocution V. *dire*
circonscription V. *division*, *territoire*
circonspect
V. *prudence*
circonspection V. *prudence*
circonstance
V. *événement*
circonstancié
V. *détail*

circonvallation V. *autour*
circonvenir V. *hypocrisie*
circonvolution V. *autour*, *cerveau*
circuit V. *autour*
circulaire V. *cercle*
circuler V. *mouvement*
circumnavigation V. *voyage*

cire
cire vierge
cire à cacheter
stéarine
encaustique
peinture à la cire
pain de cire
marquette
bâton
figure de cire
fonte à cire perdue
Musée Tussaud
Musée Grévin
Curtius
cérat
agnus
cirure
préparation
cachet
empreinte
céroplastie
propolis
modeler
cacheter
cirer
passer à la cire
encaustiquer
frotter
frotteur
cirier
chauffe-cire
céroplaste
modeleur
céroplastie
céroplastique
stéarique
cérumineux
V. *abeille*

ciron V. *animal*

cirque
arène
amphithéâtre
jeux du cirque
hippodrome
stade
piste
tauromachie
combat de taureaux
course de taureaux
corrida
jeux olympiques
agonales
naumachie
tour de force
pugilat
lutte
disque
ceste
gantelet
pancrace
pentathle
course
lampadédromie
carrière
barrière
gradin
banc
siège
travée
place
signal des jeux
programme
mappa
colisée
spina
euripe
podium
carceres
spoliarium
vomitoires
cocher
coureur
athlète
lutteur
hercule
discobole
gladiateur
belluaire
bestiaire
myrmillon
rétiaire
laquéaire
mastigophore
acrobate
funambule
équilibriste
clown
toréador
picador
matador
spada
afficionado
muleta
agonothète
asiarque
asiarcat
brabeute
gymnasiarque

cirre V. *plantes*
cisailles V. *ciseaux*

ciseaux
cisailles
forces
sécateur
branches
anneaux
V. *couper*

ciselure
ciseleur
ciseler
rifler
ciseau
ciselet
bec d'âne
gouge
riflard

ciste V. *plantes*, *boîte*
cistophore V. *clergé*
citadelle V. *fortifications*
citadin V. *citoyen*

citation
découpure
centon
pièces et morceaux
exemple
autorité
témoignage
précédent
guillemet
morceaux choisis

citer
alléguer
faire intervenir
faire venir... à l'appui
s'appuyer sur
mettre en avant
découper
prendre dans tel auteur
démarquer
donner la parole à

citateur

cité V. *ville*

Citeaux
cistercien

citer V. *citation*, *accusation*
citérieur V. *place*
citerne V. *puits*
cithare V. *instruments*

citoyen
électeur
citadin
bourgeois
indigène
habitant
âme
concitoyen
civique

citrin V. *citron*
citrique V. *citron*

citron
limon
poncire
cédrat
lime
citronnier
limonier
pelure
écorce
zeste
citrate
citrique
citrin
citronné
limonade
citronnade
exprimer

citronnelle V. *plantes*
citronnier V. *citron*

citrouille
courge
potiron
giraumont
cucurbitacé
melon
cantaloup
sucrin
coloquinte
calebasse
gourde
pastèque
concombre
aubergine
melongène

cornichon
côte
tranche
graine
chicotin
couche
cloche
melonnière

civadière
V. *voilure*

civette
V. *animal*

civière
V. *voiture*

civil V. *poli*

civilisation
progrès
raffinement
politesse
urbanité
lumières
adoucissement des mœurs
instruction
mœurs
éducation
morale
civilisateur
moralisateur

civiliser
moraliser
réformer
polir

civilite
V. *politesse*

civique
V. *citoyen*

civisme
V. *patrie*

clabaud V. *chien*

clabauder
V. *bruit*

claie V. *vannerie*

clair
V. *certain* et *pur*

clairet V. *vin*

claire-voie
V. *barrière*

clairière
V. *forêt*

clairon
V. *instruments*

clairsemé
V. *peu*

clairvoyant
V. *intelligent*

clameur
V. *bruit*

clan V. *assemblée*

clandestin
V. *secret*

clapet V. *pompe*

clapier V. *abri*

clapir V. *lapin*

clapoter V. *eau*

clapper
V. *langue*

claque
V. *coup*, *chapeau*, *applaudir*

claquemurer
V. *enfermer*

claquer V. *coup*

clarifier
V. *distiller*

clarine
V. *cloche*

clarinette
V. *instrument*

clarté
V. *certitude*

clarté
V. *lumière*, *éclairage*

classe
V. *école*, *société*

classer V. *ordre*

classification
V. *ordre*

classique
V. *écrivain*. *école*

claudication
V. *boiteux*

clause
V. *convention*

claustral
V. *cloître*

claveau V. *voûte*

clavelée
V. *vétérinaire*

clavette V. *clou*

clavicule
V. *épaule*

clavier V. *piano*

claymore
V. *épée*

clayon
V. *vannerie*

clayonnage
V. *mur*

clef
V. *serrure*

clématite
V. *plantes*

clémence
V. *bon*

clerc V. *employé*

clergé
sacerdoce
prêtrise
saint ministère
ordres
prélature
cléricature
ordination
susception
consécration
vêture
lettre d'obédience
mission
prédication
apostolat
monition
lettre monitoire
acolytat
archiadiaconat
archidiaconé
archiépiscopat
aumônerie
chanoinie
canonicat
chaire de St-Pierre
papauté
tiare
cure
diaconat
sous-diaconat
décanat
doyenneté
épiscopat
coadjutorerie
primicériat
primatie
prébende
pouillé
bénéfice
office
prestimonie
priorat
prieuré
rectorat
vicairie
vicariat
chapellenie
chapitre
archimandritat
imanat
bonzerie
presbytère
archevêché
évêché
in partibus
diocèse

ecclésiastique
prêtre
prélat
ministre de Dieu
pasteur
pape
Saint-Père
Sa Sainteté
souverain pontife
vicaire de Jésus-Christ
archevêque
évêque
primat
archiprêtre
curé
vicaire
protosyncelle
célébrant
desservant
abbé
abbesse
archiabbé
camérier
archicamérier
chapelain
archichapelain
diacre
diaconesse
lévite
archidiacre
prieur
archiprieur
confesseur
aumônier
directeur
prédicateur
prêcheur
missionnaire
pénitencier
théologal
acolyte
séminariste
ordinand
ordinant
chevecier
chanoine
official
prébendier
prieur
primicier
supérieur
official
promoteur
coadjuteur
recteur
anglaise
antonin
augustin
augustine
barnabite

béguine
bénédictin
bénédictine
bernardin
bernardine
blanc-manteau
camaldule
capucin
carme
déchaussé
déchaux
carmélite
célestin
chartreux
cistercien
clarisse
cluniste
congréganiste
converses (sœurs)
cordelier
doctrinaire
dominicain
eudiste
feuillant
feuillantine
franscicain
frère-sac
génovéfain
guillemite
gyrovague
haudriette
hiéronymite
hospitalier
ignorantin
jacobin
jésuite
lazariste
maronite
mariste
mathurin
mendiant
mineur
minime
missionnaire
nonne
nonnain
nonette
oblat
observantin
oratorien
pénitent
père de la Mort
prêcheur
prémontré
récollet
rédemptoriste
repenties
sachette
St-Jean de Dieu

servite
sœur
sœur grise
sœur des pauvres
sulpicien
théatin
trappiste
trinitaire
ursuline
visitandine
grand prêtre
prêtre
hiérophante
mystagogue
prêtresse
sibylle
pythie
collège
augure
aruspice
flamine
vestale
frères arvales
prêtre salien
luperque
galle
archigalle
quindécemvir
septemvir
curion
fécial
roi des sacrifices
victimaire
sacrificateur
cistophore
bacchante
corybante
curète
archimandrite
bonze
bonzesse
bonzelle
santon
talapoin
brahmane
brame
bramin
bramine
derviche
fakir
druide
druidesse
saronide
iman
mollah
muézin
muphti
lama
mage

pope
thérapeute
rabbin
lévite
caloyer
caloyère
calender
pitancier
porte-croix
porte-chape

tonsure
soutane
petit abbé
prestolet
régulier
insermenté
assermenté
profès
irrégulier
suspendu
interdit
défroqué
clérical
sacerdotal
pontifical
ecclésiastique
religieux
pastoral
abbatial
archidiocésain
archiépiscopal
archipresbytéral
canonical
canonial
chapitral
monitorial
diaconal
diocésain
primatial
épiscopal
papal
paroissial
presbytéral
vicarial

ordonner
consacrer
conférer les ordres
interdire
entrer dans les ordres
recevoir les ordres
se faire prêtre
jeter le froc aux orties V. *religion* et *vêtement*

clicher
V. *imprimerie*

client
V. *commerce*

cligner V. *œil*

climat
V. *température*

clinique
V. *médecine*

clinquant
V. *faux*

clique V. *criminel*

cliquet
V. *machine*

cliquetis V. *bruit*

cliquette
V. *instruments*

clisse V. *vannerie*

cliver V. *diviser*

cloaque V. *boue*

cloche

airain sonore
bourdon
clochette
carillon
sonnaille
clarine
bascule
sonnette
timbre
grelot
sonnerie
renvoi de sonnette
cordon

pont
anse
battant
bélière
anneau
cerveau
calotte
gorge
panse
frappe
bord
clocher
clocheton
campanile
beffroi
minaret
empoutrerie
sommier
mouton
abat-son
sonneur
fondeur

sonner
sonnailler
tinter
résonner
carillonner
à toute volée

baptiser une cloche
tintement
sonnerie
branle
heure
office
angélus
matines
vêpres
messe
couvre-feu
glas
tocsin

clocher V. *mal* et *cloche*

clocheton
V. *cloche*

cloison V. *mur*

cloître
claustral
V. *monastère*

cloporte
V. *animal*

cloque V. *peau*

clore V. *fermer*

closerie V. *ferme*

clôture
V. *fermeture*

clou
clou à crochet
clou à latte
clou à bateau
clou à parquet
clou à taquet
patte
pointe
cheville
esse
goujon
rivet
boulon
aile de mouche
cheville
clavette
fiche
crampon
croc
goupille
rivet
caboche
broche
bulle
broquette
semence
pointe de Paris
bossette
piton
nille
vis
rosette
lentille

pointe
corps
tige
tête
collet
pas de vis

amorcer
clouer
clouter
enfoncer
planter
chasser
cheviller
brocheter
goujonner
boulonner
tarauder
étêter
déclouer
arracher
ôter

clouage
clouement
boulonnage
clouterie
pointerie
tréfilerie
cloutier
marteau
vrille
tarière
chasse-pointe
avant-clou
chasse-rivet
chasse-fiche
tire-clou
tenaille
tournevis
boulonnière

clovisse
V. *coquille*

cloyère V. *huître*

club V. *assemblée*

Cluny
cluniste

clystère
V. *remède*

coactif
V. *obligation*

coadjuteur
V. *clergé*

coaguler
V. *épais*

coaliser
V. *assembler*

coasser
V. *grenouille*

cobœa V. *plantes*

cobaye V. *animal*

coca V. *plantes*

cocarde
V. *chapeau*

coccinelle
V. *animal*

coccyx V. *os*

coche V. *voiture*

cochenille
V. *animal*

cochenillage
V. *teinture*

cocher
conducteur
automédon
barotier
charretier
voiturier
roulier
tombelier
conduire
toucher
tenir les rênes (guides)
être sur le siège
cartayer
verser
accrocher

cochet V. *coq*

cochevis
V. *animal*

cochléaria
V. *plantes*

cochon V. *animal* et *charcuterie*

cochonnet
V. *boules*

coco V. *boisson*

cocon V. *insecte*

cocotier
V. *plantes*

coction V. *cuire*

code V. *loi*

codéine
V. *remède*

codex V. *remède*

codicille
V. *héritage*

codifier V. *loi*

coercible
V. *serrer*

coercition
V. *obligation*

cœur
appareil circulatoire
sang
circulation
vaisseaux sanguins
vaisseaux capillaires
artères
artériole
veines
veinule
cœur
tunique
péricarde
endocarde
cavité
cloison
fosse ovale
orifice auriculo-ventriculaire
oreillette droite
valvule tricuspide
valvule triglochine
ventricule droit
ventricule pulmonaire
oreillette gauche
valvule mitrale
ventricule gauche
ventricule aortique
valvules semi-lunaires
valvules sigmoïdes
tubercules d'Aranzi
appendices auriculaires
sinus
colonnes charnues
aorte
veines pulmonaires
artère pulmonaire
veine cave supérieure
veine cave inférieure
valvule d'Eustachi
veine coronaire
veine cardiaque
cœur aortique
sinus veineux
trou ovale
avant-cœur
anticœur
scrobe
scrobicule
systole
diastole
périsystole

battement
pulsation
pouls
contraction
palpitation
élancement
faiblesse
pâmoison
intermittence
anévrisme
cardite
péricardite
atrophie
hypertrophie
hydropéricardie
hydrocardie
hydropisie
endocardite
cyanose
cardialgie
acardie
bicardie
affection cardiaque
artériologie
artériotomie

cardiaque
précordial
cardialgique
systaltique
valvulaire
anévrismal
artériel
veineux

s'atrophier
s'hypertrophier
battre
palpiter
V. *sang*

coffre V. *boîte*
coffret V. *boîte*
coffretier
V. *métier*
Cognac
cognaçais
cognassier
V. *plantes*
cognat V. *famille*
cognée V. *couper*
cogner
V. *frapper* et *coup*
cohésion
V. *union*
cohober
V. *distiller*
cohorte V. *armée*
cohue V. *désordre*
coiffe V. *chapeau*
coiffure
V. *cheveu* et *chapeau*
coin V. *angle*
coïncider
V. *ensemble*
coing V. *plantes*
coke V. *charbon*

col
col droit
col rabattu
col marin
faux col
rabat
bavette
carcan
collerette
guimpe
tour de cou
encolure
porter
col V. *montagne*
colarin V. *colonne*
colature
V. *remède*
colback
V. *chapeau*
colchique
V. *plantes*
colcotar
V. *substance*
coléoptère
V. *animal*

colère
courroux
irritation
ressentiment
ire
animation
mauvaise humeur
dépit
pique
impatience
révolte
vivacité
agacement
énervement
excitation
surexcitation
désaccord
querelle
fâcherie
rupture
bile
aigreur
acrimonie
froissement
fiel
emportement
rage
exaspération
fureur
furie
indignation
déchaînement
explosion
transport
paroxysme
crise
accès
quinte
bouffée de colère
scène
incartade
bourrade
gourmade
objurgation
reproche
semonce
sortie
galop
excitabililé
algarade
irascibilité
irritabilté
susceptibilité
acerbité
colérique
quinteux
colère
courroucé
rageur
en rage
furieux
furibond
emporté
exaspéré
irrité
piqué
violent
brusque
cassant
bougon
grondeur
grognon
acerbe
acrimonieux
hypocondriaque
maussade
boudeur
froissé
vexé
agacé
impatienté
dépité
de mauvaise humeur
animé
indigné
révolté
forcené
irritable
susceptible
sensible
chatouilleux
bouillant de colère
enflammé
rouge
cramoisi
pourpre
pâle
frémissant de colère
tremblant de
ardent de
étincelant de
écumant de

se mettre en colère
passer sa colère
s'irriter
se courroucer
être hors de soi
sortir de ses gonds
éclater
n'être plus maître de soi
s'emporter
donner un libre cours à sa colère
épancher sa colère
épancher sa bile
exhaler sa colère
déchaîner sa colère
déborder de
bouillir de colère
fumer de colère
être à bout
bondir
s'abandonner à sa colère
être en proie à...
être emporté par
être transporté de
pester
bougonner
bisquer
gronder
se fâcher
se fâcher tout rouge
se révolter
écumer
s'indigner
se piquer
prendre la mouche
se formaliser
montrer les dents
frémir de colère
être monté
faire une scène

suffoquer de
malmener
maltraiter
gourmer
rembarrer
sabouler
semoncer
reprocher
s'en prendre à
ne pas décolérer
allumer la colère
exciter
faire naître
provoquer
éveiller
soulever
courroucer
exaspérer
irriter
mettre en colère
monter
aigrir
mettre hors de soi
échauffer la bile
impatienter
dépiter
agacer
asticoter
porter sur les nerfs
crisper
vexer
froisser
piquer
énerver
révolter
indigner
faire monter la moutarde au nez
apaiser la colère
calmer
faire tomber
désarmer
adoucir

irritant
révoltant
blessant
vexant
froissant
désobligeant

colibri
V. *animal*

colifichet
V. *bagatelle* et *cage*

colimaçon
V. *animal*

colin-maillard
V. *jeu*

colique
V. *maladie*

colis V. *bagay* :

collaborer
participer à
prendre part à
être de
aider à
concourir à
contribuer à
coopérer à
avoir part à

collaborateur
coopérateur
aide
collaboration
coopération
travail collectif
participation
V. *aide*

collage
V. *vin* et *colle*

collatéral
V. *famille*

collation
V. *repas*, *comparaison*, *don*

collationner
V. *comparer*

colle
gomme
glu
poix
mastic
ciment
mortier
colle forte
colle de poisson
sarcocolle
ichtyocolle
maroufle
colle à bouche
colle de pâte
colle de peau
viscosité

coller
gommer
encoller
recoller
faire adhérer
raccommoder
maroufler
réparer
sceller
cimenter
lier
faire tenir avec
mastiquer
agglutiner
engluer
poisser

adragant
gluant
agglutinant
agglutinatif
glutineux
sirupeux
poisseux
visqueux

colleur
collage
encollage
engluement
agglutination
marouflage
gommage

collecte V. *don*

collecteur
V. *égout*

collectif
V. *ensemble*

collection
V. *assemblée*

collection
ensemble
tout
total
groupe
réunion
union
assemblage
assortiment
série
suite
vitrine
cabinet
galerie
musée
exposition
muséum
catalogue
livret
notice
V. *assemblée*, *assembler*, *ensemble*

collectionneur V. *bibelot*

collectiviste
V. *politique*

collège V. *école*

collégiale
V. *église*

collégien
V. *écolier*

collègue
V. *fonctionnaire*

coller V. *colle*

collerette
V. *collier*

collet V. *collier*

colleter
V. *dispute*

collier
carcan
torquès
esclavage
chaîne
jaseran
maille
maillon
maintenon
Jeannette
rivière de diamants
médaillon
croix
cœur
bélière
tour de cou
col
collet
collerette
gorgerin
fraise
godron
boa
fichu
guimpe
pointe
foulard
cache-nez
hausse-col
rabat
bavette V. *cravate*

colline
V. *hauteur*

colliquation
V. *fonte*

collision V. *coup*

collocation
V. *place*, *dette*

colloquer
V. *placer*

collusion
V. *tromper*

colmatage
V. *terrain*

Cologne
colonais

colombe
V. *pigeon*

colombier
V. *pigeon*

colombin
V. *couleur*
colon V. *colonie*
colonel
V. *officier*
colonial
V. *colonie*
colonie
établissement
comptoir [niale
possession colo-
protectorat
métropole
colon
colonisateur
pionnier

coloniser
s'expatrier
s'établir
fonder

colonisation
colonisable
colonial
colonnade
balustrade
rang de piliers, de
colonnes
entre-colonne
entre-colonne-
péristyle [ment
galerie
portique
arcade
propylées

eustyle
aréostyle
systyle
pycnostyle
diastyle
hypostyle
péristyle
prostyle
amphiprostyle
monoptère
diptère
pseudo-diptère
périptère
pseudo-périptère
tétrastyle
pentastyle
hexastyle
octostyle
décastyle
dodécastyle
colonne
(*éléments de la*)
chapiteau
campane
vase
abaque
tailloir
caulicule
hélice
tigette
colarin
volute
corne
ove
rosette
baudrier
astragale
enroulement
gorgerin
orle
gousse
fusarolle
ceinture
fût
tige
tronc
galbe
modénature
cathète
cherche
renflement
module
calibre
tambour
canal
cannelure
listel
côte
base
empiétement
empattement
apophyge
congé
escape
tore
boudin
scotie
armille
bague
dé
plinthe
piédestal
socle
stylobate
colonnes (*es-
pèces de*)
colonnette
balustre
pilier
pilastre
ante
obélisque
aiguille
pylône
cippe
columelle
piédouche
gaine
support
stèle
cariatide
atlante
télamon

colonne proto-
dorique
dorique
ionique
corinthienne
toscane
composite
cannelée
striée
rudentée
corollitique
torse
bandée
armillée
baguée
fuselée
tronquée
engagée
adossée
nichée
cantonnée
cornière
accouplée
gémellée
géminée
jumellée
doublée
flanquée
isolée
milliaire
commémorative
triomphale
rostrale
colophane
V. *violon*
coloquinte
V. *citrouille*
colorer
V. *couleur*
colossal
V. *grand*
colosse V. *grand*
colporter
colportage
balle
pacotille
colporteur
ambulant
médaille
colure V. *astre*
colza V. *céréales*
coma V. *sommeil*
combat
guerre
lutte
boxe
pugilat
duel
affaire
engagement
choc
rencontre
escarmouche
échauffourée
collision
compétition
rivalité
conflit
bataille
action
journée
mêlée
tauromachie
naumachie
joute
gigantomachie
batrachomyoma-
chie
branle-bas
abordage
tuerie
massacre
carnage
boucherie
déroute
défaite
désastre
fuite
panique
victoire
avantage
rançon
le fort du combat
l'acharnement du
l'ardeur du [bat
la chaleur du com-
champ de bataille
théâtre de la
guerre
théâtre de la lutte
lice
terrain
ordre de bataille
ordre en bataille
à outrance
sans merci

conditions favo-
positions [rables
sanglant
acharné
singulier
V. aussi *attaque*

combattant
lutteur
champion
soldat
adversaire
ennemi
assaillant
compétiteur
rival
V. *soldat*, *armée*

combattre
lutter
se battre
vider une querelle
se mesurer
s'aligner
se mettre en ligne
livrer combat
livrer bataille
engager la lutte
engager le combat
en venir aux
mains [prises
en venir aux
présenter la ba-
taille [saire
avoir pour adver-
avoir affaire à [soi
avoir en face de
avoir devant soi
accepter le com-
bat [bat
affronter le com-
affronter le feu
donner le signal
assaillir [du
attaquer
charger
donner
se porter en avant
se porter sur
marcher sur
se déployer
se développer
avoir pour soi
être favorisé par
gagner l'avantage
poursuivre l'avan-
tage
perdre l'avantage
faiblir
fléchir
plier [toire
balancer la vic-
vendre chèrement
sa vie
lutter pied à pied
V. *victoire*, insuc-
cès

combien
V. *quantité*

combinaison
V. *moyen*, *en-
semble*

comble V. *toit*

combler
V. *trou* et *don*

comblette
V. *cerf*

combrière
V. *filet*

combuger
V. *tonneau*

combustible
V. *chauffage*, *char-
bon*

comédie
Thalie
muse comique
genre comique
brodequin
socque
le fouet
les grelots
le masque
haute comédie
comédie de carac-
tère
comédie de mœurs
comédie à tiroirs
comédie d'intri-
gue
basse comédie
comédie bouf-
fonne
vaudeville
folie
farce
sotie
atellanes
parodie
revue
auteur comique
vaudevilliste
castigat ridendo
mores V. à *théâ-
tre* (1) les termes
communs

comédien
comédienne
acteur
actrice [que
artiste dramati-
sociétaire
pensionnaire
comique
tragédien
tragédienne
financier
confident
père noble
jeune premier
jeune première
ingénue
amoureuse
prima donna
étoile
premier rôle
rôle marqué
rôle à manteau
duègne
dugazon
soubrette
valet
chef d'emploi
doublure
comparse
figurant
choriste
utilité
mime
grime
ménestrel
trouvère
troubadour
enfant sans-souci
basoche
gille
arlequin
colombine
pierrot
cassandre
scaramouche
trivelin
histrion
cabotin
bouffon
bateleur
baladin
forain
saltimbanque
paillasse
queue-rouge
clown
jongleur
faiseur de tours
escamoteur
prestidigitateur
équilibriste
acrobate
funambule
avaleur de sabres
montreur d'ours
charlatan
pitre
marionnette
guignol
troupe
directeur
impresario
emploi
engagement
dédit
feux
répétition
début
adieux
bénéfice
loge
habilleur
souffleur
régisseur
jeu
débit
déclamation
geste
attitude
expression
aparté
rôle
personnage
monologue
tirade
réplique
boniment
annonce
costume
maillot
travesti
masque
socque
perruque

jouer
répéter
créer un rôle
tenir le rôle
remplir le rôle
jouer le rôle
représenter
débuter
jouer dans [que
donner la répli
brûler les plan
ches
avoir du panache
bisser
rappeler

siffler
chuter

sifflet
chut
bravo
bis [dir
rappel V. *applau-*

comestible
V. *nourriture*

comète
tête
noyau
corps
queue
chevelure
orbe
orbite
verre fumé
comète de Halley
c. de Biéla
c. d'Arrest
c. de Brorsen
c. d'Encke
visible
invisible
périodique

apparaître
disparaître
retour
révolution

comices
V. *élection*

comique
V. *risible*

comité
V. *assemblée*

comma
V. *musique*

command
V. *vente*

commandant
V. *chef*

commande
V. *commerce*

commandement
ordre
consigne
prescription
instructions
injonction
arrêt, arrêté
décret
volonté
invite
intimation
ultimatum
mise en demeure
firman
ukase
autorité
poigne
formel
catégorique
absolu
rigoureux
dictatorial
tyrannique
draconien
impérieux
autoritaire
impératif

commander
exercer le commandement
diriger
être à la tête de
présider à
tenir la queue de la poêle
mener
régir
maîtriser
régenter
dominer
gouverner [main
avoir la haute
administrer
enjoindre
ordonner
édicter
dicter
intimer
dire de
requérir de
signifier de
prescrire
décréter
décider
arrêter
faire la loi
imposer
exiger
sommer [meure
mettre en de-
parler en maître
disposer en maître [ordres
avoir sous ses
tenir sous sa férule [coupe
avoir sous sa
mener à la baguette [du nez
mener par le bout
mener tambour battant
porter les culottes
V. *chef* et *obéir*

commanderie
V. *rente*

commandeur
V. *décoration*

commanditaire V. *commerçant*

commémoraison V. *saint*

commémoration V. *mémoire*

commencement
début
départ
premier pas
préliminaires
entrée en matière
prémices
primeur [feu
premier coup de
préparation
incubation
inauguration
avènement
ouverture
origine
entreprise
essor
aurore
premier abord
introduction
bagatelles de la porte
prolégomènes
préambule
préface
prélude
prologue
exorde
avant-goût
essai
ébauche
esquisse
tentative
éléments
rudiment
principe
initiative
entrée
seuil
bord
frontispice
en-tête
priorité
primordialité
étrenne
primo
d'abord
de prime abord
au premier abord
ab ovo

initial
primordial
inaugural
élémentaire
rudimentaire
originel
préliminaire
inchoatif

commencer
débuter
préluder
entreprendre
attaquer
se lancer dans
se mettre à
s'attaquer à
s'atteler à
aborder
toucher
entamer
entrer dans
se mettre en train
partir
se jeter dans
s'embarquer dans
se risquer à
se hasarder à
s'engager dans
ouvrir la voie
ouvrir la marche
donner l'exemple
donner le branle
étrenner
prendre l'initiative
attacher le grelot
prendre les devants
prévenir
rompre la glace
faire les avances
payer d'exemple
en avoir l'étrenne
inaugurer
pendre la crémaillère
ouvrir
poindre
percer
frayer
remonter à
dater de
tâter

sonder
en essayer
esquisser
ébaucher
faire l'essai
faire l'épreuve
tenter [cœur net
vouloir en avoir le
se donner un avant-goût de

commençant
débutant
novice
apprenti
néophyte
neuf
nouveau
naissant
primordial
initial
liminaire
V. *précéder*

commendataire V. *rente*

commende
V. *rente*

commensal
V. *repas*

commensurable V. *mesure*

commentaire
V. *observation*

commerçant
marchand
débitant
négociant
boutiquier
fournisseur
notable
trafiquant
patenté
mercanti
agioteur
commissionnaire
dépositaire
représentant
correspondant
courtier
importateur
exportateur
placier
commis voyageur
commis
employé
livreur
associé
commanditaire
intéressé
client
chaland
acheteur
pratique
créditeur
patente
V. aussi *métier*

commerce
négoce
trafic
débit
dépôt
agio
agiotage
échange
brocantage
brocante
commission
représentation
courtage
place
importation
exportation
colportage
gros
demi-gros
détail
fonds
patente
achalandage
chalandise
clientèle
achat
vente
opérations
affaires
commande
expédition
livraison
crédit
monopole
débit
fourniture
article
marchandise
échantillon
stock
solde
actif
passif
profits et pertes
compte
inventaire
bénéfice
gain
lucre
débouché
étiquette
prix
prix marqué
prix fixe
prix courant
mercuriale
catalogue
facture
acquit
timbre
lettre de voiture
raison sociale
commandite
embargo
abatellement
embarras
crise
mauvaise affaire
liquidation
ruine
faillite
banqueroute
réhabilitation
V. *boutique* *faillite* et *vendre*

commercer
être dans les affaires [de
faire le commerce
s'établir
être établi
tenir boutique
ouvrir boutique
entrer dans le commerce [les
être dans le, dans
tenir telle ou telle chose
faire des affaires
agioter
trafiquer
tripoter
brocanter
achalander [tèle
se créer une clien-
désachalander
étaler
expédier
exporter
importer
livrer
vendre
inventorier
échantillonner
faire l'article
surfaire
débiter
créditer
réussir
faire face à ses affaires
être au-dessus de ses affaires
faire ses affaires
commanditer

commercial
commerçable
vendable
mercantile
commercialement
mercantilement

commère V. *baptême* et *parler*

commettre
V. *crime* et *commission*

comminatoire
V. *menace*

commis
V. *employé*

commisération V. *pitié*

commissaire
V. *police*

commissariat
V. *police*

commission
mandat
charge
délégation
fidéicommis
ambassade
députation
message
dépêche
commissionnaire
exprès
porteur
commis
délégué
fidéicommissaire
député
légat
émissaire
entremetteur
mandataire
fondé de pouvoirs
représentant
agent
ambassadeur
héraut
messager
courrier
estafette
aide de camp
ordonnance
envoyé
homme
intermédiaire

charger de
confier
commettre
commissionner
mander
faire porter
déléguer

blanc-seing
pleins pouvoirs
carte blanche
procuration
commettant
mandant
mandat V. *envoyer* et *ambassade*

commissoire
V. *contrat*

commissure
V. *lèvre*

commodat
V. *dette*

commode
V. *convenir* et *facile*

commode
V. *armoire*

commodité
V. *facilité*

commodore
V. *officier*

commotion
V. *coup*

commuer
V. *changer*

commun
universel
général
public
collectif
mitoyen
solidaire
social
syndical
mutuel
ouvert
banal
vulgaire
trivial
battu
usé
frayé
rebattu
ordinaire
V. *assemblée* et *associé*

commune
V. *municipalité*

communicatif
V. *sincère*

communion
sacrement
eucharistie
Cène
Pâque
Pâques
consécration
élévation
consubstantiation
présence réelle
transsubstantiation
hostie
pain de vie
azyme
espèces
pain
vin
viatique
sainte table
nappe
tabernacle
custode
calice
ciboire
patène
coupe
ostensoir
St-Graal
voile
communiant
eucharistique

communier
faire ses Pâques
s'approcher de la sainte table
V. *excommunier*.

communiquer
V. *annoncer*

communier
V. *communion*

communiste
V. *politique* et *révolution*

commutation
V. *changement*

compact
V. *serrer*

compagne
V. *mariage* et *accompagner*

compagnie
V. *assemblée*, *accompagner*.

compagnon
V. *association*, *ami* et *accompagner*

comparaison
parallèle
confrontation
rapprochement
collation
recension
mise en balance
assimilation
comparabilité
opposition [raison
degré de comparaison

comparable
assimilable
opposable
analogue
semblable
second
pareil
pair
relatif
proportionnel
comparatif
incomparable
sans pareil

à côté de
auprès de
au prix de [de
en comparaison
relativement à
proportionnellement
par rapport à
eu égard à
en balance de
ainsi que
comme
à l'instar de
de même que
comparativement
incomparablement
V. *semblable*

comparer
confronter [lèle
mettre en parallèle
faire le parallèle
mettre en balance
peser le pour et le contre
rapprocher
mettre en regard
collationner
opposer
assimiler
mettre sur le même rang V. *semblable* et *autre*

comparse
V. *importance*

compartiment
V. *boite* et *wagon*

comparution
V. *tribunal*

compas
balustre
réducteur
maître à danser
branche
jambe
tête
vis
rivet
pointe
brisure
clef
curseur
poupée
tire-ligne
compasser
compassement
ouverture de compas

compassé
V. *majesté*

compassion
V. *pitié*

compatible
V. *convenir*

compatir V. *pitié*

compatriote
V. *patrie*

compendieux
V. *petit*

compenser
balancer
équilibrer
rétablir
remettre
contre-balancer
couvrir
expier
faire la différence
remédier à
compensation
balance
équilibre
expiation
talion
expiatoire

compère
V. *baptême*

compétence
capacité
pouvoir
science

juridiction
domaine
ressort

rentrer dans les attributions de
ressortir de
compéter
regarder
concerner
être dans les cordes de
être l'affaire de
être de la compétence de
excéder
dépasser la c.
se déclarer incompétent
décliner la compétence
compétent
autorisé
entendu
capable
déclinatoire
compétemment
V. *savoir* et *science*

compétiteur
V. *concours*

compilateur
V. *écrivain*

complainte
V. *chant*

complaire
V. *agréable*

complaisant
doux
commode
affable
coulant
accommodant
serviable
obligeant
arrangeant
faible
prévenant
plein de prévenance
qui se prête à
complaisance
douceur
facilité
obligeance
serviabilité
condescendance

se mettre en quatre
condescendre
se prêter à
complaisamment
obligeamment
de bonne grâce
V. aussi *caresser* et *accueil*

complant
V. *forêt*

complément
V. *plus*

complet
V. *entier*

complexe
V. *difficile*

complexion
V. *santé*

complication
V. *désordre*, *difficile*

complice
V. *crime*

compliment
V. *louange*

complot
V. *conspiration*

componction
V. *piété*

comporter (se)
V. *conduite*

composer
V. *faire*

composite
V. *colonne*

composition
V. *concours*

compote
V. *nourriture*

compotier
V. *vaisselle*

compréhensible V. *intelligence*

compréhension V. *volume*, *intelligence*

comprendre
V. *intelligence*, *volume*

comprimer
V. *condenser*

compromettre
V. *réputation*

compromis
V. *contrat*

comptabilité
écritures
comptes
livres
relevé de comptes
tenue des livres
partie simple
partie double
budget
apurement
compte courant
règlement
article
doit
échéance
billet
valeur
chèque
crédit
passif
bilan
balance
inventaire
état
profits et pertes
avoir
encaisse
portefeuille
virement
report
excédent
boni
solde
soulte
décompte
débet
reliquat
déficit
total
montant
somme
acquit
quitus
facture
carnet
livre à souche
livre
brouillard
mémorial
main courante
livre de caisse
correspondance
copie-lettres
registre
grand-livre
journal
répertoire
sommier
contre-passation
comptable
caissier
teneur de livres

établir un compte
régler
relever
répertorier
arrêter
apurer
mettre à jour
clore
mettre en compte
passer en compte
contre-passer
créditer
facturer
liquider
folioter
inventorier
fermer
ouvrir un compte

comptable
V. *comptabilité*

compte
V. *comptabilité*

compter
V. *arithmétique*

compteur
V. *canalisation*

comptoir
V. *boutique*

compulser
V. *curieux*

comput
V. *calendrier*

comte
V. *aristocratie*

concave V. *cercle*

concavité
V. *trou*

concéder
V. *céder*

concentrer
V. *assembler*

concentrique
V. *cercle*

conception
V. *intelligence*, *génération*

concerner
V. *compétence*

concert V. *musique*

concerter
V. *conjuration*

concerto
V. *musique*

concession
V. *céder*

concetti V. *esprit*

concevoir
V. *intelligence*, *imagination*

conchyliologie
V. *coquille*

concierge
portier
suisse
gérant
cerbère
pipelet
casernier
guichetier
geôlier
tourière
loge
cordon
tirer le cordon

concile
c. diocésain
c. œcuménique
c. général
c. synodal
c. provincial
membre
père
évêque
indiction
appel
convocation
assemblée
session
tenue

convoquer
assembler
tenir
célébrer
ouvrir
réunir
en appeler à

synodal
synodique
conciliaire

conciliabule
V. *conjuration*

conciliant
V. *bon*

conciliation
V. *bonté*, *harmonie*

concision V. *peu*

concitoyen
V. *citoyen*

conclave
V. *assemblée*

conclure
terminer
achever
aboutir à
en finir avec
arrêter
arriver à une conclusion
tirer une conclusion
conclusion
résultat
conséquence
péroraison
V. *contrat*, *finir*

concombre
V. *plantes*

concomitance
V. *ensemble*

concordance
V. *harmonie*

concordat
V. *papauté*

concorde
V. *harmonie*

concours
examen
lutte
assaut
joute
combat
compétition
concurrence
dispute
composition
conflit

concourir
lutter
rivaliser
jouter
disputer le prix
se mettre sur les rangs
entrer dans la lice
descendre dans l'arène
relever le gant
se mesurer avec
affronter
avoir pour adversaire
avoir devant soi
se piquer de zèle
avoir affaire à

rivalité
antagonisme
émulation
zèle
ardeur
jalousie
concurrent
champion
adversaire
antagoniste
jouteur
rude jouteur
compétiteur
émule
rival
lutteur
à l'envi
à qui mieux mieux

concret
V. *matière*

concupiscence V. *envie*

concurrence
V. *concours*

concussion
V. *crime*

condamnation
V. *punition*

condamner
V. *punir*

condenser
serrer
tasser
fouler
presser
resserrer
concentrer
comprimer
forcer
épaissir
figer
s'empâter
se coaguler
se solidifier
durcir
réduire
cristalliser

condensation
compression
tassement
pression
concentration
épaississement
durcissement
cristallisation
concrétion
solidification
congélation
densité
masse
constriction
resserrement
contraction
coagulation
empâtement
réduction

condensé
compact
serré
dense
massif
solide
pressé
tassé
foulé
épais
dur
durci
réduit
comprimé
concentré
cristallisé
congelé
coagulé
concrété
pâteux

mère
lie
dépôt
boue
caillot
fange
résidu
consommé V. *dur*

condescendance V. *complaisant*

condiment
V. *cuisine*

condisciple
V. *écolier*

condition
clause
stipulation
règlement
article
cédule
restriction
exception
correction
réserve

stipuler
arrêter
poser
convenir
réserver
régler
conditionnel

condition
V. *société*

condoléance
V. *consolation*

condor V. *animal*

conduire
mener
diriger
guider
piloter
promener
amener

mettre dans le
égarer [chemin

conduite
direction
pilotage

conducteur
meneur
guide
cicerone
mentor
indicateur
pilote
timonier
nautonier
nocher
batelier
cocher
cornac
fil d'Ariane

conduit
V. *canalisation*

conduite
vie
genre de vie
manière de vivre
ligne de conduite
train de vie
mœurs
moralité
acte
action
activité
faits et gestes
exploits
prouesses
fredaine
bamboche
escapade
farce
incartade
frasque
fugue
bordée
saturnales
orgie
bacchanale
corruption
débordement
crapule
libertinage
noce
dépravation
perversité
perdition
licence
excès
mauvaises mœurs
luxure
incontinence
lasciveté
impureté
lubricité
folie
égarement
équipée
désordre
inconduite [duite
mauvaise con-
immoralité
déportement
dissipation
dérèglement
dévergondage
dissolution
vie de plaisir
cynisme
impudeur
relâchement
débauche [nelle
vie de polichi-

austère
édifiante
réglée
rangée
modèle
sans tache
honnête
relâchée
délurée
agitée
aventureuse
désordonnée
déréglée
débauchée
dissolue
dépravée
scandaleuse
bon sujet
mauvais sujet
garnement

se conduire
se gouverner
vivre
mener une vie
se tenir
arranger sa vie
se comporter
se tracer une ligne de conduite
suivre une ligne de conduite
adopter une ligne de conduite
s'acheter une conduite
se conduire
mener une conduite
mener une vie
mener sa barque
changer de conduite
marcher droit
être dans la bonne
bien tourner [voie
donner le bon exemple
faire des folies
vivre dans le désordre
donner le mauvais exemple
s'adonner à
se plonger dans
être dans la mauvaise voie
rôtir le balai
jeter son bonnet par-dessus les moulins

condyle V. *os*

cône V. *forme*

confection
V. *faire* et *vêtement*

confédération
V. *assemblée*

conférence
causerie
conférencier

conférer V. *conversation*, *donner*

conferve
V. *plantes*

confession
sacrement de la pénitence
billet de confession
confession auriculaire
examen de cons-
péché [cience
cas de conscience
confiteor
meâ culpâ
contrition
repentir
remords
absolution
pénitence
secret de la confession
sceau de la confession
confesseur
directeur
fidèle
pénitent
pénitente
confessionnal
tribunal de la pénitence

se confesser
aller à confesse
s'accuser de
avouer
clamer sa coulpe
confesser
absoudre
remettre

confiance
V. *croyance*

confidence
V. *secret*

confier
V. *donner* et *secret*

configuration
V. *forme*

confiner V. *près*

confins V. *borne*

confire
V. *confiture*

confirmer
V. *certitude*

confisquer
V. *punir* et *prendre*

confiture
confiserie
gelée
pâte
fruit confit
sucrerie
surprises
pastillage
pastille
anis
angélique
cédrat
bergamote
caramel
cotignac
marrons glacés
orangeat
roquille

confiseur
confiserie
confiturier
confiturerie

confire

préparer
confiture de framboises
— de cassis
— de groseilles
— d'abricots
— de prunes
— de fraises
— de cerises
— de mirabelles
— de poires
— de verjus
— d'orange
— de rhubarbe
— de melon
— de pomme
— d'épines-vinettes
— d'ananas
— de chinois
— de coings
raisiné
V. *bonbon*

conflagration
V. *incendie*

conflit V. *combat*

confluent
V. *rivière*

confondre
V. *desordre*

conforme
V. *semblable*

confortable
V. *agréable*

conforter
V. *consoler*

confrère
V. *métier*

confrérie
V. *assemblée*

confronter
V. *assembler*

confus
V. *désordre, peur*

congé V. *inaction*

congédier
V. *renvoyer*

congélation
V. *froid*

congénère
V. *semblable*

congénital
V. *maladie*

congestion
V. *maladie*

conglomération V. *assemblée*

conglutination V. *ensemble*

Congo
congolais

congratuler
V. *politesse*

congre V. *animal*

congréganiste V. *clergé*

congrès
V. *assemblée*

congru
V. *convenir*

conifère
V. *plantes*

conique V. *forme*

conjecture
V. *croyance*

conjoint
V. *mariage*

conjonctive
V. *œil*

conjoncture
V. *événement*

conjugal
V. *mariage*

conjuguer
V. *grammaire*

conjuration
complot
conspiration
menée
machination
société secrète
cabale
brigue
connivence
intrigue
conciliabule
coup de main
alliance
vente
vehme
carbonarisme
affiliation
comploteur
conjuré
conspirateur
meneur
affilié
affidé
carbonaro
factieux
membre
compagnon

s'affilier à
entrer dans
faire partie de
être de
comploter
conjurer
se concerter
conspirer
s'unir
monter
ourdir
tramer
nourrir
machiner
avorter
manquer
réussir
échouer

connaître
V. *savoir*

connétable
V. *officier*

connexe
V. *ensemble*

connivence
V. *conjuration*

conoïde V. *forme*

conque V. *coquillages*

conquérant
V. *guerre*

conquérir
V. *guerre*

consacrer
dédier
vouer
offrir
attribuer
affecter
mettre sous l'invocation
—— le patronage

consécration
dédicace
vœu
offrande
ex-voto
attribution
affectation
patronage
patron

votif
dédicatoire

consanguin
V. *famille*

conscience
âme
cœur
for intérieur
soi
sens intime
sentiment
voix intérieure
dictamen
cas de conscience
examen
scrupule
considérations
délicatesse
capitulation
trouble
remords
syndérèse
repentir
contrition
pénitence
expiation
mortification
macération
discipline
cilice
impénitence
satisfaction
contentement
impénitent
pénitent

se demander
s'interroger
descendre en soi-même
conscience large
conscience élastique
conscience nette

conscription
V. *armée*

consécutif
V. *suivre*

conseil
V. *assemblée*

conseil
avis
indication
instructions
leçon
direction
inspiration
admonition
admonestation
exhortation
encouragement
remontrances
consultation
influence
instigation
incitation
excitation
suggestion
dissuasion
moralisation

consultatif

avisé
sage
prudent
éclairé
expérimenté
pressant
mauvais
bon

conseiller
assister de ses conseils
admonester
exhorter
engager
suggérer
inciter
convier à
pousser à
exciter à
aiguillonner
enflammer
entraîner
fanatiser
électriser
galvaniser
enhardir
donner du cœur
moraliser
styler
faire la leçon
catéchiser
chapitrer
morigéner
sermonner
semoncer
tancer
stimuler
persuader
décider
déterminer
encourager
dire pour (la) gouverne
inspirer
influer
influencer
peser
subjuguer
endoctriner
détourner
déconseiller
dissuader
enjôler
séduire
capter
entortiller
instiguer
demander conseil
consulter
demander avis
s'en remettre à
s'éclairer des conseils de
suivre
écouter
se rendre à
V. aussi *avertir* et *désapprouver*

conseilleur
conseiller
inspirateur
incitateur
instigateur
bon génie
mauvais génie
mentor
égérie
oracle
sermonneur
moralisateur
donneur de conseils

consentir
V. *céder* et *approbation*

conséquence
V. *résultat*

conserver
V. *durée*

conserves V. *lunette*, *nourriture*.

considération
V. *voir*, *réputation*

consigne
V. *commandement*

consigner
V. *placer*

consister V. *être*

consistoire
V. *assemblée*

consolation
remède
adoucissement
allégement
atténuation
allégeance
apaisement
réconfort
condoléance
soulagement
baume
confortation
refuge
fiche de consolation

consolable
inconsolable
sans remède
consolateur

console V. *table*, *ornement*

consoler
réconforter
adoucir
alléger
apaiser
calmer
essuyer les larmes
remonter
conforter
tranquilliser
fermer la blessure
cicatriser
diminuer
atténuer
soulager
trouver une consolation dans
être la consolation de

consolider
V. *force*

consommer
V. *faire*, *manger*

consomption
V. *faible*

consonance
V. *musique*

consonne
V. *lettres*

consorts
V. *associé*

consoude
V. *plantes*

conspiration
V. *conjuration*

conspuer
V. *mépris*

constable
V. *police*

constance
fermeté
fidélité
courage
persistance
fixité
stabilité
immanence
inaltérabilité
entêtement
opiniâtreté
immutabilité
incorruptibilité
invariabilité
monotonie
uniformité
ténacité
persévérance
incorrigibilité
attachement

constant
fidèle
attaché à
ferme
fixe
invariable
stable
stationnaire
immanent
incorruptible
persistant
persévérant
inextinguible
incorrigible
entêté
opiniâtre
inébranlable
immuable
monotone
uniforme
inaltérable
inamovible
irrévocable
ne pas se départir de

pour toujours
sans retour
sans cesse
sans en démordre
sans se démentir jamais
constamment
fidèlement
inaltérablement
invariablement
fermement
inébranlablement
irrévocablement
V. *durée*

Constantinople
Byzance
constantinopolitain
byzantin

constater
V. *voir*

constellation
V. *astre*

consternation
V. *inaction* et *tristesse*

constipation
V. *excréments*

constitution
pacte social
institutions
loi organique
loi fondamentale
le char de l'État
constitutionnalité

élaborer
établir
voter
fixer
constituer
instituer
promulguer
reviser
modifier

constituant
constitutionnel
constitutif
fondamental
organique
constitutionnellement
anticonstitutionnel
anticonstitutionnellement

constricteur
V. *muscle*

constrictor
V. *animal*

constructeur
V. *bâtir*, *édifice* et *architecture*

construire V. *bâtir*, *édifice* et *architecture*

consul
magistrat consulaire
faisceaux
licteurs
hache
briguer le consulat
consulat
consulaire
consulairement
fastes
proconsul
proconsulat
proconsulaire

consulter
V. *conseil*

consumer
V. *rien*

contact
V. *toucher*

contagion
V. *maladie*

contaminé
V. *maladie*

conte V. *récit*

contempler
V. *voir*

contemporain
égal en âge
actuel
de la même génération
condisciple
camarade
ami de collège
simultané
concomitant
contemporanéité
simultanéité
coïncidence
concomitance
actualité

contempteur
V. *mépris*

contenance V. *volume* et *attitude*

contenir
V. *volume*

contentement
V. *gaîté*

contenter
satisfaire
faire l'affaire de
remplir les vœux de
couronner les vœux
dépasser l'espérance
aller au gré de
servir à souhait
faire le bonheur de
faire la joie de
accommoder
convenir
assouvir
exaucer
aise
satisfaction
contentement
au comble de ses vœux

contentieux
V. *procès*

contention
V. *attention*

contenu
V. *volume*

conter V. *récit*

contester
V. *contredire*

conteur V. *récit*

contexte V. *texte*

contexture
V. *ensemble*

contigu V. *près*

continence
V. *pudeur*

continent
V. *terre*

contingent
V. *événement*

continuer
V. *durée*

contondant
V. *coup*

contorsion
V. *attitude*

contour V. *bord* et *autour*

contourner
V. *forme* et *autour*

contracter
V. *serré*, *contrat*

contradiction
V. *contredire*

contraindre
V. *obligation*

contrainte
V. *obligation*

contraire
contradictoire
inverse
en sens inverse
mutuellement
réciproquement
inversement
vice versa
à reculons
à rebours
du tout au tout
contre-pied
repoussoir
antipode
dédit
contre-coup
choc en retour
contremarche
contre-mine
contre-partie
contre-ordre
contrepoids
contre-poil
contre-révolution
rappel
réaction
rebroussement
recoquillement
recul
reculade
redressement
reflux
renvoi
répercussion
repli
réplique
reploiement
répulsion
rescrit
rossac
retour
retraite
rétroaction
rétrocession
rétrogradation
retroussis
revanche
réversion
réciprocité
revirement
révocation
ricochet
écho
réverbération
échange

contremander
rappeler
rapporter
réagir
rebondir
rebrousser
recoquiller
recroqueviller
reculer
redresser
repousser
refouler
refluer
rengainer
renvoyer
répercuter
réfléchir
replier
répliquer
reployer
rétorquer
réfuter
retourner
rétrocéder
rétrograder
retrousser
revenir
se raviser
révoquer

mutuel
réciproque
rétrograde
rétroactif
rétrospectif
réversible
récurrent
réflexe

contralto
V. *chanteur*

contrapontiste V. *musicien*

contrariété
V. *tristesse*

contraste
V. *autre*

contrat
pacte
papier
règlement
engagement
traité
conditions
clauses
article
teneur
dispositions
stipulation
convention
arrangement
compromis
transaction
accord
accommodement
concordat
entente
marché
forfait
affaire
négociation
préliminaire
dispositif
libellé
formalités
commissoire
passation
conclusion
ratification

contractuel
conventionnel
résolutoire
verbal
écrit
synallagmatique
bilatéral
unilatéral
commutatif
récognitif
de bienfaisance
à titre onéreux
léonin
contractant
partie
traitant

traiter
contracter
convenir de
régler
débattre
négocier
arrêter [ses de
arrêter les clau-
stipuler
transiger
pactiser
tomber d'accord
conclure
s'entendre
souscrire à
consentir à
passer un contrat
traiter à forfait
s'engager par con-
signer [trat
accepter
accéder à
ratifier

contravention
V. *crime*

contre V. *opposition*

contre (pour les composés V. les mots simples)

contrebande
V. *douane*

contrebasse
V. *instruments*

contre-coup
V. *coup*

contredanse
V. *danse*

contredire
contester
protester
réclamer
objecter
opposer
s'inscrire en faux
soutenir le contraire
prendre le contre-
dire non [pied
nier
chicaner
contre-pointer
combattre une opinion
faire observer
présenter des objections
faire des réserves
être en contradiction avec
être d'un avis op-
rétorquer [posé
réfuter
ne pas admettre
exciper

objection
réserves
observations
raisons contraires
contradiction
négation
dénégation
opposition
contestation
réclamation
contredit
protestation
désaccord
antéoccupation

opposant
contradicteur
protestataire
chicanier
chicane
contradictoire

contrée
V. *territoire*

contrefaçon
V. *faux*

contrefait
V. *irrégulier*

contrefort
V. *appui*

contremaître
V. *ouvrier*

contremander
V. *non*

contremarche
V. *escalier*, *guerre*

contremarque
V. *théâtre*

contre-ordre
V. *non*

contre-pied
V. *contraire*

contrepoids
V. *poids*

contrepoint
V. *harmonie* (2)

contrepoison
V. *poison*

contrescarpe
V. *fortification*

contreseing
V. *signature*

contresens
V. *erreur*

contretemps
V. *malheur*

contrevallation V. *siège*

contrevenir
V. *désobéir*

contribuable
V. *impôt*

contribuer
V. *aider*

contribution
V. *impôt* et *aider*

contrister
V. *tristesse*

contrition
V. *remords*

contrôle V. *voir*

contrôler
V. *voir*

contrôleur
V. *employé*

controuvé
V. *faux*

controverse
V. *discussion*

contumace
V. *absent*

contusion
V. *blessure*

convaincre
V. *prouver*

convalescence V. *maladie*

convenir (1)
V. *contrat*

convenir (2)
faire l'affaire
être ce qu'il faut
cadrer
remplir les condi-
aller bien [tions
tomber bien
tomber à pic
arriver à souhait
être commode
être convenable

sortable
congru
satisfaisant
seyant

bienséant
décent
compatible
avantageux
opportun
à propos
opportunément
convenablement

convenance
commodité
avantage
opportunité
pain bénit
marée en carême
V. *harmonie* (1)

convention
V. *contrat*

conventionnel
V. *artificiel*

convergence
V. *direction*

converger
V. *direction*

conversation
entretien
causerie
entrevue
dialogue
colloque
conférence
conciliabule
pourparler
interview
abouchement
palabre
audience
rendez-vous
visite
bavardage
causette
confabulation
babillage
propos
devis
jaserie
commérage
caquet
caquetage
potin
cancan
on-dit
réplique
repartie
saillie
trait
pointe
sujet de conversation
le feu de la c.
le tapis de la c.

causer
s'entretenir
parler
converser
bavarder
deviser
jacasser
jaser
jaboter
potiner
gloser
tailler une bavette
tenir le crachoir
aborder un sujet
laisser tomber la conversation
laisser mourir la conversation
entrer en pourparlers
entrer en conciliabule
à bâtons rompus
décousu
en tête à tête

causeur
brillant causeur
interlocuteur
cancanier
bavard
jaseur

converse
V. *clergé*

conversion
changement de religion
apostasie
reniement
abjuration
renégat
apostat
néophyte
convertisseur
convertible
convertir
chemin de Damas
abjurer
apostasier
renier
V. *changement*

convexe
V. *forme*

conviction
V. *certitude*

convier V. *repas*, *appel*

convive V. *repas*

convoi
V. *accompagner*

convoiter
V. *envie*

convolvulus
V. *plantes*

convoquer
V. *appeler* et *assemblée*

convoyeur
V. *navire*

convulsion
V. *maladie* et *mouvement*

coopérer
V. *collaborer*

coopter
V. *élection*

coordination
V. *union*

copal V. *substance*

copeau V. *rabot*

copie V. *double*, *image*

copieux
V. *quantité*

copiste
V. *écrivain*

copulatif V. *lien*

copule V. *lien*

coq
chanteclair
chapon
chaponneau
cochet
grianneau
poule
poularde
volaille
pondeuse
poulette
gélinotte
poulet
poussin
dinde
dindon

cocher
jucher
caqueter
picorer
gratter
élever
gaver
engraisser
glousser

gloussement
cocorico
coquerico
caquet
ergot
crête
pépie
combat de coq
poulailler
basse-cour
mue
cage
épinette
poussinière

coq-à-l'âne
V. *désordre*

coque V. *enveloppe*

coquecigrue
V. *monstre*

coquelicot
V. *plantes*

coquelourde
V. *plantes*

coqueluche
V. *maladie*

coquemar
V. *cuisine*

coqueret
V. *plantes*

coquet V. *beau*

coquetier
V. *œuf*, *marchand*

coquetterie
art de plaire
charme
amabilité
fatuité
vanité
galanterie
séduction
minauderie
grâce
prétentions

faire le coquet
faire l'aimable
faire la roue
coqueter
faire des agaceries
faire des avances
minauder
captiver
charmer
ensorceler
fasciner

coquette
Célimène
bourreau des cœurs

coquillage (1)
coquille
disque

fourreau
tube
écaille
contre-écaille
test
épiphragme
battant
valve
charnière
axe
columelle
ombilic
volute
œil
spire
cannelure
ruban
strie
nervure
cordelette
côte
fascie
dent
pointe [léale
impression pal-
crochet
opercule
épiderme
périostracum
nacre
burgaudine
perle

bivalve
équivalve
inéquivalve
univalve
multivalve
spirivalve
turbiné
bitestacé
testacé
lamelleux
lenticulaire
rostral
operculé
bullé
ampullacé
bombé
déprimé
buccinal
discoïde
cucullé
conique
dentelé
épineux
saxatile
fusiforme
fascié

ostracé
coquillart
coquiller
coquillier
falun
falunière
coquilleux
conchylien
conchylifère
conchyliologie
conchyliologiste

coquillages (2)

ammonite
cornes d'ammon
ananchite
argonaute
nautile
astarté
bélemnite
bernacle
bigorneau
burgau
calmar
casque
cauris
clovisse
conque
hélice
gryphée
huître
moule
nummulite
exogyre
bellérophon
diadème
dicéras
cardium
chara
clymenia
goniatide
évomphale
catillus
crassatelle
cyprée
gyrogonite
lituite
limnea
orthis
nucula
pentamère
plagiostome
productus
posidonia
scaphite
spirifère
sphérulite
triphée
acarde
agaron

agathine
alatite
alectryon
amadis
amiral
amphidesme
amphidonte
anatife.
ancyle
andromède
anodonte
anomite
anostome
aronde
auricule
avicule
baculite
balanite
batolite
boson
bouge
bourdine
bredin
broche
bucarde
buccin
buccinite
cabestan
calcéole
calcinelle
calyptre
camérine
capse
cardite
casseron
cassidaire
cérithe
chimère
chrysole
cidarite
clausule
clavagelle
clavatule
cléodore
clypéastre
cochléaire
cochlite
coffre
concholépas
conchyle
cône
cordelière
cranie
cravan
crépidule
cyclade
cyclostome
cylindre
cymbulie

dauphinule
dentale
diogène
dolabelle
éburne
émarginule
éponide
éthérie
fasciole
foraminifère
fuseau
haliotide
harpe
hélicite
hippurite
hyale
iridine
lépas
licorne
lombis
marteau
miliolite
mitre
murex
mytilite
nérite
orthocératite
ostracé
ostracite
ovulite
paludine
parmaphore
patelle
pectiné
pèlerine
perne
pétoncle
pétricole
phasianelle
physe
planorbe
plicatule
porcelaine
pourpre
priapule
ptérocère
pyrule
rhombite
sabot
spirule
spondyle
strombe
térébratule
tornatelle
tridacne
trigonie
trochite
tubicinelle
turbinite

turritelle
veuve
vignot
coquin V. *crime*
coquinerie
V. *crime*
cor V. *pied*
cor V. *instruments*
corail V. *joaillerie*
corailleur
V. *pêche*
corallin
V. *couleur*
coralline
V. *plante*
Coran
V. *mahométan*
corbeau
corbillat
croasser
croassement
corbeille
V. *vannerie*
corbillard
V. *enterrement*
corbillon V. *jeu*
cordage
V. *voilure* et *corde*
corde
brin
caret
toron
balant
tirant
sixain
septain
tirage
aussière
bitord
grelin
garochoir
cordonnet
ganse
câblé
fil
cordon
ficelle
laisse
filin
fouet
lacet
lacs
cordelle
cordelette
câble
chable
cordage
cordeau
carrelet
baderne
commande
orin
amarre
breuil
amure
drome
astroc
balancine
aubinet
barbette
bouline
cargue
garcette
drisse
drague
cinquenelle
cincenelle
combleau
croupière
écoute
enfléchure
drosse
étalingure
franc-filin
gribanne
hauban
herse
étai
bras
prolonge
tournevire
raban
ralingue
behêne
filoche
trait
filet
bauffe
bandeau
varretée
lignette
loch
corde à boyau
bandereau
chanterelle
cartahu
ligneul
lisse
chableau
palan
simbleau
écharpe
élingue
liure
cordelière
dragonne
hart
corderie
sparterie
cordier
commetteur
chanvre
teille
peignon
ficeler
chabler
corder
cordeler
cordonner
haler
funiculaire
ficellier
V. *passementerie*, *lien*
cordelier
V. *clergé*
cordelière
V. *corde*, *ceinture*
cordelle V. *corde*
corder V. *corde*
corderie V. *corde*
cordial V. *sincère*
cordier V. *corde*
cordiforme
V. *forme*
cordon V. *corde*
cordonnier
V. *chaussure*
Cordoue
cordouan
Corée
coréen
coreligionnaire V. *religion*
Corfou
corfiote
coriace V. *dur*
coriandre
V. *plantes*
corindon
V. *joaillerie*
cormier
V. *plantes*
cormoran
V. *animal*
cornac
V. *conducteur*
cornage
V. *respiration*
cornaline
V. *joaillerie*
corne
(écaille et ongle)
bois
andouiller
ramure
merrain
écaille
carapace
ongle
serre
griffe
harpe
ergot
garde
éperon
sabot
cornet
rhyton
manicure
manucure
onglier
brosse à ongles
ciseaux à ongles
lime
polissoir
pédicure
onglée
ongles en deuil

se couper les ongles
se faire les ongles
se casser un ongle
porter les ongles (longs)
égratigner
griffer
s'agriffer
écorner
racornir

cornu
corné
encorné
ongulé
onguiculé
fourchu
bisulque
incarné

racornissement
cornée V. *œil*
corneille
cornillas
Corneille
cornélien
cornemuse
V. *instruments*
corner V. *crier*
cornet V. *enveloppe*, *instruments*
cornette
V. *coiffure*
corniche
V. *fronton*

cornichon
V. *nourriture*
cornier V. *place*
cornière V. *toit*

cornouiller
cornouille
cornu V. *corne*
cornue V. *chimie*
corollaire
V. *géométrie*
corolle V. *fleur*
coronaire
V. *veine*
coronal
V. *crâne*
coroner
V. *magistrat*
corporation
V. *assemblée*

corps
charpente
taille
stature
port
attitude
corpulence
conformation
formes
proportions
cadavre
anatomie
squelette
organisme
fonction
organe
sens
peau
chair
muscle
nerf
vaisseau
sang
artères
veines
viscères
tête
cerveau
visage
face
figure
museau
cheveu
front
yeux
nez
naseau
mufle
bouche
gueule
bec
barbe
menton
joue
tempe
oreille
occiput
nuque
cou
col
encolure
gorge
garrot
torse
thorax
tronc
buste
coffre
épaules
entournure
carrure
poitrine
estomac
poitrail
dos
épine dorsale
colonne verté-
échine [brale
reins
lombes
bas-ventre
bassin
ventre
aine
flanc
ceinture
râble
croupe
croupion
fesse [rieurs
membres supé-
articulations
jointures
épaule
omoplate
bras
main
patte
doigt
ongle
griffe
serre [rieurs
membres infé-
jambe
cuisse
genou
cheville
pied
patte
corporel
corporifier
V. la plupart de
ces mots.
corpulence
V. *corps*
corpulent
V. *force*
corpuscule
V. *petit*
correct V. *bien*
correctif
V. *moins*
correction
V. *bien*
correctionnel
V. *punir*
corrégidor
V. *magistrat*
corrélatif
V. *dépendre*
corrélation
V. *semblable*
correspon-
dance V. *lettre*,
ensemble
corridor
V. *appartement*
corriger
V. *mieux*
corroborer
V. *prouver*
corroder V. *user*
corroi V. *cuir*
corrompre
V. *pire*
corrosif V. *user*
corroyer V. *cuir*
corruption
V. *pire*, *débauché*
cors V. *cerf*
corsage
V. *vêtement*
corsaire
V. *aventure*
corselet
V. *cuirasse*

corset
baleine
gousset
busc
busquière
lacet
œillet
corsetière
cortège
V. *accompagner*
cortical V. *écorce*
coruscation
V. *lumière*
corvée V. *travail*
corvette
V. *navire*
corymbe V. *fleur*
coryphée
V. *danse*
coryza V *maladie*
cosaque
V. *cavalerie*
cosinus V. *angle*
cosmétique
V. *pommade*
cosmique
V. *monde*
cosmogonie
V. *science*
cosmographie
V. *astronomie*
cosmologie
V. *science*
cosmopolite
V. *origine*
cosse V. *enveloppe*
cosser V. *battre*
cosson V. *animal*
cossu V. *riche*
costal V. *côte*
costume
V. *vêtement*
cote V. *prix*

côte
costal
intercostal
côtelé
côtelette
V. *os*, *mer*

côté
latéral
V. *bord* et *surface*
coteau
V. *haut*
coter V. *prix*
coterie
V. *assemblée*
cothurne
V. *chaussure*
cotignac
V. *confiserie*
cotillon
V. *vêtement*
cotir V. *fruit*
cotisation
V. *payer*
cotissure
V. *fruit*

coton
cotonnade
rouennerie
ouate
fin
fleuret
coton-poudre
fulmicoton
cotonneux
ouaté
filature
filateur
cotonnier
cotonner
V. *étoffe*
côtoyer V. *bord*
cotret
V. *chauffage*
cottage
V. *maison*
cotte
V. *vêtement*
cotyle V. *volume*
cotylédon
V. *plantes*
cotyloïde V. *os*

cou
col
encolure
gorge
jabot
nuque
occiput
pomme d'Adam
larynx
glotte
épiglotte
gosier
pharynx
œsophage
vertèbres cervicales
os hyoïde
cartilage thyréoïde
cricoïde
aryténoïde
aryténoïdien
trachée-artère
cordes vocales
atlas
atloïde
axis
épistrophée
axoïde
odontoïde
ganglion
glande
thymus
ligament cervical
ligament surépineux
artère ascendante
artère transverse
artère superficielle
artère profonde
artère postérieure
plexus cervical
pneumogastrique
récurrent
grand hypoglosse
glosso - pharyngien
nerfs cervicaux
veines jugulaires
golfe jugulaire
fosse jugulaire
artère carotide
peaucier
sterno-mastoïdien
digastrique
trapèze
sterno - cléido - mastoïdien
stylo-hyoïdien
mylo-hyoïdien
génio-hyoïdien
omoplathyoïdien
cléido-hyoïdien
thyro-hyoïdien
splénius
torticolis
trachélisme
étranglement
strangulation
trachéocèle
trachélagre
thyréocèle
trachéotomie
trachasie
goitre
humeur

cervical
trachélien
guttural
occipital
cervico-scapulaire
œsophagien
trachéal
goitreux
thyropharyngien
V. *col*, *collier*, *cravate*
couard
V. *peur*
couche
V. *étendre* et *lit*
coucher V. *étendre*, *lit* et *sommeil*
couchis V. *pont*
couci-couci
V. *médiocre*
coucou V. *animal*, *horloge*
coude V. *bras*
coudée
V. *longueur*
coudoyer
V. *toucher*
coudraie V. *forêt*
coudre
V. *couture*
coudrier
V. *plantes*
couenne V. *peau*
cougouar
V. *animal*
coulant V. *facile*

couler
s'écouler
découler
goutter
dégoutter
distiller
pleurer
instiller
égoutter
pleuvoir
tomber
se déverser
se jeter
s'épancher
s'extravaser
s'épandre
se répandre
rouler
fluer
refluer
jaillir
sourdre
suer
suppurer
filtrer
suinter
passer
s'infiltrer
baver

goutte
gouttelette
larme
pleur
pluie
averse
ondée
égoutture
égouttage
dégouttement
égout
écoulement
coulée
cours
courant
fil
fuite
instillation
distillation
glouglou
déversement
épanchement
flux
reflux
suintement
infiltration
transfusion
fluidité
égouttoir
gouttière
déversoir
compte-goutte
stilligoutte
V. *eau*

couleur
nuance
teinte
ton
tonalité
demi-teinte
touche
réveillon
pelage
robe
enluminure
lithochromie
chromolithographie
tatouage
bariolure
bariolage
coloration
coloriage
coloris
ton sur ton
teinte plate
monochromie
polychromie
moire
moirure
moucheture
jaspure
marbrure
tache
diaprure
éclat
vivacité
fraîcheur

noir foncé
fuligineux
noir d'ivoire
noir
noirceur
sable (blason)
ardoisé
grivelé
gris
gris foncé
gris cendré
grisaille
gris clair
gris-perle
bis
zinzolin
amarante
vineux
café
brûlé
terreux
brun
brunâtre
brunet
bruni
puce
mordoré
aventurine
saur
chocolat
bistre
marron
hâlé
châtain
briqueté
acajou
cuivré
vieux cuivre
chaudron
basané
feuille-morte
rouille
alezan
roussâtre
fauve
roux
rousseur
roux ardent
havane
beige
chamois
ocreux
café au lait
isabelle
caca d'oie
noisette
nankin
blondin
blond ardent

blond
vieil or
doré
jaune d'or
jonquille
jaune-citron
citrin
safran
safrané
jaune-paille
jaunâtre
jaune
aurore
fleur de pêcher
orangé
orange
capucine
rouge de Saturne
aubère
chair
rosâtre
rose
rougeâtre
rougeaud
incarnat
rougeur
nacarat
rouge-corail
corallin
rouge
gueules
rouge ardent
rouge éclatant
garance
grenat
écrevisse
vermillon
rouge sang
cramoisi
carmin
pourpre
pourpré
empourpré
feu
lilas
mauve
violacé
violâtre
violet
indigo
prune de Monsieur
olivâtre
glauque
poracé
vert-bouteille
vert-bronze
vert-olive
gros vert
verdure

sinople
vert
vert-émeraude
vert-pomme
céladon
bleuâtre
opalin
bleu lapis
bleu-turquoise
bleu-barbeau
bleu clair
bleu persan
bleu pers
azur
azuré
bleu de ciel
bleu de roi
bleu outremer
gros bleu
bleu de Prusse
bleu-saphir
bleu foncé
bleu marine
blancheur
blanchâtre
blanc
argenté
blafard
pâle
pâleur
changeant
chatoyant
moiré
gorge de pigeon
colombin
diapré
bariolé
jaspé
chiné
panaché
marbré
moucheté
pommelé
pie
rouan
uni
dégradé
faible
terne
livide
assourdi
sourd
mourant
foncé
obscur
clair-obscur
sombre
chargé
neutre

bis
rompu
plombé
franc
tendre
clair
éclatant
voyant
vif
frais
tranché
criard
bigarré
coloré
colorié
haut en couleur
poussé
polychrome
multicolore
monochrome
grisaille
incolore
décoloré
tirant sur
albinos

colorer
colorier
nuancer
teinter
peindre
enluminer
diaprer
barioler
tatouer
billebarrer
mettre en couleur
noircir
brunir
bistrer
hâler
cuivrer
bronzer
roussir
blondir
dorer
jaunir
rougir
empourprer
roser
verdir
bleuir
blanchir
argenter
pâlir
chatoyer
moirer
jasper
panacher

marbrer
moucheter
pommeler
dégrader
assourdir
décolorer
obscurcir
rompre
déteindre
foncer
plomber V. *peindre*, *peintre*, *peinture*, *blason*

couleuvre
V. *animal*

couleuvreau
V. *animal*

couleuvrée
V. *vigne vierge*

coulevrine
V. *canon*

coulis
V. *nourriture*

coulisse
V. *glisser*

coulissier
V. *banque*

couloir
V. *appartement*

couloir V. *lait*

couloire
V. *filtre*

coulpe V. *crime*

coulure V. *fleur*, *moule*

coup
bourrade
heurt
choc
commotion
secousse
atteinte
contre-coup
ricochet
rencontre
corps à corps
collision
poussée
renfoncement
brutalité
tape
taloche
soufflet
claque
gifle
calotte
mornifle
horion
pichenette
chiquenaude
nasarde
estocade
fessée
volée
brossée
dégelée
raclée
rossée
correction
voie de fait
flagellation
anguillade
bastonnade
schlague
knout
percussion
contondant

frapper
percuter
heurter
butter
donner contre
brutaliser
rudoyer
taper
fesser
pocher
nasarder
choquer V. aussi *battre*, *blessure* et *combat*

coupable
V. *crime*

coupage
V. *vin*

coupe V. *coupure*, *récipient*

coupé V. *voiture*

coupeau V. *haut*

coupe-gorge
V. *danger*

coupe-jarret
V. *crime*

coupellation
V. *métallurgie*

coupelle
V. *métallurgie*

couper
trancher
tailler
entamer
découper
dépecer
taillader
déchiqueter
échancrer
denteler
sabrer
faucher
raser
tondre
scalper
hacher
amputer
mutiler
disséquer
réséquer
viviséquer
châtrer
circoncire
essoriller
décapiter
guillotiner
charcuter
exciser
rogner
ébrancher
abattre
étronçonner
émonder
écrêter
écimer
étêter
retrancher
partager
diviser
sectionner
recouper
renetter

coupeur
faucheur
émondeur
tondeur
coiffeur
tailleur
écuyer tranchant
exécuteur

coupant
tranchant
aigu
V. *coupure*, *couteau*

couperet
V. *couteau*

couperose
V. *peau*

couperosé
V. *peau*

coupe-tête
V. *jeu*

coupeur
V. *couture*

couple V. *double*

coupler V. *double*

couplet
V. *chant*

coupoir
V. *couteau*

coupole
V. *voûte*

coupon
V. *coupure*, *finance*

coupure
section
coupe
coupon
fausse coupe
recoupe
tranche
entaille
entame
entamure
morceau
découpure
dent
dentelure
patron
silhouette
ombre chinoise
ablation
abatage
abatis
andain
sectionnement
division
partage
amputation
anatomie
autopsie
vivisection
dissection
résection
castration
circoncision
balafre
entaille
estafilade
coche
encoche
créneau
brèche
adent
cran
crémaillère
crémaillon
tonte
dépècement
décollation
exécution
queue du chien d'Alcibiade
V. *couteau*

cour (1)
courette
arrière-cour
basse-cour
cour couverte
préau

cour (2)
lever du roi
coucher du roi
audience
réception
étiquette
protocole
courbette
courtisanerie
préséance
dame d'honneur
demoiselle d'honneur
chambellan
maison du roi
courtisan
favori
favorite
mignon
menin

courage
bravoure
cœur
intrépidité
valeur
vaillance
assurance
fermeté
sang-froid
aplomb
décision
résolution
ardeur
fougue
audace

témérité
présomption
crânerie
héroïsme
bravade
fanfaronnade

n'avoir pas peur
n'avoir pas froid aux yeux
ne pas sourciller
ne pas trembler
montrer du courage
faire preuve de courage
défier le péril
braver le danger
affronter
aller de l'avant
se hasarder
se risquer
ne pas connaître d'obstacles
se conduire en héros
prendre courage
s'armer de courage
affermir le courage
ranimer
remonter
aguerrir
rendre courage
enhardir
perdre courage
se décourager
courageusement
bravement
crânement
vaillamment
valeureusement
avec cœur
audacieusement
héroïquement
martialement
V. *audace*

courageux
brave
homme de cœur
homme de courage
héros
lion
vaillant
valeureux
éprouvé
résolu
décidé
déterminé
crâne
brave à trois poils
intrépide
indomptable
fougueux
ardent
bouillant
belliqueux
aguerri
audacieux
irréfléchi
inconsidéré
imprudent
téméraire
aventureux
cerveau brûlé
casse-cou
martial
batailleur
guerrier
chevaleresque
don Quichotte
rodomont
présomptueux
bravache
fanfaron

couramment
V. *habitude*, *facile*

courant
V. *rivière*

courbature
V. *fatigue*

courbe V. *cercle* et *pi*

courbé
en cercle
lenticulaire
arrondi
épicycloïde
parabolique
hyperbolique
elliptique
infléchi
cambré
arqué
serpentin
cintré
convexe
concave
tordu
conchoïde
déjeté
bossu
bombé
ventru
chantourné
curviligne
recourbé
retroussé
voûté
rebroussé
ployé
en col de cygne
en S
concentrique

courber
arrondir
bomber
recourber
cambrer
arquer
cintrer
voûter
tordre
ployer
fléchir
infléchir
rebrousser
retrousser
trousser
onduler
onder
chantourner
déjeter

courbette
V. *cour* (2)

courbure
V. *cercle*

courcaillet
V. *caille*

courée V. *navire*

coureur
V. *débauché*, *courir*

courge
V. *citrouille*

courir
s'élancer
se précipiter
trotter
aller bon train
galoper
voler
prendre ses jambes à son cou
filer
courir la poste
détaler
décamper

à toute bride
à bride abattue
ventre à terre
à toutes jambes
à perdre haleine
comme le vent
course
trot
galop
pas de gymnastique
course folle
coureur
courrier
avant-coureur
avant-courrier
Atalante
sport pédestre
arène
stade
hippodrome
lice
carrière

courlis
V. *animal*

couronne
diadème
bandeau royal
tiare
tortil
lemnisque
calotte
fleuron
couronne fermée
c. ouverte
c royale
c. impériale
c. ducale
c. comtale
c. civique
c. murale
c. navale
c. rostrale
c obsidionale
c. vallaire
c. triomphale
c. radiée
chêne
laurier
olivier
rose
ache
myrte
fer
couronnement
sacre

couronner
diadémer
porter
ceindre
remporter
tresser
décerner
distribuer
découronner
déposer

couronnement V. *couronne*, *fin*
couronner V. *couronne*, *fin*, *cheval*
courre V. *chasse*
courrier V. *envoyer*
courroie V. *lien*
courroucer V. *colère*
courroux V. *colère*
cours V. *mouvement*, *école*, *prix*
course V. *courir*, *sport*
course de taureaux V. *cirque*
coursier V. *cheval*
coursive V. *navire*
courson V. *arbre*
court V. *petit*
courtage V. *banque*
courtaud V. *petit*
courtaudé V. *cheval*
court-bouillon V. *nourriture*
courtepointe V. *couverture*
courtier V. *commerçant*
courtilière V. *animal*
courtine V. *fortification*
courtisan V. *cour* (2)
courtisane V. *débauché*
courtiser V. *amour*
court-jointé V. *cheval*
courtoisie V. *poli*
couru V. *réputation*
couscous V. *nourriture*
cousin V. *famille*, *animal*
cousinière V. *mouche*
coussin V. *matelas*
coût V. *prix*

couteau
coutelas
navaja
couteau-poignard
tranchet
couperet
hachoir
coupoir
canif
eustache
jambette
canif à ongles
coupe-cor
grattoir
rasoir
lancette
bistouri
scalpel
faux
faucheuse
fauchard
faucille
faucillon
serpe
serpette
courcet
étrape
gouet
vouge
greffoir

soie
lame
pointe
bout
fort
talon
plat
dos
nervure
tranchant
fil
morfil
taillant
onglet
embase
mentonnet
mitre
virole
manche
armure
châsse
ressort
coulisse
rainure
trousse
semaine
écrin
gaine
boîte à couteaux
coutelière
affiloire
pierre à repasser
pierre à rasoir
pierre à aiguiser
queux
cuir à rasoir
fusil
coutellerie
coutelier
repasseur
émouleur
rémouleur
gagne-petit
aiguiseur

repasser
aiguiser
affûter
affiler
émoudre
émorfiler
V. *couper*, *aiguiser*

coutellerie V. *couteau*
coûter V. *prix*
coûteux V. *prix*
coutil V. *étoffe*
coutre V. *charrue*
coutume V. *habitude*

couture
coupe
confection
point
piqûre
faufilure
maille
surjet
bâti
reprise
ourlet
faux-ourlet
suture
rentraiture
boutonnière
piqué
rempli
plissé
feston
ruché

aiguille
passe-lacet
dé
ciseaux
épingle
stéatite
bobine
fil
aiguillée
étui
pelote
toilette
boîte à ouvrage
table à ouvrage
sac à ouvrage
nécessaire

carreau
passe-carreau
billot
œuf
machine à coudre
fourniture
doublure
gratte
couturier
couturière
confectionneur
entrepreneuse
costumier
coupeur
coupeuse
tailleur
tailleuse
lingère
culottier
culottière
giletière
ravaudeuse
rentrayeur

tailler
couper
épingler
bâtir
faufiler
baguer
débâtir
éfaufiler
rentraire
remplier
arrêter
coudre
couturer
piquer
border
ourler
surjeter
froncer
coulisser
festonner
rucher
plisser
rabattre
repriser
rapiécer
découdre
dépiquer
ravauder
stoper

couturer
V. *couture*

couvain V. *œuf*

couvée V. *œuf*

couvent
V. *monastère*

couver V. *œuf*

couvercle
V. *couverture*

couverte
V. *céramique*

couverture
couvre-pointe
couvre-lit
couvre-pied
couverte
couverture de voyage
plaid
housse
édredon
banne
bâche
couvercle
toit
calotte
obturateur
opercule
enveloppe
tégument
carapace
écaille
coquille
peau

couvrir
voiler
abriter
protéger
cacher
envelopper
garnir
barder
pailler
ouater
revêtir
vêtir
recouvrir
entourer
fermer
operculé
couverturier
V. *fermer*

couvet V. *pied*

couvi V. *œuf*

couvre-chef
V. *chapeau*

couvre-feu
V. *jour*

couvre-pied
V. *couverture*

couvreur V. *toit*

couvrir
V. *couverture*, *génération*

covendeur
V. *vendre*

coxal V. *hanche*

coxalgie
V. *maladie*

crabe V. *animal*

crabier
V. *animal*

crachat
V. *cracher*

cracher
expectorer
crachoter
graillonner
saliver
baver
écumer
cracheur
pituiteux
baveux
crachement
crachat
salive
sialisme
expectoration
salivation
sputation
ptyalisme
catarrhe
crachotement
écume
bave
pituite
hémoptysie
hémoptysique
crachoir
V. *salive*

craie
crayeux
crétacé

craindre
avoir peur
prendre peur
appréhender
se faire un monstre de
ne pas oser
se démoraliser
perdre courage
s'effaroucher
trembler
frissonner
frémir
redouter
s'effrayer
s'épouvanter
s'alarmer
s'effarer
être pétrifié
être saisi [vante
être glacé d'épou-
trembler de tous ses membres.
être frappé de terreur.
être terrifié

crainte V. *peur*

cramoisi
V. *couleur*

crampe
V. *douleur*

crampon V. *lien*

cramponner
V. *lien*

cramponnet
V. *lien*

cran V. *coupure*

crâne
V. *courageux*

crâne
boîte osseuse
voûte
base
frontal
coronal
sinciput
pariétaux
temporaux
occipital
ethmoïde
lame criblée
sphénoïde
table interne
table externe
diploé
os wormiens
péricrâne
trou occipital
fontanelle
suture
apophyse
fosse
sinus
bosse
éminence
unguis
vertex
zygoma
angle facial
cranien
craniologique
cranologique
craniologie
cranologie
cranioscopie
trépanation
trépaner
trépan

cranequin
V. *arbalète*
crapaud
V. *animal*
crapaudine
V. *porte, rotation, nourriture*
crapule
V. *debauche*
craquelé
V. *céramique*
craquelin
V. *pâtisserie*
craquement
V. *bruit*
craquer V. *bruit* et *briser*
craqueter *ou* **claqueter**
V. *cigogne*
crase
V. *grammaire*
crassane
V. *poire*
crasse V. *sale*
cratère V. *volcan*
cravache
V. *fouet*
cravan
V. *coquillages*

cravate
nœud
régate
lavallière
plastron
rabat
bavette
cravater
nouer
porter V. *collier*
crayeux V. *craie*

crayon
mine
mine de plomb
graphite
conté
fusain
pierre noire
sauce
pastel
sanguine
porte-crayon
porte-mine
estompe
estomper
crayonner
dessiner
taille-crayon
protège-pointe
tendre
dur
crayonneux
V. *dessin*
créance V. *dette*
créat
V. *équitation*
créateur V. *Dieu*
créature
V. *animal*
crécelle V. *jouet*
crécerelle
V. *animal*
crèche V. *ferme, berceau*
crédence
V. *église*, *meuble*
crédit V. *dette*
créditer
V. *comptabilité*
credo
V. *croyance*
crédule
V. *croyant*
crédulité
V. *croyance*
créer V. *faire*
crémaillère
V. *coupure*
crémation
V. *feu*
crément V. *plus*
crémer V. *lait*
crémerie V. *lait*
crémone
V. *fenêtre*
créneau
V. *coupure*
créneler
V. *fortification*
créole V. *race*
créosote
V. *substances*
crêpe V. *étoffe, nourriture*
crépin
V. *chaussure*
crépine
V. *passementerie*
crépir
V. *maçonnerie*
crépiter
V. *bruit*
crépon V. *étoffes*
crépu V. *cheveu*
crème V. *lait*
crépuscule
V. *jour*

cresson
cresson alénois
cressonnière
Crète V. *Candie*
crête
V. *tête, haut*
crétin V. *bête*
cretonne
V. *étoffe*
cretons V. *chien*
creuset V. *fonte*
creux V. *trou*
crevasse
V. *fente*
crève-cœur
V. *tristesse*
crever V. *trou*
crevette
V. *animal*

cri
clameur
hurlement
rumeur
criaillerie
clabauderie
vocifération
ban
huée
haro
exclamation
acclamation
haut [rant
perçant, déchi-
criard, strident
piailleur
à cor et à cri
à tue-tête
criailleur V. *crier*.

crible
tamis
sas
blutoir
bluteau
claie
passoire
couloir
écumoire

cribler
tamiser
passer
écumer
bluter
sasser

criblage
tamisage
tamiserie
criblure
cribleur
tamiseur
tamisier.
cribration
V. *division*
cric V. *grue*
cricket V. *jeu*
criée V. *vente*

crier
criailler
vociférer
hurler
brailler
piailler
vagir
clabauder
huer
s'époumoner [les
corner aux oreil-
crier comme un sourd
donner de la voix
jeter les hauts
s'égosiller [cris
pousser des cris
s'exclamer
acclamer
proclamer
V. *le nom de l'animal pour le cri particulier*

crime et faute
incorrection
peccadille
erreur de jeu-
folie [nesse
fredaine
escapade
équipée
égarement
faiblesse
faux pas
manquement
excès
culpabilité
coulpe
faute
délit
contravention
infraction
péché
écart
chute
sacrilège
simonie
mauvaise action
énormité
méfait
peccabilité

perversité
bosse du crime
mauvais instinct
malversation
scélératesse
coquinerie
friponnerie
péculat
concussion
fraude
dol
exaction
vol
effraction
escroquerie
stellionat
collusion
chantage
abus de confiance
captation
séquestration
tricherie
baraterie
contrebande
faux
fausse monnaie
faux poids
forfaiture
forfait
mauvais coup
attentat
haute trahison
lèse-majesté
brigandage
banditisme
prévarication
homicide
assassinat
meurtre
parricide
fratricide
infanticide
empoisonnement
atrocité
monstruosité
infamie
désordre
fornication
débauche
immoralité
viol
adultère
préméditation
flagrant délit
corps du délit
circonstances atténuantes
complicité
connivence

recel
récidive
rechute
criminalité
casier judiciaire

abominable
exécrable
atroce
attentatoire
criminel
monstrueux
dénaturé
inavouable
horrible
épouvantable
capital
odieux
infamant
dévergondé
éhonté
scandaleux
irrémissible
impardonnable
pendable
inexcusable
grave
délictueux
répréhensible
blâmable
véniel
léger
peccable

commettre
perpétrer
accomplir
exécuter
être en faute
contrevenir
forfaire
faillir
méfaire
préméditer
récidiver
se souiller de
se rendre coupable de
attenter à
se couvrir d'infamie
forniquer
pervertir

criminel
coupable
délinquant
scélérat
bandit
brigand
gibier de potence
sacripant
coupe-jarret
malandrin
malfaiteur
vaurien
chenapan
clique
canaille
racaille
lie
écume
bas-fond
coquin
escroc
stellionataire
concussionnaire
flibustier
maître-chanteur
imposteur
voleur
filou
larron
fripon
crocheteur
cambrioleur
pick-pocket
tire-laine
contrebandier
exacteur
forban
pirate
incendiaire
meurtrier
sicaire
assassin
homicide
empoisonneur
parricide
fratricide
fornicateur
tricheur
grec
faussaire
repris de justice
récidiviste
sacrilège
simoniaque
délinquant
contrevenant
fautif
pécheur
malhonnête
pervers
complice
receleur

crin
crin végétal
rapatelle
crinière
crinoline
crinier

crique V. *golfe*

criquet V. *animal*

crise V. *danger*

crispation V. *serrer*

criss V. *épée*

crisser V. *bruit*

cristal V. *verre* et *substances*

cristallisation V. *chimie*

cristallographie
cristal
forme
polyèdre
goniomètre
rapporteur
arête
plan
face
facette
transformation
directe
inverse
axe renversé
solide oblique
système
symétrie
dimorphisme
isomorphisme
variation
transposition
déformation
oblitération
groupement
dendrite
coralloïde
agglutination
épigénie
retrait
structure
clivage
lamellaire
granulaire
dendritique
fibreux
schisteux
compact
réfraction
axe
attractif
répulsif
polarisation

critérium V. *signe* et *juger*

critique V. *juger* et *désapprouver*
croassement V. *corbeau*
Croatie
croate
croc V. *pointe, dent*
croc-en-jambe V. *tomber*
croche V. *musique*
croche V. *jambe*
croches V. *outil*
crochet V. *pendre*
crocheter V. *serrure*
crocheteur V. *porter*
crochu V. *pointe*
crocodile
caïman
alligator
ichneumon
mangouste
crocus V. *plante*
croire
supposer
soupçonner
deviner
conjecturer
s'imaginer
se figurer
admettre
être d'avis que
adopter
ajouter foi
croire sur parole
épouser la conviction
admettre comme article de foi
admettre comme parole d'évangile
croire les yeux fermés
prendre pour argent comptant
s'en remettre à
se confier
se fier à
se reposer sur
prêter foi
embrasser une foi
professer
partager
agréer
avaler
gober
faire croire
accréditer
donner à croire
faire avaler
être imbu
être imprégné

croyable
recevable
admissible
plausible
fiduciaire
incroyable
absurde
inadmissible
V. *croyance* et *croyant*
croisade V. *assemblée*
croisé V. *croix*
croisée V. *fenêtre*
croisement V. *génération*
croiseur V. *navire*
croisière V. *navire*
croisillon V. *croix*
croissance V. *plus*
croissant V. *cercle*
croisure V. *étoffe*
croît V. *génération*
croître V. *plus*
croix
jeannette
croix latine
c. grecque
c. byzantine
c. Saint-André
c. de Lorraine
processionnelle
florencée
fleuronnée
pattée
potencée
tréflée
fourchée
fourchetée
bourdonnée
ancrée
ansée
anglée
crucial
cruciforme
crucigère
croisé
croiseté
en croix
en sautoir

bois de la croix
arbre
bras
croisillon
branche
pied

dresser
planter
arborer
clouer sur
mettre en
crucifier

crucifiement
crucifixion
mise en croix
descente de croix
portement de croix
signe de la croix
crucifix
V. *Jésus*
cromlech V. *pierre*
cromorne V. *orgue*
croque-mitaine V. *peur*
croque-mort V. *enterrement*
croquer V. *manger, dessin*
croquet V. *pâtisserie, jeu*
croquette V. *nourriture*
croquignole V. *pâtisserie*
croquis V. *dessin*
crosse V. *évêque, fusil, jeu*
crosser V. *battre*
crossette V. *jardin*
crotale V. *animal*
croton V. *remède*
crotte V. *boue*
Crotone
crotoniate
crottin V. *excrément*
crouler V. *tomber*
croup V. *maladie*
croupade V. *saut*
croupe V. *cheval, haut, corps*
croupé V. *cheval* (5)
croupi V. *sale*
croupier V. *cartes*
croupière V. *harnais*
croupion V. *corps*
croupir V. *sale*
croustille V. *pain*
croustilleux V. *grossier*
croûte V. *pain, tableau*
croûton V. *pain*
croyable V. *croire*
croyance
créance
crédit
foi
credo
profession de foi
conviction
crédulité
confiance

solide
ferme
aveugle
inébranlable
crédule
V. *certitude, hypothèse*
croyant
fidèle
néophyte
adepte
convaincu
crédule
gogo
gobe-mouches
cru (1) V. *vin*
cru (2)
crudité
cruauté
barbarie
sauvagerie
inhumanité
férocité
insensibilité

rigueur
inclémence
implacabilité
dureté
brutalité
rudesse
exaction
violence
sévices
vexation
despotisme
tyrannie
fanatisme
intolérance
monstruosit
atrocité

cruel
barbare
dénaturé
sauvage
inhumain
féroce
intolérant
implacable
impitoyable
intraitable
inexorable
inflexible
insensible
sanguinaire
atroce
monstre de cruauté
bourreau
sans entraille
inclément
sans pitié
sans cœur
farouche
violent
brutal
forcené
rigoureux
brute
tigre
chacal
bronzé
dur
rigide
cuirassé
fermé à la pitié
altéré de carnage
altéré de sang
despote
tyran
fanatique
absolu
sévère
vexatoire
bourru
qui ne badine pas
qui ne plaisante pas
dur
cœur sec
cassant
sec
acerbe

sévir
terroriser
torturer
brutaliser
malmener
rudoyer
accabler
être cruel, etc.
se montrer cruel, etc.
exercer sa cruauté
avoir soif de sang
être altéré de sang
s'abreuver de sang
s'enivrer de sang
se baigner dans le sang
se tremper dans le sang
être sans pitié
être sans entrailles

cruellement
durement
barbarement
sauvagement
inhumainement
implacablement
inexorablement
impitoyablement
inflexiblement
sanguinairement
atrocement
violemment
brutalement
rigidement
intraitablement
rigoureusement
despotiquement
tyranniquement
fanatiquement
sévèrement

cruche
V. *récipient*

cruchée
V. *volume*

cruchon
V. *récipient*

crucial V. *croix*

crucifère
V. *croix*

crucifier
V. *croix*

crucifix V. *croix*

crudité V. *cru*(2), *grossier*

crue V. *rivière*

cruel V. *cruauté*

crural V. *cuisse*

crustacé
langouste
homard
cancre
crabe
tourteau
écrevisse
palémon
crevette
chevrette
salicoque
limule
arthropodaire
articulé

tégument
cuirasse
carapace
corselet
ganglions
branchies
anneau
article
paire
antennes
mâchoire
fouet
mandibule
pédoncule
appendice
rostre
patte-mâchoire
patte-pince
fausse-patte
mue
podophtalmaire

édriophtalme
branchiopode
entomostracé
décapode
stomapode
amphipode
lœmodipode
isopode
copépode
siphonostome
lernée
cirrhipède
cirrhopode
anatife
balane
xiphosure
V. *animal*

crypte V. *église*

cryptogame
végétal
acotylédoné
cellulaire
cellulo-vasculaire
champignon
mousse
fougère
arthrosporé
trichosporé
cystosporé
stromatosporé
thécasporé
basidiosporé
c. comestible
c. de couche
c. vénéneux
fongine
pied

chapeau
velum
anneau
lame
hyménium
péridium
mycélium
stroma
thèque
cryptogamie
cryptogamique
Voir *plante*

cryptographie
V. *écriture*, *secret*

Cuba
cubain

cube V. *volume*

cuber V. *volume*

cubique V. *forme*

cubital
V. *muscle*, *bras*

cubitus V. *bras*

cucurbitacée
V. *citrouille*

cucurbite
V. *alambic*

cueillir
couper
dépouiller de
récolter
vendanger
moissonner
cueillette

cueille
cueillage
cueillaison
moisson
vendange
récolte
bouquet
cueilloir
sécateur

cuiller
cuillère
manche
spatule
cuilleron
cuillerée

cuir
dépouille
nébride
peau
basane
alude
parchemin
maroquin
chagrin
veau
vélin
chèvre
chevreau
canepin
couenne
bisquain
buffle
buffleterie
vache
cuir de Russie
chamois
daim
galuchat
roussette
cuir de Cordoue
cuir chagriné
cuir bouilli
cuir crépi
cuir grenu
dégras
fleur
chair
croupon
déchet
rognures
écharnures
tan
écharnoir

écharner
écorcher
dépouiller
excorier
équarrir
fouler
tanner
corroyer
hongroyer
chamoiser
chagriner
mégisser
maroquiner
empailler

tannage
corroyage
corroi
écharnage
dragage
foulage [melle
tirage à la pau-

tannerie
mégisserie
chamoiserie
vernissage
buffleterie
maroquinerie
pelleterie
peausserie
écorchement
écorcherie
excoriation
équarrissage
empaillage
corroierie
gainerie
ganterie
reliure
cordonnerie
sellerie
mégie
mégisserie

peaussier
pelletier
mégissier
tanneur
chagrinier
maroquinier
chamoiseur
corroyeur
hongroyeur
équarrisseur
empailleur

cuirasse
armure
brigandine
cotte
cotte de mailles
haubert
haubergeon
jaque
gambesson
justaucorps
buffletin
gonne
gonnelle
barde

annelée
cannelée
polie
gravée
damasquinée

gorgerin
gorgière
garde-collet
hausse-col
épaulière
hallecret
corselet
plastron
dossière
pansière
brague
foldière
hoguine
garde-rein
laische
tassette
falte
tonne
braconnière
faucre
défaut de la cuirasse
barder
cuirasser
cuirassier
Voir *armure*.

cuirassé
V. *navire*

cuirassier
V. *cavalerie*

cuire
chauffer
mettre au feu
exposer au feu
mettre sur le feu
brûler
rôtir
frire
torréfier
griller
roussir
havir
consumer
braiser
rissoler
brasiller
mitonner
mijoter
cuire à petit feu
faire revenir
bouillir
échauder
ébouillanter
consommer
réduire
rechauffer

bouillon
décoction
infusion
consommé
cuisson
coction
ébullition
cuite
adustion
torréfaction
ustion
fricassée
rôti
friture
grillade
cru
saignant
cuit
braisé
brûlé
frit
rissolé
rôti
roussi
aduste
grillé
bain-marie
à petit feu V. *feu*

cuisine
office
fourneau
évier
buffet
garde-manger
râtelier
panetière
batterie de cui
ustensiles [sin
vaisselle
couloire
faitout
chaudron
marmite
bassine
daubière
jambonnière
chaponnière
poissonnière
turbotière
sorbetière
casserole

coquemar
bouilloire
bouillotte
brûloir
moulin à café
cafetière
théière
gaufrier
réchauffoir
grilloir
gril
rôtissoire
broche
brochette
coquille
tourne-broche
cuisinière
lèchefrite
poêle
écumoire
boîte à sel
salière
poivrière
égouttoir
étouffoir
passoire
filtre
couteau
coutelas
couperet
hachoir
presse-purée
presse à viande
lardoire
réchaud
tablier
bouquet
abaisse
bain-marie
culinaire
gastronomique
cuisinier
cuisinière
maître d'hôtel
cordon bleu
chef
Vatel
maître coq
maître queux
garçon
marmiton
gâte-sauce
fripe-sauce
fricasseur
laveur de vaisselle
plongeur
souillarde
anse de panier (taire danser l')

cuisiner
faire la cuisine
larder
barder
brider
exprimer
limoner
dégorger
blanchir
braiser
échauder
émincer
étouffer
flamber
foncer
glacer
habiller
mariner
monder
mouiller
paner
parer
farcir
piquer
rafraîchir
faire revenir
sauter
sasser
trousser V. *nourriture, cuire*

cuissard
V. *armure*

cuisse
cuissot
gigot
culotte
cuissard
fémur
cural
fémoral

cuisse-madame V. *poire*

cuisson V. *cuire*

cuissot V. *cuisse*

cuistre
V. *grossier*

cuite
V. *cuire, chaux*

cuivre
cuivre natif
cuivre en barre
bourmonite
mysorine
érinite
liroconite
olivénite
aphanèse
enchroïte
dioptase
malachite
sommervillite
alliage
métal de cloche
airain
airain de Corinthe
bronze
laiton
cuivre jaune
similor
maillechort
argentan
tombac
cuivre blanc
chrysocale
clinquant
oripeau
paillon
cuivre rouge
polosse
cuivre noir
cuivre de rosette
mitraille
or de Manheim
or allemand
métallurgie
affinage
laminage
tréfilerie
cuivrerie
chaudronnerie
dinanderie
scorie
arcot
patine
vert-de-gris
bronzier
fondeur
dinandier
étiré
martelé
cuivré
cuprique

culasse
V. *canon, fusil*

cul-blanc
V. *animal*

culbute
V. *saut, tomber*

cul-de-four
V. *voûte*

cul-de-jatte
V. *difforme*

cul-de-lampe
V. *ornement*

cul-de-sac
V. *chemin*

culée V. *pont*

culer V. *navire (4)*

culière
V. *harnachement*

culinaire
V. *cuisine*

culminant
V. *haut*

culmination
V. *astronomie*

culot V. *reste*

culotte
V. *vêtement*

culpabilité
V. *crime*

culte V. *religion, adoration, église, clergé*

cultiver
V. *agriculture, science*

culture
V. *agriculture*

cumul V. *fonction*

cunéiforme
V. *écriture*

cupidité
V. *avarice*

cupule V. *chêne*

curable
V. *médecine*

curaçao
V. *liqueur*

curage
V. *propreté*

curare V. *poison*

curatelle
V. *tuteur*

curatif V. *remède*

curcuma
V. *plante*

cure
V. *médecine, curé*

curé
prêtre
pasteur
doyen
desservant
officiant
vicaire
paroisse
cure
presbytère
vicariat

presbytéral
curial
vicarial
vicarier
casuel

suspendu
interdit
V. *clergé*
cure-dent
V. *dent*
curée V. *chasse*
cure-môle
V. *port*
cure-oreille
V. *oreille*
curer
V. *propreté*
curial V. *curé*
curie
V. *parlement*
curieux
fureteur
investigateur
scrutateur
chercheur
explorateur
enquêteur
interrogateur
questionneur
fouilleur
sondeur
perquisiteur
indiscret
inquisiteur
espion
guetteur
éclaireur
examinateur
observateur
fin limier
compulsoire

fureter
scruter
chercher
fouiller
explorer
sonder
espionner
guetter
examiner
compulser
farfouiller
retourner sur toutes les coutures
n'avoir pas les yeux dans la poche
se livrer à des recherches
aller à la recherche
aller à la découverte
chercher à découvrir
se mettre en quête
chercher une piste
chasser
flairer
déterrer
dénicher
dépister
tâter
retourner
battre
explorer
deviner
s'enquérir
s'informer
surveiller
être aux écoutes
être aux aguets
questionner
interroger
perquisitionner
tirer les vers du nez
curieusement
curiosité
recherche
indiscrétion
inquisition
chasse
battue
exploration
découverte
investigation
perquisition
disquisition
espionnage
guet
examen
interrogation
question
fouille
enquête
contre-enquête
trace
piste
vestige
signe
indication
repère
données
V. *bibelot*
cursif V. *écriture*
curule V. *chef*
curviligne
V. *cercle*
cuscute
V. *plante*
custode V. *autel*
custodi-nos
V. *monastère*
cutané V. *peau*
cuticule V. *peau*
cutter V. *navire*
cuve V. *récipient*
cuvée V. *vin*
cuvelage
V. *mine*
cuveler
V. *mine*
cuver V. *boire*
cuvette
V. *toilette*
cuvier
V. *récipient*
cyanure
V. *substances*
cyclamen
V. *plantes*
cycle
V. *chronologie*
cycloïde
V. *cercle*
cyclone V. *vent*
cyclopéen
V. *grand*
cygne V. *animal*

cylindre
rouleau
bâton
fût
nervure
tuyau
boudin
volumen
kakémono
scytale
calandre
billette
cylindre droit
cylindre oblique
cylindrique
cymaise
V. *ornement*
cymbale
V. *instruments*
cymbalier
V. *musicien*
cynancie
V. *maladie*
cynégétique
V. *chasse*
cynips V. *animal*
cynique
V. *philosophe, grossier*
cynisme
V. *philosophie, grossier*
cynocéphale
V. *animal*
cynoglosse
V. *plantes*
cynosure
V. *étoile*
cyprès V. *plantes*
cyprin V. *animal*
Cyrène
cyrénaïque
cystite
V. *maladie, vessie*
cystotomie
V. *vessie*
Cythérée
V. *dieux* et *déesses*
cytise V. *plantes*
czar V. *chef*
czarine V. *chef*
czarowitz
V. *dauphin.*

D

dactylographie
V. *Addenda*
dactyloptère
V. *oiseau*
dada V. *cheval* (1)
dague V. *épée*
daguerréotype
V. *photographie*
daguet V. *cerf*
dahlia V. *plantes*
Dahomey
dahoméen
daigner V. *consentir*
daim V. *cerf*
daine V. *cerf*
dais V. *baldaquin*
dallage V. *pavage*
dalle V. *pierre*
Dalmatie
dalmate
dalmatique
V. *vêtement*
dalot V. *navire*
daltonisme
V. *œil, maladie*
dam V. *perte*
damas V. *étoffe*
Damas
damascène

damasquiner
V. *fer*
damassé
V. *linge*, *ornement*
dame V. *femme*
dame-jeanne
V. *récipient*
damer
V. *dames* et *succès*
dameret
V. *élégant*
dames (**jeu de**)
damier
case
blanc
noir
pion
dame
à la française
à la polonaise
à qui perd gagne
jouer
pousser
prendre
damer
pionner
souffler
aller à dame
faire une dame
damier V. *dames*, *ornement*
damnable
V. *mauvais*
damnation
V. *punir*
damner V. *punir*
damoiseau
V. *élégant*
dandinement
V. *mouvement*
dandy V. *élégant*
Danemark
danois
danger
péril
risque
aventure
hasard
mauvaise passe
passe difficile
mauvais pas
mauvais moment
moment critique
épée de Damoclès
moment suprême
quart d'heure de crise [Rabelais
alarme
qui-vive
détresse
angoisse
piège
guet-apens
coupe-gorge
dans la gueule du [loup
menaçant
imminent
pressant
critique
de mort
mortel
périlleux
hasardeux
difficile
aventuré
risqué
dangereux

affronter
braver
courir
aller au-devant
être exposé à
avoir sur sa tête
se risquer
se découvrir
s'exposer
se hasarder
jouer avec sa vie
jouer sa vie
s'aventurer
menacer ruine
péricliter
conjurer le dan- [ger
détourner le dan- [ger
menacer

dangereusement
périlleusement
hasardeusement
V. aussi *courage*, *courageux*
dans V. *dedans*
danse
chorégraphie
basse danse
rigodon
contredanse
ballet
évolution
marche
contremarche
strophe
antistrophe
épode
pas
écart
entrechat
entretaille
tourné
jeté
jeté-battu
aile de pigeon
rond de jambe
assemblé
coupé
dégagé
balancé
battement
contretemps
branle
chassé
coulé
déchassé
glissé
tombé
chassé-croisé
volte
chevalier seul
queue du chat
figure
trémoussement
quadrille
pantalon
été
poule
pastourelle
galop
boulangère
figure
chaîne
balancé
traversé
avant-deux
avant-quatre
demi-rond
promenade
moulinet
quadrille croisé
lanciers
tiroirs
lignes
visite
valse
polka
polonaise
cosaque
redowa
masurka
scottish
ronde
gavotte
passe-pied
menuet
gaillarde
pavane
fricassée
chaconne
passacaille
trénitz
courante
allemande
boston
gigue
sabotière
bourrée
capucine
sarabande
farandole
boléro
fandango
cachucha
bamboula
saltarelle
tarentelle
sicilienne
carmagnole
cancan
cordace
danse du ventre
pyrrhique
danse macabre
danse des morts
danse de Saint-[Guy
cotillon
redoute
bal
bal blanc
bal rose
sauterie
soirée dansante
bal costumé
bal paré
bal travesti
bal masqué
bal public
salle de bal
guinguette
ménétrier
pochette
cadence
tambourin
castagnette
carnet de bal
Terpsichore
danser
valser
polker
chasser
déchasser
croiser
tricoter
bostonner
se trémousser
balancer [danse
se livrer à une

mener le cotillon
donner un bal
ouvrir le bal
aller au bal
s'inscrire pour une danse

danseur
danseuse
valseur
valseuse
polkeur
polkeuse
ballerine
cavalier
vis-à-vis
maître de danse
chorégraphe
ballet
corps de ballet
maître de ballet
dame du corps de ballet
coryphée
premier sujet
rat
mime
acrobate
funambule
almée
bayadère

daphné
V. *plantes*

dard V. *arme*

darder V. *jeter*

dariole
V. *pâtisserie*

darique
V. *monnaie*

darne
V. *division* (2)

darse V. *port*

dataire V. *pape*

date V. *chronologie*

daterie V. *pape*

datif
V. *donner, cas*

dation V. *donner*

datisme
V. *répéter*

datte V. *plantes*

dattier
V. *plantes*

datura V. *plantes*

daube
V. *nourriture*

dauber V. *rire*

daubière
V. *cuisine*

dauphin
V. *animal*

dauphin
dauphine
enfant de France
altesse
héritier présomptif
infant
infante
tsaréwitch
czarowitz

daurade
V. *animal*

davantage
V. *plus*

davier V. *dent*

Dax
dacquois

dé
astragale
face
point
cornet
trou
cravate
fichet
flèche
dame
farinet
creps
passe-dix
rafle
jan
petit-jan
grand-jan
contre-jan
jan de retour
jan de méséas
dame de retour
as
besas
beset
ambesas
double as
doublet
terne
carme
quaderne
quaterne
quine
sonnez
chance
tout à bas
bredouille
école
postillon
coin
passage
plein
trictrac
jacquet
toc
revertier
table
boîte
toutes-tables
back-gammon
jeu de l'oie
toton
zanzibar
astragalizontes

avoir le dé
servir
remuer
lancer
amener
abattre
abattre du bois
toucher
barrer
couper
accoupler
adouber
battre les coins
caser
découvrir
lever
piper

débâcle V. *glace, insuccès*

déballer
V. *marchandise*

débandade
V. *désordre*

débander V. *ôter*

débarbouiller
V. *laver*

débarcadère
V. *arriver*

débarder
V. *marchandise*

débardeur
V. *métier*

débarquer
V. *arriver*

débarras V. *ôter*

débat
V. *discussion*

débattre
V. *discussion*

débauche
haute vie
libertinage
désordre
dévergondage
corruption
dépravation
dissipation
déportement
inconduite
débordement
déréglement
relâchement
sensualité
volupté
dissolution
incontinence
licence
luxure
immodestie
indécence
immoralité
obscénité
cynisme
crapule
impudeur
impudicité
adultère
fornication
fredaine
escapade
dérangement
émancipation
farce

débauché
coureur
viveur
libertin
don Juan
Lovelace
coq
bambocheur
mauvais sujet
mauvais garnement
abuseur
séducteur
bourreau des cœurs
suborneur
noceur
dévergondé
corrompu
dépravé
pervers
désordonné
déréglé
dissipé
relâché
sensuel
charnel
voluptueux
perverti
dissolu
éhonté
incontinent
licencieux

luxurieux
immodeste
déshonnête
immoral
obscène
pornographique
cynique
débaucheur
crapuleux
impudique
fornicateur
évaporée
femme légère
courtisane
messaline
pornographe

s'adonner à la débauche
se livrer à
rôtir le balai
jeter son bonnet par-dessus les moulins
se débaucher
se déranger
mener une vie de pantin
s'émanciper
faire ses farces
courir le guilledou

débet V. *dette*
débile V. *faible*
débit V. *commerce, dire*
débiter V. *comptabilité*
débiteur V. *dette*
déblatérer V. *accusation*
déblayer V. *ôter*
débloquer V. *libre*
déboire V. *ennui*
déboiser V. *forêt*
déboîter V. *articulation*
débonder V. *tonneau*
débonnaire V. *bon*
débordement V. *eau, rivière, débauche*
débotter V. *ôter*
débouché V. *vendre*
déboucher V. *ôter*
déboucler V. *ôter*
débouquer V. *navire*
débourber V. *laver*
débourrer V. *ôter*
débourser V. *dépense*
debout V. *attitude*
débouter V. *procédure*
débraillé V. *vêtement*
débrider V. *harnachement*
débris V. *briser*
débrouiller V. *ordre*
débucher V. *chasse*
débusquer V. *renvoyer*
début V. *commencement*
déca (V. *les composés à dix*)
décacheter V. *cachet*
décadence V. *moins* et *mal*
décalogue V. *loi*
décalquer V. *dessiner*
décamper V. *absent*
décanat V. *âge*
décanter V. *chimie*
décaper V. *métal*
décapiter V. *guillotine*
décatir V. *drap*
décaver V. *cartes*
décence V. *pudeur*
décentralisation V. *politique*
déception V. *erreur*
décerner V. *donner*
décès V. *mort*
décevoir V. *erreur*
déchaîner V. *libre*
déchanter V. *moins* et *changer*
décharger V. *poids, responsabilité*
décharné V. *maigre*
déchasser V. *danse*
déchaumer V. *labourer*
déchausser V. *ôter, dent*
déchaussoir V. *dent*
déchaux V. *clergé*
déchéance V. *ôter, moins*
déchet V. *reste*
déchiffrer V. *lire*
déchiqueter V. *diviser*
déchirer V. *briser* et *diviser*
déchoir V. *moins*
déci (V. *les composés à dix)*
décider V. *juger* et *commander*
déclamation V. *discourir*
déclamateur V. *orateur*
déclamatoire V. *style*
déclarer V. *dire*
déclin V. *moins, baisser*
1. **déclinaison** (d'astre) V. *astronomie*
2. **déclinaison**
désinence
terminaison
flexion casuelle
cas
nominatif
cas direct
vocatif
cas oblique
génitif
datif
accusatif
ablatif
causatif
instrumental
locatif
comparatif
circonférentiel
décliner
déclinable
casuel
variable
indéclinable
invariable
déclinatoire V. *procédure*
déclivité V. *penché*
déclore V. *ôter*
déclouer V. *clou*
décocher V. *jeter*
décoction V. *cuire*
décoiffer V. *toilette*
décollation V. *supplice*
décollement V. *division*
décolleter V. *toilette*
décoloré V. *couleur*
décombrer V. *ôter*
décombres V. *ruine*
décomposer V. *diviser*
décompter V. *ôter*
déconcerter V. *étonner*
déconfiture V. *banque*
déconforter V. *désespérer*
déconseiller V. *conseil*
déconsidération V. *réputation*
décontenancer V. *étonner*
déconvenue V. *ennui*
décor V. *théâtre*
décoratif V. *ornement*
décoration
insigne
distinction

marque d'honneur
emblème
symbole
palmes
ruban
rosette
cordon
brochette
croix
étoile des braves
grand'croix
crachat
plaque
médaille
ordre
collier
chamarrure
Légion d'honneur
ruban rouge
médaille militaire
médaille de sauvetage
Instruction publique [cier)
Académie (offi-
Mérite agricole
ordre du Saint-Esprit
ordre de Saint-Louis
ordre de Saint-Michel
Toison d'or
Bain
Jarretière
Malte [Lazare
Saint-Maurice et
Alcantara
Annonciade
Saint-Grégoire
Éléphant
Aigle noir
Aigle rouge
Saint André
Albert l'Ours
Marie-Thérèse et Saint-Étienne
Couronne de Fer
Saint-Hubert
Saint-Georges
Sainte-Élisabeth
Maximilien-Joseph
Mérite de Saint-Michel
Louis et Thérèse
Sainte-Anne
Croix-du-Sud
la Rose
Christ [viz
Saint-Benoît d'A-
Saint-Jacques de l'Épée
Henri le Lion
Danebrog
Saint-Janvier
Constantin
Saint-Georges de la Réunion
Calatrava
Saint-Ferdinand
Sainte - Hermengilde
Isabelle la Catholique
Saint-Sépulcre
Éperon d'or
Rose d'or
Saint-Sylvestre
Saint-Patrick
le Sauveur
Saint-Charles
Lion d'or
Lion néerlandais
Teutonique
Cygne
Aigle blanc
Saint - Alexandre Newsky
Saint-Wladimir
Saint-Henri
Faucon blanc
Séraphin
Glaive
Étoile du Nord
Saint-Olaff
Medjidié
Croissant
Nicham-Iftikar
chefeka
dignitaire
légionnaire
médaillé
chevalier
officier
grand-officier
grand-croix
commandeur
grand-maître
grand-cordon
chancelier
chancellerie
promotion
nomination
grade

décorer [rouge
avoir le ruban
porter
dégrader
dégradation

décorer
V. *beau* et *orner*

décortiquer
V. *écorce*

décorum
V. *politesse*

découcher V. *lit*

découdre
V. *défaire*

découler
V. *cause*

découper
V. *couper*

découplé V. *force*

découpler
V. *libre*

découpure
V. *couper*, *citation*

découragement V. *inaction* et *désespérer*

découronner
V. *royauté*, *ôter*

découre
V. *astronomie*

décousu
V. *conversation*

découvrir
V. *curieux*, *ôter* et *trouver*

décrasser
V. *laver*

décréditer
V. *réputation*

décrépitude
V. *vieillesse*

décrétale
V. *pape*

décréter
V. *commander*

décrier
V. *réputation*

décrire
V. *description*

décrocher
V. *prendre*

décroître
V. *moins*

décrotter
V. *brosse*

décruser V. *soie*

décupler V. *dix*

dédaigner
V. *mépriser*

dédain V. *mépris*

dédale V. *errer*

dedans
au dedans
dans
à l'intérieur
au cœur de
inclus
compris
intérieur
intestin
interne
intime
intimité
cœur
centre
sein
milieu
intrinsèque
enfermer
inclure
contenir
enclaver
interner
incarcérer
incorporer
introduire
pénétrer
entrer
insérer
insinuer
infiltrer
internement
incarcération
incorporation
introduction
inclusivement
pénétration
entrée
insertion
insinuation
infiltration
V. *entrée* et *entrer*

dédicatoire
V. *consacrer*

dédier
V. *consacrer*

dédire
V. *non*

dédommager
V. *égal*, *payer*

dédorer V. *dorure*

dédoubler
V. *diviser*

déduire V. *moins*, *raisonner*

déesse V. *dieux*

défaillance
V. *faiblesse*

défaillant
V. *absent*

défaire
détruire
anéantir
supprimer
faire disparaître
ôter
enlever
éliminer
abolir
annihiler
annuler
rendre non avenu
contremander
donner contre ordre
biffer
rayer
barrer
raturer
oblitérer
effacer
bâtonner
gratter
démarquer
découdre
passer l'éponge
casser
abroger
prescrire
périmer
tenir pour nul
tenir pour non avenu
ne pas ratifier
infirmer
parer
déjouer
conjurer
démasquer
invalider
résilier
rompre
rapporter
rétracter
révoquer
réformer
dissoudre
saper
renverser
ronger
miner
consumer
raser
démanteler
disloquer
ruiner
gâcher
abattre
démolir
jeter bas
culbuter
renverser
démonter
faire tomber
emporter
mettre en cendres
réduire en cendres
pulvériser
mettre en poudre
mettre à sac
piller
faucher
moissonner
ravager
dévaster
saccager
dissiper
chasser
déraciner
extirper
décimer
V. *ruine*, *ôter*, *malheur*

défaite
V. *insuccès*

défalquer
V. *moins*

défausser
V. *cartes*

défaut
mal
défectuosité
manque
insuffisance
excès
abus
tache
tare
vice
inconvénient
incommodité
imperfection
détérioration
désagrément
malfaçon
difformité
déformation
désavantage
incorrection
inconvenance
mauvaise qualité
faible
penchant
pente
tendance
inclination
nature
habitude
péché
bavardage
curiosité
légèreté
indiscrétion
enfantillage
malice
médisance
turbulence
brusquerie
entêtement
violence
impolitesse
sauvagerie
paresse
mollesse
lâcheté
apathie
bêtise
avarice
envie
égoïsme
ingratitude
tromperie
fourberie
flatterie
hypocrisie
mensonge
orgueil
ambition
présomption
effronterie
moquerie
dédain
sensuel
gourmand
ivrogne
défectueux
incomplet
ébauché
inachevé
insuffisant
manqué
fautif
mauvais
médiocre
incorrect
excessif
abusif
taché
taré
inconvenant
incommode
imparfait
rudimentaire
détérioré
avorté
mal fait
brut
difforme
mal venu
défiguré
désavantageux
vicieux
vicié
gâté
rédhibitoire
être plein de défauts
pécher par
clocher
boiter
n'aller que d'une aile
ne pas aller
manquer
laisser à désirer
un défaut se glisse dans
Se reporter aux substantifs cités et à *crime*

défaveur
V. *malheur*

défavorable
V. *mauvais*

défécation
V. *excrément*

défectueux
V. *défaut*

défendre V. *abri*

défendre
empêcher
prohiber
interdire
contremander
mettre le holà
s'opposer à
opposer un veto
ordonner de ne pas
inhiber

défendu
prohibé
interdit
défense
interdiction
interdit
prohibition
contre-ordre
inhibition
holà
veto
embargo
défends
prohibitif

déférence
V. *respect*

déférer
V. *accuser*
déferler V. *mer*
défet
V. *imprimerie*
défi
provocation
cartel
gant
appel

défier
provoquer
jeter le gant
appeler sur le terrain
répondre à un défi
relever une provocation
relever le gant

provocateur
agresseur
champion
défiance
V. *soupçon*
défier V. *défi*
déficit V. *dette*
défigurer
V. *difforme*
défilé V. *marcher*, *montagne*
définir
expliquer
donner une idée de
donner le sens de
déterminer
préciser
délimiter
circonscrire
établir nettement
tirer au clair
définition
explication
sens
définissable
indéfinissable
définitif V. *durée*
déflagration
V. *feu*
déflegmer
V. *médecine*
défleurir V. *fleur*
déflorer
V. *nouveau*
défoncer V. *trou*
déformer
V. *forme*
défourner
V. *pain*
défrayer
V. *dépenser*
défricher
V. *agriculture*
défriser
V. *toilette*
défroque
V. *vêtement*
défroqué
V. *clergé*
dégager V. *libre*
dégaine
V. *attitude*
dégainer V. *épée*
déganter
V. *gant*
dégarnir
V. *moins*
dégât V. *ruine*
dégel V. *glace*
dégénérer
V. *pire*
dégingandé
V. *attitude*
déglutition
V. *manger*
dégonfler
V. *plat*
dégorger
V. *ôter*
dégourdi
V. *action*

dégoût
affadissement
satiété
fadeur
déplaisir
fatigue
manque d'appétit
anorexie
inappétence
nausée
éloignement
antipathie
haine
aversion
répulsion
écœurement
répugnance
mouvement répulsif
horreur invincible
insurmontable
fi !
pouah !
dégoûtant
fade
insipide
déplaisant
fadasse
fastidieux
désagréable
odieux
monotone
ennuyeux
assommant
aride
à dormir debout
fatigant
à charge
pesant
mortel
mourant
agaçant
énervant
contrariant
antipathique
fâcheux
haïssable
insupportable
intolérable
révoltant
rebutant
répugnant
répulsif
écœurant
repoussant
nauséabond
dégoûté
blasé
sans appétit
petite bouche
moue
faire le dégoûté
dégoûter
ne dire rien
ne pas tenter
rebuter
répugner
écœurer
soulever le cœur
agacer
énerver
porter sur les nerfs
irriter
être à charge
lasser
peser
fatiguer
contrarier
déplaire
n'avoir pas goût à
faire fi de
dédaigner
éprouver du dégoût
sentir du dégoût
ne pas pouvoir souffrir
ne pas pouvoir sentir
ne pas pouvoir voir en face
ne pas pouvoir voir en peinture
être las de
en avoir par-dessus la tête
en avoir par-dessus les épaules
en avoir jusque-là
en avoir assez
en avoir soupé
prendre en horreur
prendre en grippe
dégoutter
V. *couler*
dégradant
V. *mépris*
dégradation
V. *ruine* et *pire*
dégrader
V. *fonction*, *mépris*
dégrafer V. *ôter*
dégraisser
V. *gras*
degré
marche
gradin
pas
échelon
bâton
cran
crémaillère
gradation
graduel
graduer
graduellement
V. *escalier*
dégréer
V. *navire*
dégrèvement
V. *impôt*
dégringoler
V. *tomber*
dégriser V. *ivre*
dégrossir
V. *mieux*
déguenillé
V. *pauvre*
déguerpir
V. *fuir*
déguisement
V. *carnaval*

déguster
V. *goûter*
déhanché
V. *attitude*
déharnacher
V. *harnachement*
déhiscent
V. *ouvrir*
déhonté
V. *honte*
dehors
extérieur
externe
extériorité
extra-muros
hors
exotique
étranger
importé
exporté
sortir
chasser
exclure
excepter
expatrier
expulser
exporter
extraire
V. *renvoyer*, *fuir*, *quitter*
déicide V. *tuer*
déifier V. *Dieu*
déisme V. *Dieu*
déité V. *dieux*
déjection
V. *excrément*
déjeté V. *forme*
déjeuner
V. *repas*
déjouer
V. *défaire*
déjucher
V. *oiseau*, *renvoyer*
déjuger
V. *changer*
délabrement
V. *ruine*
délacer V. *délier*
délai V. *tard*
délaisser
V. *quitter*
délarder V. *ôter*
délassement
V. *plaisir*
délateur
V. *accusation*
délation
V. *accusation*

délaver
V. *mouiller*
délayer
V. *mouiller*
délectable
V. *agréable*
délecter
V. *agréable*
délégation
V. *commission*
délester V. *poids*
délétère
V. *mauvais*
délibérément
V. *audace*
délibérer
V. *assemblée*
délicat
V. *faible* et *beau*
délice V. *plaisir*
délicieux V. *bon*
délictueux
V. *crime*
délier
dénouer
défaire
détacher
déchaîner
déficeler
mettre en liberté
libérer
relaxer
lâcher [champs
donner la clef des
donner la volée
démarrer
débrider
délacer
dégrafer
V. *délivrer*
délimiter
V. *borne*
délinquant
V. *criminel*
déliquescence
V. *mouiller*
délire V. *folie*
délit V. *crime*
déliter V. *pierre*
délivrer
libérer
affranchir
rendre à la liberté
rendre la liberté
mettre en liberté
ôter les fers
briser les liens
tirer de la servi-
sauver [tude

délier
dégager
émanciper
licencier
donner congé
lâcher
relâcher
relaxer
déloger
V. *renvoyer*
Délos
délien
déloyal
V. *hypocrisie*
déluge V. *eau*
déluré V. *conduite*, *visage*
déluter V. *argile*
démagogue
V. *politique*
demain
V. *chronologie*
demande (pour savoir) V. *question*

demande (pour avoir)
prière
sollicitation
requête
pétition
pétitionnement
placet
obsession
instance
supplique
vœu
souhait
désir
desideratum
ultimatum
réclamation
revendication
sommation
exigence
recours
mendicité
imploration
adjuration
déprécation
obsécration
postulation
quête
souscription

accueillir une demande
accéder à
agréer
exaucer

se rendre à
se montrer favorable à
prêter l'oreille à
faire bon accueil
faire la sourde oreille à
être sourd à
débouter de
repousser
rejeter
apostiller
appuyer
V. *prière*
demander (pour **savoir**) V. *questionner*

demander (pour **avoir**)
prier
solliciter
requérir
pétitionner
supplier
implorer
adjurer
exiger
sommer
réclamer
redemander
insister
mendier
quêter
quémander
briguer
postuler
revendiquer
exposer une de-
faire [mande
formuler
exprimer
adresser
assiéger de
assaillir de
obséder de
fatiguer de
importuner de
poursuivre de
harceler de
demander à cor et à cri
mettre à contribution
avoir recours à
faire appel à
poser un ultimatum

demandeur

solliciteur
postulant
pétitionnaire
candidat
prétendant
quémandeur
importun
fâcheux
mendiant
quêteur
requérant
suppliant
exigeant
exigible
exigibilité

démangeaison
V. *peau*

démanteler
V. *siège*

démantibuler
V. *dent*

démarcation
V. *borne*

démarche
V. *attitude* et *marche*

démarrer
V. *navire*

démasquer
V. *défaire*

démâter V. *mât*

démêler V. *ordre*

démêloir
V. *peigne*

démembrer
V. *briser*

déménager
V. *quitter*

démence
V. *folie*

démener (se)
V. *mouvement*

démentir V. *non*

démériter
V. *pire*

démesuré
V. *grand*

démettre (se)
V. *maladie*, *quitter*

demeure
V. *appartement*

demeurer
V. *durer*

demi V. *moitié*

demi- V. les simples pour les composés

démission
V. *quitter*

démocratie
V. *politique*

demoiselle
jeune personne
jouvencelle
tendron
donzelle
ingénue
Agnès

démolir
V. *défaire*

démon V. *diable*

démonétiser
V. *monnaie*

démoniaque
V. *diable*

démonter
V. *tomber*, *désespérer*

démontrer
V. *prouver*

démoraliser
V. *inaction* et *désespérer*

démordre
V. *volonté*

démotique
V. *écriture*

démunir
V. *dépouille*

démuseler
V. *libre*

dénaturé
V. *cruel*

dendrite
V. *pierre*

dénégation
V. *non*

déni V. *non*

dénier V. *non*

denier
V. *monnaie*

dénigrer
V. *accusation*

dénombrer
V. *nombre*

dénominateur
V. *fraction*

dénomination
V. *nom*

dénoncer
V. *accusation*

dénommer
V. *nom*

dénoter V. *signe*

dénouement
V. *fin*

dénouer V. *délier*

denrée
V. *nourriture*

dense
V. *condenser*

dent
mâchoire
bouche
mastication
dentition
denture
dent d'en haut
dent d'en bas
dent de devant
incisive
palette
canine
grosse dent
molaire
mâchelière
petite molaire
dent de sagesse
dent œillère
dent de l'œil
dent de lait
chicot
quenotte
croc
défense
surdent
glossopètre
broche

déchaussée
gâtée
creuse
mauvaise
brèchedent
édenté
dent cariée
dent barrée
dentaire
dental
cunéiforme
conoïde
laniaire
angulaire
cuspidée

gencive
alvéole
nerf dentaire
capsule dentaire
follicule dentaire
bulbe
germe
pulpe
noyau [siens
canaux haver-
couronne
collet
col
racine
dentine
ivoire
émail
cément [cale
substance corti-
tubercules
tartre

faire ses dents
remuer
mouvoir
serrer
crisser
grincer
claquer
mâcher
mastiquer
ruminer
mâchonner
chiquer
broyer [de dent
donner un coup
mordre
grignoter
ronger
déchirer
démantibuler

grincement
claquement
mastication
morsure
odontalgie
mal de dents
rage de dents
abcès
fluxion
carie
arrachement
extirpation
extraction
insensibilisation
aurification
plombage
prothèse
exostose
dentification
dent artificielle
fausse dent
dentier
râtelier
osanore
dent à pivot
crochet
dentiste
art dentaire
dentifrice
opiat

clef
langue de serpent
pied de biche
pélican
davier
fouloir
déchaussoir

dentelaire
V. *plantes*

dentelé
V. *ornement*

dentelle
blonde
point
lacis
bisette
mignonnette
guipure
gueuse
entre-deux
garniture
Alençon
Malines
Valenciennes
Bruxelles
Angleterre (point
Argentan [d'
point de France
Venise
Gênes
Lille
Chantilly
Le Puy
point à la Reine
point de chenille
engrêlure
picot
entretoile
bordure
toilé
réseau
ajour
cartisane
doublet
métier
coussin
tambour
fuseau
aiguille
pince
maille
remplissage
levage
entoilage
assemblage
affiquage

guiper
entoiler
mailler
dentellière

denticule
V. *coupure*

dentier V. *dent*

dentifrice
V. *dent*

dentiste
V. *dent*

denture V. *dent*

dénudation
V. *dépouille*

dénué V. *moins*

dénûment
V. *pauvreté*

dépaqueter
V. *ouvrir*

dépareillé
V. *désordre*

dépareiller
V. *double*

déparer
V. *difformité*

déparier
V. *double*

départ V. *quitter*

départager
V. *diviser*

département
province
gouvernement
division
cercle
marche
landgraviat
intendance
généralité
bailliage
district
arrondissement
canton
diocèse
préfecture
sous-préfecture
région
chef-lieu
départemental
provincial
cantonal
diocésain
régional
V. *territoire*

départir
V. *diviser*

dépasser
V. *précéder*

dépaver
V. *pavage*

dépayser
V. *errer*

dépecer
V. *diviser*

dépêche
V. *télégraphe*

dépêcher
V. *envoyer*, *vite*

dépeindre
V. *description*

dépendance
annexe
appartenance
mouvance
ressort
tenant
appentis
complément
supplément
succursale
inhérence
corrélation

dépendre
ressortir
relever de
former annexe
tenir de
se rattacher à
accompagner
faire partie de
aller avec
faire suite à

dépendant
inhérent
attaché à
auxiliaire
accessoire
supplémentaire
complémentaire
corrélatif
solidaire
subsidiaire
subordonné

dépens
V. *dépense*

dépense
argent
charge
frais
coût
règlement
taxe
prix
débours
saignée
dépens
impenses
dilapidation
folle dépense
gaspillage
dissipation
prodigalité
somptuaire

dépenser
débourser
payer
défrayer
régler
délier sa bourse
aligner [gent à
affecter de l'ar-
faire des folies
dissiper
gaspiller
dilapider
ne pas compter
jeter par les fenê-
tres [sources
épuiser ses res-
manger son patri-
dévorer [moine
mener la vie à
grandes guides
se ruiner
ne pas regarder
à la dépense
dépensier
prodigue
dissipateur
bourreau d'argent
gaspilleur
dilapidateur
viveur
V. *prix*

dépérir V. *pire*

dépêtrer
V. *libre*

dépeupler
V. *vide*

dépiécer
V. *diviser*

dépiler V. *poil*

dépiquer
V. *jardin*

dépister
V. *tromper*

dépit V. *colère*

déplacé
V. *grossier*

déplacer
changer de place
transporter
transférer
transplanter
transvaser
transborder

transposer
transfuser
déplacement
transition
transit
transport
transportation
transfert
transfèrement
transfusion
translation
transplantation
transposition
transvasement
V. *renvoyer*, *quitter*

déplaire
V. *désagréable*

déplaisir
V. *ennui*

déplanter
V. *jardin*

déplier V. *ouvrir*

déplisser V. *pli*

déplorable
V. *mal*

déplorer V. *pitié*

déployer
V. *ouvrir*

déplumer
V. *plume*

dépolir
V. *essuyer*

dépopulariser
V. *gloire*

dépopulation
V. *vide*

déport V. *banque*

déportation
V. *punir*

déportement
V. *débauche*

déposer V. *témoin*, *renvoyer*

dépositaire
V. *gardien*

déposition
V. *témoin*, *quitter*

déposséder
V. *ôter*

déposter
V. *renvoyer*

dépôt V. *gardien*

dépoter
V. *jardin*

dépotoir
V. *excréments*

dépoudrer
V. *poudre*

dépouille
butin
proie
rapine
vol
fruit du pillage
pillage
déprédation
sac
dévastation
razzia
saccagement
spoliation
dépossession
dénudation
prise
rapt
trophée
dépouilles opimes

dépouiller
dénuer
dénuder
déposséder
démunir
spolier
détrousser
s'emparer de
faire main basse
piller [dépouilles
se charger des
recueillir des dépouilles
enlever
ravir
arracher
s'approprier
se rendre maître
dévaster
saccager
mettre à sac

pillard
dévastateur
déprédateur
spoliateur
ravisseur
détrousseur
Attila
V. *ôter*

dépourvoir
V. *ôter*

dépravation
V. *conduite* et *débauché*

déprécation
V. *demande*

déprécier
V. *prix* et *réputation*

déprédation
V. *dépouille*

dépression
V. *baisser*

déprier V. *repas*

déprimer
V. *baisser*

dépriser
V. *réputation*

depuis
à partir de

dépuratif
V. *remède*

députation
V. *ambassade*

député
représentant
honorable
membre
élu
candidat
députation
mandat

validé
invalidé V. *parlement*, *élection*

déraciner
V. *arracher*

dérader
V. *navire*

déraidir V. *mou*

dérailler
V. *locomotive*

déraison
V. *bêtise*

déraisonnable
V. *absurdité*

déranger
V. *désordre*

déraper V. *locomotive*, *bicyclette*

derby V. *sport*

dérèglement
V. *débauche*

dérider V. *rire*

dérision
V. *mépris*

dérisoire
V. *importance*

dérive
V. *direction*

dériver V. *cause*

derme V. *peau*

dernier V. *finir*

dérober V. *vol*

déroger
V. *habitude*, *loi*, *féodalité*

dérouiller
V. *essuyer*

dérouler
V. *ouvrir*

déroute V. *insuccès*, *fuir*

dérouter
V. *errer*, *étonner*

derrière
en arrière
arrière-bec
arrière-boutique
arrière-corps
arrière-cour
arrière-garde
arrière-voussure
post-scénium
V. aussi *arrière*

derviche
V. *clergé*

désabuser
V. *vérité*

désaccord
V. *division*

désaccoutumer V. *habitude*

désachalander V. *marchandise*

désaffecter
V. *église*

désaffection
V. *haine*

désagréable
déplaisant
antipathique
fâcheux
à charge
pimbêche
incommode
importun
odieux
insupportable
rebutant
haïssable
choquant
ingrat
déplaire
choquer
offusquer
désagréer
importuner
déplaisance
désagréablement
V. *dégoût*, *ennui* et *dégoûter*

désagréger
V. *diviser*

désagrément
V. *ennui*

désajuster
V. *désordre*

désaltérer
rafraîchir
étancher la soif
V. *boire*

désappareiller V. *diviser*

désapparier
V. *diviser*

désappointer
V. *étonner*

désapprendre
V. *ignorance*

désapprobation
désaveu
blâme
critique
censure
attaque
animadversion
anathème
accusation
dénigrement
médisance
calomnie
diffamation
diatribe
satire
pamphlet
brocard
blason
épigramme
raillerie
moquerie
malice
malignité
trait
pointe
coup de dent
coup de patte
stigmate
flétrissure
indignation
révolte
réprobation
répréhension
représentation
remontrance
improbation
reproche
réprimande
semonce
scène
venin
fiel
bile
sifflet
huée
tollé

désapprobateur
improbateur
critique
censeur
accusateur
dénigrant
médisant
calomnieux
calomniateur
satirique
pamphlétaire
railleur
moqueur
langue affilée
mauvaise langue
langue de vipère
mordant
caustique
sarcastique
détracteur
incisif
blâme cruel
blâme sanglant,
V. *mal*, *mauvais*, *défaut*

désapprouver
blâmer
désavouer
censurer
critiquer
trouver mauvais
reprendre
donner une leçon
redire à
dénigrer
médire
calomnier
diffamer
blasonner
chansonner
brocarder
railler
dauber
fronder
se moquer de
stigmatiser
marquer au fer rouge
flétrir
mettre à l'index
jeter l'anathème
anathématiser
jeter la pierre à
lancer un coup de patte
décocher un trait
s'indigner de
se révolter
siffler
honnir
huer
conspuer
vilipender
reprocher
représenter
remontrer
improuver
réprouver
réprimander
semoncer
faire une semonce
attraper
sermonner
savonner
tancer
laver la tête
trouver à redire
s'en prendre à
s'attaquer à
se faire le censeur de
se répandre en reproches
adresser un blâme
verser le blâme
déverser
jeter
infliger
dire du mal de
desservir
déshonorer
déblatérer
déprécier
ravaler
rabaisser
décrier
salir
déchirer
traîner dans la boue
baver sur
V. *accuser*, *crime*

désarçonner
V. *équitation*

désargenter
V. *argent*

désarmer
V. *arme*

désarroi
V. *désordre*

désarticuler
V. *articulation*

désassembler
V. *diviser*

désassortir
V. *harmonie*

désastre
V. *insuccès*

désavantage
V. *insuccès*, *moins*

désavantager
V. *héritage*

désavantageux V. *défaut*

désaveu
V. *désapprobation*

désaveugler
V. *vérité*

désavouer
V. *responsabilité*

desceller
V. *ôter*

descendant
V. *famille*

descendre
V. *baisser* et *tomber*

description
aperçu
ébauche
linéament
trait
détail
signalement
portrait
couleur
hypotypose
esquisse
croquis
crayon
tableau
image
peinture

descriptif
minutieux
méticuleux
par le menu
fidèle
exact
frappant
ressemblant
faux
trompeur
embelli [fausses
sous des couleurs
pittoresque

décrire
dépeindre
crayonner
figurer

dessiner
représenter
mettre sous les
faire voir [yeux
retracer
tracer
rendre
analyser
détailler [yeux
étaler sous les
faire le tableau de
donner un aperçu
ébaucher
esquisser
V. *dessin*

déséchouer
V. *navire*

désembarquer
V. *navire*

désemparé
V. *navire*

désempenné
V. *plume*

désempesé
V. *linge*

désemplir
V. *vide*

désenchantement V. *illusion*

désenclaver
V. *ouvrir*

désenclouer
V. *ouvrir*

désenfiler V. *fil*

désenfler
V. *plat*

désennuyer
V. *gaîté*

désenrayer
V. *roue*

désenrhumer
V. *tousser*

désenrouer
V. *tousser*

désensabler
V. *navire*

désensevelir
V. *enterrement*

désensorceler
V. *illusion*

désentêter
V. *volonté*

désert
inhabité
dépeuplé
désolé
vide
sable
plaine de sable
steppe
savane
llanos
toundra
pampa
Sahara
solitude
oasis
simoun
V. aussi *vide*

déserter [poste
abandonner son
abandonner le drapeau
passer la frontière
passer à l'ennemi
déserteur
transfuge
désertion [peau
abandon du dra-

désespérer
perdre courage
se décourager
se laisser aller
perdre l'espoir
être démoralisé
être accablé
être démonté
déconforté
être affaissé
s'affaler [poir
n'avoir plus d'es-
être abattu
être brisé
être étourdi sous le coup
être consterné
être inconsolable
perdre toute illusion [d'illusion
ne pas se faire
ne rien attendre de bon
décourager
démoraliser
déconforter
démonter
accabler
abattre
affaisser
consterner
briser
casser les bras

désespoir
désespérance
abattement
accablement
affaissement
découragement
démoralisation
consternation
prostration
déboire
désappointement
déception
mécompte
désillusion
désenchantement
désespérément

déshabiller
V. *nu*

déshabituer
V. *habitude*

déshériter
V. *héritage*

désheurer
V. *horloge*

déshonnête
V. *grossier*

déshonorant
V. *réputation*

déshonneur
V. *réputation*

déshonorer
V. *réputation*

desideratum
V. *manque*

désigner V. *montrer*, *signification*

désinence V. *fin*

désincorporer
V. *ôter*

désinfatuer
V. *imagination*

désinfectant
V. *santé*

désintéressement V. *honnêteté*, *dévouement*

désinvolture
V. *insensible*, *tranquille*

désir V. *envie*

désistement
V. *quitter*

désobéir
ne pas écouter
enfreindre les ordres
transgresser les ordres
contrevenir
déroger à
violer les ordres
ne pas tenir compte des ordres
tenir tête
résister
se mutiner
se révolter
se cabrer
regimber
contrecarrer
se rebeller

désobéissant
insubordonné
indocile
indiscipliné
insoumis
impatient du joug
tête de fer
incorrigible
indisciplinable
indomptable
indépendant
entier
intraitable
rétif
frondeur
émeutier
insurgé
perturbateur
meneur
mutin
rebelle
récalcitrant
révolté

désobéissance
indiscipline
révolte
indocilité
insoumission
insubordination
rébellion
émeute
insurrection
mutinerie
fronde
soulèvement
désordre
anarchie
V. *désordre*

désobstruer
V. *ouvrir*

désoccupé
V. *inaction*

désœuvré
V. *inaction*

désolation
V. *tristesse*

désopilation
V. *gaîté*

désordonné
V. *désordre*

désordre
confusion
chaos
trouble
complication
dissension
perturbation
bouleversement
anarchie
désarroi
dislocation
désorganisation
débandade
débâcle
cataclysme
dérangement
incohérence
irrégularité
asymétrie
anomalie
désaccord
désunion
divergence
charivari
brouhaha
cacophonie
tohu-bohu
aria
remue-ménage
billebaude
coq-à-l'âne
imbroglio
galimatias
fouillis
fatras
salmigondis
méli-mélo
pêle-mêle
promiscuité
cohue
pétaudière [taud
cour du roi Pé-
arche de Noé
capharnaüm
tour de Babel
pot-pourri
embrouillement
enchevêtrement
discorde
collision
conflit
démêlé
différend
débat
polémique
controverse
chicane
altercation
dispute
bisbille
rixe
scène
noise (chercher)
querelle
querelle d'Alle-
diffusion [mand
gâchis
gaspillage
agitation
turbulence
zizanie [corde
brandon de dis-
ferment de dis-
corde [corde
pomme de dis-
fauteur de trou-
brouillon [bles

confus
diffus
mêlé
brouillé
turbulent
désordonné
fatrassier
bouleversé
troublé
orageuse (séance)
anarchique
disloqué
asymétrique
désorganisé
dérangé
discordant
agité
ébouriffé
inextricable
enchevêtré
au pillage
à l'abandon
à tort et à travers
incohérent
disparate
disproportionné
dépareillé
confondu
embrouillé [rière
sens devant der-
sens dessus des-
sans suite [sous
décousu
sans queue ni tête
en l'air
jurer ensemble
confondre
mêler
brouiller
embrouiller
emmêler
enchevêtrer
gâcher
déranger
désorganiser
disloquer
agiter
troubler
révolutionner
exciter le trouble
jeter
semer
causer
être fauteur de
apaiser
calmer V. aussi
discussion

désorganisation V. *désordre*

désorienté
V. *étonné*, *erreur*

désormais
dorénavant
à l'avenir

désosser V. *os*

désourdir
V. *étoffe*

désoxyder
V. *substance*

despote V. *chef*

desquamation
V. *écaille*

dessaisir (se)
V. *quitter*

dessaisonner
V. *jardin*

dessaler V. *sel*

dessangler
V. *selle*

dessécher
V. *sécheresse*

dessein
idée
conception
vue
visée
but
point de mire
combinaison
machination
complot
arrangement
projet
résolution
détermination
parti

avoir le dessein
concevoir
former
nourrir
tramer
s'arrêter à
arrêter de
préméditer
adopter un plan
projeter
combiner
machiner
comploter
résoudre
se déterminer à
prendre le parti
mûrir [de
rouler dans sa
tête
se proposer de
méditer de [jets
déjouer les pro-
ruiner les projets
exécuter
accomplir
mettre à exécu-
tion V. *succès*,
insuccès

desseller
V. *selle*

desserrer
V. *ouvrir*

dessert
V. *nourriture*

desserte
V. *repas*

dessertir
V. *joaillerie*

desservant
V. *clergé*

desservir
V. *nuire*, *repas*

dessiccatif
V. *sécheresse*

dessiller
V. *ouvrir*

dessin
art graphique
ébauche
étude
croquis
trait
linéament
ligne
délinéation
représentation
hachure
rehaut
ombre
contre-hachure
contour
schéma

silhouette
tracé
figure
académie
tête
face
profil
trois quarts
portrait
charge
caricature
légende
illustration
vignette
animaux
paysage
fabrique
vue
album
keepsake
architecture
ornement
arabesque
titre
frise
cul-de-lampe
lettre ornée
motif
perspective
calque
décalque
poncis
poncif
diagramme
projection
cote
plan
coupe
élévation
ichnographie
stéréographie
d'après la bosse
d'après nature
au crayon
à la plume
au lavis
à la sanguine
aux deux crayons
au trait
à l'effet
à l'échelle
en raccourci
à main levée
graphique
ornemental
géométral
linéaire
ichnographique
stéréographique

dessinateur
artiste
crayonneur
paysagiste
décorateur
ornemaniste
portecrayon
mine de plomb
graphite
mine
crayon (voir)
pastel
conté
craie
estompe
planche
stirator
papier
album
calque
copie
papier à calquer
carton à dessin
fusain
mie de pain
gomme
peau
colle à bouche
punaise
compas (voir)
équerre
té
pistolet
pantographe

dessiner
tracer
croquer
ébaucher
esquisser
représenter
reproduire
réduire au carreau
craticuler
calquer
décalquer
contre-calquer
reporter
repasser
accentuer
arrêter
estomper
hacher
grener
pointiller
poncer
passer à l'encre
rehausser
camper
composer
mettre debout
mettre d'aplomb
coter
réduire

dessoler
V. *agriculture*

dessouder
V. *diviser*

dessous
sous
au-dessous
en bas
par-dessous
en dessous
sous-barbe
sous-cutané
sous-faîte
sous-garde
sous-gorge
sous-main
sous-maxillaire
sous-pied
sous-sol
sous-ventrière
sublingual
sublunaire
substruction
hypogée
hypogastre
support
soutien
soutènement
inférieur
supporter
soutenir
V. *appui*, *base*, *inférieur*

dessus
au-dessus
en dessus
sur
par-dessus
dominer
couronner
surplomber
couvrir
superposer
surmonter
surpasser
supérieur
surrénal
superposition
surplomb
couronnement
V. *supériorité*, *haut*, *succès*

destinataire
V. *envoyer*

destination
V. *envoi*, *voyage*, *usage*

destinée V. *avenir* et *événement*

destituer V. *ôter*

destruction
V. *défaire* et *ruine*

désuétude
V. *habitude*

désunion
V. *désordre*

désunir V. *diviser*

détachement
V. *armée*, *insensible*

détacher
V. *délier*, *laver*

détail
partie
part
portion
élément
minutie
petit côté
morceau
division
fraction
fragment
parcelle
particule
détaillé
circonstancié
partiel
fractionnaire
morcelé
minutieux
détailler
débiter

détaillant
V. *boutique*

détailler
V. *diviser*

détalinguer
V. *navire*

déteindre
V. *couleur*

détendre
V. *mou*

détente
V. *fusil*, *inaction*

détenteur
V. *avoir*

détention
V. *prison*

détenu V. *prison*

déterger
V. *laver*

détériorer
V. *pire* et *ruine*
détermination
V. *dessein* et *volonté*
déterrer
V. *enterrement*, *invention*
détersif V. *laver*
détester V. *haine*
détirer V. *long*
détisser
V. *étoffe*
détonation
V. *bruit*
détordre V. *mou*
détorquer
V. *faux*
détortiller
V. *mou*
détour V. *indirect*
détournement
V. *vol*
détourner
V. *conseiller*, *mouvement*
détracter
V. *accuser*
détranger
V. *jardin*
détraquer
V. *mal*
détrempe
V. *peinture*
détremper
V. *mouiller*
détresse
V. *malheur*
détriment
V. *malheur*, *moins*
détritus V. *reste*
détroit V. *mer*
détromper
V. *vrai*
détrôner V. *roi*
détrousser V. *voler* et *dépouiller*
détruire
V. *défaire*
dette
emprunt
prêt
commodat
obligation
engagement
créance
dû
débet
dé
arriéré
reliquat
solde
découvert
passif
billet
reconnaissance
traite
effet
papier
remboursement
aval
échéance
arrérage
capital
principal
intérêts
taux
usure
capitalisation
avance
gage
nantissement
garantie
hypothèque
emprunt hypothécaire
prêt hypothécaire
antichrèse
crédit
amortissement
prescription
bilan
déficit
liquidation
faillite
concordat
déconfiture
banqueroute

débiteur
codébiteur
emprunteur
créancier
hypothécaire
prêteur
usurier
obéré
endetté
redevable
criblé de dettes
perdu de dettes
exigible
privilégié
chirographaire
hypothécaire
amortissable
fongible
criarde (dette)
solvable
insolvable

emprunter
s'endetter
faire des dettes
s'enfoncer
avoir de l'arriéré
être en retard
contracter une dette
recevoir des avances
devoir
reconnaître une dette
affirmer
créditer
débiter
passer
transférer
déléguer
amortir
rendre
s'acquitter de
acquitter
solder
liquider
régler
payer
faire honneur à sa signature
hypothéquer
emprunter sur hypothèque
grever d'hypothèque
purger une hypothèque
échoir

deuil
grand deuil
demi-deuil
petit deuil
crêpe
brassard
voile
en berne (drapeau
voilé (tambour)
être en deuil
se mettre en
porter
quitter
deux V. *double*
dévaler
V. *baisser*
dévaliser V. *vol*
devancer
V. *précéder*
devancier
V. *précéder*
devant
face
façade
devanture
frontispice
préface
préliminaire
préambule
avant-propos
introduction
prélude
prodrome
prolégomènes
prologue
pronaos
porche
narthex
parement
entrée
seuil
devantière
V. *équitation*
devanture
V. *boutique*
dévaster V. *défaire* et *ruine*
développer
V. *ouvrir* et *dire*
devenir
V. *habitude*
dévergondage V. *débauche*
dévers V. *penché*
déverser
V. *pencher*, *verser*
dévêtir V. *nu*
dévider V. *fil*
dévidoir V. *fil*
dévier V. *indirect*, *errer*

devin
devineresse
prophète
prophétesse
augure
sibylle (de Cumes, etc.)
pythie
pythonisse (d'Endor)
aruspice
somnambule
chiromancien
tireuse de cartes
nécromancien
sorcier
magicien
Œdipe
Cassandre
Calchas

Tirésias
illuminé
lucide
inspiré
voyant
clairvoyant
divinateur
fatidique

deviner
augurer
conjecturer
pressentir
pronostiquer
prévoir
prédire
lire dans l'avenir
sonder l'avenir
annoncer
présager
dire la bonne aventure
tirer les cartes
prendre les auspices
tirer l'horoscope
être inspiré
prononcer un oracle
dévoiler l'avenir
prophétiser
vaticiner
V. *divination*

devis
V. *architecte*

dévisager
V. *voir*

devise V. *blason*

deviser
V. *conversation*

dévisser V. *vis*

dévoiement
V. *excrément*

dévoiler V. *dire*

devoir
obligation
tâche
cas de conscience
prescription
dictamen
loi morale
bien
office
conscience
sens moral
cri de la conscience
voix de la conscience
voix intérieure
for intérieur
principes
morale
moralité
acquit de conscience
scrupule
délicatesse
examen de conscience
casuistique
remords
reproches intérieurs
satisfaction morale
contentement de soi
capitulation de conscience
devoirs individuels
devoirs sociaux
devoirs religieux
sanction
consciencieux
délicat
scrupuleux
honnête
rigide
pur
sans reproche
conscience facile
conscience large
conscience élastique
devoir strict
devoir large
remplir son devoir
accomplir
s'acquitter de
obéir à
écouter
ne pas faillir à
obéir à sa conscience
obéir à la voix de la conscience
la conscience commande
la conscience prescrit
la conscience dit
V. aussi *conduite*

dévole V. *cartes*

dévolu V. *choisir*

dévolutaire
V *don*

dévolution
V. *héritage*

dévorer
V. *manger*, *lire*

dévot
fidèle
pieux
religieux
dévotieux
confit en dévotion
bigot
cagot
tartufe
dévotion
ferveur
piété
recueillement
anagogie
élévation
onction
extase
cagoterie
cagotisme
bigoterie
bigotisme
tartuferie
anagogique
V. *religion*

dévouement
sacrifice
fidélité
abnégation
détachement
désintéressement
oubli de soi-même

se dévouer à
être à la dévotion de
s'offrir
se sacrifier
être le bouc émissaire
s'offrir en holocauste
s'offrir en victime
s'immoler
bouc émissaire
victime

dévoyer V. *errer*

dextérité
V. *adroit*

dextrine
V. *substance*

dey V. *chef*

diabète
V. *maladie*

diable
démon
esprit malin
esprit du mal
tentateur
génie du mal
mauvais ange
puissance infernale
puissance des ténèbres
diablesse
Satan
Lucifer
Asmodée
Belzébuth
Astaroth
Méphistophélès
diablotin
incube
succube
vampire

diabolique
satanique
infernal
démoniaque
possédé

conjurer
exorciser
exorcisme
pacte
vade retro, satanas
exorciste
diaboliquement
V. *enfer*

diachylum
V. *remède*

diacode
V. *remède*

diacre
diaconesse
diaconat
diaconal

diadème
V. *couronne*

diagnostic
V. *médecine*

diagonale
V. *ligne*

diagramme
V. *dessin*

dialecte
V. *langage*

dialectique
V. *raisonnement*

dialogue
V. *conversation*

diamant
pierre précieuse
joyau
bord
brillant
rose
jargon
éclat

eau
feu
carat
jardinage
étonnement
crapaud
glace
dragon
rivière
aigrette

facette
biseau
taille
plat
table
couronne
culasse
égrisée

brut
taillé
monté
adamantin
diamanté
diamantifère
lapidaire
diamantaire
diamanter
égriser
V. *joaillerie*

diamètre
V. *cercle*

diandrie
V. *fleur*

Diane
Phœbé
Hécate
Artémise
chasseresse
croissant
biche
carquois
arc
Endymion
Actéon

diapalme
V. *remède*

diapason
V. *musique*

diapédèse
V. *sang*

diaphane
V. *lumière*

diaphorétique
V. *remède*

diaphragme
V. *ventre*

diaprer
V. *couleur*

diarrhée
V. *excréments*

diascordium
V. *remède*

diastase
V. *substances*

diastole
V. *cœur*

diastyle
V. *colonne*

diathèse
V. *santé*

diatonique
V. *musique*

diatribe
V. *accuser*

dichotome
V. *double*

dicotylédone
V. *plantes*

dictame
V. *plantes*

dictamen
V. *conscience*

dictateur
V. *chef*

dictée V. *écrire*

diction V. *parler*

dictionnaire
glossaire
lexique
vocabulaire
encyclopédie
gradus
thesaurus
encyclopédique
lexicographique
compilateur
lexicographe
glossateur
encyclopédiste

dicton
V. *proverbe*

didactique
V. *enseignement*

didyme V. *double*

didynamie
V. *plantes*

dièdre V. *angle*

Dieppe
dieppois

diérèse
V. *grammaire*

dièse V. *musique*

diète
V. *assemblée*

diète
diététique
V. *faim*

diétine
V. *assemblée*

Dieu
Créateur
Tout-Puissant
Éternel
divinité
Être suprême
Seigneur
Très-Haut [ture
auteur de la na-
dieu de vérité
dieu de bonté
dieu de clémence
dieu des armées
Allah
Jéhovah
déifier
diviniser
apothéose
théologie
théodicée
théosophie
déisme
athéisme
déiste
athée
divin
V. *religions*

dieux et déesses
déité
divinité
dieux supérieurs
dieux inférieurs
dieux infernaux
dieux indigètes
Jupiter
Zeus
l'Olympien
Junon
Apollon
Phébus
Bacchus
Silène
Cérès
Mars
Vénus
Aphrodite
Cypris
Cythérée
Minerve
Pallas
Athéné
Diane
Neptune
Proserpine
Vulcain
Mercure
Amphitrite
Triton
Uranus
Saturne
Cybèle
Pan
Priape
Rhée
Vesta
Téthys
Éole
Flore
Pomone
Vertumne
Palès
Esculape
Hygie
Destin
Latone
Lucine
Hercule
Ganymède
Hébé
Hyménée
Harpocrate
Cupidon
Amour
Éros
Grâces
Aurore
Castor
Pollux
Dioscures
Bellone
Janus
Comus
faune
satyre
sylvain
terme
cabires
Morphée
Plutus
Iris
Renommée
muses
lares
pénates
mânes
Sérapis
Anubis
Apis
Isis
Ammon
Osiris
Phtha
Typhon
Mithra

Ahriman
Ormuzd
Astarté
Dercéto
Baal
Bel
Bélus
Moloch
Dagon
djinn
manitou
elfe
lutin
gnome
farfadet
demi-dieu
Odin
Bouddha
Brahma
Irminsul
Irmensul
Belphégor
Baphomet
Walkyrie
Olympe
Paradis
Walhalla
Panthéon

divin
olympien
céleste
théurgique
théogonique
théogonie
théurgie [gé
V. *religions*, *clergé*

diffamation
V. *accusation* et *désapprouver*

diffamatoire
V. *réputation*

différence
V. *autre*

différend
V. *discussion*

différent
V. *autre*

différer V. *autre*, *attendre*

difficile
difficultueux
ardu
pénible
laborieux
dur
rude
malaisé
pas commode
gênant
délicat
épineux
compliqué
embrouillé
entortillé
enchevêtré
obscur
énigmatique
embarrassant
impénétrable
impossible
impraticable
insoluble
indéchiffrable
inextricable
surhumain
insurmontable
inexécutable
irréalisable
c'est le diable

difficilement
malaisément
laborieusement
péniblement

difficulté
embarras
peine
complexité
complication
obstacle
bâtons dans les roues
gêne
tablature
tourment
gêne
corvée
grosse besogne
grosse affaire
montagne de difficultés
souci
tracas
aria
tracasserie
fausse situation
mauvais pas
crise
échec
accul
acculement
détresse
problème
question
rébus
dilemme
impasse
labyrinthe
dédale
fil à retordre
nœud gordien
œuf de Colomb
bouteille à l'encre
involution
le hic

rencontrer une difficulté
se heurter à
se buter à
être empêché
être empêtré
être perplexe
aplanir une difficulté
surmonter
vaincre
démêler
trancher
se sortir d'affaire
se tirer de
se jouer des difficultés
rester court
rester sot
rester à quia
rester camus
être pris sans vert
être pris au dépourvu
donner sa langue au chien
être au bout du rouleau
être démonté
déconcerté
désarçonné
dérouté
quinaud
désorienté
barboter
patauger
y perdre son latin
y renoncer
perdre la tête
perdre la carte
avoir martel en tête
être dans de beaux draps
ne pas être blanc
ne savoir à quel saint se vouer
ne savoir où donner de la tête
ne savoir où se tourner
donner du fil à retordre
être acculé
être à quia
une difficulté se présente
une difficulté s'offre
soulever une difficulté
V. aussi *difficile*

difforme
contrefait
déformé
informe
laid
disgracieux
vilain
horrible
hideux
affreux
ignoble
repoussant
monstrueux
disgracié de la nature
irrégulier
de travers
mal fait
mal bâti
baroque
grimaçant
irrégulier
disproportionné
racorni
déjeté
faussé
défiguré
gauchi
tordu
tors
tourmenté
biscornu
bizarre
grotesque
risible
estropié
manchot
bancal
bossu
gibbeux
boiteux
bancroche
cagneux
borgne
marqué au B.
bot (pied)
cul-de-jatte
nabot
Tom Pouce
avorton
pygmée
monstre

phénomène
ogre
vampire
caricature
charge
guenon
singe
magot
V. *étonnant*

difformité
déformation
irrégularité
défaut
bavochure
monstruosité
disproportion
bosse
gibbosité
boitement
claudication
laideur
grimace
enlaidissement

déformer
défigurer
abîmer
gâter
difformer
grimacer
déparer
charger
enlaidir

diffraction
V. *lumière*

diffus V. *désordre*

diffusion V. *division, enseignement*

digérer
absorber
manger
avaler
ingurgiter
mâcher
s'assimiler
assimilation
digestion
nutrition
absorption
rumination
faim
soif
préhension
mastication
insalivation
déglutition
chymification
chylification
aliment
bouche
dent
arrière-bouche
pharynx
bol alimentaire
œsophage
appareil digestif
estomac
foie
vésicule biliaire
bile
pancréas
suc pancréatique
suc gastrique
pepsine
rate
vésicule du fiel
intestin grêle
duodénum
jéjunum
iléum
gros intestin
cæcum
côlon
follicule
villosité [vente
valvule conni-
vaisseau chyli-
fère
gros intestin
ventre
abdomen
fèces
matière fécale
muscle sphincter
anus
salive
digestif
stomachique
nutritif
alimentaire
nourrissant
léger
lourd
pesant
indigeste
dyspeptique
saburral
dyspepsie
bradypepsie
apepsie
tiraillement
indigestion
ténesme
saburre
crampe
aigreur
éructation
borborygme
rot
hoquet
renvoi
flatuosité
crudité
fausse digestion
nausée
mal de cœur
haut le cœur
vomissement [che
estomac d'autru-
V. *manger, bouche, dent*

digital V. *doigt*

digitale V. *plante*

digitaline
V. *remède*

digitigrades
V. *animal*

digne
méritant
mérite
droit
titre
mériter
avoir droit
ne pas avoir volé
avoir des titres à
avoir qualité pour
s'assurer des droits à
acheter au prix de
se concilier
valoir
mérité
dû
légitime
bien gagné
bien payé
qui répond à
juste
séant
convenable [à
revenir justement
être le juste prix
c'est pain bénit
dignement

dignitaire
V. *fonctionnaire*

digression
V. *indirect*

digue
V. *opposition*

Dijon
dijonnais

dilacérer
V. *diviser*

dilapider
V. *dépenser*

dilatation
V. *volume*

dilatoire V. *tard*

dilemme
V. *raisonnement*

dilettante
V. *aimer (choses)*

diligence
V. *vite, voiture*

diluer V. *mouiller*

diluvien V. *pluie*

dimanche
jour du Seigneur
jour dominical

dîme V. *impôt*

dimension
V. *mesure*

diminution
V. *moins*

dimissoire
V. *évêque*

dinanderie
V. *chaudronnerie*

dindon
dinde
dindonneau
glouglouter
roue

dîner V. *repas*

diocèse
diocésain

diœcie V. *fleur*

dioïque
V. *fleur*

dionée V. *plantes*

dioptrique
V. *lumière*

diorama
V. *peinture*

diphtongue
V. *syllabe*

diplomatie
V. *ambassade*

diplôme
parchemin
titre
peau d'âne
grade
diplômé
titré
titulaire
gradé

diptère V. *aile*

diptyque
V. *autel*

dire
parler
causer

exprimer
rendre
émettre
énoncer
discourir
disserter
exposer
raconter
relater
formuler
mettre au courant
notifier
informer
annoncer
porter à la connaissance
transmettre
communiquer
avertir
renseigner
rapporter
faire connaître
accuser
faire savoir
faire part
accoucher (finir par dire)
révéler
dévoiler
divulguer
propager
répandre
accréditer
colporter
débiter
ébruiter
publier
confier
s'épancher
s'ouvrir de
apprendre
attester
articuler
alléguer
rendre compte
stipuler
faire mention de
ne pas cacher
ne pas garder pour soi
affirmer
déclarer
proférer
se faire l'interprète de
se faire l'organe de
tenir des propos
faire allusion
dire à demi-mot
insinuer
dire à mots couverts
trouver des accents
répéter
ressasser
seriner
insister
s'appesantir sur
développer

parole
dire
allusion
insinuation
confidence
aveu
ouverture
aparté
sous-entendu
annonce
mention
articulation
allégation
énonciation
attestation
diction
débit
propos
racontar
bruit
rumeur
potin
cancan
chronique
ana
relation
rapport
causerie
conversation
dialogue
monologue
tirade
communication
renseignement
énonciatif
V. aussi *parler* et *discours*

directeur
V. *chef*

direction
orientation
exposition
sens
côté
but
destination
chemin
route
convergence
divergence
boussole
aire des vents
points cardinaux
rose des vents
fil d'Ariane
haut
bas
droite
tribord
bâbord
gauche
devant
derrière
nord
tramontane
septentrion
nord-est
est
levant
orient
sud
midi
sud-ouest
ouest
couchant
occident
amont
aval
flanc droit
flanc gauche
par en haut
par en bas

se diriger vers
s'orienter
prendre la direction
suivre la direction
mettre le cap sur
avoir pour but
avoir pour point de mire
converger
diverger
V. aussi *conduire*, *errer* et *commander*

diriger
V. *conduire*

dirimant
V. *défaire*

discale V. *reste*

discerner V. *intelligence* et *voir*

disciple
V. *écolier*

discipline
V. *obéissance*

discontinuité
V. *entre*

disconvenance V. *opposé*

disconvenir
V. *non*

discord
V. *discussion*

discorde
V. *désordre*

discourir
débiter
déclamer
improviser
interpeller
apostropher
tonner
pérorer
prêcher
haranguer
avoir la parole
monter à la tribune
ouvrir la bouche
faire entendre
répliquer
riposter
interrompre
V. aussi *dire*

discours
action
harangue
morceau oratoire
allocution
mercuriale
speech
conférence
causerie
plaidoyer
plaidoirie
réquisitoire
défense
homélie
sermon
prêche
prône
oraison funèbre
prédication
discours de réception
apologie
panégyrique
éloge
boniment
déclamation
dissertation
adresse

proclamation
période
improvisation
invective
apostrophe
prosopopée
invention
disposition
division
début
exorde
— insinuant
— ab irato
— ex abrupto
objurgation
proposition
narration
confirmation
réfutation
péroraison
mœurs oratoires
action
geste
débit
élocution
parole
V. *éloquence*, *dire*

discourtois
V. *grossier*

discrédit
V. *réputation*

discret
V. *silence*, *poli*

discrétionnaire V. *puissance*

discrétoire
V. *monastère*

disculper
V. *répondre*, *responsabilité*

discursif
V. *raisonnement*

discussion
débat
chicane
contestation
noise
controverse
polémique
altercation
démêlé
affaire
différend
désaccord
discord
dissentiment
dissidence
contention
contentieux
dispute
chamaillis
collision
conflit
procès
litige
querelle [mand
querelle d'Alle-
terrain de la discussion

discuter
débattre
être en désaccord
se quereller
contester
chicaner
épiloguer
batailler
disputer
chamailler
chanter pouille
avoir des mots
se colleter
chercher querelle
chercher noise
provoquer
harceler
interpeller
apostropher
prendre à partie
en avoir à
se prendre aux
apaiser [cheveux
calmer
étouffer
assoupir
mettre le holà
intervenir
mettre le doigt entre l'arbre et l'écorce
s'interposer
avoir le dernier
batailleur [mot
chicanier
tracassier
mauvais coucheur
querelleur [tes
casseur d'assiet-
matamore
dissident

disert
V. *éloquent*

disette
V. *faim*

disgrâce
discrédit
défaveur
chute
baisse
abaissement
déclin
déception
mécompte
échec
vicissitude
coup de la fortune
culbute

être disgracié
tomber en défaveur
être discrédité
tomber
baisser
faire la culbute
faire le saut
voir pâlir son
péricliter [étoile
branler [ence
perdre son influ-
perdre son crédit
n'être pas bien en cour [vent
voir tourner le
être mis à pied
être dégommé

disgracieux
V. *difforme*

disjoindre
V. *briser*

disloquer
V. *diviser*

disparaître V. *absence* et *partir*

disparité
V. *autre*

dispendieux
V. *prix*

dispensaire
V. *hôpital*

dispense
V. *exemption*

dispenser (1)
exempter
libérer
exonérer
décharger
affranchir
dégager
débarrasser
acquitter
tenir quitte
V. *exemption*

dispenser (2)
V. *donner*

disperser
V. *diviser*

disponibilité
V. *fonction*

disponible
V. *utile*

dispos V. *santé*

disposer
V. *ordre*

dispositif
V. *magistrat*

disposition
V. *ordre*, *volonté*

disproportion
V. *inégal*

dispute
V. *discussion*

disque V. *cercle*

disquisition
V. *curiosité*

dissection
V. *chirurgie*

dissemblable
V. *autre*

disséminer
V. *diviser*

dissension
V. *désordre* et *discussion*

dissentiment
V. *discussion*

disséquer
V. *chirurgie*

disserter
V. *dire* et *discours*

dissidence
V. *discussion*

dissimulation
V. *hypocrisie*

dissimuler
V. *cacher*

dissipation
V. *débauche*, *dépense*, *distraction*

dissolution V. *division*, *débauche*, *liquide*, *fin*

dissonance
V. *musique*

dissoudre
V. *diviser*

dissuader
V. *conseiller*

distance
V. *loin* et *près*

distancer
V. *précéder*

distendre
V. *extension*

distiller
cohober
clarifier
distillation
clarification
cohobation
colature
V. *alambic*
distinct V. *autre* et *division*
distingué V. *poli*
distinguer V. *voir*
distique V. *vers*
distordre V. *tourner*
distorsion V. *tourner*

distraction
absence
étourderie
omission
oubli
inattention
inadvertance
inapplication
légèreté
dissipation
irréflexion
incurie
tête à l'envers
tête de linotte
hurluberlu
olibrius
étourneau
tête sans cervelle
distrait
inattentif
léger
irréfléchi
évaporé
dissipé
inconséquent
écervelé

bayer aux corneilles
n'y être pas
être ailleurs
être à autre chose
être dans les nuages

inconsidérément
légèrement
V. aussi *attention*
distribuer V. *diviser*
district V. *département*
dithyrambe V. *poésie*
diton V. *musique*
diurétique V. *urine*
diurnal V. *journal*
diurne V. *jour*
divagation V. *errer*, *absurdité*
divaguer V. *errer*, *absurdité*
divan V. *siège*
divergent V. *diviser*
divers V. *autre*
diversité V. *autre*
divertir V. *plaisir*
divertissement V. *plaisir*
dividende V. *finance*
divin V. *Dieu*

divination
pronostic
pronostication
prévoyance
prévision
prescience
oracle
prophétie
augure
présage
prédiction
vaticination
bonne aventure
cartomancie
somnambulisme
chiromancie
magie
astrologie
horoscope
nécromancie
onirocritie
oniromance
oniromancie
gyromancie

prévoir
augurer
deviner
pronostiquer
prévoyant
V. aussi *devin*
diviniser V. *dieu*
divinité V. *Dieu*

diviser
séparer
désunir
disjoindre
déjoindre
désarticuler
désassembler
dessouder
désagréger
disloquer
sectionner
couper
fractionner
fracturer
fragmenter
découper
séparer
espacer
échelonner
fendre
mettre en deux
dédoubler
désaccoupler
désappareiller
désapparier
scinder
morceler
écarteler
dépecer
lacérer
dilacérer
déchiqueter
déchirer
émietter
pulvériser
démembrer
partager
départager
dépiécer
décomposer
analyser
distinguer
discerner
dissoudre
disséminer
éparpiller
gaspiller
dissiper
disperser
répandre
parsemer
distribuer
répartir
classer
départir
débiter
détailler
lotir
bifurquer
rayonner
diverger
irradier
ramifier
divisé (ajouter aux participes passés du groupe précédent)
épars
divergent
clair
clairsemé
radié
rayonnant
en éventail
diffus
fissipare
fissipède
bisulque
scissille
divisionnaire
1. **division** (acte de diviser)
classification
classement
rangement
sectionnement
fractionnement
répartition
distribution
partage
péréquation
décollement
disjonction
dislocation
démembrement
écartèlement
lacération
dilacération
décomposition
morcellement
lotissement
scission
schisme
désunion
dédoublement
désarticulation
cribration
sécession
ségrégation
séparation
dissolution
distillation
analyse
éparpillement

espacement
dissipation
haine
inimitié
incompatibilité
mésintelligence
antipathie
V. *haine*
2.. **division** (ce qui est divisé)
classe
catégorie
règne
famille
ordre
groupe
genre
sous-genre
espèce
race
tribu
sorte
qualité
variété
essence
ramification
partie
branche
embranchement
élément
subdivision
section
district
fraction
segment
fragment
portion
contingent
ration
écot
quote-part
part afférente
parcelle
part
partie
lot
lopin
tronçon
acompte
compartiment
case
bout
pièce
bribe
brin
copeau
rognure
trognon
rogaton
tesson
détail
élément
molécule
atome
miette
découpure
coupure
bouchée
miche
entame
chanteau
darne
tranche
aiguillette
languette
lambeau
loque
chiffon
haillon
degré
3. **division** (calcul)
dividende
diviseur
quotient
reste
divisible
indivisible
premier
divisibilité
commun diviseur
divorce
V. *mariage*
dix
dizaine
dixième
décimal
décuple
décennal
décemviral
décemvirat
décemvir
décurie
décurion
dizenier
décade
décagone
décaèdre
décadi
décagramme
décalitre
décalogue
décaméron
décamètre
décapodes
décastère
décasyllabe
déciare
décigramme
décilitre
décime
décimètre
décistère
dizain
dizeau
décimation
décimer
décupler
décuplement
dizain V. *dix*
dizenier V. *dix*
djinn V. *dieux*
docile V. *obéissance*
docimasie
V. *métal*
dock V. *port*
docte V. *savant*
docteur V. *professeur*, *savant*, *médecin*
doctoral
V. *enseignement*
doctorat
V. *université*
doctrine
V. *science*
document
V. *prouver*
dodécaèdre
V. *géométrie*
dodiner
V. *mouvement*
dodo V. *sommeil*
dodu V. *gras*
doge
dogaresse
dogat
dogmatique
V. *enseignement*
dogme V. *religion*
dogre V. *navire*
dogue V. *chien*
doigt
digital
doigtier
bague
dé
dactyloptère
digitigrades
doigter
fuselé
V. *main*
dol V. *crime*
doléance
V. *consolation*
dolent V. *triste*
dollar
V. *monnaie*
dolman
V. *vêtement*
dolmen V. *pierre*
doloire
V. *tonneau*
dolomie
V. *substances*
domaine
V. *avoir*, *compétence*, *propriété*
dôme V. *voûte*
domerie
V. *hôpital*
domestication
V. *animal*

domestique
gens de maison
gens
serviteur
domestique mâle
huissier
appariteur
garçon de bureau
laquais
valet
valet de pied
valet de chambre
maître d'hôtel
cuisinier
chef
sommelier
chasseur
cocher
piqueur
groom
page
icoglan
palefrenier
brosseur
ordonnance
esclave
ilote
domestique femelle
bonne
servante
femme de chambre
gouvernante
lingère
soubrette
camériste
suivante
chambrière
cuisinière
cordon bleu
souillon
souillarde

femme de ménage
nourrice
nourrice sèche
nourrice sur lieu
nounou
sœur tourière
servante maîtres-
service [se
place
domesticité
valetaille
ancillaire
servile
placement
gages
anse du panier
sou pour livre
gratte
livrée
office
tablier
huit jours

être en place
servir
arrêter un domes-
sonner [tique
rendre son tablier

domicile
V. *appartement*

dominer V. *chef*, *commander*, *haut*

domino
boite
dé
as
double
blanc
pose

poser
passer
bouder
piocher
faire domino
ouvrir
boucher
fermer
arrêter
compter

dominoterie
V. *papier*

dommage
V. *perte*

dompter V. *commander*, *vaincre*

don
cadeau
souvenir
présent
donation
transfert
transmission
abaliénation
abandon
cession
rétrocession
abandonnement
libéralité
générosité
largesse
gracieuseté
bienfait
charité
aumône
bonne œuvre
denier de la veuve
obole
souscription
offrande
remunération
rétribution
gratification
allocation
avance
étrenne
sportule
congiaire
denier à Dieu
arrhes
pourboire
épingles
épices
pot-de-vin
ex-voto
assistance
bienfaisance
charité
générosité
prodigalité
munificence
humanité
fraternité
philanthropie
offre
dation

donataire
abandonnataire
dévolutaire
donateur
donneur
bailleur
bienfaisant
bienfaiteur
obligeant
secourable
charitable
généreux
large
prodigue
humain
humanitaire
philanthrope
manteau bleu

aliénable
cessible
dévolutif
inaliénable
incessible
cessibilité
aliénabilité
inaliénabilité
incessibilité
datif
confidentiaire
V. *gratuit*

donjon
V. *fortification*

donne V. *cartes*

donnée
V. *problème*

donner
octroyer
remettre
se dessaisir de
abandonner
céder
transférer
transmettre
abaliéner
concéder
rétrocéder
offrir
accorder
prodiguer
assister
rendre service
obliger
avancer
débourser
combler
accabler
gorger
assigner
décerner
conférer
allouer
adjuger
attribuer
gratifier
fournir
pourvoir
doter
faire avoir
procurer
distribuer
dispenser
rémunérer
faire l'aumône
graisser la patte
délier les cordons de sa bourse
ouvrir sa bourse
se dépouiller pour
avoir la main large
offrir

allouable
aliénable
disponible
accordable
adjudicatif
V. aussi *bon*

donzelle
V. *femme*

dorade
V. *animal*

dorer V. *dorure*

dorloter
V. *caresser*

dormir
V. *sommeil*

dortoir
V. *sommeil*

dorure
batture
feuille
enduit
assiette
portefeuille
or
vermeil
mat
dérochage
brunissage
recuit
galvanoplastie
doreur
dorer
brunir
dédorer

dos
colonne vertébra-
vertèbre [le
échine
rachis
épine dorsale
vertèbres cervi-
— dorsales [cales
— lombaires
— sacrées
moelle épinière
bosse

gros dos
râble

râblu
bossu
dorsal
rachidien
spinal
endosser
adosser
soutenir
s'arrondir
se courber
se voûter
se déjeter
V. *bossu*

dose V. *volume*

dossier
V. *prouver*, *siège*

dot
dotal
douaire
douairière
doter
remploi dotal
paraphernaux
antiphernaux

doter
V. *dot* et *donner*

Douai
douaisien

douane
régie
contributions indirectes
octroi
droits-réunis
entrée
droit
transit
congé
drawback
passe-avant
passe-debout
acquit-à-caution
déclaration
gabelle
péage
exercice
visite
jauge
rouanne
veltage
contravention
barrière
tarif
ad valorem
prohibitif
blocus continental
protectionnisme
prohibition
libre-échange
zollverein
douanier
gabelou
employé
péager
préposé
protectionniste
libre-échangiste

double
deuxième
duplicata
copie
fac-similé
reproduction
répétition
redite
paire
besas
pendant
couple
duo.
pair
second
doublure
récidive
deux
géminé
bis
binaire
dualité
dualisme

doubler
répéter
redire
bisser
accoupler
apparier
appareiller
coupler
bifurquer

biennal
bisannuel
bimensuel
bihebdomadaire
bigame
bimane
bipède
biloculaire
bissulce
fourchu
bifide
bivalve
bilingue
bissecteur
commun
mitoyen
bilatéral
récidiviste
relaps
diptère
dichotome
dissyllabique
dissyllabe
distique
binôme
dilemme
binocle
hybride
métis
hermaphrodite
jumeaux
gémeaux
diptyque
dipode
diphylle
dièdre
diplopie
diploptère
bilobé
bicolore
bicéphale
doublement
de nouveau
derechef
encore
V. *répéter*

doubler
V. *répéter*, *passer*

doublet
V. *joaillerie*

doublette
V. *orgue*

douce-amère
V. *plantes*

doucereux
V. *hypocrisie*

doucette
V. *plantes*

douceur (*physique*)
mollesse
tendresse
adoucissement
finesse
suavité
onctuosité
moelleux
velouté
dulcification
édulcoration
liniment

adouci
doux
mou
tendre
fin
douceâtre
fade
doucet
moelleux
onctueux
suave
agréable
soyeux
velouté
harmonieux
édulcorant
émollient
lénitif
anodin
miel
sucre

adoucir
édulcorer
lénifier
dulcifier
lubrifier
mitiger
tempérer

douceur (*morale*)
V. *bonté*

douche V. *bain*

doucir
V. *essuyer*

doué
V. *intelligence*

douille
V. *baïonnette*

douillet
V. *sensible*

douillette
V. *vêtement*

douleur (*morale*)
V. *tristesse*

douleur (*physique*)
souffrance
bobo
malaise
indisposition
mal
accès
crise
élancement
lancinement
tiraillement
torture
supplice
rage
paroxysme
enfer
calvaire
contorsion

douloureux
endolori
atroce
cruel
violent
déchirant
cuisant
insupportable
poignant
aigu
vif
sourd
pesant
pénible

souffrir
ne pas aller
ne pas être dans son assiette
peiner
s'en voir
endurer
être torturé
porter sa croix
se tordre de douleur
être à la torture
être en proie à la douleur
souffrir le martyre
être dans ses petits souliers
éprouver
subir
supporter
ressentir
avoir
épancher

patient
martyr
souffre-douleur

douloureusement
durement
comme un damné
comme un possédé

douloureux
V. *douleur* et *triste*
doute
V. *hésitation*
douteux
V. *hypothèse*
douvain
V. *tonneau*
douve V. *tonneau* et *fortification*
doux V. *douceur*
douze
duodécimal
dodécagone
dodécaèdre
douzaine
grosse
douzième
douzièmement
douzil V. *tonneau*
doyen
décanat
doyenné
doyenné V. *poire*
drachme
V. *monnaie*
draconien
V. *commandement*
dragée V. *bonbon*
drageoir
V. *bonbon*
drageon
V. *arbre*
dragon
V. *monstre*, *cavalerie*
dragonne
V. *épée*
dragonnier
V. *plantes*
drague
V. *propre*
Draguignan
dracénois
drain
V. *canalisation*
dramaturge
V. *écrivain*
drame V. *théâtre*
drap
pièce
coupon
chef
lisière
clairière
apprêt
catissage
décatissage
foulage
tissage
draperie
lainage
drapier
ratine
droguet
cheviot
bure
casimir
cuir de laine
Elbœuf
pagnon
Sedan
pinchina
montagnac
catir
décatir
V. *étoffes*
drapeau
couleurs nationales
étendard
gonfalon
pennon
oriflamme
banderole
bandière
cornette
enseigne
pavillon
pavillon d'aperçu
gaillardet
guidon
fanion
flamme
labarum
toug
aigle
lance
hampe
bâton
épars
battant
guindant
plis
cravate
gaine
traversier
drapeau blanc
drapeau parlementaire
porte-drapeau
porte-étendard
enseigne
cornette
porte-bannière
gonfalonnier
banneret
pavoisement
arborer
hisser
lever
déployer
faire flotter
planter
pavoiser
amener
mettre en berne
saluer
drastique
V. *remède*
drawback
V. *douane*
drêche V. *bière*
dresser V. *droit*, *équitation*
dressoir
V. *meuble*
drille V. *gai*
drisse V. *corde*
drogman
V. *traduire*
drogue
V. *remède*
droguet V. *drap*
droit (le)
V. *juste* et *justice*
droit (adj.)
debout
sur pied
perpendiculaire
vertical
levé
érigé
hérissé
dressé
fixe
immobile
immuable
inflexible
rigide
assuré
ferme
calé
enraciné
en équilibre
tendu
érectile
redressé
montant
raide
à pic
escarpé
lever
dresser
ériger
planter
caler
redresser
se lever
se dresser
surgir
se mettre debout
se planter
équilibrer
tenir droit
maintenir

érection
équilibre

aplomb
redressement
verticalité
perpendicularité
raideur
rigidité
tension

drolatique
V. *gai*

drôle V. *gai*

dromadaire
V. *animal*

drome V. *navire*

dru V. *quantité*

druide
druidesse
druidisme
druidique
barde
à gui l'an neuf
gui
Velléda V. *pierre*

dualité V. *double*

dubitatif
V. *hésitation*

duc
V. *aristocratie*

ducat V. *monnaie*

ductile V. *mou*

duègne V. *femme*

duel
combat singulier
réparation par les armes [neur
réparation d'hon-
affaire d'honneur
rencontre
injure
provocation
défi
cartel
gant
soufflet
échange de car-
témoin [tes
second
médecin
conditions
choix des armes
procès-verbal
agresseur
duelliste
bretteur
pourfendeur
ferrailleur
spadassin
offensé
champion
le terrain
arrangement
excuse
rétractation
signal du combat
reprise
attaque
riposte
défensive
corps à corps
au premier sang
à mort
procès-verbal de
arbitre [carence
arbitrage
jury d'honneur
pistolet
sabre
épée de combat
duel à l'améri-
caine

insulter
outrager [tion
demander répara-
demander raison
demander compte
provoquer [moins
prendre pour té-
constituer té-
moins [rain
appeler sur le ter-
arrêter les condi-
arranger [tions
demander les ex-
accepter [cuses
en découdre
dégainer
mettre flamberge
au vent
aller sur le pré
vider une querelle
ferrailler
croiser le fer
se battre
s'aligner
se mesurer [les
échanger des bal-
tirer en l'air

dulcification
V. *doux*

dulie V. *religion*

dune
V. *haut, sable*

dunette
V. *navire*

duo V. *chant*

duodécimal
V. *douze*

duodénum
V. *digérer*

duper V. *tromper*

duplicata
V. *double*

duplicité
V. *hypocrisie*

dur (moralement)
V. *cruel*

dur (physiquement)
duret
résistant
ferme
solide
inflexible
serré
raide
rigide
rude
de fer
calleux
endurci
induré
coriace
corné
noueux

dureté
résistance
fermeté
solidité
raideur
rigidité
callosité
consistance
endurcissement
nodosité
cal
figement
induration
grumeau
engrumeler
résister
durcir
endurcir
V. *condenser*

durée
cours
temps
vie
existence
suite
continuité
laps
persistance
continuation
permanence
perpétuité
immortalité
éternité
pérennité
indéfectibilité
persévérance
assiduité
entêtement
opiniâtreté
ténacité
constance
fidélité
conservation
préservation
prolongation
prolongement
entretien
maintien
consolidation
embaumement
perpétuation
règne
tenue
session
législature

conservateur
préservateur
préservatif
consécutif
durable
stable
permanent
solide
définitif
perpétuel
indéfectible
inusable
interminable
immarcessible
imputrescible
immanent
fixe
ferme
inaltérable
indestructible
indissoluble
indélébile
immuable
éternel
immortel
impérissable
sans fin
sempiternel
imprescriptible
indéfini
persistant
continu
continuel
ininterrompu

ineffaçable
incessant
inextinguible
sans discontinuer
longtemps
sans cesse
sans arrêt
sans trêve
sans répit
sans souffler
d'une haleine
d'un jet
d'une traite
d'affilée
intarissable
inépuisable
vivace
ancien
invétéré
tenace
têtu
entêté
opiniâtre
de courte durée
précaire
provisoire
temporaire
passager
momentané
éphémère
fragile
périssable
caduc
instantané
bref
court
fugace
fugitif
délébile
déjeuner de soleil
feu de paille

conserver
éterniser
immortaliser
entretenir
consolider
garder
perpétuer
prolonger
étendre
allonger
affermir
maintenir
préserver
garantir
protéger
ménager
durer
demeurer
séjourner
s'implanter
rester
continuer
persister
prendre racine
s'éterniser
subsister
insister
persévérer
s'entêter
s'opiniâtrer
s'attarder
passer
être passager
ne faire que passer
V. *tard*, *vieux*

dureté V. *dur*

dureté morale
V. *cruauté*, V. aussi *commander*

duvet
V. *barbe*, *poil*

dynamique
V. *mécanique*

dynamisme
V. *philosophie*

dynamite
V. *poudre*

dynastie
V. *famille*

dyscole
V. *société*

dysenterie
V. *maladie*

dyspepsie
V. *digérer*

dyspnée
V. *respirer*

E

eau
liquide
onde
flot
vague
lame
remous
tourbillon
rond
surface
fleur d'eau
nappe
cristal de l'eau
niveau
à vau l'eau
au fil de l'eau
à la dérive
courant
bassin
thalweg
amont
aval
filet d'eau
source
puits
jet d'eau
geyser
ruisseau
ru
rivière
cours d'eau
fleuve
affluent
torrent
cascade
cascatelle
cataracte
chute
mer
océan
goutte
gouttelette
pluie
rosée
pleur
larme
sueur
eau douce
eau de mer
flaque
piscine
vivier
réservoir
citerne
bassin
pièce d'eau
lac
chott
étang
mare
marais
lagune
estuaire
affusion
aiguade
aiguail
débordement
inondation
déluge
boisson
distribution
canalisation
installation
conduite
branchement
embranchement
aqueduc
prise d'eau
bouche d'eau
poste d'eau
concession
robinet
débit
compteur
siphon
clarification
filtrage
canal
filtre
abreuvoir
aiguière
carafe
fontaine
clepsydre
aquarium
barbotière
lavoir
bain
hydrothérapie
hydrostatique
hydraulique
hydrodynamique
hydrographie
hydrologie
hydrométrie
hydroscopie
voie d'eau

aquatique
aqueux
fluide
aquatile
hydraté
hydrofuge
hydrographe
hydromètre
hydrocéphale
hydropique
hydropisie
hydrophobie
hydrophobe

eau courante
e. dormante
e. morte
e. stagnante
calme
agitée
minérale
eau de table
thermale
douce
potable
saumâtre

claire
fraîche
limpide
pure
humide
humidité
hygromètre
hygrométrique
naïade
ondine

mouiller
laver
baigner
arroser
goutter
dégoutter
égoutter
suinter
abreuver
étancher
étendre d'eau
asperger
jaillir
sourdre
filtrer
se répandre
affleurer
couler
flotter
bouillonner
clapoter
immerger
submerger
inonder
noyer
puiser

eau-de-vie
V. *liqueur*

eau-forte
aquafortiste

ébahir V. *étonner*
ébarber V. *ôter*
ébat V. *plaisir*
ébattement
V. *plaisir*
ébattre (s')
V. *plaisir*
ébauche
V. *commencement*
ébaucher
V. *commencer*
ébauchoir
V. *sculpture*
ébaudir (s')
V. *gaîté*
ébène V. *bois*
ébénier
V. *plantes.*
ébéniste
V. *meuble*
ébénisterie
V. *meuble*
éblouir
V. *lumière*
éborgner
V. *œil*
ébouillir V. *feu*
éboulement
V. *tomber, ruine*
ébouler
V. *tomber*
éboulis V. *ruine*
ébourgeonner
V. *ôter*
ébouriffé
V. *cheveu*
ébousiner
V. *pierre*
ébrancher
V. *branche*
ébranler V. *mouvement, volonté*
ébraser
V. *penché*
ébrécher
V. *briser*
ébriété V. *ivre*
ébrouer
V. *cheval* (3)
ébruiter V. *dire*
ébullition
V. *liquide*
écaché V. *plat*
écaille
squame
écaillage
imbrication

écaillé
écailleux
imbriqué
squameux
desquamation

écale V. *enveloppe*
écaler V. *noix*
écarlate V. *rouge*
écarquiller
V. *ouvrir*
écart
V. *loin, autre*
écarté V. *cartes*
écarteler
V. *briser, supplice*
écartement
V. *loin*
écarter
V. *renvoyer, cartes*
ecchymose
V. *blessure*
ecclésiastique
V. *prêtre*
écervelé
V. *distraction*
échafaud
V. *charpente, supplice*
échafaudage
V *charpente*
échalas V. *bâton*
échalier V. *mur*
échalote
V. *plantes*
échampir
V. *peinture*
échancrer
V. *briser*
échanger
V. *changer*
échanson
V. *domestique*
échantillon
spécimen
modèle
type
échantillonner
carnet d'échantillons
cartes
cartons
placier

faire la place
échappade
V. *gravure*
échappatoire
V. *responsabilité*
échappée
V. *ouvrir*
échapper
V. *fuir*
écharde V. *bois*
échardonner
V. *ôter*
écharner V. *cuir*
écharpe
V. *ceinture*
écharper
V. *blessure*
échasse
V. *soutien*
échassier
V. *animal*
échauboulure
V. *peau*
échaudé
V. *pâtisserie*
échauder V. *feu*
échaudoir
V. *feu*
échauffaison
V. *peau*
échauffement
V. *excrément*
échauffourée
V. *insuccès*
échauffure
V. *peau*
échauguette
V. *fortification*
échéance
V. *dette*
échec V. *insuccès*
échecs
échiquier
case
blancs
noirs
roi
dame
reine
fou
cheval
cavalier
tour
côté du roi
côté de la reine
marche [pièces
mouvement des
manœuvre
tactique
attaque
défense
coup du berger
gambit
rocage
prise
échec
mat
échec au roi
échec à la reine
échec double
mat en... coups
mat simple
pat
joueur d'échecs
café de la Régence
Philidor

avoir le trait
avancer
jouer
menacer
emprisonner
découvrir
être en prise
protéger

dégager
adouber
couvrir
roquer
prendre
pionner
échanger
faire dame
aller à dame
avoir l'avantage
faire échec
mettre en échec
mater

échelle
bras
montants
branches
échelon
degré
marche
barreau
ranche
enfléchure
marchepied
échelette
escabeau
rancher
échelle simple
é. double
roulante
à coulisse
de meunier
de corde
corde à nœuds
hauban
escalade
monter
escalader
V. *escalier*

échelon
V. *échelle*

échelonner
V. *poser*

échenilloir
V. *jardin*

écheveau V. *fil*

échevelé
V. *cheveu*

échevin
V. *municipalité*

échidné
V. *animal*

échine V. *corps*

échinée V. *porc*

échiner V. *fatigue*

échiquier
V. *échecs, finances*

écho V. *bruit*

échoir
V. *événement*

échoppe V. *boutique, gravure*

échouer V. *insuccès* et *navire*

écimer V. *couper*

éclabousser
V. *mouiller*

éclair V. *tonnerre*

éclairage
luminaire
illumination
éclat
lumière
clarté
flot de lumière
feu
flamme
allumette
torche
brandon
tourteau
suspension
applique
bras
lustre
lampe
modérateur
carcel
quinquet
lanterne
lampion
ballon
lézard
lanterne vénitienne
verre de couleur
rampe
cordon
herse
if
bec de gaz
réverbère
girandole
torchère
lampadaire
falot
fanal
phare
chandelier
candélabre
flambeau
bougeoir
martinet
veilleuse
lumignon
abat-jour
écran
réflecteur
éteignoir
mouchettes
porte-mouchettes
mèche
chandelle
suif
cire
stéarine
bougie
huile
alcool
pétrole
essence
schiste
gaz
acétylène
électricité
feu de bengale
projection
pyrotechnie
feu d'artifice
a giorno
extincteur
couvre-feu
allumeur
lampiste
cirier
chevecier
électricien
gazier

allumer
aviver
moucher
monter
baisser
amortir
souffler
éteindre
éclairer
illuminer
briller
rayonner
émettre
envoyer
répandre
mourir

lumière vive
l. forte
l. éclatante
l. intense
l. faible
l. pâle
l. terne
l. mourante
illuminateur
V. *allumette, flambeau, lampe, lumière*

éclaircie
V. *temps*

éclaircir
V. *prouver*

éclaircissement V. *vérité*

éclaire V. *plantes*

éclairé V. *savant*

éclairer V. *enseigner, éclairage*

éclaireur
V. *armée*

éclanche
V. *viande*

éclat V. *briser, lumière, gloire*

éclater
V. *briser, colère*

éclectisme
V. *philosophie*

éclipse
passage sur
conjonction
opposition
tables d'opposition
obscuration
occultation
immersion
entrée
émersion
sortie
cône d'ombre
ombre pure
pénombre
phase
durée
vitesse de l'ombre
marche de l'ombre
retour
période
termes
doigt
scrupule
verre fumé
éclipse totale
partielle
annulaire
centrale
visible
apparente
invisible
solaire
lunaire
échancrée

éclipser
disparaître

éclipser (s')
V. *absent*

écliptique
V. *astronomie*
éclisse
V. *chirurgie*
écloper
V. *blessure*
éclore V. *naître, événement, œuf*

écluse
barrage
écluse de fuite
écluse de chasse
éclusée
canal
chute
chambre d'écluse
bassin
cuvette
radier
plafond
sas
bajoyer
bief
b. d'amont
b. supérieur
b. inférieur
b. d'aval
sous-bief
porte
ventail
enclave
vanne
berge
parement
talus
banquette
halage
berme
franc-bord
marchepied
tête d'aval
tête d'amont
musoir
chardonnet
enclave
busc
garde-radier
écluse à sas
écluse en éperon
point de partage
stationnement
ports de charge
ports de décharge
pont tournant
turcie
écobue
V. *agriculture*
écobuer V. *ôter*

écœurer
V. *dégoûter*
écofroi
V. *harnachement*
écoinçon
V. *angle*
écolâtre V. *école*
école
université
collège
lycée
asile
institution
pension
pensionnat
maison d'éducation
internat
externat
cours
conférence
faculté
conservatoire
gymnase
athénée
prytanée
séminaire

école primaire
é. mutuelle
é. supérieure
é. secondaire
é. normale
é. préparatoire
é. spéciale
é. libre
é. communale
é. laïque
é. chrétienne
é. religieuse
é. militaire
é. régimentaire
é. professionnelle
é. industrielle
é. commerciale
é. d'application
classe
amphithéâtre
laboratoire
étude
scolarité
cour
quartier
parloir
réfectoire
brimade
brimer
dortoir
lavabo
économat
cachot
cellule
banc
banc d'honneur
gradin
rang
pupitre
encrier
chaire
tableau
craie
éponge
mobilier scolaire
bc·lier
carte
patère
oculaire
écolâtre
surveillant
maître
maître d'études
scolaire
classique
frais d'études
bourse (obtenir une)
V. *professeur, enseignement*
écolier
élève
disciple
académiste
collégien
lycéen
potache
étudiant
pensionnaire
interne
demi - pensionnaire
externe surveillé
externe libre
externe
rhétoricien
vétéran
nouveau
brimade
carabin
pupille
moniteur
boursier
condisciple
camarade
cancre
crétin
cafard
trousseau
uniforme
carton
giberne

fournitures scolaires
livre
cahier
encrier
plumier
porte-plume
crayon
papier
ardoise
cahier de correspondance
bulletin
not›
bon point
exemption
prix
mauvais point
punition
pensum
férule
piquet
retenue
sortie
exeat
correspondant
congé
vacance
rentrée
récréation
promenade
examen
diplôme
fruit sec
composition
concours
place
leçon
explication
devoir
rédaction
sommaire
copie
texte
corrigé
version
mot à mot
bon français
thème
analyse
composition française
style
éconduire
V. *renvoyer*
économie
V. *avarice*
économiste
V. *savant*
écope V. *vide*

écorce
teille
tille
grume
cortical
décortiquer
décortication
écorcer
excortiquer
excortication
tiller
teiller
tillage
teillage
V. *tige*
écorcher
V. *peau*, *prix*
écorner V. *briser*
écornifler
V. *repas*

Écosse
highlands
écossais
erse
calédonien
highlander
laird
clan
claymore
écouler
V. *couler*, *vendre*
écourter
V. *petit*, *ôter*
écoute V. *corde*
écouter
V. *entendre*
écoutille
V. *navire*
écouvillon
V. *propreté*
écran V. *abri*
écraser
presser
fouler
piler
mâcher
broyer
triturer
écrabouiller
pulvériser
moudre
concasser
émietter
hacher
désagréger
marteler
laminer
aplatir
écrasement
trituration
broiement
broyage
compression
mouture
émiettement
pulvérisation
écrabouillement
aplatissement

presse
mortier
pilon
moulin
laminoir
cylindre
rouleau
hachoir
compresseur
hachis
capilotade
poudre
miette
détritus
écrémer V. *lait*
écrêter V. *couper*
écrevisse
V. *animal*
écrier (s') V. *dire*
écrible V. *pêche*
écrin V. *boîte*
écrire
transcrire
inscrire
mettre par écrit
coucher par écrit
consigner
expédier
copier
autographier
rédiger
rôler
grossoyer
mettre au net
reporter
enregistrer
noircir du papier
écrire fin
écrire gros
signer
parapher
souligner
ponctuer
dicter
calligraphier
mouler
former ses lettres
lier
aller à la ligne
griffonner
gribouiller
écrivailler
trembler
sténographier
raturer
barrer
biffer
oblitérer
gratter
corriger
surcharger
guillemeter
apostiller [calamo
écrire currente
écrit V. *livre*
écriteau
V. *enseigne*
écritoire
V. *écriture*
écriture
caractère
lettre
clef
runes
quipos
hiéroglyphe
calligraphie
graphologie
sténographie
exemple
modèle
copie
double
duplicata
minute
expédition
rôle
grosse
dictée
brouillon
net
écrit
autographe
manuscrit
grimoire
palimpseste
tablette
rouleau
scytale
texte
marge
pattes de mouche
vilaine écriture

penchée
anglaise
bâtarde
coulée
gothique
cursive
expédiée
allemande
italique
ronde
onciale
autographique
démotique
idéographique
hiéroglyphique
cunéiforme
boustrophédon
griffonnage
barbouillage
chiffre
cryptographie
cyptographique
stéganographie
stéganographique
olographe
chirographaire
graphique
écriture lisible
é. illisible
é. indéchiffrable
plume (cracher)
transparent
guide-âne
encre
encrier
écritoire
encre de Chine
boue
pâté
buvard (boire)
brouillard
poudre
sable
sous-main
canif
grattoir
calemard
plumier
porte-plume
alinéa
paragraphe
ligne
abréviation
sigle
tironien
signature
faux
titre
bâton
lettre
plein

délié
jambage
boucle
barre
panse
accolade
tiret
astérisque
guillemet
ponctuation
accentuation
renvoi

écrivain
auteur
homme de lettres
gens de lettres
littérateur
styliste
homme de plume
femme-auteur
bas-bleu
poète
prosateur
journaliste
polémiste
gazetier
nouvelliste
publiciste
rédacteur
libelliste
pamphlétaire
folliculaire
brochurier
chroniqueur
feuilletoniste
critique
courriériste
échotier
reporter
traducteur
compilateur
annotateur
paraphraste
exégète
glossateur
commentateur
polygraphe
encyclopédiste
historiographe
historien
biographe
annaliste
apologiste
panégyriste
controversiste
arrêtiste
ritualiste
romancier
fabuliste
conteur
humoriste
parodiste
épistolier
satirique
dramaturge
comique
dramatique
tragique
librettiste
moraliste
lyrique
élégiaque
classique
grammairien
lexicographe
géographe
architectonographe
écrivassier
écrivailleur
grimaud
barbouilleur
gratte-papier
contrefacteur
plagiaire
faussaire
calligraphe
scribe
greffier
secrétaire
employé
copiste
rédacteur
expéditionnaire
hiérogrammate
sténographe
logographe
collaborateur
graphologue
V. *livre*, *écrire*, *style*, *littérature*, *poète*

écrou V. *vis*, *prison*

écrouelles
V. *maladie*

écrouer
V. *prison*

écroues
V. *nourriture*

écrouir V. *métal*

écroulement
V. *tomber*

écroûter V. *ôter*

écru V. *toile*

écrues V. *arbre*

ectropion V. *œil*

ectype
V. *monnaie*

écu V. *bouclier*, *monnaie*

écubier V. *navire*

écueil
rocher
récif
brisant
roche
roc

écuelle
V. *assiette*

écuellée
V. *volume*

écuisser
V. *jardin*

éculer
V. *chaussure*

écume
mousse
bave
crachat
spumosité
bouillon
bouillonnement
écumeux
écumant
mousseux
baveux
spumeux

écumer
mousser
baver
cracher
bouillonner

écumeur
V. *aventure*

écumoire
V. *cuisine*

écurer
V. *propreté*

écureuil
V. *animal*

écurie
haras
stalle
box
chenil
barre
bat-flanc
rigole
coffre à avoine
râtelier
fuseau
abat-foin
mangeoire
abreuvoir
barbotière
barbotoire
chapelet
litière
avoine
fourrage
picotin
tréteau
porte-harnais
chèvre à voiture
tondeuse
seau
éponge
brosse
étrille
époussette
couteau de chaleur
entravon
caveçon
capote
harnais
harnachement
fouet
chambrière
palefrenier
V. *harnachement*

écusson
V. *blason*

écussonner
V. *jardin*

écuyer
V. *équitation*

eczéma
V. *peau*, *maladie*

éden V. *paradis*

édenté V. *dent*

édicter
V. *commander*

édifiant
V. *conduite*

édifice
monument
immeuble
bâtiment
construction
pignon sur rue
habitation
maison
maisonnette
petit nid
hôtel
villa
pavillon
bonbonnière
cottage
chalet
belvédère
kiosque
rendez-vous de chasse
muette

vide-bouteilles
pied-à-terre
chaumière
chaumine
borde
borderie
métairie
mas
ferme
bastide
château
manoir
gentilhommière
castel
palais
musée
rotonde
donjon
tour
clocher
campanile
lanterne
lanternon
flèche
aiguille
arc de triomphe
galerie
arcade
portique
colonnade
colonne
cippe
aumônerie
archevêché
évêché
archimonastère
monastère
couvent
ermitage
presbytère
cure
séminaire
asile
hospice
hôpital
hôtel-Dieu
collège
lycée
école
conservatoire
palais de justice
tribunal
prison
dépôt
bourse
caserne
corps de garde
poste
manutention
manufacture
usine
fabrique
théâtre
bâtisse
habitacle
masure
taudis
hangar
appentis
cabane
baraque
bicoque
cahute
corps principal
avant-corps
ailes
côtés
V. *bâtir*, *architecture*, *colonne*, *style*, *ornements*, *maison*, *fronton*

édile
V. *municipalité*

édit V. *loi*

éditeur
libraire
maison d'édition
édition

éditer
publier
mettre au jour
faire paraître
lancer

édredon
V. *lit*, *plume*

éducation
V. *instruction*

édulcorer
V. *doux*

éfaufiler
V. *étoffes*

effacement
V. *humble*

effacer
V. *défaire*

effaner V. *ôter*

effarement
V. *peur*

effaroucher
V. *peur*

effectif
V. *quantité*, *importance*

effectuer
V. *faire*

efféminé
V. *inactif*

effendi V. *chef*

effervescence
V. *feu*, *excitation*

effet V. *résultat*

effeuiller
V. *feuille*

efficace
V. *résultat*

effigie V. *image*

effiler V. *fil*

effilocher
V. *étoffes*

efflanqué
V. *maigre*

effleurer
V. *toucher*

efflorescence
V. *fleur*

effluence
V. *odeur*

effluve V. *odeur*

effondrement
V. *tomber*

effondrilles
V. *reste*

efforcer (s')
faire effort
tenter
peiner
lutter
collier
donner un coup de
faire des pieds et des mains
faire l'impossible
se consumer
se démener
s'évertuer à

effort
épaulée
peine
tension
tourment
bec et ongle
V. *commencer*

effraction
V. *briser*

effraie V. *animal*

effrayer V. *peur*

effréné V. *trop*

effriter V. *ruine*

effroi
V. *peur* et *craindre*

effronterie
V. *hardiesse*

effusion
V. *politesse*, *verser*

éfourceau
V. *voiture*

égal
équivalent
pair
ex æquo
de force
de même valeur
à bon chat bon rat
de manche à
comparable
de niveau
équipollent
adéquat
tel que
pareil
semblable
succédané
conforme
en conformité
équilatéral
équiangle
équidistant
isocèle
isochrone
isobare
isotherme

égaler
valoir
balancer
équivaloir
équipoller
contrebalancer
équilibrer
dédommager
revaloir
faire la paire
faire équilibre
aller de pair
compenser
égaliser
niveler

égaliser V. *plat*

égalité
équivalence
équipollence
équation
balancement
équilibre
pondération
revanche
talion
égalitaire
sur le pied d'égalité
également
autant
aussi
ainsi
de même
semblablement

égard V. *respect, importance*
égarement V. *folie*
égarer V. *errer*
égayer V. *gaîté*
égide V. *bouclier*
Égine
éginète
églantier V. *plantes*

église
saint lieu
paroisse
aide
cathédrale
métropolitaine
épiscopale
abbaye
abbatiale
basilique
collégiale
canoniale
conventuelle
chapelle
baptistère
crypte
souterrain
caveau
parvis
chevet
abside
sanctuaire
laraire
façade
étage
portail
porche
tour
clocher
flèche
campanile
coq
dôme
rosace
rose
tympan
narthex
tambour
nef
vaisseau
bénitier
fonts baptismaux
bas-côté
collatéraux
transept
croisée
bas-chœur
aile
galerie
chœur
travée
arc triomphal
voûte
vitraux
ambon
banc d'œuvre
jubé
tribune
chaire
abat-son
évangile
épître
voile
triforium
confessionnal
autel
maître-autel
châsse
ex-voto
stalle
miséricorde
sacristie
aigle
lutrin
luminaire
cierge
chaise
prie-dieu
agenouilloir
tronc
eau bénite
goupillon
encensoir
encens
orgue
buffet d'orgue
messe
quête
offrande
patène
paix
saint-chrême
saintes huiles
clergé
cure
desservant
officiant
assistant
célébrant
semainier
épistolier
vicaire
clerc
lévite
oblat
chanoine
chapitre
enfant de chœur
bedeau
suisse
sacristain
loueuse de chaise
maîtredechapelle
organiste
chantre
choriste
maîtrise
donneur d'eau bénite
fabrique
fabricier
fabricien
marguillerie
marguillier
fidèle
paroissien
chapier
chefecier
crédencier
porte-croix
porte-chape
obituaire
calendaire
cartulaire

affecter
désaffecter
consacrer sous l'invocation [de
V. *autel, temple*

églogue V. *champ, poème*
égoïste V. *avare insensible*
égorger V. *tuer*
égosiller (s') V. *crier*
égout V. *canalisation*
égoutter V. *couler*
égouttoir V. *couler*
égoutture V. *couler*
égrainer V. *ôter*
égrapper V. *récolte*
égratigner V. *griffe*
égravillonner V. *jardin*
égrener V. *ôter*
égrillard V. *gaîté*
égrisée V. *joaillerie*
égriser V. *joaillerie*
égrisoir V. *joaillerie*
égrugeoir V. *sel*
égruger V. *sel*
égueuler V. *récipient*

Égypte
khédive
sphinx
obélisque
pyramide
momie
lotus
ibis
fellah
hiéroglyphe
égyptien

éherber V. *herbe*
éhonté V. *audace*
éhouper V. *jardin*
eider V. *animal*
éjaculer V. *jeter*
élaborer V. *faire*
élaguer V. *couper*
élan V. *animal.*
élan V. *mouvement*
élancement V. *saut, douleur*
élancé V. *petit* (2)
élancer V. *saut, douleur.*
élargir V. *extension, prison*
élargissure V. *plus*
élasticité V. *mou*
élavé V. *mou*
Elbœuf
elbeuvien
eldorado V. *bonheur*

élection
comices
lutte électorale
campagne électorale
collège électoral
circonscription électorale
bourg pourri
scrutin
scrutin de liste
vote
suffrage

consultation du ballottage [pays
premier tour
deuxième tour
élection à deux
réélection [degrés
électeur
inscrit
liste électorale
citoyen
votant
abstentionniste
censitaire
commettant
mandant
majorité
pluralité des voix
minorité
candidat
éligible
inéligible
inéligibilité
capacité
éligibilité
électorat
mandat impératif
mandat électif
inscription
votation
abstention
bulletin de vote
pointer
émarger
émargement
dépouillement du scrutin [sultat
proclamer le résultat
porter un candidat
dépouiller les voix
se démettre en faveur de
retirer sa candidature
se retirer
être nommé
passé au 1er tour
ouvrir le scrutin
fermer
clore
voter pour
bulletin nul
bulletin blanc
voix perdue
section
bureau
scrutateur
urne
porter
élire
coopter
invalider
casser
invalidation
cooptation
V. *candidat*

électorat
V. *territoire*

électricité
magnétisme
galvanisme
électro-chimie
électro-dynamique
électro-magnétisme
fluide
courant
circuit
décharge
charge
commotion
étincelle
aigrette
arc
arc voltaïque
conductibilité
pôle positif
pôle négatif
électrisation
influence
attraction
répulsion
induction
tension
condensation
accumulation
ampère
pile
pile sèche
pile Volta
pile à auge
appareil
machine
élément
batterie
couple
jarre
dynamo
générateur
bouteille de Leyde
armature
carreau étincelant
pistolet de Volta
tube étincelant
bobine
fil conducteur
isolateur
condensateur
accumulateur
électrode
électro-aimant
électro-moteur
électromètre
galvanomètre
électrophore
gâteau
électroscope
excitateur
galvanoplastie
électrolyse
sonnerie
timbre
fil
plan d'épreuve
balance de Coulomb
lampe
lampe Edison
lampe à incandescence
ampoule
paratonnerre
télégraphe
électrique
magnétique
galvanique
voltaïque
positif
électro-positif
négatif
électro-négatif
contraire
dissimulé
condensé
électricien
électriser
charger

électuaire
V. *remède*

Élée
éléate

élégant
Adonis
Narcisse
Antinoüs
dameret
damoiseau
dandy
céladon
coq
bourreau des cœurs
don Juan
conquérant
fashionable
mis comme un prince
lion
gandin
muguet
godelureau
freluquet
petit-maître
muscadin
incroyable
merveilleuse
jeunesse dorée
jeune beau
roquentin
vieux beau
mirliflore
pimpant
musqué
pomponné
dandysme
élégance
cachet
fashion
bon ton
dernier genre
mode
suivre la mode
V. *beau*, *beauté*, *style*, *toilette*

élégie
élégiaque

élément
V. *commencement*

éléphant
proboscidien
mammouth
défense
trompe
cornac
barrir
barriser
barrit
barrissement

éléphantiasis
V. *peau*

élevage
aviculture
apiculture
pisciculture
ostréiculture
sériciculture
colombophilie
aviculteur
apiculteur
pisciculteur
sériciculteur
colombophile
éleveur
V. *bétail*

élévation
V. *haut*
élève
V. *écolier*
élevure V. *peau*
elfe V. *magicien*
Élide
éléate
élider V. *ôter*
éligible
V. *élection.*
élimer V. *user*
éliminer V. *ôter*
élingue V. *corde*
élire V. *élection*
élision V. *lettres*
élite V. *choisir*
élixir V. *liqueur*
ellébore V. *plantes, folie*
elléborine
V. *plantes.*
ellipse V. *ovale, ôter*
ellipsoïde
V. *forme*
ellipticité
V. *forme*
elliptique
V. *forme*
elme V. *magicien*
élocution
V. *éloquence.*
éloge V. *louange*
éloignement
V. *loin, haine*
éloquence
don de la parole
facilité
improvisation
élocution
débit
abondance
bonheur d'expression
diction
action
geste
volubilité
bagout
fil
verbiage
rhétorique
déclamation
loquèle
loquacité
art oratoire
art de la parole
faconde
élégance
tour [que
fleurs de rhétorique
couleur [toire
mouvement oratoire
verve
feu
chaleur
onction
atticisme
ironie
finesse
beau largage
éloquence judiciaire
éloquence politique
éloquence délibérative
éloquence religieuse
barreau
tribune
chaire
éloquence académique
éloquence démonstrative
éloquence naturelle
charmer
persuader
convaincre
entraîner
enlever
enflammer
remuer
émouvoir
faire passer dans les âmes V. *orateur, dire, discours, conseiller*
éloquent
persuasif
convaincant
entraînant
puissant
emporté
enflammé
sublime
pathétique
cicéronien
riche
disert
bien-disant
élégant
brillant
fleuri
onctueux
foudre d'éloquence
emphatique
pompeux V. *beau, style, dire, discours*
élucider
V. *problème*
élucubration
V. *livre*
éluder V. *fuir*
Élysée
élyséen
élysiens
élytre V. *aile*
elzévir
V. *imprimerie*
émacié V. *maigre*
émail
é. translucide
é. de basse-taille
é. champlevé
é. cloisonné
é. des peintres
é. en taille d'épargne
é. à jour
grisaille
miniature
nielle
contre-émail
émaillure
émailler
contre-émailler
bordoyer
champlever
nieller
émailleur
outil
bercelle
chalumeau
lampe
four
moufle
fondant
rocaille
fritte
oxyde
paillon
guilloché
émanation
V. *air*
émaner
V. *origine, odeur*
émarger V. *élection, recevoir*
emballage
empaquetage
cargaison
chargement
expédition
envoi
caisse
colis
emballeur
coffretier
layetier
malletier V. *bagage, caisse, enveloppe, fermer*
embarcadère
V. *voyage*
embarcation
V. *chaloupe* et *navire*
embargo
V. *commerce*
embarquement V. *navire*
embarras V. *obstacle, orgueil*
embasement
V. *soutien*
embâter
V. *poids*
embatre V. *roue*
embaucher
V. *ouvrier*
embauchoir
V. *moule*
embaumer
V. *odeur, enterrement*
embéguiner
V. *tromper*
embellie
V. *temps*
embellir
V. *mieux*
emblaver
V. *céréales*
emblavure
V. *terrain*
emblée (d') V. *vite*
emblème
V. *allégorie*
emboire (s')
V. *peinture*
emboîtement
V. *ensemble*
emboîter V. *assembler, accompagner*
emboîture
V. *ensemble*
embolie V. *sang*
embolisme
V. *mois*
embonpoint
V. *gras* (2)
embordurer
V. *tableau*
embosser
V. *navire*

emboucher
V. *instruments*
embouchoir
V. *instruments*
embouchure
V. *rivière, instruments*
embouer V. *boue*
embouquer
V. *navire*
embourber
V. *boue*
embourrer
V. *garnir*
embourser
V. *recevoir*
emboutir
V. *garnir*
embranchement V. *division* (2)
embrasement
V. *feu*
embrasse
V. *rideau*
embrasser
accoler
étreindre
enlacer
serrer dans les bras
sauter au cou
baiser
baisoter
manger de baisers
dévorer de [sers
embrassement
enlacement
embrassade
accolade
étreinte
baiser
baisement
embrasseur
démonstratif
embrasure
V. *ouverture*
embrigader
V. *assembler*
embrocation
V. *remède*
embrocher
V. *épée, viande*
embrouiller
V. *désordre*
embrumer
V. *temps*
embryogénie
V. *fœtus*

embryon
V. *fœtus*
embu V. *peinture*
embûche
V. *piège*
embuscade
V. *piège*
embusquer
V. *piège, poser*
émender
V. *mieux*
émeraude
morillons
smaragdin
émerger
V. *sortir*
émeri V. *essuyer, fermeture*
émerillon
V. *animal*
émerillonné
V. *gaîté*
émérite
V. *fonction*
émersion
V. *sortir*
émerveiller
V. *admiration*
émétique
V. *remède*
émettre V. *avis, monnaie, envoyer*
émeute
V. *révolution*
émier V. *pain*
émietter
V. *pain, diviser*
émigrer
V. *partir*
émincé
V. *nourriture*
éminence
V. *hauteur*
éminent V. *gloire*
émir V. *chef*
émissaire
V. *envoyé*
emission
V. *extension*
emmagasiner
V. *marchandise*
emmaigrir
V. *maigre*
emmailloter
V. *enfant*
emmancher
V. *outil*
emmanchure
V. *vêtement*

emmantelé
V. *vêtement*
emmarchement V. *escalier*
emmêler
V. *désordre*
emménager
V. *appartement*
emmener
V. *sortir*
emmenotter
V. *prison*
emmieller
V. *miel, hypocrisie*
emmitoufler
V. *garnir, vêtement*
emmortaiser
V. *menuisier*
emmotté
V. *jardin*
émoi V. *sensible*
émollient V. *mou*
émolument
V. *prix*
émonctoire
V. *excrément*
émonder
V. *arbre*
émotion
V. *sensible*
émotter
V. *jardin*
émoucher
V. *mouche*
émouchet
V. *animal*
émouchette
V. *mouche*
émouchoir
V. *mouche*
émoudre
V. *aiguiser*
émoulu (frais)
V. *nouveau*
émousser
V. *pointe*
émoustiller
V. *gaîté*
émouvoir
V. *sensible*
empailler
V. *paille*
empaler
V. *supplice*
empan
V. *longueur*
empanacher
V. *plume*

empanner
V. *navire*
empaqueter
V. *enveloppe*
emparer (s')
V. *prendre*
empâter
V. *condenser*
empattement
V. *colonne*
empaumer
V. *prendre*
empaumure
V. *gant*
empêchement
V. *arrêt* et *obstacle*
empeigne
V. *chaussure*
empenner
V. *plume*
empereur
V. *chef* et *commander*
empeser
V. *blanchissage*
empêtrer
V. *obstacle*
empester
V. *odeur*
emphase
V. *style*
emphysème
V. *maladie*
emphytéose
V. *location*
empierrer
V. *pierre*
empiéter
V. *injuste, trop*
empiffrer
V. *manger*
empiler V. *tas*
empire V. *chef, commander*
empirer V. *pire*
empirique
V. *expérience*
emplacement
V. *place*
emplâtre
V. *remède, inactif*
emplette
V. *achat*
emplir V. *plein*
employé
agent
comptable
teneur de livres
caissier

trésorier
commis
buraliste
préposé
fonctionnaire
plumitif
rond-de-cuir
gratte-papier
scribe
expéditionnaire
copiste
secrétaire
calicot
clerc
saute-ruisseau
sous-ordre
gagiste
salarié
agent
rédacteur
livreur
surveillant
contrôleur
inspecteur
régisseur
intendant
factotum
gérant
sous-chef
chef
administrateur
directeur
personnel
supérieur
subalterne
surnuméraire
auxiliaire
attaché
remplaçant
suppléant
membre
collègue
rayon
caisse
contrôle
contentieux
bureau
secrétairerie
secrétariat [sence
feuille de pré-
appointements
émoluments
gages
salaire
gratification V. *administration, fonction, comptabilité, commerce*

employer
faire usage
se servir de
user de
s'aider de
recourir à
appliquer à
accommoder à
tirer parti [ploi
faire un bon em-
faire un mauvais
abuser [emploi
mésuser
exploiter
mettre en coupe réglée V. *usage*

emplumer
V. *plume*

empocher
V. *recevoir*

empoigner
V. *prison, sensible.*

empois
V. *blanchissage*

empoisonnement V. *poison*

empoisser
V. *poix*

empoissonner
V. *poisson*

emporté
V. *cheval, colère*

emporte-pièce
V. *outil*

emporter
enlever
emmener
ôter
charrier
entraîner
exporter
V. *porter, tirer*

empoté
V. *inaction*

empoter
V. *jardin*

empourprer
V. *couleur*

empreindre
V. *moule*

empreinte
V. *signe, cachet*

empressé V. *vite*

emprisonner
V. *prison*

emprunt V. *dette*

emprunté
V. *hypocrisie*

empuantir
V. *odeur*

empyème
V. *abcès*

empyrée V. *air*

empyreume
V. *odeur*

émulation
V. *concours*

émulgent
V. *veine*

émulsion
V. *remède*

énallage
V. *rhétorique*

énamourer
V. *amour*

encablure
V. *longueur*

encadrement
V. *cadre*

encager
V. *prison*

encaisse
V. *comptabilité*

encaissé
V. *chemin*

encaisser V. *recevoir, enfermer*

encan V. *vente*

encanailler
V. *grossier*

encaquer
V. *enveloppe*

encarter V. *livre*

en-cas V. *nourriture, parapluie*

encastelé
V. *cheval* (5)

encastrer
V. *enveloppe*

encaustique
V. *cire*

encavement
V. *cave*

enceindre
V. *autour*

enceinte V. *autour, accoucher*

encens
grain d'encens
oliban
encensoir
navette
cassolette
encenser
encensement
thuriféraire

encenser
V. *encens, louange*

encensoir
V. *encens*

encéphale
V. *cerveau*

enchaîner
V. *prison*

enchanter
V. *agréable*

enchanter
V. *magicien*

enchâsser
V. *enveloppe*

enchausser
V. *jardin*

enchère
V. *prix* et *vente*

enchérissement V. *prix*

enchevêtrer
V. *désordre*

enchifrener
V. *nez*

enchymose
V. *blessure*

enclave
V. *terrain*

enclaver
V. *fermer*

enclin V. *instinct*

enclitique
V. *grammaire*

enclore V. *fermer*

enclos V. *terrain*

enclouer V. *clou*

enclume
tas
bigorne
enclumeau
boule
étaple
cloutière
dé à emboutir
tronchet
bel-outil
javotte
billot
stoc
estomac
tronçon
tête
tige
table

encoche
V. *coupure*

encocher V. *arc*

encoffrer
V. *enveloppe*

encoignure
V. *angle*
encoller V. *colle*
encombrement V. *obstacle*
encontre (à l')
V. *non*
encorbellement V. *maison*
encore V. *répéter*
encorné V. *corne*
encouragement V. *conseil*
encourager
V. *conseiller*
encourir V. *juste*
encrasser
V. *sale*
encre
encre de couleur
encre de Chine
encre sympathique
encre à copier
encre d'imprimerie
encre lithographique
boue
pâté
encrier
écritoire
calmar
encrer
V. *écrire*
encroué V. *arbre*
encroûter
V. *habitude*
encuver
V. *fermer*
encyclique
V. *pape*
encyclopédie
V. *dictionnaire*
endémique
V. *extension*
endetter V. *dette*
endiablé
V. *importance*
endiguer
V. *fermer*
endimancher
V. *toilette*
endive V. *légume*
endoctriner
V. *conseiller*
endolori
V. *douleur*
endommager
V. *mal*
endormir
V. *sommeil*
endos V. *gage*
endosmose
V. *entrée*
endosser V. *vêtement, gage, responsabilité*
endroit
V. *place, côté*
enduire V. *garnir*
endurant
V. *patient*
endurci
V. *dur, habitude*
endurer
V. *douleur*
énergie V. *force*
énergumène
V. *trop*
énerver V. *ennui*
enfaîteau V. *toit*
enfaîtement
V. *toit*
enfance
bas-âge
nouveau-né
poupon
poupard
bébé
marmot
mioche
bambin
bambine
diablotin
blondin
blondine
galopin
grimelin
gamin
petit bonhomme
garçonnet
fillette
dauphin
dauphine
infant
infante
czarévitz
héritier
progéniture
rejeton
négrillon
légitime
adoptif
adultérin
fruit de l'adultère
bâtard
naturel
illégitime
exposé
trouvé
champi
reconnu
légitimé
voué
posthume
puîné
orphelin
enfantin
puéril
filial
infantile

bâtardise
barre (blason)
nourrice
gouvernante
bonne
nursery
pouponnière
asile
biberon
hochet
bulle
lolo
bouillie
crèche
berceau
berceuse
bercelonnette
bourrelet
béguin
bavette
têtière
brassière
lisière
langes
couche
layette
maillot
babil
enfantillage
puérilité
vagissement
allaitement

vagir
babiller
emmailloter
démailloter
bercer
allaiter
donner le sein
baptême
limbes
filialement
puérilement
enfariné
V. *hypocrisie*
Enfer
royaume des morts
lieu d'expiation
géhenne
flammes éternel
abîme [les
royaume des om-
Achéron [bres
Styx
Cocyte
Léthé
Phlégéthon
Orcus
Averne
Tartare
Hadès
Empire de Pluton
Champs-Élysées
limbes
purgatoire
démon
diable
Satan
réprouvés
damnés
ombres
mânes
Pluton
Proserpine
Cerbère
Furies
Caron
le fatal nocher
Minos
Eaque
Rhadamante

infernal
diabolique
satanique
enfermer V. *envelopper, fermer*
enferrer
V. *escrime*
enfilade V. *ligne*
enfiler V. *aiguille*
enflammé
V. *éloquent*
enflammer
V. *feu, éloquence*
enfler
V. *forme, volume*
enflure V. *forme, style*
enfoncement
enfoncer
entrer
insérer
enfouir

pousser
chasser
ficher
V. *angle, entre*
enforcir V. *force*
enfouir V. *trou*
enfourcher
V. *équitation*
enfourner
V. *four*
enfreindre
V. *désobéir*
enfuir (s')
V. *quitter*
enfumer
V. *fumée*
engagé V. *soldat*
engagement
V. *dette, combat*
engager
V. *conseiller*
engainer
V. *enveloppe*
engeance
V. *race*
engelure V. *peau*
engendrer
V. *faire*
enger V. *poids*
engerber
V. *récolte*
engin V. *machine*
englober
V. *enveloppe*
engloutir
engouffrer
dévorer
avaler
engouler
se perdre
s'abîmer
plonger dans
tomber dans
se précipiter
disparaître
V. *nager*
engluer V. *colle*
engoncer
V. *enveloppe*
engorger
V. *plein*
engouement
V. *admiration*
engouffrer
V. *engloutir*
engouler
V. *engloutir*
engoulevent
V. *animal*

engourdissement V. *inaction*
engrais
V. *agriculture*
engraisser
V. *volume, gras*(2)
engranger
V. *récolte*
engraver
V. *sable*
engrêlure
V. *dentelle*
engrenage
V. *mécanique*
engrener
V. *mécanique*
engri V. *animal*
engrumeler
V. *dur*
enhardir
V. *conseiller*
enharmonique
V. *musique*
enharnacher
V. *harnachement*
énigme V. *obscur*
enivrement V. *ivre, gaîté, orgueil*
enjambée
V. *longueur*
enjambement
V. *marcher, vers*
enjamber V. *saut*
enjaveler
V *récolte*
enjeu V. *cartes*
enjoindre
V. *commander*
enjôler
V. *caresser*
enjoliver
V. *beau*
enjouement
V. *gaîté*
enlacement
V. *embrasser*
enlaidir
V. *difformité*
enlever V. *porter, ôter* et *défaire*
enlier
V. *maçonnerie*
enligner V. *poser*
enlizer V. *sable*
enluminer
V. *couleur*
ennemi V. *haine*
ennoblir
V. *mieux*

ennui
tristesse
dégoût
mélancolie
spleen
agacement
énervement
impatience
désagrément
déplaisir
contrariété
dépit
importunité
tracas
inquiétude
perplexité
préoccupation
souci
alarme
angoisse
anxiété
attente
expectative
embarras
incertitude
trouble
ombrage
lassitude
tourment
taquinerie
vexation
tribulation
inconvénient
incommodité
inopportunité
contretemps
déboire
déception
déconvenue
désappointement
tintouin
bisbille
vicissitude
avanie
arias
transe
accroc
anicroche
martel en tête
ennuyé
anxieux
inquiet
tourmenté
agité
perplexe
triste
soucieux
morose
maussade

mélancolique
hypocondre
hypocondriaque
misanthrope
agité par les soucis
agacer
énerver
ennuyer
contrarier
désappointer
décevoir
vexer
froisser
importuner
tracasser
harceler
horripiler
impatienter
lasser
tourmenter
molester
tarabuster
incommoder
taquiner
assiéger de soucis
assommer
accabler
tuer
être à charge
peser
chiffonner
choquer
déplaire
obséder
persécuter
donner de la tablature
être sans agrément
manquer d'agrément
maugréer
bougonner
murmurer
avoir sur le dos
éprouver de l'ennui
être au supplice
enrager
être sur les charbons
ne savoir où donner de la tête
s'en voir
être dévoré d'ennui
être rongé d'ennui
ennuyeux
désagréable
incommode
tracassier
insupportable

fastidieux
importun
inopportun
intempestif
fâcheux
malencontreux
bête noire
cauchemar
V. *désagréable*, *triste*

énoncer V. *dire*

énonciation V. *dire*

enorgueillir V. *orgueil*

énorme V. *volume*

énormité V. *volume*, *importance*, *absurdité*

énouer V. *nœud*

enquérir (s') V. *curieux*

enquête V. *curiosité*

enraciné V. *durée*, *habitude*

enragé V. *chien*

enrager V. *ennui*

enrayer V. *roue*, *arrêt*

enrégimenter V. *assembler*

enregistrer V. *écrire*

enrhumer V. *tousser*

enrôler V. *armée*

enroué V. *voix*

enrouler V. *cercle*

enrubanner V. *passementerie*

ensabler V. *sable*

ensacher V. *enveloppe*

ensaisinement V. *propriété*

ensanglanter V. *tuer*, *sang*

enseigne
écriteau
pancarte
étiquette
annonce
affiche
inscription
titre
écusson
cartouche
panonceau
bouchon

enseignement
instruction
diffusion
vulgarisation
initiation
pédagogie
éducation
études
classes
leçon
cours
conférence
répétition
examen
interrogation
colle
facultés
académie
université
branches
divisions
bifurcation
lettres
sciences
doctrine
dogme
professorat
apostolat
propagande

pédagogique
classique
universitaire
littéraire
scientifique
dogmatique
doctrinaire
doctrinal
instructif
didactique
éducable
professoral
doctoral
supérieur
secondaire
élémentaire
primaire
professionnel
ésotérique
exotérique
dogmatiquement

enseigner
instruire
éduquer
dresser
élever
former
catéchiser
dogmatiser
dégrossir
initier
éclairer
policer
civiliser
endoctriner
styler
seriner
mettre au courant
professer
donner des leçons
ouvrir un cours
faire des adeptes
faire des prosélytes
apprendre
vulgariser
propager
dévoiler
révéler
expliquer
prêcher
montrer
inculquer
répéter
ressasser
en remontrer
ex professo
ex cathedra
V. *école* et *professeur*

enseller V. *harnachement*

ensemble
de concert
de compagnie
de conserve
généralement
universellement
totalement
généralité
tout
total
somme
totalité
fusion
fusionnement
mélange
groupement
combinaison
rassemblement
alliage
agglomération
accumulation
entassement
amoncellement
conglomération
jonction
conjonction
commissure
confluent
enlacement
enchaînement
rapprochement
juxtaposition
addition
adjonction
adhérence
apposition
greffe
ente
abouchement
about
ajustage
emboîtement
emboîture
adaptation
ensemble
cohérence
inhérence
accord
concorde
coïncidence
harmonie
affinité
connexité
sympathie
unanimité
collaboration
coopération
solidarité
intelligences
complicité
collusion
communauté
inféodation
fraternité
amitié
cohabitation
alliance
liens
liaison
attachement
rapport
commerce
adhésion
cohésion
accolade
embrassade
mariage
unification
unité
simplicité
indivisibilité
bloc
concert

symphonie
collecte
souscription
système
synthèse
syncrétisme
synchronisme
contemporanéité
simultanéité
concomitance
agrégat
agglomérat
ramas
ramassis
amas
tas
monceau
pile
meule
union
association
assemblée
assemblage
assortiment
collection
compilation
banc
bande
groupe
noyau
peloton
troupe
caravane
cortège
procession
file
foule
multitude
tribu
horde
masse
nuée
troupeau
société
paquet
ballot
botte
fagot
falourde
fascicule
liasse
poignée
bouquet
gerbe
dizeau
gerbée
fascine
involution
involucre
troquet
pelote
peloton
touffe
houppe
trousse
garniture
service
trousseau

uni
général
générique
unanime
connexe
systématique
synthétique
synchronique
simultané
synoptique
concomitant
commun
solidaire
collusoire
coadjuteur
coassocié
codonataire
cohéritier
inhérent
copulatif
coïncider
ne faire qu'un
ajouter
additionner
joindre
amalgamer
totaliser
entasser
amasser
amonceler
empiler
masser
pelotonner
fagoter
botteler
attacher
lier
V. *assembler*, *association*, *armée*

ensemencer
V. *agriculture*

enserrer V. *enveloppe*

ensevelir V. *enterrement*

ensorceler
V. *magicien*

ensoufrer
V. *soufre*

ensuite V. *suivre*

entablement
V. *fronton*

entacher V. *réputation*

entaille V. *coupure*

entamer V. *couper*

entamure
V. *coupure*

entasser V. *assembler*

ente V. *jardin*

entendement
V. *intelligence*

entendre
ouïr
percevoir
discerner
distinguer
écouter
prêter l'oreille
ausculter

acoustique
ouïe
audition
ouï-dire
auscultation
perception
oreille
sens auditif
cornet acoustique
porte-voix
phonétique
phonographe
microphone
téléphone
sirène
auditeur
auditoire
audience
oreille fine
sourd
dur d'oreille
oreille dure
sourd comme un pot
surdité
V. *bruit*

entendu V. *habile*.

entente V. *ensemble*

enter V. *jardin*

entériner
V. *procédure*

entérique
V. *ventre*

entérite
V. *ventre*

enterrement
funérailles
obsèques
honneurs funèbres
convoi
service
enterrement civil
anniversaire
bout de l'an
inhumation
crémation
incinération
exhumation
classe
mort
cadavre
fermer les yeux
constatation de décès
médecin des morts
toilette
ensevelissement
ensevelir
linceul
suaire
bière
cercueil
mise en bière
clouer la bière
veillée
prendre le deuil
être en deuil
grand deuil
petit-deuil
demi-deuil
crêpe
billet de faire-part
lettre
agence
maison mortuaire
tenture
exposition
chapelle ardente
tendre de noir
draper de deuil
larmes d'argent
écusson
signature
levée du corps
convoi
conduire le deuil
mener le deuil
char
char funèbre
corbillard
panache
draperie

couronnes
immortelles
cortège
cordons du poêle
voiture de deuil
omnibus funéraire
service
messe
cérémonie
catafalque
drap mortuaire
dies iræ
de profundis
requiem
absoute
cloches
glas
oraison funèbre
commissaire
ordonnateur
croque-mort
porteur
enterrer
inhumer
rendre les derniers devoirs
célébrer les
exhumer
déterrer
embaumement
embaumer
momifier
momification
bûcher
conclamation
nénies
obituaire
pleureuses
V. *cimetière*

en-tête V. *commencement.*

entêtement
V. *volonté*

enthousiasme
enivrement
extase
entraînement
exaltation
inspiration
frénésie
délire
lyrisme
mysticisme
illuminisme
transport
chaleur
ardeur
fanatisme
enthousiaste
ivre
possédé
emporté
transporté
ravi
extatique
inspiré
frénétique
lyrique
épique
mystique
illuminé
ardent
chaleureux
enflammé
fanatique
hors de soi
V. *admiration*, *action*, *imagination*

enthymème
V. *syllogisme*

enticher
V. *aimer*

entier
complet
plein
intégral
intact
irréductible
respecté
bondé
rempli
achevé
fini
terminé
parfait
plénière
tout
bloc
intégralité
total
totalité
ensemble
quantum
somme
appoint
complément
remplissage
plénitude
supplément
achèvement
compléter
combler
bonder
remplir
parfaire
faire l'appoint
consommer
boucher le trou
entièrement
complètement
intégralement
totalement
tout à fait
pleinement
absolument
en masse
en bloc

entité V. *être*

entoiler V. *toile*

entomologie
V. *insectes*

entonner
V. *chant*

entonnoir V. *tonnellerie*

entorse V. *articulation*

entortiller
V. *enveloppe*

entourer
V. *autour*

entournure
V. *gilet*

entr'acte
V. *théâtre*

entrailles
V. *ventre*

entrain V. *mouvement*

entraîner
V. *emporter*

entrait V. *charpente*

entrave V. *obstacle*

entre
parmi
au milieu
dans
à cheval sur

interposer
intervenir
s'entremettre
s'ingérer
s'immiscer
négocier
intercéder
insérer
incruster
intercaler
interligner
interpoler
intercepter
interrompre
suspendre
discontinuer
intermédiaire
interrupteur
intérimaire
provisoire
médiateur
négociateur
intercalaire
médial
médiant
médiat
intercostal
mitoyen
interrompu
discontinu
intermittent
entrecoupé
alterné
décousu
rompu
à bâtons rompus
de temps en temps
tiers

insertion
incrustation
interligne
entre-ligne
intermède
interposition
intervention
intercession
intérim
intérimat
interrègne
interstice
espace
intervalle
intercalation
interruption
entrevous
entre-temps
discontinuité
discontinuation
entr'acte
répit
repos
arrêt
trêve
armistice
lacune
manque
trou
intermission
intermittence
médiation
entremise
ingérence
immixtion
négociation

entre-bâiller
V. *ouvrir*
entrechat
V. *danse*
entre-choquer
V. *toucher*
entre-colonne
V. *colonne*
entrecôte
V. *viande*
entrecoupé
V. *entre*
entre-croiser
V. *ligne*
entre-déchirer V. *réputation*
entre-détruire V. *tuer*
entre-deux
V. *dentelle*
entre-dévorer
V. *manger*

entrée
accès
ouverture
jour
passage
porte
seuil
pas
pénétration
introduction
intromission
insinuation
irruption
invasion
envahissement
effraction
incursion
pointe
descente
débarquement
intrusion
ingestion
importation
introït
rentrée
V. *porte*, *entrer*
entrefaite
V. *événement*
entrefilet
V. *journal*
entregent
V. *habile*
entr'égorger
V. *tuer*
entre-haïr
V. *haine*

entrelacer
V. *assembler*
entrelacs
V. *ornements*
entrelarder
V. *graisse*
entre-ligne
V. *imprimerie*
entre-luire
V. *lumière*
entremêler
V. *ensemble*
entremets
V. *nourriture*
entremettre
V. *entre*
entre-nœud
V. *tige*
entre-nuire
V. *mal*
entrepas
V. *cheval* (3)
entrepont
V. *navire*
entreposeur
V. *gardien*
entrepositaire V. *gardien*
entrepôt
V. *boutique*
entreprenant
V. *action*
entreprendre
V. *commencer*, *essai* et *volonté*
entreprise
V. *volonté*

entrer
pénétrer
rentrer
embouquer
s'engager dans
fouiller
se glisser
se faufiler
s'insinuer
se couler
s'infiltrer
s'introduire
mettre les pieds
percer
s'enfoncer
s'enfourner
s'incorporer
s'engouffrer
envahir
infester
faire irruption
forcer l'entrée
s'ouvrir un passage
s'ouvrir un accès
se frayer un passage
se jeter dans
se précipiter
descendre
faire une descente
s'embarquer
monter en
bourrer
ingérer

intrus
envahisseur
étranger

entrée
pénétration
rentrée
incorporation
passage
insertion
intromission
endosmose
insinuation
infiltration

porosité
pénétrabilité
impénétrabilité
profondément
avant
V. *entrée*
entresol
V. *maison*
entretaille
V. *gravure*
entre-temps
V. *entre*
entretenir
V. *durée* et *conversation*
entretien
V. *durée* et *conversation*
entretoile
V. *passementerie*
entretoise
V. *charpente*
entrevoir
V. *voir*
entrevous
V. *entre*
entrevue
V. *conversation* et *visite*
entr'ouvrir
V. *ouvrir*

enture
V. *jardin*
énumérer
V. *nombre*
envahir
V. *entrer*

enveloppe
couverture
emballage
emmaillotement
gaine
écrin
fourreau
étui
housse
toilette
chemise
maillot
manteau
tégument
peau
cornet
cosse
gousse
glume
bogue
écale
écaille
test
carapace

envelopper
entourer
enclore
englober
encastrer
enchâsser
engainer
ensacher
encaquer
encoffrer
enserrer
enfermer
emballer
empaqueter
entortiller
emmitoufler
encapuchonner
emmailloter
engoncer
contenir
inclure
inclusivement
V. *boîte*, *récipient*, *fruit*, *vêtement*
envenimer
V. *poison*, *haine*
enverger
V. *vannerie*

envergure
V. *extension*
envers V. *surface*
envi (à l')
V. *concours*
enviable V. *envie*

envie
désir
convoitise
concupiscence
avidité
cupidité
démangeaison
caprice
folie
marotte
foucade
souhait
vœu
appétence
inclination
passion
ardeur
ambition
aspiration
prétention
appétition
appétit
faim
goût
gourmandise
voracité
soif
besoin
manque
curiosité
desideratum
assouvissement
crever d'envie
mourir d'envie
brûler de
griller de
en rêver
appeler de ses vœux
poursuivre de ses vœux
afficher des prétentions
répondre aux désirs
couronner les désirs
satisfaire
assouvir
inassouvi
V. *jalousie*

envieillir
V. *vieux*

envier
désirer
vouloir
convoiter
souhaiter
ambitionner
aspirer à
prétendre à
briguer
appéter
aimer
rechercher
démanger de
reluquer
lorgner
guigner
dévorer des yeux
regard d'envie

envieux
désireux
cupide
gourmand
dévoré de désir
avide
concupiscent
ambitieux
convoiteux
passionné
affamé
brûlant de
altéré de
insatiable
objet du désir
désirable
enviable
convoitable
tentant
souhaitable
appétissant
concupiscible
ardemment
ambitieusement
V. *jalousie*
enviné
V. *vin, odeur*
environ
V. *presque*
environs
V. *autour*
envisager
V. *voir*

envoi
expédition
transmission
commande
colis
paquet
group
arrivage
message
adresse
nouvelle
lettre
députation
ambassade
mission
lancement
délégation
destination
port
franc de port
provenance
renvoi
envoyer
expédier
adresser
dépêcher
députer
émettre
transmettre
lancer
déléguer
envoyeur
expéditeur
destinataire
envoyé
messager
député
ambassadeur
légat
ablégat
émissaire
exprès
estafette
courrier
s'envoiler
V. *métallurgie*
envoisiné
V. *près*
envoler V. *aile*
envoûter
V. *magicien*
envoyer V. *envoi*
éolipyle
V. *vapeur*
épacte
V. *calendrier*
épagneul
V. *chien*
épais V. *volume* et *condenser*
épamprer
V. *récolte*
épanchement
V. *conversation*, *liquide*
épandre
V. *extension*
épanorthrose
V. *rhétorique*
épanouir
V. *ouvrir*
éparer (s')
V. *cheval* (3)
épargner
V. *richesse*, *pitié*
éparpiller
V. *diviser*
épars V. *divisé*
éparvin
V. *cheval* (6)
épaté V. *nez*
épaulard
V. *animal*

épaule
omoplate
tête de l'humérus
clavicule
cavité glénoïde
deltoïde
grand-scapulaire
sus-épineux
sous-épineux
grand-rond
petit-rond
aisselle
lever
hausser
épauler
claviculaire
axillaire
épaulette
épaulée
épaulette
chaperon
graine d'épinards
torsade
aiguillette
passe
attente
bourrelet
épauletier
épave V. *naufrage*
épeautre
V. *céréales*

épée
arme blanche
glaive
sabre
latte
badelaire
coustil
coutel à plates
alenas
croisette
lansquenette

haussard
flissat
verdun
faussard
braquemart
briquet
coupe-chou
colichemarde
flamberge
flambe
rapière
brin d'estoc
dague
stylet
poignard
miséricorde
langue de bœuf
bastardeau
main gauche
estoc
espadon
estramaçon
claymore
alfange
scamasaxe
cimeterre
yatagan
damas
kandjar
kouthar
criss
cama
navaja
palache
fleuret
mouche
bouton
moucheté
démoucheté
sabre de bois
batte

soie
queue
talon
faible
fort
lame
olinde
bâte
pointe
pointe recoupée
dos
plat
tranchant
gorge d'évide-
arête [ment
nervure
pommeau
poignée
fusée
amande
gardes
calotte
pas d'âne
contre-garde
écusson
branches
quillons

baudrier
ceinturon
renge
dragonne
fourreau
bouterolle
bélière
pendant

ceindre
porter
tirer
dégainer
mettre flamberge
au vent [main
mettre l'épée à la
espadonner
estocader
estramaçonner
brandir
croiser
pointer
pourfendre
embrocher
daguer
larder
sabrer
fourbir
rengainer
mettre au four-
coup [reau
estoc
taille
revers
pointe
cliquetis
Damoclès
Durandal
Joyeuse
Tolède

épeler V. *lire*

épenthèse
V. *grammaire*

éperdu
V. *trouble*

éperlan
V. *animal*

éperon
broche
branche
membret
collet
collier
molette
étoile
rosette
surpied

éperonner
piquer
piquer des deux

éperonnier

éperonner
V. *équitation*

épervier
V. *animal*, *filet*

éphèbe
V. *jeunesse*

éphélide V. *peau*

éphémère
V. *durée*

éphémérides
V. *calendrier*

éphore V. *chef*

épi
panicule
rachis
épillet
loge
gaine
barbe
barbelle
paille
glume
glane
épier
glaner
glaneur
glaneuse

épiale V. *fièvre*

épicène
V. *grammaire*

épices
épicerie
épicier
épicer
assaisonner
aromatiser
poivrer
aniser
pimenter
condiment
ingrédient
aromate
assaisonnement
poivre
muscade
cannelle
clou de girofle
gingembre
vanille
laurier
thym
anis
safran
piment
moutarde
bétel

épichérème
V. *syllogisme*

épicycle
V. *astronomie*

épidémie
V. *maladie*

épiderme
V. *peau*

épier V. *épi*, *voir*

épierrer
V. *pierre*

épieu V. *bâton*

épigastre
V. *ventre*

épiglotte V. *cou*

épigramme
V. *désapprobation*

épigraphe
V. *inscription*

épigraphie
V. *lire*, *science*

épilepsie
V. *maladie*

épiler V. *poil*

épillet V. *épi*

épilogue
V. *fin*

épiloguer
V. *raisonner*

épinard
V. *plantes*

épine
piquant
écharde
pointe
ronce
épiniers
épineux
spinal
inerme

épinette
V. *instruments*

épineux
V. *difficile*

épine-vinette
V. *plantes*

épingle
tête

pointe
branche
corps
é. anglaise
é. de nourrice
é. à cheveux
é. de cravate
é. drapière
épinglette
camion
boîte à épingles
pelote
épinglier

épingler
épinoche
V. *animal*
épiphanie
V. *fête*
épiphonème
V. *rhétorique*
épiploon
V. *ventre*
Épire
épirote
épiscopal
V. *évêque*
épisode
V. *événement*
épispastique
V. *peau*
épisser V. *nœud*
épistolaire
V. *lettre*
épistyle
V. *colonne*
épitaphe
V. *inscription*
épitase
V. *théâtre*
épithalame
V. *mariage*
épithème
V. *remède*
épithète
V. *qualité*
épitoge
V. *vêtement*
épitomé V. *petit*
épître
V. *lettre*
épitrope
V. *rhétorique*
épizootie
V. *maladie*
éploré V. *triste*
éployé
V. *extension*
éplucher V. *ôter*
épode V. *poème*
épointer
V. *pointe*
épois V. *cerf*
éponge
V. *essuyer*
épopée
épique
époque
V. *chronologie*
épouiller
V. *propre*
époumoner
V. *crier*
épouser
V. *mariage*
épousseter
V. *essuyer*
épouvantail
V. *peur*
épouvante
V. *peur*
époux V. *mariage*
épreindre
V. *tirer*
épreinte
V. *excrément*
éprendre (s')
V. *amour*
épreuve
V. *tristesse*
éprouver
V. *sentir*
éprouvette
V. *chimie*
épucer V. *propre*
épuiser
V. *vide, fatigue*
épuisette
V. *filet*
épulides
V. *maladie*
épulotique
V. *remède*
épure
V. *architecte*
épurer V. *propre*
équarrir
V. *peau, pierre*
équarrissoir
V. *outil*
équateur
équatorial
équerre
V. *dessin*
équestre
V. *équitation*
équiangle
V. *égal*
équidistant
V. *égal*
équilatéral
V. *égal*
équilibrer
V. *égal*
équinoxe
équinoxial
équipage
V. *voiture*
équipe V. *canotage, ouvrier*
équipement
V. *vêtement, garnir*
équipollent
V. *égal*
équitable
V. *juste*
équitation
haute école
manège
dressage
voltige
carrousel
écuyer
cavalier
écuyère
amazone
devantière
chevaucheur
chevalier
courrier
estafette
créat
cavalerie
caveçon
escaveçade

monter
aller à
enfourcher
chevaucher
éperonner
piquer
appuyer
sauter
ramener
rendre la main
être bien en selle
désarçonner
démonter
descendre de
sauter bas
se dérober
affourché (être)
bricoler
changer la main
cravacher
entraver
entraîner
dresser
assurer
arrêter
affermir
à cru
à poil
à califourchon
à bride abattue
ventre à terre
à la genette

équestre
V. *cheval* (3)
équité V. *juste*
équivalence
V. *égal*
équivoque
V. *obscur*
érable V. *plantes*
éradication
V. *racine*
éraflure V. *fente*
éraillé
V. *mal, voix*
éraillure V. *œil*
érater V. *rate*
ère V. *chronologie*
érecteur
V. *muscle*
érectile V. *droit*
érection
V. *droit*
éreinter
V. *fatigue*
érémitique
V. *monastère*
éréthisme
V. *excitation*
ergastule
V. *esclave, prison*
ergot V. *griffe*
ergoter
V. *raisonner*
ériger V. *droit*
érigne
V. *chirurgie*
ermitage
V. *monastère*
ermite
V. *monastère*
érosion V. *user*
erpétologie
V. *serpent*
errant
V. *errer* (1)
erratique
V. *errer* (1)

erratum
V. *mieux*
errement
V. *habitude*
errer (**physiquement**
s'égarer
s'écarter
se perdre
dévier
perdre son che- [min
se fourvoyer
faire fausse route
aller à l'aventure
vaguer
se promener
déambuler
flâner
battre le pavé
battre les che- [mins
circuler
rôder
aller par voies et par chemins
aller par monts et par vaux
aller à la dérive
marauder
dévoyer
forlonger
chercher aventure

errant
ambulant
erratique
ambulatoire
nomade

forain
bohémien
vagabond
sans feu ni lieu
coureur
rôdeur
maraudeur
badaud
flâneur
promeneur
noctambule
égaré
perdu
dévoyé
dérouté
dépaysé
désorienté

détour
dérivation
déviation
fourvoiement
égarement
dérive
crochet
tour
tournée
promenade
allée et venue
maraude
dédale
labyrinthe

erreur
aberration
fausseté
méprise
égarement
fourvoiement
non sens
faute
omission
incorrection
coquille
lapsus
velours
cuir
pataquès
bourde
bévue
impair
école
pas de clerc
déception
duperie
tromperie
maladresse
confusion
contresens
quiproquo
trompe-l'œil
leurre
chimère
illusion
hallucination
imagination
vision
mirage
mensonge
paralogisme
sophisme
anachronisme
prochronisme
préjugé
prévention
superstition
erratum

errer
se tromper
être déçu
s'abuser
s'aveugler [idées
se forger des
se méprendre
méjuger
s'illusionner
se leurrer [à
se laisser prendre
prendre... pour
se nourrir de chimères
avoir la berlue
être dans l'erreur
tomber dans
faire erreur
se fourvoyer
être dévoyé
prendre le change
faire fausse route
commettre une erreur
prendre le Pirée pour un homme
prendre des vessies pour des lanternes [gne
châteaux en Espa-
peau de l'ours
être détrompé
revenir de
venir à résipis- [cence
abjurer
V. aussi *faux* et *tromper*
erroné V. *faux*
ers V. *plantes*
érucago
V. *plantes*
éructation
V. *digérer*
érudit V. *savant*
érugineux
V. *rouille*
éruptif V. *peau*
éruption
V. *sortir*
érysipèle
V. *maladie*
escabeau
V. *siège*
escache
V. *harnachement*
escadre V. *navire*
escadron
V. *cavalerie*
escalader
V. *monter*
escale V. *arrêt*
escalier
bas de l'escalier
haut [çon
escalier en lima-
e. en escargot
échelle de meu- [nier
échelle
escalier à vis
droit
tournant
de service
d'honneur
en fer à cheval
perron

cage de l'escalier
noyau
limon
semelle
emmarchement
marche
degré
pas
collet
about
giron
foulée
contremarche
rampe
main courante
balustre
marche palière
palier
carré
repos
étage
échappée
volée
échappement
montée
descente
ascenseur
escalin
V. *monnaie*
escalope
V. *viande*
escamoter
V. *comédien*, *voler*
escapade
V. *conduite*
escape V. *colonne*
escarbille
V. *charbon*
escarbot
V. *animal*
escarboucle
V. *joaillerie*
escarcelle
V. *bourse*
escarmouche
V. *combat*

escarole
V. *plantes*
escarotique
V. *maladie*
escarpe
V. *fortification*
escarpé
V. *haut, penché*
escarpin
V. *chaussure*
escarpolette
V. *balançoire*
escarre
V. *maladie*
escaveçade
V. *équitation*
escient
V. *responsabilité*
esclandre
V. *honte*

esclavage
servitude
asservissement
ilotisme
servage
fers
esclave
ilote
serf
nègre
noir
marron
affranchi
ergastule
pécule
saturnales
affranchissement
Spartacus
manumission
glèbe

servile
négrier
esclavagiste
abolitionniste
traite

réduire en esclavage
Esclavonie
esclavon
escobar
V. *hypocrisie*
escoffion
V. *chapeau*
escogriffe
V. *grand*
escompte
V. *traite*
escopette
V. *fusil*
escorte
V. *accompagner*
escouade
V. *soldat*
escourgée
V. *fouet*
escourgeon
V. *céréales*
escrime
académie
salle d'armes
maître d'armes
prévôt d'armes
prévôt de salle
bâtonniste
assaut
jeu
maniement
corps à corps
botte
botte secrète
coup de Jarnac
coup
coup fourré
appel de pied
coup droit
battement
feinte
riposte
attaque
contre-appel
contre
contrepointe
revers
prime
seconde
tierce
quarte
quinte
moulinet
passe
taille
estoc
estocade
fleuret
mouche
bouton
plastron
masque
oreille
fronton
gant
gantelet
crispin
escarpin
s'escrimer
faire des armes
tirer des armes
se camper
se mettre en garde
saluer
croiser
ferrailler
battre
allonger
pousser
se fendre
porter un coup
pointer
toucher
estocader
parer
riposter
dégager
rompre
couvrir
se découvrir
s'effacer
s'enferrer
désarmer

escrimeur
friand de la lame
V. *duel*
escroc
V. *voleur*
ésotérique
V. *philosophie*
espace
étendue
extension
distance
dimensions
champ
largeur
latitude
place
superficie
portée
aire
surface

s'étendre
s'étaler
s'ouvrir
se développer
occuper une place
prendre une place
tenir
V. *diviser, extension*
espadon
V. *épée, animal*
espadrille
V. *chaussure*
Espagne
espagnol
hispanique
ibérique
ibérien
cortès
junte
fuero
pronunciamiento
ayuntamento
grand
hidalgo
alcade
corrégidor
alguazil
fandango
boléro
castagnette
mandoline
V. *cirque*
espagnolette
V. *fenêtre*
espalier
V. *jardin*
espalmer
V. *navire*
esparcette
V. *plantes*
espars V. *forêt*
espèce
V. *division*

espérance
espoir
croyance
confiance
attente
expectative
perspective
Pandore
inespérable
inespéré
V. *désespoir*

espérer
attendre
s'attendre à
croire
compter sur
se flatter de
se promettre
augurer
rêver
s'imaginer
concevoir l'espérance
nourrir
former
se repaître de
se bercer
messie
espiègle
V. *esprit* (2)

espingole
V. *fusil*

espion
mouchard
mouton
traître
délateur
dénonciateur
cafard
rapporteur
agent

espionnage
mouchardise
traîtrise
inquisition
dénonciation

espionner
moucharder
dénoncer
rapporter
cafarder
filer

esplanade
V. *ville*

espoir
V. *espérance*

esponton
V. *arme*

espringale
V. *fronde*

esprit (1)
intelligence
âme
génie
talent
faculté
don
instinct
goût
simplicité
naïveté
banalité
distinction
originalité
élévation
délicatesse
frivolité
netteté

simple
vulgaire
ordinaire
vil
bas
distingué
supérieur
élevé
fin
primosautier
délicat
affiné
sérieux
pratique
positif
frivole
distrait
perdu dans les [nuages
abstrait
absolu
précis
mathématique

mentalement
mental
V. *caractère*, *intelligence*

esprit (2)
humour
verve
finesse
vivacité
brillant
causticité
malice
espièglerie
sel
pointe
trait
saillie
bon mot
trouvaille
repartie
boutade
sarcasme
concetti
lazzi
épigramme
satire
spirituel
humoristique
caustique
satirique
incisif
mordant
fin
vif
délié
délicat
ingénieux
malin
malicieux
espiègle
mièvre
pétillant d'esprit
humoriste
fin causeur
homme d'esprit
pince-sans-rire
faire de l'esprit
décocher
avoir de l'esprit jusqu'au bout des ongles

esquine
V. *cheval* (2)

esquipot
V. *récipient*

esquisse
V. *dessin*

esquiver V. *fuir*

essai
expérience
tentative
ballon d'essai
épreuve
entreprise
aventure
vérification
expérimentation
essayer
expérimenter
tenter
éprouver
entreprendre
vérifier
tâter
sonder
aborder
attaquer
hasarder
risquer
faire l'essai
s'embarquer dans
se lancer dans une entreprise
tenter l'affaire
tenter l'aventure
vouloir en avoir le cœur net
V. *commencement*

essaim V. *abeille*

essanger V. *blanchissage*

essarter V. *terrain*

essayer V. *essai*

esse V. *roue*

essence V. *être*, *plantes*

essentiel V. *importance*

essette V. *outil*

essieu V. *roue*

essor V. *aile*

essoriller
V. *oreille*

essouffler
V. *respiration*

essuie-main
V. *linge*

essuyer et frotter
frotter
fourbir
polir
lisser
astiquer
lustrer
unir
glacer
brunir
brosser
balayer
épousseter
éponger
nettoyer
débarbouiller
moucher
bouchonner
étriller
frictionner
oindre
masser
racler
torcher
effleurer
poncer
gratter
doucir
dérouiller
décrasser
désoxyder
débrutir
calandrer
cylindrer
dépolir
aléser
matir
ratisser
limer

frotteur
fourbisseur
polisseur
brunisseur
balayeur
brosseur
masseur
lustreur
calandreur

essuyage
frottement
frottage
fourbissure
polissage

lissage
asticage
brunissage
nettoyage
nettoiement
balayage
bouchonnement
friction
frictionnement
massage
onction
raclage
effleurement
grattage
débrutissement
dépolissage
ratissage
limage
attrition

essuie-main
serviette
torchon
éponge
mouchoir
lavette
étrille
strigile
alésoir
racloir
racloire
frottoir
ponce
grattoir
râteau
lime
râpe
polissoir
brunissoir
lissoir
cylindre
calandre
astic
papier de verre
émeri
brosse
gant de crin
balai

lustre
brillant
éclat
poli
lisse
mat
dépoli
terne

Est
orient
levant
oriental
levantin

estacade
V. *obstacle*
estafette
V. *envoi*
estafier V. *soldat*
estafilade
V. *blessure*
estame V. *étoffes*
estaminet
V. *auberge*
estampe
V. *gravure*
estamper
V. *moule*
estampille
V. *cachet*
ester V. *procédure*
estère V. *vannerie*
esthétique
V. *art*
estimer V. *juger*, *réputation*
estival V. *mois*
estoc V. *épée*
estocade
V. *escrime*
estomac
grande courbure
ouverture cardiaque
pylore
follicule gastrique
suc gastrique
pepsine
chyme
mouvement péristaltique
gouttière œsophagienne
panse
feuillet
bonnet
caillette
jabot
rumen
ventricule succenturié
gésier
stomacal
V. *digérer*
estompe
V. *dessin*
estouffade
V. *nourriture*
estrade
V. *théâtre*
estragon
V. *légume*
estramaçon
V. *épée*
estrapade
V. *supplice*
estrapasser
V. *fatigue*
estropier
V. *blessure*
estuaire V. *mer*
esturgeon
V. *animal*
ésule V. *plantes*
étable
bergerie
bercail
bouverie
porcherie
soue
vacherie
hangar
loge à porc
poulailler
remise
écurie
grenier
silo
grange
fenil
laverie
laiterie
litière
râtelier
mangeoire
abreuvoir
citerne
établage
établer
établi
V. *menuisier*
établir
V. *faire* et *poser*
étage V. *maison*
étager V. *poser*
étagère
V. *meuble*
étai V. *appui*
étaim V. *laine*
étain
stannique
étamage
étameur
étamer
étal V. *boutique*
étalage V. *boutique*, *orgueil*
étaler
V. *extension*
étalier
V. *boutique*
étalinguer
V. *navire*
étalon V. *génération*, *mesure*
étambot
V. *navire*
étamer V. *étain*
étamine
V. *fleur*, *étoffes*
étamper V. *trou*
étampure
V. *penché*
étanche
V. *fermer*
étancher
V. *boire*
étançon V. *mur*
étanfiche
V. *carrière*
étang V. *eau*
étape V. *arrêt*
étapier V. *soldat*

état
manière d'être
situation
condition
sort
destin
destinée
disposition
conformation
constitution
teneur
nature
tempérament
complexion
qualité
profession
occupation
être dans tel état
se trouver
jouir de
être sur tel pied
état (politique)
V. *constitution*
étau
âne
bidet
clef anglaise
branche
vis
griffe
mâchoire
étayer V. *appui*
été V. *saison*
éteignoir
V. *éteindre*
éteindre
étouffer
souffler
extinction

couvre-feu
éteignoir
s'éteindre
languir
mourir
étendage
V. *extension*
étendre
V. *extension*
étendue
V. *surface*
éternel V. *durée*
éternuer
éternuement
sternutation
sternutatoire
étêter V. *couper*
éteuf V. *jeu*
éteule V. *récolte*
éther
éthérisation
éthériser
éthéré
éthique
V. *philosophie*
ethmoïde
V. *crâne*
ethnique
V. *païen*
ethnographie
V. *race*
éthologie
V. *science*
éthopée
V. *rhétorique*
étiage V. *mesure*
étier
V. *canalisation*
étinceler
V. *briller*
étioler V. *faible*
étiologie
V. *médecine*
étique V. *maigre*
étiquette
écriteau
billette
marque
étiqueter
billeter
marquer
V. *inscription*
étirer V. *extension*
étisie V. *faible*
étoffes (1)
généralités
nouveauté
lainage
soierie
rouennerie
cotonnade
lingerie
chaîne
trame
endroit
envers
lisière
liteau
alèze
corps
lé
laize
évent
grain
œil
aunage
échantillon
pièce
coupon
carreau

apprêter
assouplir
aramer
crêper
calandrer
lustrer
biser
corroyer
bouiller
boujonner
effiler
éfaufiler
effilocher
chiffonner
froisser
détisser
désourdir
étoffer
draper

souple
clair
crêpé
gaufré
moiré
satiné
ondé
broché
chiné
frisé
glacé
façonné
pékiné
rayé
à ramages
à dessins
damassé
uni
écossais
quadrillé
à pois
imprimé
écru
bis
croisé
fort
cati
décati
V. *tissu*
étoffes (2)
a. laines
lainages
alpaga
bouracan
burat
bure
bureau
cachemire
cachemire d'Écosse
cadis
calmande
castorine
crêpe
crêpon
cuir de laine
damas
drap
casimir
dauphin
dixhuitain
Elbœuf
Sedan
drap mousse
diagonale
quarantain
seizain
vingtain
trentain
droguet
escot
estame
estamet
estamette
feutre
flanelle
frise
lasting
mérinos
molleton
mousseline
napolitaine
orléans
popeline
pinchina
ratine
reps
sayette
serge
camelot
stoff
tartan
tartanelle
thibaude
tiretaine
tripe
panne
moquette
velours
peluche de laine
breluche

b. soie
soieries
alépine
bombasin
brocart
brocatelle
buratin
buratine
corah
surah
foulard
crêpe
crêpon
damas
armure
damassé
étamine
faille
fleuret
florence
gaze
gros de Naples
gros de Tours
gros grain
lampas
levantine
lustrine
madras
marli
moire
pékin
popeline
poult de soie
reps
satin
peau de soie
panne
tabis
taffetas
filoche
filoselle
armoisin
bourre

peluche
velours

c. fil
batiste
bisonne
bougran
cambrai
canevas
coutil
cretonne
toile
damassé
peluche de lin
étamine
futaine
gingas
guibert
linon
mayenne
noyale
serpillière
treillis
toile

d. coton
cotonnade
rouennerie
basin
boucassin
bougran
calicot
finette
pilou
coutil
cretonne
guingan
toile de coton
shirting
oxford
madapolam
nanzouk
indienne
jaconas
jouy
masulipatan
mauris
mousseline
nankin
organdi
percale
percaline
perse
piqué
satinette
siamoise
tarlatane
futaine
velours de coton

e. velours
ciselé
frappé
épinglé
frisé
cannelé
d'Utrecht
velvet

f. crin
crinoline
étamine
rapatelle
ramie
linoleum
V. *tissus*

étoiles
constellation
astérisme
astre
corps céleste
signe
feu du ciel
nébuleuse
comète
ciel
carte céleste
mappemonde
planisphère
sphère
alpha
bêta
gamma
distance angulaire
azimuth
hauteur
théodolite
quart de cercle
télescope
lunette
machine parallactique
aberration
déviation
mutation
lever
coucher
mouvement diurne
déplacement
culmination
jour sidéral
passage inférieur
passage supérieur
coordonnées
ascension
déclinaison

apparaître
poindre
briller
étinceler
scintiller
consteller
étoiler

semé d'étoiles
constellé
sidéral
astral
interstellaire
stellaire

étoile simple
double
changeante
fixe
filante
périodique
temporaire
colorée
visible
de... grandeur
télescopique
circumpolaire
Grande Ourse
Chariot
Gardes
Benan
Allioth
Petite Ourse
cynosure
Polaire
Dragon
tête
Céphée
Andromède
Persée
Pléiades
Astérope
Electra
Céléno
Maia
Mérope
Taygète
Cocher
Chèvre
Gémeaux
Castor
Pollux
Aphellan
Orion
épaule droite
Bételgeuze
pied gauche
râteau
Rigel
Bellatrix
Baudrier
les Trois Rois
Taureau
l'Œil
Aldébaran
Hyades
Grand Chien
Sirius
Canicule
Petit Chien
Procyon
Lion
Cœur
Régulus
Basilic
Queue
Dénébola
Bouvier
Arcture
Vierge
Erigone
Épi
la Vendangeuse
Couronne Boréale
Perle
Lyre
Wéga
Brineck
Cygne
Mirab
Aigle
Altaïr
Scorpion
Antarès
Poisson
Fomalhaut
Navire
Argo
Canopus
Eridan
Achernar
Algol
Méduse
Poissons
Algénib
Andromède
Mirach
Pégase
Verseau
Phénix
Capricorne
Amalthée
Chèvre
Petit Cheval
Lézard
Renard
Dauphin
Antinoüs
Sagittaire
Écu de Sobieski
Couronne australe
Télescope

Ophiucus
Esculape
Serpentaire
Laocoon
Serpent
Balance
Loup
Centaure
Lévrier [rénice
Chevelure de Bé-
Corbeau
Algorab
Coupe
Hydre
Petit Lion
Sextant
Machine pneuma-
Boussole [tique
Cancer
Lynx
Licorne
Colombe
Lièvre
Burin
Taureau
Fourneau
Atelier de sculp-
Baleine [teur
Bélier
Triangle
Voie lactée
galaxie
Chemin de St-Jac-
Abeille [ques
Oiseau
Autel
Encensoir
Cassiopée
La Chaise
Zédaron
Céphée
Cerbère
Chêne de Char-
Chevalet [les II
Croix
Javelot
Dorade
Équerre
Main de justice
Messier
Montagne
Mont-Ménale
Mouche
Lis
Paon
Règle
Oie
Lucifer
Étoile du matin
Étoile du berger
Vénus
Vesper
Hespérus
Le Zodiaque
V. *astronomie*, *astre*

étole V. *vêtement*

étonnant
singulier
particulier
extraordinaire
exceptionnel
anormal
phénoménal
miraculeux
prodigieux
fabuleux
magique
surnaturel
mirifique
merveilleux
curieux
surprenant
fort
trop fort
étrange
inouï
insolite
inusité
introuvable
inaccoutumé
insigne
unique
sans pareil
rare
bizarre
excentrique
extravagant
baroque
biscornu
cocasse
saugrenu
inattendu
imprévu
inopiné
subit
nouveau
neuf
sans précédent
sans exemple
stupéfiant
monstrueux
paradoxal
invraisemblable
improbable
incroyable
inimaginable
inconcevable
incompréhensible
coup de théâtre
miracle
prodige
monstre
phénomène
étrangeté
bizarrerie
singularité
anomalie
extravagance
excentricité
curiosité
magie
thaumaturgie
thaumaturge
prestidigitateur
magicien

étonnamment
étrangement
V. *admiration*

étonné
saisi
surpris
stupéfié
stupide
stupéfait
confondu
interdit
pétrifié
ébahi
ébaubi
ahuri
hébété
bouche bée
émerveillé

étonnement
surprise
ébahissement
ahurissement
stupéfaction
fascination
saisissement
V. *admiration*

étonner
confondre
surprendre
stupéfier
saisir
émerveiller
fasciner
ébahir
interdire
déconcerter
démonter
interloquer
désorienter
dérouter
décontenancer
surpasser
dépasser [bras
faire tomber les
frapper d'étonne-
ment [haut
tomber de son
tomber des nues
ne pas en revenir
y perdre son latin
n'en pas croire ses yeux
n'en pas croire ses oreilles

étouffer
perdre la respira-
suffoquer [tion
asphyxier
étrangler
bâillonner
oppressé (être)
étouffement
suffocation
oppression
asphyxie
étranglement
strangulation
étouffoir
poire d'angoisse
bâillon
manque d'air
dyspnée

étoupe V. *fil*

étoupille
V. *canon*

étourderie
irréflexion
dissipation
inattention
distraction
frivolité
légèreté
vanité
futilité
inconséquence
manque de sérieux

étourdi
dissipé
inattentif
irréfléchi
irraisonnable
léger
vain
pas sérieux
futile
inconséquent

évaporé
inconsidéré
brouillon
frivole
écervelé
étourneau
tête à l'envers
tête de linotte
inconsidérément
légèrement
à la légère
étourdiment

étourdissement V. *maladie*

étourneau
V. *animal*, *étourdi*

étrange
V. *étonnant*

étranger
exotique
réfugié
aubain
immigrant
immigré
colon
barbare
importé
hospitalité
asile
extradition
cosmopolitisme
naturalisation
lettres de naturalisation
permis de séjour
indigénat
passeport
nostalgie
cosmopolite
international
nostalgique

étranglé V. *petit*

étrangler
V. *étouffer*

étranguillon
V. *cheval*, *vétérinaire*

étrape V. *faux* (1)

étrave
V. *navire* (2)

être
exister
subsister
se trouver
se rencontrer
il y a
se présenter
se voir
se réaliser
s'accomplir
s'exécuter
avoir lieu
venir au monde
consister
s'incarner dans

être
créature
individu
personne
chose
objet
entité
essence
quintessence
sujet
esprit
matière
réalité
existence
matérialité
objectivité
subjectivité
personnalité
impersonnalité
incorporalité
ontologie
métaphysique

absolu
nécessaire
premier
conceptuel
logique
incréé
noumène
abstrait
subjectif
objectif
personnel
impersonnel
incorporel
immatériel
matériel
concret
créé
relatif
contingent

étrécir V. *petit*

étreindre
V. *embrasser*

étrenne V. *commencement*, *don*

êtres V. *ordre*

étrésillon
V. *charpente*

étrier
étrière
étrivière
porte-étrivière
porte-étrier
grille
feuquière

étrille V. *essuyer*

étriper V. *ventre*

étriqué V. *petit*

étrivière
V. *étrier*, *battre*

étroit V. *petit*

étronçonner
V. *couper*

Etrurie
étrusque
toscan

étude V. *école*, *apprendre*, *enseigner*

étudiole
V. *meuble*

étui V. *boîte*

étuve V. *bain*

étuvée
V. *nourriture*

étuver V. *four*

étymologie
V. *mot*

eucharistie
V. *communion*

eucologe
V. *prière*

eucrasie
V. *santé*

eudiomètre
V. *chimie*

eulogies
V. *religion*

eupatoire
V. *plantes*

euphémisme
V. *moins*

euphonie
V. *harmonie* (2)

euphorbe
V. *plantes*

Europe
européen

eurythmie
V. *harmonie*

eustache
V. *couteau*

évacuer
V. *vide* et *fuir*

évader (s')
V. *fuir*

évaluer V. *prix*

évangile V. *bible*

évanouissement V. *faiblesse*

évaporation
V. *vapeur*

évasement
V. *extension*

évasif
V. *responsabilité*

évasion V. *fuir*

évasure V. *vase*

évêché V. *évêque*

éveil V. *sommeil*

éveiller
V. *sommeil*

événement
fait
circonstance
aventure
conjoncture
occurrence
coïncidence
entrefaite
incident
épisode
historiette
anecdote
histoire
actualité
fait divers
éventualité
occasion
hasard
aléa
chance
bonne fortune
cas
précédent
antécédent
mésaventure
accident
vicissitude
crise
malheur
catastrophe
péripétie
enchaînement

arriver
avoir lieu
advenir
se passer
se faire
se réaliser
s'accomplir
survenir
surgir
échoir
éclore
naître

se présenter
se dérouler
anecdotique
épisodique
contingent
casuel
éventuel
aléatoire
accidentel
de fil en aiguille
casuellement
incidemment
éventuellement
accidentellement

évent V. *pire*

éventail
chasse-mouches
éventoir
monture
feuille
brin
branche
rivure
rivet
anneau
gland

s'éventer
plier
déployer
ouvrir
jouer de l'éventail

éventailliste

éventer
V. *éventail*

éventrer
V. *ventre*, *ouvrir*

éventualité
V. *événement*

évêque
pontife
prélat
métropolitain
archevêque
primat
coadjuteur
Monseigneur
Sa Grandeur
mandement
dimissoire
instruction
appel comme d'abus
cathédrale
métropole
épiscopat
évêché
archevêché
archiépiscopat
pontificat
épiscopal
archiépiscopal
archidiocésain
diocésain
pontifical
primatial
suffragant
crossé
mitré
dimissorial

dais
anneau pastoral
bague
améthyste
bâton pastoral
crosse
crosseron
hampe
mitre
rochet
fanon
camail
mosette
grémial
cordon
croix pectorale
sandale
gant
intronisation

introniser

évertuer (s')
V. *zèle*

éviction
V. *renvoyer*

évidence
V. *certain*

évider V. *vide*

évidoir V. *outil*

évier V. *cuisine*

évincer
V. *renvoyer*

éviter V. *fuir*

évoluer
V. *mouvement*

évoquer V. *magicien*, *procédure*

Évreux
ébroïcien

exact V. *vrai*, *régulier*

exaction
V. *crime*

exactitude
V. *vrai*, *régulier*

exagérer V. *trop*

exaltation
V. *excitation*

examen V. *attention*, *université*

examiner
V. *voir*

exanthème
V. *peau*

exaspération
V. *colère*

exaucer
V. *demande*

excavation
V. *trou*

excéder V. *plus*, *fatiguer*

excellent
V. *bonté*, *bon*, *bien*

excentrique
V. *étonnant*

excepter
mettre à part
mettre de côté
séparer
écarter
évincer
exclure
réserver
ôter
excepté
abstraction faite
exclusion [de
exclusivement
indépendamment
hors
hormis
exclusif
exception
anomalie
singularité
particularité
restriction
réserve
mise à part
V. *étonnant*

excès V. *trop*

exciper
V. *responsabilité*

excipient
V. *remède*

excise V. *impôt*

excision
V. *chirurgie*

excitation
accélération
entraînement
instigation
influence
invitation
invite
suggestion
stimulant
stimulation
aiguillon
surexcitation
exaltation
trouble
effervescence
animation
éréthisme
exacerbation

exciter
pousser
activer
animer
entraîner
stimuler
talonner
aiguillonner
piquer
émoustiller
fouetter
harceler
échauffer
monter la tête
exalter
fanatiser
déchaîner
ameuter
envenimer
attiser
allumer
souffler
éveiller
embraser
enflammer
aviver
excitant
fauteur
fomentateur
instigateur
promoteur
stimulateur
agent provocateur
boute-feu
brandon
tison
ferment
V. *conseiller*

exclamation
épiphonème
apostrophe
cri du cœur
imprécation
objurgation
interjection
s'exclamer
apostropher

exclamatif
interjectif
exclamativement
V. *cri*

exclure
V. *renvoyer*

excommunication
foudres de l'Église
anathème [se
censure
interdiction
monitoire
aggrave
bulle

excommunier
fulminer
lancer
frapper de
prononcer
lever

excoriation
V. *peau*

excrément et humeurs
ordure
fiente
selle
matière fécale
défécation
déjection
fèces
alvin
poudrette
bouse
guano
gadoue
chiure
colombine
crotte
crottin

envie
colique
épreinte
mal au ventre
dérangement de
flux [corps
dévoiement
évacuation
tranchées
miséréré
courante
diarrhée
dysenterie
cholérine
choléra
lienterie
constipation
échauffement

purge
purgation
purgatif
lavement
clystère

resserré
constipé
relâché
dérangé
laxatif
astringent
stercoraire
excrémentiel
excrémenteux
excrémentitiel
fécal
puriforme
cholérique
dysentérique
lientérique
fienter
secréter
aller

lieux
lieux d'aisances
water-closet
cabinet
latrines
pissotière
urinoir [sité
chalet de néces-
chaise percée
garde-robe
pot
lunette
soupape
tinette
vidange
fosse
tout à l'égout
système diviseur
dépotoir

humeurs
glaire
mucosité
excrétion
écrouelles
scrofules
sanie
ichor
sécrétion
épanchement
pus
purulence
suppuration
humoral
glaireux
scrofuleux
sanieux
ichoreux
sécrétoire
excrétoire
émonctoire
sécréteur
excréteur
suppuratif
suppurer
V. *urine*

excroissance
V. *peau*

excursion
V. *voyage*

excuse
V. *responsabilité*

exeat V. *écolier*

exécration
V. *haine*

exécuter
V. *faire*

exécution
V. *supplice*

exécutoire
V. *procédure*

exégétique
V. *bible*

exemplaire
V. *bien, livre*

exemple
modèle
type
prototype
parangon
idéal
patron
image
dessin
étalon
échelle
canon
échantillon
spécimen
à l'instar de
à l'imitation de

suivre l'exemple
se modeler sur
copier
singer
servir d'exemple
V. *semblable*

exempt
V. *police*

exempter
V. *dispenser*

exemption
dispense
exonération
décharge
libération
affranchissement
franchise
immunité
quitte
exempt
indemne
V. *dispenser*

exequatur
V. *ambassade*

exercer V. *faire* et *habitude*

exercice
V. *travail*

exérèse
V. *chirurgie*

exergue
V. *inscription*

exfoliation
V. *peau*

exhalaison
V. *air*

exhausser
V. *haut*

exhérédation
V. *héritage*

exhiber
V. *montrer*

exhortation
V. *conseil*

exhumer
V. *enterrement*

exiger
V. *demander*

exigu V. *petit*

exiler V. *renvoyer*

exister V. *être*

exocet V. *anima*

exode V. *voyage*

exonérer
V. *dispenser*

exophtalmie
V. *œil*

exorbitant
V. *trop*

exorcisme
V. *diable*

exorde V. *discours* et *commencement*

exosmose
V. *quitter*

exostose V. *os*

exotérique
V. *philosophie*

exotique
V. *étranger*
expansif
V. *sincère*
expatrier
V. *quitter*
expectative
V. *attendre*
expectorer
V. *cracher*
expédient
V. *habile*
expédier
V. *envoyer*, *vite*
expéditif
V. *vite*
expédition
V. *envoi* et *guerre*
expérience
acquis
savoir
pratique
habitude
connaissance
routine

avoir l'expérience
être passé par
en avoir vu bien d'autres
connaître

expérimenté
empirique
expert
versé dans
pas né d'hier
habile
rusé
chat échaudé
V. *essai*, *chimie*
expert
V. *expérience*
expertise
V. *juger*
expier
V. *punition*
expirer V. *mourir*, *respiration*
explétif V. *trop*
explicite
V. *sincère*
expliquer V. *raisonner* et *dire*
exploit V. *action*, *procédure*
exploiter
vivre de
tirer ses moyens d'existence
se servir de
tromper
vivre aux dépens [de
écornifler
écornifierie
écornifleur
parasite
pique-assiette
V. *bénéfice*
exploration
V. *voyage*
explosible
V. *poudre* (2)
explosion
V. *ruine*
exportation
V. *commerce*
exposer
V. *montrer*, *dire*
exprès
V. *volonté*, *envoi*
express
V. *voyage*
exposition
exhibition
galerie
salon
exposant
tourniquet
ticket
catalogue
distribution des récompenses
jury
médailles
clou
exposer
exprimer
V. *dire*
exproprier
V. *renvoyer*
expulser
V. *renvoyer*
expurger
V. *mieux*
exquis
V. *agréable*
exsangue
V. *sang*
exsuccion
V. *ôter*
exsudation
V. *sueur*
extase
extatique
extenseur
V. *muscle*
extension
développement
étalage
épanchement
débordement
inondation
déploiement
expansion
évasement
ouverture
distension
dispersion
déroulement
rayonnement
irradiation
ramification
propagation
diffusion
émission
propagande
communication
inoculation
transmission
publication
publicité
réclame
dilatation
largeur
élargissement
écartement
allongement
étendage
étendue
envergure
espace
grandeur
immensité
universalité
généralisation

étendre
développer
déployer
ouvrir
déplier
étaler
distendre
dilater
épancher
écarteler
écarter
tendre
allonger
étirer
élargir
éployer
détirer
détortiller
détordre
évaser
stratifier
joncher
parsemer
disséminer
répandre
communiquer
transmettre
inoculer
coucher
ramifier
irradier
rayonner
propager
universaliser
généraliser
publier
prendre de l'extension
étendre
s'étendre
vautrer (se)
gésir
fuser
empiéter
gagner
s'épanouir
s'épancher

longitudinal
large
spacieux
long
extensif
extensible
universel
général
public
commun
contagieux
endémique
in extenso
tout au long
incommunicable

couche
assise
rangée
plaque
étal
étendoir
stirator
chevalet
métier
exténuation
V. *fatigue*
extérieur
V. *dehors*
exterminer
V. *tuer*
externat V. *école*
extinction
V. *éteindre*

extirper
V. *arracher*
extorquer
V. *ôter*
extraction V. *famille, arracher*
extradition
V. *étranger*
extrados
V. *voûte*
extraire
V. *arracher*
extrajudiciaire V. *procédure*
extraordinaire V. *étonnant*
extravagance
V. *étonnant, folie*
extravaguer
V. *folie*
extravaser
V. *quitter*
extrême V. *finir*
extrémité
V. *fin*
extrinsèque
V. *origine*
exubérance
V. *sincère*
exulcérer
V. *peau*
exutoire
V. *remède*
ex-voto V. *prière*

F

fabago V. *plantes*
fable
apologue
allégorie
parabole
mythe
fabliau
anecdote
morale
moralité
sous forme d'apologue
allégorique
parabolique
indirect
détourné
fablier
fabuliste
V. aussi *faux*
fabrique
V. *usine, église*
fabriquer
V. *faire*
fabuleux
V. *étonnant, faux*
façade V. *maison*
face V. *physionomie, tête, corps*
facétie V. *risible*
facette
V. *joaillerie*
fâché
V. *colère* et *haine*
facial V. *tête*
facies
V. *physionomie*
facile
aisé
faisable
commode
simple
élémentaire
accessible
abordable
possible
facultatif
praticable
réalisable
exécutable
doux
l'affaire d'une minute
facilement
aisément
commodément
en un tour de main
haut la main
en badinant
en se jouant
sans effort
en un clin d'œil
couramment
d'emblée
pas un pli
pont-aux-ânes
porte ouverte
sans peine
sans difficulté
sans encombre
être facile
aller tout seul
aller sur des roulettes
faciliter
simplifier
aplanir
mâcher
facilité
aisance
simplicité
commodité
possibilité
faculté
latitude
simplification
façon V. *faire, cérémonial*
faconde
V. *éloquence*
façonner
V. *faire*
fac-similé
V. *double* et *image*
factage V. *porter*
facteur V. *poste*
factice V. *faux*
factieux V. *révolution*
factionnaire
faction
garde
ronde
guérite
monter
être de
mot de passe
ralliement
factorerie
V. *boutique*
factotum
V. *agent*
factum V. *livre*
facture
quittance
bordereau
récépissé
compte
note
addition
carte à payer
état
mémoire
relevé
montant
récapitulation
détail
libellé
article
fourniture
en-tête
date
acquit
timbre
escompte
prix net
remise
acompte
factures
porter sur la facture
établir
dresser
inscrire sur
dénombrer
relever
donner
présenter
facultatif
V. *facile*
faculté V. *instinct, facilité, université*
fadaise
V. *bagatelle*
fadeur
V. *goût, odeur*
fagot V. *ensemble*
fagoter V. *ensemble, toilette*
fagotin
V. *risible, singe*
fagoue V. *viande*

faible
débile
chétif
ginguet
délicat
menu
frêle
malingre
maigrelet
fluet
mince
flexible
souple
grêle
convalescent
mou
cassant
casilleux
friable
fragile
fatigué
épuisé
usé
atrophié
atonique
éreinté
exténué
esquinté
délabré
mal hypothéqué
infirme
malade
valétudinaire
invalide
gâteux

impotent
étique
étiolé
cacochyme
cachectique
souffreteux
rachitique
anémié
anémique
chlorotique
moribond
mourant
labile
piètre
appauvri
précaire
caduc
éphémère
fugace
fugitif
passager
incertain
provisoire
vacillant
chancelant
cassé
branlant
croulant
patraque
inconsistant
sans résistance
sans défense
inoffensif
pas de sang dans les veines
poule mouillée
gringalet
mazette
mauviette
môme

n'avoir que le souffle
battre de l'aile
en avoir dans l'aile
filer un mauvais coton
ne pas tenir debout
s'affaiblir
s'épuiser
s'étioler
s'anémier
se débiliter
décliner
s'en aller
s'éteindre
défaillir
chanceler
vaciller
céder
plier
ployer
faiblir
s'évanouir
se pâmer

faiblesse
affaiblissement
langueur
consomption
débilité
débilitation
déclin
défaillance
évanouissement
pâmoison
délicatesse
fragilité
mollesse
épuisement
rachitisme
atrophie
chlorose
anémie
athrepsie
étisie
impotence
asthénie
étiolement
marasme
atonie
convalescence
caducité
délabrement
inertie
torpeur
inconsistance
infirmité
gracilité
flexibilité
souplesse

faïence V. *céramique*

faille
V. *mine, étoffes*

faillir
V. *presque*

faillite
déconfiture
banqueroute
mauvaises affaires
trou à la lune
suspension de paiements
cessation
déclaration
déposition de bilan
masse
actif
passif
découvert
déficit
dividende
faillite ouverte
report de faillite
scellés (apposition)
arrêt de compte
liquidation
vérification
recouvrement des dettes échues
collocation
répartition
concordat
contrat d'union
opposition
homologation
réhabilitation
banqueroute simple
— frauduleuse
failli
banqueroutier
créancier
chirographaire
liquidateur
syndic
juge commissaire

faire faillite
ouvrir une faillite
se mettre en faillite
déposer son bilan
lever le pied
déclarer en faillite
V. *dette*

faim
appétit
dents longues
ventre creux
malefaim
faim-valle
faim canine
faim de loup
diète
jeûne
abstinence
inanition
manque
disette
famine
apéritif
affamé
à jeun
famélique
diététique
mourir de faim
tomber d'inanition
jeûner

rester sur sa faim
calmer
assouvir
satisfaire
apaiser
rassasier
affamer
couper les vivres
prendre par la famine
affameur
V. *appétit*

faîne V. *hêtre*

fainéantise
V. *inaction*

faire
fabriquer
manufacturer
confectionner
façonner
établir
exécuter
produire
créer
procréer
engendrer
enfanter
achever
parachever
parfaire
limer
consommer
accomplir
commettre
perpétrer
s'acquitter de
effectuer
former
opérer
réaliser
élaborer
établir
fonder
instituer
conditionner
expédier
improviser
trousser
bâcler
faire à la diable
coopérer
collaborer
procurer
causer
provoquer
faire naître

donner naissance
mettre au jour
soulever
élever

travail
produit
élaboration
action
façon
confection
fabrication
production
création
fondation
instauration
institution
établissement
procréation
enfantement
achèvement
parachèvement
accomplissement
perpétration
réalisation
exécution
improvisation
coopération
collaboration

ouvrier
artisan
artiste
créateur
producteur
fabricant
faiseur
auteur
confectionneur
exécutant
fondateur
fabricateur
générateur
fondateur
manufacturier
coopérateur
collaborateur
aide
V. *action*, *aide*, *cause*, *travail*

faisable V. *facile*

faisan
faisane
faisande
faisandeau
faisanderie
faisandier

faisances
V. *ferme* (3)

faisander
V. *gibier*

faisceau
V. *ensemble*

faiseur
V. *hypocrisie*

fait V. *événement*

faîtage V. *toit*

faîte V. *haut*

faîtière V. *toit*

faix V. *poids*

falaise V. *haut*

falaiser V. *mer*

falarique
V. *arme*

falbala
V. *toilette*

Faléries
falisque

falerne V. *vin*

fallacieux
V. *hypocrisie*

falloir
V. *obligation*

falot V. *éclairage*

falot V *risible*

falourde
V. *ensemble*

falsification
V. *faux*

falsifier
V. *faux*

falun V. *coquille*

falunière
V. *carrière*

famé
V. *réputation*

famélique
V. *faim*

fameux
V. *gloire*

familiariser
V. *habitude*

familiarité
V. *aimer*

familier
V. *famille*, *simple*, *style* (3)

famille
les siens
maisonnée
smala
goum
dynastie
sang
généalogie
arbre généalogique
état civil
branche
génération
souche
descendance
ascendance
naissance
origine
extraction
parage
sang
filiation
alliance
parenté
parentage
lignée
lignage
cousinage
lien de parenté
degré de parenté
atavisme
héritage
patrimoine
nom
blason
nom patronymique
nom de famille
ménage
foyer
pénates
lares
intérieur
chez soi

les Un Tel
ascendants
descendants
aïeux
ancêtres
trisaïeul
bisaïeul
aïeul
aïeule
arrière-grand-père
arrière-grand'mère
arrière-grand-oncle
arrière-grand'tante
grands-parents
grand-père
grand'mère
mère-grand
père
mère
mari
époux
femme
épouse
marâtre
belle-mère
beau-père
belle-mère
beau-fils
gendre
belle-fille
bru
beau-frère
belle-sœur
postérité
descendance
progéniture
rejeton
nichée
enfant
aîné
premier-né
héritier présomptif
dauphin
héritier
infant
dauphine
infante
agnat
cognat
fils
fille
cadet
cadette
puîné
posthume
utérin
benjamin
adoptif
petit-fils
petite-fille
petit-neveu
petite-nièce
arrière-petit-fils
arrière-petite-fille
frère
sœur
parent
oncle
oncle paternel
oncle maternel
du côté de
tante
neveu
nièce
cousin
cousin germain
parent par le sang
parent par alliance
proche
allié
collatéral
parent éloigné

cousin à la mode de Bretagne
arrière-cousin
parrain
tuteur
conseil de famille
tutelle
agnation
cognation
adoption
parricide
fratricide
infanticide
inceste
népotisme
généalogiste

familial
familier
dynastique
généalogique
consanguin
utérin
agnatique
adultérin
paternel
maternel
lignager

descendre de
être issu de
s'allier
s'apparenter
entrer dans une famille
se mésallier
accroître
augmenter
V. *baptême*, *mariage*.

famine V. *faim*
fanage V. *foin*
fanaison V. *foin*
fanal V. *eclairage*
fanatisme V. *zèle*, *trop*
fandango V. *danse*
fane V. *plantes*
faner V. *récolte*, *fleur*
fanfare V. *musique*
fanfaron V. *orgueil*
fanfaronnade V. *orgueil*
fanfreluche V. *ornement*
fange V. *boue*
fanion V. *drapeau*
fanon V. *bœuf*
fantaisie V. *imagination*, *volonté*
fantasia V. *Arabie*
fantasmagorie V. *faux*
fantasque V. *capricieux*
fantassin V. *infanterie*
fantastique V. *faux*
fantoche V. *marionnettes*

fantôme
spectre
apparition
esprit follet
farfadet
feu follet
feu Saint-Elme
gnome
gnomide
lutin
péri
génie
ondine
elfe
sylphe
sylphide
ombre
revenant
spectre de Banco
larve
lémure
lamie
évocation
nuit de Valpurgis
fantastique

faon V. *cerf*
faonner V. *génération*
faquin V. *mépris*
farandole V. *danse*
farce V. *risible*
farcin V. *cheval*
farcir V. *plein*
fard V. *toilette*
fardeau V. *poids*
farder V. *toilette*, *hypocrisie*
fardier V. *voiture*
farfouiller V. *curieux*

farine
f. de méteil
f. de blé dur
f. de blé tendre
farine première
f. seconde
f. de service
bisaille
fromentée
fleur de farine
bouillie
cassave
dextrine
amidon
fécule
gluten
tapioca
arrow-root
mondamine
recoupe
recoupette
repasse
pâte
grumeau
bluter
enfariner
bluterie
manutention
féculerie
minoterie
bluteau
blutoir
huche
blutage
marque
farinier
minotier
farineux
farinacé
fromentacé
enfariner
V. *céréales*, *moulin*

farinet V. *dé*
farineux V. *farine*
farniente V. *inaction*
faro V. *bière*
farouche V. *plantes*, *cruel*
farrago V. *céréales*
fasce V. *blason*
fascicule V. *ensemble*
fascié V. *coquille*
fascinage V. *siège*
fascine V. *siège*
fasciner V. *attirer*, *admiration*
faséole V. *plantes*
fashion V. *élégant*
fasier V. *voilure*
faste V. *richesse*, *histoire*
fastidieux V. *ennui*, *dégoût*
fastigié V. *fleur*
fastueux V. *richesse*
fat V. *orgueil*
fatal V. *malheur* et *obligation*
fatalisme V. *philosophie*
fataliste V. *philosophe*
fatalité V. *malheur* et *obligation*
fatidique V. *devin*

fatigant
dur
pénible
laborieux
écrasant
tuant
éreintant
épuisant

fatigue
lassitude
labeur
peine
surmenage
épuisement
harassement
essoufflement
éreintement
courbature
accablement
abattement
exténuation
ahan
fourbure
fortraiture

fatigué
las
lassé
brisé
rompu
harassé
hors d'haleine

épuisé
essoufflé
haletant
recru
accablé
courbatu
abattu
fourbu
fortrait
cassé
éreinté
échiné
moulu
roué
surmené
surchargé
tué
achevé
excédé
exténué
forcé

n'en pouvoir plus
ahaner
peiner
trimer
tirer la langue
être sur les dents
se donner du mal
se surmener
fatiguer
excéder
lasser
épuiser
exténuer
forcer
estrapasser
échiner
surmener
mettre à bas
mettre sur les dents
éreinter
V. les deux groupes précédents

fatras
V. *désordre*

fatuité
V. *orgueil*

faubert
V. *balai*

faubourg
V. *ville*

faucher
V. *faux*

fauchette
V. *jardin*

faucheux
V. *animal*

faucille
V. *couteau*

faucon
fauconneau

fauconnerie
héronnière
milanière
vol
carrière
affaire
gobet
dressage
affaitage
branle
réclame
cluse
droit de l'oiseau
beccade
cannelade
cure
gorge chaude
volte
volière
bloc
chaperon
cornette
gant
guairo
montée
tiroir
rust
muette
émeut
émonde
créance
fauconnière
main
serre
clefs
avillon
balai
couverte
sonnette
grillet
leurre
filière
jet
longe
longecol
fauconnier
oiseau de proie
faucon
fauconneau
épervier
émouchet
accipitre
tiercelet
lanier
laneret
buse
busard
crécerelle
émerillon

abaisser
apoltronir
duire
marteler
oiseler
abattre
énoiseler
dresser
affaiter
acharner
entraver
armer
leurrer
bûcher
chausser
ciller
délonger
escaper
faire escaper
faire courtoisie
lancer
réclamer
tenir l'amont
voler de hail
faire le large
voler de plain
voler d'amour
planer
giboyer
buffeter
chevaucher
avillonner
charrier
daguer
bloquer
dépiter
désairer
émeutir
pointer
en rondon
gruyer
V. *chasse*

faulx V. *faux* (1)

faune V. *dieux*

faune V. *animal*

faussaire
V. *criminel*

fausser
V. *faux*, *mal*

fausset
V. *tonnellerie*

fausset
V. *chant*

fausseté
V. *faux*, *hypocrisie*

faute (morale)
V. *crime*

faute (erreur)
V. *erreur*

fauteuil V. *siège*

fauteur V. *auteur*

fautif V. *criminel*

fauve V. *couleur*, *animal*

fauvette
V. *animal*

faux (1)
faulx
faucille
faucillon
étrape
faucheur
faucher
étraper
fauchage
fauchée
andain
fauche

faux (2)
inadmissible
inexact
erroné
controuvé
démenti
sans fondement
mal fondé
mensonger
fictif
apocryphe
inventé
imaginaire
illusoire
chimérique
fabuleux
fantastique
incroyable
insoutenable
inimaginable
absurde
déraisonnable
monstrueux
artificiel
emprunté
factice
fabriqué
menteur
imité
contrefait
composé
arrangé
enjolivé

flatté
falsifié
faussé
frelaté
sophistiqué
plagié
copié
démarqué
pastiché
truqué
simulé
dissimulé
joué
feint
hypocrite
prétendu
pseudo
soi-disant
de son cru
pseudonyme
putatif

couleurs
roman
à dormir debout
fausseté
imposture
contre-vérité
inexactitude
mensonge
menterie
simagrée
grimace
hypocrisie
simulation
dissimulation
feinte
fiction
mythe
comédie
fantasmagorie
déguisement
fantôme
chimère
illusion
légende
conte
conte bleu
château en Espagne
fable
hâblerie
canard
contrefaçon
falsification
interpolation
adultération
frelaterie
frelatage
goure
sophistication
faillibilité
incrédibilité

charlatan
imposteur
menteur
trompeur
frelateur
faussaire
falsificateur
interpolateur
contrefacteur
plagiaire
imitateur
goureur
faillible

fausser
fabriquer
controuver
farder
maquiller
contrefaire
frelater
gourer
interpoler
détorquer
adultérer
sophistiquer
truquer
en conter

faussement
inexactement
mensongèrement
fictivement
illusoirement
chimériquement
fabuleusement
incroyablement
absurdement
déraisonnablement.
monstrueusement
artificiellement
V. *erreur*, *mentir*, *hypocrisie*

faux-bourdon
V. *chant*

faux-fuyant
V. *responsabilité*

faux-saunage
V. *sel*

faveur
privilège
préférence
prédilection
monopole
passe-droit
complaisance
injustice
avantage
prérogative
protection
influence
crédit
grâces (bonnes)
immunité
favoritisme
arbitraire
népotisme
protecteur
Mécène
patron
soutien
appui
favori
protégé
créature
âme damnée
client
élu
favorite
benjamin
enfant gâté
chouchou

influent
partial
propice
favorable
complaisant
coulant
bien disposé pour

favoriser
s'intéresser à
avantager
gâter
accorder une faveur
octroyer
combler de
être accessible à la faveur
être sourd à
s'assurer la faveur
se ménager la
jouir de [faveur
être avant dans la faveur
être dans les bonnes grâces
être dans les petits papiers
n'avoir d'yeux que pour
favorablement
complaisamment
partialement
avantageusement
arbitrairement
V. *choisir*, *protéger*

favori
V. *faveur* et *barbe*

favoriser
V. *faveur*

féage V. *féodalité*

fébricitant
V. *fièvre*

fébrifuge
V. *fièvre*

fébrile
V. *zèle*, *fièvre*

fécal
V. *excrément*

fèces
V. *excrément*

fécond
fertile
prolifique
productif
fructueux
plantureux
riche en
généreux
abondant
fécondité
fertilité
richesse
abondance
rapport
fécondation
fertilité
fertilisation
multiplication

donner
produire
fructifier
rapporter
féconder
fertiliser
multiplier
fécondant
fertilisable
engrais (voir)
V. *génération*

fécule
V. *substance*

fédéral
V. *associé*

fée V. *magicien*

féerie V. *théâtre*

féerique V. *beau*

feindre
V. *imagination*

feinte V. *hypocrisie, faux*
feldspath V. *substance*
fêler V. *fente*
félibre V. *poète*
félicitation V. *poli* (2), *louange*
félicité V. *bonheur*
félin V. *chat*
fellah V. *agriculture*
félon V. *hypocrisie*
felouque V. *navire*
femelle V. *sexe*
féminin V. *femme*
femme
sexe féminin
sexe faible
beau sexe
fille d'Ève
cotillon
jupon
quenouille
gynécée
harem
sérail
bambine
fille
fillette
demoiselle
jouvencelle
ingénue
Agnès
vierge
formée
nubile
caillette
nonnain
tendron
jeune personne
femmelette
miss
milady
mistress
lady
femme
épouse
dame
matrone
vieille fille
blonde
brune
brunette
rousse
beauté
bas-bleu
mondaine
femme du monde
femme d'intérieur
ménagère
laideron
maîtresse-femme
péronnelle
commère
maritorne
mégère
hommasse
virago
soubrette
camériste
grisette
courtisane
donzelle
fille galante
créature
hétaïre
cocote
demi-mondaine
houri
odalisque
bayadère
almée
baronne
vicomtesse
comtesse
marquise
duchesse
princesse
reine
impératrice
czarine
tsarine
amirale
maréchale
héroïne
amazone
sirène
nymphe
naïade
hamadryade
ondine
déesse
Walkyrie
féminin
gynécocratie
féminiser
V. *âge, enfant.*
femmelette V. *femme*
fémoral V. *cuisse*
fémur V. *cuisse*
fenaison V. *foin*
fenderie V. *métallurgie*
fendiller V. *fente*
fendoir V. *outil, diviser*
fendre V. *diviser* et *fente*

fenêtre
ouverture
baie
jour
croisée
fenêtre-guillotine
double fenêtre
bow-window
porte-fenêtre
porte-croisée
fenestrage
jour de souffrance
vasistas
lucarne
œil-de-bœuf
lunette
tabatière
judas
guichet
soupirail
meurtrière
rayère
hublot
sabord
vitre
carreau
fenêtrage
verrière
vitrail
rose
rosace
contrevent
volet
persienne
arrêt
jalousie
pavillon
crochet
latte
chaînette
tirage
ruban
store
rideau
vitrage
double rideau
chambranle
chapeau
jambage
jouée
crossette
montant
châssis
dormant
coulisse
feuillure
larmier
reverseau
jet d'eau
jeu d'eau
ferrure
fiche
paumelle
battement
battant
vantail
meneau
croisillon
allège
ébrasement
embrasure
solin
pied-droit
appui
barre d'appui
tablette
accoudoir
balustrade
barreau
grille
grillage
balcon
birloir
crémone
espagnolette
panneton
contre-panneton
crampon
targette
calfeutrage
bourrelet

ouvrir
fermer
pousser
condamner
boucher
murer
aveugler
percer
pratiquer
vitrer
fenil V. *foin*
fenouil V. *plantes*
fenouillet V. *pomme*
fenouillette V. *liqueur*

fente
crevasse
fêlure
fissure
lézarde
sillon
ravinement
ornière
fumerolle
creux
rayure
rainure
strie
griffure
estafilade
balafre
éraflure
déhiscence
déchirure
accroc
lacération
cicatrice
étoile
incision
interstice
intervalle
espace
éclat
gerçure

se fendre
se fendiller
se fêler
se fissurer
s'étoiler
se lézarder
se déchirer
se cicatriser
éclater
se gercer
se crevasser
se déliter
se disjoindre
raviner
sillonner
rayer
creuser
griffer
balafrer
érafler
strier

fenton V. *fer*

fenugrec
V. *plantes*

féodalité
noblesse
gentilhommerie
gentillâtre
moyen âge
bachelier
chevalier
suzerain
seigneur
châtelain
châtelaine
paladin
pair
leude
burgrave
preux
titre
blason
couleurs
bannière
pennon
armure
écuyer
page
feudataire
ban
arrière-ban
vassal
homme-lige
mainmortable
vilain
serf
manant
roturier
félon
félonie
dérogeance
castel
manoir
château
donjon
gentilhommière
domaine
seigneurie
burgraviat
châtellenie
apanage
féage
fief
franc-fief
alleu
franc-alleu
terre mouvante
arrière-fief
cense
ensaisinement
haute-justice
basse-justice
don de joyeux avènement
aubaine
aumône fieffée
redevance
banvin
avenage
avage
lods
seigneuriage
censive
corvée
droit du seigneur
jambage
cuissage
hommage
aveu
chambellage
allégeance
suzeraineté
vassalité
vasselage
servage
roture
glèbe
mouvance
féodal
seigneurial
feudataire
féal
baronnial
allodial
censuel
banal
corvéable
taillable
apanager
acaser
afféager
amodier
hommager
prêter hommage
investiture
feudiste
V. *aristocratie*

fer
fort
dur
aciéreux
tendre
métis
marchand
demi-fort
martiné
laminé
fendu
cédat
de riblons
fil de fer
tôle
fer cru
fer coulé
fer fondu
fer météorique
fer oligiste
fer micacé
fer oxydé
fer galvanisé
fer écru
fer blanc
fer nerveux
fer plein
fer élégi
hématite
chamoisite
petit fer
fenton
carillon
bandelette
verge
ruban
cornette
coulière
fer-blanc
pyrite
minerai
mine
fondant
castine
herbue
battiture
gangue
rouille
grain
cassure
paille
cendrure
gueuse
gueuset
coquille
lingotière
jet de moulerie
sorne
embracelat
sifflet
massiau
renard
bordon
maquette
côtière
fonte
fonte de moulage
fonte d'affinage
fonte blanche
fonte noire
fonte grise
fonte truitée
laitiers
ferraille
feuillard
lame
limaille
mâchefer
souchon

marque
marque de Suède
marque russe
méthode comtoise
méthode champenoise
méthode bourguignonne
méthode allemande
métallurgie
sidérurgie
allemanderie
fonderie
chaufferie
ferblanterie
quincaillerie
tôlerie
damasquinerie
serrurerie
ferronnerie
ferrure
ferrement
maître de forges
métallurgiste
fondeur
ferronnier
ferblantier
quincaillier
ferreur
lormier
forgeron
damasquineur
maréchal ferrant
puddleur
forge
haut fourneau
bocard
patouillet
creuset
forge catalane
usine à fer
fenderie
sole
lit de fusion
ringard
traisil
bouchage
percée
puisard [homme
plaque de gentil-
appareil Cabrol
soufflerie
taque
warme
contrevent
chio
laiterol
haire
marteau
marteau-pilon
force motrice
hacheron
rabot
cisaille
batterie
bat-filière
rangette
laminoir
filière
mise au feu
coulée
bocardage
coulée à la percée
carburation
fusion
désornage
affinage
avalage
forgeage
finage
mazéage
grillage
puddlage
corroyage
laminage
trempe

ferrer
laminer
écrouir
forger
damasquiner
tremper
détremper
puddler
rouiller
ferré
ferrique
ferrugineux
martial

ferblanterie
V. *métier*

férie V. *semaine*

férié V. *fête*

férir V. *battre*, *coup*

ferler
V. *pli*, *voile*

fermage
V. *ferme* (3)

ferme (1)
V. *charpente*

ferme (2) V. *dur*, *droit*

ferme (3)
métairie
louage
location
réconduction
exploitation agri- [cole
borde
borderie
accense
cense
colonie
tènement
mas
villa
closerie
estancia
cheptel
fermage
censive
affermage
redevance
panage
faisances
amodiation
étable
écurie
pailler
râtelier
crèche
affermable

affermer
louer
acenser
prendre à ferme
amodier
exploiter
établer

fermier
fermière
métayer
tenancier
agriculteur
censier
engagiste
amodiateur
amodiataire
colon
V. *étable*

ferment
V. *acide*

fermer
clore
boucher
calfeutrer
aveugler
condamner
murer
clôturer
barrer
barricader
palissader
remblayer
combler
entourer
cerner
bloquer
investir
endiguer
étancher
incarcérer
emprisonner
chambrer
mettre sous clef
tenir sous clef
coffrer
séquestrer
cloîtrer
reclure
claquemurer
emmurer
mettre en cage
encager
enfermer
encuver
enserrer
verrouiller
cadenasser
boucler
boutonner
encaisser
empocher
bâillonner
museler
tamponner
cheviller
clouer
griller
enclore
parquer
enclaver
obstruer
opilatif
obturateur
obstructif

fermeté
V. *courage*

fermeture
clôture
occlusion
barrage
barricade
obstacle
remblai
digue
warme
endiguement
levée
estacade
palée
barre

chaîne
porte
volet
contrevent
claustre
obturation
opilation
bouchage
bâillonnement
entourage
mur
grille
canal
grillage
barreau
treillage
haie
claire-voie
herse
balustrade
parapet
garde-fou
palissade
palis
rempart
fortification
hérisson
artichaut
épi
cul de bouteille
cheval de frise
bouchon
tampon
bâillon
muselière
poire d'angoisse
cheville
fausset
bonde
clapet
bourrelet
fermail
aiguillette
agrafe
fibule
fermoir
broche
bouton
boucle
opercule
obturateur
couvercle
cadenas
loquet
verrou
serrure
hermétique
à l'émeri
étanche
hermétiquement
V. *fermer, serrure, porte, fenêtre*

fermier
V. *ferme*

fermoir
V. *fermeture*

féroce V. *cruel*

ferraille V. *fer*

ferrailler
V. *duel*

ferré V. *savant*

ferrer (*cheval*)
ferrer à glace
rénetter

fer-à-cheval
branche
éponge
maréchal ferrant
ferreur
maréchalerie
ferrement
travail
morailles
rénette

ferret V. *bijou*

ferrière
V. *bagage, serrure*

ferronnerie
V. *fer*

ferronnier
V. *métier*

ferronnière
V. *bijou*

ferrugineux
V. *fer, minérales* (eaux)

ferrure V. *fer*

fertile V. *fécond*

fertiliser
V. *fécond*

féru V. *amour*

férule V. *bâton*

fervent V. *zèle*

ferveur V. *zèle*

festin V. *repas*

festival V. *fête*

feston
V. *ornement*

festonner
V. *ornement* et *couture*

fête
cérémonie
solennité
gala
festival
jour férié
réjouissance
pompe
divertissement
vacance
congé
chômage
amusement
jeu
noce
assemblée
foire
kermesse
bal
soirée
anniversaire
jubilé
centenaire
inauguration
dédicace
pardon
pèlerinage
dimanche
sabbat
sacre
couronnement
mariage
baptême
cadeau
compliment
bouquet
sabot de Noël
soulier de Noël
fête liturgique
fête fixe
fête mobile
grande
patronale
locale
foraine
nationale
joute
régate
salve
concert
feu d'artifice
illumination
carillonnée
de famille
commémorative
jubilaire

célébration
cérémonial
programme
ordre et marche
grand maître des cérémonies
ordonnateur
décorateur

fêter
festoyer
fêtoyer
célébrer la fête
donner une fête
ouvrir
fermer
figurer à
prendre part à
honorer de sa présence
souhaiter
complimenter
chômer
endimancher

la Saint...
nouvel an
nouvelle année
premier de l'an
Circoncision
Épiphanie
jour des Rois
adoration des Mages
Purification
Chandeleur
Présentation
jours gras
Carnaval
dimanche
lundi gras
mardi gras
Mi-Carême
mercredi des Cendres
Passion
Rameaux
Pâques
Quasimodo
Rogations
Ascension
Pentecôte
Trinité
Fête-Dieu
Visitation
Fête Nationale
Assomption
Annonciation
Nativité de la Vierge
Exaltation de la Croix
Toussaint
Jour des Morts
Avent
Immaculée Conception
Noël
Christmas
vigile
Pourim

Yom-Kippour
ramadan
béiram
baïram
panathénées
panégyries
thesmophories
lupercales
compitales
dionysiaques
bacchanales
saturnales
lustration
lectisterne
V. *éclairage*, *artifice*

fetfa
V. *musulman*

fétiche V. *jeu*

fétichisme
V. *religion*

fétide V. *odeur*

fétu V. *paille*

feu
ardeur
ignition
combustion
incandescence
calcination
brûlure
incinération
crémation
torréfaction
conflagration
inflammation
déflagration
incendie
sinistre
fléau
embrasement
jet de flamme
langue de feu
flambée
chaude
flamboiement
éclat
scintillement
lueur
pétillement
crépitement
flamme
flammèche
étincelle
bleuette
braise
tison
brandon
allumette
pyrogène
briquet (battre le)
amadou
cendre
fumée
nuage
tourbillon
feu de joie
autodafé
inquisition
feu grégeois
furolles
feu follet
feu Saint-Elme
grisou
salamandre
phénix
Vulcain
Vesta
bûcher
holocauste
foyer
échaudoir
brasero
brasier
fournaise
brûloir
appareil crématoire
combustible
inflammable
chauffage (voir)
incombustible
réfractaire
apyre
ininflammable
asbeste
amiante
extincteur
mata-fuego

ardent
igné
incandescent
brûlant
comburant
vif
torride
dévorant
inextinguible
aduste
mort
incendiaire

pompier
sapeur-pompier
corps des pompiers
pompe
seaux
chaîne
balancier
grenouillère
conduite
prise d'eau
bouche d'incendie
tuyau
lance
avertisseur
échelle de sauvetage
assurance

opérer le sauvetage
attaquer l'incendie
brûler
chauffer
échauder
ébouillir
boucaner
bouillir
mettre en feu
embraser
mettre le feu
allumer
incendier
activer
animer
tisonner
attiser
souffler
éventer
éteindre
étouffer
faire la part du feu
s'allumer
prendre
couver
éclater
dévorer
dévaster
mettre en cendres
réduire en cendres
consumer
carboniser
torréfier
griller
rôtir
cuire
calciner
flamber
étinceler
scintiller
crépiter
pétiller
flamboyer
jaillir
être la proie des flammes

inflammabilité
combustibilité
incombustibilité
pyrométrie
allumeur
hâteur
ignicole
V. *chauffage*, *cheminée* et *chaleur*

feu d'artifice
V. *artifice (feu d')*

feudataire
V. *féodalité*

feudiste
V. *savant*

feuillage
V. *feuille*

feuillant
V. *clergé*

feuillantine
V. *clergé*

feuillard V. *fer*

feuille
verdure
feuillage
feuillée
rinceau
frondaison
feuillaison
foliation
reverdissement
ombrage
tonnelle
treille
pampre
thyrse
fane
pampe
aiguille
ascidie
phyllithe

queue
pétiole
rachis
pétiolule
foliole
paire
gaine
ligule
stipule
limbe
décurrence
corps
face
bord
côte
envers
dessous
stomate
lacune
sommet

pointe
mucron
épiderme
parenchyme
chlorophylle
côte
nervure
sinus
dent
crénelure
lobe
fissure
partition
segment

aisselle
nœud
entrenœud
mérithalle
verticille
rosette
involucre
involucelle
coussinet
articulation
nervation
décussation
préfoliaison

foliacé
foliaire
feuillé
en feuilles
feuillu
oppositifolié
paucifolié
perfolié
aphylle

plate
verte
morte
fanée
sèche
caduque
persistante
simple
composée
articulée
foliolée
bifoliolée
entière
découpée
digitée
sagittée
dentée,
denticulée
crénelée
incisée
fendue
partagée
coupée
trifide
quinquéfide
multifide
palmée
palmatifide
pennée
pinnatifide
pinnatipartite
pinnatiséquée
imparipennée
palmatipartite
palmatiséquée
palmatilobée
laciniée
pédalée
pectinée
peltée
peltinerve
fistuleuse
ovale
oblongue
obovale
ensiforme
acinaciforme
linguiforme
cordiforme
cunéiforme
falciforme
flabelliforme
squamiforme
réniforme
gibbeuse
lancéolée
cuspidée
lyrée
charnue
crépue
acuminée
ailée
hastée
caulinaire
pétiolaire
vaginale
axillaire
extraxillaire
subaxillaire
interpétiolaire
amphigastre
embrassante
amplexicaule
verticillée
engainante
sessile
exstipulée
stipellée
raméale
radicale
opposée
décussée
alterne
éparse
distique
tristique
bullée
bulleuse
connée
décurrente
étalée
imbriquée
sinuée
réfléchie
involutive
roncinée
aérienne
submergée

feuiller
s'épanouir
s'ouvrir
verdir
reverdir
se faner
s'effeuiller
tomber
effaner

feuillée V. *feuille*
feuiller
V. *peinture*
feuillet V. *livre*
feuilleter
V. *lire* et *pâtisserie*
feuilletis
V. *ardoise*
feuilleton
V. *journal*
feuillette
V. *tonneau*
feuillu V. *feuille*
feuillure
V. *menuisier*
feurre V. *paille*
feutre
feutrier
feutrer
feutrage
fève V. *plantes*
fèverole
V. *plantes*
février V. *mois*
fez V. *chapeau*
fi V. *mépris*
fiacre
voiture
voiture découverte
victoria
landau
coupé
cab
station
remise
numéro
à l'heure
à la course
remiser
relayer
pourboire
tarif
indemnité de retour
cocher
bourgeois
contravention
V. *cocher*, *voiture*
fiançailles
V. *mariage*.

fibre
fibrille
filament
filandres
filamenteux
filandreux
fibreux
fibrine
fibule
V. *fermeture*
fic V. *maladie*
ficelle V. *corde*
fiche V. *signe*
ficher V. *immobile*
fichet V. *dé*
fichu V. *vêtement*
ficoïde V. *plantes*
fictif V. *faux*
fiction
V. *imagination* et *faux*
fidéicommis
V. *commission*
fidéjussion
V. *gage*
fidélité
V. *constance*
Fidènes
fidénate
fiduciaire
V. *monnaie*, *héritage*
fief V. *féodalité*
fieffé
V. *importance*
fiel V. *bile*
fiente
V. *excrément*
fier V. *orgueil*
fier-à-bras
V. *orgueil*
fièvre
fièvre algide

fièvre chaude
— tierce
— quarte
— typhoïde
— jaune
— scarlatine
— éruptive
— intercurrente
— intermittente
— paludéenne
— maligne
— putride
— cérébrale
— de lait
— puerpérale
— miliaire
— épiale
— hectique
hectisie
accès
crise

fébrile
fiévreux
fébricitant
avoir la fièvre

antifébrile
antiphlogistique
fébrifuge
antipyrine.

fifre
V. *instruments*
figer V. *condenser*
figue
figuier
figuerie
figurant
V. *comédien*
figuratif
V. *allégorie*
figure V. *forme, tête, physionomie*
figurer (se)
V. *imagination*
figurisme
V. *religion*
fil
chanvre
fil d'Écosse
filasse
étoupe
fil de Bretagne
brin
cordonnet
fleuret
doublot
caret
ligneul
chégros
écru
détors
retors
bobine
cartisane
fuseau
aiguille
dévidoir
ficelier
touret
tournette
quenouille
rouet
métier
ourdissoir
aiguillée
écheveau
pelote
peloton
portée
fusée
boudin
effilure
doigtée
compte-fils
filateur
filandière
filassier
ourdisseur
dévideur
bobineur
fileuse
mercier
mercière
filage
dévidage
ourdissage
mercerie

teiller
carder
ourdir
bobiner
pelotonner
filer
étirer
retordre
dévider
renvider
effiler
coudre
faufiler
bâtir
enfiler
défiler
désenfiler

Berthe (la reine)
Ariane
Omphale
Parques V. *rouet*

filandres
V. *temps* (qu'il fait)
filandreux
V. *style*
filasse V. *toile*
filateur V. *tissu*
file V. *accompagner*
filerie V. *toile*

filet
réseau
résille
lacs
filoche
rets
tonnelle
panneau
pantière.
tirasse
allier
bregin
nasse
poche
épervier
épuisette
traînasse
traîneau
seine
madrague
gabare
chalon
chalut
combrière
tramail
trémail
verveux
boulier
ableret
bastude
carrelet
trouble
coup de filet
maille
moule
navette
point
lignette
boucle
toile
raban
chambre
liège
plomb
ailes

traînant
dormant
maillé
réticulé
réticulaire
rétiaire

jeter
lancer
traîner
draguer
tonneler
panneauter
tendre
mailler
plomber
radouber
V. *pêche*
filial V. *fils*
filiation
V. *famille*
filière V. *métal*
filiforme V. *petit*
filigrane V. *orfèvrerie* et *papier*
filin V. *corde*
filipendule
V. *plantes*
fille V. *fils, famille, enfance*
filleul V. *baptême*
filoche
V. *filet, étoffes*
filon V. *carrière*
filoselle V. *étoffes*
filou V. *vol*
fils
filial
filialement
compléter à *famille* et *enfance*
filtre
chausse
couloir
filtrer
passer
filtration
porosité
poreux
V. *alambic, tamis*
filure V. *tissu*
fin (adj.) V. *habile, petit, prix*

fin
terminaison
achèvement
conclusion
morale
aboutissement
dénouement
épilogue
finale
désinence

extinction
fermeture
clôture
issue
résultat
solution
complément
couronnement
bouquet
chant du cygne
extrémité
terme
limite
bout
about
but
borne
point terminus
point d'arrivée
arrière-garde
péroraison
queue
arrière
reste
relief
couchant
déclin
apogée
maximum
summum
comble
paroxysme
faîte
tête
cime
sommet

extrême
dernier
terminal
définitif
complémentaire
final
avant-dernier
pénultième

en dernier
à la queue
finalement
in extremis

finir
achever
terminer
parfaire
parachever
consommer
compléter
couronner
finis coronat opus
couper court à
mettre fin
mettre la dernière
en finir avec [main
clore
toucher au but
toucher au terme
arriver au port
aboutir
lever la séance
tirer le rideau
conclure
être à *quia*
être au bout de son
V. *faire* [rouleau

finage V. *proces*
final V. *fin*
finale V. *opéra*
finance
affaires [bourse
opérations de
spéculation
banque
haute banque
agiotage
agio
tripotage
mouvement de
placement [fonds
appel de fonds
lancement
émission
versement
remboursement
emprunt
achat
commission
courtage
report
déport
prime
marché des pri-
réponse [mes
échelle
virement
arbitrage
avance
escompte
change
conversion
couverture
écart
différence
crédit
découvert
déficit
liquidation
exécution
bourse
marché
corbeille
parquet
portefeuille
carnet
cote
cours
taux
comptant
terme
hausse
baisse
action
titre
fonds
fonds publics
fonds d'État
valeur d'État
valeur industri-
elle
valeur en banque
rente
amortissable
consolidé
valeur à lots
obligation
bon au porteur
revenu
dividende
acompte
pourcentage
intérêt
arrérages
annuité
coupon
détachement du
tirage [coupon
lot
boni
au-dessus du pair
au-dessous du pair
amortissement
principal
capital
apport
commandite
association
société
billet
bank-note
coupure
chèque
carnet de chèques
ordre de bourse
bordereau
financièrement
V. *banque* et *bud-
get*

financer
V. *payer*

financier
gros bonnet de la
finance
baron
banquier
manieur d'argent
agent de change
corbeille
boursier
coulisse
changeur
escompteur
spéculateur
boursicotier
coulissier
courtier
marron
agioteur
tripoteur
capitaliste
commanditaire
bailleur de fonds
actionnaire
obligataire
rentier
rentière
épargne
gogo

spéculer
jouer
tripoter
agioter
acheter
vendre
lever
réaliser
liquider
déporter
reporter
lancer
émettre
jouer à la hausse
jouer à la baisse
faire la banque
faire le change
échanger
escompter
prendre position
V. *banque*, *budget*

finasser
V. *habile*
finaud V. *habile*
finesse
V. *intelligence*,
petit
finette V. *étoffes*
finir V. *fin*
fiole V. *bouteille*

fioritures
V. *ornement*
firmament
V. *air*
fisc V. *impôt.*
fissipare
V. *plantes*
fissipède
V. *pied*
fissure V. *fente*
fistule
V. *maladie*
fixation
V. *immobile*
fixer V. *immobile*
fixité
V. *immobile*
flaccidité V. *mou*
flacon V. *bouteille*
flageller V. *fouet*
flageoler
V. *mouvement*
flageolet
V. *plantes, instruments*
flagorner
V. *louange*
flagrant V. *crime*
flair V. *nez*
flamant
V. *animal*
flambe
V. *plantes, épée*
flambé
V. *malheur*
flambeau
pied
terrasse
disque
ourlet
suage
tige
balustre
fût
pommeau
calice
bassinet
binet
brûle-tout
bobèche
branche
V. *éclairage*
flamber V. *feu*
flamberge
V. *épée*
flamboyant
V. *gothique*
flamboyer
V. *feu*

flamine V. *cierge*
flamme V. *feu, drapeau*
flammèche
V. *feu*
flan V. *monnaie, pâtisserie*
flanc
côté
latéral
flanquer
efflanquer
Flandre
flamand
flanelle
V. *étoffes*
flâner V. *errer, inaction*
flanquer
V. *fortification*
flaque V. *liquide*
flasque V. *mou*
flasque V. *canon*
flâtrer V. *rage, vétérinaire*
flatter
V. *caresser, louer*
flatuosité
V. *maladie*
fléau V. *malheur, maladie, agriculture*
flèche
V. *arc, église*
fléchir V. *courbé, pitié*
flegmatique
V. *insensible*
flegme V. *tranquille*
flétrir V. *désapprouver* et *fleur*
flétrissure
V. *réputation*
fleur
fleurette
fleuron
bouquet
bouton
bourgeon
rachis
pédoncule
axe
pédicelle
vaginule
ligule
involucre
involucelle
collerette
écaille
bractée
bractéole
foliole
verticille
opercule
enveloppe
calice
calicule
gorge
bulle
périanthe
périchèse
périgone
sépale
éperon
aigrette
réceptacle
torus
thalamus
fimbrille
foliation
corolle
coronule
épicorollie
hypocorollie
pétale
onglet
lame
limbe
étendard
aile
carène
tube
casque
masque
mufle
gorge
palais
androcée
étamine
anthère
filet
anthéridie
loge
syngénèse
pollen
utricule
fovilla
déhiscence
gynécée
archégone
pistil
carpelle
ovaire
cloison
ovule
style
poil collecteur
stigmate
tube pollinique
placentation
placenta
inflorescence
grappe
panicule
thyrse
corymbe
épi
chaton
spadice
spathe
régime
rayon
ombelle
ombellule
fascicule
faisceau
trochet
capitule
calathide
réceptacle
phoranthe
clinanthe
cime
hampe
cupule
spathelle
anthèle
stipe
chorize
icosandrie
monandrie
disandrie
triandrie
tétrandrie
pentandrie
hexandrie
heptandrie
ennéandrie
décandrie
dodécandrie
polyandrie
monœcie
diœcie
agamie
cryptogamie
phanérogamie
adelphie
monodynamie
gynandrie
spermogonie
spermatie
syngénésie
dichotomie
trichotomie
éclosion

floraison
insertion
dédoublement
préfloraison
vernation
estivation
efflorescence

mâle
femelle
unisexuel
agame
cryptogame
phanérogame
hétérogame
homogame
monogame
polygame
hermaphrodite
neutre
monadelphe
diadelphe
polyadelphe
monodyname
didyname
agynique
monogyne
digyne
trigyne
pentagyne
androgyne
gynandre
épigyne
hypogyne
périgyne
monocline
dicline
péricline
gynostème
épigone
dioïque
monoïque
gamopétale
sympétalique
abortif
filiforme
capillaire
subulé
genouillé
appendiculé
uniloculaire
biloculaire (etc.)
linéaire
vermiforme
aigu
bicorné
quadricorné
adné
soudé
conné
synanthéré
distinct
décliné
exert
inclus
incombant
pendant
dressé
sagitté
cordiforme
oscillant
connectif
operculé
introrse
extrorse
saillant
inclus
infléchi
supère
adhérent
infère
simple
bifide (etc.)
bipartite (etc.)
plumeux
unilatéral
pollinique
stipité
apicilaire
latéral
basilaire
gynobasique
placentaire
axile
pariétal
central
élatère
nectaire
indéfini
indéterminé
défini
déterminé
floral
florifère
pauciflore
flosculeux
semi-flosculeux
complet
solitaire
terminal
capité
fastigié
agrégé
alterne
alterniflore
sessile
chénanthophore
composé
simple
double
pédonculé
pétaloïde
scorpioïde
involucellé
involucré
pénicillé
imbriqué
caliculé
unisérial
plurisérial
monophylle
polyphylle
apétale
unipétale
monopétale
dipétale
polypétale
monosépale
polysépale
gamopétale
épipétale
corymbifère
staminifère
stipellé
glomérulé
caliciflore
corolliflore
thalamiflore
diplostémone
isostémone
personé
labié
ligulé
anomal
tronqué
entier
campanulé
urcéolé
lacinié
onguiculé
paniculé
pailleté
papilionacé
éperonné
radié
hasté
caryophyllé
rosacé
obcordé
échancré
glumacé
écailleux
herbacé
foliacé
bractéolé
achlamydé
nu
cyathiforme
calathiforme
hypocratériforme
cruciforme
spiciforme
corymbiforme
campaniforme
spathiforme
staminal
tubuleux
valvaire
vexillaire
quinconcial
linéaire
accrescent
marcescent
bidenté
enveloppant
convolutif
induplicatif
divergent
réflexe
réfléchi
étalé
dressé
tordu
connivent
caduc
persistant
brillant
frais
épanoui
coloré
jaspé
tigré
panaché
fané
flétri
mort
naturel
artificiel
fleuri
parsemé de
émaillé de

boutonner
éclore
s'ouvrir
s'épanouir
fleurir
se couvrir de [fleurs
couler
se nouer
défleurir
faner
flétrir
s'effeuiller
se dépouiller
tomber

Flore
floréal
horloge de Flore
langage des fleurs
sélam
anthographie
botanique
bouquet
gerbe
guirlande
jardinière
corbeille
massif
plate-bande
jardinet
jardin
parterre
bouquetier
bouquetière
fleuriste
jardinier
horticulture
jardinage
nouure
V. la liste des fleurs à *plantes*

fleurer V. *odeur*
fleuret V. *escrime*, *étoffes*
fleurette V. *fleur*
fleuri V. *style*
fleurir V. *fleur*
fleuriste V. *bouquet*, *jardin*
fleuron V. *fleur*, *ornement*

fleuve
cours d'eau
courant
fil
amont
aval
fond
lit
rive
berge
bord
quai
source
embouchure
estuaire
delta
confluent
affluent
bras
crue
inondation
gué
fluvial
fluviatile
V. *eau*, *rivière*

flexible V. *mou*
flexion V. *cercle*
flexueux V. *cercle*
flibustier V. *aventure*
flocon V. *glace* (1)
floraison V. *fleur*
floral V. *fleur*
Flore V. *fleur*
Florence
florentin
florès V. *succès*
florifère V. *fleur*
florin V. *monnaie*
florissant V. *santé*
flosculeux V. *fleur*
flot V. *eau*
flotte V. *navire*

flotter
nager
surnager
se soutenir
émerger
naviguer

flottant
fluctueux

flot
flottaison
flottage
flottement
fluctuation
flotteur

flotteur V. *chaudière*
flottille V. *navire*
flou V. *obscurité*
fluctuation V. *flotter*, *hésitation*
fluer V. *couler*
fluet V. *petit*
fluide V. *mou*
fluor V. *substances*
flûte V. *instruments*
flûte V. *pain*
flûteau V. *instruments*
flûtiste V. *musicien*
fluvial V. *fleuve*
fluviatile V. *fleuve*
flux V. *mer*
fluxion V. *maladie*
foc V. *voilure*
focal V. *foyer*

fœtus
embryon
faix
cordon ombilical
arc viscéral
lames vertébrales
allantoïde
amnios
placenta
méconium
ostéogénie
fontanelle
formation
gestation
embryogénie
embryonnaire
V. *génération*

foi V. *croyance*, *religion*

foie
ligament
grande faux
lobe
sillon
éminence porte
veine porte
canal hépatique
acinus
foie douvé
foie pourri
douve
épithélioma
hépatite
bile
fiel
glycogénie
glycogène
hépatique
fielleux V. *bile*

foin
faner
faneur
fanage
fanaison
fenaison
fenil

foire
marché
halle
assemblée
agora
landit
kermesse
temple
carreau
criée
factorerie
facteur
dame
poissarde
crieur
fort
hallier
forain
hallage [*tique*
V. *commerce*, *bou-*

fois V. *répéter*
foison V. *quantité*
Foix
fuxéen
foxien
folâtre V. *gai*
foliacé V. *feuille*
foliaire V. *feuille*
folichon V. *gai*

folie
démence
vésanie [tale
aliénation men-
perte de la raison
affection céré-
déraison [brale
égarement
dérangement
aberration
divagation
fureur
délire
delirium tremens
hallucination
inconscience
irresponsabilité
enfance
idiotisme
idiotie
crétinisme
absence
idée fixe
coup de marteau
manie
toquade
insanité
monomanie
nymphomanie
érotomanie
lycanthropie
frénésie
cerveau fêlé

affolement
trouble
transport
grain
accès
fou
aliéné
dément
insensé
toqué
détraqué
timbré
braque
inconscient
irresponsable
simple
crétin
idiot
dérangé
mal équilibré
égaré
hagard
halluciné
maniaque
monomane
frénétique
furieux
forcené
possédé
fou à lier
nymphomane
érotomane
lycanthrope
lypémanie

aliéniste
ellébore

délirer
divaguer
extravaguer
déraisonner
perdre la raison
perdre la tête
déménager
battre la campagne
battre la breloque
avoir un grain
perdre la boussole
n'avoir plus la tête à soi
avoir la tête à l'envers
tomber en enfance

folio V. *page*
foliole V. *feuille*
follement V. *trop* et *audace*
follet V. *feu, poil*
folliculaire V. *journal*
follicule V. *fruit*
fomentation V. *remède*
fomenter V. *cause*
foncé V. *couleur*
foncer V. *marcher*
foncier V. *terrain*
foncièrement V. *sincère*

fonction
emploi
charge
dignité
place
situation
office
poste
ministère
département (de la guerre, etc.)
magistrature
mission
occupation
besogne
travail
tâche
rôle
rang
grade
titre
brevet
intérim
remplacement
suppléance
immixtion
attributions
ressort
compétence
sinécure
cumul
hiérarchie
avancement
promotion
services
traitement
appointements
honoraires
gratification
retraite
retenue
vacances
congé
insignes
marques
demande
candidature
démarche
nomination
collation
investiture
avancement
augmentation
déplacement
permutation
mutation
changement
disponibilité
démission
dégradation
concussion
malversation
péculat
abus
prévarication
forfaiture

postuler
obtenir
passer
être nommé
être casé
parvenir à
être appelé à
être chargé de
être élevé à
entrer en fonctions
remplir
exercer
occuper
tenir
s'acquitter de
cumuler
changer
permuter
avoir de l'avancement
monter en grade
résigner
se démettre
prendre sa retraite
donner
conférer
appeler à
décerner
confier
charger de
caser
placer
nommer
élever à
investir
introniser
installer
dégrader
déplacer
destituer
dégommer

fonctionnaire
dignitaire
magistrat
ministre
employé
commis
titulaire
attitré
suppléant
intérimaire
auxiliaire
honoraire
émérite
retraité
à la retraite
public
honorifique
inamovible
héréditaire
amovible
hiérarchique
V. *employé, administration*

fonctionnel V. *santé*
fonctionner V. *mouvement*
fond V. *trou*
fondamental V. *base, importance*
fondement V. *base*
fonder V. *faire*
fondoir V. *gras* (1)
fondre V. *fonte* (2)
fondrière V. *trou, boue*
fonds V. *boutique, banque*
fondu V. *liquide*
fondue V. *œuf*
fongible V. *dette*
fongosité V. *maladie*
fongus V. *maladie*

fontaine
récipient
pied
couvercle
robinet
filtre
baquet
bassin
débit

borne-fontaine
fontaine-Wallace
nymphée
nymphéum
fontainier

fontanelle
V. *fœtus*

fontange V. *chapeau de femme*

fonte (1) V. *selle*

fonte (2)
fusion
liquéfaction
colliquation
dissolution
solution
liquation
infusibilité

fondant
dissolvant
dissolutif
colliquatif
liquéfiable
fusible
déliquescent
soluble
dissoluble
insoluble
infusible
apyre

fondre
liquéfier
dissoudre
parfondre

fondeur
fonderie
V. *métallurgie*

fonts V. *baptême*

for intérieur
V. *conscience*

forage V. *trou*

forain V. *foire*

foraminé V. *trou*

forban
V. *navigateur*

forçage
V. *monnaie*

forçat V. *bagne*

force
vigueur
puissance
verdeur
muscle
poigne
fermeté
solidité
dureté
résistance
dynamie
consolidation
renforcement
renfort
raffermissement
violence
virulence
véhémence
intensité
fougue
élan
emportement
paroxysme
haut degré

fort
vigoureux
robuste
puissant
vert
musculeux
membru
reinté
râblé
râblu
découplé
trapu
d'acier
de fer
herculéen
ferme
résistant
incoercible
consistant
inflexible
invincible
infatigable
invaincu
indomptable
irrésistible
solide
dur
renforcé
violent
virulent
intense
véhément
fort comme un bœuf
fort comme un Turc
Hercule
Milon de Crotone
athlète

avoir de la force
avoir de la poigne
avoir du biceps
avoir raison de
rester sans force
perdre
épuiser
abattre
aviver
raviver
ragaillardir
ranimer
redonner de la force
remettre sur pied
renforcer
enforcir
consolider
raffermir
accentuer
forcer
retremper

roboratif
tonique
reconstituant
dynamomètre
fortement
vigoureusement
puissamment
robustement
fermement
solidement
durement
violemment
V. *coup*, *battre*

forcené V. *trop*

forceps
V. *chirurgie*

forcer V. *obligation*, *précéder*, *trop*

forces V. *ciseaux*

forclore
V. *procédure*

forer V. *trou*

forestier
V *forêt*

foret V. *trou*

forêt
essence
arbre
liane
pousse
brout
écrues
cépée
touffe
buisson
broussaille
bouquet
fourré
taillis
breuil
hallier
futaie
épiniers
massif
sous-bois
bocage
bosquet
marmenteau
complant
baliveau
gaulis
bois
clairière
éclaircie
essarts
chablis
percée
trouée
perspective
point de vue
étoile
rond-point
cavée
route cavalière
chemin
sentier
filet
lacet
laie
laye
entrée du bois
lisière
orée
parc
savane
forêt vierge
gruerie
vénerie
récolement
ségrairie
ségrais
vente
défens
verderie
réserve
communaux
abatis
abatage
défrichement
essartement
coupe
coupe réglée
coupe sombre
affouage
affouagement
assiette des ventes
panage
balivage
recépage

souchetage
usage

aunaie
boulaie
bruyère
châtaigneraie
tremblaie
ormaie
ormoie
foutelaie
chênaie
charmoie
frênaie
houssaie
cyprière
sapinière
fougeraie
caféière
noiseraie
figuerie
olivette
prunelaie
cerisaie
cacaoyère
roseraie
oseraie
saussaie
garenne
maquis

planter
boiser
reboiser
layer
receper
affouager
essarter
couper
pratiquer une
défricher [coupe
déboiser
sylviculture

sylvestre
forestier
bocager
boisé
buissonneux

conservateur
garde-chasse
garennier
veneur
bûcheron
boquillon
usager
layeur
verdier
gruyer
sylvain
dryade
hamadryade
faune
satyre
Pan

forfait
V. *crime*, *contrat*

forfaiture
V. *crime*

forfanterie
V. *orgueil*

forge
usine
haut fourneau
grosse forge [de
forge à l'alleman-
forge à l'anglaise
forge corse
forge catalane
forge maréchale
foyer
fourneau
chaufferie
batterie
marteau
chambrière
fourgon
mordache
tenailles
pinces
tisonnier
chien
croche
martinet
drome
davier
bascule
massif
rustine
haire
buse
soufflet
trompe
courbotte
étranguillon
aspirateur
tuyère
mureau
flasque
tablier
homme
canon de bourrec
creuset
minerai
loupe
massé
greillade
maillé
piquemine
escola
niaillou
garde-forge
forgeron
maître de forges
maréchal
serrurier
taillandier
forgeur
Cyclope
Vulcain
Éloi

forger
battre
marteler
écrouir
corroyer
ferrer

forhuir
V. *chasser* (2)

forjeter V. *mur*

forlancer
V. *chasser* (2)

forligner
V. *aristocratie*

forlonger
V. *errer*

formaliser (se)
V. *colère*

formalisme
V. *forme*, *inutile*

formalité V. *loi*

formariage
V. *mariage*

format V. *livre*

formation
V. *faire*

forme
figure
configuration
conformation
figuration
disposition
arrangement
proportion
structure
dessin
silhouette
aspect
apparence
dehors
extérieur
contour
modelé
façon
calibre
gabarit
galbe
ligne
profil
modèle
moule
patron
relief
bosse
ronde-bosse
demi-bosse
demi-relief
bas-relief
méplat
métamorphose
anamorphose
transfiguration
transformation
changement
modelage
bosselage
gauchissement
gondolement
chantournement

avoir une forme
présenter
montrer
offrir
affecter
épouser
prendre
former
dessiner
modeler
figurer
représenter
conformer
disposer
harmoniser
arranger
constituer
construire
bâtir
façonner
transformer
métamorphoser
déformer
défigurer
se dessiner
se profiler
se découper
se détacher
chantourner
contourner
bistourner
gauchir
bosseler
bossuer
gondoler

ballonner
gonfler
bomber
boursoufler
enfler
tuméfier

mou
malléable
plastique
informe
uniforme
amorphe
dimorphe
isomorphe
polymorphe
multiforme
difforme
contrefait
irrégulier
mal bâti
gros
bouffi
enflé
ballonnant
gonflé
bombé
boursouflé
bossu
ventru
rebondi
globuleux
globulaire
rond
sphérique
hémisphérique
sphéroïdal
urcéolé
ovoïde
amygdaloïde
avellanaire
balanoïde
balaniforme
rhomboïde
cubique
prismatique
pyramidal
polyédrique
clavoïde
conique
conoïde
cylindrique
tubulé
tubulaire
fuselé
galbé
fusiforme
lourd
bâtard

conforme
régulier
harmonieux
élégant
svelte
symétrique
proportionné
bien pris
circulaire
courbe
discoïdal
lenticulaire
lentiforme
orbiculaire
ovale
ovalaire
elliptique
ellipsoïde
concave
convexe
biconcave
biconvexe
cintré
arqué
arciforme
oblong
barlong
naviculaire
pisciforme
losangé
quinconcial
croisé
parabolique
hyperbolique
anguleux
sigmoïde
triangulaire
carré
quadrangulaire
quadrilatéral
rectangulaire
trapézoïdal
pentagonal
hexagonal
octogonal
polygonal
droit
penché
arborescent
cunéiforme

mollesse
malléabilité
plasticité
polymorphisme
difformité
irrégularité
bouffissure
enflure

ballonnement
gonflement
bombement
boursouflure
tuméfaction
turgescence
rotondité
rondeur
sphéricité
lourdeur
conformité
régularité
harmonie
élégance
symétrie
proportion
cercle
courbe
disque
orbite
orbe
amphithéâtre
ovale
ellipse
concavité
convexité
cintre
quinconce
parabole
hyperbole
angle
triangle
quadrilatère
parallélogramme
carré
rectangle
losange
trapèze
polygone
pentagone
hexagone
heptagone
octogone
ennéagone
décagone
hendécagone
dodécagone
pentédécagone
icosagone
polyèdre
trièdre
tétraèdre
pentaèdre
hexaèdre
heptaèdre
octoèdre
décaèdre
dodécaèdre
icosaèdre

rhomboèdre
cube
pyramide
cône
cylindre
prisme
sphère
boule
hémisphère
dôme
calotte
couronne
rosace
arc
demi-cercle
hémicycle
spirale
serpentine
V. *cercle*, *arcade*, *boule*, *dessin*, *feuille*

formel V. *certain*

former V. *faire*

formicant
V. *pouls*

formidable
V. *peur*

formier
V. *chaussure*

formique
V. *fourmi*

formuer
V. *oiseau*

formulaire
V. *livre*

formule
V. *texte*

formuler V. *dire*

forpaître
V. *paître*

forsenant
V. *zèle*

fort V. *force* et *fortification*

forteresse
V. *fortification*

fortification
travaux militaires
ouvrages militaires
ouvrage
ouvrage détaché
ouvrage de défense
retranchement
enceinte
circonvallation
ceinture
zone
place

place de guerre
forteresse
fort
citadelle
acropole
château fort
donjon
fortin
redoute
blockhaus
bonnette
tenaille
tenaillon
flèche
fer à cheval
boulevard
rempart
front
bastion
bastion double
b. coupé
pan
face
gorge
redan
éperon
capitale
angle
angle mort
ligne capitale
plongée
gabion
gabionnade
fascine
palissade
cheval de frise
palanque
épaulement
approches
contre-approches
contrevallation
barricade
demi-bastion
courtine
risban
saillie
tour
flanc
épaule
parapet
glacis
douve
fossé
escarpe
magistrale
contrescarpe
talus
contregarde
revêtement
ligne de défense
ligne flanquante
flanquement
porte
ravelin
chemin couvert
cheminement
galerie
parallèle
tranchée
casemate
orillon
demi-lune
barbette
lunette
batterie
plate-forme
batardeau
corne
couronne
place basse
basse enceinte
avancée
avant-glacis
berme
embrasure
merlon
banquette
caponnière
chemin de ronde
poterne
pont-levis
bascule
herse
créneau
mâchicoulis
bretèche
échauguette
archière
arbalétrière
meurtrière
canardière
barbacane
mine
contre-mine
sape
brèche
escalade
assaut
démantèlement
reddition
gouverneur
commandant de place
pionnier
sapeur
génie

exécuter
ouvrir
tracer
bastionner
fortifier
retrancher
créneler
gabionner
palissader
défiler
flanquer
commander sur
défendre
battre
balayer
croiser les feux
ouvrir la tranchée
saper
escalader
prendre
rendre
démanteler

feu rasant
feu fichant
inattaquable
imprenable
inexpugnable
V. *artillerie*, *canon*, *siège*

fortifier V. *fortification*, *force*

fortin
V. *fortification*

fortrait
V. *fatigue*

fortraiture
V. *fatigue*

fortuit V. *hasard*

fortune V. *hasard*, *richesse*

forure V. *trou*

fosse V. *trou*

fossé V. *trou*

fossette V. *tête*

fossile
V. *géologie*

fossoyeur
V. *cimetière*

fou V. *folie*

fouace
V. *pâtisserie*

fouaille
V. *chasseur*

fouailler
V. *fouet*

foudre V. *tonnerre*, *tonneau*

foudroyer
V. *tonnerre*

fouée V. *chasse*

fouet
chambrière
escourgée
martinet
discipline
garcette
cravache
étrivière
schlague
knout
manche
lanière
mèche
coup de fouet
anguillade
flagellation
fustigation

fouetteur
fouettard
flagellant

fouetter
fouailler
fustiger
cingler
flageller
cravacher
faire claquer
donner un coup de fouet
toucher

fougasse
V. *poudre*

fouger
V. *sanglier*

fougeraie
V. *forêt*

fougère
V. *plantes*

fougue
V. *zèle*, *vite*

fouille V. *trou*

fouiller
V. *vide*, *curieux*

fouillis
V. *désordre*

fouine
V. *animal*, *fourche*

fouir V. *trou*

foulage V. *fouler*

foulard V. *linge*

foule V. *quantité* et *badaud*

foulée V. *chasseur*

fouler (1)
piétiner
presser
serrer
comprimer
tasser

malaxer
piler
foulerie
fouloir
foulon
V. *condenser* et *serrer*.

fouler (2)
V. *blessure*

foulon V. *fouler*

foulque V. *animal*

foulure
V. *blessure*

four
fournil
chaufour
four banal
four à réverbère
fourneau
moufle
cagnard
creuset
caléfacteur
hypocauste
chaudière
coquille
cuisinière
poêle
réchaud
sorbonne
cheminée
hotte
échelage
buse
chapiteau
dôme
cavalet
chapelle
calotte
voûte
âtre
foyer
arche
reins
chambre
étuve
alandier
évent
aspirail
sole
aire
bouche
autel
porte
gueulard
appel
bombarde
ouvreau
grille
sergent
manique
tisard
tonnelle
cendrier
attisoir
pelle
écouvillon
fourgon
rolle
rableau
ébraisoir
fournée
chauffe
feu
grand feu
feu de moufle

luter
charger
emplir
écouvillonner
fourgonner
enfourner
défourner
débraiser

fournier
fumiste

fourbe
V. *hypocrisie*

fourbir
V. *essuyer*

fourbu V. *cheval*, *fatigue*

fourche
bident
trident
fouine
manche
douille
dent
pointe
fourchée
enfourchement

enfourcher

fourchet
V. *mouton*

fourchette
couvert
havet
manche
spatule
dent
fourchon
fourchetée
piquer avec

fourchu
V. *pointe*

fourgon V. *voiture*, *cheminée*

fourgonner
V. *mouvement*

fourmi
fourmilière
formique

fourmilier
V. *animal*

fourmi-lion
V. *animal*

fourmillement
V. *piquer*

fourmiller
V. *piquer*, *quantité*

fournage
V. *pain*

fournaise
V. *feu*

fourneau
V. *four*

fournée V. *four*

fournier V. *four*

fournil V. *pain*

fourniment
V. *soldat*

fournir V. *donner*

fournisseur
V. *commerçant*

fourniture
V. *marchandise*, *salade*

fourrage
plante fourragère
prairie permanente
prairie artificielle
prairie temporaire
fourrage vert
graminée
légumineuse
foin
paille
issue
ray-grass
vulpin
cretelle
lupuline
lupin
lupinelle
brome
luzerne
sainfoin
esparcette
trèfle
incarnat
alléluia
gesse
fenasse
avoine
fromental
betterave
colza
ajonc
sainfoin
cuscute
vesce
carex
genêt
ivraie
regain
fauchée
andain
meule
moyette
ramée
botte
beurette
provende
faulx
râteau
grenier
fenil
fauchage
coupe
fenaison
rentrée des foins
fouage
séchage
bottelage
mise au fenil
affouragement

faucher
lier
botteler
emmeuler
fourrager
affourager
fourrageur
V. *foin*

fourré V. *forêt*

fourreau
gaine
étui
calmar
carquois
trousse
fonte
garniture
chape
bélière
anneau
bouterolle
gainier
gainerie

fourrer V. *fourrure, poser*
fourreur
V. *fourrure*
fourrier
V. *soldat*
fourrière
V. *perdre* (2)

fourrure
pelleterie
loutre
castor
martre
petit-gris
zibeline
astrakan
hermine
skunk
skunks
skungs
hamster
mouflon
herminette
chinchilla
grèbe
cygne
australienne
laponia
genette
lièvre blanc
renard noir
renard bleu
vison
écureuil
boa
manchon
col
col mobile
collet
parement
pèlerine
palatine
sortie de bal
manteau
pelisse
douillette
rotonde
toque
gant fourré
tapis de fourrure
fourré
mangé
garni de fourrure

porter de la four- [rure
fourreur
pelletier
mite
artison
nébride
vair
fourvoyer
V. *errer*
fouteau V. *hêtre*
foutelaie
V. *hêtre*
foyer (optique) (1)
focal
foyer (2)
V. *cheminée*
frac V. *vêtement*
fracas V. *bruit*
fracasser
V. *briser*
fraction
V. *division* (2)

fraction
numérateur
dénominateur
facteurs
fractionnaire
décimale
fractionnaire
V. *fraction*
fracture
V. *blessure*
fracturer
V. *briser*
fragilité
V. *faible*
fragment
V. *division* (2)
fragmentaire
V. *petit*
fragon V. *plantes*
frai V. *poisson*
frai V. *monnaie*
fraîcheur
V. *froid*
fraîcheur
V. *nouveau*
frairie V. *repas*
frais V. *dépense*

fraise (1)
caperon
fraisier
gourmand
fraise (2)
V. *collier*
fraiser
V. *pâtisserie*
fraisil V. *reste*
framboise
V. *plantes*
framboisé
V. *goût*
framée V. *arme*
franc (1)
V. *monnaie*
franc (2)
V. *sincère*
franc-alleu
V. *féodalité*
francatu
V. *pomme*

France
Gaule
Français
Gaulois
gallican
franciser
gallicisme
gallicanisme
franc-fief
V. *féodalité*
Franche-Com [**té**
franc-comtois
franchement
V. *sincère*
franchir
V. *passer* et *saut*
franchise
V. *sincère*
francisque
V. *arme*

franc-maçon
apprenti
compagnon
maître
grand maître
vénérable
Grand Orient
franc-maçonnerie
loge
convent
maçonnique
solsticial
franco V. *prix*
francolin
V. *animal*
franc-réal
V. *poire*
franc-tireur
V. *infanterie*
frange
V. *passementerie*
frangipane
V. *pâtisserie*
frangipanier
V. *plantes*
franquette
V. *sincère*
frappe
V. *monnaie*
frapper V. *battre*
frasque
V. *conduite*
fraternel
V. *frère*
fraterniser
V. *harmonie*
fraternité
V. *frère*
fratricide
V. *criminel*
fraude V. *vol*
frauder V. *vol*
frauduleux
V. *vol*
fraxinelle
V. *plantes*
frayer
V. *commencer, fréquenter*
frayeur V. *peur*
fredaine
V. *conduite*
fredon V. *chant*
fredonner
V. *chant*
frégate
V. *animal, navire*
frein V. *harnachement, obstacle*
frelater V. *faux*
frêle V. *faible*
frelon V. *animal*
freluche
V. *passementerie*
freluquet
V. *élégant*
frémir
V. *peur, colère*
frémissement
V. *peur, mouvement*
frênaie V. *forêt*
frêne V. *plantes*
frénésie V. *folie*
fréquent
V. *répéter*

fréquentation
commerce
accointance
rapports
relation
connaissance
voisinage
entourage
assiduité
intimité
sociabilité

liens
liaison
hantise

fréquenter
commercer
avoir commerce
hanter
frayer
se voir
recevoir
être reçu
être en bons termes
voisiner
se familiariser
cultiver
se frotter avec
être lié
V. *accueil, aimer*

frère
aîné
cadet
besson
jumeaux
gémeaux
frères Siamois
du même lit
fraternité
fratricide
inceste

fraternel
utérin
consanguin
incestueux
fraternellement
incestueusement
V. *famille*

fresaie V. *animal*
fresque V. *peinture*
fressure V. *viande*
fret V. *navire*
fréteur V. *navigateur*
frétiller V. *mouvement*
fretin V. *poisson, mépris*
frette V. *roue*
fretter V. *roue*
freux V. *animal*
friabilité V. *faible*
friand V. *gourmand*
friandise V. *pâtisserie*
fricandeau V. *nourriture*
fricassée V. *nourriture*
fricasser V. *nourriture*
friche V. *terrain*
fricot V. *nourriture*
fricoter V. *nourriture*
fricoteur V. *vil, gourmand*
friction V. *essuyer*
frigidité V. *froid*
frigorifique V. *froid*
frileux V. *froid*
frimaire V. *mois*
frimas V. *froid*
fringale V. *appétit*
fringant V. *cheval*
friper V. *pli*
friperie V. *vêtement*
fripier V. *vêtement*
fripon V. *criminel*
friponner V. *vol*
friponnerie V. *crime*
friquet V. *animal*
frire V. *cuire*
Frise
frison
frise V. *fronton*
frise V. *toile*
friser V. *cheveu*
frison V. *cheveu*
frisotter V. *cheveu*
frisquet V. *froid*
frisquette V. *imprimerie*
frisson V. *tremblement*
frissonnement V. *tremblement*
frissonner V. *tremblement*
frisure V. *cheveu*
fritte V. *verre*
friture V. *nourriture*
frivole V. *bagatelle, étourderie*
froc V. *vêtement*
froid
froidure
frigidité
frais
fraîcheur
froideur
basse température
refroidissement
bise
frimas
neige
glace
hiver
frisson
onglée
engelure
crevasse
gerçure
gélivure

rafraîchissement
glace
glacier
sorbet
bombe
glacière
sorbetière
alkaraza
froid
frigorifique
réfrigérant
âpre
noir
intense
pénétrant
piquant
cuisant
rigoureux
hibernal
hiémal
neigeux
de loup
sibérien
glacial
frais
frisquet
gélif
algide

sévir
couper la figure
cingler
pincer
piquer
engourdir
neiger
geler
glacer
pénétrer
refroidir
rafraîchir
fraîchir
avoir froid
trembler de froid
être transi
se morfondre
mourir de froid
grelotter
souffler dans les doigts
claquer des dents
battre la semelle
craindre le froid
être sensible au froid
frileux
froidement
fraîchement
à pierre fendre
V. *glace* (1)

froideur V. *froid, haine*
froidure V. *froid*
froisser V. *colère, pli*
froissure V. *pli*
frôler V. *toucher*
fromage
fromageon
brie
gruyère
roquefort
coulommiers
camembert
emmenthal
mont-dore
cantal
comté
petit-comté
neufchatel
hollande
port-salut
saint-fiacre
parmesan
gorgonzola
petit-suisse
petit-gervais
chester
pont-l'Évêque
géromé
livarot
marolles
sassenage
bondon
fromage à la pie

fromage à la crè-
cœur [me
demi-sel
fromage blanc
angelot
cabrion
cabrillon
ramequin
jonchée
macaroni

œil
croûte
acarus

frais
fait
fort
coulant
persillé
caséum
coagulum
présure
caséine
caséiforme
caséeux

fromagerie
crémerie
forme
claie
clayon
clisse
éctisse
fromager
égouttoir
crémier
crémière

froment
V. *céréales*

froncer
V. *pli*, *couture*

froncis V. *pli*

fronde
espringale
fronder
frondeur
Baléares
David et Goliath
V. *désobéir*

front
frontal
V. *tête*

fronteau
V. *harnachement*

frontière
V. *borne*

frontispice
V. *devant*. *livre*

fronton
entablement
pinacle
pignon
corniche
frise
architrave
rampant
tympan
acrotère
antéfixe
fronton à jour
brisé
rompu
double
à enroulement
par enroulement
sans base
sans retour
surmonté
surbaissé
circulaire

frottement
V. *essuyer*

frottis
V. *peinture*

frottoir
V. *essuyer*

frouer V. *piège*

frou-frou
V. *bruit*

fructidor
V. *mois*

fructifier
V. *fruit*, *bénéfice*

fructueux
V. *fruit*, *bénéfice*

frugalité
V. *manger*

frugivore
V. *animal*, *manger*

fruit
ovule
péricarpe
épicarpe
peau
pelure
écorce
zeste
mésocarpe
sarcocarpe
chair
endocarpe
noyau
suture
valve
graine
cloison
fausse cloison
loge
fausse loge
funicule
podosperme
placenta
trophosperme
amande
pépin
coque
écale
brou
drupe
akène
utricule
samare
aile
caryopse
follicule
gousse
capsule
baie
péponide
nuculaine
crémocarpe
pyxide
opercule
silique
replum
silicule
cône
strobile
grappe
queue
œil
fructification
fruitier
fruitière
verger
Pomone
Priape
cotissure

apiculé
charnu
foliacé
herbacé
univalve
bivalve
trivalve
multivalve
apocarpé
syncarpé
indéhiscent
déhiscent
monosperme
oligosperme
polysperme
lomentacé
bilamellé
ligneux
septicide
loculicide
septifrage
anthocarpé
agrégé
baccifère
fructifère
vert
mûr
velouté
blet
talé
avarié
piqué
meurtri
véreux
pourri
cotonneux
savoureux
sec
confit
conservé
fructueux
fructifère
frugivore
végétarien
couler
avorter
se nouer
se former
fructifier
mûrir
tomber
cotir

fruits V. *plantes : le fruit est indiqué après son arbre*

frusquin
V. *vêtement*

frustrer V. *vol*

fuchsia V. *plantes*

fuchsine
V. *teinture*

fucus V. *plantes*

fugace V. *durée*

fugitif V. *durée. fuir*

fugue V. *conduite, harmonie*

fuir
s'en aller
partir
s'éloigner
s'enfuir
s'échapper
disparaître [gnie
fausser compa-
faire Charlemagne

s'esquiver
s'éclipser
prendre la fuite
gagner le large
quitter la place
sortir
laisser la place
faire place nette
vider les lieux
évacuer
émigrer
déloger
décamper
déménager
filer
dénicher
déguerpir
se sauver
tourner le dos
tourner casaque
tourner les talons
se replier
lever le pied
plier bagage
prendre la clef des champs
prendre la poudre d'escampette
déserter
démarrer
débarrasser le plancher
ne pas demander son reste
prendre les jambes à son cou
lever le camp
lever le siège
dire bonsoir
dire adieu
tirer sa révérence
s'envoler
émigrer
s'en aller à l'anglaise
prendre congé
planter là
s'évader
se dérober
esquiver
éluder
échapper à
éviter
se garer
se garantir
se préserver
prévenir
se mettre à l'abri
fuite
départ
disparition
sortie
déménagement
évacuation
désertion
déroute
débandade
panique
évasion
fugue
permission
exeat
congé

fuyard
évadé
transfuge
fugitif
déserteur
échappé

fulgurant
V. *briller*

fulguration
V. *tonnerre*

fulgurite
V. *verre*

fuligineux
V. *couleur*, *suie*

fulmicoton
V. *coton*

fulminant
V. *poudre*

fulmination
V. *pape*

fulminer
V. *excitation*

fumage
V. *agriculture*

fumé V. *gravure*

fumée
nuage de
tourbillon de
flot
bouffée
fumigation
fumeron
fumerolle

fumer
s'envoler
tourbillonner
fumiger
enfumer
fumeux

fumigatoire
fumivore

fumet V. *odeur*

fumeterre
V. *plantes*

fumeur V. *tabac*

fumeux V. *fumée*

fumier
engrais
amendement
guano
crottin
falun
gadoue
poudrette
falunage
fumage
fumure
falunière

fumer
faluner

funambule
V. *comédien*

funèbre V. *triste*, *enterrement*

funérailles

funéraire
V. *enterrement*

funeste
V. *mauvais*

funiculaire
V. *corde*

furet V. *animal*

fureter V. *curieux*

fureteur
V. *curieux*

fureur
V. *colère*, *folie*

furfuracé V. *son*

furibond
V. *colère*

furie V. *colère*

furieux V. *colère*

furolles V. *feu*

furoncle V. *abcès*

furtif V. *secret*

fusain
V. *plantes*, *dessin*

fusant
V. *extension*

fusarolle
V. *colonne*

fuseau V. *fil*

fusée V. *artifice*

fuselé V. *forme*

fuser V. *extension*

fusible V. *fonte*

fusiforme
V. *forme*

fusil
arme à feu
rifle
canardière
fusil de chasse
fusil de guerre
carabine
fusil de rempart
fusil bagué
à bascule
à verrou
simple
double
triple
à piston
à baguette
à aiguille
à répétition
à magasin
à tabatière
Lefaucheux
Winchester
Chassepot
Flobert
Lebel
hammerless
chokebore
escopette
tromblon
espingole
mousqueton
mousquet
fusil à silex
arquebuse à mèche
à croc
à crochet
à rouet
canne à vent
fusil Giffard
pistolet
revolver
cible

bouche
canon
damas
chambre
âme
culasse
tonnerre
hausse
curseur
guidon
mire
baguette
porte-baguette
mandrin
extracteur
lopin
capucine
grenadière
giberne
cartouchière

batterie
garniture
monture
sous-garde
pontet
cache-platine
garde-platine
platine
corps de platine
noix
ressort
bride
gâchette
cheminée
lumière
chien
cran d'arrêt
cran de sûreté
crosse
fût
crosse anglaise
française
à jour
baïonnette
bretelle
capsule
amorce
amorçoir
calibre
cartouche
charge
bourre
plomb
pince-broche
réamorceur
poudrière
pulvérin
sac à plomb
chargette
compresseur
moule à balle
tire-cartouche
écouvillon
nettoyeur
fourreau
couvre-chien
boîte à fusil
fourche
fourquine
mâchoire
bassinet
garde-feu
détente
serpentin
roue

coup de fusil
coup de feu
décharge

détonation
arquebusade
fusillade
mousqueterie
salve
port d'arme
portée de fusil
recul
cible
tir
stand
en bandoulière
armurerie
arquebuserie
armurier
arquebusier
alésage
striage
achevage
démontage
nettoyage
entretien

charger
bourrer
armer
épauler
mettre en joue
coucher en joue
viser
lâcher la détente
faire feu
tirer
tirer à volonté
tirer au jugé
tirer à bout portant
partir
brûler une cartouche
brûler la cervelle
arquebuser
fusiller
canarder
passer par les armes
tirailler
décharger
essuyer le feu
monter
démonter
amorcer
porter loin
cracher
s'encrasser
rater
faire long feu
V. *cartouche*, *baïonnette* et *projectile*, *infanterie*

fusilier V. *infanterie*
fusillade V. *fusil*
fusion V. *fonte*
fusionner V. *assembler*
fustet V. *plantes*
fustiger V. *fouet*
fût V. *tonneau*, *colonne*, *fusil*
futaie V. *forêt*
futaille V. *tonneau*
futaine V. *étoffes*
futé V. *habile*
futilité V. *bagatelle*
futur V. *avenir*
fuyard V. *fuir*

G

gabare V. *navire*
gabarier V. *navigateur*
gabarit V. *forme*
gabelage V. *sel*
gabeler V. *sel*
gabelle V. *sel*
gabier V. *navigateur*
gabion V. *fortification*
gabionner V. *fortification*
gâche V. *serrure*
gâcher V. *pire*
gâchette V. *fusil*
gâcheux V. *boue*
gâchis V. *désordre*
gade V. *animal*
gadoue V. *excrément*
gaffe V. *pointe*
gage
garantie
caution
cautionnement
nantissement
couverture
endos
aval
référence
certificat
arrhes
mort-gage
saisie-gagerie
dépôt
hypothèque
fidéjussion

pignoratif
hypothécaire
juratoire

répondant
garant
otage
endosseur
cofidéjusseur
fidéjusseur
endosseur
gageur

gager
garantir
cautionner
nantir
couvrir
répondre
endosser
hypothéquer
gageure V. *parier*
gagiste V. *payer*
gagnage V. *paître*
gagne-denier V. *ouvrier*
gagne-pain V. *métier*
gagne-petit V. *aiguiser*

gagner (jeu) (1)
sortir
être favorisé par le sort
décaver
faire Charlemagne
gagneur
gagnant
gain
lot
prime
chance
fétiche
corde de pendu
gagner (2)
obtenir
acquérir
empocher
rafler
ramasser
griveler

gain [gne
faire Charlema-
V. *bénéfice*, *bonheur*, *hasard*, *prix*

gai V. *gaîté*

gaillard
V. *force*, *gaîté*

gaillard V. *navire*

gaillarde
V. *imprimerie*

gain V. *bénéfice*

gaine V. *enveloppe*

gaîté
contentement
aise
satisfaction
rayonnement
belle humeur
bonne humeur
air de fête
liesse
gaîté folle
allégresse
joie
hilarité
jovialité
gaillardise
réjouissance
folâtrerie
badinage
enjouement
joyeuseté
jubilation
désopilation
enchantement
ravissement
drôlerie
quolibet
plaisanterie
farce
tour
poisson d'avril
ébat
ébattement
humour
goguettes
ébaudissement
batifolage
gaudriole
grivoiserie

gai
content
aise
enchanté
ravi
satisfait
radieux
rayonnant
ivre de joie
joyeux
jovial
gaillard
réjoui
riant
rieur
folâtre
guilleret
badin
facétieux
folichon
émerillonné
enjoué
plaisant
grivois
goguenard
batifoleur
luron
drille
boute-en-train
Roger-Bontemps
bon vivant
drôle
amusant
désopilant
drolatique
humoristique
impayable
hilarant
exhilarant
comique
rabelaisien [son
gai comme un pin-

égayer
contenter
satisfaire
mettre en joie
dérider
distraire
désennuyer
réjouir
enchanter
ravir
amuser
désopiler la rate
émoustiller
folâtrer
badiner
plaisanter
rire
batifoler
folichonner
jubiler
rayonner
s'en donner [sang
se faire du bon
déborder de joie
s'applaudir de
exulter
bondir
se pâmer
nager dans la joie
se frotter les
s'ébattre [mains
s'ébaudir
se gaudir
se gausser

gaîment
joyeusement
plaisamment
jovialement
facétieusement
drôlement

alléluia

gala V. *fête*

galactomètre
V. *lait*

galant V. *amour*

galanterie
V. *amour*

galantine
V. *charcuterie*

galantiser
V. *louange*

Galatie
galate

galaxie V. *étoiles*

galbanum
V. *plantes*

galbe V. *forme*

gale
psora
psore
rogne
tac
éruption
grattelle
acarus
galeux
gratteleux
rogneux
rouvieux
scabieux
psorique
antipsorique

galéasse
V. *navire*

galée
V. *imprimerie*

galéga V. *plantes*

galène
V. *substances*

galéopsis
V. *plantes*

galère
V. *bagne*, *navire*

galerie V. *colonnade*, *exposition*

galérien
V. *bagne*

galerne V. *vent*

galet V. *pierre*

galetas
V. *appartement*

galette
V. *pâtisserie*

galeux V. *gale*

Galice
galicien

Galien
galénisme
galénique
galéniste

Galilée
galiléen

galimafrée
V. *nourriture*

galimatias
V. *désordre*

galion V. *navire*

galiote V. *navire*

galipot
V. *substances*

galle V. *arbre*

Galles
gallois
gaélique

gallicanisme
V. *France*

gallicisme
V. *France*

gallinacés
V. *animal*

gallique
V. *substances*

gallon V. *volume*

galoche
V. *chaussure*

galon V. *passementerie*, *officier*

galop V. *cheval* (3)

galopin
V. *enfance*

galoubet
V. *instruments*

galuchat V. *cuir*

galvaniser V. *électricité*, *conseiller*

galvanisme
V. *électricité*

galvanoplastie
électrotypie
galvanoplastique
bain
pile
galvano
gambade
V. *saut*
gambiller
V. *mouvement*
gamelle
V. *récipient*
gamin
gavroche
voyou
gaminer
gamme
V. *musique*
ganache V. *cheval* (2), *inactif*
Gand
gantois
ganglion
ganglionnaire
gangrène
V. *maladie*
gangue V. *mine*
ganse V. *corde*
gant
gantelet
mitaine
miton
moufle
manique
poucier
ceste
ourlet
bouton
couture
piqûre
main
doigt
arrière-fente
carabin
fourchette
empaumure
carreau
chape
glacé
de laine
filoselle
tricoté
de peau
chevreau
suède
fourré
de cocher
peau de chien
à crispin
boîte à gants
paire de gants
tire-bouton
pointure
embauchoir

ganter
déganter
mettre
ôter
ganter du
pointer du

ganterie
gantier
gantière
gantelée
V. *plantes*
Gap
gapençois
garage
V. *protéger*
garance
V. *plantes*, *couleur*
garant V. *gage*
garantie V. *gage*
garantir
V. *enveloppe*, *protéger*, *gage*
garbure
V. *nourriture*
garcette
V. *corde*
garçon V. *sexe*, *célibat*, *domestique*
garçonnet
V. *enfance*
garde V. *gardien*, *protéger*, *épée*
garde-boutique
V. *marchandise*
garde-chasse
V. *gardien*
garde-côte
V. *soldat*, *navire*
garde-feu
V. *cheminée*
garde-fou
V. *barrière*
garde-française V. *infanterie*
garde-magasin V. *gardien*
garde-malade
V. *médecine*
garde-manche
V. *vêtement*
garde-manger
V. *cuisine*
garde-marine
V. *officier*
garde-meuble
V. *meuble*
garde-note
V. *notaire*
garde-pêche
V. *pêche*
garder
V. *gardien*
garde-robe
V. *appartement*, *vêtement*
gardeur
V. *gardien*
garde-vue
V. *œil*
gardien
garde
dépositaire
entreposeur
entrepositaire
conservateur
surveillant
inspecteur
veilleur
geôlier
guichetier
garde-chiourme
argus
cerbère
gardeur
sentinelle
garde noble
garde du corps
garde-chasse
verdier
garennier
garde champêtre
garde forestier
garde-bois
messier
garde-côte
garde-pêche
garde-barrière
garde-frein
garde-bagage
garde-malade
garde-magasin
garde-note
garnisaire

garde
surveillance
veillée
magasin
dépôt
entrepôt
garde-meuble
consigne
dock
geôle

garder
veiller
surveiller
monter la garde
faire bonne garde
confier à la garde
remettre à la garde
V. *concierge*
gardon
V. *animal*
gare
chemin de fer
railway
ligne
station
gare d'embranchement
lampisterie
buffet
halte
gare terminus
salle d'attente
guichet
distribution des billets
billet
ticket
passe
carte
abonnement
aller
retour
billet circulaire
poinçonnage
bagages
enregistrement
consigne
salle des bagages
quai d'arrivée
quai de départ
train
train en formation
train supplémentaire
train express
train omnibus
rapide
train de plaisir
train circulaire
train de ceinture
train de marchandises

train de balast
chef de train
serre-frein
chef de gare
employé
aiguilleur
garde-barrière
lampiste
voie
garage
butoir
rail
aiguille
aiguillage
plaque tournante
signal
disque
sonnerie
signaler un train
avance
retard
arrivée
arrêt
départ
stationnement

prendre des voyageurs
déposer des voyageurs

voyageur
abonné
V. *voyage*, *locomotive*, *wagon*

garenne
V. *chasse*
garennier
V. *chasseur*
garer V. *protéger*
gargariser
V. *laver*
gargote
V. *auberge*
gargouille
V. *canalisation*
gargouillement V. *bruit*
gargousse
V. *poudre*
garigue
V. *terrain*
garnement
V. *conduite*
garni V. *auberge*

garnir
munir
prémunir
barder
matelasser
doubler
pourvoir
fournir
parfournir
monter
remplir
étoffer
capitonner
bourrer
embourrer
rembourrer
ouater
farcir
tapisser
meubler
installer
harnacher
équiper
emmitoufler
plastronner
gréer
emboutir
enjoliver
embellir
orner
décorer
charger
se nantir

garniture
fourniture
fourniment
installation
équipement
harnachement
monture
armature
agrès
rembourrage
rembourrement
ouatage
ingrédient
accessoire
ornement
enjolivement
doublure
capiton
V. *ornement*, *plein*

garnisaire
V. *impôt*
garnison
V. *armée*
garniture
V. *garnir*
garou V. *plantes*
garrot
V. *cheval* (2)
garrotter
V. *lien*
Gascogne
gascon
gasconner
gasconisme
gasconnade
gascon
V. *orgueil*
gaspiller
V. *dépenser*
gaspilleur
V. *dépenser*
gaster V. *ventre*
gastéropodes
V. *animal*
gastralgie
V. *maladie*
gastralgique
V. *maladie*
gastrique
V. *ventre*
gastrite
V *maladie*
gastronomie
V. *nourriture*
gastroraphie
V. *ventre*
gastrotomie
V. *ventre*
gâteau
V. *pâtisserie*
gâte-métier
V. *prix*
gâte-pâte
V. *pâtisserie*
gâter V. *pire*
gâte-sauce
V. *cuisine*
gâteux V. *faible*
gattilier
V. *plantes*
gattine V. *soie*
gauche
V. *maladroit*
gaucher V. *main*
gaucherie
V. *maladroit*
gauchir V. *forme*
gauchissement V. *forme*
gaude V. *plantes*, *teinture*
gaudir V. *gaîté*
gaudriole
V. *gaîté*
gaufrage V. *pli*
gaufre
V. *pâtisserie*
gaufrer V. *pli*
gaufrier
V. *pâtisserie*
gaufrure V. *pli*
gaule V. *bâton*
gauler V. *battre*
gaulis V. *forêt*
gausser (se)
V. *gaîté*
gave V. *rivière*
gaver V. *plein*
gavotte V. *danse*

gaz
fluide
grisou
air
atmosphère
bulle
globule
fuite
gazeux
gazéiforme
volatil
insoluble
permanent
soluble
hilarant
méphitique
délétère
dilatation
raréfaction
compression
tension
liquéfaction
gazéification
volatilité
volatilisation
décomposition
densité
volume
combinaison
mélange
synthèse
affinité
solubilité
combustion
asphyxie
gazométrie
gazomètre
gazogène
éclairage
compteur
candélabre
réverbère
tuyau
conduite
bec
lampe

éprouvette
manomètre
inhalateur
inhalation
insufflation
se dégager
émaner
fuir
volatiliser
solidifier
liquéfier
condenser
raréfier
gazéifier
inhaler
insuffler
gazier
gazeux
globuleux
azote
azoté
azoteux
azotique
oxygène
oxyde
bioxyde
oxygénation
oxygéner
oxydation
oxyhydrogène
hydrogène
eudiomètre
aérostat
air déphlogistiqué
vapeur
ammoniaque
acide
carbure
V. *substances*

gaze V. *étoffes*
gazelle V. *animal*
gazer V. *moins*
gazetier V. *journal*
gazette V. *journal*
gazeux V. *gaz*
gazier V. *gaz*
gazomètre V. *gaz*
gazon
gazonnement
herbe
ray-grass
pelouse
gazonner
gazonneux

gazouiller V. *chant*
geai V. *animal*
géant V. *grand*
géhenne V. *enfer*
geindre V. *plainte*
gélatine V. *substances*
gelée V. *froid, confiture*
geler V. *froid*
gélif V. *froid, fente*
gélinotte V. *coq*
gélivure V. *froid, fente*
gémeaux V. *double*
géminé V. *double*
gémir V. *plainte*
gémissement V. *plainte*
gemmation V. *bourgeon*
gemme V. *joaillerie*
gémonies V. *supplice, mépris*
génal V. *joue*
gencive V. *dent*
gendarme V. *police*
gendarmer (se) V. *opposition*
gendarmerie V. *police*
gendre V. *mariage*
gêne V. *pauvreté, obstacle*
généalogie V. *famille*
génepi V. *plantes*
gêner V. *obstacle, ennui*
général V. *commun, officier*
généralat V. *officier*
générale V. *tambour*
généraliser V. *extension*
généralité V. *ensemble*
générateur V. *machine*
génération
reproduction
multiplication
croît
création
formation
genèse
maternité
paternité
mâle
femelle
sexe
frai
croisement
fécondation
conception
gestation
formation
enfantement
parturition
mise au monde
hérédité
atavisme
vêlement
vêlage
étalon
haras
portée
embryon
fœtus
œuf
petit
rejeton
progéniture
enfant
mulâtre
mulâtresse
quarteron
octavon
hybride
métis
féconder
croiser
apparier
porter
mettre bas
engendrer
procréer
faire souche
reproduire
pondre
pouliner
vêler
génésique
reproducteur
prolifique
mère Gigogne
fécond
stérile
bréhaigne
viable
pleine
vivipare
ovipare
ovovivipare

généreux V. *bon, vin*
générique V. *ensemble*
générosité V. *bonté*
Gênes
génois

genèse V. *génération, bible*
genestrolle V. *plantes, teinture*
genêt V. *plantes*
genet V. *cheval*
généthliaque V. *naissance*
genette V. *fourrure*
Genève
genevois

genévrier V. *plantes*
génie V. *talent*
génies V. *magie*
genièvre V. *plantes, liqueur*
génisse V. *bœuf*
géniture V. *enfant*
genou V. *jambe*
genouillère V. *harnachement, armure*
génovéfain V. *clergé*
genre V. *division*
gens V. *homme*
gent V. *race*
gentiane V. *plante*
gentil V. *beau*
gentilhomme V. *féodalité*
gentilhommerie V. *féodalité*
gentilhommière V. *féodalité*
gentilité V. *paganisme*
gentillâtre V. *féodalité*
gentillesse V. *beauté*
génuflexion V. *prière*

géocentrique
V. *planète*
géodésie V. *terre*
géognosie
V. *géologie*

géographie
chorographie
topographie
cartographie
hydrographie
orographie
climatologie
ethnographie
physique
politique
statistique
mappemonde
sphère
globe
planisphère
atlas
carte
plan
carton
échelle
légende
projection
développement
pôles
méridien
longitude
latitude
parallèle

géographique
chorographique
topographique
hydrographique
orographique
ethnographique
orthographique
stéréographique
homalographique
climatologique
orohydrographique

géographe
ethnographe
hydrographe

geôlage
V. *prison*
geôle V. *prison*
geôlier V. *prison*

géologie
géognosie
paléontologie
oryctologie
oryctographie
géologue
paléontologue
paléontologiste
paléontographique
géognostique
préhistorique
géologique
terre
globe
couche
roche
igné
plutonique
aqueux
neptunien
abyssique
sédiment
fossile
stratification
concordante
discordante
stratifié
faille
feu central
volcan
cône
cratère
éruption
lave
pouzzolane [terre
tremblement de
soulèvement
affaissement
déchirement
séparation
érosion
filon
dyke
basalte
diorite
trapp
trachyte
thermal
fumarolle
geyser
granit
granitoïde
porphyre
métamorphisme
gneiss
terrain primitif
roche
macle
amas
gîte [giques
horizons géolo-
archœolitique
laurentien
azoïque
éozoon
transition
cambrien
trilobite
silurien
spirifère
orthis
lituite
orthocère
dévonien
anthracifère
calcéole
houiller
goniatite
évomphale
bellérophon
archægosaure
fougère
carbonifère
primaire
paléozoïque
secondaire
mésozoïque
permien
molasse
falun
mastodonte
dinothérium
triasique
salifère
trias
microlestes
labyrinthodon
jurassique
crétacé
lias
liasique
infraliasique
gryphée
bélemnite
ammonite
ichtyosaure
mégalosaure
plésiosaure
ptérodactyle
oolithique
oolithe
térébratule
étage oxfordien
corallien
portlandien
wéaldien
iguanodon
néocomien
gault
pisolithique
scaphite
baculite
turrilite
hippurite
tertiaire
éocène
lophiodon
milliolithe
nummulite
anaplothérium
paléothérium
miocène
mastodonte
dinothérium
pliocène
subapennin
crag d'Anvers
quaternaire
dépôt
gisement
alluvion
antédiluvien
diluvium
diluvien
déluge
Deucalion
Noé
arche
bloc erratique
terrain de trans-
mammouth [port
rhinocéros tichorinus
mégathérium
mylodon
glyptodon
caverne
brèches osseuses

géomancie
V. *divination*
géométral
dessin
géomètre
V. *arpenteur*, *géométrie*

géométrie
mathématiques
géométrie analy-
descriptive [tique
élémentaire
plane
dans l'espace
altimétrie
planimétrie
stéréotomie
stéréométrie
stéréographie
trigonométrie
géométral
trigonométrique

géométriser
poser
démontrer
résoudre
axiome
postulat
postulatum
proposition
théorème
corollaire
problème
lemme
solution
déduction
énoncé
données
démonstration
démonstration par l'absurde
analytique
synthétique
définition

figure
diagramme
tableau
craie
éponge
planche
équerre
té
curseur
compas
encre
tire-ligne
rapporteur
échelle
géométrique
stéréométrique
stéréographique
géométriquement
V. *angle*, *ligne*, *cercle*, *problème*

gérance V. *administration*
géranium V. *plantes*
gérant V. *employé*
gerbe V. *ensemble*
gerbée V. *ensemble*
gerber V. *récolte*
gerboise V. *animal*
gerce V. *étoffes*
gercer V. *fente*
gerçure V. *fente*
gérer V. *administration*
gerfaut V. *animal*
germain V. *famille*
germanique V. *Allemagne*
germe V. *graine*
germer V. *bouton*
germinal V. *mois*
germination V. *graine*
géromé V. *fromage*
gerzeau V. *céréales*
gésier V. *estomac*
gésine V. *accoucher*
gésir V. *extension*
gesse V. *fourrage*
gestation V. *génération*
geste V. *attitude*, *mouvement*
gesticuler V. *mouvement*
gestion V. *administration*
geyser V. *eau*
giaour V. *musulman*
gibbeux V. *bosse*
gibbosité V. *bosse*
gibecière V. *bagage*
gibelet V. *trou*
gibelotte V. *nourriture*
giberne V. *soldat*
gibet V. *potence*
gibier
venaison
produit de chasse
pièce de gibier
plume
poil
conserve
pâté
carnassière
carnier
tableau
giboyeux
faisandé
fait
alouette
calandre
cochevis
mauviette
bécasse
bécassine
bécasseau
cul-blanc
caille
cailleteau
becfigue
ortolan
faisan
faisane
perdreau
perdrix
bartavelle
chanterelle
francolin
gélinotte
coq de bruyère
poule d'eau
canard
halbran
oie sauvage
biset
palombe
pintade
bernacle
barnacle
barnache
héron
macreuse
outarde
pluvier
grive
rousserolle
draine
litorne
mauvis
merle
sanglier
cerf
chevreuil
broquart
biche
daim
faon
loup
renard
ours
isard
chamois
bouquetin
lapin
lapereau
levraut
lièvre
hase
giboyer
giboyeur
varenne
garenne
V. *animal*, *chasse*. *forêt*, *piège*

giboulée V. *pluie*
giboyer V. *gibier*
giboyeur V. *gibier*
giboyeux V. *gibier*
Gien
giennois
gifle V. *coup*
gigantesque V. *grand*
Gigogne V. *génération*
gigot V. *cuisse*
gigoter V. *mouvement*
gigue V. *danse*
gilet
gilet à manches
gilet de chasse
gilet de flanelle
montant
ouvert
entournure
patte
revers
châle
poche
gousset
giletier
giletière
gille V. *comédien*
gimblette V. *pâtisserie*
gin V. *liqueur*
gindre V. *pain*
gingas V. *toile*, *matelas*
gingembre V. *épices*
ginguet V. *vin*
giorno (**à**) V. *éclairage*
gipsy V. *race*
girafe V. *animal*
girande V. *jardin*
girandole V. *flambeau*
girasol V. *joaillerie*
giratoire V. *rotation*
girofle V. *épices*
giroflée V. *plantes*

giroflier
V. *plantes*
girolle V. *plante*
giron V. *jambe*
Gironde
girondin
girouette
V. *changeant*, *rotation*
gisement
V. *géologie*
gitano V. *race*
gîte (*animaux*) *est indiqué au nom de chaque animal*
givre V. *glace* (1)
glabre V. *poil*

glace (1)
eau gelée
banquise
glace flottante
iceberg
banc
embâcle
gel
gelée
grêle
grêlon
giboulée
grésil
frimas
neige
flocon
névé
boule de neige
avalanche
rafale de neige
givre
verglas
dégel
débâcle
débâclement
fonte
glacier
glacière
glissade
glissoire
patinage
traîneau
ramasse
solidification
prise
congélation

glacial
glaciaire
glacé
gelé
pris
congelé
frappé
dégelé
fondu
neigeux
congelable
incongelable

prendre
bâcler
geler
congeler
glacer
grésiller
charrier
patiner
débâcler
débâcleur
patineur
V. *froid*, *glacier*

glace (2)
miroir
médaillon
psyché
glace à main
applique
espion
armoire à glace
glace
nue
encadrée
biseautée

verre
coulage
étamage
tain
amalgame
défaut
bulle
cadre
parquet
valet

réfléchir
reproduire
refléter
se mirer dans

miroitier
miroiterie
glacerie
Saint-Gobain
Venise

glacier
neige éternelle
mer de glace
table de glacier
éboulement
avalanche de fond
avalanche rampante
avalanche tuile
avalanche poudreuse
moraine
médiane
latérale
frontale
couche
bloc erratique
crevasse
déplacement
cailloux striés
roches moutonnées
dirt-band
glace bulleuse
glace grenue
glacier (limonadier)
V. *froid*
gladiateur
V. *cirque*
glaïeul V. *plantes*
glaire
V. *excrément*
glairer V. *reliure*
glaise V. *argile*
glaiser V. *argile*
glaiseux
V. *argile*
glaisière
V. *argile*
glaive V. *épée*
glanage
V. *récolte*

gland
avelanède
cupule
glandée
V. *chêne*, *passementerie*

glande
glandule
follicule
glanduleux
adénite
adénologie
glane V. *récolte*
glaner V. *récolte*
glapir
V. *chien*, *renard*
glas V. *cloche*
glaucome V. *œil*
glauque
V. *couleur*
glèbe V. *terrain*
glène V. *squelette*
glénoïdal
V. *squelette*
glette
V. *substances*
glissade V. *glace*
glissé V. *danse*

glisser
couler
coulisse
coulisseau
rainure
glissade
glissoire
glissement
glissant
poli
glacé
huiler
lubrifier
graisser
gras
V. *glace* (1), *tomber*
globe
V. *boule*, *terre*
globule
V. *boule*, *gaz*

gloire
illustration
célébrité
éclat
immortalité
nom
notoriété
renom
renommée
retentissement
vogue
engouement
popularité
honneurs
lauriers
fumée de la gloire
succès
titre de gloire
couronne
auréole de gloire
palmes
trompettes de la Renommée
glorification
déification
triomphe
ovation
pavois
apothéose
acclamation
hosanna
vivat

fastes
apogée
faîte
pinacle
Panthéon
livre de Mémoire

glorieux
illustre
illustrissime
renommé
fameux
insigne
populaire
honoré
vanté
réputé
loué
prôné
chanté
acclamé
triomphant
triomphal
retentissant
mémorable
brillant
éclatant
considérable
éminent
insigne
sommité
sans pareil
hors de pair
sans pair
sans égal

se faire connaître
se rendre glorieux
se couvrir de [gloire
s'illustrer
s'immortaliser
s'attirer la gloire
triompher
faire la gloire de
faire la fierté de
illustrer
immortaliser
glorifier
célébrer
déifier
renommer
prôner
mettre au pinacle
mettre au ciel
mettre aux nues
porter en triom-[phe]
exalter
couronner
dresser des autels
abaisser
dépopulariser
roche Tarpéienne

glorieusement
V. *réputation*

gloriette
V. *jardin*

glorieux V. *gloire*

glorifier
V. *louange*

gloriole
V. *orgueil*

glose V. *note*

gloser
V. *conversation*

glossaire
V. *dictionnaire*

glossateur
V. *dictionnaire*

glossite V. *langue*

glouglou V. *bruit*

glouglouter
V. *dindon*

glousser V. *coq*

glouteron
V. *plantes*

glouton V. *gourmandise, appétit*

glu V. *colle*

gluant V. *colle*

gluau V. *chasseur*

glucose
V. *substance*

glui V. *paille*

glume
V. *enveloppe*

gluten
V. *substance*

glutineux V. *colle*

glycérine
V. *substance*

glycine V. *plantes*

glyconien
V. *poésie*

glyptique
V. *camée*

gneiss V. *géologie*

gnome
V. *magicien*

gnomique
V. *proverbe*

gnomon
V. *horloge*

gnose V. *religion*

gnosticisme
V. *religion*

gobbe V. *poison*

gobelet
V. *vaisselle*

gobe-mouches
V. *animal, croyant*

gober V. *manger*

goberge V. *lit*

goberger
V. *repas*

gobet V. *manger*

gobeter
V. *maçonnerie*

godailler
V. *gourmandise*

godelureau
V. *amour*

godenot
V. *marionnette*

goder V. *pli*

godet V. *peinture*

godiveau
V. *nourriture*

godron
V. *ornement*

goéland
V. *animal*

goélette
V. *navire*

goémon V. *mer*

goguenard
V. *gaîté*

goguettes
V. *gaîté*

goinfre V. *appétit*

goitre V. *cou*

golfe
baie
estuaire
anse
crique
port
havre
rade

gomme V. *colle*

gommier
V. *plantes*

gomphose
V. *squelette*

gond
V. *porte, rotation*

gondole V. *navire*

gondoler
V. *forme*

gondolier
V. *navigateur*

gonfalon
V. *drapeau*

gonfalonnier
V. *chef*

gonflement
V. *forme*

gonfler V. *forme*

gong
V. *instruments*

gongorisme
V. *style*

goniomètre
V. *angle*

gord V. *pêche*

goret V. *porc*

gorge
jugulaire
guttural

gorge
V. *montagne*

gorge - de - pigeon V. *couleur*

gorgée V. *boire*

gorger V. *plein*

gorgerin
V. *armure*

gorille V. *animal*

gosier
guttural
épiglotte
V. *cou*

gothique
ogival
rayonnant
fleuri
flamboyant
ogive
lancette
tiers-point
arc-boutant

gouache
V. *peinture*

gouailleur
V. *rire*

goudron V. *poix*

gouet V. *plantes*

gouffre V. *trou*

gouge V. *outil*

goujat V. *grossier*

goujon V. *animal*

goule V. *monstre*

goulet V. *port*

goulot V. *bouteille*

goulu
V. *gourmandise*

goum V. *famille*

goupille V. *clou*

goupillon
V. *arroser*

gourbi V. *Arabie*

gourd V. *inactif*

gourde V. *bouteille, monnaie*

gourdin V. *bâton*

goure V. *faux*
goureur V. *faux*
gourmand
V. *gourmandise*
gourmander
V. *reproche*
gourmandise
voracité
gloutonnerie
insatiabilité
goinfrerie
boulimie
appétit démesuré
intempérance

gourmand
glouton
insatiable
goinfre
vorace
boulimique
goulu
avaloire
avide
intempérant
gourmand comme une lèchefrite
gourmet
friand
sybarite
gastronome
tricoteur
gargantua
Balthazar
Lucullus
Apicius
Sardanapale
Gamache
Cocagne
Cana
régal
bombance
noce
bonne chère

savourer
déguster
lamper
dévorer
se gaver
engouffrer
avoir les dents longues
s'en lécher les doigts
s'en pourlécher les babines
se régaler
bâfrer
se goberger
se gorger
tordre et avaler
faire un dieu de son ventre
goulument
gloutonnement
largement
grassement
à gogo
V. *faim*, *repas*, *nourriture*, *appétit*
gourme
V. *maladie*
gourme
V. *majesté*
gourmer
V. *colère*
gourmet
V. *gourmand*
gourmette
V. *bracelet*, *harnachement*
goussaut
V. *cheval* (5)
gousse
V. *enveloppe*
gousset
V. *bourse*

goût
gustation
dégustation
savourement
sapidité
saveur
bouquet
avant-goût
arrière-goût
faux goût
relent
mauvaise bouche
bonne bouche
douceur
finesse
délicatesse
succulence
fadeur
insipidité
âcreté
répugnance
répulsion
dégoût
écœurement
âpreté
amertume
acidité
montant
rancissure
rancidité
affadissement

gustatif
sapide
saporifique
bon
mauvais
agréable
désagréable
exécrable
délicat
fin
doux
sucré
framboisé
vanillé
citronné
appétissant
ragoûtant
savoureux
délicieux
exquis
excellent
succulent
fade
fadasse
douceâtre
insipide
piquant
acidulé
aigre-doux
acide
sûr
âcre
aigre
épicé
pimenté
relevé
austère
saumâtre
rance
amer
chicotin
répugnant
revêche
dégoûtant
écœurant
nauséabond
de brûlé
d'évent
de moisi
de renfermé
de terroir
de faisandé
sauvagin
de relent
goût blasé
malacie
goûter
déguster
savourer
essayer
tâter de
sentir
affadir
dégoûter
écœurer
ragoûter
mettre en goût
faire venir l'eau la bouche
dégustateur
savoureusement
goûter V. *repas*
goutte (1)
V. *couler*
goutte (2)
arthrite
sciatique
aiguë
inflammatoire
régulière
atonique
asthénique
froide
blanche
nerveuse
remontée
rose
sereine
amaurose
goutteux
podagre
chiragre
gonagre
gouttière
V. *canalisation*
gouvernable
V. *obéir*
gouvernail
barre
roue
tête
timon
pilote
pilotin
timonier
hauturier

gouverner
piloter
tenir le gouvernail
être à la barre
barrer
donner un coup de barre

gouvernance
V. *territoire*
gouvernante
V. *domestique*
gouverne
V. *conseiller*
gouvernement V. *politique*
gouverner
V. *commander*
gouverneur
V. *chef*
goyavier
V. *plantes*
grabat V. *lit*
grabataire
V. *malade*
grâce V. *beauté*, *faveur*, *pitié*, *religion*
gracier V. *pitié*
gracieuser
V. *poli*
gracieux
V. *beau*, *prix*
gracilité
V. *faiblesse*
gradation
V. *degré*
grade V. *fonction*, *officier*
gradin V. *degré*
graduation
V. *degré*
graduel V. *degré*
graduer V. *degré*
gradus
V. *dictionnaire*
graffite
V. *inscription*
grailler V. *chasse*
graillon
V. *gras* (1)
grain
graine
grenaille
grènetis
granulation
bernage
bisaille
grainetier
grènetier
grainier
grèneterie
grenier
silo
grené
grenu
granulaire
granuleux
granivore

grener
granuler
égrener
grenailler
greneler
moudre
graine
germe
semence
pépin
akène
caryopse
glume
glumelle
balle
barbe
cosse
gousse
écaille
ovule
ovaire
carpelle
placenta
funicule
hile
embryon
nucelle
suspenseur
sac embryonnaire
micropyle
exostome
endostome
tégument
testa
tegmen
membrane
nucléus
amande
amnios
albumen
chalaze
orthotrope
réfléchi
anatrope
raphé
caroncule
arille
arillode
macis
strophiole
vésicule
polyembryonie
périsperme
endosperme
farineux
oléagineux
corné
radicule
cotylédon
gemmule
monocotylédoné
tigelle
plantule
macropode
dicotylédoné
charnu
foliacé
pétiolé
échancré
lobé
verticillé
récliné
condupliqué
convoluté
circiné
équitant
demi-équitant
chiffonné
incombant
accombant
axile
périphérique
excentrique
intraire
extraire
antitrope
homotrope
amphitrope
supère
infère
ventral
centripète
dorsal
centrifuge
ruminé
angiosperme
cryptosperme

angiospermie
germination
dissémination

semer
grener
germer
avorter
s'ouvrir
monter en graine

haricot
lentille
fève
café
cacao
féverole
pois
lupin
gesse
vesce
lin
orge
avoine
blé
seigle
riz
anis
chènevis
millet
mil
maïs
sarrasin
œgilops
V. *céréales*
graisse V. *gras* (1)
graminée
V. *plantes*

grammaire
science du langage [parée
grammaire comcours de langue
principes de la
règle [grammaire
exception
orthographe
correction
pureté
purisme
lexicologie
parole
écriture
mots
phonétique
sons
lettres
alphabet
prononciation
articulation
épeler
articuler
lire
écrire
assonance
allitération
crase
contraction
aphérèse
apocope
synalèphe
tmèse
épenthèse
diérèse

métaplasme
métathèse
prosthèse
paragoge
épenthétique
paragogique
finale
initiale [phique
signe orthogra-
accentuation
voyelle
simple
brève
longue
nasale
double
diphtongue
consonne
aspirée
sifflante
muette
chuintante
liquide
labiale
dentale
gutturale
double
mouillée
syllabe
élision
crase
euphonie
apostrophe
prosodie
métrique
accent
quantité
accent tonique
forte
tonique
brève
longue
commune
étymologie
homonymes
homogramme
homophone
paronyme
synonyme
doublet
préfixe
suffixe
affixe
terminaison
désinence
flexion
inflexion
partie du discours
morphologie

variable
invariable
régulier
irrégulier
défectif
espèce
nom
substantif
substantivement
propre
commun
collectif
adjectif pris sub-
stantivement
genre
masculin
féminin
neutre
déclinaison
crément
cas
déclinable
indéclinable
nombre
singulier
duel
pluriel
nom simple
nom composé
apposition
article
adjectif
adjectivement
qualificatif
degré de compa-
positif [raison
comparatif
superlatif
absolu
relatif
déterminatif
démonstratif
possessif
numéral
cardinal
ordinal
distributif
interrogatif
exclamatif
indéfini
pronom
pronominal
pronominalement
personnel
réfléchi
conjonctif
antécédent
attraction
verbe

attribut
sujet
copule
attributif
attributivement
conjugaison
personne
mode
modal
indicatif
impératif
conditionnel
subjonctif
infinitif
participe
présent
passé
futur
aoriste
parfait
adjectif verbal
optatif
gérondif
supin
temps
primitif
secondaire
temporel
concordance
augment
redoublement
imparfait
passé défini
prétérit
passé indéfini
passé antérieur
plus-que-parfait
futur antérieur
auxiliaire
temps simple
temps composé
verbe auxiliaire
formation
voix
actif
activement
passif
passivement
transitif
transitivement
intransitif
intransitivement
neutre
moyen
déponent
factitif
inchoatif
fréquentatif
pronominal

réfléchi
impersonnel
paradigme
tableau
adverbe
adverbial
adverbialement
locution adver-
préposition [biale
locution préposi-
conjonction [tive
adversatif
locution conjonc-
coordination [tive
interjection
interjectif
proclitique
enclitique
syntaxe
phrase
membre de phra-
proposition [se
copule
régime
complément dé-
terminatif
gouverner [rect
complément di-
complément indi-
rect
complément cir-
constanciel
ellipse
sous-entendu
syllepse
accord
construction
inversion
anacoluthe
analyse
grammaticale
logique
proposition indé-
pendante
coordonnée
conjointe
principale
incidente
incise
complétive
modale
subordonnée
ponctuation
cacographie
barbarisme
solécisme
pléonasme

orthographier

décliner
conjuguer
former
dériver
élider
syncoper
accentuer
ponctuer
analyser
accorder
faire accorder
mettre l'accord
grammairien
philologue
lexicologue
étymologiste
puriste
grammatiste
grammatical
orthographique
lexicologique
alphabétique
oral
verbal
épellatif
euphonique
étymologique
syntaxique
Vaugelas
Lhomond
Noël et Chapsal
grammaticalement
orthographiquement
correctement
purement
verbalement
oralement
absolument
relativement
personnellement
impersonnellement
interrogativement
exclamativement

gramme V. *poids*

grand
long
colossal
gigantesque
cyclopéen
monumental
énorme
démesuré
immense
illimité
incommensurable
interminable
sans fin
haut
élevé
de haute taille
allongé
large
ample
spacieux
étendu
vaste
sans borne
infini
sans mesure
inexprimable
indicible
inénarrable
ineffable
grandiose
grandelet

agrandir
allonger
élargir
grandir
grossir
augmenter
développer
élever
hausser
exhausser
étendre
prendre de l'accroissement
pousser
croître
monter

grandeur
immensité
allongement
agrandissement
grossissement
augmentation
développement
élargissement
élévation
ascension
extension
espace
crescendo
grandeur
taille
stature
géant
colosse
flandrin
escogriffe
Goliath
grandement
colossalement
énormément
incommensurablement
interminablement
infiniment
démesurément
hautement
largement
amplement
spacieusement
V. *haut*, *long*

grand-croix
V. *décoration*

grand-duc
V. *aristocratie*

grandelet
V. *grand*

grandesse
V. *chef*

grandeur
V. *grand*

grand'garde
V. *soldat*

grandiose
V. *grand*

grandir V. *grand*

grand-livre
V. *budget*

grand'mère
V. *famille*

grand'messe
V. *messe*

grand-oncle
V. *famille*

grand-père
V. *famille*

grand'tante
V. *famille*

grange V. *récolte*

granit V. *pierre*

granitelle
V. *marbre*

granivore
V. *grain*

granulaire
V. *grain*

granulation
V. *grain*

granuler
V. *grain*

graphique
V. *dessin*

graphite
V. *crayon*

graphomètre
V. *arpenteur*

grappe V. *raisin*, *fleur*, *fruit*

grappiller
V. *récolte*

grappillon
V. *raisin*, *fruit*

grappin V. *ancre*

gras (1) (*choses*)
graissé
graisseux
adipeux
onctueux
gluant
collant
visqueux
mucilagineux
graillonneux
stéarique

graisse
saindoux
panne
lard
axonge
lardon
graillon
oing
onctuosité
mucilage
viscosité
stéarine
cambouis
glu
friture
fondoir

graisser
enduire
oindre
larder
entrelarder
frire
grésiller
dégraisser

gras (2) (*personnes*)
gros
pansu
ventru
replet
obèse
dodu
corpulent
pléthorique
plein
charnu
rebondi
œdémateux
tumétié
bouffi
mafflu
mouflard
joufflu
rondelet
grassouillet

boulot
potelé

graisse
grosseur
obésité
embonpoint
corpulence
pléthore
replétion
œdème
bouffissure
enflure

engraissement
engraisser
grossir
prendre du ventre
V. *volume*

grassement
V. *riche*
grasseyer
V. *parler*
grassouillet
V. *gras*
grateron
V. *plante*
graticuler ou **craticuler**
V. *dessiner*
gratification
V. *don*
gratifier
V. *donner*
gratin
V. *nourriture*
gratiole
V. *plantes*
gratis V. *prix*
gratitude
V. *reconnaissance*
gratte-cul
V. *plantes*
grattelle
V. *gale*
gratter
V. *essuyer*
grattoir
V. *essuyer*
gratuit V. *prix*
gravatier
V. *voiture*
gravatif
V. *maladie*
gravats V. *ruine*
grave
V. *importance*
gravelée V. *vin*
graveleux
V. *grossier*
gravelle
V. *maladie*
gravelure
V. *grossier*
graver V. *gravure*
gravier V. *sable*
gravir V. *monter*
gravitation
V. *mouvement.*
gravité
V. *majesté*
gravité
V. *mouvement*
gravois V. *ruine*

gravure
gravure en bois
xylographie
taille d'épargne
chalcographie
burin
taille-douce
camaïeu
gravure criblée
eau-forte
pointe sèche
aquatinte
aqua-tinta
mezzo-tinte
manière noire
pointillé
gravure sur cuivre
gravure sur acier
héliogravure
zincogravure
photogravure
procédé
photolithographie
chromolithographie
xylographique
estampe
illustration
vignette
cul-de-lampe
frise
tirage
épreuve
état
lettre
avant la lettre
contre-épreuve
planche
impression
fumé
trait
taille
contre-taille
hachure
contre-hachure
morsure
grignotis
reprise
échappade
pointe
onglette
échoppe
pointe badine
graveur
lithographe
aquafortiste
venue
vigueur
bien venir
mal venir
graver
buriner
gré V. *volonté*
grèbe V. *animal, fourrure*

Grèce
Hellade
grec
hellène
atticisme
hellénisme
helléniste
philhellène
philhellénisme
grecque
V. *ornement*
gredin V. *vil*
gréer V. *navire*
greffe
V. *procédure*

greffer
enter
marcotter
écussonner
marcottage
greffe
ente
bouture
marcotte
écusson
couronne
approche
greffoir
entoir
greffier
V. *magistrat*
greffoir V. *greffe*
grège V. *soie*
grégeois V. *feu*
grégorien
V *calendrier*
grègues
V. *vêtement*
grêle V. *faible, petit, temps* (2)
grelin V. *corde*
grelot
V. *instruments*
grelotter
V. *froid, trembler*
grémial
V. *vêtement*
grémil V. *plantes*
grenache
V. *raisin, vin*
Grenade
grenadin
grenade
V. *projectile*
grenadier V. *infanterie, plantes*
grenadière
V. *soldat*
grenadille
V. *plantes*
grenadin
V. *nourriture*
grenadine
V. *liqueur*
grenaille
V. *grain*
grenailler
V. *grain*
grenat V. *couleur, joaillerie*
greneler V. *grain*
grener
V. *grain, graine*
grènetier
V. *graine*
grènetis
V. *monnaie*
grenettes
V. *teinture*
grenier V. *maison, récolte,*
grenouille
rainette
têtard
batracien
coasser
coassement
grenouillère
pêcher à la grenouille [chie
batrachomyoma-
grenouillet
V. *plantes*
grenouillette
V. *plantes*

grenu V. *grain*
grès V. *pierre*
grésil V. *glace*
gresserie V. *céramique*
grève V. *mer, inaction*
grever V. *impôt*
grianneau V. *coq*
griblette V. *nourriture*
gribouillage V. *écriture*
gribouiller V. *lire*
gribouillette V. *jeu*
grief V. *accusation, haine*
grièvement V. *blessure, outrage*
grièveté V. *importance*

griffe
serre
ergot
éperon
griffer
égratigner
griffade
griffure
égratignure
V. *blessure*

griffon V. *chien*
griffonner V. *écrire*
grignon V. *pain*
grignoter V. *manger*
grignotis V. *gravure*
grigou V. *avare*
gril V. *cuisine*
grillade V. *nourriture*
grillage V. *fermeture*

grille
grillage
barreau
traverse
barre
travée
pilastre
V. *fermeture*

griller V. *cuisine*
grillet V. *instruments*
grillon V. *animal*

grimace
singerie
simagrée
contorsion
contraction
grimacer
se défigurer
grimacier
bouffon
singe
Quasimodo

grimaud V. *écrivain*
grime V. *comédien*
grimelin V. *enfance*
grimer V. *toilette*
grimoire V. *livre*
grimper V. *monter*
grimpereau V. *animal*
grimpeurs V. *animal*
grincer V. *bruit*
gringalet V. *faible*
gringotter V. *chant*
griottier V. *cerise*
grippe V. *tousser, haine*
gripper V. *prendre*
gris V. *couleur, ivre*
grisaille V. *peinture, émail*
grisailler V. *peindre*
griser V. *ivre*
griset V. *animal*
grisette V. *vêtement*
grisoller V. *alouette*
grison V. *cheveu, âne*
grisonner V. *cheveu*
grisou V. *gaz*
grive V. *animal*
grivelé V. *couleur*
griveler V. *vol*
grivois V. *grossier*
grog V. *liqueur*
grognard V. *soldat*
grogner V. *reproche*
grognon V. *caractère*
groin V. *porc*
grolle V. *animal*
grommeler V. *parler*
gronder V. *colère, reproche*
grondin V. *animal*
gros V. *gras* (2)
gros-bec V. *animal*
gros de Tours V. *étoffes*
groseille V. *plantes, liqueur*
groseillier V. *plantes*
grosse V. *douzaine, nombre*
grosserie V. *métallurgie*
grossesse V. *accoucher*
grosseur V. *volume, gros*

grossier
bestial
impoli
incivil
incorrect
sans usage
discourtois
mal élevé
malappris
malhonnête
mal embouché
canaille
impertinent
insolent
manant
goujat
cuistre
rustre
rustaud
malotru
maraud
maroufle
belître
butor
libre
leste
léger
grivois
gaulois
rabelaisien
guilleret
risqué
égrillard
gaillard
cru
libre en paroles
mal en point
déshonnête
malséant
messéant
déplacé
incongru
désobligeant
inconvenant
malsonnant
vif
scabreux
licencieux
croustilleux
équivoque
épicé
pimenté
salé
gras
indécent
immodeste
libertin
sans retenue
sans réserve
graveleux
éhonté
impudique
populacier
ordurier
cynique
obscène
pornographique

grossièreté
bestialité
impolitesse
incivilité
incorrection
mauvais ton
mauvais genre
sans-façon
sans-gêne
rusticité
manque d'usage
discourtoisie
malhonnêteté
impertinence
insolence
goujaterie
cuistrerie
inconvenance

déshonnêteté
hardiesse
crudité
liberté
badinage
gaillardise
grivoiserie
licence
indécence
immodestie
incongruité
gravelure
cynisme
ordure
obscénité
pornographie
s'encanailler

grossièrement
impoliment
malhonnêtement
insolemment
déshonnêtement
impertinemment
crument
cavalièrement
librement
gaillardement
licencieusement
V. *débauche*

grossir
V. *volume, gras*

grosso-modo
V. *presque*

grossoyer
V. *écrire*

grotesque
V. *risible*

grotte V. *abri*

grouiller
V. *nombre*

group
V. *monnaie*

groupe
V. *division* (2)

grouper
V. *assembler*

gruau
V. *céréales, pain*

grue (1) V. *animal*

grue (2)
grue fixe
grue roulante.
grue à pivot
chèvre
treuil
treuil différentiel
cabestan
vindas
moulinet
palan
poulie
roue dentée
roue d'angle
engrenage
engrenage à lanterne
fuseau
alléchon
mouton
vérin
sonnette
cric
louve
touage
guindage
touer
louver
toueur

gruerie V. *forêt*

gruger V. *pauvre*

grume V. *écorce*

grumeau V. *dur*

grumeler V. *dur*

gruyer
V. *fauconnerie*

gruyer V. *forêt*

gruyère
V. *fromage*

guano V. *engrais*

gué V. *rivière*

guèbre
V. *religion*

guède V. *plantes, teinture*

guéer V. *laver*

guenille
V. *chiffon*

guenon V. *singe*

guenuche
V. *singe*

guépard
V. *animal*

guêpe V. *animal*

guère V. *peu*

guéret V. *récolte*

guéridon V. *table*

guérilla V. *soldat*

guérir
être hors de danger
être délivré de
revenir à la santé
sortir d'affaire
en être quitte
en revenir
en réchapper
ressusciter
renaître
entrer en convalescence
reprendre
se remettre
reprendre des forces
être en voie de guérison
relever de
se rétablir
soigner
sauver
remettre sur pied
calmer
apaiser
adoucir
suivre un traitement
suivre un régime
faire une cure

guérison
rétablissement
relèvement
résolution
salut
santé
cure
traitement
remède (voir)
curatif
palliatif
pansement
calmant
soulagement
délitescence
contrepoison
médecine
thérapeutique
panacée

antiapoplectique
antiputride
antidote
antidiarrhéique
antipestilentiel
antiseptique
antiphlogistique
antifébrile
fébrifuge
antidartreux
antipsorique
antiscorbutique
antiscrofuleux
antivénérien
antisyphilitique
anticholérique
antiarthritique
antigoutteux
antiasthmatique
anticatarrhal
antiépileptique
antihémorroïdal
antinéphrétique
antiparalytique
antispasmodique
antivermineux
vermifuge

guérisseur
médecin (voir docteur
sauveur
rebouteur
guérissable
curable
incurable
inguérissable
désespéré
curabilité
incurabilité

guérite
V. *factionnaire*

guerre
hostilités
campagne
expédition
incursion
razzia
invasion
guerre offensive
guerre défensive
revanche
guerre civile
conquête
opérations
manœuvres
mouvement
marche
contremarche
tactique
stratégie
stratographie
art militaire
déclaration de guerre
trêve
armistice
munitions
amunitionnement
butin
théâtre de la guerre

allumer la guerre
provoquer la guerre
faire la guerre
déclarer la guerre
porter... chez
la guerre éclate
ouvrir les hostilités
prendre les armes
se battre
se lancer dans une guerre

entreprendre
guerroyer
infester
combattre
conquérir
amunitionner

belligérant
combattant
adversaire
ennemi
allié
neutre
parlementaire
soldat
général
capitaine
stratège
tacticien
stratégiste
belliqueux
conquérant
guerrier
martial
stratégique
Janus
Mars
Bellone
défensivement
offensivement
V. *combat*, *combattre*, *combattant*

guet V. *voir*
guet-apens V. *danger*
guêtre V. *chaussure*
guetter V. *voir*
gueulard V. *four*
gueule V. *corps*
gueule-de-loup V. *plantes*
gueules V. *blason*
gueuse V. *fer*
gueux V. *pauvre*
gui V. *plantes*
guichet V. *porte*
guichetier V. *prison*
guide V. *conduire*
guide V. *harnachement*
guide-âne V. *écriture*
guider V. *conduire*
guidon V. *drapeau*
guignard V. *animal*
guigne V. *cerise*
guigner V. *voir*
guignier V. *plantes*
guignol V. *jouet*
guignon V. *malheur*
guildive V. *liqueur*
guillaume V. *rabot*
guillemet V. *écriture*
guillemeter V. *écriture*
guilleret V. *gaîté*
guilleri V. *moineau*
guillocher V. *ornement*

guillotine
échafaud
couperet
bascule
lunette
déclic
panier
exécuteur
bourreau
exécuteur des hautes œuvres
aides
condamné
patient
exécution
exécution capitale
décapitation
exécuter
décapiter
couper le cou
trancher la tête

guimauve V. *plantes*, *remède*
guimbarde V. *voiture*, *instruments*
guimpe V. *collier*
guindage V. *grue* (2)
guindant V. *drapeau*
guindé V. *majesté*
guinder V. *haut*
guinée V. *monnaie*
guingan V. *étoffes*
guingois V. *mal*
guinguette V. *auberge*
guipure V. *dentelle*

guirlande
enroulement
enlacement
rinceau
branchage
rameaux
festons
tortil

guise V. *volonté*
guitare V. *instruments*
gustation V. *goût*
gutta-percha V. *substance*
guttural V. *gosier*

gymnastique
exercice physique
sport athlétique
agonistique
sphéristique
mouvement
manœuvre
saut
marche
course
sport pédestre
pédestrianisme
boxe
canne
bâton
chausson
collier de force
tour de hanche
paume
pugilat
pancrace
voltige
appareil
agrès
sphère
barre
haltère
massue
corde à lutter
perche
corde
portique
mât
tremplin
anneau
trapèze
parallèles
barres fixes
gymnase
acrobate
maître de gymnastique
marcheur
coureur
boxeur
lutteur
athlète
pugiliste
pancratiaste
xystique
hiéronique
hellanodices
lampadiste
gymnase
académ
palestre
stade
sphéristère
xyste
cirque
palestrique
gymnique
V. *cirque*

gymnique V. *gymnastique*
gymnosophiste V. *philosophe*
gymnote V. *animal*
gynandrie V. *fleur*
gynécée V. *femme*
gynécocratie V. *femme*
gypaète V. *animal*
gypse V. *plâtre*
gyromancie V. *divination*
gyrovague V. *monastère*

H

habile
adroit
dégourdi
agile
preste

leste
dextre
vif
exercé
expert
industrieux
entendu
qui s'y entend
compétent
fort
savant
ferré
inventif
ingénieux
madré
rusé
matois
roué
retors
aigrefin
fin
finaud
fine mouche
fin comme l'ambre
pas manchot
malin
malin comme un singe
avisé
artificieux
fourbe
futé
délié
insinuant
subtil
renard
routier

donner une preuve d'habileté
faire preuve de
montrer
user de
jouer d'
ruser
finasser
faire ce qu'on veut de ses doigts
s'en sortir
ne pas être pris sans vert
savoir se retourner
savoir se débrouiller
jouer serré
retomber toujours sur ses pattes
avoir de la ressource
avoir plusieurs cordes à son arc
faire flèche de tout bois
habileté
adresse
art
entregent
savoir-faire
agilité
prestesse
vivacité
dextérité
entente
apertise
compétence
force
science
ingéniosité
ruse
artifice
manigance
manège
tour
passe-passe
finasserie
supercherie
rouerie
matoiserie
captation
astuce
expédient
finesse
malice
malignité
subtilité
politique
diplomatie
habileté consommée
habilement
adroitement
prestement
lestement
vivement
expertement
industrieusement
savamment
ingénieusement
finement
malignement
subtilement
V. *action*

habilité
V. *pouvoir*

habillage
V. *horloge*

habillement
V. *vêtement*

habit V. *vêtement*

habitacle
V. *boussole*

habitant
locataire
citadin
domicilié
hôte
indigène
insulaire
naturel
âme
gens
régnicole
citoyen
bourgeois
colon
cohabitant
résidant
autochtone
métèque
hétérosciens
antisciens
périœciens
périsciens
asciens
dénombrement
recensement
pays
résidence
indigénat
naturalité
naturalisation
pays d'adoption
habitable
inhabitable
inhabité
désert
habiter
séjourner
demeurer
se fixer
s'installer
adopter
planter sa tente
transporter ses pénates

habitation
V. *maison*

habitude
coutume
accoutumance
manie
tic
dada
marotte
routine
maniement
mode
usage
us
errements
tradition
ornière
désaccoutumance
désuétude

habituel
usuel
courant
coutumier
accoutumé
ordinaire
familier
machinal
traditionnel
usité
usé
rebattu
selon la formule

s'habituer
s'accoutumer
devenir
prendre le pli de
s'acoquiner
contracter l'habitude de
se faire à
s'aguerrir
se rompre à
se familiariser avec
avoir coutume de
avoir accoutumé de
habituer
dresser
plier
assouplir
entraîner
accoutumer
façonner
routiner
se désaccoutumer
se déshabituer
se défaire de
habitude enracinée
invétérée
indéracinable
ancienne
régnante
maniaque
routinier
encroûté
insolite
inusité
inaccoutumé

usuellement
couramment
traditionnellement
machinalement

hâblerie
V. *orgueil*

hache
cognée
merlin
essette
erminette
doloire
hachette
hachereau
bipenne
francisque
hallebarde
manche
tête
tranchant
coup de hache

hacher

hachis
billot
sapeur

hache-paille
V. *paille*

hacher V. *couper*

hachette
V. *hache*

hachis
V. *nourriture*

hachoir V. *cuisine*

hachure
V. *gravure, dessin*

hadji
V. *musulman*

hagard
V. *trouble*

hagiographe
V. *saint*

hagiologique
V. *religion*

haha V. *jardin*

haie V. *mur*

haillon V. *chiffon*

Hainaut
hannuyer
hainuyer

haine
hostilité
impopularité
inimitié
mésintelligence
incompatibilité
exécration
abomination
détestation
aversion
éloignement
antipathie
animosité
fiel
prévention
grippe
malveillance
rancune
grief
dent
ressentiment
bouderie
désaccord
chien et chat
désaffection
brouille
caprice
froid
désinfatuation

abhorrer
détester
haïr
exécrer
prendre en haine
nourrir de la haine
prendre en grippe
avoir à nez
en vouloir
avoir en horreur
vivre en mésintelligence
ne pas s'accorder
ne pouvoir souffrir
ne pouvoir voir en peinture
bouder
se brouiller
rompre
désaffectionner
être en froid
se fâcher
être à couteaux tirés
avoir une dent contre
être en délicatesse
désinfatuer
être indisposé contre

hostile
mal disposé
incompatible
antipathique
prévenu
malveillant
haine acharnée
violente
déclarée
envenimée
implacable
mortelle
irréconciliable
jurée
inexorable
odieux
détesté
bête noire
impopulaire
haïssable
détestable
haineux
fielleux
rancunier
misanthrope
haineusement
irréconciliablement
mortellement

haire V. *chemise*

Haïti
haïtien

halage V. *tirer*

halbran V. *canard*

halbrené
V. *plume*

hâle V. *peau*

haleine
V. *respiration*

halener V. *chien*

haler V. *tirer*

hâler V. *peau*

haleter
V. *respiration*

halieutique
V. *pêche*

halitueux
V. *mouiller*

hallage V. *impôt*

hallali V. *cerf*

halle V. *foire*

hallebarde
V. *arme*

hallebardier
V. *infanterie*

hallier V. *forêt*

hallucination
V. *folie*

halo V. *cercle*

haloir V. *toile*

halot V. *lapin*

halotechnie
V. *sel*

halte V. *arrêt*

haltère
V. *gymnastique*

halurgie V. *sel*

hamac V. *lit*

hamadryade
V. *forêt*

hameau V. *ville*

hameçon
V. *pêche*

hampe
V. *drapeau, plantes*

hanap V. *vaisselle*

hanche
coxal
coxalgie
coxalgique

hanebane
V. *plantes*

hangar V. *maison*

hanneton
V. *animal*

hanse V. *assemblée*

hanséatique
V. *assemblée*

hanter
V. *fréquenter*

happe V. *roue*

happelourde
V. *joaillerie*

happer V. *chien*

haquenée
V. *cheval*

haquet V. *voiture*

harangue
V. *discours*

haras
V. *génération*

harasser
V. *fatiguer*

harceler V. *ennui*

harde
V. *assemblée*

harde V. *lien, chien*

hardes
V. *vêtement*

hardiesse
V. *audace*

harem V. *femme*

hareng
saur
sauret
laité
œuvé
pec
banc
caque
harengère
encaqueur

encaquement
saurissage
saurer
encaquer

hargneux
V. *bourru*

haricot V. *plantes*

haridelle
V. *cheval*

harmonica
V. *instruments*

harmonie (1)
accord
arrangement
symétrie
eurythmie
sympathie
disposition
ordre
rythme
concert
accommodement
assortiment
compatibilité
union
entente
concorde
conciliation
concordance
communauté
similitude
adaptation
affinité

accorder
assortir
adapter
associer
unir
concerter
arranger
comploter
disposer
accommoder
ajuster
concilier
désajuster
désassortir
dépareiller
s'accorder
s'harmoniser
compatir
s'entendre avec
fraterniser
pactiser
tomber d'accord
abonder dans le sens
conciliable
compatible
conciliatoire

d'accord
de concert
ensemble
de connivence
comme larrons en foire
V. *ordre*

harmonie (2)
intervalle
seconde
tierce
quarte
quinte
sixte
septième
octave
neuvième
dixième
onzième
douzième
treizième
quatorzième
quinzième
unisson
homophonie
majeur
mineur
augmenté
diminué
renversement
consonance
parfaite
imparfaite
dissonance
mouvement direct
oblique
contraire
marche
passage
succession
accord
euphonie
accord parfait
préparation
résolution
tonique
dominante
médiante
fondamentale
note sensible
mode
cadence
cadence rompue
cadence parfaite
dérivé
chiffrer
notes de passage
degré conjoint
saut
prolongation
syncope
suspension
retardement
diton
triton
genre
diatonique
chromatique
enharmonique
altération
modulation

frapper
plaquer
chiffrer
fuguer
contrepointer

contrepoint
fugue
contre-fugue
canon
partie

plagal
harmonique
harmoniste
contrapontiste
V. *musique*

harmonium
V. *orgue*

harmoste
V. *chef*

harnachement
harnais
attelage
attelage en arbalète
à la Daumont
têtière
aigrette
cocarde
fronteau
frontal
panurge
œillère
bridoir
muserolle
caveçon
canon
gourmette
bossette
sous-barbe
mors
porte-mors
sous-gorge
bride
martingale
rêne
guide
collier
attelle
bisquain
bricole
poitrinière
sellette
dossière
schabraque
porte-trait
surdos
sangle
surfaix
sous-ventrière
porte-brancard
culeron
bacul
croupière
culière
trousse-queue
bateuil
bardelle
avaloire
reculement
plate-longe
atteloire
fausse martingale
trait
licou
licol
chevêtre
joug
selle
bât
escache
écofroi
torche-nez

seller
enseller
sangler
desseller
atteler
dételer
délicoter
brider
débrider
harnacher
enharnacher
déharnacher

sellier
bourrelier
lormier
sellerie
bourrelerie

haro V. *cri*

harpagon
V. *avare*
harpe
caisse
colonne
console
cheville
clef
pédale
ouïe
jouer de la harpe
harpiste
harpeau
V. *navire*
harper
V. *prendre*, *cheval*
harpon V. *pêche*
harponneau
V. *pêche*
hart
V. *lien*, *supplice*
hasard
chance
fortune
aventure
vicissitude
aléa
sort
destin
destinée
hauts et bas
fatalité
bonne étoile
mauvaise étoile
rencontre
raccroc
coup de dé
occasion
occurrence
martingale
talisman
corde de pendu

hasardeux
fortuit
accidentel
occasionnel
occurrent
risqué
aléatoire
casuel
aventureux
capricieux
heureux
malheureux
maudit
risque-tout

risquer
hasarder
aventurer
courir la chance

par raccroc
d'aventure
par hasard
accidentellement
hasardeusement
fortuitement
occasionnellement V. *aventure*, *bonheur*, *audace*
haschich
V. *tabac*
hase
V. *lièvre*, *lapin*
hast V. *arme*
hastaire
V. *légion*
hasté V. *feuille*
hâte V. *vite*
hâter V. *vite*
hâtier
V. *cheminée*
hâtif V. *vite*
haubans
V. *voilure*
haubergeon
V. *cuirasse*
haubert
V. *cuirasse*
hausse
V. *fusil*, *prix*
hausse-col
V. *cuirasse*
haussement
V. *épaule*
hausser V. *haut*
haut
élevé
surélevé
culminant
supérieur
sourcilleux
dominant
élancé
hissé
porté
haussé
exhaussé
surhaussé
mamelonné
proéminent
protubérant
tubéreux
turgescent

altimétrie
hypsométrie
hauteur
altitude
étiage
élévation
surélévation
surplomb
bosse
protubérance
intumescence
tubérosité
turgescence
point culminant
sommet
cime
crête
arête
coupeau
faîte
pinacle
belvédère
campanile
flèche
couronnement
pointe
pic
aiguille
comble
tête
à vol d'oiseau
vue cavalière
motte
tas
monceau
butte
levée
remblai
digue
hauteur
éminence
proéminence
tumulus
tertre
mamelon
monticule
cairn
morne
accident de terrain
pli de terrain
billon
assises
ressaut
côte
coteau
colline
dune
falaise
montagne
mont
croupe
ballon
piton
contrefort
ramificatio
branche
acropole
tour
clocher

hausser
exhausser
surhausser
lever
dresser
redresser
élever
soulever
ériger
mettre debout
tenir en l'air
tenir haut
hisser
arborer
monter
brandir
exalter
relever
rehausser
retrousser
guinder
surélever
émerger
planer
dominer
couronner
surplomber
menacer le ciel

levier
grue
treuil
poulie
ascenseur
élévation
exhaussement
surhaussement
soulèvement
rehaussement
redressement
retroussement
érection
émersion
affleurement
ascension
montée
V. *montagne*, *monter*, *droit*.
hautain
V. *orgueil*

hautbois
V. *instruments*
haut-de-chausse
V. *vêtement*
haute-contre
V. *chant*
hautement
V. *importance, sincère*
hautesse
V. *chef*
hauteur
V. *haut, orgueil*
haut-fond
V. *mer*
haut fourneau
cuve
étalage
ventre
ouvrage
costière
creuset
tuyère
dame
rustine
fausse tympe
tympe
tacret
contrevent
marâtre
buse
gueulard
haut-le-corps
V. *mouvement*
hauturier
V. *gouvernail*
hâve
V. *physionomie*
havir V. *cuire*
havre V. *port*
havresac
V. *bagage*
heaume V. *casque*
hebdomadaire
V. *semaine*
hebdomadier
V. *clergé*
héberge V. *mur*
héberger
V. *repas*
hébéter V. *bête*
hébraïque
V. *Juif*
hébreu V. *Juif*
hécatombe
V. *tuer*
hectare
V. *surface*
hectique
V. *maladie*
hecto (*pour les composés* V. *cent*)
hédéracé
V. *lierre*
hégémonie
V. *chef*
hégire
V. *chronologie*
heiduque
V. *infanterie*
hélépole
V. *artillerie*
héler V. *appel*
hélianthe
V. *plantes*
hélianthème
V. *plantes*
héliastes
V. *magistrat*
hélice
V. *navire, machine*
héliocentrique V. *soleil*
héliographie
V. *photographie*
hélioscope
V. *astronomie*
héliotrope
V. *plantes*
hélix V. *oreille*
Hellade V. *Grèce*
hellénique
V. *Grèce*
helléniste
V. *savant*
helminthe
V. *animal*
Helvétie
V. *Suisse*
hématite
V. *joaillerie*
hématocèle
V. *maladie*
hématose
V. *sang*
hémérocalle
V. *plantes*
hémicycle
V. *cercle*
hémine
V. *volume*
hémione
V. *animal*
hémiplégie
V. *maladie*
hémiptères
V. *animal*
hémisphère
V. *forme*
hémistiche
V. *poésie*
hémoptysie
V. *cracher, sang*
hémorragie
V. *sang*
hémorroïdes
V. *sang*
hémostatique
V. *sang*
hendécagone
V. *angle*
hendécasyllabe V. *poésie*
henné
V. *cheveu, teinture*
hennir V. *cheval*
hépatique
V. *foie*
hépatite V. *foie*
héptacorde
V. *instruments*
heptagone
V. *angle*
heptaméron
V. *récit*
heptandrie
V. *fleur*
heptarchie
V. *sept*
héraldique
V. *blason*
héraut
V. *ambassade*
herbacé V. *herbe*
herbage V. *herbe*
herbe
gazon
herbette
simples
pelouse
pré
prairie
pâturage
herbage
touffe
chalumeau
regain
herbier
herborisation

herbeux
herbu
dru
herbacé
herbivore

brouter
herber
enherber
désherber
éherber
herboriser

herbière
herbe au beurre
herbe au bitume
herbe des canaries
herbe au chantre
herbe au charpentier
herbe aux chats
herbe à cinq côtes
herbe à cloques
herbe à cochon
herbe aux corneilles
herbe aux cuillers
herbe aux cure-dents
herbe à dorer
herbe aux écus
herbe à esquinancie
herbe à éternuer
herbe aux gueux
herbe aux hémorroïdes
herbe à jaunir
herbe au lait
herbe à la fièvre
herbe à l'ail
herbe à la gravelle
herbe à la ouate
herbe à l'araignée
herbe à la vierge
herbe aux écrouelles
herbe à l'épervier
herbe à l'hirondelle
herbe aux mamelles
herbe à midi
herbe amère
herbe à mille trous
herbe aux oies
herbe aux panaris
herbe au pauvre homme
herbe aux perles
herbe aux poumons

herbe aux poux
herbe aux puces
herbe à Robert
herbe au scorbut
herbe aux sonnettes
herbe aux sorciers
herbe aux trachées
herbe aux teigneux
herbe au verre
herbe aux vers
herbe aux verrues
herbe aux vipères
herbe battudo
herbe blanche
herbe de bœuf
herbe de Buffon
herbe de Jacob
herbe des Juifs
herbe dorée
herbe du Diable
herbe du Turc
herbe du vent
herbe des magiciens
herbe éternelle
herbe grasse
herbe huileuse
herbe sacrée
herbe de Saint-Antoine
herbe de Sainte-Athalie
herbe de Sainte-Barbe.
herbe de Saint-Benoît.
herbe de Sainte-Catherine
herbe de Saint-Christophe
herbe de Sainte-Cunégonde
herbe de Saint-Guillaume
herbe de Saint-Jean
herbe de Saint-Julien
herbe de Saint-Laurent
herbe de Saint-Philippe
herbe de Saint-Quentin
herbe de Saint-Simon
herbe sans couture
herbe sardonique
herbe qui tue le mouton
V. *plantes*

herbeiller
V. *sanglier*

herbier
V. *plantes*

herbivore
V. *manger*

herboriser
V. *plantes*

hercotechnique V. *siège* (1,

Hercule
herculéen

hère (pauvre) V. *pauvre, importance*

héréditaire
V. *héritage*

hérédité
V. *héritage*

hérésiarque
V. *religion*

hérésie
V. *religion*

hérisser
V. *poil, quantité*

hérisson
V. *animal*

héritage
patrimoine
transmission
succession
légitime
douaire
apanage
majorat
dévolu
hoirie
legs
testament
clause
codicille
préciput
avantage
prélegs
ademption
révocation
inofficiosité
réversibilité
survie
survivance
jouissance
saisine
usufruit
nouvelleté
atavisme
testateur
héritier
cohéritier
hoir
successeur
légataire
colégataire
universel
direct
collatéral
bénéficiaire
exécuteur testamentaire
captation
primogéniture
déshérence
exhérédation
ouverture du testament
adition
dévolution
loi salique
retrait

instituer héritier
disposer de
transmettre
faire son testament
mettre ordre à ses affaires
prendre ses dispositions
tester
léguer
laisser
avantager
préléguer
abandonner
répudier
renoncer à
déshériter
casser un testament
exhéréder
dépouiller
désavantager

héréditaire
nuncupatif
codicillaire
testament authentique
olographe
testamentaire
patrimonial
légitimaire
jacent
inofficieux
linéal
fiduciaire
intestat
mortaillable
dévolu
atavique

hériter
tenir
cohériter
héréditairement
par voie d'héritage

hermaphrodite V. *sexe*

herméneutique V. *traduction*

hermès V. *statue*

hermétique
V. *fermeture*

hermine V. *animal, fourrure*

hernie V. *maladie*

herniole
V. *plantes*

héroïde V. *poésie*

héroïne
V. *femme*

héroïque
V. *courage*

héron
héronneau
héronnière

héros V. *courage*

herpes V. *mer*

herpès V. *peau*

herse
V. *agriculture*

hésitation
indécision
incertitude
fluctuation
indétermination
tâtonnement
tergiversation
alternative
embarras
irrésolution
perplexité
doute
conjecture
hypothèse
supposition
soupçon
défiance
scepticisme
pyrrhonisme
aléatoire
l'âne de Buridan

hésiter
rester incertain
douter
rester en suspens

ne pas se prononcer
ne pas se décider
rester en balance
peser le pour et le contre
y regarder à deux fois
aller à tâtons
ne savoir sur quel pied danser
tourner autour du pot
balancer
tâtonner
tergiverser
se tâter
barguigner
flotter
louvoyer
lanterner
être perplexe

hésitant
indécis
incertain
irrésolu
perplexe
défiant
embarrassé
quinaud
sceptique
en suspens
dubitatif
tâteur
ondoyant
entre le zist et le zest
irrésolument

Hesse
hessois

hétéroclite
V. *varié*

hétérodoxe
V. *religion*

hétérogène
V. *varié*

hétérosciens
V. *habitant*

hetman
V. *Russie*

hêtre
fouteau
faîne
foutelaie

heure
demie
quart
minute
seconde
midi
minuit
une
deux
trois
quatre
cinq
six
sept
huit
neuf
dix
onze
douze
horloge (voir)
montre
cadran
aiguille
horaire
horométrie

marquer
sonner

heureux
fortuné
béat
content
prospère
enchanté
satisfait
bien aise
bienheureux
joyeux
aux anges
au septième ciel
né sous une bonne étoile
né sous un astre favorable
né coiffé
fils de la poule blanche
coq en pâte
avantagé
gâté
enfant gâté du sort
florissant
l'avoir belle
jouir d'un bonheur
voir réussir
être favorisé de la fortune
n'avoir qu'à souhaiter
goûter le bonheur
prospérer
réussir
V. *bonheur*, *succès*

heurt V. *coup*

heurter
V. *coup*, *style*

heurtoir V. *porte*

hexaèdre
V. *angle*

hexagone
V. *angle*

hexamètre
V. *poésie*

hexandrie
V. *fleur*

hiatus V. *poésie*

hibou V. *animal*

hic V. *difficulté*

hidalgo
V. *aristocratie*

hideux
V. *difforme*

hie V. *pavage*

hièble V. *plantes*

hiémal V. *hiver*

hier
V. *chronologie*

hiérarchie
V. *fonction*

hiératique
V. *saint*

hiéroglyphe
V. *lettres*

hiéronique
V. *gymnastique*

hiéronymite
V. *clergé*

hiérophante
V. *clergé*

highlanders
V. *Écosse*

hilarant V. *gaîté*

hilarité V. *gaîté*

hile V. *graine*

hindou V. *Inde*

hippiatrique
V. *vétérinaire*

hippique
V. *cheval*

hippocampe
V. *animal*

hippocentaure V. *monstre*

hippocratique
V. *médecine*

hippodrome
V. *cirque*

hippogriffe
V. *monstre*

hippolithe
V. *pierre*

hippophagie
V. *manger*

hippopotame
V. *animal*

hirondelle
V. *animal*

hirsute V. *poil*

hispide V. *poil*

hisser V. *haut*

histoire
genre historique
annales
mémoires
commentaires
biographie
autobiographie
chronique
éphémérides
journal
fastes
récit
tableau
exposé
archéologie
paléographie
chronologie
date
anachronisme
synchronisme
métachronisme
prochronisme
épisode
anecdote
événement
fait
légende
racontar
on-dit
fiction
fable
mythe
tradition
archives
document
charte
monument
témoignage
véracité
vérité
authenticité
critique historique
impartialité
philosophie de l'histoire
historien
historiographe
annaliste
auteur de mémoires
biographe
chroniqueur
archéologue

archiviste
paléographe
mythographe
histoire universelle
générale
particulière
sainte
profane
ancienne
du moyen âge
moderne
contemporaine
historique
anecdotique
biographique
chronologique
légendaire
fabuleux
mythique
dépouiller les [chartes
écrire
composer
raconter
rapporter
faire revivre
Clio

histologie
V. *science*

historier
V. *ornement*

historique
V. *histoire*

histrion
V. *comédien*

hiver
mauvaise saison
arrière-saison
les froids
frimas

hivernal
hibernal
hiémal
hibernant
hibernation
hivernage
hiberner
hiverner
quartiers d'hiver

hobereau V. *animal, aristocratie*

hoc V. *cartes*

hocco V. *animal*

hoche V. *pain*

hochepot
V. *nourriture*

hochequeue
V. *animal*

hocher
V. *mouvement*

hochet V. *jouet*

hoirie V. *héritage*

holà V. *discussion*

Hollande
Pays-Bas
Néerlande
hollandais
néerlandais
batave

hollander
V. *laver*

holocauste
V. *feu*

homard
V. *animal*

hombre V. *cartes*

homélie
V. *discours*

homéopathie
V. *médecine*

homicide V. *tuer*

hommage
V. *respect*

homme
créature humaine
individu
individualité
personnalité
personne
quelqu'un
quidam
semblable
autrui
particulier
paroissien
prochain
mortel
humains (les)
humanité
amphisciens
antisciens
asciens
hétérosciens
périsciens
périœciens
sexe masculin
sexe fort
humain
viril
enfant
adolescent
homme fait
vieillard
anthropologie
anthropomorphisme
anthropophagie
cannibalisme
anthropométrie
homicide
anthropologique
anthropomorphe
anthropométrique
anthropologiste
anthropomorphiste
anthropophage
cannibale

homocentrique V. *cercle*

homogène
V. *semblable*

homologation
V. *procédure*

homologue
V. *semblable*

homologuer
V. *procédure*

homonyme
V. *mot*

homophonie
V. *harmonie* (1)

Hongrie
hongrois
madgyar
magnat

honnête
droit
vertueux
probe
honorable
irréprochable
éprouvé
irrépréhensible
impeccable
incorruptible
consciencieux
scrupuleux
délicat
exemplaire
moral
correct
brave homme
homme de bien
estimable
respectable
recommandable
un digne homme
méritant
intègre
désintéressé
un juste
rigide
austère
sans reproche
inattaquable
strict
méritoire
louable

honnêteté
droiture
vertu
probité
honorabilité
correction
impeccabilité
conscience
scrupule
délicatesse
moralité
intégrité
incorruptibilité
respectabilité
renoncement
désintéressement
pureté
rigueur
rigidité
austérité

honnêtement
droitement
vertueusement
honorablement
louablement
correctement
consciencieusement
scrupuleusement
délicatement
intègrement
purement
austèrement
V. *vertu, poli*

honneur V. *réputation, fonction*

honnir
V. *réputation*

honorable
V. *honnête*

honoraire
V. *fonction, prix*

honorer
V. *respect*

honorifique
V. *fonction*

honte V. *réputation, humble*

hôpital et **hospice**
dispensaire
clinique
Hôtel-Dieu
ambulance

infirmerie
asile
hospice
léproserie
maladrerie
imaret
domerie
lazaret
orphelinat
salle
lit
chirurgien
aide
médecin
interne
sœur
infirmier
infirmière
hospitaliser

hoplite
V. *infanterie*

hoquet
V. *respiration*

hoqueton
V. *vêtement*

horaire V. *heure*

horion V. *coup*

horizon
V. *astronomie*

horizontal
V. *poser*

horloge
cadran solaire
horloge sciatérique
gnomon
sablier
clepsydre
pendule
régulateur
cartel
œil-de-bœuf
coucou
jaquemart
réveil
horloge électrique
horloge pneumatique
montre
à cylindre
à ancre
à répétition
à sonnerie
chronomètre
remontoir
savonnette
oignon
toquante
mouvement
moteur
poids
contrepoids
chaîne
corde
pesanteur
pendule
oscillation
isochronisme
amplitude
grand ressort
coq
ressort spiral
balancier
compensateur
fusée
chaîne
barillet
raquette
retard
avance
échappement
à recul
à repos
à verge
roue de rencontre
échappement dépendant
à cylindre
pivot
axe
pignon
rochet
cliquet
engrenage
dent
aile
palette
cheville
fourchette
carré
clef
poussoir
cliquet
chaussée
noix d'arrêtage
mise à l'heure
aiguille
canon
cadran
potence
pont
platine
sonnerie
répétition
marteau
timbre
râteau
volant
bélière
pendant
bâte
boîte
boîtier
cuvette
chaîne
mousqueton
porte-montre
habitacle
caisse

s'arrêter
avoir un rat
mettre à l'heure
déranger
désheurer
régler
rhabiller
avancer
retarder
monter
remonter
donner l'heure
marquer
sonner

horlogerie
gnomonique
horographie
remontage
réparation
nettoyage
rhabillage
réglage
repassage
horloger

horographie
V. *horlogerie*

horoscope
V. *divination*

horreur
V. *dégoût*

horrible
V. *difforme*

horripilation
V. *poil*

hors-d'œuvre
V. *repas, importance*

hortensia
V. *plantes*

horticulture
V. *jardin*

hosanna
V. *hymne*

hospice
V. *hôpital*

hospitalier
V. *repas, accueil*

hospodar
V. *chef*

hostie V. *messe*

hostile V. *haine*

hostilité
V. *haine*

hôte V. *repas*

hôtel
V. *maison, auberge*

hôtelier
V. *auberge*

hotte V. *porter*

houblon
V. *plantes*

houe
V. *agriculture*

houer
V. *agriculture*

houille
V. *charbon*

houka V. *tabac*

houle V. *mer, mouvement*

houper
V. *chasser* (2)

houppe
V. *ensemble*

houppelande
V. *vêtement*

houret V. *chien*

houri V. *femme*

hourque
V. *navire*

hourra
V. *applaudir*

houseaux
V. *chaussure*

houspiller
V. *mouvement*

housse
V. *meuble*

housser
V. *propre*

houssine
V. *bâton*

houssoir
V. *balai*

houx
houssaie

hoyau
V. *agriculture*

huard V. *animal*

huche V. *pain*

hucher V. *siffler*

huchet V. *sifflet*

huée V. *cri*

huer V. *crier*

huette
V. *animal*

huguenot
V. *religion*

huguenote
V. *récipient*
huile
huile d'olive
huile blanche
huile d'œillette
huile de colza
huile de ricin
huile de foie de [morue
oléine
pumicin
huile vierge
huile épurée
macis

oléagineux
oléique
huileux

huilage
huiler
huilier
porte-huilier
burette
huilerie
oléacées
huis V. *porte*
huisserie
V. *porte*
huissier
V. *procédure*
huit
octuple
huitain
huitaine
octidi
octobre
octil
octostyle
huitième
huitièmement
octogone
octaèdre
octant
octave
octavo
octupler
huître
ostracite
bourriche
cloyère
ostréiculture
parc
banc
écaillère
test
têt
écaille
coquille
nacre
perlière
Marennes
pied-de-cheval
Ostende
vertes
gravette
portugaises
mois sans R
hulotte
V. *animal*
humain V. *bon, pitié, homme*
humaniser
V. *bon*
humaniste
V. *littérature*
humanité
V. *bon, homme*
humble
modeste
simple
réservé
timide
honteux
piteux
penaud
déconfit
rougissant
tremblant
humilié
mortifié
blessé
froissé
petit
rampant
bas
plat
obséquieux
officieux
servile
chien couchant
vil

humilité
humiliation
mortification
honte
modestie
réserve
timidité
obscurité
médiocrité
effacement
simplicité
vergogne
rougeur
petitesse
bassesse
platitude
obséquiosité
vilenie
servilité
immortification

s'humilier
s'abaisser
se faire petit
se ravaler
se courber
se prosterner
s'agenouiller
s'aplatir
ramper
valeter
en rabattre
baisser pavillon
avoir l'oreille [basse
humilier
abaisser
mater
abattre
rabattre
avilir
mortifier
faire honte
faire rougir

humiliant
rabaissant
mortifiant
honteux
avilissant

humblement
modestement
timidement
piteusement
petitement
bassement
obséquieusement
officieusement
vilement
servilement
honteusement
platement
V. *peu*
humecter
V. *mouiller*
humer
V. *respirer, boire*
huméral V. *bras*
humérus
V. *bras*
humeur V. *caractère, liquide*
humide
V. *mouiller*
humiliation
V. *humble*
humoral
V. *liquide*
humoristique
V. *gaîté*
humour
V. *gaîté*
humus
V. *terrain*
hune V. *navire*
hunier
V. *voilure*
huppe
V. *tête, animal*
huppé
V. *importance*
hure V. *tête*
hurler V. *crier*
hurluberlu
V. *étourderie*
hussard
V. *cavalerie*
hutte V. *maison*
hyalin V. *verre*
hybride
V. *génération*
hydatide V. *ver*
hydatisme
V. *liquide*
hydragogue
V. *remède*
hydrate
V. *substances*
hydraté V. *eau*
hydraulique
V. *eau*
hydre V. *animal, monstre*
hydrocéphale
V. *tête, eau*
hydrochlorate
V. *substances*
hydrodynamique V. *eau*
hydrogène
V. *substances*
hydrographie
V. *eau*
hydrologie
V. *eau*
hydromel
V. *liqueur*
hydromètre
V. *liquide*
hydrophobie
V. *chien*
hydropisie
V. *maladie*
hydroscopie
V. *science*

hydrostatique
V. *eau*
hydrosulfate
V. *substances*
hydrothérapie
V. *bain*
hydrure
V. *substances*
hyène V. *animal*
hygiène V. *santé*
hygrométrie
V. *mouiller*
hymen V. *mariage*
hyménoptères
V. *animal*

hymne
cantique
chant
ode
psaume
psalmodie
plain-chant
maîtrise
maître de chapelle
psalmiste
chantre
graduel
antiphonaire
psautier
antienne
litanie
matines
vêpres
laudate
laudes
te Deum
de profundis
dies iræ
kyrie
miséréré
requiem
sanctus
domine salvum
magnificat
hosanna
alléluia
Noël

entonner
psalmodier
hyoïde V. *cou*
hypallage
V. *rhétorique*
hyperbate
V. *rhétorique*
hyperbole
V. *rhétorique*
hyperboréen
V. *nord*
hyperdulie
V. *religion*
hypertrophie
V. *cœur*, *maladie*
hypèthre V. *toit*
hypnotique
V. *sommeil*
hypnotiser
V. *sommeil*
hypocondre
V. *ventre*
hypocondrie
V. *triste*
hypocras
V. *liqueur*

hypocrisie
fausseté
dissimulation
simulation
art de feindre
feinte
fourberie
supercherie
sournoiserie
imposture
machiavélisme
déloyauté
félonie
trahison
traîtrise
prévarication
perfidie
coup de Jarnac
jonglerie
tromperie
mensonge
comédie
masque
fard
patelinage
papelardise
simagrée
singerie
grimaces
momerie
artifice
insinuation
apprêt
cautèle
astuce
belles paroles
rhétorique
arrière-pensée
obreption
restriction mentale
tartuferie
cafardise
cafarderie
pharisaïsme
jésuitisme (vulgo)
escobarderie
trigauderie

hypocrite
faux
dissimulé
perfide
fourbe
sournois
imposteur
faux bonhomme
en dessous
pince-sans-rire
déloyal
félon
insidieux
fallacieux
traître
judas
prévaricateur
trompeur
menteur
comédien
faiseur
charlatan
grimacier
artificieux
cauteleux
astucieux
patelin
patelineur
papelard
courtisan
apprêté
fardé
composé
cafard
chafouin
machiavéliste
pharisien
pharisaïque
sycophante
tartufe
jésuite (vulgo)
escobar
trigaud
abuseur
affronteur
sainte-nitouche
patte-pelu
insinuant
emprunté
bloc enfariné
chattemite
maniéré
guindé
doucereux
mielleux
tout miel
emmiellé
obreptice
machiavélique
détourné
biais
tortueux
mensonger

jouer la comédie
contrefaire
simuler
feindre
faire semblant
singer
dissimuler
farder
pateliner
fourber
escobarder
biaiser
trigauder
entortiller
circonvenir
trahir
livrer
prévariquer

hypocritement
faussement
traîtreusement
déloyalement
trompeusement
sournoisement
menteusement
obséquieusement
jésuitiquement
tortueusement
obrepticement
artificieusement
insidieusement
mielleusement
hypogastre
V. *ventre*
hypogée
V. *terrain*, *trou*
hypoglosse
V. *cou*
hypostase V. *philosophie*, *urine*
hypostyle
V. *colonne*
hypoténuse
V. *ligne*
hypothèque
V. *dette*
hypothèse
supposition
doute

conjecture
opinion
probabilité
croyance
présomption
présupposition
incrédulité
méfiance
possibilité
virtualité

faire une hypothèse [thèses
bâtir des hypo-
échafauder
supposer
croire
présumer
présupposer
soupçonner
mécroire
douter [te
révoquer en dou-
mettre en doute
conjecturer
s'imaginer
en inférer
en induire [tuite
hypothèse gra-
hypothétique
supposé
incertain
conjectural
douteux
louche
problématique
possible
potentiel
virtuel
putatif
présomptif
supposable
casuel
probable
présumable
reposer sur une hypothèse
peut-être
soi-disant
en herbe
à supposer que
éventuellement
hypothétiquement
probablement
accidentellement
conjecturalement
virtuellement
V. *imagination*, *événement*

hypotypose
V. *rhétorique*, *description*
hypsométrie
V. *haut*
hysope V. *plantes*
hystérie
V. *maladie*

I

ïambe V. *vers*
ibérique
V. *Espagne*
ibis V. *animal*
ichneumon
V. *animal*
ichnographie
V. *dessin*
ichor
V. *excréments*
ichtyolithe
V. *poisson*, *pierre*
ichtyologie
V. *poisson*
ichthyophage
V. *manger*
ichtyosaure
V. *géologie*
ici
céans
en ces lieux
icoglan
V. *domestique*
iconoclaste
V. *image*
iconographie
V. *allégorie*
iconolâtre
V. *religion*
iconologie
V. *allégorie*
iconomaque
V. *image*
icosaèdre
V. *vingt*
icosandrie
V. *fleur*
ictère
V. *bile*
idéal
absolu
sublime
perfection
type
modèle
archétype
concept
spéculatif
immatériel
incorporel
transcendant
métaphysique
élevé
pur
parfait
souverain
suprême
qui n'est pas de ce monde

transcendantal
platonique
idéaliste
sentimental
poétique
idéologue
théoricien

transcendance
idéalisme
absolutisme
immatérialité
sentimentalisme

idéaliser
poétiser
immatérialiser
idéaliser
V. *mieux*, *idéal*
idéalisme
V. *philosophie*
idée V. *intelligence*
identifier
V. *semblable*
identique
V. *semblable*
identité
V. *semblable*
idéographique V. *écriture*
idéologie
V. *intelligence*
idéologique
V. *intelligence*
idéologue
V. *imagination*
ides V. *mois*
idiome
V. *langage*
idiopathie
V. *maladie*
idiosyncrasie
V. *santé*
idiot V. *bête*
idiotisme
V. *langage*

idolâtrer
V. *amour*
idolâtrie V. *idole*
idole
faux dieu
fétiche
manitou

iconolâtre
idolâtre
païen

gentils
fétichiste
paganisme
gentilité
idolâtrie
iconolâtrie
fétichisme
V. *dieux*, *religion*
idylle V. *poème*
if V. *éclairage*, *plantes*
igname
V. *plantes*
ignare
V. *ignorance*
igné V. *feu*
ignicole V. *feu*
ignition V. *feu*
ignoble V. *mépris*
ignominie
V. *mépris*, *réputation*
ignominieux
V. *mépris*
ignorance
incompétence
manque de savoir
nullité
insuffisance
inexpérience
impéritie
incapacité
inaptitude
ânerie
gaucherie
niaiserie
naïveté
simplicité
ingénuité
candeur
inconscience
ignorance crasse

ignorant
âne
âne bâté
ignare
incompétent

nul
inexpérimenté
incapable
inepte
gauche
niais
naïf
neuf
conscrit
apprenti
inexercé
insuffisant
novice
simple
ingénu
candide
inconscient
grossier
inculte
barbare
primitif
arriéré
illettré

ignorer
ne pas savoir
ne savoir ni A ni B
n'y entendre goutte
désapprendre

ignoramment
à tâtons
à l'aveuglette
incompétemment
naïvement
ingénument
insciemment
V. *maladroit*

ignorer
V. *ignorance*

iguane
V. *animal*

île
îlot
atoll
javeau
archipel
presqu'île
péninsule
insulaire
péninsulaire

iléon V. *ventre*
iliaque V. *ventre*
ilion V. *squelette*
illégal V. *loi*
illégitime
V. *injuste*
illettré
V. *ignorance*
illicite V. *injuste*
illimité V. *grand*
illisible V. *lire*
illogique
V. *absurdité*
illuminatif
V. *religion*
illumination
V. *éclairage*
illuminé
V. *imagination*
illuminer
V. *lumière*
illuminisme
V *imagination*
illusion V. *erreur, imagination*
illusoire V. *imagination, faux*
illustration
V. *gloire, dessin*
illustre V. *gloire*
illustrer
V. *gloire, dessin*
îlot V. *île, maison*
ilote V. *esclave*
ilotisme
V. *esclave*

image
représentation
effigie
dessin
gravure
copie
reproduction
estampe
silhouette

orner d'images
illustrer

imagerie
type
modèle
archétype
prototype
iconomaque
iconoclaste
iconolâtre
iconoclasie
V. *allégorie, dessin*

imagé V. *style*
imagerie
V. *image*
imaginaire
V. *faux*
imaginatif
V. *imagination*
imagination
fantaisie
imaginative
fiction
folle du logis
caprice
rêves
rêverie
rêvasserie
visions
illusion
chimère
utopie
inventions
illuminisme
divagations
mirage
prestige
apparition
fantôme
ombre
spectre
revenant
mânes
hallucination
apparence
dehors
semblant

imaginer
feindre
supposer
croire
se figurer
rêver
rêvasser
échafauder
combiner
machiner
se créer des fantômes
se nourrir d'illusions
vivre dans les nuages
s'illusionner
se faire des idées
se faire des illusions
s'aveugler
inventer

inventif
imaginatif
visionnaire
illuminé
fantaisiste
idéologue
rêvasseur
utopiste
romanesque
gobe-mouches
rêveur
songe-creux
fictif
imaginaire
illusoire
fantastique
chimérique
prestigieux
imaginable

désenchantement
désensorcellement
désillusion
déception
désenchanter
désensorceler
blaser
déchanter
en rabattre
en revenir
désabuser
détromper
désinfatuer
romanesquement
V. *erreur, faux*

imaret V. *hôpital*
imbécile V. *bête*
imberbe V. *barbe*
imbiber V. *liquide*
imbibition
V. *liquide*
imbroglio
V. *désordre*
imbu V. *opinion*
imbuvable
V. *liqueur*
imitable
V. *semblable*
imitation
V. *semblable*
immaculé V. *propre, réputation*
immanent
V. *durée*
immangeable
V. *manger*
immanquable
V. *certain*
immarcescible
V. *durée*
immatériabilité V. *substance*
immatriculation V. *inscription*
immédiat V. *vite*
immédiatement V. *vite*
immémorial
V. *vieux*

immense
V. *grand*
immensité
V. *grand*
immerger
V. *liquide*
immersion
V. *liquide*
immeuble V. *édifice, immobile*
immigration
V. *voyage*
imminence
V. *vite*
immiscer (s')
V. *entre*
immixtion
V. *entre*
immobile
fixe
immuable
stable
stagnant
stationnaire
assis
ferme
solide
inflexible
imperturbable
invariable
inébranlable
assuré
fixé
ancré
vissé
planté
enraciné
inamovible
inamissible
immeuble
immobilier
sédentaire
casanier
ours

immobiliser
fixer
ficher
river
planter
affermir
solidifier
assurer la stabilité de
assurer
stationner
faire le mort
tenir bon

immobilité
stagnation
fixité
fixation
immutabilité
stabilité
stationnement
station
assiette
fermeté
solidité
inflexibilité
imperturbabilité
assurance
enracinement
inamovibilité
incommutabilité
immobilisation
statu quo

fixement
immuablement
stablement
fermement
solidement
inflexiblement
imperturbablement
V. *dur, durée. inaction.*
immobilier
V. *avoir*
immobiliser
V. *immobile*
immobilité
V. *immobile*
immodéré
V. *trop*
immodeste
V. *grossier*
immoler V. *dévouement, tuer*
immonde V. *sale*
immondice
V. *boue*
immoral
V. *débauché*
immoralité
V. *conduite*
immortaliser
V. *gloire*
immortalité
V. *durée*
immortel
V. *durée*
immortelle
V. *plantes*
immortification V. *humble*
immuable
V. *durée*
immunité
V. *exemption*
immutabilité
V. *durée*
impair
V. *nombre*
impalpable
V. *petit*
impanation
V. *messe*
impardonnable V. *crime*
imparfait
V. *moins*
imparisyllabique V. *mot*
imparité
V. *nombre*
impartialité
V. *juste*
impasse V. *chemin, difficulté*
impassible
V. *tranquille*
impastation
V. *substance*
impatience
V. *colère*
impatienter
V. *colère*
impayable
V. *gaîté*
impayé V. *payer*
impeccabilité
V. *honnêteté*
impénétrabilité V. *entrer, obscur*
impénitence
V. *remords*
impénitent
V. *remords*
impenses
V. *dépense*
impératif
V. *commandement*
impératoire
V. *plantes*
impératrice
V. *chef*
imperceptible
V. *petit*
imperfectible
V. *mieux*
imperforation
V. *maladie*
impérial V. *chef*
impérialiste
V. *politique*
impérieux
V. *commandement, obligation*
impérissable
V. *durée*
impéritie
V. *ignorance*
imperméable
V. *liquide*
impermutabilité V. *propriété*
impersonnalité V. *être*
impersonnel
impertinence
V. *grossier*
imperturbable
V. *tranquille*
impétrable
V. *juste*
impétrer
V. *procès*
impétueux
V. *mouvement*

impie
sacrilège
irréligieux
antireligieux
mécréant
incrédule
incroyant
indévot
infidèle
antichrétien
blasphémateur
blasphématoire
esprit fort
libertin (XVIIe s.)

impiété
sacrilège
incrédulité
irréligion
indévotion
scepticisme
mécréance
blasphème
mécroire
blasphémer
irréligieusement
indévotement
impitoyable
implacable
V. *cruel*
implantation
V. *volonté*
implexe V. *suivre*
implicite
V. *suivre*

impliquer
V. *responsabilité*
implorer
V. *demander*
impoli V. *grossier*
impolitique
V. *maladroit*
impondérable
V. *petit, poids*
impopulaire
V. *haine*
importance
conséquence
poids
portée
effet
efficacité
gravité
énormité
grièveté
force
validité
autorité
valeur
crédit
ascendant
influence
degré d'importance
transcendance
considération
égard
légèreté
insignifiance

important
conséquent
capital
fondamental
transcendant
essentiel
principal
sérieux
grave
autorisé
puissant
efficace
effectif
considérable
marquant
notable
huppé
gros bonnet
de haute volée
inestimable
insigne
hors ligne
inappréciable
incalculable
signalé
prononcé
gros de conséquences
fieffé
incarné
fameux
fier
sine qua non
cheville ouvrière
clef de voûte

importer
peser
peser d'un grand poids
peser dans la balance
compter
faire autorité
marquer
avoir une grande portée
passer avant tout
être à considérer
tirer à conséquence
ne pas être quantité négligeable
dominer

importance signalée
de peu d'importance
accessoire
secondaire
hors-d'œuvre
négligeable
dérisoire
insignifiant
mince
infime
léger
de peu de poids
incompris
comparse
homme de paille
cinquième roue à un carrosse
menu fretin
vétille

conséquemment
effectivement
gravement
grièvement
énormément
hautement
considérablement
essentiellement
principalement
sérieusement
particulièrement
singulièrement
surtout
puissamment
efficacement
notamment
accessoirement
secondairement
V. *méprisable*
importation
V. *commerce*
importer
V. *importance*
importun
V. *ennui*
imposable
V. *impôt*
imposant
V. *majesté*
imposer V. *obligation*, *impôt*, *poser*
imposition
V. *impôt*, *poser*
impossible
irréalisable
inexécutable
inapplicable
infaisable
impraticable
impossibilité
demander la lune
merle blanc
imposteur
V. *faux*
imposture
V. *faux*

impôt
charge
taxe
droit
imposition
taxation
contribution
charge
tribut
contribution directe
contribution indirecte
fisc
fiscalité
cens
capitation
cote
centimes additionnels
décimes
assiette
rendement
revenu
régie
rôle
avertissement
sommation
contrainte
frais
extrait du rôle
portes et fenêtres
mobilier
personnel
patente
corvée
prestation
bachotage
balayage
étalage
hallage
tonlieu
quillage
salvage
gabelle
accise
excise
exercice
passe-debout
draw-back
entrée
octroi
douane
mutation
succession
péage
quayage
pontonnage
cadastre
annate
bénéfice
dîme
redevance
taille
champart
régale
toisé
paulette
passage
minage
lods
income-tax
surtaxe
taillon
maltôte
exaction
double emploi
exonération
immunité
affranchissement
dégrèvement
décharge
détaxe
fraude

bursal
fiscal
régalien
imposé
contribuable
patenté
censitaire
tributaire
redevancier
imposable
taillable
corvéable
préposé
répartiteur
taxateur
fermier
traitant
contrôleur
percepteur
receveur
trésorier
buraliste
collecteur d'impôts
publicain
dîmeur
décimateur
maltôtier
péager
garnisaire
régaliste

impôt lourd
écrasant

imposer
taxer
établir un impôt
frapper d'un impôt [sur
mettre un impôt
grever d'impôts
pressurer
charger
accabler
lever un impôt
recouvrer
affranchir de
dégrever
détaxer
décharger
libérer
dîmer
rédimer

impotent
V. *inaction*

impraticable
V. *impossible*

imprécation
V. *exclamation*

imprégner
V. *liquide*

imprenable
V. *fortification*

impresario
V. *comédien*

imprescriptible V. *durée*

impression V. *imprimerie*, *sensibilité*

impressionner
V. *sensibilité*

impressionnable V. *sensibilité*

imprévoyance
V. *imprévu*

imprévu
inopiné
subit
brusque
inattendu
inespéré
sur lequel on ne comptait pas
à l'improviste
au pied levé
tout à coup
inopinément
contre toute attente
de but en blanc
surprise
tuile
coup de foudre
coup de théâtre
éclater
imprudent
imprévoyance
imprudence
imprudemment
V. *étonnant*, *vite*

imprimerie
typographie
chalcographie
lithographie
lithochromie
chromolithographie
xylographie
impression
réimpression
retiration
composition
justification
mise en pages
pagination
correction
distribution
imposition
bon à tirer
tirage
édition
publication
clichage
stéréotypage
stéréotypie
mignonnette
tableau
labeur
bilboquet
placard
fonderie
caractère
lettre
calibre
œil
gouttière
corps
point
type
capitale
cicéro
didot
elzévir
elzévirien
gothique
italique
lettrine
mignonne
nonpareille
normande
parangon
palestine
parisienne
philosophe
saint Augustin
sédanoise
petit texte
gros texte
trismégiste
cadrat
cadratin
gaillarde
espace
interligne
cassier
casse
casseau
cassetin
composteur
galée
paquet
porte-page
marbre
forme
châssis
feuille
colonne
format
empreinte
épreuve
seconde
tierce
brosse
taquoir
morasse
copie
texte
bourdon
béquet
coquille
deleatur
signature
réclame
folio
titre courant
remaniement
bon à tirer
marge
tympan
têtière
pointure
frisquette
presse
mise en train
parangonnage
cylindre
rouleau
main de passe
défet
maculature

imprimeur
typographe
lithographe
prote
compositeur
metteur en pages
correcteur
liseur
corrigeur
conducteur
margeur
pressier

imprimer
lever
espacer
interligner
bloquer
parangonner
justifier
corriger
mettre en pages
paginer
taquer

mâchurer
encrer
rouler
composer
mettre sous presse
tirer
éditer
faire paraître
publier
clicher
stéréotyper
réimprimer
typographier
typographique

improbable
V. *étonnant*
improbateur
V. *désapprobation*
improbation
V. *désapprobation*
improbe
V. *malhonnête*
improbité
V. *malhonnête*
improductif
V. *stérile*
impromptu
V. *vite*
impropre
V. *style*
impropriété
V. *style*
improuver
V. *désapprouver*
improvisateur
V. *vite*
improvisation
V. *vite*
improviste
V. *imprévu*
imprudence
V. *imprévu*
impubère
V. *sexe*
impudence
V. *audace*
impudeur
V. *débauche*
impudicité
V. *débauche*
impuissance
V. *inaction*
impuissant
V. *inaction*
impulsif
V. *mouvement*
impulsion
V. *mouvement*
impunément
V. *punition*
impunité
V. *punition*
impur V. *mal*
impureté
V. *mal, débauche*
imputable
V. *responsabilité*
imputer
V. *accusation*
imputrescible
V. *durée*
inabordable
V. *arriver*
inabrité V. *nu*
inacceptable
V. *non*
inaccessible
V. *arriver*
inaccommodable V. *opposé*
inaccordable
V. *opposé*
inaccostable
V. *arriver*
inaccoutumé
V. *étonnant*
inachevé
V. *moins*

inaction
repos
chômage
morte-saison
inactivité
dimanche
lundi
congé
vacance
campos
répit
relâche
détente
pause
délassement
interruption
cessation
arrêt
suspension
disponibilité
armistice
trêve
inoccupation
loisir
oisiveté
inertie
immobilisation
immobilité
marasme
stagnation
stationnement
statu quo
farniente
grève
sinécure
retraite
honorariat
flânerie
musarderie
badauderie
désœuvrement
apathie
mollesse
négligence
nonchalance
lenteur
indolence
fainéantise
paresse
cagnardise
démoralisation
découragement
lourdeur
consternation
alanguissement
langueur
relâchement
abattement
accablement
affaissement
engourdissement
torpeur
prostration
anéantissement
impuissance
ankylose
paralysie

inactif
inoccupé
oisif
inerte
immobile
gréviste
retraité
émérite
honoraire
flâneur
musard
badaud
désœuvré
lambin
lent
apathique
mou
négligent
nonchalant
indolent
balourd
empoté
gourd
mastoc
engourdi
sédentaire
casanier
stagnant
stationnaire
fainéant
paresseux
cagnard
démoralisé
découragé
alangui
languissant
langoureux
efféminé
abattu
accablé
pataud
lourd
endormi
anéanti
annihilé
impuissant
hors d'état de
impotent
pote (main)
ankylosé
perclus
paralytique
cachectique
lazzarone
loir
lézard
lendore
momie
ganache
emplâtre
cinquième roue à un carrosse
rester inactif
demeurer oisif
chômer
faire le lundi
flâner
musarder
muser
niaiser
lambiner
lanterner
fainéanter
paresser
se prélasser
languir
stationner
cagnarder

s'acagnarder
baguenauder
s'avachir
se laisser aller
se reposer
cesser
relâcher
interrompre
souffler
suspendre
ne pas se remuer
se croiser les bras
se gratter le blanc des yeux
tourner les pouces
bayer aux corneilles
ne pas faire œuvre de ses dix doigts
croupir dans l'inaction
se rouiller
immobiliser
séjourner
ankyloser
paralyser
retraiter
indolemment
paresseusement
oisivement
immobilement
fixement
apathiquement
langoureusement
mollement
négligemment
nonchalamment
languissamment
lourdement
sédentairement
V. *arrêt*

inadmissibilité V. *injuste*
inadmissible V. *injuste, faux*
inadvertance V. *distraction*
inaliénabilité V. *don*
inaliénable V. *don*
inalliable V. *opposé*
inaltérable V. *constance*
inaltérabilité V. *constance*
inamissibilité V. *religion*
inamissible V. *religion*
inamovibilité V. *immobile*
inamovible V. *immobile*
inanimé V. *mort*
inanité V. *bêtise*
inanition V. *faim*
inapercevable V. *invisible*
inaperçu V. *invisible*
inappétence V. *appétit*
inapplicable V. *impossible*
inapplication V. *distraction*
inappliqué V. *distraction*
inappréciable V. *importance*
inaptitude V. *ignorance*
inarticulé V. *mot, parler*
inassermenté V. *serment*
inassimilable V. *nourriture*
inassouvi V. *envie*
inattaquable V. *honnête, fortification*
inattendu V. *imprévu*
inattentif V. *distrait*
inattention V. *distrait*
inaugural V. *commencement*
inauguration V. *commencement*
inaugurer V. *commencer*
inavouable V. *crime*
incalculable V. *importance*
incamération V. *intérêt* (2)
incamérer V. *intérêt* (2)
incandescence V. *feu*
incantation V. *magie*
incapable V. *ignorance*
incapacité V. *ignorance*
incarcération V. *prison*
incarcérer V. *prison*
incarnadin V. *rouge*
incarnat V. *rouge*
incarnation V. *Jésus*
incarné V. *importance, viande*
incarner (s') V. *être*
incartade V. *conduite*
incendiaire V. *feu*
incendie V. *feu*
incendier V. *feu*
incertain V. *hésitation*
incertitude V. *hésitation*
incessamment V. *vite*
incessant V. *durée*
incessible V. *don*
inchoatif V. *commencement*
incidemment V. *événement*
incidence V. *lumière, ligne*
incident V. *événement*
incidenter V. *procès*
incinération V. *enterrement*
incinérer V. *enterrement*
incise V. *grammaire*
inciser V. *chirurgie*
incisif V. *esprit*
incision V. *chirurgie*
incisive V. *dent*
incitant V. *mouvement*
incitation V. *conseil*
inciter V. *conseiller*
incivil V. *grossier*
incivique V. *patrie*
incivisme V. *patrie*
inclémence V. *cruauté*
inclinaison V. *penché*
inclination V. *amour*
incliner V. *penché, volonté*
inclure V. *enveloppe*
inclusivement V. *enveloppe*
incoercible V. *force*
incognito V. *inconnu*
incohérence V. *désordre*
incolore V. *couleur*
incomber V. *obligation*
incombustible V. *feu*
incommensurable V. *mesure*
incommode V. *ennui*
incommodément V. *mal*
incommoder V. *ennui, malade*
incommodité V. *ennui*
incommunicable V. *extension*
incommutabilité V. *immobile*
incomparable V. *beau*
incompatibilité V. *opposition*
incompétence V. *ignorance*

incomplet V. *moins*
incomplexe V. *un*
incompréhensibilité V. *obscur*
incompressibilité V. *force*
incompris V. *importance*
inconcevable V. *obscur*
inconciliable V. *opposition*
inconduite V. *conduite*
incongelable V. *glace*
incongru V. *grossier*
incongruité V. *grossier*

inconnu
ignoré
inexploré
mystérieux
caché
obscur
voilé
incognito
ne pas être connu
échapper à
passer inaperçu
rester fermé

à l'insu de
à muche-pot
V. *caché*
inconscience V. *ignorance*
inconséquence V. *absurdité*
inconséquent V. *étourderie*
inconsidéré V. *étourderie*
inconsistance V. *changement*
inconsistant V. *changeant*
inconsolable V. *triste*
inconstance V. *changement*
inconstitutionnel V. *politique*
incontestable V. *certain*
incontinence V. *débauche*
inconvenance V. *grossier*
inconvénient V. *ennui*
inconvertible V. *rente*
incorporalité V. *être*
incorporel V. *être*
incorporer V. *armée*
incorrect V. *style*, *grossier*
incorrection V. *style*, *grossier*
incorrigibilité V. *mal*
incorruptibilité V. *honnêteté*
incrédibilité V. *faux*
incrédulité V. *hypothèse*
incréé V. *être*
incriminer V. *accuser*
incroyable V. *faux*
incroyant V. *impie*
incrustation V. *entre*, *ornement*
incruster V. *assembler*
incubation V. *œuf*, *maladie*
inculpation V. *accuser*
inculquer V. *enseigner*
inculte V. *terrain*
inculture V. *terrain*
incunable V. *livre*
incurabilité V. *maladie*
incurie V. *distraction*
incurieux V. *tranquille*
incuriosité V. *tranquille*
incursion V. *entrée*
incuse V. *médaille*

Inde
Hindoustan
indien
hindou
sanscrit
nabab
radjah
cipaye
paria
thug
véda
V. *clergé*
indébrouillable V. *obscur*
indécence V. *grossier*
indéchiffrable V. *lire*
indécision V. *hésitation*
indéclinable V. *grammaire*
indécomposable V. *un*
indécrottable V. *mal*
indéfectibilité V. *durée*
indéfendable V. *responsabilité*
indéfini V. *obscur*, *mesure*
indéfiniment V. *mesure*
indéfinissable V. *obscur*
indélébile V. *durée*
indélibéré V. *volonté*
indélicat V. *vol*
indemne V. *responsabilité*, *résultat*
indemnité V. *payer*
indéniable V. *certain*
indépendance V. *libre*
indéracinable V. *habitude*
indescriptible V. *obscur*
indestructible V. *durée*
indétermination V. *hésitation*
indéterminé V. *obscur*
indévot V. *impie*
indévotement V. *impie*
indévotion V. *impie*
index V. *main*, *punition*, *livre*
indicateur V. *montrer*
indicatif V. *grammaire*
indication V. *montrer*
indice V. *montrer*
indicible V. *grand*
indiction V. *pape*
indicule V. *marque*
indienne V. *étoffe*
indifférence V. *tranquille*
indigénat V. *étranger*
indigence V. *pauvre*
indigène V. *habitant*
indigeste V. *digérer*
indigestion V. *maladie*
indigète V. *dieux*
indignation V. *colère*
indigne V. *mériter*
indignement V. *mal*
indignité V. *mériter*
indigo V. *couleur*, *teinture*
indigoterie V. *teinture*
indigotier V. *plantes*
indiquer V. *montrer*

indirect
oblique
biais

dévié
détourné
brisée (en ligne)
allégorique
parabolique
figuré
coudé
tortu
serpentin
sinué
sinueux
transversal

détour
obliquité
déviation
diversion
digression
flexion
inflexion
crochet
coude
méandre
sinuosité
tortuosité
zigzag
ricochet
circuit
parabole
allégorie
figure

dévier
obliquer
fléchir
infléchir
louvoyer
serpenter
tortuer
couder
ricocher
dévoyer
biaiser

obliquement
paraboliquement
indirectement
tortueusement
transversalement
V. *pli*

indiscipline
V. *désobéir*

indiscret
indélicat
inconvenant
sans tact
manquer de tact
manquer de discrétion
indiscrétion
immixtion
tact (manque de)
indélicatesse
inconvenance
se mêler
s'ingérer
s'immiscer
V. *curieux*

indiscutable
V. *certain*

indispensable
V. *utile*

indisponible
V. *propriété*

indisposer
V. *haine*

indisposition
V. *maladie*

indissoluble
V. *durée*

indistinct
V. *obscur*

individu
V. *homme*

individualisme
V. *philosophie*

individualité
V. *homme*

individuel V. *un*

indivis V. *un*

indivisément
V. *un*

indivisibilité
V. *un*

indivision V. *un*

indocilité
V. *désobéir*

indolence
V. *inaction*

indomptable
V. *désobéir*

indompté
V. *désobéir*

indu V. *injuste*

indubitable
V. *certain*

induction
V. *électricité, raisonnement*

induire
V. *raisonnement*

indulgence
V. *pardon*

indulgent
V. *bon*

indult V. *pape*

indultaire
V. *pape*

indûment
V. *injuste*

induration
V. *dur*

industrie
V. *métier*

industrieux
V. *habile*

induts V. *messe*

inébranlable
V. *constance*

inédit V. *nouveau*

ineffable
V. *grand*

ineffaçable
V. *durée*

inefficace
V. *inutile*

inégal V. *autre*

inégalité
V. *autre*

inélégance
V. *toilette*

inéligible
V. *élection*

inéluctable
V. *inévitable*

inénarrable
V. *grand*

inepte
V. *ignorance*

ineptie V. *bêtise*

inépuisable
V. *durée*

inerme V. *épine*

inertie
V. *inaction*

inespérable
V. *espérance*

inespéré
V. *espérance*

inestimable
V. *importance*

inévitable
fatal
inéluctable
sans remède
écrit
forcé
infaillible
immanquable
fatalité
fatalement
inévitablement
immanquablement
infailliblement
forcément
irrémédiablement

inexactitude
V. *erreur, faux*

inexcusable
V. *responsabilité*

inexécutable
V. *impossible*

inexécution
V. *non*

inexercé
V. *ignorance*

inexigible
V. *obligation*

inexorable
V. *cruel*

inexpérience
V. *ignorance*

inexpérimente
V. *ignorance*

inexpiable
V. *punir*

inexpié V. *punir*

inexplicable
V. *obscur*

inexpliqué
V. *obscur*

inexploité
V. *inutile*

inexploré
V. *inconnu*

inexplosible
V. *poudre*

inexprimable
V. *grand*

inexpugnable
V. *fortification*

inextinguible
V. *feu, durée*

inextricable
V. *obscur*

infaillibilité
V. *certitude*

infaisable
V. *impossible*

infamant V. *réputation, punir*

infâme
V. *réputation*

infamie V. *crime*

infant V. *enfance*

infanterie
troupe de pied
infanterie de ligne
infanterie légère
infanterie de marine
fantassin
fusilier
pioupiou
la ligne
à pied
de pied

artilleur
bombardier
canonnier
carabinier
cent-suisse
cent-garde
chasseur à pied
garde mobile
mobile
garde municipal
garde républicain
garde de Paris
garde national
gendarme
grenadier
pionnier
sapeur
sapeur-pompier
tirailleur
soldat du génie
soldat du train
voltigeur
zouave
zéphyr
franc-tireur
arbalétrier
archer
arquebusier
coulevrinier
coustilier
franc-archer
frondeur
hallebardier
lansquenet
mousquetaire
garde-française
pertuisanier
piquier
landsturm
landwehr
milicien
bersaglier
bachi-bouzouk
cophte
palikare
cipaye
janissaire
condottiere
miquelet
aérostier
anspessade
doryphore
estradiot
fourrageur
garde-côte
goujat
sagittaire
sbire
routier
ribaud
guerillero
heiduque
enfant de troupe
pupille
hoplite
peltaste
phalangite
vélite
légionnaire
hastaire
primipile
primipilaire
triaire
prétorien
conscrit
grognard
vétéran
planton
ordonnance
brosseur
tambour
tambour-major
clairon
V. *soldat*, *légion*

infanticide
V. *tuer*

infatigable
V. *force*

infatuation
V. *orgueil*

infatuer
V. *orgueil*

inféconde
V. *stérile*

infection
V. *odeur*

inféoder
V. *associer*

inférer
V. *raisonnement*

inférieur
moindre
second
sous-aide
vassal
homme-lige
subalterne
subordonné
comparse
domestique
serviteur
sujet
mineur
pupille
esclave
serf
secondaire
soumis à
dépendant de
infime
en sous-ordre
aux ordres de
au-dessous de
dans la dépendance de
dépendre de
relever de
être au-dessous de
venir après
être à la suite de

infériorité
dépendance
vassalité
subordination
minorité
domesticité
service
sujétion
esclavage
servitude
servage
V. *importance*

infernal V. *enfer*

infertile
V. *stérile*

infester
V. *guerre*, *mal*

infidèle
V. *changeant*

infidélité
V. *mariage*

infiltration
V. *entrer*

infime
V. *inférieur*

infini V. *mesure*

infinité
V. *nombre*

infinitésimal
V. *nombre*, *petit*

infinitif
V. *grammaire*

infirme V. *faible*

infirmer
V. *défaire*

infirmerie
V. *hôpital*

infirmier
V. *médecin*

infirmité V. *faiblesse*, *blessure*

inflammable
V. *feu*

inflammation
V. *feu*, *maladie*

inflammatoire
V. *maladie*

infléchi
V. *penché*

infléchir V. *indirect*, *penché*

inflexibilité
V. *cruauté*

inflexion V. *penché*, *indirect*, *grammaire*

infliger V. *punir*

inflorescence
V. *fleur*

influence
action
ascendant
autorité
empire
poids
puissance
crédit
domination
effet
fascination
charme
prépondérance
importance
agir
peser sur
exercer une influence
prendre de l'ascendant
acquérir
mener les yeux fermés
décider
retourner comme un gant
charmer
fasciner
circonvenir
prédisposer
prévenir
endoctriner
catéchiser
styler
Voir *importance*, *conseil*, *conseiller*

influx V. *liquide*

information
V. *annoncer*

informe V. *forme*

informer V. *dire*

infortiat V. *loi*

infortune V. *mal*

infraction V. *loi*

infranchissable V. *opposition*
infréquenté V. *vide*
infructueux V. *stérile*
infus V. *science*
infuser V. *liquide*
infusible V. *fondre*
infusion V. *boisson*
infusoire V. *animal*
ingambe V. *action*
ingénier (s') V. *zèle*
ingénieur V. *métier*
ingénieux V. *intelligence*
ingénu V. *ignorance*
ingérence V. *entre*
ingérer V. *entre, manger*
ingestion V. *manger*
ingouvernable V. *opposition*

ingrat
oublieux
sans cœur
ingratitude
méconnaissance
oubli
ingratitude noire
méconnaître
manque de reconnaissance
payer d'ingratitude

ingrédient V. *nourriture*
inguérissable V. *guérir*
inguinal V. *aine*
ingurgitation V. *manger*
inhabile V. *maladroit*
inhabilité V. *pouvoir*
inhabitable V. *habitant*
inhabité V. *désert*
inhalation V. *gaz*
inhérence V. *ensemble*
inhérent V. *ensemble*
inhibition V. *défendre*
inhospitalier V. *accueil*
inhospitalité V. *voyage*
inhumain V. *cruel*
inhumation V. *enterrement*
inimaginable V. *faux*
inimitable V. *beau*
inimitié V. *haine*
inintelligent V. *bêtise*
inintelligible V. *obscur*
ininterrompu V. *durée*
inique V. *injuste*
initial V. *commencement*
initiation V. *enseignement*
initiative V. *commencement*
initier V. *enseigner*
injecté V. *œil, sang*
injecter V. *jeter*
injonction V. *commandement*
injouable V. *théâtre* (2)
injure V. *outrage*
injurieux V. *outrage*

injuste
partial
inique
prévaricateur
illégal
illégitime
défendu
illicite
indigne
indu
immérité
déplacé
impertinent
faussé
mal fondé
inacceptable
inadmissible
irrecevable
injustifiable
insoutenable
arbitraire
usurpé
usurpateur

injustice
iniquité
partialité
faveur
passe-droit
inégalité
arbitraire
tort
abus
usurpation
empiètement
illégalité
illégitimité
invalidité
indignité

être injuste
se montrer partial
fausser
s'arroger
usurper
empiéter

injustement
iniquement
partialement
illégalement
illégitimement
illicitement
indignement
indûment
contre le droit
à tort
sans rime ni raison
hors de saison

innavigable V. *navigation*
inné V. *intelligence*
innervation V. *nerf*
innocence
pureté
candeur
conscience pure
innocent
pur
immaculé
sans tache
blanc comme neige
exempt de reproches
agneau
honnêteté

innocuité V. *résultat*
innombrable V. *nombre*
innomé V. *nom*
innominé V. *nom*
innovation V. *nouveau*
inobservance V. *loi*
inobservation V. *loi*
inoccupé V. *inaction*
inoculer V. *extension*
inodore V. *odeur*
inoffensif V. *résultat, faible*
inofficieux V. *héritage*
inondation V. *eau*
inonder V. *eau*
inopiné V. *imprévu*
inopportun V. *ennui*
inorganique V. *loi, substance*
inouï V. *étonnant*
inoxydable V. *substance*
inqualifiable V. *mal*
inquiétude V. *ennui*
inquisition
Saint-Office
auto-da-fé
inquisiteur
qualificateur
inquisitorial
san-bénito

insaisissable V. *propriété*
insalubre V. *malsain*

insanité
V. *absurde*
insatiabilité
V. *gourmandise*
insciemment
V. *ignorance*
inscription
enregistrement
immatriculation
suscription
épigraphe
épitaphe
litre
liston
marque
titre
intitulé
rubrique
devise
exergue
légende
phylactère
plaque indicative
écriteau
pancarte
annonce
affiche
étiquette
prospectus
panonceau
écusson
cartouche
enseigne

gant
carotte
chapeau
pince-nez
botte
plat à barbe
attribut
armoirie
médaille
inscrire
intituler
étiqueter
marquer
graver
V. *écrire* et *lire*
inscrutable
V. *obscur* (2)
insécable V. *un*
insectes
articulé
article
membre
appendice
tête
antenne
thorax
prothorax
corselet
mésothorax
métathorax
arceau
anneau
paire
patte
jambe
tarse
crochet
aile
abdomen
trachée aérifère
tégument
chiline
élytre
hémélytre
balancier
dard
stylet
tarière
gaine
yeux composés
yeux à réseaux
yeux à facettes
yeux simples
stemmates
ocelles
stigmate thoraci-
ganglion [que
labre
mandibules
palpe maxillaire
languette
palpe labiale
trompe [fique
ventricule chyli-
métamorphose
mue
larve
nymphe
état parfait
chrysalide
cocon
banc
banne
pupe
maillot
petite frèze
grande frèze
coléoptère
orthoptère
névroptère
hyménoptère
lépidoptère
hémiptère
diptère
rhipiptère
anoplure
thysanoure
insecticide
insectivores
entomologie
entomologiste
V. *animaux*
insecticide
V. *insecte*
insectivore
V. *manger*
insécurité
V. *peur*
insensé V. *fou*
insensible
sans connaissan-
défaillant [ce
évanoui
inanimé
léthargique
cataleptique
inconscient
inerte
engourdi
anesthésié
détaché
indifférent
flegmatique
froid
bronzé
impassible

insensibilité
anesthésie
léthargie
catalepsie
défaillance
évanouissement
pâmoison
syncope
faiblesse
lipothymie
inconscience
détachement
indifférence
impassibilité
flegme
désinvolture
froideur
torpeur
engourdissement

éther
chloroforme
éthérisation

insensibiliser
engourdir
anesthésier
chloroformer
chloroformiser
éthériser
défaillir
perdre connais-
se pâmer [sance
s'évanouir [se
avoir une faibles-
tomber en syn-
cope
voir d'un œil sec
ne pas sourciller
V. *tranquille*, *inaction*
inséparable
V. *aimer*
insérer V. *entre*
insermenté
V. *serment*
insertion
V. *entre*
insidieux
V. *hypocrisie*
insigne
V. *importance*
insignifiance
V. *importance*
insinuation V. *entrer*, *hypocrisie*
insipide
V. *intérêt*, *goût*
insipidité
V. *intérêt*, *goût*
insistance
V. *volonté*
insociable
V. *caractère*
insolation
V. *soleil*
insolence
V. *outrage*
insolite
V. *étonnant*
insoluble
V. *fonte* (2)
insolvable
V. *payer*
insomnie
V. *sommeil*
insondable
V. *trou*, *obscur*
insouciance
V. *tranquille*
insoumis
V. *désobéissance*
insoutenable
V. *faux*, *injuste*
inspecteur
V. *voir*

inspection V. *voir*
inspirer V. *conseiller*, *poète*, *respiration*
instable V. *changeant*
installer V. *poser*
instance V. *demande*
instant V. *temps*
instantané V. *vite*
instauration V. *faire*
instigateur V. *conseilleur*
instigation V. *conseil*
instiller V. *couler*
instinct
voix de la nature
voix du sang
appétit
tendance
inclination
intuition
pente
penchant
nature
prédisposition
disposition
don
vocation
bosse

naturel
instinctif
intuitif
inconscient
réflexe
irréfléchi
aveugle
enclin à
porté
disposé
instinctivement
aveuglément
inconsciemment
naturellement
intuitivement
instituer V. *faire*
institut V. *académie*
institutes V. *loi*
instituteur V. *professeur*
institution V. *faire*, *école*, *politique*
instructeur V. *officier*
instructif V. *enseignement*
instruction V. *savant*, *savoir*, *science*, *enseignement*
instruire V. *enseignement*, *procès*
instruit V. *savoir*, *savant*
instrument V. *outil*
instrumentaire V. *témoin*
instruments (*musique*)
facteur
luthier
accordeur
lutherie
instrumentation
instrumentiste
instrumental

corps
caisse
table d'harmonie
âme
clavier
touche
marche
note
pédale
étouffoir
corde
cannetille
clef
cheville
accordoir
sautereau
marteau
transpositeur
tablature
jeu
demi-jeu
registre
soufflerie
percussion
barrure
chapiteau
chapelle
layette
manivelle
mailloche
batte
battants
baguette
anche
bec
embouchoir
embouchure
trou
tuyau
pavillon
plectrum
diapason
métronome
instrument à vent
instrument à cordes
flûte
traversière
pipeaux
chalumeau
syrinx
flageolet
hautbois
galoubet
diaule
fifre
flûteau
flûtet
clarinette
basson
cuivres
basse
saxophone
ophicléide
serpent
trombone
cor
trompe
olifant
cor d'harmonie
cornet à piston
buccin
bugle
saxhorne
trompette
clairon
baryton
alto
petit bugle
anémocorde
mélophone
xylophone
orgue
harmonium
harmoniflûte
orgue de barbarie
serinette
piano
clavecin
épinette
virginal
pochette
violino
violon
alto
violoncelle
viole
basse de viole
rebec
basse
contrebasse
harpe
mandoline
guitare
luth
lyre
cithare
psaltérion
théorbe
sambuque
tétracorde
pentacorde
hexacorde
heptacorde
mandore
manicordion
vielle
accordéon
cornemuse
cornemusette
musette
biniou
tambour
tambour de basque
timbale
tympanon
harmonica
boîte à musique
grosse caisse
cymbale
cliquette
claquette
castagnette
sistre
timbre
chapeau chinois
carillon
sonnette
cloche
clochette
clarine
sonnaille
grelot
grillet
grillette
crécelle
triangle
guimbarde
rebute

gong
tam-tam
mirliton
sifflet
V. *piano*, *orgue*, *violon*, *musique*

instrumentiste V. *musicien*

insu V. *inconnu*

insubmersible V. *nager*

insubordination V. *désobéissance*

insuccès
non-réussite
échec
avortement
échauffourée
revers
malheur
déconfiture
déconvenue
déception
mécompte
désillusion
issue fatale
débâcle
chute
naufrage
catastrophe
écroulement
marasme
ruine
saut final
achoppement
culbute
défaite
désavantage
désastre
écrasement
retraite
fuite
déroute
débandade
soumission
asservissement
four
chou-blanc
pierre d'achoppement
fiasco
pas de clerc
quinaud
Gros-Jean comme devant. [ne
Roche Tarpéien-
fruit sec
déclassé
bohème
V. *inutile*
ne pas réussir
végéter
achopper
échouer
avorter
mal tourner
aboutir à un désastre, etc.
succomber
se mécompter
déchanter
manquer
rater
faire long feu
tourner en eau de boudin
faire chou-blanc
faire fiasco
faire four
tomber
tomber à plat
éprouver une deconvenue
ne pas être plus avancé
perdre
avoir le dessous
être vaincu
être déconfit
être battu
être battu à plates coutures
défait
culbuté
mis en déroute
éprouver des revers
subir un échec
lâcher pied
plier
battre en retraite
fuir
mettre bas les
se rendre [armes
capituler
V. *ennui*, *ruine*

insuffisance V. *ignorance*, *moins*

insuffler V. *gaz*

insulaire V. *île*

insulte V. *outrage*

insupportable V. *douleur*, *ennui*

insurgé V. *désobéir*

insurger (s') V. *opposition*

insurmontable V. *difficile*

insurrection V. *opposition*

intact V. *entier*

intaille V. *camée*

intangible V. *toucher*

intarissable V. *durée*

intégral V. *entier*

intégrale V. *mathématique*

intégrant V. *entier*

intégrité V. *honnêteté*

intellect V. *intelligence*

intelligence
conception
raison
sens
bon sens
sens commun
discernement
entendement
jugement
jugeotte
esprit
faculté de l'esprit
intellect
intuition
lumières
clairvoyance
tact
finesse
pénétration
vivacité
lucidité
perspicacité
sagacité
ingéniosité
flair
don
subtilité
délicatesse
compréhension
aperception
perception
talent
génie
interprétation
considération
réflexion
méditation
théorie
pensée
arrière-pensée
pensée de derrière
idée [la tête
fond (forme)
esprit (lettre)
abstraction
supposition
suggestion
idéologie
psychologie
immatérialité

intelligent
pénétrant
fin
subtil
sagace
lucide
délicat
ingénieux
clairvoyant
perspicace
raisonnable
entendu
judicieux
sensé
positif
posé
sérieux
réfléchi
penseur
théoricien
pensif
méditatif
intuitif
inventif
paradoxal
espiègle
éveillé
malin
mièvre
vif
intellectuel
théorique
mental
conceptuel
rationnel
transcendantal
immatériel
compréhensible
intelligible
intellectif
concevable
idéologique

avoir du flair
être doué
avoir de l'étoffe
comprendre
entendre

penser
avoir idée de
se faire une idée
se représenter [de
se rendre compte
voir clair
saisir
percevoir
discerner
démêler
deviner
interpréter
juger
réfléchir
peser
songer à
méditer
ruminer
agiter
suggérer
imaginer

ingénieusement
intellectuellement
mentalement
théoriquement
finement
subtilement
sagacement
judicieusement
sensément
sérieusement
vivement
rationnellement
immatériellement
V. *juger*

intelligible
V. *intelligence*

intelligiblement V. *lire*, *parler*

intempérance
V. *gourmandise*

intempérie
V. *temps*

intempestif
V. *ennui*

intendance V. *chef*, *administration*

intense V. *force*

intensité
V. *force*

intenter
V. *procès*

intention
V. *volonté*

intercadence
V. *pouls*

intercalaire
V. *entre*

intercalation
V. *entre*

intercéder
V. *entre*

intercepter
V. *opposition*

intercession
V. *entre*

intercostal
V. *côte*

intercurrent
V. *maladie*

interdiction
V. *défendre*

interdire
V. *défendre*

interdit V. *religion*, *étonné*

intéressant
attachant
curieux
captivant
émouvant
palpitant
poignant
empoignant
insipide
froid
ennuyeux

intéresser
attacher
retenir
piquer la curiosité
éveiller l'attention
intriguer
captiver
empoigner
exciter l'intérêt
émouvoir
plaire

intérêt
curiosité
insipidité
froideur

intéressé
V. *avare*

intéresser
V. *intéressant*

intérêt
utilité
avantage
égoïsme

intérêt de l'argent
revenu
rapport
rendement
rente
coupon
loyer
annuité
usure
taux
incamération

rapporter
incamérer

interférence
V. *lumière*

interfolier
V. *page*

intérieur
V. *dedans*

intérim V. *entre*

interjection
V. *exclamation*

interjeter
V. *procès*

interligne
V. *imprimer*

interlocuteur
V. *conversation*

interlocution
V. *procès*

interlocutoire
V. *procès*

interlope
V. *malhonnête*

interloquer
V. *étonner*

intermaxillaire V. *mâchoire*

intermède
V. *entre*

intermédiaire
V. *entre*

interminable
V. *durée*

intermission
V. *maladie*, *entre*

intermittence
V. *entre*

intermittent
V. *entre*

intermusculaire V. *muscle*

internat V. *école*

international
cosmopolite
internationalisme
cosmopolitisme
droit des gens
libre-échange
importation
exportation

interne V. *école*

interner
V. *prison*

internonce
V. *ambassade*

interosseux
V. *squelette*

interpellation
apostrophe
interpeller
apostropher
adresser la parole
s'en prendre à

argument ad hominem
interpellateur

interpoler
V. *faux*

interposer
V. *entre*

interprète
V. *traduction*

interpréter
V. *intelligence*

interrègne
V. *entre*

interrogant
V. *question*

interrogation
V. *question*

interrogatoire
V. *question*

interroger
V. *question*

interroi V. *roi*

interrompre
V. *arrêt*

intersection
V. *rencontre*

interstice
V. *entre*

intertropical
V. *tropique*

intervalle
V. *entre*

intervention
immixtion
ingérence
interposition
médiation
arbitrage
bons offices

intervenir
s'ingérer
s'immiscer

s'interposer
mettre le doigt entre l'arbre et l'écorce
se mêler de

médiateur
arbitre
tiers
V. *entre*

intervertir V. *changer*
intestat V. *héritage*
intestin V. *ventre*
intimation V. *procès*
intime V. *aimer*
intimer V. *commander, procès*
intimider V. *peur*
intimité V. *aimer*
intituler V. *inscription*
intolérable V. *trop*
intolérance V. *cruauté*
intolérantisme V. *religion*
intonation V. *voix*
intoxication V. *poison*
intrados V. *voûte*
intraduisible V. *traduction*
intraitable V. *cruel*
intransigeant V. *volonté*
intransitif V. *grammaire*
intrant V. *université*
intrépide V. *courageux*
intrigue V. *ambition*
intrinsèque V. *origine*
introduire V. *dedans*
introït V. *entrée*
intromission V. *entrée*
introniser V. *évêque*
introuvable V. *étonnant.*
intrus V. *entrer*
intrusion V. *entrée*
intuitif V. *instinct, intelligence*
intuition V. *intelligence*
intumescence V. *haut*
intussusception V. *manger*
inule V. *plantes*
inuline V. *substances*
inusable V. *durée*
inusité V. *étonnant*

inutile
qui ne sert à rien
sans objet
sans utilité
oiseux
bon à rien
improductif
stérile
infructueux
sans profit
caduc
périmé
suranné
inexploité
inefficace
sans effet
sans résultat
vain
creux
insignifiant
superflu
redondant
formaliste

donner un coup d'épée dans l'eau
battre l'eau avec un bâton
s'arrêter à des bagatelles
niaiser
s'amuser aux bagatelles de la porte
moutarde après dîner
cautère sur une jambe de bois
cinquième roue à un carrosse
mouche du coche
hors-d'œuvre
inutilité
forme
vanité
inefficacité
stérilité
superfluité
redondance
formalisme
surannation

inutilement
vainement
inefficacement
pour la forme
V. *bagatelle, trop, insuccès*

invaincu V. *force*
invalidation V. *élection*
invalide V. *faible, soldat*
invalidité V. *injuste*
invariabilité V. *constance*
invasion V. *entrée*
invective V. *outrage*
invendable V. *vendre*
inventaire V. *catalogue*
inventif V. *intelligence*

invention
découverte
trouvaille
idée lumineuse
inspiration du ciel
œuf de Colomb
imagination
création
innovation
nouveauté
brevet

inventer
découvrir
dénicher
déterrer
trouver
imaginer
créer [de
trouver le secret
concevoir
breveter
déposer

inventif
imaginatif
fertile
fécond
riche

auteur
inventeur
chercheur
novateur
créateur
innovateur
breveté
S. G. D. G.

inventorier V. *liste*
inversable V. *tomber*
inverse V. *contraire*
inversement V. *contraire*
inversion V. *grammaire*
invertébré V. *animal*
investigation V. *curieux*
investir V. *autour*
investiture V. *fonction*
invétéré V. *habitude*
invincible V. *force*
inviolabilité V. *respect*

invisible
caché
inaperçu
inapercevable
masqué
voilé
latent
couvert
évanoui
disparu
éclipsé
absent
indistinct

échapper à la vue
ne pas être apparent

invisibilité
invisiblement
invitation
V. *inviter*
invitatoire
V. *prière*
invite V. *appel*
inviter
convier
engager à
prier
se rendre à
répondre à
se dégager
s'excuser
s'inviter

invitation
invite
convocation
lettre d'invitation
billet
réception
amphitryon
maître de maison
hôte
invité
convié
V. *repas*
invocation
V. *prière*
involontaire
sans le vouloir
inconscient
irréfléchi
sans intention
étourdiment
involontairement
légèrement
inconsciemment
V. *obligation*
involucre
V. *feuille*
involutif
V. *feuille*
involution
V. *obscurité*
invoquer
V. *prière, responsabilité*
invraisemblable V. *étonnant*
invulnérable
V. *blessure*
iode
teinture
iodé
iodeux
iodique
iodure
ioduré
iotacisme
V. *lettres*
ipécacuana
V. *remède*
iranien V. *Perse*
irascible
V. *colère*
ire V. *colère*
iridium
V. *substances*
iris V. *plantes, œil*
irisation
V. *arc-en-ciel.*
Irlande
Erin
irlandais
ironie V. *rire*
irrachetable
V. *rente*
irradiation
V. *extension*
irraisonnable
V. *étourdi*
irrationnel
V. *absurdité*
irréalisable
V. *impossible*
irréconciliable V. *haine*
irrécouvrable
V. *recevoir*
irrécusable
V. *certain*
irréductible
V. *force, entier*
irréfléchi
V. *étourdi*
irréflexion
V. *étourdi*
irréformable
V. *soldat*
irréfragable
V. *preuve*
irréfutable
V. *preuve*
irrégulier
exceptionnel
extraordinaire
illégal
illégitime
anormal
bizarre
anomal
phénoménal
décousu
sans suite
inextricable
inégal
dévié
disloqué
grimaçant
incohérent
illégalité
irrégularité
anomalie
bizarrerie
V. *difforme, désordre, étonnant, trou.*
irréligion
V. *impie*
irrémédiable
V. *mieux*
irrémissible
V. *pardon.*
irréparable
V. *mieux*
irrépréhensible V. *honnête*
irrépressible
V. *mieux*
irréprochable
V. *honnête*
irrésistible
V. *fort*
irrésolu
V. *hésiter*
irrespectueux
V. *outrage*
irrespirable
V. *respirer*
irresponsable
V. *responsabilité*
irrévérence
V. *outrage*
irrévérencieux V. *outrage*
irrévérent
V. *outrage*
irrévocable
V. *constance*
irrigateur
V. *remède*
irrigation
V. *canalisation*
irriguer
V. *canalisation*
irritable
V. *colère*
irritation
V. *colère*
irriter V. *colère*
irroration
V. *rosée*
irruption
V. *entrée*
isard V. *animal*
ischion
V. *squelette*
Isis
isiaque
islam V. *musulman*
isocèle V. *angle*
isochrone
V. *mouvement*
isochronisme
V. *mouvement*
isolateur
V. *électricité*
isolement V. *un*
isoler V. *un*
isoloir V. *physique*
isomère
V. *substance*
isomorphe
V. *forme*
isotherme
V. *chaud*
israélite V. *juif*
issu V. *origine*
issue V. *porte*
isthme
isthmique
Italie
italien
italique
itératif V. *répéter*
ithos
V. *rhétorique*
itinéraire
V. *voyage*
iule V. *animal*
ive V. *plantes*
ivoire
défense
chryséléphantin
ivoirier
ivoirerie
ivraie V. *herbe*
ivre
ivrogne
aviné
alcoolique
ivre-mort
enivré
gris
pris de vin
en ribote
dans les vignes du Seigneur
pompette
sac-à-vin

ivresse
ivrognerie
ébriété
enivrement
alcoolisme
intempérance
un coup de trop
la bouteille
boire [son
se livrer à la bois-
s'adonner à la
boisson
s'enivrer
se griser
cuver son vin
enivrer
porter à la tête
dégriser
capiteux
ixia V. *plantes*

J

jable V. *tonneau*
jabler V. *tonneau*
jabot V. *estomac, chemise*
jaboter V. *parler*
jacasser V. *parler*
jacée V. *plantes*
jacent V. *héritage*
jachère V. *agriculture*
jachérer V. *agriculture*
jacinthe V. *plantes, joaillerie*
jacobée V. *plantes*
jacobin V. *révolution, clergé*
jacobites V. *religion*
jaconas V. *étoffes*
jacquerie V. *ruine*
jacquet V. *dé*
jactance V. *orgueil*
jaculatoire V. *prière*
jade V. *joaillerie*
jadis V. *vieux*
jaguar V. *animal*
jaïet V. *joaillerie*

jaillir
rejaillir
s'élancer
sortir
cracher
vomir
lancer
lâcher
éjaculer
jaillissement
jet
éjaculation
geyser
V. *jeter*
jais V. *joaillerie*
jalage V. *vin*
jalap V. *plantes*
jale V. *récipient*
jalet V. *arbalète*
jalon V. *mesure*
jalonner V. *arpenteur*

jalousie
défiance
inquiétude
ombrage
soupçon
jaloux
défiant
inquiet
soupçonneux
ombrageux
jaloux comme un
Othello [tigre
porter ombrage
être rongé par la
jalousie
mourir de jalousie
pour l'autre sens
V. *envie, envier*

jamais
au grand jamais
à tout jamais
la semaine des
quatre jeudis
aux calendes grec-
ques

jambage V. *féodalité, écriture, porte*

jambe
fémur
genou
giron
synovie
jarret
tibia
péroné
canon
cuisse
mollet
gras du mollet
tête du fémur
trochanter
trochantin
cavité cotyloïde
condyle [naire
cartilage semi-lu-
ligament rotulien
triceps crural
jambier antérieur
péronier antérieur
long péronier la-
téral [téral
court péronier la-
jumeaux
plantaire grêle
soléaire
poplité [rieur
jambier posté-
long fléchisseur
tendon d'Achille
sole
aponévrose
artère crurale
artère fémorale
artère poplitée
tibiale antérieure
tibiale postérieure
péronière
saphène
éperon
ergot
articulation
emboîtement
déboîtement
luxation
agenouillement
génuflexion
prosternement
prosternation

croiser
plier
allonger
enfourcher
gigotter

grève
genouillère
cnémide
jambière
cuissard
jarretière

jambé
jarreté
ingambe
bancal
cul-de-jatte
cagneux
boiteux
bien fendu
jambes croches
jambes en man-
ches de veste
jambes torses
varices
variqueux
gigot
cuissot
moignon
compas
croc-en-jambe
trochantérien
crural
fémoral
tibial
péronier
V. *boiteux*

jambon V. *charcuterie*
jambonneau V. *charcuterie*
jan V. *dé*
janissaire V. *infanterie*
jansénisme V. *religion*
jante V. *roue*
janvier V. *mois*

Japon
mikado
taïcoun
kakemono
japonais
japper V. *chien*
jaquemart V. *horloge*
jaquette V. *vêtement*
jaquier V. *plantes*
jarde V. *cheval*

jardin
jardin anglais
— français
— en broderie
— d'hiver
parc
square
parterre
jardinet
courtil
terrasse
demi-lune
perspective

haha
rond-point
étoile
patte d'oie
pelouse
boulingrin
gazonnement
corbeille
carreau
carré
planche
plate-bande
plantation
arbre
fleur
talus
ados
bordure
arceau
rame
tuteur
échalas
quinconce
espalier
éventail
quenouille
couche
buisson
cépée
cordon
palmette
avenue
allée
contre-allée
sable
banc
chaise
bosquet
ombrage
tonnelle
berceau
kiosque
belvédère
gloriette
labyrinthe
grotte
treillage
grille
grillage
charmille
treille
palissade
serre
orangerie
abri-vent
paillasson
claie
bâche
cloche

châssis
caisse
bac conique
pot
pépinière
verger
potager
bassin
pièce d'eau
cascade
prise d'eau
tonneau
jet d'eau
girande
arrosage
arrosoir
lance
pompe
brouette
pelle
bêche
râteau
plantoir
déplantoir
pioche
binette
sarcloir
greffoir
grattoir
écussonnoir
échenilloir
cueilloir
sécateur
serpe
serpette
serfouette
fauchette
faux
croissant
crossette
tondeuse
engrais
fumier
paillis
terreau
terre de bruyère
épouvantail

jardinier
horticulteur
arboriculteur
arboriste
pépiniériste
fleuriste
dessinateur
paysagiste
rocailleur
treillageur
bostangi

Saint-Fiacre
Priape
Vertumne
Pomone

jardinage
horticulture
arboriculture
plantation
plantage
transplantation
semis
dépiquage
repiquage
argot
plant
plançon
plantard
bouture
marcotte
enture
greffe
taille
crossette
quillette

semer
ressemer
piquer
dépiquer
repiquer
fumer
terreauter
pincer
planter
déplanter
replanter
transplanter
greffer
enter
argoter
écussonner
marcotter
provigner
tailler
élaguer
ébourgeonner
écuisser
émonder
empoter
dépoter
dessaisonner
détranger
serfouir
sarcler
palisser
ramer
ratisser
écheniller
égravillonner

échardonner
éhouper
émotter
enchausser
drainer
arroser

horticole

jardinière V. *meuble-nourriture*
jardon V. *cheval*
jargon V. *langage*
jargon V. *joaillerie*
jargonner V. *parler*
jarnac V. *hypocrisie*
jarre V. *récipient*
jarret V. *jambe*
jarreté V. *jambe*
jarretière V. *jambe*
jars V. *oie*
jaser V. *parler*
jaseran V. *bijou*
jaseur V. *parler*
jasmin V. *plantes*
jaspe V. *joaillerie*
jaspé V. *couleur*
jaspure V. *reliure*
jatte V. *récipient*
jattée V. *volume*
jauge V. *mesure*
jauger V. *mesure*
jaunâtre V. *couleur*
jaune V. *couleur*
jaunet V. *monnaie*
jaunir V. *couleur*
jaunisse V. *bile*
Java
javanais
javart V. *cheval*
javeau V. *île*
javeler V. *céréales*
javeline V. *arme*
javelle V. *céréales*
javelot V. *arme*
jeannette V. *croix*

jectisses
V. *terrain*
jejunum
V. *ventre*
jérémiade
V. *triste*
jésuite
V. *clergé*
Jésus-Christ
Christ
Jésus
Homme-Dieu
Fils de Dieu
Fils de l'Homme
Messie
Sauveur
Rédempteur
le Crucifié
le Galiléen
le Nazaréen
chrisme
croix
crucifix
sindon
clou
ecce homo
calvaire
annonciation
salutation angéli-
avé maria [que
annonce aux ber-
incarnation [gers
immaculée con-
ception
épiphanie [ges
adoration des ma-
Noël
Bethléem
nativité
circoncision
présentation
massacre des In-
nocents
fuite en Égypte
baptême
tentation
noces de Cana
marchands du
Temple
la Samaritaine
la bonne nouvelle
l'Évangile [leuse
la pêche miracu-
les miracles
paraboles
apôtres
sermon sur la
montagne [pains
multiplication des
transfiguration
résurrection de
Lazare [lem
entrée à Jérusa-
la Cène
l'Eucharistie
la montagne des
Oliviers [viers
le jardin des Oli-
trahison de Judas
Caïphe
Pilate
Barabbas
reniement de saint
le coq [Pierre
flagellation
couronnement
passion [d'épines
chemin de la croix
station [croix
portement de la
Véronique
Golgotha
clouement
crucifixion
mise en croix
descente de croix
déposition
mise au tombeau
résurrection
apparition aux
saintes femmes
ascension
christianisme
chrétien
antechrist
V. *religion*, *croix*
jet V. *jeter*, *vite*
jeté V. *danse*
jetée V. *port*
jeter
lancer
envoyer
projeter
précipiter
renverser
jeter bas
basculer (faire)
verser
terrasser
lâcher
tirer
darder
décocher
émettre
faire partir
jeter au vent
parsemer
disséminer
répandre
semer
joncher
saupoudrer
arroser
injecter
seringuer
éjaculer
jongler
rejeter
[illegible]jaillir

jet
lancement
projection
décochement
émission
éjaculation
rejaillissement
injection
profusion
diffusion
effusion
arrosement
pluie
jonchée
renversement
jonglerie
projectile
ballon
palet
balle
arme
injecteur
seringue
pompe
pulvérisateur
inhalateur
éjaculatoire
V. *arme*, *artillerie*
jeton V. *jeux*
jeux
jeu de hasard
jeu d'adresse
amusement
distraction
passe-temps
récréation
plaisir
sport
exercice
partie
manche
refait
belle
mise
jeton
vade
va-tout
martingale
jouer
jouailler
s'amuser [cice
prendre de l'exer-
se livrer à un
gagner [sport
perdre [lours
jouer sur le ve-
faire Charlema-
magne

joueur
partenaire
adversaire
camp
gagnant
perdant
beau joueur
mauvais joueur
fétiche
dames
trictrac
jaquet
back-gammon
échecs
dominos
jonchets
baguenaudier
loto
jeu de l'oie
bilboquet
billard
cartes
charade
aux gages
corbillon
devinette
furet
creps
zanzibar
pair ou impair
palet
croix ou pile
roulette [te
trente-et-quaran-
mourre
jaquemart
ombre chinoise
guignol
osselets
prestidigitation
passe-passe
bonneteau
gobelet
passez muscade
solitaire
toupie
sabot

cerceau
poussette
bille
bloquette
tapette
cligne-musette
triangle
villes
volant
raquette
lève
grâces
bague
quintaine
tonneau
bouchon
quille
quillier
quiller
boules
gribouillette
paume
pelote
trou-madame
balle
balle au camp
balle empoison- [née
balle au bond
balle au chasseur
balle au mur
balle aux pots
tambourin
balle cavalière
foot-ball
ballon
barrette
gouret
thèque
lawn-tennis
rallye-paper
mail
paume
cricket
croquet
crosse
ours
bâtonnet
cheval-fondu
barres
chat coupé
coupe-tête
balançoire
escarpolette
brandilloire
colin-maillard
cache-cache
marelle
la queue du loup
chat perché
saute-mouton
main chaude
quatre-coins
cerf-volant
parachute
échasses
jeux olympiques
pythiques
isthmiques
néméens
prestidigitateur
V. *gymnastique*, *cirque*, *cartes*, *jouet*

jeudi V. *semaine*

jeun (à) V. *faim*

jeune
adolescent
jeunet
éphèbe
jouvenceau
jouvencelle
damoiseau
damoiselle (*Voir*)
garçon
mineur
imberbe
blanc-bec
jeune homme
jeune femme
demoiselle
jeune fille
vierge
jeune personne
page
cadet
juvénile
jeunesse
adolescence
fleur de l'âge
jeune âge
frais
vert
verdeur
fraîcheur
printemps
aurore
bulle
Hébé
Jouvence
rajeunir
rajeunissement

jeûner V. *faim*

jeunesse
V. *jeune*

joaillerie
lithologie
pierrerie
joyau
gemme
pierre fine
diamant
saphir
saphir astérie
rubis
spinelle
balais
jargon
topaze [çon
diamant d'Alen-
émeraude
béryl
aigue-marine
cymophane
turquoise
corindon
améthyste
hyacinthe
jacinthe
iris
aventurine
opale
hydrophane
agathe
calcédoine
chrysoprase
cacholong
héliotrope
onyx
sarde
sardonyx
sardoine
sardagate
jaspe
zircon
grenat
péridot
olivine
jade
tourmaline
labrador
lapis-lazuli
lapis
malachite
hématite
smaragdite
perle
corail
succin
ambre
serpentine
saphirine
morillon
marcassite
cornaline
girasol
jais
véricle
jaïet
chrysolithe
œil-de-chat
caillou du Rhin
escarboucle
strass
cristal de roche
pierre de lune
pierre de lard
épingle
broche
parure
aigrette
cabochon
doublet
parangon
oriental
occidental
œillé
mousseux
arborisé
glaceux
jardiné
nuageux
agatin
agatisé
panaché
fleuri
sanguin
veiné
jaspé
opalin
smaragdin
chatoiement
eau
œil
éclat
feu
orient
facette
défaut
glace
jardinage
dragon
jaspure
paille
clivage
monture
sertissure
joaillier
lapidaire
sertisseur
lithologique
diamantaire
chatoyer
cliver
tailler

monter
sertir
dessertir
facetter
V. *bijou* et *diamant*
jockey V. *cheval*
jocko V. *animal*, *pain*
jocrisse V. *bête*
johannisberg V. *vin*
joie V. *gaîté*
Joigny
jovinien
joindre V. *assembler*
jointé V. *cheval*
jointée V. *volume*
jointif V. *maçonnerie*
jointoyer V. *maçonnerie*
jointure V. *articulation*
joli V. *beau*
jonc V. *plantes*
jonchée V. *plat*
joncher V. *tomber*
jonchets V. *jouet*
jonction V. *ensemble*
jongler V. *jeter*
jonglerie V. *hypocrisie*
jongleur V. *comédien*
jonque V. *navire*
jonquille V. *plantes*
jouable V. *théâtre*
jouailler V. *jeu*
joubarbe V. *plantes*

joue
bajoue
génal
joufflu
jugal
jouée V. *mur*
jouer V. *jeu*

jouet
joujou
étrennes
jeu de patience
hochet
poupée
bébé
polichinelle
pantin
marotte
folie
ménage de poupée
bergerie
trousseau
lit
berceau
cuisine
théâtre
guignol
massacre
marionnette
jaquemart
ludion
passe-boule
tir
arbalète
jeu de courses
billard chinois
billard hollandais
toupie hollandaise
billard anglais
boîte à musique
boîte de tours
boîte de physique
lanterne magique
lampascope
stéréoscope
phénakisticope
thaumascope
kinétoscope
kaléidoscope
solitaire
jonchets
nain-jaune
construction
cubes
boîtes de couleurs
chemin de fer
métier
mercerie
boîte de perles
boîte de tapisserie
cheval mécanique
cheval-jupon
mouton bêlant
âne
chien
charrette
tambour
clairon
trompette
panoplie
guide
fouet
ballon
cerf-volant
parachute
toupie d'Allemagne
toupie [gne
sabot
diable
toton
soldats de plomb
clifoire
cliquette
canonnière
compléter avec *jeu*
joueur V. *jeu*
joufflu V. *joue*
joug V. *lien*
jouir V. *usage*
jouissance V. *usage*, *plaisir*
joujou V. *jouet*

jour
journée
vingt-quatre heures
quantième [res
lundi
mardi
mercredi
jeudi
vendredi
samedi
dimanche
dominical
kalendes
ides
nones
jour férié
jour ouvrable
aujourd'hui
demain
après-demain
hier
avant-hier
veille
avant-veille
lendemain
surlendemain
quotidien
journalier
diurne
éphéméride
journal
jour intercalaire
complémentaire
nuit close
minuit [la nuit
bien avant dans
nuit avancée
heure avancée
tard
point du jour
pointe du jour
aube
aurore
lever du soleil
chant du coq
chant de l'alouette
au petit jour
la première heure
de bon matin
de bonne heure
de grand matin
tôt
sitôt éveillé
au saut du lit
matin
matines
réveil
matinée
midi
relevée
après-midi
le tantôt
vêpres
crépuscule
déclin du jour
chute du jour
coucher du soleil
fin de journée
sur la brune
à la brune
après-dîner
couvre-feu
soirée
tombée de la nuit
entre chien et loup
après-souper
heure indue
nuit noire
matinal
matineux
matinier
matutinal
nocturne
crépusculaire
vespéral
noctambule

nuitamment
poindre
lever
se montrer
apparaître
baisser
tomber
s'achever
journal
presse
feuille
gazette

revue
organe
diurnal
pamphlet
libelle
numéro de journal
canard
feuille de chou

titre
manchette
rubrique
article
article de tête
leader
premier-Paris
article à sensation
information
échos
chronique
polémique
feuilleton
rez-de-chaussée
bulletin
Chambre
Sénat
tribunaux
faits divers
interview
nouvelles
Agence Havas
théâtre
soirée théâtrale
compte rendu
salon
sport
bourse
annonce
réclame
insertion
communiqué
entrefilet
rédaction

collaborateur
directeur
rédacteur
publiciste
journaliste
folliculaire
pamphlétaire
courriériste
échotier
administrateur
annoncier
gérant
reporter
kiosque
vendeur
lecteur
abonné
cautionnement
subvention
abonnement
vente
tirage
bande
copie
journalisme

ouvrir
déplier
lire
parcourir
écrire dans
rédiger
fonder
lancer
paraître [vain
V. *écrire* et *écri-*

journée
V. *jour*
joute V. *combat*
jouvence
V. *jeune*
jouvenceau
V. *jeune*
jouvencelle
V. *jeune*
jovial V. *gaîté*
jovialité
V. *gaîté*
joyau V. *joaille-rie, bijou*
joyeux V. *gaîté*
jubé V. *église*
jubilé
V. *cinquante*
jucher V. *poser*
juchoir V. *oiseau*
judaïque V. *juif*
judas V. *hypocrisie, fenêtre*
judelle V. *animal*
judicature
V. *tribunal*
judiciaire
V. *tribunal*
judicieux
V. *intelligence*
juge V. *tribunal*
jugement V. *juger, procédure*

juger
statuer
décider
apprécier
qualifier
estimer
priser
expertiser
peser
évaluer
mesurer
critiquer
arbitrer
penser
croire
trouver
opiner
se prononcer
se déclarer [ment
émettre un juge-
porter
rendre
prononcer
adopter
s'arrêter à
se ranger à
être partisan
partager

jugement
verdict
sentence
appréciation
opinion
avis
manière de voir
à mon sens
goût
sentiment
thèse
paradoxe
parti
arbitrage
décision
estimation
qualification
arbitration
prisée
expertise
évaluation
critique
critérium

qualificatif
estimatif
appréciatif
paradoxal
arbitral
confirmatif
infirmatif
partisan
juge
expert
arbitre
arbitralement
judiciairement

Juif
israélite
circoncis
hébreu
hébraïque
judaïque
judaïsant
hébraïsant
sabbat
Palestine
Terre sainte
Terre promise
Judée
juiverie
circoncision
circoncire
synagogue
rabbin
talmud
taleb
rabbinage
rabbinisme
rabbiniste
talmudiste
sabbatique
talmudique
rabbinique
juillet V. *mois*
juiverie V. *juif*
jujube V. *remède*
jujubier
V. *plantes*
julep V. *remède*
julienne V. *plantes, nourriture*
jumeau V. *frère*
jumelles V. *charpente, lunettes*
jument V. *cheval*
jungle V. *terrain*
junte
V. *assemblée*
jupe V. *vêtement*
jupon V. *vêtement*
jura
jurassique
jurassien
jurande
V. *métier*
jurat V. *métier*
juratoire
V. *gage*
juré V. *tribunal*
jurement
V. *serment*
jurer V. *serment*
jureur V. *juron*

juridiction
V. *tribunal*
juridictionnel
V. *tribunal*
juridique V. *loi*
jurisconsulte
V. *loi*
jurisprudence
V. *loi*
juriste V. *loi*

juron
jurement
blasphème
pardieu
parbleu
cordieu
corbleu
ventrebleu
ventre-saint-gris
palsambleu
morbleu
mordieu
tudieu
pâque-dieu
nom d'un chien
diable
diantre
bigre
peste
palsangué
palsanguienne
sac-à-papier
sapristi
cristi
pristi
saprelote
cadédis
Dieu de Dieu
mâtin
jureur
jurer
blasphémer
sacrer
pester
maugréer
jury V. *tribunal*
jus V. *liquide*
jusant V. *mer*
jusquiame
V. *plantes*
justaucorps
V. *vêtement*

juste
équitable
impartial
consciencieux
scrupuleux
droit
incorruptible
austère
intègre
juridique
légal
légitime
justifié
fondé
plausible
impétrable
mérité
digne

justice
équité
impartialité
conscience
scrupule
droiture
incorruptibilité
austérité
légalité
légitimité

justement
équitablement
impartialement
consciencieusement
scrupuleusement
droitement
incorruptiblement
juridiquement
légalement
légitimement
plausiblement
dignement

avoir le droit pour
avoir raison [soi
se montrer juste
faire preuve de
justice [égale
tenir la balance
ne pas faire pencher la balance
être sourd à la
faveur [tice
juger selon la jus-
encourir
mériter V. *digne*
justesse V. *vrai*
justice
V. *juste, loi*
justiciable
V. *tribunal*
justicier
V. *tribunal*
justifiable
V. *responsabilité*
justificatif
V. *responsabilité*
justification
V. *responsabilité*
justifier
V. *responsabilité*
jute V. *étoffe*
juteux V. *liquide*
juvénile V. *jeune*
juxtalinéaire
V. *traduction*
juxtaposer
V. *près*
juxtaposition
V. *près*

K

kabin V. *mariage*
kahouanne
V. *tortue*
kaïmac V. *lait*
kakatoès
V. *animal*
kaléidoscope
V. *jouet*
kali V. *plantes*

Kamchatka
Kamchadale
kamichi
V. *animal*
kandjar V. *épée*
kangourou
V. *animal*
kaolin V. *argile*
karata V. *plantes*
kari V. *nourriture*
keepsake
V. *dessin*
képi V. *chapeau*
kermès V. *remède, teinture*
kermesse
V. *fête*
khédive
V. *Égypte*
kilo V. *poids*
kilomètre
V. *longueur*
king V. *religion*
kino V. *remède*
kiosque
V. *maison*
knout V. *fouet*
kopeck
V. *monnaie*
kouan V. *plantes*
kreutzer
V. *monnaie*
Kurdistan
Kurde
kyrielle V. *nombre*
kyste V. *maladie*
kystique
V. *malade*

L

labarum
V. *drapeau*
labeur V. *travail*
labial V. *lèvre*
labié V. *fleur*
labile V. *faible, mémoire*
laboratoire
V. *atelier*
laborieux
V. *travail, difficile*
labourer
défricher
déchaumer
défoncer
retourner
creuser
fendre
éventrer
sillonner
émotter
billonner
fouir
emblaver
retercer

emblavage
labour
défoncement
roulage
buttage
labour en billons
en planches
à plat
émottage
labourage
emblavure
novale
reterçage
guéret
sillon
motte
rigole
laboureur
labourable
arable
V. *charrue* et *agriculture*

labyrinthe
dédale
méandre
détour
fi. d'Ariane
V. *errer*

lac
pièce d'eau
étang
mare
vivier
marais
lagune
bassin
eau dormante
eau stagnante
eau morte
lacustre

Lacédémone
Sparte
Laconie
Lacédémonien
Spartiate
Laconien
brouet

lacer V. *lien*
lacération V. *diviser*
lacerne V. *vêtement*
lacet V. *lien, chemin*
lâche V. *peur*
lâché V. *mal, style*
lâcher V. *quitter*
lâcheté V. *peur*
lacinié V. *feuille*
lacis V. *dentelle*
laconique V. *petit*
lacrymal
lacrymatoire V. *pleurer*
lacs V. *filet*
lactate V. *lait*
lactation V. *lait*
lactucarium V. *laitue*
lacune V. *moins*
lacustre V. *lac*
ladanum V. *substance*
ladre V. *avare*
lady V. *femme*
lagophtalme V. *œil*
lagune V. *lac*

lai V. *poésie*
lai V. *laïque*
laiche V. *plante*

laid
laideron
repoussant
repoussoir
laideur
enlaidir
V. *difforme*

laie V. *sanglier*
laie V. *forêt*
lainage V. *laine*

laine
toison
lainage
lainerie
bourre
brin
flocon
étaim
tondaille
tontisse
feutre
drap
laine brute
mère-laine
laine bâtarde
laine courte
laine longue
laine commune
laine métis
laine mérinos
laine peignée
agneline
surge
lanice
suint

désuinter
teindre
battre
louveter
graisser
carder
peigner
défeutrer
laminer
doubler
tortillonner
filer
dévider
ourdir
lainer
encoller
tisser
dégraisser
épinceter
fouler
tondre
sécher
décatir
presser
entoiler
apprêter

lanugineux
lanigère
lanifère
laineux
lainier
V. la liste à *étoffes*

laïque
laïc
lai
profane
séculier
civil
laïciser
séculariser
laïcisation
sécularisation
sécularité
siècle (le)
séculièrement

laird V. *Écosse*
lais V. *forêt, arbre*
laisse V. *chien*
laisser V. *quitter, permettre*

lait
laitage
crème
caséum
caséine
beurre
babeurre
fromage
sérum
sérosité
petit-lait
caillebotte
caille-lait
présure
lactate
kaïmac
lactéine
lactoline
couloir
pèse-lait
lactomètre
galactomètre

traire
battre
crémer
aigrir
tourner
cailler
caillebotter
caillement
allaiter
donner le sein
présenter le sein
téter
écrémer
sevrer

allaitement
lactation
biberon
nourrice
nourrice sèche
nourricier
nourrisson
frère de lait
sœur de lait
sevreuse
fièvre de lait
sevrage

caséeux
crémeux
laiteux
lacté
lactescent
lactifère
lactique
séreux
laitier
crémier
laiterie
crémerie

laitance V. *poisson.*
laiteron V. *plantes.*
laitier V. *fer*
laiton V. *métal*

laitue
lactucarium
thridace

laize V. *étoffe*
lama V. *clergé*
lama V. *animal*
lamanage V. *navire*
lamantin V. *animal*
lambeau V. *division*
lambin V. *inactif*
lambiner V. *inactif*
lambourde V. *charpente*
lambrequin V. *ornement*

lambris
V. *menuiserie*
lambruche
V. *vigne*
lame
plaque
lamelle
feuille
feuillet
feuilletis
ruban
blindage
placage

lamelleux
lamellaire
lamelliforme
lamineux
lamellé
feuilleté
en feuille
laminé
aplati
rubanné

aplatir
réduire en feuille
battre
laminer
passer au laminoir
cylindrer
planer
cliver

laminage
battage
cylindrage
clivage
laminerie
laminoir
V. *couteau*
lamentation
V. *triste.*
lamie V. *fantôme*
laminer V. *lame*
lampadaire
V. *lampe*
lampadiste
V. *gymnastique*
lampadophore
V. *lampe*
lampas V. *étoffe*, *cheval* (6)
lampe
modérateur
carcel
quinquet
lanterne
falot
veilleuse
vérine
réverbère
rampe
herse
phare
fanal

pied
galerie
crémaillère
mèche
lamperon
verre
globe
abat-jour
réflecteur
fumivore
calibre
dessous de lampe
mouchettes
porte-mouchettes

faire la lampe
monter
moucher
baisser
souffler
charbonner
filer

lampiste
lampisterie
lampadaire
lampadophore
torchère
V. *éclairage*
lampion V. *éclairage* et *fête*
lampiste
V. *lampe.*
lamproie
V. *animal*
lampyre
V. *animal*
lance
fer
hampe
bois
rondelle
oreillon
douille
croc
pointe
virole
sabot
talon
aile
aileron

angon
framée
épieu
javelot
pilum
haste
sarisse
zagaie
bourdon
pique
esponton
hallebarde
pertuisane
guisarme
trident
fauchard
lance courtoise

lancier
uhlan
hallebardier
pertuisanier
piquier
lance en arrêt
coup de lance
rompre une lance
tournoi
lancement
V. *jeter*, *navire*
lancéolé
V. *forme*
lancer V. *jeter*
lancette
V. *chirurgie*
lancier V. *cavalerie*, *danse.*
lancinant
V. *douleur*
landamman
V. *magistrat*
landau V. *voiture*
lande V. *terrain*
landgrave
V. *chef.*
landier
V. *cheminée*
landit V. *foire*
landwehr
V. *armée*
laneret
V. *animal*
lanier
V. *animal*
langage
langue
idiome
dialecte
patois
argot
jargon
baragouin
baragouinage
charabia
liaison
cuir
velours
locution
tour
tournure
purisme
euphuisme
affectation
idiotisme
particularité
gallicisme
hellénisme
latinisme
archaïsme
néologisme
langue vivante
langue morte
langue maternelle
langue riche
langue pauvre
langue technique
langue-mère
analytique
synthétique
colorée
imagée

parler
posséder
savoir
jargonner
baragouiner
écrire
estropier

linguistique
philologie
lexicologie
terminologie
grammaire
dictionnaire
linguiste
philologue
interprète
traducteur
polyglotte
bilingue
philologique
V. *conversation*, *style* et *parler*
lange V. *enfant*
langoureux
V. *inactif*, *style*
langouste
V. *animal*
langue
muscle hyoglosse

génio-glosse
stylo-glosse
lingual
sublingual
hyoïde
frein
filet
sillon
raphé
trou borgne
papille
glande sublinguale
hypoglosse
glossite
ranule
grenouillette
pépie

tirer la langue
happer
laper
lécher
pourlécher
faire claquer
clapper
dard
languette
languier
langueyer
langueyeur

Languedoc
languedocien

languette V. *langue*

langueur V. *inactif*

langueyer V. *langue, porc*

languissant V. *inactif, style*

lanice V. *laine*

lanier V. *animal*

lanière V. *lien*

lanifère V. *laine*

lansquenet V. *soldat, cartes*

lanterne V. *éclairage*

lanterner V. *inactif*

lanternier V. *métier*

lanugineux V. *laine*

Laon
laonnais

laper V. *chien.*

lapereau V. *lapin*

lapidaire V. *joaillerie*

lapidation V. *pierre, supplice*

lapidification V. *pierre*

lapidifique V. *pierre*

lapin
lapine
lapereau
léporide
lapin de garenne
lapin de choux
garenne
clapier
terrier
lapinière
rabouillère
halot
collet
furet
se terrer
se clapir
gibelotte
civet

lapis V. *joaillerie*

Laponie
lapon

laps V. *durée*

lapsus
faire un lapsus
la langue fourche
V. *erreur*

laquais V. *domestique*

laque V. *substance*

laraire V. *temple*

larcin V. *vol*

lard V. *gras* (1)

larder V. *gras* (1)

lardoire V. *cuisine*

lardon V. *gras* (1)

lare V. *dieux*

large V. *grand*

largesse V. *don*

largue V. *mer*

larigot V. *instruments*

larix V. *plantes*

larme V. *pleurer*

larmier V. *fenêtre, œil*

larmoiement V. *pleurer*

larron V. *vol*

larve V. *insecte, fantôme*

laryngé V. *larynx*

larynx
épiglotte [de
cartilage thyroï-
cartilage aryténoïde
cartilage cricoïde
cordes vocales
ventricule
anneau
mue
laryngite
laryngotomie
laryngé

las V. *fatigue*

lasser V. *fatigue*

lassitude V. *fatigue*

lasting V. *étoffes*

latanier V. *plantes*

latent V. *obscur*

latéral V. *côté*

laticlave V. *vêtement*

latin
latinisme
latinité
macaronique
humanités
humaniste
latiniste
latiniser

latitude V. *géographie, facilité*

latomie V. *carrière*

latrie V. *religion*

latrines V. *excrément*

latte V. *charpente*

laudanum V. *remède*

laudatif V. *louange*

laudes V. *hymne*

lauréat V. *succès*

lauréole V. *plantes*

laurier V. *plantes, gloire*

lavabo V. *laver*

lavage V. *laver*

lavallière V. *cravate*

lavande V. *plantes*

lavandière V. *blanchissage*

lavandière V. *animal*

lavaret V. *animal*

lavasse V. *pluie, liquide*

lave V. *volcan*

lavement V. *remède*

laver
débarbouiller
baigner
prendre un bain
nettoyer
curer
décrasser
aiguayer
abluer
hollander
guéer
mondifier
absterger
gargariser
déterger
débourber
faire des ablutions
se livrer à
procéder à

lavage
ablution
débarbouillage
nettoyage
curage
lixiviation
lavure
toilette
bain
piscine
abstersion
lotion
gargarisme
injection
bain de pieds
pédiluve
shampoing
lavement

abstergent
abstersif
détersif
détergent
probatique

lixiviel
lavabo
toilette
cuvette
tub
pot-à-eau
serviette
éponge
essuie-main
lavette
cuvier
laveur
buandier
laveuse
cureur
V. *blanchissage* et *bain*

lavette V. *laver*

lavis
épure
teinte plate
trait
tracé

faire du lavis
passer une teinte
laver

carte
plan
planche
planchette
V. *dessin*

lavoir
V. *blanchissage*

lavure V. *laver*

lawn-tennis
cours
filet
raquette
balle
servant
relanceur
volée
jeu
avantage

laxatif
purgatif
cathartique
rafraîchissant
minoratif
relâchant
diurétique
émétique
vomitif

purger
relâcher
rafraîchir

layer V. *forêt*

layetier
V. *caisse*

layette
V. *linge*

layeur V. *forêt*

lazaret V. *hôpital*

lazariste
V. *clergé*

lazarone
V. *inactif*

lazulite
V. *joaillerie*

lazzi V. *esprit* (2)

lé V. *étoffe*

leader V. *chef*

lèche V. *pain*

lèchefrite
V. *cuisine*

lécher V. *langue*

leçon V. *école*

lecteur V. *lire*

lectisterne
V. *fête*

lecture V. *lire*

légaliser
V. *signature*

légalité V. *loi*

légat
V. *ambassade*

légataire
V. *héritage*

légatoire
V. *territoire*

lège V. *poids*, *navire*

légende V. *faux*, *histoire*, *inscription*

léger V. *étourderie*, *poids*.

légion
légionnaire
vétéran
évocats
hastaires
princes
triaires
vélites
consul
préteur
tribun militaire
centurion
décurion
légat
préfet
cohorte
manipule
centurie
décurie
escadron
aigle
solde
levée
appel
serment
licenciement

législation
V. *loi*

législature
V. *assemblée*

légiste V. *loi*

légitimaire
V. *héritage*

légitime V. *juste*

légitimer
V. *juste*, *enfant*

légitimiste
V. *politique*

legs V. *héritage*

léguer V. *héritage*

légume
primeur
végétaux
légumineux
végétarien
herbivore
fruitier
fruitière
verdurier
marchand des quatre saisons
maraîcher
potager
légumier
régime végétal
chou
navet
turneps
panais
radis noir
radis
rave
raifort
carotte
poireau
oignon
chou-fleur
chou de Bruxelles
chou-rave
artichaut
épinard
oseille
pomme de terre
topinambour
patate
tomate
aubergine
lentille
haricot
flageolet
fève
féverole
pois
ail
fournitures
fines herbes
échalote
ciboule
ciboulette
persil
cerfeuil
estragon
pimprenelle
fenouil
pourpier
sarriette
salsifis
chervis
salade
asperge
laitue
romaine
pissenlit
chicon
raiponce
escarole
chicorée
céleri
endive
cardon
mâche
bourcette
doucette
blanchette
cresson
roquette
carde
barbe de capucin
betterave
champignon
cèpe
morille
mousseron
oronge
concombre
cornichon
melon
cantaloup
melon d'eau
pastèque
courge
potiron
légumes verts
légumes secs
farineux

légumier
V. *vaisselle*
légumineux
V. *légume*
lemme
V. *géométrie*
lémures
V. *fantôme*
lémuriens
V. *animal*
lendemain
V. *chronologie*
lendore
V. *inactif*
lénifier V. *doux*
lénitif
V. *remède*
lent V. *inactif*
lente V. *œuf*
lenteur V. *inactif*
lenticulaire
V. *forme*
lentiforme
V. *forme*
lentille
V. *légume, optique*
lentisque
V. *plantes*
léonin
V. *trop, contrat*
léonin V. *poésie*
léopard
V. *animal*
lépas V. *coquillage*
lépidoptère
V. *animal*
lèpre
ladre
cagot
lépreux
ladrerie
maladrerie
léproserie
lérot V. *animal*
Lesbos
lesbien
léser V. *nuire*
lésine V. *avare*
lésiner V. *avare*
lésion V. *blessure*
lessive
V. *blanchissage*
lest V. *poids*
leste V. *action*
lesteur V. *navire*
léthargie
V. *sommeil*
Léthé V. *oubli*

léthifère
V. *mort*
lettre
missive
message
épître
mot
billet
poulet
invitation
pli
compliment
carte
carte postale
carte-lettre
télégramme
dépêche
communication
circulaire
encyclique
bref
mandement
lettre pastorale
rescrit
avis
duplicata [part
lettre de faire-
pancarte
mandat-poste
bon de poste
lettre chargée
lettre recommandée
griffonnage
pattes de mouche
brouillon
net
corps
libellé
texte
teneur
en-tête
date
signature
post-scriptum
suscription
adresse
enveloppe
cachet
sceau
timbre
affranchissement
oblitération
franc de port
franco[insuffisant
affranchissement
surtaxe
taxe
boîte aux lettres
levée
distribution
poste
port
bureau restant
poste restante
cabinet noir
contre-lettre
courrier
correspondance
service postal
bureau de poste
grande poste
vaguemestre
facteur [tolaire
commerce épis-
échange de lettres
réponse

écrire
rédiger
fermer
cacheter
sceller
clore
apostiller
adresser
envoyer
expédier
remettre
recevoir
ouvrir
décacheter
dépouiller son courrier
prendre connaissance de sa correspondance
lire
accuser réception
répondre

épistolaire
postal

auteur
expéditeur
envoyeur
destinataire
correspondant
secrétaire
épistolier [rier
courrier par cour-
style épistolaire
Pline le Jeune
Voiture
Mme de Sévigné
Voltaire
V. *écrire*

lettré
V. *littérature*
lettres
caractère
type
signe
patarafe
majuscule
minuscule
alphabet
abécé
capitale
initiale
lettrine
lettre ornée
lettre entrelacée
monogramme
ligature
chiffre
sigle

corps
queue
panse
jambage
délié
plein
liaison

voyelle
consonne
douce
forte
ténue
aspirée
muette
labiale
gutturale
dentale
nasale
palatale
liquide
sifflante
chuintante
double
accent
grave
aigu
circonflexe
tonique
esprit
doux
rude
coronis
a
alpha
b
bêta
c
d

delta
e
muet
ouvert
fermé
f
g
gamma
h
i
iota
iotacisme
j
k
l
l mouillé
labdacisme
m
n
o
oméga
p
q
r
vibrer
rotacisme
s
sigma
sigmatisme
t
u
v
w
x
y
z
clef (chinoise)
scytale
hiéroglyphe

idéographique
phonétique
phonographique
hiéroglyphique
cunéiforme
capitale
rustique
onciale
anguleuse
massive
tortueuse
élégante
gothique
scolastique
cursive
mixte
historiée

tracer
former
mouler
épeler
prononcer
articuler
lire

anagramme
acrostiche
chronogramme
V. *écriture*

leude
V. *féodalité*
leurre V. *tromper*
leurrer
V. *tromper*
levain V. *pain*
levantin V. *Est*
levantine
V. *étoffes.*
lève V. *jeu*
levée V. *opposition, armee, cartes*
lever V. *haut, lit*
lever-Dieu
V. *messe*
léviathan
V. *monstre*
levier V. *haut*
lévite V. *clergé, vêtement*
levraut V. *lièvre*

lèvre
lippe
babine
commissure
inférieure
supérieure
lippu
labial
moue
V. *bouche*
levrette V. *chien*
levretté
V. *chien*
lévrier V. *chien*
levron V. *chien*
levure V. *bière, pain*
lexicographie
V. *dictionnaire*
lexicologie
V. *science*
lexique
V. *dictionnaire*
lézard
V. *animal*
lézarde V. *fente, passementerie*
lézarder V. *fente*
liais V. *pierre*
liaison V. *aimer, lien*
liaisonner V. *pavage, maçonnerie*
liane V. *forêt*
liard V. *monnaie*
liarder V. *avare*
lias V. *géologie*
liasse
V. *ensemble*
libage
V. *maçonnerie*
libation
V. *liquide*
libelle V. *livre*
libeller V. *style*
libelliste
V. *écrivain*
libellule
V. *animal*
liber V. *tige*
libéral V. *politique, donner*
libération
V. *liberté*
libérer V. *liberté*
liberté
indépendance
affranchissement
autonomie
régime libéral
démocratie
république
libération
émancipation
charte
fuero
franchises
élargissement
relaxation
mise en liberté

libre
indépendant
affranchi
autonome
libéré
émancipé
délivré du joug
libre comme l'air

être son maître
secouer le joug
sortir de servitude
libérer
affranchir
émanciper
relâcher
élargir
relaxer
délivrer
lâcher la bride
débarrasser
dépêtrer
dégager
débloquer
découpler
démuseler
déchaîner
détacher
bride sur le cou
V. *licence, délier*
libraire V. *livre*
libration
V. *mouvement*
libre V. *liberté*
libre-échange
V. *commerce*
libretto V. *opéra*
lice V. *combat, tissage*

licence
excès
désordre
saturnales
démagogie [excès
s'abandonner aux excès
se livrer au désordre
s'en donner
licencier
V. *renvoyer*
licencieux
V. *grossier*
lichen V. *plante, remède*
licitation
V. *vente*
licite V. *juste*
liciter V. *vente*
licorne
V. *monstre*
licou V. *lien*
licteur V. *consul*
lie V. *vin, reste*

liège
subéreux
phelloplastie

lien
ligature
ligament
chaîne
fers
courroie
lanière
corde (*Voir*)
laisse

licol
licou
bride
rêne
guide
longe
trait
joug
sangle
bande
bretelle
ceinture
ceinturon
attache
lasso
lacet
accouple
harde
hart
vervelle
amarre
pleyon
crampon
carcan
garrot
garrotte
entrave
poucettes
menottes
copule
liure
liaison

lier
attacher
maintenir
serrer
relier
ficeler
ligotter
enchaîner
mettre aux fers
garrotter
cramponner
coupler
accoupler
accouer
harder
lacer
brider
amarrer
bander
sangler
ceindre
renouer

copulatif
ligamenteux
lieur
V. *ensemble*

lienterie
V. *excréments*
lier V. *lien*
lierre
hédéracé
liesse V. *gai*
lieu V. *place*
lieue V. *long*
lieur V. *lien*
lieutenance
V. *officier*
lieutenant
V. *officier*

lièvre
hase
levraut
civet
V. à *lapin* les verbes
ligament V. *lien*
ligature V. *lien*
lige V. *féodalité*
lignage
V. *famille*
lignager
V. *famille*
ligne V. *infanterie*, *pêche*, *gare*

ligne
linéament
trait
tiret
raie
liséré
liteau
striure
rayure
hachure
marbrure
strie
barre
rature
bâton
filet
base
côté
hypoténuse
hauteur
bissectrice
médiane
diagonale
rayon
diamètre
corde
flèche
apothème
arête
ligne de démarcation
axe
méridien
latitude
longitude
paramètre
ligne droite
— directe
— courbe
— circulaire
— brisée
— indirecte
— perpendiculaire
— verticale
— parallèle
accolade
grecque
rang
rangée

horizontale
tangente
cotangente
sécante
hyperbolique
parabolique
elliptique
trajectoire
coordonnée
génératrice
rectiligne
curviligne
mixtiligne
linéaire
fascié
linéal

interligne
liteau
réglure
alignement
rangement
quinconce
réseau
intersection
section
rencontre
point de rencontre
délinéation
règle
réglette
régleur
mener une ligne
tracer une ligne
prolonger
couper
quadriller
entre-croiser
strier
rayer
tringler
régler
souligner
interligner
aligner
forjeter
ranger
verger
vergeter
lignée V. *famille*
lignette V. *filet*
ligneul
V. *chaussure*
ligneux V. *bois*
lignite
V. *substance*
ligue V. *assemblée*
lilas
liliacé
Lille
lillois
lilliputien
V. *petit*
limace V. *animal*
limaçon
V. *animal*
limaille V. *lime*
limande
V. *animal*
limbe V. *bord*
limbes V. *Enfer*
lime
écouenne
lime bâtarde
tiers-point
trois-quarts
queue-de-rat
demi-ronde
lime Coutolle
sciotte
petite lime
carrelette
fraise
rugine
râpe
dent

mordre
limer
user
râper
ruginer

limeur
limaille
limage
limure
lime V. *citron*
limier
V. *chien*, *police*

limite V. *borne*
limitrophe
V. *près*

Limoges
limousin
limon V. *escalier, boue, citron*
limonade
V. *boisson*
limoneux
V. *boue*
limonier V. *cheval* (1), *citron*
limonière
V. *voiture*
limousine
V. *vêtement*
limpide
V. *liquide*

lin
linière
linier
fil
toile
batiste
peluche
V. *étoffe*
linaire
V. *plantes*
linceul V. *mort*
linéaire V. *ligne*
linéament
V. *ligne*

linge
lingerie
linge de corps
linge de toilette
blanc
garde-robe
layette
trousseau
service
toile de Bretagne
toile de Lisieux
toile des Vosges
toile de Courtrai
toile de coton
croisé de coton
toile de Cholet
toile de Vichy
cretonne de Vimoutiers
cretonne de coton
cretonne de toile
batiste de Cholet
batiste de Mulhouse
batiste de Valenciennes
batiste d'Écosse
linge des Vosges
linge de Béarn
linge confectionné
linge cousu à la [main
linge marqué
linge chiffré
linge à initiales
linge brodé
brodé au plume- [tis
cylindré
calandré
crème
pur fil
bon teint
demi-blanc
à fleurs
à damier
à grand damier
à damier fleuri
damassé
percale
madapolam
satin blanc
pékin
bonneterie
bas
chaussette
corsage
peignoir
cache-corset
figaro de dessous
jupon
caleçon
pantalon
bonnet
serre-tête
camisole
gilet de flanelle
tablier
couverture
paire de draps
drap
drap de maître
drap de domes- [tique
couche
lange
sans couture
ourlé à jour
festonné
brodé
à entre-deux
taie d'oreiller
serviette
nid d'abeille
œil-de-perdrix
œil de mouche
œil anglais
serviette-éponge
serviette de toi- [lette
essuie-main
touaille
essuie-meuble
serviette de table
service
nappe
encadrée
napperon
linge à thé
serviette à des- [sert
torchon
chemise de jour
chemise de nuit
chemise de cou- [leur
faux col
manchette
col
collerette
foulard
fichu
mouchoir
blanc
ourlé à jour
à vignette
à feston
à bordure
à rayure
lé
ourlet
liséré
liteau
couture
tapon
chauffe-linge
linger
lingère
bonnetier

coudre
piquer
ourler
marquer
blanchir
empeser
désempeser
changer de
lingot V. *métal*
lingual V. *langue*
linguistique
V. *langage*
linier V. *lin*
liniment
V. *remède*
linon V. *étoffes*
linot V. *animal*
linotte V. *animal*
linteau
V. *porte, fenêtre*

lion
roi du désert
crinière
lionne
lionceau
rugissement
rugir
Androclès
Milon
lipothymie
V. *maladie, insensible*
lippe V. *lèvre*
lippée V. *repas*
lippitude
V. *œil*
lippu V. *lèvre*
liquation
V. *fonte*
liquéfaction
V. *fonte*

liqueur
spiritueux
esprit
cordial
tonique
liquoreux
vulnéraire
nectar
hydromel
hypocras
élixir
alcool
sirop
eau-de-vie
brandevin
cognac
fine champagne
eau-de-vie de [Dantzig
trois-six
fenouillette
calvados
rhum
kirsch
marc
brou de noix.
armagnac
bitter
vermout
amer
absinthe
anisette
orangeade
cassis
curaçao

crème de menthe
crème de vanille
crème de moka
crème de noyau
crème de prunelle
crème de cacao
eau de mélisse
chartreuse
bénédictine
pipermint
guignolet
gin
wisky
cherry-brandy
genièvre
kumel
marasquin
arack
rack
raki
rossolis
persicot
ratafia
tafia
guildive
tari
scubac
usquebac
vespétro
schiedam
fruits à l'eau-de-vie
chinois
cerise
brûlot
grog
punch
canard
goutte
petit verre
pousse-café

imbuvable
potable
buvable
tord-boyaux

corps
force
degré
fumet
bouquet

liquoriste
distillateur
brandevinier
bouilleur de cru
brûlerie
distillerie
rhummerie
cave à liqueurs
rectification
mutage

liquidation
V. *commerce*

liquide
fluide
limpide
clair
net
transparent
pur
cristallin
liquéfié
fondu
dégelé
dissous
délayé
humoral
sécrétoire
juteux
sécréteur
déliquescent
imperméable

couler (*Voir*)
fluer
refluer
s'écouler
ruisseler
s'égoutter
goutter
dégoutter
suinter
filtrer
sécréter
suppurer
s'infiltrer
liquéfier
mouiller (*Voir*)
immerger
infuser
puiser
épuiser
s'épancher
fuir
bouillir
exprimer
éponger
étancher

coulée
écoulement
flux
goutte
libation
humeur
sécrétion
sève
suc
lymphe
suppuration
infiltration
jus
épanchement
flaque
fuite
liquéfaction
dissolution
lavasse
fluidité
limpidité
transparence
pureté
liquidité
fonte
fusion
dégel
débâcle
délayage
délayement
déliquescence
ébullition
immersion
influx
infusion
puisage
hydatisme
courant
fil de l'eau
remous
tourbillon
rond
amont
aval
descendre
remonter
hydromètre
siphon
V. *eau*, *goutte*

lire V. *monnaie*

lire
parcourir
compulser
dépouiller (correspondance)
prendre connaissance.
jeter les yeux sur
feuilleter
dévorer
articuler
déclamer
débiter
mettre l'accent
mettre le ton
relire
revoir
repasser
ânonner
épeler
déchiffrer

lecteur
liseur
paléographe

lisible
déchiffrable
illisible
rébus
indéchiffrable
grimoire
lecture
déchiffrement
ânonnement
épellation
articulation
déclamation
débit
épigraphie
paléographie

à haute voix
tout haut
couramment
à livre ouvert
lisiblement
illisiblement
alphabet
syllabaire
coupe-papier
loupe
signet.

lis V. *plantes*
liséré V. *bord*
liseron V. *plantes*
liseur V. *lire*
lisière V. *bord*
Lisieux
lexovien
lisse V. *essuyer*

liste
nomenclature
état
catalogue
énumération
recensement
dénombrement
récapitulation
série
kyrielle
suite
inventaire
tableau
relevé
programme
menu
file
enfilade

matricule
pouillé
récolement

dresser la liste
établir la liste
énumérer
récoler
inventorier
recenser
immatriculer
dénombrer
récapituler

listel V. *colonne*

liston
V. *inscription*

lit
literie
couche
couchette
grabat

pan
dossier
chevet
tête
pied
montant
colonne
bois de lit
châlit
cadre
goberge
sommier
roulette
estrade
balustre
ruelle
alcôve

lit à bateau
lit cintré
lit à baguettes
lit à chapeau
lit à quenouilles
lit à l'ange
lit à couronne
lit à baldaquin
lit à impériale
lit à la turque
lit de parade
lit duchesse
lit à la Dauphine
lit tombeau
lit de milieu
lits jumeaux
lit de cuivre
lit de fer
lit-cage
canapé-lit
triclinium
sopha
lit de camp
lit de sangle
hamac
berceau
bercelonnette
flèche
dais
baldaquin
ciel
rideau
tenture
bonne-grâce
cantonnière
pente
descente de lit
drap
table de nuit
somno
guéridon
veilleuse
bassinoire
moine
paillasse
paillis
paillot
litière
chambrée
dortoir
clinique

dresser
faire
border
faire la couverture
défaire
bassiner
s'aliter
se mettre au lit
se coucher
s'étendre
garder le lit
se lever
découcher
lever
petit-lever
coucher
V. *matelas*

litanies
V. *hymne, plainte*

liteau V. *loup, ligne*

literie V. *matelas*

litharge
V. *plomb*

lithiasie V. *maladie, vessie*

lithocolle
V. *maçonnerie*

lithographie
V. *imprimerie*

lithologie
V. *joaillerie*

lithontriptique V. *vessie*

lithophage V. *mangeur, pierre*

lithophanie
V. *lumière*

lithophyte
V. *plante*

lithotomie
V. *vessie*

litière
palanquin
chaise à porteurs
vinaigrette
norimon
V. *voiture*

litige V. *procès*

litispendance
V. *procès*

litorne V. *animal*

litote V. *rhétorique, moins*

litre V. *volume, bande*

litron V. *volume*

littéral V. *traduire*

littérature
lettres
belles-lettres
ouvrages
livres
avoir un sujet
avoir une idée
concevoir
imaginer
inventer
créer
écrire
composer
publier
mettre au jour
faire paraître
être l'auteur de
décrire
faire le tableau de
exposer
narrer
raconter
célébrer
chanter
mener l'action
mener l'intrigue

sujet
argument
action
donnée
canevas
affabulation
matière
épisode
accessoire
matériaux
documents
notes
milieu
personnage
dénouement
passion
intérêt
émotion

pathétique
dramatique
littérateur
lettré
humaniste
V. *style, livre, écrivain*

littoral V. *rivage*

liturgie
V. *prière*

liturgiste
V. *prière*

liure V. *lien*

livarot
V. *fromage*

livide V. *couleur*

livraison V. *livre, marchandise*

livre V. *poids*

livre
volume
œuvre
ouvrage
publication
écrit
bouquin
élucubration
fruit de veilles
exemplaire
incunable
princeps
tome
keepsake
almanach
livraison
fascicule
brochure
libelle
pamphlet
plaquette
facture

élément
rudiment
aperçu
épitomé
abrégé
sommaire
mémento
traité
cours
manuel
formulaire
essai
étude
commentaire
extraits
morceaux choisis
variorum
chrestomathie
anthologie
analectes
miscellanées
fragments
textuaire
spicilège
sottisier
rapsodie
texte
traduction
première édition
premier tirage
dernière édition
vient de paraître
broché
relié
classique
livre de fonds
moderne
neuf
d'occasion
état de neuf
défets
poésie
prose
alphabet
syllabaire
encyclopédie
dictionnaire
lexique
glossaire
grammaire
syntaxe
prosodie
métrique
versification
philologie
histoire
annales
anecdote
historiette

fastes
chronologie
éphémérides
mémoires
biographie
monographie
éloquence profane
[mique
discours académique
éloges académiques
éloquence démonstrative
discours politique
éloquence délibérative
éloquence de la tribune
plaidoyer [ciaire
éloquence judiciaire
éloquence du barreau
éloquence sacrée
éloquence de la chaire
sermon
homélie
oraison funèbre
philosophie
morale [listes
genre des moralistes
caractères
maximes
critique littéraire
rhétorique
poétique
critique d'art
salons
livres d'art
esthétique
histoire de l'art
archéologie
antiquités
pièces de théâtre
genre dramatique
tragédie
tragi-comédie
drame
comédie
fantaisie
proverbe
saynette
vaudeville
farce
folie
opéra bouffe
opérette
scénario
libretto
livret

paroles
féerie
revue
parodie
monologue
épopée
cycle
romancero
chanson de geste
épopée burlesque
épopée héroï-comique
poésie lyrique
ode
odelette
stance
épithalame
hymne
dithyrambe
chant national
ode anacréontique
chanson
chansonnette
complainte
genre pastoral
idylle
églogue
bergerie
priapée
épître
héroïde
genre didactique
art poétique
genre descriptif
satire
ïambes
sirvente
pamphlet
diatribe
invective
fable
apologue
fabliau
élégie
sonnet
poésie
poème
poème gnomique
anthologie
centon
madrigaux
rondeau
ballade
triolet
impromptu
acrostiche
bouts-rimés
épigramme

virelai
chant royal
tenson
villanelle
roman
conte
nouvelle
genre épistolaire
lettre
correspondance
livre illustré
album
atlas
carte
indicateur
guide
voyages
géographie
livres de science
arithmétique
géométrie
algèbre
cosmographie
chimie
physique
géologie
botanique
zoologie
histoire naturelle
physiologie
livre de médecine
livre de droit
code
paléographie
numismatique
ouvrage ascétique
livres de piété
bible
eucologe
ordo
paroissien
livre de messe
missel
heures
bréviaire
catéchisme
mois de Marie
livres de théologie
sermonnaire
processionnal
manuels techniques
chasse
pêche
danse
jeux
cuisine

oracle des songes
le parfait secrétaire
musique
méthode
partition
morceau
contrefaçon
plagiat
démarcage
compilation
bibliothèque
casier
rayon
bibliothécaire
bibliophile
bouquineur
bibliomane
libraire
imprimeur
cabinet de lecture

livre (*éléments du*)
reliure
titre
couverture
dos
tranche
garde
faux-titre
première page
avis au lecteur
avant-propos
préface
préliminaires
frontispice
volume
tome
tomaison
pagination
page
marge
note
renvoi
alinéa
paragraphe
passage
verset
texte
colonne
chapitre
gravure
illustration
vignette
figure
cul-de-lampe
frise
lettre ornée
initiale
postface
table des matières
index
argument
sommaire
erratum
format
in-folio
in-quarto
in-octavo
in-douze
in-seize
in-dix-huit
in-vingt-quatre
in-trente-deux
édition
réédition
encarter
éditer
rééditer
V. *imprimerie*, *éditeur*, *écrire*, *écrivain*, *style*, *reliure*

livrée
V. *domestique*

livrer
V. *donner*, *hypocrisie*

livret V. *cahier*

lixiviation
V. *cendre*

lobe
V. *cercle*, *oreille*

local V. *placer*

localiser
V. *placer*

localité V. *ville*

locataire
fermier
amodiateur
affréteur
sous-locataire
locataire principal
loueur

affermer
louer
prendre à loyer
prendre à ferme
prendre à bail
signer un bail
faire un bail
sous-louer
amodier
arrenter
accenser
noliser
affréter
location
fermage
louage
bail
loyer
sous-location
sous bail
affermage
arrentement
emphytéose
métayage
amodiation
fret
affrétement
nolisement
nolis
charte-partie
clause
condition
denier à Dieu
arrhes
dédit
résiliation
rupture
congé
expiration de bail
fin de bail
terme

locatif
emphytéotique
V. *ferme* (3) et *appartement*

locatis V. *cheval*

loch V. *mouvement*

loche V. *animal*

locher V. *tomber*

locomobile
V. *machine*

locomoteur
V. *mouvement*

locomotive
châssis
longeron
traverse
plate-forme
marchepied
foyer
cendrier
régulateur
sifflet d'alarme
manomètre
dôme à vapeur
soupape de sûreté
chaudière
tube
plaque tubulaire
bouilleur
boîte à fumée
cylindre
piston
tiroir
tuyau d'échappement
tête
patin
coulisseau
glissière
bielle
manivelle
excentrique
collier
roue
fusée
boudin
tampon
chasse-pierre
cheminée
robinet de vidange
robinet de purge
robinet réchauffeur
tender
caisse à eau
chauffeur
mécanicien

marche
déraillement

patiner
dérailler
déraper
V. *machine*

locution
V. *langage*

lods V. *féodalité*

lof V. *navire*

lofer V. *navire*

logarithme
V. *algèbre*

loge
V. *place*, *franc-maçonnerie*, *théâtre*

logement
V. *appartement*

loger V. *placer*

logeur V. *auberge*

logique
V. *raisonner*

logis
V. *appartement*

logographe
V. *écrivain*

logogriphe
V. *obscur*

logomachie
V. *absurdité*

loi
code

jurisprudence
justice
droit coutumier
ordonnance
texte
décret
édit
prescription
arrêté
arrêt
sentence
règlement
statut
réglementation
règle
parère
droit
juridiction
législation
légalité
talion
article du Code
article de loi
disposition
bill
clause
formalité
précepte
capitulaire
coutume
charte
formulaire
Digeste
théodosien
infortiat
Institutes
Pandectes
pragmatique
canon
firman
ukase
rescrit
décrétale
codification
promulgation
établissement
paratitle
interprétation
application
sanction
respect
transgression
infraction
violation
dérogation à
abolition
désuétude
loi formelle
ostracisme
pétalisme
observance
inobservance
inobservation
organique
inorganique
caduque
de circonstance

établir
libeller
porter
promulguer
proclamer
édicter
décréter
arrêter
ordonner
prononcer
prescrire
commander
vouloir
défendre
interdire
réprimer
punir
régler
réglementer
codifier
légiférer
légaliser
statuer
interpréter
observer
se conformer à
respecter
déroger
tourner
enfreindre
transgresser
violer

légiste
législateur
juriste
paratitlaire
jurisconsulte
homme de loi
avocat
criminaliste
juge [justice haute et basse
justicier
justiciable
violateur
infracteur
réfractaire
transgresseur

légal
légitime
législatif
conforme à la loi
juridique
réglementaire
somptuaire
canonique
salique
draconien
rétroactif
dérogatoire
illégal
dura lex, sed lex
summum jus, summa injuria
légalement
illégalement [loi
au mépris de la

loin
au diable
au diable au vert
aux antipodes
dans le lointain
à l'écart
à distance
au large
au bout du monde
éloigné
distant
lointain
retiré
isolé
écarté
reculé
perspectif
hors de la vue
à perte de vue

perspective
éloignement
écart
recul
séparation
distance sensible
espace
intervalle
aphélie
antipodes
apogée
télescope
télescopique
V. *longueur*

loir V. *animal*

loisible
V. *permis.*

loisir V. *inaction*

lombes
lombaire

lombric
V. *animal*

Londres
londonnien

londrin
V. *étoffes*

long (*espace*) et **longueur**
allongé
longuet
longitudinal
prolongé
interminable
sans fin
prolixe
diffus
qui n'en finit pas
intarissable
inépuisable
fastidieux
interminable

allongement
prolongement
rallonge
rallongement
longueur
allonge
supplément
appendice
dimension
mesure
longimétrie
paramètre
prolixité
millimètre
centimètre
mètre
yard
décamètre
hectomètre
kilomètre
lieue
mille
verste
myriamètre
vernier
micromètre
ligne
pouce
pied
pas
enjambée
vare
toise
aune
aunée
canne
coudée
brasse
brassée

loch
encablure
nœud
doigt
empan
pan
palme
parasange
stade
schène
sagène
verchock
archine
endazé
pic
allonger
étirer
tirer
détirer
rallonger
prolonger
avancer
projeter
toiser
chaîner

longuement
V. *mesure*
longanimité
V. *patience*
longe
V. *lien*, *viande*
longer V. *bord*
longévité V. *vie*
longimétrie
V. *long*
longitude
V. *géographie*
long-jointé
V. *cheval*
longtemps
V. *patience*
longue (à la)
V. *volonté*
longueur
V. *long*, *style*
longue-vue
V. *lunette*
lopin V. *division*
loquacité
V. *éloquence*
loque V. *chiffon*
loquèle
V. *éloquence*
loquet
V. *serrure*
lord
V. *aristocratie*
lorgner V. *voir*
loriot V. *animal*, *œil*
losange
rhombe
losangé
rhomboïde
rhomboïdal
lot V. *loterie*
loterie
tombola
jeu de hasard
numéro
ambe
billet
lot
gros lot
chance
tirage

mettre en loterie
loter
tirer
sortir
gagner

gagnant
perdant
V. *loto*
lotier V. *plantes*
lotion V. *laver*
lotir V. *diviser*
lotissage
V. *métallurgie*
lotissement
V. *division*
loto
carton
sac
numéro
tirer
appeler
quine
quaterne
terne
lotte V. *animal*
lotus V. *plantes*
louable
V. *honnête*
louage
V. *locataire*
louange
éloge
approbation
los
glorification
panégyrique
préconisation
apologie
concert de louanges
compliment
coup d'encensoir
encensement
félicitation
flatterie
adulation
courtisanerie
louer
complimenter
louanger
magnifier
glorifier
vanter
féliciter
aduler
flagorner
adresser des compliments
faire l'apologie de
se faire l'apologiste de
faire un portrait avantageux
parler en termes avantageux
porter aux nues
dresser des autels
mettre au pinacle
exalter
encenser
chanter
prôner
préconiser
applaudir
entonner les louanges
flatter
galantiser
monseigneuriser

élogieusement
approbativement
flatteusement

louangeur
complimenteur
panégyriste
apologiste
flatteur
courtisan
adulateur
thuriféraire
caudataire
laudatif
élogieux
apologétique
approbatif
adulatoire
louable
V. *applaudir*
louche V. *œil*, *incertain*
louche
V. *vaisselle*
loucher V. *œil*
louchet V. *jardin*
louer V. *locataire*, *louange*
lougre V. *navire*
louis V. *monnaie*
louise-bonne
V. *poire*
loup
loup-cervier
louve
louveteau
liteau
hurlement
hurler
louveter
piège à loup
louveterie
louvetier
louve V. *loup*, *grue*
louver V. *grue*, *haut*
louvet V. *cheval*
Louviers
loverrien
louvoyer
V. *navire*, *hésiter*
lover V. *cercle*
loxodromie
V. *navire*
loyal V. *sincère*
loyer V. *locataire*
lubie V. *caprice*
lubrifier
V. *glisser*
lucarne
V. *fenêtre*
lucidité
V. *intelligence*
luciole V. *animal*
Luçon
luçonnois
lucratif
V. *bénéfice*
ludion V. *jouet*
luette V. *gosier*
lueur V. *lumière*
lugubre V. *triste*
luire V. *lumière*
lumachelle
V. *marbre*

lumbago
V. *maladie*

lumière
jour
clarté
éclat
feux
lueur
illumination
splendeur
resplendissement
coruscation
fulmination
fulguration
foyer lumineux
flot de lumière
traînée —
rayon
bluette
étincelle
scintillation
miroitement
rayonnement
diffraction
diffusion
irradiation
réverbération
reflet
réflexion
réfraction
réfléchissement
interférence
transparence
lucidité
diaphanéité
phosphorescence
contre-jour
clair-obscur
pénombre
crépuscule
aube
aurore
arc-en-ciel
éclair
feu follet
auréole
halo
aurore boréale
photosphère
ver luisant
luciole

pâle
blafarde
terne
mate
mourante
crépusculaire
douteuse
fausse
faible
diffuse
vive
rayonnante
éclatante
splendide
rutilante
éblouissante
aveuglante
étincelante
chatoyante
flamboyante
lumineux
clair
éclairé
illuminé
radiant
fulgurant
réfringant
réfractif
réfrangible
translucide
diaphane
transparent
spéculaire
photogénique
a giorno
jour bas
phosphorescent

émettre
inonder de
verser
renvoyer
réfléchir
refléter
réfracter
naître
poindre
s'allumer
luire
reluire
briller
rayonner
irradier
éclater
resplendir
éclairer
éblouir
miroiter
aveugler
mourir
s'affaiblir
pâlir

photomètre
actinomètre
réflecteur
actinométrie
lithophanie
optique
dioptrique
photophobie
V. *éclairage*, *optique*

lumignon
V. *éclairage*

luminaire
V. *éclairage*

lumineux
V. *lumière*

lunatique
V. *caprice*

lunch V. *repas*

lune
astre des nuits
disque
croissant
corne
satellite
phase
syzygie
changement de lune
pleine lune
déclin
quadrature
dernier quartier
nouvelle lune
néoménie
premier quartier
lunaison
demi-lune
lune rousse
orbite
cercle d'illumination
contour apparent
lumière cendrée
ligne des nœuds
nœud ascendant
nœud descendant
révolution tropique
révolution sidérale
révolution synodique
cycle lunaire
épacte
métemptose
proemptose
apogée
périgée
libration
montagnes
taches
clair de lune
halo
parasélène
éclipse
ombre pure
pénombre
lunaire
sublunaire
luni-solaire
sélénographique
sélénographie
Phébé
lunule

lunettes
paire de besicles
conserves
binocle
lorgnon
pince-nez
monocle
carreau
loupe
lentille
verre grossissant
doublet
compte-fils
microscope
télescope
longue-vue
lunette d'approche
hélioscope
héliomètre
lorgnette
jumelles
monture
arcade-ressort
branche
verre
oculaire
concave
convexe
biconcave
biconvexe
périscopique
ménisque
achromatique
fumé
bleu
divergent
convergent
presbyte
myope
cordon
étui
numéro
grossissement
rapprochement

mettre
porter

braquer
lorgner

lunettier
opticien
lunetterie
optique
lunule V. *cercle*
lupercales V. *fête*
lupin V. *plantes*
Lure
luron
luron V. *gai*
lustral V. *fête*
lustration V. *fête*
lustre V. *éclairage, année, essuyer*
lustrine V. *étoffe*
lut V. *argile*
luth V. *instruments*
lutherie V. *violon*
luthérien V. *religions*
lutin V. *fantôme*
lutiner V. *ennui*
lutrin V. *église*
lutte V. *combat, cirque*
luxation V. *articulation*
luxe V. *richesse*
luxer V. *articulation*
luxueux V. *richesse*
luxuriant V. *nombre*
luzerne V. *plantes, céréales*
luzernière V. *plantes*
lycanthrope V. *folie*
lycée V. *école*
lychnide V. *plantes*
lyciet V. *plantes*
lycopode V. *plantes*
lymphe V. *liquide*
lymphatique V. *santé*
lynch V. *supplice*
lynx V. *animal, voir*
Lyon
lyonnais
lyre V. *instruments*
lyrique V. *poésie*
lyrisme V. *enthousiasme*
lysimachie V. *plantes*

M

macabre V. *mort*
macadam V. *pavage*
macaque V. *animal*
macaron V. *pâtisserie*
macaronée V. *poésie*
macaroni V. *nourriture*
macaronique V. *poésie, latin*
macédoine V. *mélange, salade*
Macédoine
macédonien
macération V. *maigre, nourriture*
mâche V. *salade*
mâchefer V. *fer*
mâchelière V. *dent*
mâcher V. *dent, facile*
machiavélique V. *hypocrisie*
mâchicatoire V. *tabac*
machicoulis V. *fortification*
machinal V. *habitude*
machinateur V. *hypocrisie*
machination V. *action*
machine (*éléments* de la)
mécanique
appareil
engin
mécanisme
moteur
truc
métier
bâti
châssis
foyer
chaudière
générateur
cylindre
piston
tige
tiroir
propulseur
condensateur
alimentation
distributeur
appareil de sûreté
pièce fixe
pièce mobile
mouvement
continu
alternatif
section
assemblage
axe
arbre
tigo
poulie
roue dentée
bielle
manivelle
hélice
treuil
vis
pignon
crémaillère
came
déclic
excentrique
articulation
balancier
volant
bras
levier
soupape
régulateur
clapet
crapaudine
support
coussinet
palier
chaise
rouage
roue
engrenage
glissoire
glissière
coulisse
coulisseau
patin
galet
roulette
rivet
clavette
cheville
boulon
écrou
manchon
douille
collet
pivot
presse-étoupe
stuffing-box
chape
charnière
goujon
tourillon
clef
robinet
calorie
chaîne de transmission
cheval-vapeur
kilogrammètre
pression
manomètre
ingénieur
mécanicien
constructeur
machiniste
machines (espèces de)
automate
cabestan
treuil
poulie
moufle
cric
grue
chèvre
monte-charge
ascenseur
palan
baliste
catapulte
bélier
machine de guerre
onagre
hélépole
pont roulant
horloge
jaquemart
réveil
montre
clepsydre
machine fixe
machine pneumatique

machine électri-
que
machine à écrire
presse
banc à tirer
laminoir
calandre
malaxeur
machine à broyer
pressoir
mouton
sonnette [lique
machine hydrau-
marteau-pilon
machine-outil
bascule
vis d'Archimède
drague [sement
machine d'épui-
machine élévatoi-
pompe [re
ventilateur
alambic
locomotive
locomobile
automobile
bateau à vapeur
yacht à vapeur
machine agricole
moulin
batteuse
gerbeuse
V. *mécanique*, *agriculture*, *charrue*.

machiner
V. *action*

machiniste
V. *théâtre*

mâchoire
appareil de mastication
mandibule
supérieure
syncranienne
inférieure
diacranienne
maxillaire [noïde
apophyse coro-
condyle maxillaire
col du condyle
sinus maxillaire
tubérosité maxil-
os incisif [laire
masséter
intermaxillaire
sous-maxillaire
nécrose
mandibulaire
V. *dent*, *mordre*

mâchonner
V. *dent*

mâchurer
V. *imprimerie*

macis V. *huile*

macle V. *plantes*, *blason*, *géologie*

maçon
V. *maçonnerie*

Mâcon
mâconnais

maçonnerie
maçonnage
bâtisse
bâtiment
construction
travaux
entreprise
attachement
limousinerie
corvée
raccord
réparation
démolition
exhaussement
surélévation
restauration
matériaux
marbre (voir)
liais
pierre de taille
pierre taillée
banc franc
banc royal
vergelet
libage
roche
roche douce
banc gris
banc d'argent
moellon
moellon piqué
dur
tendre
meulière
rocaillage
plâtre
carreau
poterie
brique
tuile
terre cuite
wagon
boisseau
mitron
ciment
mortier
ruilée
ruinure
chaux
sable
béton
pierre artificielle
stuc
libage
trullisation
blocage
bousillage
torchis
pisé
fer
fonte
briquetage
cailloutage
crépi
enduit
lithocolle
plafonnement
hourdage

maçonner
bâtir
gâcher
liaisonner
jointoyer
enlier
corroyer
cimenter
hourder
lambrisser
plafonner
étrésillonner
tailler
piquer
smiller
rustiquer
vermiculer
briqueter
araser

gros œuvre
massif
fondation
mur
cloison
refend
pignon
fouille
terrassement
soutènement
perré
battage des pieux
frette
assise
appareil
lit
arase
arasement
bardage
cintrage
joint
jointoiement
boutisse
parpaing
chaîne
bossage
rusticage
coupe
taille
pose
truellée
ravalement
revêtement
anglet
pierre angulaire
parement
arrachement
harpe
pierre d'attente
encorbellement
corniche
plafond
entrevous
hourdis
lambris
radier
jointif

échafaudage
baliveau
boulin
étrésillon
palançons
chablot
échelle
auge
auget
ciseau
seau
malaxeur
bétonnière
claie à cailloux
moule à carreau
crible à sable
volet à mortier
cintre
roule
équerre
règle cintrée
calibre
rond
torche
sabot
jalon
cerce
mailloche

gâchoir
pilon
bricole
riflard
taloche
truelle
hachette
boucharde
grelet
décintroir
smillo

maçon
maître maçon
ouvrier maçon
briqueteur
compagnon
poseur
contreposeur
ficheur
pinceur
bardeur
limousin
garçon
manœuvre
aide-maçon
tâcheron
gâcheur
journée

maçonnique V. *franc-maçonnerie*
macre V. *plantes*
macreuse V. *animal*
macrocosme V. *terre*
maculature V. *imprimerie*
macule V. *soleil*
maculer V. *sale*
Madagascar
Emyrne
madécasse
malgache
madapolam V. *étoffes*
madéfier V. *mouiller*
madeleine V. *pâtisserie*, *poire*, *pleurer*
madone V. *vierge*
madrague V. *filet*
madras V. *vêtement*
madré V. *habile tache*
madrépore V. *animal*
Madrid
madrilène
madrier V. *charpente*
madrigal V. *poésie*
madrure V. *tache*
maëstro V. *musicien*
magasin V. *boutique*
magasinier V. *gardien*
magdaléon V. *remède*
mage V. *magistrat*
magicien
sorcier
thaumatuge
alchimiste
charmeur
enchanteur
nécromancien
nécromant
devin
sorcière
pythie
pythonisse
sibylle
prophétesse
fée

magie
sorcellerie
cabale
grand art
magie noire
magie blanche
science occulte
théurgie
alchimie
pierre philosophale
nécromancie
divination
ensorcellement
enchantement
envoûtement
incantation
vénéfice
charme
sortilège
talisman
filtre
amulette
vertu magique
horoscope
évocation
apparition
esprit
fantôme
revenant
conjuration
sort
jettatura
mauvais œil
maléfice
formule
grimoire
baguette
sabbat
génies
elme
elfe
gnome
gnomide
Merlin
Circé
Médée
Mélusine
magique
maléfique

enchanter
charmer
envoûter
ensorceler
jeter un sort
conjurer
évoquer

magisme V. *Perse*
magister V. *professeur*
magistère V. *Malte*
magistral V. *majesté*, *remède*
magistrat
juge
corps judiciaire
représentant de la loi
juge d'instruction
juge de paix
arbitre
prud'homme
juge-consul
juré
jury
magistrat assis
magistrat debout
procureur
avocat général
accusateur public
substitut
parquet
ministère public
greffier
président
conseiller
assesseur
suppléant
robin

aréopagite
amphictyon
prytane
thesmothète
héliaste
décemvir
quindécemvir
centumvir
préteur
propréteur
procurateur
questeur
suffète
provéditeur
rachimbourg
graff
juge-mage
pair
bailli
sénéchal
prévôt
gruyer
verdier
viguier
official
maître des requêtes
référendaire
attorney
alderman
shérif
coroner
landamman
corrégidor
alcade
uléma
caïd
cadi

tribunal
cour
cour d'assises
prétoire
Palais
Châtelet
amphictyonie
aréopage
prytanée
basilique
préture
questure

présidial
bailliage
sénéchaussée
gruerie
verderie
viguerie
prévôté
châtellenie
élection (pays d')
état (pays d')
table de marbre
échiquier
tribunal aulique
officialité
généralité
grands-jours
chambre ardente
grand-conseil
conseil étroit
parlement
chambre
requêtes
enquêtes
aides
comptes
grand'chambre
chambre dorée
la Tournelle
paulette
enregistrement
lettre de jussion
lit de justice
cour souveraine
cour suprême
amirauté
connétablie
maréchaussée
cour de cassation
cour d'appel
instance
degré de juridic-
ressort [tion
compétence
déclinatoire
correctionnelle
tribunal civil
tribunal de police
justice de paix
greffe [merce
tribunal de com-
tribunal maritime
tribunal excep-
tionnel
haute-cour
conseil de guerre
sur les fleurs de
magistrature [lis
judicature
juridiction

messe du Saint-
Esprit
messe rouge
mercuriale
épices
balances
glaive
tables de la Loi
Thémis
mortier
robe
simarre
audience

juridique
compétent
incompétent
partial
impartial

siéger
délibérer
entendre
connaître de
tenir audience
se déclarer com-
appeler [pétent
évoquer
retenir
être saisi de
interroger
rendre un arrêt
rendre la justice
acquitter
absoudre
renvoyer absous
renvoyer dos à
adjuger [dos
allouer
arbitrer
donner gain de
faire droit [cause
donner raison
débouter
prononcer
décider
statuer
ordonner
condamner
frapper d'une
condamnation
infliger
ratifier
confirmer
entériner
enregistrer
homologuer
casser
annuler
forfaire

prévariquer
récuser

rapport
non-lieu
mandat d'amener
sentence
verdict
jugement
considérants
libellé
dispositif
référé
V. *procédure*

magnanerie
V. *soie*

magnanimité
V. *majesté*

magnat V. *Pologne*, *Hongrie*

magnésie
V. *remède*

magnésium
V. *substance*

magnétisme
(physique)
attraction
action
influence
aimant
pôle
force coercitive
fluide austral
fluide boréal
aimantation
simple touche
double touche
saturation

neutre
aimanté
magnétique

magnétisme ter-
restre
méridien magné-
inclinaison [tique
déclinaison
boussole
variation
V. *aimant* et *boussole*

magnétisme
(dit animal)
hypnotisme
spiritisme
somnambulisme
passes
fluide
extase

seconde vue
magnétiseur
somnambule
spirite
médium
sujet

lucide

magnétiser
hypnotiser

magnificat
V. *messe*

magnificence
V. *beauté*, *richesse*

magnifier
V. *louange*

magnolia
V. *plante*

magot V. *difforme*, *richesse*

mahaleb
V. *plantes*

mahométanisme
V. *musulman*

mai V. *arbre*, *mois*

maigre
amaigri
émacié
efflanqué
décharné
étique
maigrelet
grêle
mince
atrophié
mal nourri
chétif
maigre comme un
squelette
maigre comme un
clou
n'avoir que la
peau et les os
amaigrir
emmaigrir
maigrir
émacier
atrophier
amincir
étriquer
macérer

maigreur
amaigrissement
émaciation
macération
jeûne

atrophie
rossinante
haridelle
V. *petit*, *faible*

mail V. *jeu*

maille
maillon
réseau
résille
entre-croisement
treillis
boucle
levure
tricot
côte
bonneterie
maillot
filet

mailler
contremailler
remailler
entre-croiser
tricoter

moule
navette
crochet
broche
aiguille
métier
bâti
plomb
platine
abaisseuse
onde
pédale
battant

maille large
maille serrée
réticulaire
réticulé
V. *filet*

maillechort
V. *métal*

maillet
V. *marteau*

mailloche
V. *marteau*

maillot
V. *vêtement*

maillure
V. *tache*, *plume*

main
menotte
patte
organe de préhension
dos
revers
arrière-main
paume
creux
carpe
poignet
scaphoïde
semi-lunaire
pyramidal
pisiforme
trapèze
trapézoïde
grand os
os crochu
métacarpe
os métacarpien

doigt
phalange
phalangine
phalangette
ongle
griffe
serre
muscle extenseur
muscle opposant
muscle abducteur
muscle fléchisseur
ligament annulaire
pouce
antithénar
thénar
articulation
index
médius
annulaire
auriculaire
petit doigt

poignet
poing
envie
engelure
durillon
panaris
bague
gant
boxe
pugilat
coup
claque
chiquenaude
pichenette
tape
baise-main
geste
palme
pan
poigne
poignée
pincée
prestidigitation
chiromancie
chirologie
lignes de la main
maniement
manipulation

ambidextre
gaucher
bimane
quadrumane
droite
gauche
carpien
manuel
main fine
souple
forte
calleuse

manier
manipuler
toucher
tâter
palper
serrer
pétrir
malaxer
pianoter
empaumer
empoigner
prendre
pincer
tenir
ouvrir
tendre
fermer
serrer
manuellement
V. *geste*, *toucher*, *doigt*

main-d'œuvre
V. *travail*

Maine
manceau

main-forte
V. *aider*

mainlevée
V. *procédure*

mainmise
V. *procédure*

mainmorte
V. *propriété*

maint V. *nombre*

maintenir
V. *tenir*

maintenue
V. *procédure*

maintien
V. *attitude*

maire
V. *municipalité*

mais
toutefois
cependant
pourtant
nonobstant
néanmoins
quoique
quand bien même
bien que
malgré
en dépit de
sous réserve

maïs V. *plantes*

maison
habitation
demeure
propriété
propriété foncière
résidence
maison de plaisance
ajoupa
gourbi
cahute
masure
case
cassine
hutte
guérite
carbet
asile
séjour
vide-bouteille
isbah
maisonnette
cottage
chaumière
chaumine

corps principal
avant-corps
aile
bas côté
appentis
hangar
dépendance
cour
avant-cour
cour d'entrée
portail
porche
véranda
marquise
porte
grille
perron

rampe
loge
communs
vestibule
escalier
étage
sous-sol
rez-de-chaussée
entresol
premier étage
bel étage
balcon
encorbellement
attique
mezzanine
mansarde
grenier
comble
gouttière
chéneau
toit
façade
pignon
boutique
numéro
enseigne
fenêtre
baie
ouverture
jour
trumeau
plate-bande
exposition
îlot
pâté
se reporter à *édifice*, *appartement*, *escalier*, *style*, *bâtir*, *maçonnerie*, *fenêtre*, *boutique*, *porte*, *toit*, etc.

maître V. *commandement*, *chef*

maîtrise
V. *chant*

maîtriser
V. *tenir*

majesté
dignité
noblesse
grandeur
pompe
prestige
éclat
splendeur
gloire
prestance
magnanimité
solennité
gravité
gourme
solennisation

majestueux
noble
grand
grandiose
pompeux
ronflant
sonore
imposant
grave
gourmé
compassé
guindé
empesé
solennel
digne
magnifique
magnanime
superbe
sculptural
éclatant
magistral
auguste

solenniser
trôner

majestueusement
magnanimement
noblement
dignement
grandement
gravement
pompeusement
magnifiquement
glorieusement
superbement
V. *orgueil*

majeur V. *âge*, *responsabilité*

majeure
V. *syllogisme*

majolique
V. *céramique*

major V. *officier*

majorat
V. *héritage*

majordome
V. *cuisine*

majorité
V. *nombre*, *âge*

Majorque
majorquin

majuscule
V. *lettres* (2)

maki V. *animal*

mal
avarie
abus
inconvénient
défaut
trouble
excès
désordre
corruption
impureté
adultération
endommagement
détérioration
décadence
déclin
dégénérescence
imperfection
insuffisance
incommodité
manque
manquement
tare
souillure
tache
vice
difformité
imperfectibilité
incorrigibilité
détérioration
mauvais
défectueux
fâcheux
inconvenant
abusif
excessif
nuisible
condamnable
corrompu
impur
souillé
vicieux
dégénérescent
imparfait
insuffisant
manqué
raté
lâché
bâclé
éraillé
difforme
médiocre
regrettable
interlope
piteux
pitoyable
déplorable
exécrable
détestable
répréhensible
abominable
damnable
inqualifiable
dégradant
infamant
humiliant
déshonorant
avilissant
scandaleux
irréparable
irrémédiable
imperfectible
incorrigible
désespéré
indécrottable
irrépressible

ne pas aller
clocher
végéter
vivoter
jurer
faire tache
décliner
baisser
bousiller
chipoter
bâcler
saveter
saboter
gâcher
détraquer
adultérer
fausser
détériorer
endommager
infester
pervertir
troubler
nuire
entre-nuire

mal
incommodément
cahin-caha
de guingois
à tort et à travers
de travers
piteusement
défectueusement
imparfaitement
médiocrement
pitoyablement
déplorablement
abominablement
V. *pire*, *douleur*, *ruine*, *difforme*, *maladie*

malachite
V. *substance*

malacie V. *goût*
malactique
V. *remède*
malade
indisposé
incommodé
souffrant
faible
maladif
souffreteux
abattu
affecté de
affligé de
atteint de
alité
impotent
désespéré
in extremis
condamné
moribond
patient
valétudinaire
grabataire
convalescent
défait
have
pâle
livide
morbide
morbifique
pestifère
pestilent
pestilentiel
rémittent
pathologique

légèrement
grièvement
couver une maladie
ne pas être à son aise
ne pas être bien
ne pas être dans son assiette
être indisposé
souffrir de
éprouver
ressentir
avoir des accès de
être en proie à
empirer
traîner
baisser
être bas
être au plus mal
n'en avoir pas pour longtemps
avoir une attaque
être pris
contracter
attraper
gagner
luxer
déboîter
casser
démettre
tomber malade
garder le lit
garder la chambre
en réchapper
en revenir
relever de
guérir
revenir à la santé
sortir de maladie
inoculer
communiquer
passer
donner

albuminurique
alcoolique
aliéné
anémique
ankylosé
aphone
aphteux
apoplectique
asphyxié
asthmatique
ataxique
atrophié
bègue
bilieux
biliaire
boulimique
cachectique
calleux
cancéreux
carié
cataleptique
catarrheux
catarrhal
aveugle
chancreux
charbonneux
chiragre
chlorotique
cholérique
comateux
congestionné
constipé
couperosé
courbatu
coxalgique
crétin
croupal
dartreux
délirant
dément
dérangé
diabétique
diarrhéique
diphtérique
dysentérique
échauffé
écorché
eczémateux
embarrassé
empoisonné
enchifrené
enfiévré
enflé
engorge
enrhumé
enroué
épileptique
érysipélateux
escarotique
évanoui
fiévreux
fébricitant
galeux
gangreneux
gastralgique
gâteux
glaireux
goitreux
goutteux
graveleux
grippé
halluciné
hébété
hectique
hémiplégique
hémorragique
hémorroïdal
hépatique
herniaire
herpétique
hydrophobe
hydropique
hyperesthésique
hypocondriaque
hystérique
ictérique
idiot
imbécile
intoxiqué
kysteux
ladre
lanciné
lépreux
léthargique
luxé
arthritique
lymphatique
monomane
morphinomane
morveux
néphrétique
névralgique
névrosé
œdémateux
oppressé
paralysé
paralytique
paraplégique
pelliculaire
pestiféré
phlegmoneux
phtisique
pléthorique
pleurétique
podagre
poitrinaire
pustuleux
rachitique
ramolli
rhumatisant
rhumatismal
somnambule
sourd
teigneux
tuberculeux
ulcéreux
variqueux
varioleux
variolique
maladie V. *guérir*, *médecine*, *remède*, *douleur*, *malade*
mal
malaise
indisposition
mal-être
affection
trouble
endémie
épidémie
épizootie
contagion
pestilence
fléau
peste
ravage
mortalité
hôpital
ambulance
lazaret
cordon sanitaire
quarantaine
marche
évolution
processus

indisposition
idiopathie
idiosyncrasie
prophylaxie
incubation
prodrome
phénomène précurseur
symptôme [que
pathognomoni-
phénomène prémonitoire
phénomène concomitant
phénomène consécutif
inoculation
invasion
atteinte
attaque
accès
crise
accident
complication
progression
progrès
accélération
aggravation
métastase
intermission
transport
paroxysme
accalmie
mieux
résolution
guérison
rechute
incurabilité
curabilité

infecter
infester
régner
se propager
se répandre
s'étendre
gagner
incommoder
miner
consumer
prédisposer
à l'abri
indemne
atteint
contaminé
endémique
épidémique
régnante
sporadique

contagieux
pernicieux
congénital
chronique
gravatif
pestilentiel
méphitique
typhique
putride
anesthésique
anévrismal
arthralgique
asthénique
cardialgique
chancreux
convulsif
croupal
daltonien
diarrhéique
vénéneux
toxique
éruptif
fiévreux
fébrile
flatueux
galeux
gangreneux
gastralgique
hémoptysique
hémorroïdal
hépatique
herpétique
ictérique
imperforé
inguérissable
mortel
incurable
curable
guérissable
inflammatoire
intercurrent
intermittent
léthargique
névralgique
odontalgique
pédiculaire
pelliculaire
flegmoneux
pituitaire
pituiteux
polypeux
pustuleux
rhumatismal
scorbutique
scrofuleux
spasmodique
squirrheux
syncopal
synovial

tabide
tétanique
variolique

abcès
abruption
acampsie
acatharsie
acédia
acéphalocyste
acéphalopodie
acéphalorachie
achilie
achirie
achromatopsie
achymose
acidostéophyte
acné
acrodynie
acrotériose [d')
Addison (maladie
adénite
adénomalacie
adéno - méningée (fièvre)
adénopathie
adéno-pharyngi-
adénophtalmie [te
adiaphorèse
adipsie
adynamie
aérophobie
agrypnie
aigreurs
albugo
albuminurie
alcoolisme
aliénation
alopécie
alphos
amaurose
amblyopie
amnésie
ampoule
amygdalite
anasarque
anchilops
anémie
anesthésie
anévrisme (rup-
angine [ture d')
angioleucite
ankylose
anorexie
anthrax
aortite
apepsie
aphonie
aphte

apnée
apoplexie
aréole
artériosclérose
artériostose
artérite
arthralgie [tisme
arthrite, arthri-
ascaride
asphyxie
asthénie
asthme
ataxie
athrepsie
atonie
atrophie
attaque de nerfs
ballonnement
battements de cœur
bec-de-lièvre
bégaiement
béribéri
blépharite
borborygme
boulimie
bourdonnement
bradypepsie
bradyurie
brédissure
Bright (mal de)
bronchite
bronchorrée
bronzée (maladie)
bubon
cachexie
calculs
callosité
calvitie
cancer
carcinome
cardialgie
cardiorrhexie
cardite
carie
carphologie
carreau
carus
catalepsie
cataracte
catarrhe
cathérèse
cauchemar
cécité
céphalalgie
chalazion
chancre
charbon
chaud et froid

chémosis
chiragre
chlorose
choléra
cholérine
chondrite
chondrome
chorée
chylurie
clavelée
clou
colique
coma
compère loriot
condylome
congestion
conjonctivite
consomption
constipation
contraction
convulsion
coqueluche
cor
coryza
coup d'air
coup de soleil
coup de sang
couperose
courante
courbature
coxalgie
crampe
crétinisme
Crimée (mal de)
crocidisme
croup
croûte
crudité
cutanée (maladie)
cyanose
cynancie
cyphose
cystite
cystocèle
daltonisme
danse de St-Guy
dartre
déboîtement
défaillance
dégénérescence
délire
délire des aboyeurs
delirium tremens
démence
dengue
mal de dents
dépôt
dermatose

desquamation
déviation
diabète
diaphorèse
diarrhée
dilatation d'estomac
diphtérie
diplopie
distichiasis
dothiénentérie
douleurs
dysenterie
dyspepsie
dyspnée
dysurie
éblouissement
ecchymose
échauffement
éclampsie
écorchure
écrouelles
eczéma
effort
élancement
éléphantiasis
embarras d'estomac
embolie
emphysème
empoisonnement
empyème
empyocèle
encéphalite
encéphalocèle
enchifrènement
endocardite
endonéphrite
enflure
engelure
engorgement
enkystement
enrouement
entérite
entorse
épanchement
éparvin
éphélide
épicanthis
épilepsie
épistaxis
épithélioma
épreintes
épulide
épulie
ergotisme
éruption
érysipèle
érythème
escarre
esquinancie

étouffement
étourdissement
évanouissement
exanie
exanthème
excroissance
exfoliation
exophtalmie
exostose
extinction de voix
farcin
fausse digestion
feu de dents
fic
fièvre adynamique
f. algide
f. ardente
f. arthritique
f. asode
f. ataxique
f. bilieuse
f. blanche
f. chaude
f. muqueuse
f. cérébrale
f. intermittente
f. jaune
f. larvée
f. maligne
f. miliaire
f. pernicieuse
f. proleptique
f. puerpérale
f. tierce
f. quarte
f. typhoïde
fistule
flatulence
flatuosité
flueurs
fluxion
fluxion de poitrine
foie (maladie de)
folie
fongosité
fongus
fracture
furoncle
galactorrée
gale (voir)
galianconisme
gangliite
ganglioma
gangrène
gastralgie
gastrite
gastrocèle
gastro-conjonctivite

gastro-entérite
gastro-malacie
gastrorrhée
gâtisme
gibbosité
gingivite
ginklose
glaires
glaucome
glossanthrax
glossite
glycosurie
goitre
gongrone
gourme
goutte
goutte sereine
granulations
gravelle
grenouillette
grippe
hallucination
haut-le-cœur
hébétude
hectisie
helminthe
hem
hémalopie
hématémèse
hématocèle
hématurie
héméralopie
hémiplégie
hémite
hémophtalmie
hémoptysie
hémorragie
hémorrhée
hémorroïdes
hépatique (douleur)
hépatirrhée
hépatite
hernie
herpès
humeurs
hydarthrose
hydrargyrie
hydrocèle
hydrophobie
hydrophtalmie
hydropisie
hydropneumonie
hydrorachis
hydrosarcocèle
hygroma
hyperesthésie
hypermnésie
hypertrophie

hypocondrie
hystérie
hystéroptose
ictère
diotisme
mbécillité
imperforation
impétigo
incontinence d'u-
indigestion [rine
induration
infarctus
inflammation
influenza
insolation
insomnie
intermittence du
pouls
intertrigo
intoxication
iridocèle
iritis
ischiocèle
ischurie
jaunisse
jectigation
kératite
kératocèle
kératomalacie
kyste
ladrerie
lampas
lancinement
langueur (mala-
laryngite [die de)
léontiasis
lèpre
lésion
léthargie
leucocythémie
leukémie
lientérie
lipome
lipothymie
lithiase
lithiasie
lochies
lombric
lumbago
luxation
lycanthropie
lymphangite
lymphite
lymphorragie
lypémanie
mal d'aventure
mal caduc
mal de cœur
mal d'estomac

mal de gorge
mal de mer
mal de montagne
mal de tête
maladie nerveuse
maladie noire
malaria
marasme
mastite
méningite
mentagre
mérocèle
mésentérite
météorisme
migraine
miliaire
milk sickness
miséréré
moelle épinière
(maladie de la)
monomanie
morphinomanie
morve
muguet
mutisme
myélite
myitis
myocardite
nécrose
néphralgie
néphrétique (coli-
néphrite [que)
nerveuse (affec-
névralgie [tion)
névrome
névropathie
névrose
nyctalopie
obstruction
odontalgie
odontite
œdème
œsophagite
onglée
ophtalmie
oppression
oreillon
oschéocèle
ostéite
ostéocèle
ostéomalacie
ostéomyélite
ostéosarcome
ostéosclérose
otalgie
otite
otorrhée
oxyures
palatite

pâles couleurs
paludéenne (fiè-
panaris [vre)
papilloma
paralysie
paraplégie
parotite
parulie [ladie)
pédiculaire (ma-
pédionalgie
pelade
pellagre
pellicule
pemphigus
pépie
péricardite
périostite
périostose
péripneumonie
péritonite
peste
phalangose
pharyngite
phlébite
phlegmasie
phlegmon
phlogose
photophobie
phrénésie
phrénite
phtiriasis
phtisie
phymatose
piarrhémie
pierre
pituite
pityriasis
plaie
pléthore
pleurésie
plica
plique
pneumatose
pneumocèle
pneumonie
point de côté
poireau [de)
poitrine (maladie
poliose
polycholie
polyémie
polype
polyurie
porocèle
porrigo
pourpre
prostatite
prurigo
psoïte

psoriasis
ptérygion
ptyalisme [vre)
puerpérale (fiè-
pulmonie
purpura
pustule
pyélite
pyohémie
pyrosis
rachitisme
rage
ragle
ramollissement
refroidissement
rétention
rétinite
rhagade
rhinite
rhino-laryngite
rhumatisme
rhumatisme arti-
culaire
rhumatisme
rhume [noueux
roséole
rougeole
sarcocèle
sarcome
scarlatine
sciatique
sclériase
sclérophtalmie
sclérose
sclérotite
scorbut
scrofule
somnambulisme
spasme
sphacèle
splénemphraxie
splénite
squirrhe
staphylome
stomatite
strabisme
suette
suffocation
suppuration
surdité
sycosis
syncope
synovie (épan
chement de
tac
ténia
taie
tarentisme
teigne

ténesme
tétanos
thrombus
tic
torticolis
tournis
toux
trachéite
tranchées
tremblante (maladie)
trichiasis
trichine
trismus
tubercule
tuberculose
tumeur
tuméfaction
tympanite
typhus
ulcération
ulcère
urémie
urticaire
vapeurs
varice
varicelle
varicocèle
variole
ventosité
ver-coquin
vérole (petite)
vertige
vertigo
vomissement
vomito-negro
waren
xérasie
xérophtalmie
zona
V. *guérir*, *malade*, *médecin*, *remède*, *douleur*

maladrerie
V. *hôpital*, *lèpre*

maladroit
inhabile
malhabile
impolitique
malavisé
gauche
manchot
lourdaud
empoté
pataud
malencontreux
gourd
balourd
incompétent
novice
jocrisse

n'y entendre rien
ne pas savoir en sortir
ne pas savoir s'y prendre
s'enferrer
se noyer
commettre une maladresse
avoir la main malheureuse

maladresse
inhabileté
malhabileté
gaucherie
incompétence
pas de clerc
impair
bourde
boulette

maladroitement
gauchement
inhabilement
malhabilement
V. *ignorance*

malaga
V. *vin*, *raisin*

malaguette
V. *plantes*

malaise
V. *maladie*

malaisé
V. *difficile*

malandre V. *cheval*, *pourriture*

malappris
V. *grossier*

malart V. *canard*

malavisé
V. *maladroit*

malaxer V. *mou*

malcontent
V. *cheveu*

mâle V. *masculin*, *sexe*

malédiction
anathème
imprécation
maudire
vouer à la colère des dieux

maléfice
V. *magicien*

maléfique
V. *magicien*

malencontreux V. *ennui*

malentendu
V. *obscurité* (2)

mal-être
V. *maladie*

malfaçon
V. *insuccès*

malfaire V. *nuire*

malfaisant
V. *nuire*

malfaiteur
V. *criminel*

malfamé
V. *réputation*

malgré
V. *obligation*

malhabile
V. *maladroit*

malheur
calamité
mauvaise fortune
revers
injures du sort
infortune
adversité
fatalité
coup du sort
épreuve
abois
détresse
désespoir
ennui
chagrin
contrariété
déboire
traverses
vicissitudes
péripétie
déconvenue
mésaventure
mécompte
contretemps
dommage
perte
détriment
déception
insuccès
échec
chute
cataclysme
catastrophe
désastre
disgrâce
fléau
défaveur
guignon
déveine
avanie
ruine
temps dur
jour néfaste
date maudite
vache enragée
sort
mauvais œil
treize
à son dam
à ses dépens
à son détriment

malheureux
infortuné
éprouvé
abandonné du ciel
acculé
mal loti
mal partagé
aux abois
en détresse
disgracié
à bout
à quia
perdu
flambé
accablé
frappé
en butte à l'adversité
être dans le malheur
subir les assauts de la fortune
mésarriver
ne pas réussir
éprouver des déboires
en voir de toutes les couleurs
s'en voir
jouer de malheur
porter malheur

mauvais
triste
critique
néfaste
funeste
fatal
désastreux
fâcheux
déplorable
lamentable
misérable
décourageant
désespérant
désolant
pénible
V. *ennui*, *ruine*, *insuccès*

malhonnêteté
improbité
indélicatesse
tromperie
coquinerie
friponnerie
vol
escroquerie
abus de confiance
détournement
malversation
indignité
perversité
tricherie

malhonnête
indélicat
indigne
trompeur
improbe
coquin
fripon
voleur
escroc
chevalier d'industrie
tricheur
grec
malhonnêtement
indélicatement
indignement
V. *vol*, *grossier*

malice
finesse
ruse
espièglerie
malignité
mièvrerie
taquinerie
farce
tour
sac à malices

malicieux
fin
espiègle
malin
mièvre
rusé
finaud
fûté
taquin
farceur
V. *esprit*, *habile*

malin V. *habile*

malignité
V. *habile*, *mauvais*

malines
V. *dentelle*

malingre
V. *faible*

malintentionné V. *nuire*

malle
mallette
couvercle
dessus de malle
fond
intérieur
compartiments
poignées
manette
serrure
auberonnière
moraillon
layetier
emballeur
malletier
V. *bagage* et *caisse*

malléable
V. *mou*

malléole V. *pied*

mallier V. *cheval*

malmener
V. *reproche*

Malo (St-)
malouin

malotru
V. *grossier*

malpeigné
V. *toilette*

malpropreté
V. *sale*

malsain
mauvais pour la santé
nuisible
insalubre
corrompu
méphitique
pestilentiel
empoisonné
dangereux
contraire
malin
miasmatique
délétère
putride
septique
pernicieux
funeste
mortel
malaria
méphitisme
V. *air*

malséant
V. *grossier*

malsonnant
V. *grossier*

malt V. *substance*

Malte
maltais
magistère

maltôte V. *impôt*

maltôtier
V. *impôt*

maltraiter
V. *battre*

malvacée
V. *plantes*

malveillance
V. *méchanceté*

malveillant
V. *méchanceté*

malversation
V. *crime*

malvoisie V. *vin*

maman V. *mère*

mamelle
sein
mamelon
pis
trayon

mamillaire
mammaire
mammifère
traire
V. *lait*

mamelon
V. *mamelle*, *haut*

mamelonné
V. *haut*

manant
V. *féodalité*

mancenillier
V. *plantes*

manche V. *vêtement*, *outil*

manchette
V. *chemise*, *journal.*

manchot V. *bras*

mandant
V. *élection*

mandarine
V. *plantes*

mandarinier
V. *plantes*

mandat V. *élection*, *commission*

mandater
V. *payer*

mandement
V. *évêque*

mander
V. *annoncer*

mandibule
V. *mâchoire*

mandille
V. *vêtement*

mandoline
V. *instruments*

mandore
V. *instruments*

mandragore
V. *plantes*

mandrill
V. *singe*

mandrin
V. *outil*, *trou*

manducation
V. *messe*

manéage
V. *navire*

manège V. *équitation*, *habile*

mânes V. *mort*

manganèse
V. *métal*

mangeoire
V. *écurie*

manger
se nourrir de
s'alimenter de
absorber
résorber
avaler
ingurgiter
ingérer
se mettre sous la dent
gober
happer
bâfrer
s'empiffrer
dévorer
consommer
croquer
grignoter
goûter
tâter
se restaurer
subsister
vivre de
se régaler
se repaître
assouvir sa faim
se rassasier de
se bourrer de
se gorger de
se gaver de
s'emplir de
s'emplir la panse
se sustenter
manger tout son saoûl
brouter
paître

picorer
ruminer
entre-dévorer (s')

mangeable
comestible
alimentaire
nutritif
substantiel
appétissant
délicat
bon
succulent
exquis
immangeable
alimentation
nourriture
régime
consommation
absorption
ingestion
ingurgitation
intussusception
déglutition
assimilation
résorption
digestion
picorée

mangeoire
râtelier
crèche
auge
auget
barbotoire

abstinence
jeûne
maigre
frugalité
sobriété
V. *nourriture, repas, digérer, goût, appétit*

mangeur
pensionnaire
consommateur
hôte
convive
parasite
pique-assiette
écornifleur
gobeur
client
anthropophage
cannibale
carnivore
créophage
herbivore
granivore
frugivore
insectivore
omnivore
balanophage
baccivore
ichtyophage
lotophage
lithophage
hippophage
xylophage
artophage
frugal
végétarien
abstinent
sobre
à la diète
à jeun
en appétit
hippophagie
anthropophagie
hippophagique
parasitique
parasitisme
écorniflerie
écornifler
V. *nourriture, gourmand, faim, repas*

mangeure
V. *user*
manglier
V. *plantes*
mangoustan
V. *plantes*
manguier
V. *plantes*
maniable
V. *mou*
maniaque
V. *habitude*
manichéisme
V. *philosophie*
manichordion
V. *instruments*
manie V. *folie, habitude,*
maniement V. *habitude, toucher*
manier
V. *toucher*
manière (d'agir)
façon
méthode
système
plan
arrangement
disposition
marche à suivre
programme
procédé
recette
secret
tournure
tour
tour de main
stratagème
manœuvre
marche
tactique
ordre
suite
manigance
ressource
adminicule
guise
train
fantaisie
caprice
goût
mode
trantran

procéder

par
moyennant
V. *méthode, action*

manière (d'être)
façon
qualité
caractère
tournure
genre
espèce
sorte
acabit
aloi
trempe
air
maintien
apparence
aspect
V. *habitude, caractère*
maniéré V. *hypocrisie, style*
manifestation
V. *montrer*
manifeste
V. *certain, affiche*
manifester
V. *montrer*
manigance
V. *ambition*
manille
V. *cartes, tabac*
manioc
V. *plante*
manipulateur
V. *chimie*
manipule
V. *vêtement*
manipule
V. *légion*
manipuler
V. *toucher*
manique
V. *gant*
maniveau
V. *champignon*
manivelle
V. *machine*
manne V. *nourriture, récipient*
mannequin
V. *marionnettes*
mannequiné
V. *peinture*
manœuvre
V. *travail, navire, ambition*
manœuvrer
V. *armée, navire, ambition*
manœuvrier
V. *ouvrier*
manoir
V. *féodalité*
manomètre
V. *gaz*
manouvrier
V. *ouvrier*
manque
V. *moins*
manquement
V. *mal*
manquer V. *absent, moins*

Mans (le)
manceau
mansarde
V. *toit*
mansardé
V. *appartement*
mansuétude
V. *bonté*
mante V. *animal, vêtement*
manteau
V. *vêtement*
mantelet
V. *vêtement*
mantelure
V. *poil*
mantille
V. *vêtement*

Mantoue
mantouan
manuel
V. *main, livre*
manufacture
V. *atelier*
manufacturer
V. *faire*
manufacturier V. *métier*
manumission
V. *esclavage*
manuscrit
V. *écriture*
manutention
V. *pain*
mappemonde
V. *carte*
maquereau
V. *animal*
maquette
V. *statue*
maquignon
V. *cheval* (1)
maquignonner
V. *cheval* (1)
maquiller
V. *faux*
marabout
V. *Arabie, animal, passementerie*
maraîcher
V. *légumes*

marais
marécage
mare
bas-fond
eau stagnante
maremme
polders
palus
varaigne
paludéen
palustre
marécageux
marasme
V. *insuccès*
marasquin
V. *liqueur*
marâtre
V. *famille*
maraud
V. *grossier*
marauder
V. *errer*
maravédis
V. *monnaie*

marbre (et analogues)
albâtre
basalte
marbre blanc statuaire
m. pentélique
m. de Paros
paro antico
marbre de l'Hymette
m. de Thasos
m. de Luni
m. de Carrare
m. coralitique
m. de Lesbos
m. africain
noir antique
marbre de Lucullus
m. de Proconèse
m. obsidien
m. du Taygète
m. de Caryste
cipolin vert
cipolazzo
marbre d'Auguste
m. de Tibère
m. ophite
m. synnadique
m. phrygien
m. dociménien
bleu turquin
bleu antique
petit bleu
bleu fleuri
rosato antico
ténarien
lydien
alabandique
marbre rhodien
m. de Melos
m. d'Auvergne
m. de Balcavaire
m. balzato
m. de Ste Baume
m. veiné
m. de Caen
m. de Campan
Campan isabelle
Campan rouge
vert de Campan
marbre de Champagne
m. de Dinan
fleur de pêcher
marbre de Namur
m. de Theux
m. de Gauchenet
m. de Givet
m. de Languedoc
m. de Laval
griotte
malplaquet
cervelas
marbre de Hou
marbre de Saint-Maximin
marbre œil de paon
pavonazzo
grechetto
bisachino
serpentin
Porta-Santa
portor
marbre de Rance
marbre de Roquebrune
marbre de Savoie
sérancolin
sarancolin
sicilien
marbre de Suisse
vert d'Égypte
vert de mer
vescovo
ophite
grand antique
canelle
Polvaccio
Saravezza
jaune bréché
palombino
paragone
rouge antique
bianco di Sienna
bianco di Pelli
bianco della Rochetta
bianco alborese
bianconi
arzago
bagolino
bardiglia
sainte Anne
violon
florence
pulteau
sussac
lave
grandrieux
linghon
bourbonnais
corbing
cousance
coarlon
beauregard
floirac
gramat
Saint Simon
fougères
nankin
rouge dozoir
langeat
sirod
croset
dauphin
fixin
rouge joyeux
pourpre numidique
brèche
b. antique de Rome
b. de Porta-Santa
jaune antique
rose antique
violette antique
vierge antique
arlequine antique
brèche de Riela
b. d'Alentejo
b. du Taygète
b. de Vérone
violette de l'Ermitage
brèche impériale
b. de Dourlais
b. de Fontaine-l'Évêque
b. jaune de Digne
b. portor
b. lazuli
b. d'Alet
b. de Beaudéan
b. Sainte-Victoire
b. de Memphis
b. de Marseille
b. de St-Romain
b. chinoise
b. de Dourlers
b. d'Estrœungt
beau languedoc antique
languedoc blanc
languedoc sanguin
brèche grise
b. tigrée
b. de Sauveterre
b. Caroline
b. infernale
b. de Pleide
b. de la Penne
b. jaune de Ste Beaune
b. Framont
grand antique
petit antique
brocatelle

brocatelle della Gherarda
brocatelle della Pieva [cino
brocatelle de l'Albrocatelle de l'Arrenti
brocatelle di Rosia
brocatelle de Pidichiasa [pani
brocatelle de Trabrocatelle d'Esgranit [pagne
granitelle
granit vert des Vosges
porphyre des Vosges
granit feuille
g. rouge [morte
g. de Lucs
g. syénite antique
g. du Laber
g. d'Anduze
lumachelles
lumachelle champenoise
lumachelle des Bossus

fier
filardeux
pouf
terrasseux
poli
grain
taille
veine
marbrerie
marbrier
marbrière
carrière
marmoréen

marbrer V. *reliure*, *tache*

marc V. *reste*, *monnaie*

marcassin V. *sanglier*

marcassite V. *substance*

marcation V. *géographie*

marchand
négociant
accapareur
trafiquant
débitant
fournisseur
tenancier
mercanti
mercantilisme
mercantile

apothicaire
armurier
— armurerie
arquebusier
— arquebuserie
baigneur
balancier
bandagiste
— orthopédie
banquier
— banque
bijoutier
— bijouterie
bimbelotier
— bimbeloterie
bonnetier
— bonneterie
bottier
boucher
— boucherie
boulanger
— boulangerie
bouquetière
bouquiniste
bourrelier
— bourellerie
brocanteur
— brocantage
bronzier
— bronze
brossier
— brosserie
cabaretier
cafetier
camelot
— colportage
cantinier
— alimentation
carrossier
— carrosserie
cartonnier
— cartonnage
changeur
— change
chapelier
— chapellerie
charbonnier
charcutier
— charcuterie
chasublier
— chasublerie
chaudronnier
— chaudronnerie
chocolatier
— chocolaterie
coiffeur
commerçant
commissionnaire
— commission
confiseur
— confiserie
contremarques (marchand de)
coquetier
cordonnier
— cordonnerie
corsetier
coutellier
— coutellerie
couturier
couturière
crémier
— crémerie
culottier
dégraisseur
— teinturerie
déménageur
— déménagement
drapier
— draperie
droguiste
écaillère
emballeur
épicier
— épicerie
étameur
— étamage
faïencier
— faïencerie
ferblantier
— ferblanterie
fleuriste
fontainier
formier
fourreur
— pelleterie
fripier
— friperie
fruitier
— fruiterie
fumiste
— fumisterie
gantier
— ganterie
gargotier
— gargote
glacier
grainetier
— graineterie
harengère
herboriste
— herboristerie
horloger
— horlogerie
hôtelier
— hôtellerie
imagier
— imagerie
ivoirier
— ivoirerie
joaillier
— joaillerie
laitier
— laiterie
lampiste
— lampisterie
lapidaire
— joaillerie
layetier
— emballage
libraire
— librairie
limonadier
lingère
— lingerie
liquoriste
logeur
— hôtellerie
lunetier
— lunetterie
luthier
— lutherie
maréchal ferrant
— maréchalerie
matelassier
mercier
— mercerie
miroitier
— miroiterie
modiste
— modes
nouveautés (marchand de)
oiselier
— oisellerie
opticien
— lunetterie
orthopédiste
— orthopédie
papetier
— papeterie
parfumeur
— parfumerie
passementier
— passementerie
pâtissier
— pâtisserie
perruquier
pharmacien
— pharmacie
photographe

poissarde
poissonnier
— poissonnerie
quincaillier
— quincaillerie
ravaudeur
regrattier
— regratterie
relieur
— reliure
rémouleur
rempailleur
réparateur
restaurateur
rétameur
rôtisseur
— rôtisserie
savetier
sellier
— sellerie
serrurier
— serrurerie
tabletier
— tabletterie
tailleur
tapissier
— tapisserie
teinturier
— teinturerie
tonnelier
— tonnellerie
trafiquant
traiteur
tripier
— triperie
vannier
— vannerie
vendeur
vendeuse
verdurier
vergetier
vitrier
vivandier
les autres désignations sont composées du mot *marchand* suivi de la spécialité. — Voir aussi *boutique*, *acheter*, *achat*, *métier*

marchandage
V. *ouvrier*

marchander
V. *payer*

marchandise
articles
denrée
fond
stock
solde
assortiment
fourniture
livraison
déballage
débarquement
débardage
vrac
transit
warrant

avoir en magasin
emmagasiner
tenir
vendre
débiter
détailler
livrer
déballer
débarquer
débarder
placer
achalander
désachalander

neuf
occasion
camelote
garde-boutique
pacotille
rossignol
clientèle
débardeur
V. *boutique*, *commerce*

marche V. *marcher*, *musique*, *escalier*

marché V. *foire*

marchepied
V. *banc*

marcher
se mettre en marche
partir
faire le premier pas
partir du pied gauche
se mettre en route
s'acheminer
se porter en avant
s'élancer
foncer
avancer
gagner du terrain
accélérer le pas
presser le pas
activer le pas
doubler le pas
prendre de l'avance
devancer
doubler quelqu'un
dépasser
distancer
avoir de l'avance
éprouver un arrêt
subir un temps d'arrêt
aller de l'avant
prendre les jambes à son cou
brûler les étapes
parcourir
arpenter
enjamber
battre
sillonner
faire une distance
couvrir
circuler
errer
passer
flâner
se promener
cheminer
rôder
évoluer
manœuvrer
défiler
aller
venir
trotter
trottiner
descendre
monter
se diriger vers
gagner un endroit
se rendre à
atteindre
suivre
emboîter le pas
marcher sur les talons de
rétrograder
revenir sur ses pas
faire un trajet

marcheur
piéton
passant
flâneur
promeneur
touriste
ambulant
nomade
rôdeur
allant et venant
rétrograde
pédestre
ingambe
trotte-menu

marche
défilé
allure
démarche
train
départ
acheminement
accélération
flânerie
promenade
excursion
voyage
itinéraire
évolution
manœuvre
allée
venue
retour
déplacement
locomotion
étape
station
direction
but
trajet
traite
pas
enjambée
enjambement
marche forcée

piste
carrière
promenoir
péridrome
chemin
vestige
trace
erre
trajet
podomètre

à pied
pédestrement
au pas
au pas accéléré
au pas de course
pas gymnastique
clopin-clopant
à cloche-pied
à reculons
V. *courir*, *ramper*, *errer*, *mouvement*

marcotte
V. *jardin*
mare V. *marais*
marécage
V. *marais*
maréchal
V. *officier*
maréchalerie
V. *ferrer*
maréchaussée V. *police*
marée V. *mer*
marelle V. *jeu*
maremme
V. *marais*
margarine
V. *substance*
margay
V. *animal*

marge
manchette
marginal
marger
marginer
margeur
V. *page*
margelle
V. *puits*
marger
V. *imprimerie*
marginal
V. *marge*
marginer
V. *marge*
margrave
V. *chef*
marguerite
V. *plante*
marguillerie
V. *église*
mari V. *mariage*

mariage
hymen
hyménée
alliance
union
parti
épousailles
conjungo
liens du mariage
le bon motif
mariage civil
mariage religieux
mariage morganique
mariage in extremis
demande en mariage
promesse de mariage
consentement
dispense
sommations
publication
bans
accordailles
fiançailles
échange de bague
célébration du mariage
cérémonie nuptiale
bénédiction nuptiale
épithalame
messe de mariage
contrat
régime de la communauté
dot
régime dotal
remploi dotal
ameublissement
trousseau
corbeille
apport
douaire
anneau nuptial
alliance
noce
séparation
répudiation
divorce
mariage d'inclination
mariage de raison
mariage d'argent
beau mariage
union assortie
mariage assorti
mésalliance
noces d'argent
noces d'or
secondes noces
veuvage
remariage
kabin

prétendant
prétendu
futur
fiancé
mari
époux
épouseur
gendre
beau-fils
beau-père
belle-mère
beaux-parents
future
fiancée
promise
femme
épouse
moitié
bru
belle-fille
couple
conjoints
ménage
beau parti
témoin
maire
marieur
veuf
veuve
lune de miel

chercher femme
se fiancer
épouser
se marier
prendre femme
renoncer à la vie de garçon
faire une fin
régulariser une situation
mener à l'autel
contracter une union
convoler
s'unir à
entrer en ménage
ameublir
divorcer
répudier
se séparer
remarier
agréer pour gendre
accorder la main
accueillir la demande

matrimonial
conjugal
nuptial
marital
mariable
nubile
dotal
paraphernal
nubilité
adultère
commerce illégitime
conversation criminelle
flagrant délit
infidélité
tromper
trahir
déshonorer

adultère
maîtresse
concubin
concubine
faux ménage
formariage
bigamie
monogamie
polygamie
mormons
bigame
maritalement
marier
V. *mariage*
marin
V. *navigateur*
marine V. *navigateur*, *navire*
marinade
V. *nourriture*
mariner
V. *nourriture*
marinier
V. *navigateur*
marionnette
poupée
fantoche
pantin
guignol
polichinelle
godenot
folie
fil
mannequin
jacquemart
V. *jouet*
mariste V. *clergé*
marital
V. *mariage*
maritime V. *mer*
maritorne
V. *femme*
marivaudage
V. *subtil amour*
marjolaine
V. *plantes*
marli
V. *étoffe*, *assiette*
marmelade
V. *nourriture*
marmenteau
V. *forêt*
marmite
V. *cuisine*
marmiteux
V. *pauvre*

marmiton
V. *cuisine*
marmonner
V. *parler*
marmoréen
V. *marbre*
marmot
V. *enfance*
marmotte
V. *animal, chapeau, sommeil*
marmotter
V. *parler*
marmouset
V. *petit*
marnage
V. *agriculture*
marne V. *argile*

Maroc
marocain
maronite
V. *clergé*
maroquin V. *cuir*
marotique
V. *style*
marotte
V. *jouet, habitude*
maroufle
V. *grossier, colle*
maroufler
V. *colle*
marquant
V. *importance*
marque V. *signe, étiquette*
marquer
V. *étiquette*
marqueter
V. *inscription*

marqueterie
incrustation
boule
damier
marqueteur
tabletier
tabletterie
marquette
V. *cire*
marquis
V. *aristocratie*
marquise
V. *abri*
marraine
V. *baptême*
marri V. *triste*
marron V. *couleur, plante, esclavage*
marronnier
V. *plante*
marrube
V. *plante*
Marsala V. *vin*
marsouin
V. *animal*
marsupiaux
V. *animal*
martagon
V. *plante*

marteau
martinet
maka
mail
maillet
mailloche
massue
laie
masse
têtu
assette
batte
tapette
battoir
boucharde
brochoir
casse-pierre
merlin
essette
martelet
pic
smille
tomahawk
casse-tête
pilon
braye
rabat
bogue
hurasse

panne
tête
œil
manche

marteler
frapper
battre
forger
cogner
enfoncer
chasser
clouer
planter
piler

coup de marteau
marteleur
martelage

martial V. *guerre*
martinet
V. *animal, fouet, éclairage*
martingale
V. *harnachement, jeu*
martinisme
V. *religion*
martin-pêcheur
V. *animal*
martin-sec
V. *poire*
martre V. *animal, fourrure*

martyre
palme du martyre
auréole
persécution
martyr
confesseur de sa [foi
martyriser
martyrologe
marum
V. *plantes*
maryland
V. *tabac*
mascarade
V. *carnaval*
mascaret V. *mer*
mascaron
V. *ornement*

masculin
mâle
viril
sexe fort
virilité
masculinité
virago
masque
V. *carnaval*
massacre
V. *tuer, ornement*
massage V. *bain*
masse V. *poids, marteau*
massepain
V. *pâtisserie*
masser V. *assembler, toucher, billard*
massette
V. *plantes*
massicot
V. *substances*
massier V. *porter*
massif V. *plein*
massore V. *bible*
massue
V. *marteau*
mastic V. *colle*
mastication
V. *dent*
masticatoire
V. *remède*
mastigadour
V. *harnachement*
mastoc
V. *inaction*
mastodonte
V. *animal*
mastoïde
V. *squelette*
mastoïdien
V. *squelette*
masure V. *maison*
mât V. *mâture*
mat V. *lumière, échecs*
matamore
V. *orgueil*
matassin
V. *danseur*
maté V. *plantes*
matelas
literie
traversin
oreiller
couverture
courte-pointe
couvrepied
dessus de lit
moustiquaire
cousinière
édredon
lit de plume
coitte
couette
paillasse
laine
crin
plume
duvet
varech
maïs
natte
toile à matelas
gingas
taie
carder
matelasser
cardage
cardeur
matelassier
matelot
V. *navigateur*

matelote
V. *nourriture*
mater V. *échecs*, *humble*
mâter V. *mâture*
matérialiser
V. *matière*
matérialisme
V. *philosophie*
matérialité
V. *matière*
matériaux
V. *matière*
matériel
V. *outil*, *matière*
maternel
V. *mère*
mathématiques
sciences exactes
mathématiques pures
mathématiques appliquées
calcul différentiel
calcul intégral
calcul infinitésimal
arithmétique
algèbre
géométrie
trigonométrie
quantité
mesure
dimension
rapports
proportion
raison
progression
logarithme
question
problème
énoncé
donnée
facteur
indice
exposant
coefficient
construction
discussion
analyse
équation
égalité
identité
membre
terme
inconnue
degré
puissance
radical
élimination
substitution
déduction
démonstration
solution
résolution
application
évaluation
opération
preuve

mathématicien
arithméticien
algébriste
géomètre
calculateur

mathématique
arithmétique
algébrique
géométrique
commensurable
incommensurable
variable
indéterminé
imaginaire
réel
positif
négatif
irrationnel
rationnel
irréductible
cubique
exponentiel
V. *arithmétique*, *algèbre*, *géométrie*, *mécanique*
matière
substance
corps
chose
substratum
élément
principe
matérialité
matériaux

matériel
sensible
tangible
résistant
impénétrable
pondérable
mesurable
divisible
étendu
corporel
physique
concret
objectif
tomber sous les [sens
matérialiser
incarner
V. *substances*, *sujet*
matin V. *jour*
mâtin
V. *chien*, *juron*
matinal V. *jour*, *sommeil*
matinée V. *jour*
matines
V. *messe*
matir V. *essuyer*
matois V. *habile*
matou V. *chat*
matras V. *chimie*
matricaire
V. *plantes*
matricule
V. *liste*
matrimonial
V. *mariage*
matrone
V. *femme*
matte
V. *métal*
maturatif
V. *remède*
maturation
V. *maturité*
mâture
gréement
agrès
apparaux
mât
mâtereau
antenne
vergue
cacatois
flèche
brisures
chouquet
collier
gabie
beaupré
bout-dehors
boute-hors
bâton de foc
bâton de clin-foc
martingale
chouque de beaupré
étai
capelage
petit perroquet
petit mât de hune
hune de misaine
vergue de misaine
mât de misaine
haubans
grand étai
bras
flamme de guerre
grand perroquet
grand mât de hune
grande hune
grande vergue
grand mât
galhaubans
mât de perruche
perroquet de fougue
hune d'artimon
vergue d'artimon
bras d'artimon
mât d'artimon
tape-cul
mât de pavillon
mât de fortune
mât majeur
bas mât

arborer
planter
mâter
démâter
V. *navire* et *voilure*
maturité
maturation
aoûtement
virilité
âge d'homme
âge mûr
pleine vigueur
précocité

mûr
avancé
mûri
développé
aoûté
précoce
hâtif
primeur

blettir
mûrir
venir à maturité
venir à terme
s'aoûter

mûrement
à point
maudire
V. *malédiction*
maugréer
V. *juron*
mausolée
V. *cimetière*

maussade
V. *triste*
maussaderie
V. *triste*
mauvais
défectueux
manqué
mal conditionné
mal établi
mal fait
médiocre
détestable
exécrable
néfaste
préjudiciable
dommageable
malsain
malin
nuisible
funeste
pernicieux
de rebut
de pacotille
désavantageux
défavorable
délétère
incommode
gâté
corrompu
frelaté

laisser à désirer
ne pas aller
clocher
ne rien valoir

ripopée
camelote
rossignol
défectuosité
médiocrité
manque
corruption
malignité
défaveur
V. *mal, méchanceté*
mauve V. *couleur, plantes*
mauviette
V. *animal*
mauvis V. *animal*
maxillaire
V. *mâchoire*
maxime
V. *proverbe*
maximum
V. *supérieur*
mayonnaise
V. *nourriture*
mazagran
V. *café*
mazette
V. *faible*
meâ-culpâ
V. *confession*
méandre
V. *indirect*
méat V. *ouverture*

Meaux
meldois
meldien
mécanicien
V. *mécanique*

mécanique
mouvement
système
machine
statique
force
point d'application
direction
intensité
peson
dynamomètre
équilibre
composante
résultante
forces concourantes
force angulaire
parallélogramme des forces
décomposition des forces
parallélipipède des forces
axe fixe
moment
forces parallèles
composition des forces
centre de gravité
axe de symétrie
théorèmes de Guldin
équation d'équilibre
action
réaction
polygone de sustentation
machine
machine simple
levier
point d'appui
puissance
résistance
balance
double pesée
romaine
bascule
poulie fixe
chape
poulie mobile
moufle
tour
treuil
cabestan
plan incliné
cinématique
dynamique
pendule
oscillation
isochronisme
loi des longueurs
horloge
point de repère
mouvement absolu
mouvement relatif
trajectoire
mouvement rectiligne
mouvement curviligne
origine des espaces
origine des temps
mouvement uniforme
mouvement varié
vitesse
mouvement accéléré
mouvement retardé
mouvement périodique
mouvement
période
vitesse moyenne
vitesse effective
mobile
chute des corps
machine d'Atwood
loi des espaces
mouvement de rotation
parallélogramme de Watt
mouvement composé
force constante
inertie
point matériel
masse des corps
travail des forces
travail mécanique
machine
hélice
force vive
vitesse virtuelle
transmission
force motrice
résistance utile
résistance passive
travail moteur
rendement
volant
choc
théorème de Carnot
élasticité
frottement
glissement
coefficient de frottement
frein
coin
vis
écrou
engrenage
force centrifuge
force centripète
automate
automatisme
mécanisme
dynamométrie
hydraulique
mécanicien
ingénieur
engrener
mécaniquement
Mécène
V. *protéger*

méchanceté
malveillance
malfaisance
malice
malignité
sournoiserie

méchant
malveillant
malfaisant
malicieux
malintentionné
mauvais
mauvaise bête
méchant comme une gale
vipère

avoir le génie du mal
avoir un mauvais esprit
s'ingénier à faire du mal
faire le mal

faire du mal à
V. *cruel*, *criminel*, *mauvais*, *battre*, *nuire*

mèche V. *lampe*

mécher
V. *tonneau*

mécompte
V. *insuccès*

mécompter
V. *insuccès*

méconium
V. *remède*

méconnaissable V. *paraître*

méconnaissance V. *ingrat*

méconnaître
V. *ingrat*

mécontent
V. *ennui*, *colère*

mécréance
V. *impie*

mécréant
V. *impie*

mécroire
V. *hypothèse*

médaille
monnaie
médaillon
jeton
mereau
monneron
pièce
tortue
bœuf
poulain

géniati
sagittaire
cistophore
ratite
dorique
philippe
chouette
bige
victoriati
cyzicène
phocéenne
homère
vulcain
bractéate
incuse
contorniate
serrati

autonome
impériale
coloniale
parlante
inanimée
congiaire

fourrée
saucée
padouane
fruste
palatine
adossée
affrontée
conjuguée

champ
aire
signe monétaire
différent
point secret
contremarque
légende
inscription
exergue
monogramme
chronogramme
millésime
initiale

type
module
effigie
empreinte
grènetis
cordon
face
droit
obvers
revers
tranche
carré
coin
poinçon
moulin
marteau
balancier
mouton
flan
barbe
frappe
monnayage
fleur de coin
symbole
époque
période
statère
double statère
drachme
didrachme
tridrachme
tétradrachme
obole
diobole
triobole
tétrobole
hémiobole
chalcous
consulaire
as
denier
sextans
once
quinaire
sesterce
grand bronze
petit bronze
sou
denier
louis
tournois
parisis
mantois
angevin
chartrain
bordelais
tolosain
marabotin
médaille commémorative

numismate
médailliste
monétaire
graveur en médailles
numismatique
histoire métallique
médaillier

graver
couler
frapper
tirer
V. *monnaie*

médaillon
V. *médaille*, *bijou*

médecin
docteur
homme de l'art
praticien
chirurgien
officier de santé
vétérinaire
carabin
interne
externe
garde-malade
infirmier
rebouteur
empirique
spécialiste
aliéniste
accoucheur
oculiste
allopathe
homéopathe

exercer
soigner
traiter
ausculter
diagnostiquer
médeciner
droguer
médicamenter
soumettre à un régime
mettre à la diète
déflegmer
saigner
panser
guérir
sauver

médecine
médecine légale
anatomie
somatologie
chondrologie
spasmologie
physiologie
nosologie
étiologie
pathologie
thérapeutique
homéopathie
allopathie
chimiatrie
métallothérapie
hydrothérapie
prophylaxie
consultation
visite
auscultation
diagnostic
séméiologie
séméiotique
traitement
remède
ordonnance
récipé
cure
médication
régime
diète
stéthoscope
purgation
pansement

médical
médicinal

physiologique
pathologique
homéopathique
allopathique
hippocratique
galéniste
pathognomonique
prophylactif
curatif
V. *remède* et *maladie*

médial V. *entre*
médian V. *entre*
médianoche
V. *repas*
médiante
V. *musique*
médiastin
V. *ventre*
médiat V. *entre*
médiateur
V. *entre*
médiation
V. *entre*
médiatiser
V. *roi*
médical
V. *médecin*
médicament
V. *remède*
médication
V. *médecin*
médicinal
V. *médecin*
médimne
V. *volume*
médiocre V. *peu*
médiocrité
V. *peu*
médire
V. *accusation*
médisance
V. *accusation*
méditatif
V. *intelligence*
méditation
V. *intelligence*
méditer
V. *intelligence*
Méditerranée
méditerranéen
médium
V. *chanteur*
médius V. *main*
medjidié
V. *décoration*
médullaire
V. *moelle*

meeting
V. *assemblée*
méfaire
V. *crime*
méfiance
V. *soupçon*
méfier
V. *soupçon*
mégalithique
V. *pierre*
mégalosaure
V. *géologie*
mégarde (par)
V. *responsabilité*
mégathérium
V. *géologie*
mégère
V. *femme*
mégie V. *cuir*
mégisserie
V. *cuir*
meilleur
V. *mieux*
mélancolie
V. *triste*

mélange
union
alliage
liaison
amalgame
combinaison
mixtion
mixture
fusion
incorporation
adaptation
application
insertion
incrustation
salmigondis
pandémonium
miscibilité
promiscuité
rassortiment
ragoût
arlequin

mêler
mélanger
panacher
bigarrer
emmêler
embrouiller
enchevêtrer
entrelacer
entortiller
confondre
fondre
parfondre
mixtionner
rassortir

hétérogène
miscible
mixte
V. *associé*, *assembler* et *désordre*

mélasse V. *sucre*
mêlée V. *combat*
mêler V. *mélange*
mélèze V. *plantes*
mélilot V. *plantes*
méli-mélo
V. *désordre*
mélisse
V. *plantes*
mellifère
V. *miel*
mélodie
V. *musique*
mélodrame
V. *théâtre*
mélomane
V. *musique*
melon V *courge*
mélopée
V. *musique*
méloplaste
V. *musique*

Melun
melunois
mémarchure
V. *cheval* (1)
membrane
membraneux
membre V. *corps*
membrure
V. *articulation*
mémento
V. *mémoire*
mémoire
V. *facture*

mémoire
souvenir
réminiscence
souvenance
hypernmésie
amnésie
perte de mémoire
commémoration
ressouvenir
rappel
mnémonique (la)
mnémotechnie

se rappeler
se souvenir
se ressouvenir
reconnaître [regarder la mémoire
conserver la mémoire
graver dans sa
retenir [mémoire
avoir encore présent
rafraîchir la mémoire [nir
raviver le souvenir
évoquer le souvenir
ramentevoir [nir
rappeler
remémorer
apprendre par
repasser [cœur
recorder
réciter
revenir
échapper

souvenir frais
mémoire facile
rebelle
tenace
courte
infidèle
labile
prompte
commémoratif
remémoratif
mémorable
digne de mémoire
mnémonique
mnémotechnique
mémento
mémorandum
mémorial
mémoratif
V. *oubli*

menace
intimidation
mise en demeure

menacer
intimider
montrer le poing
montrer les dents
chercher à faire peur
avoir la menace à la bouche
se répandre en menaces
mettre en demeure de
menaçant
comminatoire

le couteau sur la gorge
ménage
V. *mariage*
ménagement
V. *peu*
Mendes
mendois
ménager
V. *avare, pardon*
ménagerie
V. *animal*
mendiant
nécessiteux
indigent
pauvre
gueux
chanteur des rues

assisté
nomade
vagabond

mendier
tendre la main
vivre de la charité publique
demander l'aumône
quêter
quête [que
assistance publi-
bureau de bienfaisance
asile de nuit
œuvre de charité
mendicité
charité
sébile
pancarte
V. *pauvre*
meneau
V. *fenêtre*
menée
V. *ambition*
mener
V. *conduire*
ménestrel
V. *musicien*
ménétrier
V. *musicien*
meneur V. *chef*
menhir V. *pierre*
ménianthe
V. *plantes*
menin V. *cour* (2)
méninge
V. *cerveau*
méningite
V. *maladie*

ménisque
V. *lunette*
ménologe
V. *mois*
menon V. *animal*
menotte V. *main*
mense V. *rente*
mensonge
V. *faux*
mensuel V. *mois*
mental
V. *intelligence*
menteur
V. *mentir*
menthe
V. *plantes*
mention V. *dire*
mentionner
V. *nom*
mentir
tromper
induire en erreur
déguiser la vérité
dénaturer la vérité
altérer la vérité
en donner à croire
mentir comme un arracheur de dents
en imposer
mystifier
mentir par la gorge
inventer
feindre
imaginer

fable
mensonge
entorse à la vérité
menterie
mystification
gasconnade

menteur
hâbleur
gascon
effronté
impudent
assuré menteur
imposteur
mystificateur
charlatan
V. *faux*, *hypocrisie* et *imagination*
menton
menton de galoche
barbiche
impériale
mentonnière

mentonnet
V. *serrure*
mentonnière
V. *menton*
mentor
V. *conseilleur*
menu V. *petit*
menuailles
V. *petit*
menuet V. *danse*
menuiser
V. *menuisier*
menuiserie
V. *menuisier*

menuisier
compagnon
marchandeur
menuisier-modeleur
établi
crochet
valet
marteau
scie
fermoir
trusquin
ciseau
gouge
bouvet
rabot
bec d'âne
riflard
guillaume
varlope
sergent
vilebrequin
mèche
maillet
compas
règle
équerre
niveau
serre-joint
vis
clou
cheville
colle
clef
menuiserie dormante
menuiserie mobile
menuiserie fine
menuiserie de placage
lambrissage
bois
plateau
feuillet
bois découpé
bois de sciage
volige
écharde
esquille
copeau
entaille
assemblage
à trait de Jupiter
en adent
boulonné
chevillé
à mors d'âne
à paume
à onglet
tenon et mortaise
à chaperon
à queue d'aronde
à mi-bois
à empattement
rainure
languette
biseau
profil
moulure
rainure
filet
bâti
montant
traverse
cadre
coulisseau
crémaillère
tasseau
feuillure
boiserie
lambris
lattis
placage
caisson
panneau
battant
vantail
corniche
plinthe
plate-bande
frise
contrevent
volet
persienne
croisée
porte
lambourde

menuiser
dégrossir

élégir
débiter
dégauchir
dresser

chantourner
chanfreiner
raboter
profiler
contreprofiler
rainer
abouter
assembler
entailler
emmortaiser
emboîter
coller
clouer
cheviller
plaquer
lambrisser
latter
les substantifs sont formés de ces verbes avec la désinence *age*

méphitique
V. *malsain*

méplat V. *forme*

méprendre
V. *erreur*

mépris
dédain
mésestime [pect
manque de res-
manque de considération
irrévérence
nargue
dérision
raillerie
persiflage
quolibet
rabaissement
lèse-majesté
moquerie
brocard
cavillation
risée
huée
haro
charivari
gémonies
pilori [noble
conduite de Gre-

méprisant
dédaigneux
contempteur
fier
renchéri
irrespectueux
irrévérent
irrévérencieux
narquois
persifleur
railleur
moqueur

mépriser
rabaisser
dédaigner
faire peu de cas de
mésestimer
couvrir de mépris
regarder avec pitié
regarder du haut de sa grandeur
toiser [les
hausser les épau-
ne pas tenir compte de
traiter de bagatelle [sion
tourner en déri-
faire fi de
faire litière de
fouler aux pieds
ravaler
ravilir
se moquer
rire de
persifler
railler
bafouer
narguer
berner
affecter du mépris
afficher du mépris
témoigner du mépris [pris
montrer du mé-
honnir
conspuer
huer
crier haro sur
abaisser
avilir
dégrader

fièrement
dédaigneusement
irrespectueusement [ment
irrévérencieuse-
irrévéremment
sans égard [tion
sans considéra-
en dépit de
fi!
baste!
pied de nez
tarare
pouah!
V. *rire*, *orgueil*, *outrage*

méprisable
vil
bas
abject
odieux
ignoble
ignominieux
infâme
taré
crapuleux
populacier
grossier
cynique
dégradant
avilissant
déshonorant
infamant
humiliant
sordide
sale
plat
petit
misérable
servile
honteux
éhonté
déhonté
malhonnête
disqualifié
déshonnête
flétrissant
indigne
vilain
scandaleux
canaille
coquin
fieffé coquin
sacripant
faquin
triste sire
répugnant personnage
plat valet
pied-plat
gredin
polisson
paltoquet
goujat
racaille
gueux
vilain monsieur
paria
pacotille
rogaton

vilenie
bassesse
abjection
ignominie
infamie
crapule
grossièreté
cynisme
dégradation
avilissement
déshonneur
turpitude
servilisme
humiliation
saleté
platitude
petitesse
servilité
honte
malhonnêteté
canaillerie
coquinerie
flétrissure
indignité
souillure
stigmate
tare
ravalement
fange
boue
scandale

s'abaisser
s'avilir
se salir
se dégrader
se déshonorer
se conduire indignement
ramper [honte
se couvrir de
s'encanailler
descendre
tomber
croupir
se vautrer
tarer
V. *importance*, *accuser*, *humble*

méprise
V. *erreur*

mer
océan
plaine liquide
onde amère
eau salée
élément liquide
empire des ondes
le large
pleine mer

la haute mer
la basse mer
mer montante
le flot
flux
reflux
jusant
marée
contre-marée
mascaret
détroit
bras de mer
parage
passe
bouque
côte
cap
promontoire
estuaire
dune
falaise
grève
plage
sable
galet
haut-fond
bas-fond
banc
polder
rocher
récif
épave
algue
varech
christe-marine
goémon
herpes
vague
lame de fond
lame
flot
crête
écume
phosphorescence
brasillement
tempête
beau temps
calme plat
embellie
coup de mer
raz de marée
ressac
houle
embrun

baigner
monter
baisser
descendre
se retirer
briser
moutonner
déferler
falaiser
écumer
mugir
brasiller

belle
calme
grosse
en courroux
déchaînée
démontée
écumante
moutonneuse
houleuse
maritime
marin
océanique
sous-marin
largue
bathymétrie
traversée
navigation
mal de mer
naufrage
Neptune
Amphitrite
Tritons
océanide
sirène
néréide
V. *bain, vent, navire, port*

mercantile
V. *avare*

mercenaire
V. *payer*

mercerie
mercier
mercière

épingle
aiguille
passe-lacet
fil
coton
soie
lacet
cordonnet
câblé
ganse
bordure
galon
ruban
faveur
jarretière
nœud
bouffette
bouillon
ceinture
laine
bouton
agrafe
passement
passementerie
écheveau
bobine
pelote

merci
V. *reconnaissance*

mercier
V. *mercerie*

Mercure
Hermès
talonnière
caducée

mercure
vif-argent
amalgame
calomel
mercuriel
amalgamer

mercuriale
V. *reproche, prix*

mercuriale
V. *plantes*

mère
maman
marâtre
maternel
infanticide
parricide
maternité
maternellement

méridien
V. *géographie*

méridional
V. *Sud*

meringue
V. *pâtisserie*

mérinos
V. *animal, étoffes*

merisier
V. *cerise*

mérite V. *digne*

méritoire
V. *honnête*

merlan
V. *animal*

merle V. *animal*

merlette
V. *blason*

merlin
V. *marteau, hache*

merlon
V. *fortification*

merluche
V. *animal*

merrain V. *bois*

merveille
V. *beau, étonnant*

mésalliance
V. *mariage*

mésange
V. *animal*

mésarriver
V. *malheur*

mésaventure
V. *malheur*

mésentère
V. *ventre*

mésestime
V. *mépris*

mésintelligence V. *haine*

mesquin
V. *avare, peu*

mess V. *repas*

message
V. *envoi, lettre*

messager
V. *ambassade*

messagerie
V. *voiture*

messe
office divin
sacrifice de la messe
messe basse
grand'messe
messe chantée
messe en musique
messe rouge
bout de l'an
messe de minuit
te Deum
ténèbres
eucharistie
communion
ordinaire de la messe
confiteor
introït
psaume
gloria Patri
laudes
kyrie eleison
gloria in excelsis
oraisons
épître
graduel
alléluia
trait
évangile
credo
offertoire

oblation
bénédiction
saintes espèces
hostie
impanation
consécration
orate
secrète
préface
sanctus
canon
élévation
lever-Dieu
mémoire des vivants
mémento
mémoire des défunts
agnus dei
communion
manducation
postcommunion
ablution
prière
litanie
angélus
oraison universelle
oraison dominicale
pater
avé
aspersion
prône
hymne
antienne
cantique
prose
répons
verset
psalmodie
chant
plain-chant
matine
tierce
sexte
vêpres
propre du temps
salut
propre des saints
célébration
service
obit
neuvaine
magnificat
miséréré
requiem
orémus
absolution
absoute
bénédiction
complies

calice
ciboire
ostensoir
pale
patène
corporal
burette
crédence
purificatoire
paix
pain bénit
eau bénite
bénitier
évangéliaire
antiphonaire
rituel
liturgie
eucologe
heures
paroissien
bréviaire
diurnal
missel

célébrant
officiant
assistant
induts
diacre
sous-diacre
enfant de chœur
épistolier
répondant
rubricaire

célébrer la messe
dire
chanter
officier
consacrer
psalmodier
servir
entendre
aller à
V. *autel* et *clergé*

messéance
V. *politesse*

messeoir
V. *politesse*

mesure
mesurage
métrologie
planimétrie
altimétrie
longimétrie
arpentage
cadastrage
cadastre
chaînage
jalon
veltage
jaugeage
cubage
dosage
métrage
aunage
métré
toisé
goniométrie

dimension
grandeur
format
taille
hauteur
longueur
distance
profondeur
largeur
surface
étendue
extension
superficie
volume
grosseur
contenance
capacité
contenu
cube
module
modénature
étalon
étiage
goniomètre
pantomètre
radoire
tare
calibre
pointure
épaisseur
circonférence
ligne
dose
ration
degré
force
quantité

mesureur
métreur
jaugeur
arpenteur
géomètre

mesurer
pointer
métrer
auner
toiser
chaîner
jalonner
arpenter
cadastrer
tarer
jauger
cuber
rader
doser

mesurable
commensurable
cadastral
indéfini
indéterminé
illimité
démesuré
infini
immense
incommensurable
système métrique
V. *longueur*, *surface*, *volume*, *extension*

mésuser
V. *user*

métabole
V. *rhétorique*

métacarpe
V. *main*

métachronisme V. *erreur*

métairie
V. *ferme* (3)

métal
or
argent
platine
fer
cuivre
plomb
étain
zinc
nickel
mercure
aluminium
vermeil
bronze
airain
tombac
composition
chrysocale
archal
laiton
clinquant
acier
tôle
fonte
similor
maillechort

métal blanc
alfénide
ruolz
plaqué
doublé
fourré
potin
antimoine
arsenic
baryum
bismuth
cadmium
calcium
cérium
chrome
cobalt
didyme
erbium
glycinium
iridium
lanthane
lithium
magnésium
manganèse
molybdène
osmium
palladium
potassium
radium
rhodium
ruthénium
silicium
sodium
strontium
tantale
tellure
terbium
thorinium
titane
tungstène
uranium
vanadium
yttrium
zirconium
alliage
titre
aloi
essai
coupellation
coupelle
docimasie
poinçon
mine
exploitation
extraction
filon
minerai
matte
gangue
schlich
pépite
lingot
blende
lingotière
cément
scorie
grenaille
limaille
rouille

métallurgie
serrurerie
grosserie
fonderie
forge
argue
fenderie
tréfilerie
filière
affinage
décapage
fonte
laminage
placage
soudure
cémentation
métallisation
lotissage
scorification
patine
ringard
scorificatoire

extraire
fondre
forger
écrouir
tréfiler
affiner
décaper
laminer
plaquer
souder
cémenter
scorifier
essayer
coupeller
s'envoiler
métalliser

métallurgiste
serrurier
mineur
fondeur
essayeur
lamineur
minéralogiste
métallique
métallifère
métallurgique
métalloïde
docimastique
cémentatoire
ductile
métallographie
minéralogie
ductilité

métalepse
V. *rhétorique*

métamorphisme V. *géologie*

métamorphose V. *changement*

métaphore
V. *rhétorique*

métaphysique
V. *philosophie*

métaplasme
V. *grammaire*

métastase
V. *maladie*, *rhétorique*

métatarse
V. *pied*

métathèse
V. *grammaire*

métayer
V. *ferme* (3), *locataire*

méteil V. *céréales*

métempsycose V. *mort*

météore
phénomène
tonnerre
éclair
aurore boréale
halo
mirage
parhélie
pluie
grêle
neige
arc-en-ciel
aérolithe
météorite
bolide
étoile filante
feu follet
furolles
météorisme
météorisation
météorologie
météorologique
météorologiste
météorique
V. *temps* (*qu'il fait*)

métèque
V. *habitant*

méthode
adopter une méthode
employer une méthode
suivre une méthode
mettre de la méthode
user de méthode
s'y prendre de telle façon
s'astreindre à une méthode
méthodique
ordonné
systématique
méticuleux
compléter avec *manière* (*d'agir*) et *raisonnement*

méthodisme
V. *religion*

méticuleux
V. *petit*

métier
occupation
branche
partie
gagne-pain
industrie
travail
fonction
qualité
profession
exercer un métier
remplir la fonction de
professer
pratiquer
être dans
entrer dans
se mettre...
s'établir...
se mêler de
être de la partie
être du métier
enfant de la balle
confrère
collègue

métiers, professions, titres (liste des)
abbé
— ordres
abbesse
— ordres

accompagnateur
— accompagnement
accordeur
— accord
accoucheur
— accouchement
acrobate
acteur
— théâtre
actionnaire
— finance
administrateur
— administration
aéronaute
— aérostation
afficheur
— affichage
affûteur
— affûtage
agent d'affaires
— contentieux
agréé
— barreau
agriculteur
— agriculture
agronome
— agronomie
aiguilleur
— aiguillage
ajusteur
— ajustage
alcade
— police
alchimiste
— alchimie
alderman
— police
alénier
— quincaillerie
alguazil
— police
allumettier
— allumettes
allumeur
— éclairage
ambassadeur
— diplomatie
ambulancier
— ambulance
amidonnier
— usinier
amiral
— amiralat
anachorète
— ordres
anatomiste
— anatomie
annaliste
— histoire
annoncier
— publicité
anspessade
— armée
aoûteron
— agriculture
apiculteur
— apiculture
aplaigneur
— manufacture
aplanisseur
— manufacture
aplatisseur
— manufacture
appareilleur
— manufacture
appariteur
— service
apprenti
— apprentissage
apprêteur
aquafortiste
— art
aquarelliste
— art
arbalétrier
— armée
arbitre
— arbitrage
arboriculteur
— arboriculture
archer
— armée
archéologue
— archéologie
archevêque
— épiscopat
archichancelier
— chancellerie
archidiacre
— diaconat
archiduc
— aristocratie
archiduchesse
— aristocratie
archimandrite
— clergé
archiprêtre
— archiprêtrise
architecte
— architecture
archiviste
— paléographie
archonte
— archontat
ardoisier
— couverture
aréopagite
— magistrature
argenteur
— argenture
argentier
— finance
argousin
— police
armateur
— navigation
armurier
— armurerie
arpenteur
— arpentage
arquebusier
— arquebuserie
arroseur
— arrosage
artilleur
— artillerie
artisan
— métier manuel
artiste
— art
artificier
— pyrotechnie
aruspice
— divination
ascète
— ascétisme
aspirant de marine
— marine
assembleur
— assemblage
assesseur
— magistrat
assureur
— assurance
astrologue
— astrologie
astronome
— astronomie
athlète
— gymnastique
attaché d'ambassade
— diplomatie
attorney
— magistrature
audiencier
— magistrature
auditeur au Conseil d'État
— magistrature
augure
— divination
aumônier
— aumônerie
auteur
— littérature
automédon
— transports
aventurier
— aventure
aviculteur
— aviculture
avocat
— barreau
avoué
— procédure
bachoteur
— bachotage
badigeonneur
— badigeonnage
bahutier
— ébénisterie
bailli
— bailliage
baladin
— comédie
balayeur
— balayage
baliseur
— navigation
ballonnier
— manufacture
bandit
— banditisme
banquier
— banque
barbier
coiffure
barde
— poésie
bardeur
baron
— baronnie
barrière
— garde
bateleur
— comédie
batelier
— batellerie
bâtonnier
— barreau
bâtonniste
— escrime
batteur d'or
— orfèvrerie
béguine
— clergé
belluaire
— cirque
bénédictin
— ordres
berger
— élevage
bersaglier
— armée

besacier
— colportage
bestiaire
— cirque
bibliographe
— bibliographie
bibliothécaire
billardier
biographe
— biographie
blanchisseur
— blanchissage
blatier
— céréales
bombardier
— artillerie
bonnetier
— bonneterie
bonze
— clergé
bookmaker
— courses
botaniste
— botanique
boucanier
— aventure
bouchonnier
— bouchons
boueur
— boue
bouffon
— comédie
bourgmestre
— municipalité
bourrelier
— bourrellerie
boursier
— finances
bouteiller
— bouteilles
boutonnier
— boutons
boxeur
— boxe
boyaudier
— boyauderie
braconnier
— braconnage
brahmane
— clergé
brancardier
— ambulances
brandevinier
— liqueurs
brasseur
— brasserie
brigadier
— armée
brigand
— banditisme
briquetier
— briqueterie
brocheur
— brochage
brodeur
— broderie
bronzier
— bronzes
brossier
— brosserie
brosseur
— armée
brunisseur
— brunissage
buandier
— blanchissage
bureaucrate
— bureaucratie
burgrave
— aristocratie
cabotin
— théâtre
caïd
— magistrature
caissier
— administration
calfat
— marine
calife
— califat
calligraphe
— calligraphie
cambreur
— travail manuel
cambusier
— marine
camérier
— clergé
caméristе
— service
camerlingue
— clergé
canneur
— cannage
canoniste
— théologie
canonnier
— artillerie
canotier
— canotage
cantatrice
— théâtre
cantonnier
— voirie
canut
— soierie
capitaine
— armée
capitaliste
— finances
capitan
— armée
capitoul
— municipalité
caporal
— armée
capucin
— ordres
carabin
— médecine
carabinier
— armée
cardeur
— matelassage
cardinal
— clergé
caricaturiste
— art
carillonneur
— cloches
carme
— ordres
carreleur
— carrelage
carrier
— travail manuel
cartier
— carte
cartomancien
— cartomancie
cartouchier
— cartoucherie
casseur de pierres
— voirie
casuiste
— casuistique
catéchumène
— clergé
catisseur
— draperie
cavalcadour
— cavalerie
ceinturier
— ceinture
cellérier
— caves
cénobite
— clergé
censeur
— censorat
centumvir
— centumvirat
centurion
— armée
céramiste
— céramique
maître des cérémonies
chagrinier
— peausserie
chaînetier
— chaîne
chaisier
— ébénisterie
chambellan
— cour
chambrelan
— travail manuel
chambrière
— domesticité
chamoiseur
— peausserie
chancelier
— chancellerie
chandelier
— éclairage
changeur
— change
chanoine
— clergé
chansonnier
— littérature
chanteur
— musique
chantre
— musique
chapelain
— clergé
charbonnier
— chauffage
charlatan
charpentier
— charpente
charretier
— transport
charron
— charronnage
chartreux
— ordres
chasublier
— chasublerie
chauffeur
— mécanique
chaussetier
— bas
chef-cuisinier
— cuisine
cheik
— magistrature
chérif
— magistrature
chevalier
— chevalerie
chiffonnier
— chiffons

chimiste
— chimie
chiromancien
— chiromancie
chirurgien
— chirurgie
chocolatier
— chocolaterie
choriste
— musique
chouan
— chouannerie
chroniqueur
— chronique
cicerone
cirier
— éclairage
ciseleur
— ciselure
clairon
— armée
claqueur
— théâtre
clarinettiste
— musique
claveciniste
— musique
clerc
— procédure
clicheur
— clichage
cloutier
— clouterie
cocher
— transport
coffretier
— emballage
colleur d'affiches
— affichage
collégien
colon
— colonisation
colporteur
— colportage
comédien
— théâtre
comique
— théâtre
commandant
— armée
commis
— commerce
commissaire
— commissariat
commissaire-pri-
seur
— prisée
commissionnaire
— commission

commodore
— armée
compagnon
— compagnon-
nage
comparse
— théâtre
compilateur
— littérature
compositeur
— musique
comptable
— comptabilité
comte
— comté
concierge
condottière
— armée
confectionneur
— confection
conférencier
— littérature
confesseur
— clergé
confiturier
— confiturerie
congréganiste
— ordres
connétable
— connétablie
conscrit
— armée
conseiller
conservateur
— musée
conspirateur
— complot
constable
— police
constructeur
— construction
consul
— consulat
contrebandier
— contrebande
contrefacteur
— contrefaçon
contribuable
contrôleur
— contrôle
controversiste
— littérature
conventionnel
— convention
copiste
— copie
corailleur
cordier
— corderie

coroner
— police
corrégidor
— police
corroyeur
— corroirie
corsaire
— piraterie
corsetier
— corseterie
coulissier
— banque
coupeur
— coupe
courrier
courtier
— courtage
courtisan
couturier
— couture
couturière
— couture
couvreur
— couverture
crieur
— criée
critique
— littérature
crocheteur
croquant
croupier
— jeu
cuisinier
— cuisine
cultivateur
— culture
curateur
— curatelle
curé
— clergé
cureur
cymbalier
— musique
czar
— monarchie
damasquineur
— damasquinerie
danseur
— danse
débardeur
— déchargement
décatisseur
— décatissage
décemvir
— décemvirat
déchargeur
— déchargement
décorateur
— décoration

découpeur
— découpage
décrotteur
— décrottage
décurion
— armée
dégustateur
— dégustation
dentiste
— art dentaire
député
— députation
dessinateur
— art
dévideur
— dévidage
devin
— divination
dey
diacre
— diaconat
diamantaire
— joaillerie
diplomate
— diplomatie
directeur
— direction
distillateur
— distillation
docteur
— médecine
domestique
— service
dominotier
— dominoterie
dompteur
doreur
— dorure
douanier
— douane
doyen
— décanat
dragon
— armée
dragueur
— dragage
dresseur
— dressage
drogman
— traduction
duc
— duché
duègne
duumvir
— magistrat
ébéniste
— ébénisterie
ecclésiastique
— clergé

échanson
— service
échenilleur
— échenillage
échevin
— échevinage
éclusier
— éclusage
économe
— économat
écrivain
— littérature
écuyer
— équitation
édile
— édilité
éditeur
— édition
effendi
égoutier
— voirie
élagueur
— élagage
électeur
— élection
électricien
— électricité
éleveur
— élevage
émailleur
— émaillage
embaumeur
— embaumement
empailleur
— empaillage
empereur
— empire
empirique
— empirisme
employé
— administration
enchanteur
— enchantement
enlumineur
— enluminure
enrôleur
— enrôlement
entraîneur
— entraînement
entrepreneur
— entreprise
éperonnier
épinglier
équarisseur
— équarissage
ermite
— ordres
escamoteur
— escamotage
esclave
— esclavage
escroc
— escroquerie
espion
— espionnage
essayeur
— essayage
estafette
— armée
estafier
— armée
estampeur
— estampage
estradiot
— armée
étalier
— commerce
étudiant
— études
éventailliste
évêque
— épiscopat
exarque
— exarchat
exécuteur
— exécution
exempt
— police
expéditeur
— expédition
expéditionnaire
— administration
expert
— expertise
fabricant
— fabrication
facteur [postes
— factorerie (et
faïencier
— faïencerie
faneur
— agriculture
faucheur
— agriculture
fauconnier
— fauconnerie
fée
— magie
félibre
— félibrige
fellah
— agriculture
fendeur
— fenderie
ferblantier
— ferblanterie
fermier
— élevage
ferreur
— maréchalerie
ferronnier
— ferronnerie
feuilletoniste
— feuilleton
feutrier
— feutre
fifre
— musique
figurant
— théâtre
filandière
filassier
— filature
filateur
— filature
financier
— finances
flamine
flibustier
— flibuste
flûtiste
— musique
folliculaire
— journalisme
fonctionnaire
fondeur
— fonte
forain
forçat
forgeron
— ferronnerie
fossoyeur
— enterrement
fouleur
foulon
fourbisseur
— fourbissage
franc-tireur
— armée
fromager
— fromagerie
frotteur
— frottage
fusilier
— armée
gabelou
— douane
gagne-denier
gagne-petit
— repassage
gainier
— gainerie
galérien
garçon
— service
garde-barrière
garde-bois
garde-boutique
garde-chiourme
garde-côte
garde-frein
garde-malade
garde-note
— notariat
garde-pêche
gardien
garennier
— forêts
garnisaire
— armée
gâte-sauce
— cuisine
gaufreur
— commerce
gazier
— gaz
gendarme
— police
général
— armée
gentilhomme
géographe
— géographie
geôlier
— geôle
géologue
— géologie
géomètre
— géométrie
giletier
— gilet
gitano
glaceur
gladiateur
— cirque
gonfalonier
— municipalité
goudronneur
gouverneur
— administration
grammairien
— grammaire
grand-duc
greffier [greffe
— procédure ,
grenadier
— armée
grillageur
— grille
grime
— théâtre
groom
— service
guerillero
— armée
guichetier

guide
gymnasiarque
— gymnastique
habilleur
— habillement
hallebardier
— armée
haquetier
— transports
harnacheur
— harnachement
harpiste
— musique
hastaire
— armée
héliaste
— justice
helléniste
— philologue
héraut
hiérophante
— clergé
highlander
— armée
hippiatre
— hippiatrie
historien
— histoire
historiographe
— histoire
histrion
— théâtre
hobereau
homme de peine
hoplite
— armée
horticulteur
— horticulture
huissier
— procédure
humoriste
— littérature
hussard
— armée
hydrographe
— hydrographie
iconographe
— iconographie
ilote
— service
impresario
— théâtre
imprimeur
— imprimerie
indigent
industriel
— industrie
infirmier
— infirmerie

ingénieur
— génie
inquisiteur
— inquisition
inspecteur
— inspection
instituteur
— institution
instructeur
— instruction
instrumentiste
— musique
intendant
— intendance
interprète
— traduction
introducteur
invalide
— armée
inventeur
— invention
jalonneur
— arpentage
janissaire
— armée
jardinier
— jardinage
jaspeur
— papeterie
jaugeur
— jaugeage
jésuite
— ordres
jockey
— sport
jongleur
— théâtre
journaliste
— journalisme
juge
— justice
juré
— justice
jurat
— corporation
juriste
— jurisprudence
khédive
— khédivat
laboureur
— labour
lainier
— lainage
lamineur
— laminage
lancier
— armée
laniste
lanternier

laquais
— service
latiniste
— philologie
lauréat
lavandière
— blanchissage
lazarone
lecteur
— lecture
légat
— légation
législateur
— législation
légiste
— jurisprudence
lévite
lexicographe
— lexicographie
libelliste
— journalisme
librettiste
— littérature
licteur
lieutenant
— armée
lieutenant - colo - [nel
— armée
limeur
limousin
— maçonnerie
lithographe
— lithographie
littérateur
— littérature
liturgiste
— liturgie
lord
lord-maire
— municipalité
loueur
— location
louvetier
— louveterie
lucumon
lustreur
machiniste
— théâtre
maçon
— maçonnerie
maëstro
— musique
magicien
— magie
magister
— professorat
magistrat
— justice
maire

— municipalité
major
— armée
majordome
— service
maltôtier
— contributions
mameluk
— armée
manant
mandarin
— mandarinat
manipulateur
— manipulation
manœuvre
— travail manuel
manufacturier
— manufacture
maquignon
— maquignonna- [ge
marabout
— clergé
maraîcher
— culture
marbrier
— marbrerie
maréchal
— armée
maréchal des lo- [gis
— armée
maréchal ferrant
— maréchalerie
margeur
— imprimerie
marguillier
— église
marin
— marine
marinier
— batellerie
mariste
— ordres
maroquinier
— maroquinerie
marqueteur
— marqueterie
marquis
— marquisat
masseur
— bains
matassin
— théâtre
matelot
— marine
mathématicien
— mathémati-
ques
mécanicien
— mécanique

médecin
— médecine
mégissier
— mégisserie
ménage (femme
— service [de
ménagère
— service
mendiant
ménétrier
— musique
menuisier
— menuiserie
messager
— messageries
métallurgiste
— métallurgie
métayer
— agriculture
métreur
— métrage
métropolitain
— clergé
meunier
— meunerie
mikado
milicien
— milice
militaire
— armée
milord
minéralogiste
— minéralogie
miniaturiste
— miniature
ministre
— ministère
minnesinger
minotier
— minoterie
miquelet
— armée
missionnaire
— mission
modeleur
— modelage
moine
— ordres
moissonneur
— agriculture
monarque
monnayeur
— monnayage
monteur
— montage
moraliste
— littérature
mosaïste
— mosaïque

mouchard
— mouchardise
moujik
mouleur
— moulage
mousquetaire
— armée
mousse
— marine
moutardier
muletier
muphti
musicien
— musique
mythologue
— mythologie
nabab
— nababie
nautonier
— marine
navigateur
— navigation
nécessiteux
nécromancien
— nécromancie
nécromant
négociant
— négoce
négrier
— traite
néophyte
nieilleur
— niellure
nomenclateur
normalien
notaire
— notariat
nourrice
nourrisseur
— élevage
nouvelliste
— journalisme
numismate
— numismatique
obligataire
oculiste
officier
— armée
opérateur
— chirurgie
ordonnance
— service
organiste
— musique
orientaliste
— orientalisme
ornithologiste
— ornithologie
orphéoniste

— orphéon
ourdisseur
— ourdissage
ouvrier
— travail manuel
pacha
padischah
paillasse
pair
— pairie
paladin
palefrenier
paléographe
— paléographie
paléontologue
— paléontologie
palikare
pamphlétaire
— journalisme
panetier
pantomime
— pantomime
pape
— papauté
parcheminier
parqueteur
— parquetage
parvenu
pasteur
pastoureau
patenôtrier
pâtre
patriarche
— patriarchat
patron
— patronat
paumier
— paume
paveur
— pavage
paysagiste
— paysage
paysan
péager
— péage
peaussier
— peausserie
pêcheur
— pêche
pédagogue
— enseignement
peignier
peintre
— peinture
pèlerin
— pèlerinage
pénitencier
pépiniériste
— arboriculture

percepteur
— perception
philanthrope
— philanthropie
philologue
— philologie
philosophe
— philosophie
photographe
— photographie
phrénologue
— phrénologie
physicien
— physique
phytographe
— phytographie
pifferaro
pilote
— marine
piqueur
piquier
— armée
pirate
— piraterie
pisciculteur
— pisciculture
piston
— musique
pitancier
placeur
— placement
placier
— place
plafonneur
planeur
planteur
— plantation
planton
— service
plaqueur
— placage
plâtrier
— plâtrerie
plénipotentiaire
— diplomatie
pleureuse
plieur
plombier
— plomberie
plumassier
— plumes
podestat
poêlier
— fumisterie
poète
— poésie
pointeur
policier
— police

polisseur
— polissage
polygraphe
polytechnicien
— polytechnique
pomologiste
— pomologie
pompier
pontife
— pontificat
pontonnier
porcelainier
— porcelaine
porcher
— porcherie
porteballe
— colportage
porte-drapeau
porte-étendard
portefaix
— transport
porte-verge
portier
portraitiste
— portrait
postillon
potier
— poterie
poudrier
— poudrerie
praticien
précepteur
— préceptorat
prêcheur
— prédication
prédicateur
— prédication
préfet
— préfecture
prélat
— prélature
prémontré
— ordres
préposé
président
— présidence
prestidigitateur
— prestidigitation
prestolet
— ordres
prêteur
— usure
préteur
— préture
prétorien
— armée
prêtre
— prêtrise
prêtresse
— prêtrise
prévôt
— prévôté
prieur
— prieuré
primat
— primatie
primicier
— primicériat
principilaire
— armée
prince
— principat
princesse
principal de collège
— principalat
proconsul
— proconsulat
procurateur
procureur
producteur
— production
professeur
— professorat
profession
prolétaire
— prolétariat
prophète
— prophétie
propréteur
— propréture
propriétaire
prosateur
— prose
prote
— imprimerie
protecteur
— protection
protuteur
provincial
— religieux
proviseur
— provisorat
prud'homme
prytane
psychologue
— psychologie
publiciste
— publicité
pupille
pythonisse
quart d'agent de change
quartenier
quartier-maître
— marine
questeur
— questure
quindécemvir
— quindécemvirat
rabbin
— clergé
raboteur
raccommodeur
— raccommodage
racoleur
— racolage
raffineur
— raffinerie
rajah
rameur
— marine
ramoneur
— ramonage
rampiste
— rampe
rapsode
raquettier
rebouteur
recors
— police
recteur
rédacteur
— rédaction
régisseur
— théâtre
reître
— armée
religieux
— ordres
rentier
répétiteur
— répétition
reporter
— reportage
représentant
— représentation
réserviste
— réserve
rétiaire
retraité
— retraite
rhéteur
— rhétorique
rocailleur
— rocaillage
roi
— royauté
romancier
— roman
roturier
— roture
roulier
— roulage
rubanier
— ruban
sablonnier
— sable
sabotier
— sabot
sacrificateur
— sacrifice
sacristain
— sacristie
sage-femme
— accouchement
salarié
— salaire
salinier
salpêtrier
— salpêtre
saltimbanque
— théâtre
sapeur
— armée
satineur
— satinage
satirique
— satire
satrape
— satrapie
saunier
— saunaison
saute-ruisseau
— procédure
sauveteur
— sauvetage
savant
— science
savonnier
— savonnerie
scénographe
— scénographie
schah
scheik
scieur
— scierie
scoliaste
— scolie
scribe
— écriture
scrutateur
sculpteur
— sculpture
secrétaire
— secrétariat
seigneur
— seigneurie
semeur
— semailles
séminariste
— séminaire
sénateur
— sénat
sénéchal
— sénéchaussée

sentinelle
— faction
septemvir
— septemvirat
sergent
— armée
sergier
— sergerie
serrurier
— serrurerie
sertisseur
— sertissage
servante
— service
sevreuse
— sevrage
serviteur
— service
shérif
sibylle
sicaire
sinologue
sire
sofi
somnambule
— somnambulis- [me
sonneur
— carillon
sorcier
— sorcellerie
soudard
— armée
souffleur
— théâtre
souillarde
— service
souillon
— service
sous-aumônier
— clergé [caire
sous - bibliothé -
— bibliothèque
sous-brigadier
— armée
sous-chef
— administration
sous-commissaire
sous-diacre
— clergé
sous-directeur
— administration
sous-gouverneur
— administration
sous-lieutenant
— armée
sous-maître
— professorat
sous-officier
— armée
sous-préfet [re
— sous-préfectu-
sous-secrétaire
— secrétariat
souverain
— souveraineté
spahi
— armée
spécialiste
— spécialité
spéculateur
— spéculation
sportsman
— sport
starter
— sport
stathouder
— stathoudérat
statisticien
— statistique
sténographe
— sténographie
stratège
— stratégie
stucateur
— stuc
subrogé-tuteur
— tutelle
substitut
— justice
suisse
— service
sujet
sultan
sultane
supérieur
— supériorité
suppléant
— suppléance
surveillant
— surveillance
suzerain
— suzeraineté
sycophante
symphoniste
— symphonie
syndic
— syndicat
tabellion
— tabellionnat
tâcheron
tachygraphe
— tachygraphie
taïcoun
taillandier
— taillanderie
talapoin
tambour
— musique
tambour-maître
— armée
tambour-major
— armée
tamiseur
— tamisage
tanneur
— tannerie
télégraphiste
— télégraphie
terrassier
— terrassement
tétrarque
— tétrarchat
thaumaturge
— thaumaturgie
théologien
— théologie
thesmothète
timbalier
— musique
timonier
tisserand
— tissage
tisseur
— tissage
tissutier
— tissage
toilier
— toiles
toiseur
— toisé
tondeur
— tonte
topographe
— topographie
tortionnaire
toucheur
toueur
— touage
tourière
tourneur
traducteur
— traduction
trappiste
— trappe
tréfileur
— tréfilerie
treillageur
— treillage
trésorier
— trésorerie
tribun
— tribunat
triumvir
— triumvirat
trompette
— musique
troubadour
— littérature
troupier
— troupe
trouvère
— littérature
truchement
— traduction
tuilier
— tuilerie
turco
— armée
tuteur
— tutelle
typographe
— typographie
uhlan
— armée
uléma
universitaire
— université
usinier
— industrie
usurier
— usure
vaguemestre
— poste
valet
— service
vanneur
— agriculture
vannier
— vannerie
varlet
— service
vassal
— vasselage
vaudevilliste
— vaudeville
vayvode
veilleur
vélite
— armée
vendangeur
— vendange
verdier
— verderie
vérificateur
— vérification
vermicelier
— vermicelle
vernisseur
— vernis
verrier
— verrerie
vestale
vétéran
— armée
vétérinaire
— médecine

vicaire
— vicariat
vice-amiral
— marine
vice-chancelier
— chancellerie
vice-consul
— consulat
vice-légat
— légation
vice-président
— présidence
vice-recteur
vice-roi
— royauté
vice-reine
vicomte
— vicomté
vidame
vidangeur
— vidange
vielleur
— vielle
vigie
vigneron
— viticulture
viguier
— viguerie
vinaigrier
violoniste
— violon
violoncelliste
— violoncelle
virtuose
— virtuosité
viticulteur
— viticulture
vizir
voiturier
— voiture
voltigeur
— armée
vulgarisateur
— vulgarisation
xylographe
— xylographie
zingaro
zoologiste
— zoologie
zouave
— armée
compléter avec l'article *marchand*

métis
V. *génération*

métonomasie
V. *rhétorique*

métonymie
V. *rhétorique*

métope
V. *ornement*

métoposcopie
V. *science*, *physionomie*

mètre V. *longueur*

métrique V. *longueur*, *poésie*

métrologie
V. *mesure*

métromanie
V. *poésie*

métronome
V. *instruments*

métropole
V. *colonie*

métropolitain
V. *ville*, *église*

mets V. *nourriture*

mettable
V. *vêtement*

mettre V. *poser*

Metz
messin

meuble
ameublement
mobilier
gros meuble
meuble volant
garde-meuble
boule
palissandre
poirier
noyer
acajou
chêne
frêne
thuya
citronnier
orme
bois courbé
en vannerie
en rotin
bois peint
bois doré
bois laqué
cuir
étoffe
cannage
moleskine
crin
ébéniste
ébénisterie
capiton
housse

meubler
garnir de meubles
mettre dans ses meubles
emménager
déménager
démeubler
capitonner

meublé
garni
meublant
lit
table de nuit
commode
armoire
siège
table
buffet
servante
dressoir
étudiole
bureau
bibliothèque
vitrine
pupitre
garniture de cheminée
dessus de cheminée
glace
applique
pendule
écran
paravent
étagère
support
console
colonne
gaine
chevalet
cachepot
jardinière
vide-poches
casier à musique
tapis
tenture
galerie
rideau
porte-parapluie
porte-chapeau
Voir *armoire*, *buffet*, *bureau*, *bibliothèque*, *lit*, *matelas*, *table*, *toilette*, *rideau*, *tapis*, *siège*, *horloge*, *cheminée*

meugler V. *bœuf*

meule V. *récolte*, *aiguiser*

meulerie
V. *moulin*

meulière
V. *pierre*

meunier
V. *moulin*

meute V. *chien*

mévendre
V. *vendre*

mezzanine
V. *maison*

mezzo-tinto
V. *gravure*

mi V. *moitié*

miasme V *air*

miauler V. *chat*

mica
micacé
micaschiste

mi-carême
V. *carnaval*

miche V. *pain*

micocoulier
V. *plante*

microbe
bactérie
micrococcus
diplococcus
streptococcus
sarcine
bâtonnet
bactéridie
bacille
vibrion

microcosme
V. *petit*

micrographie
V. *petit*

micromètre
V. *petit*

microphone
V. *acoustique*

microscope
grossissement
pouvoir amplifiant
loupe
verre grossissant
compte-fils
pied
miroir mobile
platine
porte-objet
vis micrométrique
corps
oculaire
cône
champ
diaphragme

micromètre
microscopie
micrographie
micrométrie
microscopique
micrographique
micrométrique

microzoaire
V. *petit*

midi V. *Sud*

mie V. *pain*

miel
miel blanc
miel roux
miel du pays
miel du Gâtinais
miel de Narbonne
miel du Chili
miel de Bretagne
propolis
gâteau
rayon
alvéole
cire
miel rosat
hydromel
mielleux
mellifère
emmieller
V. *abeille*

mielleusement
V. *hypocrisie*

miette V. *pain*

mieux
préférablement
plutôt
de préférence
progressivement
meilleur
supérieur
préférable
amélioré
amendé
corrigé
réformé
perfectionné
limé
redressé
réparé
restauré
retouché
rapiécé
raccommodé
remis à neuf
retapé
radoubé
ravaudé
rectifié
épuré
régénéré
guéri
remis
rétabli
embelli
bonifié
abonni
ragréé
arrangé
refait
remanié
expurgé
renouvelé
réorganisé
replâtré
perfectible
progrès sensible

amélioration
progrès
progression
marche en avant
mouvement ascendant
civilisation
résipiscence
amendement
correction
réforme
réformation
réfection
perfectionnement
réparation
redressement
ragrément
rajustement
transfiguration
restauration
retouche
pièce
rapiècement
rapiéçage
rapiécetage
raccommodage
remise à neuf
retapage
radoub
ravaudage
rectification
régénération
soulagement
guérison
remise
relèvement
rétablissement
embellissement
enjolivement
enjolivure
parure
bonification
ragréement
arrangement
réfection
remaniement
refonte
revision
expurgation
renouvellement
réorganisation
replâtrage
perfectibilité
plus-value

civilisateur
redresseur
moralisateur
correcteur
réformateur
réparateur
restaurateur
enjoliveur
retoucheur
raccommodeur
radoubeur
ravaudeuse
médecin
rénovateur
réorganisateur
rectificatif
progressif

améliorer
amender
dégrossir
émender
corriger
réformer
moraliser
civiliser
humaniser
polir
adoucir
perfectionner
limer
redresser
réparer
rapetasser
restaurer
retoucher
rapiécer
rapiéceter
raccommoder
remettre à neuf
retaper
radouber
replâtrer
rafistoler
ragréer
rajuster
ravauder
rectifier
épurer
régénérer
guérir
soulager
remettre
rétablir
sauver
embellir
transfigurer
enjoliver
rehausser
faire valoir
ennoblir
promouvoir
bonifier
abonnir
rabonnir
ragréer
arranger
reviser
refaire
remanier
refondre
expurger
renouveler
réorganiser
replâtrer
avantager
servir de repoussoir
orner
parer
décorer
poétiser
idéaliser
se refaire
se remplumer
gagner
profiter
progresser
monter
progressiste

mièvre
V. *esprit* (2)

mièvre
V. *style*

mignard
V. *subtil*

mignardise
V. *subtil*, *plant*

mignon
V. *beau*, *petit*

migraine
V. *maladie*

migration
V. *voyage*

mijaurée
V. *subtil*
mijoter V. *cuire*
mikado V. *chef*
mil V. *céréales*
milady V. *femme*
milan V. *animal*
Milan
milanais
Milet
milésien
milésiaque
Milhau
milhavois
miliaire V. *fièvre*
milice V. *armée*
milicien
V. *soldat*
milieu
centre
cœur
foyer
noyau
le fort de

central
intérieur
médial
médian
moyen

tenir le milieu
V. *moitié*
militaire
V. *soldat*
militer
V. *raisonnement*
mille
millier
myriade
kilo
kilogramme
kilogrammètre
kilolitre
kilomètre
myriamètre
kilométrique
millénaire
millième
mille-feuille
V. *plante*
mille-fleurs
V. *plante*
millénaire
V. *mille*
millénarisme
V *religion*
mille-pattes
V. *animal*
mille-pertuis
V. *plante*
mille-pieds
V. *animal*
millépore
V. *animal*
millésime
V. *chronologie*
millet V. *céréales*
milliaire
V. *colonnes*
milliard
V. *nombre*
millième V. *mille*
millier V. *mille*
milligramme
V. *poids*
millimètre
V. *longueur*
million V. *nombre*
millionnaire
V. *richesse*
mime
pantomime
mimer
mimique
mimosa
V. *plante*
minable
V. *pauvre*
minaret
V. *cloche*
minauder
V. *caresse*
minaudier
V. *caresse*
mince V. *petit*
mince
V. *petit* et *faible*
mine (1) V. *physionomie, accueil*
mine (2)
carrière
minière
concession
exploitation
extraction
exploitation à ciel ouvert
minerai
couche
gîte
dépôt
gisement
direction
inclinaison
puissance
richesse
affleurement
veine
gangue
salbande
mine en sac
faille
filon
épontes
amas
fouilles
excavation
abatage des roches
fleuret
bourroir
épinglette
cartouche
étoupille
puits
galerie
cuvelage
boisage
cadre
montant
chapeau
semelle
aérage
mofette
grisou
lampe de sûreté
épuisement
taille
chantier
chambre
travaux d'art
traitement des matières
patouillet
bocard
chien de mine
barytel
molette
longuerine
éventoir

mineur
ingénieur des mines
industrie minière

percer
creuser
pratiquer
exploiter
extraire
cuveler
boiser
épuiser
miner
V. *carrière, métal*
miner V. *maladie*
minerai V. *métal*
minéral V. *minéralogie*
minérales
(eaux)
eaux de table
eaux médicinales
eaux thermales
salines
alcalines
ferrugineuses
sulfureuses
acidules gazeuses
hydrosulfatées
efficaces
inefficaces

prendre les eaux
aller aux eaux
faire une cure
faire une saison

Abano
Abbécourt
Abbeville
Acqui
Aigueperse
Aigues-Caudes
Aix
Aix-la-Chapelle
Alange
Alcantud
Alcaraz
Alet
Alhama
Alicua
Aliseda
Allevard
Alméida
Alméria
Andelys
Apollinaris
Aranjuez
Arenosillo
Argentona
Arnedillo
Attancourt
Aulus
Bade
Bagnères-de-Bigorre
Bagnères-de-Luchon
Bagnères-St-Félix
Bagnigge-Wells
Bagnoles
Bagnols
Balaruc
Bar
Barbazan
Barberie
Barbotan
Barèges
Baza

Bejar
Bellême
Bellus
Bertua
Besse
Bétaille
Bilazais
Billin
Bio-la-Garde
Birmenstorff
Bonar
Bondonneau
Bourbon-Lancy
Bourbon-l'Archambault
Bourbonne-les-Bains
Bourboule (la)
Boynes
Briquebec
Bristol
Brousse
Brucourt
Busko
Busot
Bussang
Bussiares
Buxton
Cadéac
Caldaniccia
Caldas-de-Bohi
Caldas-de-Cuntis
Caldas-de-Estrach
Caldas-de-Malavella
Caldas-de-Monbuy
Caldas-de-Oviédo
Caldas-de-Reyes
Caldas-de-Tuy
Camarès
Cambo
Cambon
Carlsbad
Carrosio
Carvalhal
Cassinasco
Castanar
Castel-Doria
Castel-Jaloux
Castellamare
Castelletto
Castelnuovo
Castera
Castiglione
Castilnuevo
Castle-leod
Castrocaro
Cauterets

Cayenne
Cayla
Cercado
Cestona
Challes
Chantilly
Châteaufort
Château-Gontier
Châteaulin
Châteauneuf
Château-Thierry
Chateldon
Chatel-Guyon
Chatenors
Chaudes-Fond
Chaudes-Aigues
Civillina
Civita-Vecchia
Clermont Ferrand
Colombie
Condillac
Contrexéville
Contursi
Cornella
Cours-St-Gervais
Courtomer
Coutances
Couzan
Cransac
Crodo
Cuba
Daluys
Danevert
Dax
Desaignes-César
Dieu-le-fit
Digne
Dinan
Dinkold
Doulaux
Eaux-Bonnes
Ebeaupin
Encausde
Enghien
Espinosa
Espinoso
Esplougas
Evian
Faenza
Fitero
Fonsanche
Font-d'en-Xirot
Font-Santa de S. Juan-de-Campos
Fontaine-Bonneteau
Forges-les-Eaux
Fortuna
Fourchambault

François-Joseph
Fuen Caliente
Fuente del Fresno
Fuente Piedra
Fuente del Rosal
Fuente Sablantina
Gaieiras
Gamarde
Gazost
Geilnau
Giesshubler
Gigondas
Golaise (la)
Gournay
Gravalos
Gréoulx
Guillon
Guiterra
Gurgitelli
Hamam-Mescutin
Hamam-Berda
Hamam-Riza
Hambach
Hauterive
Heilbrunn
Hervidéros
Heucheloup
Huchers
Hunyadi-Janos
Hunyadi-Lazlo
Indiana
Kentucky
Kirouars
Kreusznach
Labarthe-Rivière
Labassère
Labauche
Laifour
Lamotte
Langeac
Laperière
Lapreste
La Réveille
Lavallière
Leamington
Lebanon
Ledesma
Lépinay
Lésignano
Louesche
L'Ours
Luchon
Lucques
Luxeuil
Malvern
Marclaz
Marcolz
Margarita
Marienbad

Marmolejo
Martigny
Masino
Menthon
Miers
Modène
Molar
Molla
Mont-Dore
Monte-Catini
Montmirail
Montrond
Néris
Neyrac
Nitrée d'Alsace
Orezza
Oriol
Pardina
Pestrin (du)
Pietropola
Plombières
Pougues
Puerto-Lano
Pullna
Puzichello
Pyrmont
Quinto
Recoaro
Reine du fer
Renaison
Renlaigue
Roche-Pozay
Roche-Santeuil
Royale hongroise
Royat-César
Royat-S.-Marc
Royat-S.-Victor
Rubinat
Saidchutz
Sail-les-Bains
Saint-Alban
S.-Allyre
S.-Amand
S.-Antoine-de-Guagno
S.-Boès
S.-Cassian
S.-Cernin
S.-Christ
S.-Christau
S.-Galmier
S.-Honoré
S.-Léger (Pougues)
S.-Mart
S.-Myon
S.-Nectaire
S.-Pardoux
S.-Sauveur
Salies du Béarn

Salins du Jura
S.-Bartolommeo
S.-Cassiano
S.-Colombano
S.-Daniele
S.-Filippo
S.-Genesio
S.-Giuletta
S.-Hilario
S.-Pellegrino
S.-Agnese
S.-Catarina
S.-Omobono
S.-Vicente
S.-Vicenzo
Santenay
Saratoga
Saxon
Schooley
Schwalbach
Schwalheim
Sedlitz
Seltz
Sierck
Soultzbach
Soulzmatt [hon
Spa-Condé-Pou-
Tabbiano
Tarnocer
Ternant
Tiermas
Tœplitz
Uriage
Vals
Chloé
Béatrix
Cachet vert
Délicieuse
Désirée
Dominique
Favorite
Gracieuse
Henriette
Impératrice
Joseph
Juliette
Madeleine
Marie
Marquise
Mireille
Parc
Pauline
Pavillon
Perle (la)
Précieuse
Préférée
Princes
Reine (la)
Rigolette

Saint-Jean
Souveraine
Suprême
Trois Étoiles
Victoire
Vivaraise
Vérone
Vic-sur-Cère
Vichy
Célestins
Chomel
Cusset
Grande-Grille
Hauterive
Hôpital
Lardy
Mesdames
Parc
Saint-Paul
S.-Yorre
Villacabras
Villamajor
Villavieja
Vinadio
Viterbe
Vittel
Volterra
Voltri
Wildegg
Wisbaden
Ydes

minéralogie
cristallographie
astérisme
parhélie
couronne
couleur propre
couleur acciden-
iris [telle
phosphorescence
axe d'élasticité
dureté
conductibilité
électricité
magnétisme
composition
docimasie
état natif
essai
analyse [bases
recherche des
classification
règne minéral
embranchement
classe
ordre
famille
tribu
genre

espèce
nomenclature
palladium
or
argent
mercure
amalgame
arquerite
plomb
massicot
minium
cuivre
zigueline
mélaconise
oxyde cobaltique
oxyde mangani-
sidéride [que
fer
oligiste
limonite
gœthite
aimant
franklinite
manganide
pyrolusite
brannite
acerdèse
hausmanite
zinc oxydé
psilomélane
chromide
sidérochrome
mélanochroïte
vauquelinite
crocoïse
aluminide
corindon
gibsite
diaspore
cymophane
spinelle
gahnite
plombgomme
molybdides
mélinose
tungstide
wolfram
schélite
schélitine
tantalide
columbite
bayerine
tantalite
yttrotantale
pyrochlore
aeschynite
titanide
rutile
anatase

brockite
nigrine
chrichtonite
polymignite
perowskite
sphène
stannide
cassitérite
uranide
péchurane
uraconise
bismuth
iridosmine
antimonide
antimoine
antimoniure
discrase
antimonickel
exitèle
stibiconise
antimoniate
arsénide
arsenic
arséniure
smaltine
nickeline
arsenickel
disomose
mispikel
mimétèse
pyromorphite
apatite
wagnerite
klaprothine
xénotine
pharmacolite
haidingérite
arsénicite
olivénite
euchroïte
aphanèse
érinite
liroconite
scorodite
pharmacosidérite
sidéritine
nickelocre
érytrine
amblygonite
thrombolite
aphérèse
ypoleime
triplite
triphyline
hureaulite
hétérosite
delvaulxine
mullicite
anglarite

vivianite
antimonite
kermès
roméite
condurite
kakoxène
wancelite
uranite
chalkolite
telluride
tellure
telluriure
sélénide
séléniure
berzeline
clausthalie
sulfuride
soufre
chalkosine
galène
argyrose
blende
alabandine
harkise
covelline
cinabre
realgar
pyrite
sperkise
molybdénite
coboldine
bismuthine
stibine
orpiment
boruine
élasmose
blattererz
mullerine
sylvane
bournonite
polybasite
panabase
stannine
tennantite
euchacrite
marmatite
leberkise
stromeyerine
chalcopyrite
phillipsite
zinkenite
myargyrite
federerz
argyrithrose
proustite
géokronite
psaturose
jamesonite
berthiérite

plagionite
anglésine
barytine
célestine
karsténite
thénardite
aphthalose
gypse
exanthalose
epsomite
gallitzinite
cyanose
brochantite
rhodhalose
mélanthérie
coquimbite
pittizite
alunogène
websterite
glaubérite
polyhyalitie
voltaëte
alun
alunite
chloride
chlore
calomel
kérargyre
salmare
sylvine
kérasine
atakamite
salmiac
bromide
iodide
fluoride
fluorine
yttrocerite
flucérine
basicérine
cryolite
condrodite
topase
picnite
hydrogénide
hydrogène
eau
hydrate
azotide
azote
air
ammoniaque
salpêtre
carbonide
carbone
diamant
graphite
anthracite
houille

lignite
terre de Cologne
tourbe
terreau
carbure
grisou
naphte
scheererite
hatchetine
élatérite
dusodile
malthe
asphalte
rétinasphalte
succin
mellite
guano
humboldtite
carbonate
calcaire
giobertite
sidérose
diallogite
carbocérine
smithsonite
dolomie
aragonite
janckerite
witherite
strontianite
céruse
stroninite
lanarkite
leadhillite
calédonite
mysorine
malachite
natron
gay-lussite
azurite
zinconise
silicide
quartz
calcédoine
opale
péridot
talc
wollastonite
edelforse
rhodonite
kieselmangan
photizite
witelmine
Gadolinite
phenakite
zircon
villarsite
stéatite
pikrosmine

pikrophyle
monradite
aphrodite
magnésite
stéatite
dermatrice
opsimose
dioptase
chrysocole
calamine
cérérite
thorite
boride
sassoline
boracite
borax
datholite
botryolite
némalite
antigorite
chrysotil
serpentine
hydrophyte
diallage
spadaïte
hypersthène
bronzite
anthophyllite
diopside
hedenbergite
trémolite
actinote
eudyalite
silicate
staurotide
disthène
andalousite
sillimanite
loelite
lenzinite
kaolin
pholérite
nontronite
severite
cymolite
felbol
anthosidérite
allophane
ochrane
miloschine
collyrite
halloysite
wolchonskite
idocrase
grossulaire
almandine
spessartine
mélanite
uwarovite

ilvaïte
méionite
zoïsite
thallite
euclase
émeraude
conichrite
pyrosklérite
gigantolite
carpholite
neernérite
anortite
cordiérite
labradorite
isopyre
dipyre
carnatite
néphéline
ryacolite
gabronite
amphigène
andésine
oligoclase
triphane
achmite
orthose
albite
pétalite
thomsonite
ripidolite
chlorite
pennine
scolézite
mésotype
hisingerite
pimelite
analcime
laumonite
herschelite
chabasie
harmotome
stilbite
heulandite
brewstérite
chamoisite
berthiérine
pagodite
margarite
saphirine
cancrinite
hauyne
sordawalite
tourmaline
axinite
mica
sodalite
pyrosmalite
helvine
métal
pléonaste
fer spéculaire
aimant
minéralogiste
minéralogique
cabinet
collection
minéralisateur
minéralisation
minéraliser
docimastique
V. *cristallographie, métal, mine, carrière*

minet V. *chat*
mineur V. *mine*
mineur V. *âge*
mineure
V. *syllogisme*
miniature
V. *petit, peinture*
miniaturiste
V. *peintre*
minier V. *mine*
minime V. *petit*
minimum
V. *petit, peu.*
ministre
excellence
homme d'État
homme public
secrétaire d'État
garde des sceaux
intérieur
justice
cultes
beaux-arts
instruction publique
agriculture
commerce
travaux publics
postes et télégraphes
finances
affaires étrangères
guerre
marine
colonies
ministère d'État
président du conseil
cabinet
conseil
portefeuille
ministère
département
banc des ministres
arriver aux affaires
former un cabinet
ministériel
antiministériel
ministériellement

minium
V. *substance*
minois
V. *physionomie*
minoratif
V. *remède*
minorité
V. *nombre, âge*
minot V. *volume*
minoterie
V. *moulin*
minuscule
V. *petit*
minute V. *heure, écriture*
minuter
V. *écrire*
minutie V. *petit*
miquelet
V. *soldat*
mirabelle
V. *plante*
miracle
V. *étonnant*
mirage
V. *imagination*
mire V. *but*
miré V. *sanglier*
mirer V. *but, œuf, voir*
mirifique
V. *étonnant*
mirliflore
V. *élégant*
mirliton
V. *instrument*
miroir V. *glace* (2)
miroiter
V. *lumière*
miroitier
V. *glace* (2)
miroton
V. *nourriture*
misaine V. *mât*
misanthropie
sauvagerie
hypocondrie
pessimisme
désillusion
atrabile
humeur chagrine
haine du monde
misanthrope
sauvage
insociable
hypocondriaque
grognon
bourru
dyscole
pessimiste
blasé
ours
loup
Alceste
Timon d'Athènes
misanthropique
fuir la société

miscellanées
V. *livre*
miscible
V. *mélange*
mise
V. *vêtement, jeu*
misérable
V. *malheur*
misérablement V. *malheur*
misère V. *pauvre*
miséréré
V. *prière, maladie*
miséricorde
V. *bonté, bon, siège*
missel V. *prière*
mission V. *ambassade, clergé*
missionnaire
V. *clergé*
missive V. *lettre*
mistigri
V. *cartes*
mistral V. *vent*
mitaine V. *gant*
mite V. *animal*
mitiger V. *moins*
miton V. *gant*
mitonner
V. *cuire, volonté*
mitoyen V. *mur*
mitraille
V. *projectile*
mitre V. *chapeau*
mitré V. *évêque*
mitron V. *pain*
mixte V. *mélange*
mixtiligne
V. *ligne*
mixtion
mixture
V. *mélange*
mnémonique
V. *mémoire*
mnémotechnie V. *mémoire*
mobile V. *cause, mouvement*

mobilier
V. *avoir, meuble*
mobiliser
V. *armée, mouvement*
mobilité
V. *mouvement*
modale
V. *grammaire*
mode (1)
V. *grammaire*
mode (2)
V. *élégant*
modelage
V. *sculpture*
modèle
V. *exemple*
modelé
V. *peinture*
modeler
V. *sculpture*
modénature
V. *colonnade*
modérateur
V. *lampe*
modération
V. *modéré*
modéré
mesuré
pondéré
réservé
discret
retenu
sage
raisonnable
modeste
borné dans ses ambitions

tenir le juste milieu [moyenne
rester dans la moyenne
faire preuve de modération
se tenir dans un juste milieu
se contenter à peu de frais [geant
n'être pas exigeant
être pondéré
user de tempéraments

modération
mesure
pondération
réserve
discrétion
juste milieu
V. *tranquille, peu, moins*

moderne
V. *nouveau*
modeste
V. *humble, pudeur*
modicité V. *peu*
modifier V. *changer, changement*
modillon
V. *ornement*
modique
V. *peu*
modiste
V. *chapeau*
modulation
V. *musique*

moelle
moelleux
médullaire
moelleux
V. *mou*
moellon
V. *pierre*
mœurs
V. *conduite*
mofette V. *air*
moignon V. *bras*
moindre V. *petit*

moine
religieux
solitaire
ermite
cénobite
anachorète
ascète
père
frère
frère lai
révérend
révérendissime
novice
profès
sœur
nonnain
mère
supérieure
supérieur
provincial
prieur
prévôt
camérier
chambrier
cubiculaire
sacristain
cellérier
bibliothécaire
trésorier
coutre
apocrisiaire
aumônier
économe
infirmier
portier
sœur tourière
chevecier
écolâtre
père gardien

confrérie
moinerie
ordre
congrégation
chapitre
froc
capuce
capuchon
cagoule
discipline
cilice
noviciat
vêture
prise d'habit
prise de voile
vœux
ascétisme
monachisme
règle
observance

ascétique
monacal
monastique
érémitique
conventuel
claustral
cénobitique
capitulaire
monacalement

cloîtrer [ordres
entrer dans les ordres
renoncer au monde [vœux
prononcer des vœux
prendre l'habit
prendre le voile

ordre de la Conception [tin
de Saint-Augustin
de l'Avé-Maria
de la Congrégation de Saint-Paul
de Saint-Benoît
de l'Adoration perpétuelle
de Sainte-Marthe
de Cîteaux
de Cluny
ordre de Clairvaux
de Saint-Maur
de la Trappe
du Précieux-Sang
de la Sainte-Face
des Blancs-Manteaux
de Notre-Dame du Calvaire
de la Charité
de Sainte-Claire
de la Doctrine chrétienne
de la Croix [tes
des Madelonnettes
des Repenties
de Saint-Magloire
de Sainte-Valère
du Tiers-Ordre
des Écoles chrétiennes
de Saint-Yon
de Grandmont
des Bonshommes
de l'Assomption
de la Miséricorde
de l'Oratoire
du Saint-Sacrement
de Saint-Sulpice
de Saint-Victor
de la Visitation
de Saint-Basile
de Saint-Bruno
du Calvaire
de Saint-François
de Saint-Vincent-de-Paul
des Frères Prêcheurs
de Saint-Jérôme
de Malte
des Missions
de la Société de Jésus
des Annonciades
gyrovague
santon
compléter aux mots *clergé* et *monastère*
moineau
pierrot
passereau
guilleri
moins
au-dessous de
au moins
pour le moins

au minimum
au bas mot
inférieur
subalterne
subordonné
diminué
atténué
amaigri
allégé
amoindri
réduit
ramené à
mitigé
pallié
adouci
modéré
raccourci
accourci
abrégé
écourté
tronqué
mutilé
rogné
avorté
incomplet
imparfait
ébauché
esquissé
informe
inachevé
grossier
rapetissé
apetissé
resserré
contracté
restreint
déprécié
baissé
déchu
pauvre
indigent
dépourvu
exempt
dénué
déchargé
dispensé
exempté
libéré
préservé
quitte
dénudé
dépouillé
sevré
exonéré
débarrassé
affranchi de
dégarni
défectif
dépareillé

faute de
défalcation faite
manquer [de
faire défaut
faire faute
faire faux bond
le besoin se fait
sentir de
s'en falloir de
souffrir du manque de [de
sentir le besoin
avoir affaire de

amaigrissement
allégement
amoindrissement
atténuation
diminution
déperdition
perte
decrescendo
réduction
adoucissement
tempérament
ménagement
modération
mitigation
mutilation
resserrement
rapetissement
contraction
retrait
rétrécissement
tassement
restriction
minorité
infériorité
désavantage
palliation
circonstance atténuante
déchéance
dégradation
déclin
décroissance
dépréciation
baisse
décadence
diminutif
palliatif
correctif
litote
euphémisme
absence
manque
privation
déficit
défaut

insuffisance
imperfection
lacune
trou
vide
oubli
omission
suppression
défalcation
retenue
soustraction
élimination
retranchement
réserve
rabais
vacance
besoin
desideratum
pénurie
dénûment
détriment
épuisement
disette
famine
jeûne
pauvreté
indigence [tale
supplice de Tan-
réductibilité

manquant
absent
défaillant
insuffisant
imparfait
incomplet
inachevé
tronqué
épuisé
privé de
vide de
privatif
restrictif
rétractile

amoindrir
atténuer
affaiblir
gazer
mitiger
mettre une sour-
pallier [dine
ménager
épargner
réduire
ramener
tempérer
attiédir
tiédir
modérer

raccourcir
écourter
tronquer
abréger
mutiler
rogner
rapetisser
apetisser
restreindre
tasser
serrer
resserrer
déprécier
rabaisser
ravaler
rabattre
décliner
déchoir
décroître
V. *ôter*, *modéré*, *petit*

moire V. *étoffe*

moirer
V. *étoffe*, *tache*

mois
janvier
février
mars
avril
mai
juin
juillet
août
septembre
octobre
novembre
décembre
pluviôse
ventôse
germinal
floréal
prairial
messidor
thermidor
fructidor
vendémiaire
brumaire
frimaire
nivôse
complémentaires (jours)
sans-culottides
primidi
duodi
tridi
quartidi
quintidi
sextili

septidi
octidi
nonidi
décadi
fêtes décadaires
calendes
nones
ides
ramadan
lunaison
trimestre
semestre
saison
embolisme
printemps
printanier
été
estival
automne (voir)
hiver (voir)
morte-saison
ménologe

mensuel
bimensuel
trimestriel
semestriel
mensuellement
V. *saison*
moise
V. *charpente*
moiser
V. *charpente*
moisir
V. *pourriture*
Moissac
moissagais
moissine
V. *vigne*
moisson
V. *récolte*
moite V. *mouiller*
moitié
demie
demi
semi-
hémi-
mi-
mitoyen
métis
mi-parti
V. *milieu* et *double*
moka V. *café*
molaire V. *dent*
môle V. *port*
molécule V. *petit*
molène V. *plante*
molesquine
V. *tissu*
molester
V. *ennui*
molette
V. *éperon*
molinisme
V. *religion*
mollah V. *clergé*
mollasse V. *mou*
mollesse V. *mou*
mollet
V. *jambe, mou*
molleton
V. *étoffe*
mollifier V. *mou*
mollusque
V. *animal*
molosse V. *chien*
molybdène
V. *métal*
moment V. *temps*
momentané
V. *durée*
momerie
V. *hypocrisie*
momie V. *mort*
monacal
V. *moine*
monachisme
V. *moine*
Monaco
monégasque
monade V. *petit*
monadelphie
V. *fleur*
monandrie
V. *fleur*
monarchie
V. *royauté*
monastère
couvent
abbaye
cloître
prieuré
archimonastère
béguinage
capucinière
domerie
chapelle
ermitage

parloir
salle capitulaire
discrétoire
réfectoire
aumônerie
hôtellerie
infirmerie
bibliothèque
cellule
dortoir

monastique
conventuel
érémitique
abbatial
claustral
capitulaire
custodi-nos
bénéficiaire
V. *clergé, moine*
monastique
V. *moine*
monaut
V. *chien, oreille*
monceau
V. *ensemble*
mondain
V. *société*
monde V. *astre, terre, société*
monde V. *propre*
monétaire
V. *monnaie*
monétisation
V. *monnaie*
moniteur
V. *écolier*
monition
V. *religion*

monnaie
numéraire
pièce
piécette
espèce
espèce sonnante
deniers
quibus
jaunet
group
somme
or
argent
billon
billet de banque
bank-note
papier-monnaie
assignat
monnaie fiduciaire
fonds
encaisse
capital
cours
émission
circulation
cours forcé
change
démonétisation
bimétallisme
monétisation
monnayage
ajustoir
frappe
flan
ectype
pied-fort
fonte
frai
contrefaction
adultération
altération
contrefaçon
faux-monnayage
titre
aloi
forçage
rengrénée
face
pile
grènetis

monétaire
bonne
mauvaise
fausse

passer
avoir cours
émettre
lancer dans la circulation
frapper
monétiser
monnayer
battre monnaie
démonétiser
altérer
rengréner

faux-monnayeur
millime
centime
double-centime
décime
pièce de 20 centimes
cinquante centimes
franc
double franc
cinq francs
cinq francs or
dix francs
vingt francs
louis
napoléon
quarante francs
cinquante francs
cent francs
marc
mark
couronne
pfennig

batz
escalin
thaler
florin
ducat
ducaton
kreutzer
guinée
livre sterling
souverain
couronne
shelling
penny
farthing
impériale
rouble
kopeck
cent
sapèque
aigle
dollar
lire
carlin
drachme
tétradrachme
lepton
piécette
rixdale
kroner
ore
peseta
réal
centavo
maravédis
cruzade
reis
piastre
gourde
doublon
quadruple
duro
patagon
escudo
sequin
para
sultanin
boudjou
bourse
aspre
toman
pagode
lack
roupie
taël
yen
zen
écu
liard
pistole
denier
sou
baïoque
agnel
angelot
maille
patard
teston
picaillon
pite
besant
blanc
mouton
salut
noble
obsidionale (mon-naie)
carolus
as
sesterce
mine
darique
statère
talent
sicle
monétaire
monnayeur
V. *médaille*

monochrome
V. *couleur*

monocle
V. *lunette*

monocorde
V. *instrument*

monocotylédone V. *fleur*

monogamie
V. *mariage*

monogramme
V. *cachet*

monographie
V. *livre*

monolithe
V. *pierre*

monologue
V. *parler*

monomanie
V. *folie*

monôme
V. *algèbre*

monopétale
V. *fleur*

monophylle
V. *fleur*

monopole
privilège
accaparement
centralisation
monopoleur
privilégié
accapareur
affameur
monopoliser
accaparer
centraliser

monoptère
V. *colonnade*

monorime
V. *poésie*

monostique
V. *poésie*

monosyllable
V. *mot*

monothéisme
V. *religions*

monothélisme
V. *religions*

monotonie
V. *semblable*

monstre
phénomène
jeu de la nature
être imaginaire
être fabuleux
ogre
géant
nain
monstruosité

acéphale
centimane
capripède
androgyne
hermaphrodite
dragon
griffon
chimère
coquecigrue
rock
hydre
harpie
gorgone
méduse
hippocampe
hippogriffe
licorne
sphinx
minotaure
centaure
centauresse
hippocentaure
sirène
néréide
charybde
scylla
triton
cheval marin
cheval ailé
Pégase
Cyclope
Polyphème
Géryon
Briarée
léviathan
Janus
Protée
Argus
Cerbère
satyre
sylvain
furie
euménide
lamie
lémure
larve
croquemitaine
stryge
goule
succube
vampire
tératologie

monstrueux
difforme
monstrueusement
V. *étonnant*

mont V. *montagne*

montage V. *poser*

montagne
mont
sierra
morne
piton
ballon
chaîne
assise
pente
penchant
versant
flanc
montée
pied
bas
cirque
brèche
col
défilé
passage
port
gorge
plateau

couronner
hérisser
dominer

montueux
montagneux

montagnard
highlander
escarpé
V. *haut*
montant
V. *prix, poutre*
Montauban
montalbanais
mont-de-piété
nantissement
prêt sur gage
reconnaissance
intérêts
clou
ma tante
V. *dette*
monté V. *garnir*
montée
V. *monter*
Montélimar
montilien
Monténégro
monténégrin
monter
gravir
escalader
enjamber
grimper
s'élever
s'envoler
prendre son essor
se perdre dans les airs [de
faire l'ascension

ascension
escalade
montée
vol
essor

ascensionnel
ascendant
grimpeur

ascenseur
échelle
escalier
ballon
aile
quatre à quatre
V. *haut, escalier*
monteur
V. *métier*
monticule
V. *haut*
montre
V. *horlogerie*
montrer
exhiber
mettre sous les [yeux
exposer
présenter
produire
faire voir [tion
signaler à l'atten-
montrer au doigt
montrer du doigt
désigner
indiquer
mettre sur table
accuser
annoncer [que)
trahir (un man-
manifester
témoigner
faire preuve de
dénoncer
révéler
stigmatiser
dévoiler
déployer
étaler

montre
exhibition
spectacle
exposition
présentation
production
signalement
indication
désignation
dévoilement
déploiement
manifestation
étalage
représentation
ostentation
éventaire
vitrine
étal
horizon
perspective
vue
aspect
site
tableau
montreur
indicateur
vigie
espion
montrable
ostensible
curieux
intéressant
à voir
révélateur
dénonciateur
ostensiblement
V. *étiquette, signe*
montueux
V. *montagne*
monture
V. *cheval* (1), *bijou*
monument
V. *édifice*
moquerie
V. *mépris*
moquette
V. *tapis*
moqueur V. *rire*
morailles
V. *ferrer*
moraillon
V. *serrures*
moraine
V. *glacier*
moral V. *devoir*
morale V. *devoir, fable, vertu*
moraliser
V. *mieux*
moraliste
V. *écrivain*
moralité
V. *devoir*
morbide
V. *malade*
morbidesse
V. *mou*
morbifique
V. *maladie*
morceau
V. *division*
morceler
V. *diviser*
mordacité
V. *user*
mordant
V. *esprit* (2)
mordicant
V. *user*
mordicus
V. *volonté*
mordiller
V. *mordre*
mordoré
V. *couleur*

mordre
mordiller
donner un coup de [dent
déchirer
lacérer
morsure
V. *dent*
more V. *cheval* (4)
moreau
V. *cheval* (4)
morelle
V. *plantes*
morfil V. *aiguiser*
morfondre
V. *attendre*
morganatique
V. *mariage*
morgeline
V. *plantes*
morgue
V. *orgueil, nager*
morguer
V. *outrage*
moribond
V. *mort*
moricaud
V. *nègre*
morigéner
V. *conseiller*
morille
V. *champignon*
morillons
V. *émeraude*
morion V. *casque*
mormons
V. *religions*
morne V. *triste, montagne*
morose V. *triste*
Morphée
V. *sommeil*
morphine
V. *remède*
mors
V. *harnachement*
morse V. *animal*
morsure
V. *mordre*

mort
décès
trépas
trépassement
fin
dernier jour
moment fatal
dernier soupir
dernier souffle
dernière heure
dernier sommeil
l'article de la mort
mort naturelle
mort accidentelle
mort subite
obit
suicide

prédécès
résurrection
métempsycose

mourir
décéder
succomber
trépasser
rendre l'âme
expirer [soupir
rendre le dernier
être fauché
être moissonné
tomber mort
rester sur le carreau [sière
mordre la pous-
mourir de sa belle
s'éteindre [mort
fermer la paupiè-
être condamné [re
être emporté par une maladie
agoniser
râler
entrer en agonie
être au lit de mort
voir arriver sa dernière heure
prédécéder
ressusciter

agonie
affres
râle

mourant
moribond
in extremis
agonisant
décédé
inanimé
défunt
mort
dépouille mortelle
restes
cadavre
momie [que
rigidité cadavéri-
reliques
mânes
nécrologie
nécrologe
obituaire
extrait mortuaire
mortalité

nécrologique
mortel
léthifère
mortifère
mortuaire
macabre
posthume
V. *enterrement*, *cimetière*, *tuer*

mortadelle
V. *charcuterie*

Mortagne
mortanais

mortaillable
V. *héritage*

mortaise
V. *charpente*

mortalité
V. *mort*

morte-eau
V. *port*

mortel V. *mort*

morte-saison
V. *mois*

mort-gage
V. *gage*

mortier V. *maçonnerie*, *écraser*, *chapeau*

mortifère
V. *mort*

mortification
V. *humble*

mortuaire
V. *mort*

morue V. *animal*

Morvan
morvandois

morve
V. *nez*, *cheval*

mosaïque
pavage
incrustation [tine
mosaïque byzan-
mozaïque florentine
mosaïque romaine
smalt
cube
lit
mosaïste
mosaïquer

Moscou
moscovite

mosette
V. *évêque*

mosquée
V. *temple*

mot
terme
vocable
expression
appellation
dénomination
parole
partie du discours
néologisme
archaïsme
homonyme
synonyme
paronyme
doublet
homographe
univoque
équivoque
solécisme
pléonasme
barbarisme
monosyllabe
dissyllabe
onomatopée
formation
composition
dérivation
étymologie
flexion
désinence
préfixe
suffixe
signification
sens
corps
radical
racine
altération
paragoge
épithèse
épenthèse
prosthèse
aphérèse
apocope
crase
élision
ellipse
paronomase
univocation
homophonie
homonymie
synonymie
paronomasie

articulé
inarticulé
verbal
oral
variable
invariable
déclinable
indéclinable
diminutif
péjoratif
épicène
paronymique
synonymique
néologique
inusité
archaïque
usité
étymologique
sous-entendu
technique

anagramme
grammaire
morphologie
terminologie
orthographe
néographie
néologie
glossaire
vocabulaire
lexique
dictionnaire

néographe
néologue
étymologiste
vocabuliste
V. *grammaire*, *dictionnaire*, *nom*

motet V. *chant*

moteur
V. *mouvement*

motif V. *cause*

motion V. *mouvement*, *proposer*

motiver
V. *responsabilité*

motte V. *terre*

motter V. *abri*

motus V. *silence*

mou (1) V. *viande*

mou (2) (pour les choses)
tendre [choses)
spongieux
inconsistant
élastique
flexible
souple
mollasse
mollet
élavé
émollient
flasque
de cire
malléable
plastique
fluide
ductile
maniable

mollesse
tendreté
inconsistance
morbidesse
souplesse
élasticité
flaccidité
avachissement
amollissement
malléabilité
ductilité
flexibilité
fluidité
plasticité

amollir
mollir
ramollir
attendrir
modeler
malaxer
fléchir
céder
s'avachir
déraidir
assouplir
mollifier
détendre
desserrer
détordre
détortiller
V. *inaction*

mouchard
V. *espion*

mouche
insecte
bestiole
moucheron
chiure de mouche
chiasse
émouchoir
émouchette
chasse-mouches
moustiquaire
cousinière
tue-mouches
cage à mouches
émoucher
lisser les ailes
se poser
V. *insecte* et *animal*

moucher V. *nez*

moucherolle
V. *animal*

moucheron
V. *mouche*

moucheté
V. *tache*

mouchettes
V. *lampe*

moucheture
V. *tache*

moucheur
V. *ôter*, *nez*

mouchoir V. *nez*

mouchure V. *nez*

moudre
V. *moulin*

moue
V. *physionomie*

mouée
V. *nourriture*

mouette
V. *animal*

moufette
V. *mofette*

moufle
V. *poulie*, *four*

mouflon
V. *animal*

mouillage
V. *navire*, *vin*

mouille-bouche V. *poire*

mouiller
humecter
imbiber
imprégner
madéfier
laver
délaver
diluer
ramoitir
baigner
arroser
inonder
tremper
détremper
saucer
pénétrer
traverser
infuser
immerger
noyer
plonger
submerger
éclabousser
ondoyer
suer
ressuer

mouillure
humectation
imbibition
madéfaction
moiteur
sueur
suée
ressuage
imprégnation
imbibition
lavement
lotion
ablution
dilution
mouillage
baignade
bain
arrosage
inondation
infusion
déliquescence
immersion
noyade
submersion
éclaboussure
mouilloir
hygromètre
hygrométrie

moite
humide
mouillé
ruisselant
en eau
déliquescent
hygrométrique
halitueux
et les participes des verbes

mouillette
V. *pain*

mouilloir
V. *mouiller*

mouillure
V. *mouiller*

moujik
V. *agriculture*

moulage
V. *mouler*

moule
V. *mouler*, *animal*

moulé V. *écriture*

mouler
reproduire par le moulage
jeter en moule
tirer
surmouler
empreindre
estamper
couler
fondre
bavocher

moule
empreinte
estampage
surmoulage
galvano
ectype
forme
embauchoir
matrice
original
chape
armature
chemise
noyau
couture
bavochure
bavure
balèvre
moulage
coulure
fonte
moulure
surmoule
mouleur
pâtissier

moulin
moulin à bras
moulin à eau
moulin à vent
cylindre
meule
meule courante
meule gisante
meule dormante
œillard
nille
pointal
bluterie
blutoir
baille-blé
anche pivotante
émotteur
égrugeoir
nettoyeur
bocard
crible
trémie
huche
quintin
ensacheur
ailette
babillard
claquet
sas
traquet
tic-tac
archure
arche
refroidisseur
râteau
monte-sacs

beffroi
lanterne
alluchon
arbre
sommier
bras
aile
latte
queue du moulin
échelle
voile
abée
aubes

moudre
écraser
concasser
broyer
réduire
pulvériser
égruger
bluter

bocarder
mouture
bocardage
blutage
bluterie
farine
gruau
fin-finot
minot
grésillon
semoule
son
issue
recoupe
recoupette
meunier
meunerie
meulerie
minotier
minoterie

moulinage
V. *soie*
moulinet
V. *grue* (2), *rotation*
moulineur
V. *soie*
moulinier
V. *soie*
moulu V. *fatigué*
moulure
V. *ornement*
mourir V. *mort*
mouron
V. *plante*
mourre V. *jeu*
mousquet
V. *fusil*
mousquetade
V. *fusil*
mousquetaire
V. *infanterie*
mousqueterie
V. *fusil*
mousqueton
V. *fusil, boucle*
mousse V. *pointe, plante, écume, navigateur*
mousseline
V. *étoffes*
mousser
V. *écume*
mousseron
V. *champignon*
mousseux
V. *écume*
moussoir
V. *outil*
mousson
V. *vent*
moussu V. *rose*
moustache
V. *barbe*
moustiquaire
V. *mouche*
moustique
V. *animal*
moût V. *vin*
moutarde
V. *plante*
moutardier
V. *vaisselle*
mouton
race ovine
bélier
brebis
agneau
agnelle
agnelet
mérinos
alpaga
lama
vigogne
élevage
agnelage
agnellement
muguet
clavelée
tournis
avertin
météorisation
cachexie aqueuse
piétin
fourchet
tonte
bergerie
bercail
parc

paître
bêler
agneler

peau de mouton
— basane
bisquain
canepin
toison
laine
bêlement
clarine
troupeau
gigot
éclanche
V. *viande*
moutonner
V. *mer, nuage*
moutonneux
V. *mer*
moutonnier
V. *habitude*
mouture
V. *moulin*
mouvance
V. *féodalité*

mouvement
locomotion
motion
circulation
déplacement
promenade
évolution
voyage
marche
course
action
activité
agitation
affolement
remuement
automatisme
grouillement
mise en mouvement
ressort
tremplin
mise en branle
mobilisation
ébranlement
chancellement
glissement
reptation
branle
branle-bas
tac-tac
tic-tac
branlement
ballottage
va-et-vient
ballottement
balancement
cours
courant
fil
dérive
fluctuation
flottement
brimbalement
roulement
dandinement
roulis
tangage
houle
oscillation
libration
battement
ondulation
mouvement alternatif
allée
venue
départ
aller
retour
flux
reflux
avance
navette
danse
tic
danse de Saint-Guy
chorée
mouvement giratoire
rotation
tournoiement
remous
tourbillon
moulinet
torsion
contorsion
convulsion
geste
haut-le-corps
hochement
mouvement ascendant
ascension
montée
vol
essor
saut
cabriole
gambade
volte
conversion

mouvement descendant
descente [cendant
chute
dégringolade
culbute
recul
reculade
reculée
reculement
élan
virevousse
impulsion
poussée
propulsion
stimulation
choc
secousse
saccade
soubresaut
sursaut
commotion
coup
tremblement
trémolo
trépidation
vibration
frisson
frémissement
trémoussement
trépignement
frétillement
titillation
mobilité
motilité
agilité
prestesse
vivacité
turbulence
rapidité
pétulance
accélération
impétuosité
brio
entrain
gravitation
nutation
gravité
isochronisme

mouvoir
mettre en branle
mettre en mouvement
mobiliser [ment
agiter
secouer
remuer
fourgonner
houspiller
ébranler
culbuter
balancer
ballotter
stimuler
activer
accentuer
accélérer
brandir
donner le branle
imprimer un mouvement
fonctionner
se mouvoir
être en mouvement
bouger [ment
grouiller
frétiller
piaffer
trépigner
se trémousser
danser
pirouetter
hocher
tourner
pivoter
tournoyer
frissonner
frémir
tressaillir
flotter
se dodiner
onduler
osciller
vibrer
flageoler
chanceler
tituber
glisser
changer de place
voyager
valeter
marcher
graviter
reculer
revenir
voler
voltiger
courir
cabrioler
sauter
gambader
sautiller
gigoter
brandiller
brimbaler
saccader [place
ne pas tenir en
être piqué de la tarentule
papillonner
se démener
se donner du mouvement
s'ébattre [vement
gesticuler
tiquer
titiller
monter
descendre
dégringoler
rouler
couler
sombrer

mobile
agité
convulsif
mouvementé
houleux
automatique
saccadé
impétueux
vertigineux
emporté
déchaîné
torrentueux
répété
isochrone
régulier
lent
accéléré
alternatif
centrifuge
centripète
circulatoire
giratoire
vibratoire
vibratile
turbulent
remuant
preste
leste
sémillant
souple
agile
délié
pétulant
vif comme une anguille
impulsif [anguille
tiqueur
piaffeur
moteur
automoteur
locomoteur
automobile
loch
métronome
activement
turbuleusement
vivement
V. *vite, tard, mécanique, marcher*

mouver V. *terre*
mouvoir V. *mouvement*
moxa V. *remède*
moye V. *pierre*
moyen V. *manière*
moyen V. *milieu*
moyennant V. *manière*
moyeu V. *roue*
muance V. *musique*
muche-pot (à) V. *inconnu*
mucilage V. *substance*
mucosité V. *excrément*
mue V. *plume*
muer V. *plume, poil, voix*
muet V. *silence*
muezzin V. *Arabie*
mufle V. *tête, ornement*
muflier V. *plantes*
mufti V. *turc*
muge V. *animal*
mugir V. *bœuf, vent*
muguet V. *plantes, maladie, élégant*
mugueter V. *amour*
muid V. *tonneau*
mulâtre V. *génération*
mule V. *animal, chaussure*
mules V. *pied*
mulet V. *animal*
muletier V. *métier*
mulot V. *animal*
multicolore V. *couleur*
multiflore V. *fleur*
multiforme V. *forme*
multiple V. *multiplication*
multiplication
facteur

coefficient
multiplicande
multiplicateur
produit partiel
produit total
puissance
carré
cube
preuve
multiplier
table de Pythagore
multiple
multipliable
sous-multiple

multiplicité
V. *nombre*

multitude
V. *nombre*

multivalve
V. *coquillage*

Munich
munichois

municipalité
édilité
échevinage
commune
hôtel de ville
mairie
capitoulat
conseil municipal

junte
ayuntamiento
maire
capitoul
avoyer
adjoint
lord-maire
bourgmestre
syndic
alderman
shérif
prévôt des marchands
échevin
édile
conseiller municipal

municipal
communal
communaux
écharpe

municipe V. *ville*

munificence
V. *don*

munir V. *garnir*

munition
V. *arme*

munitionnaire
V. *soldat*

muqueux
V. *fièvre*

mur
muraille
rempart
paroi
clôture
échalier
haie
pan de mur
trumeau
tympan
mur d'appui
parapet
garde-fou
mur d'allège
contre-mur
cloison
mur de fondation
mur de soubassement
mur de face
gouttereaux
mur pignon
mur de refend
mur d'échiffre
en talus
en l'air
mitoyen
aplomb
fruit
chaux
appareil
crête
chaperon
égout
héberge
couronnement
créneau
arc-boutant
contrefort
jouée

étai
étançon
lézarde
mitoyenneté
tournisse
parpaing
pierre
brique
moellon
clayonnage
crépissage
crépissure

murer
remparer
clore
cloisonner
contre-murer
étançonner
étayer
fermer
aveugler
boucher
renformir
crépir
forjeter

mural
pariétal
V. *fermeture*

mûr V. *maturité*

muraille V. *mur*

mûrement
V. *maturité*

murène
V. *animal*

murer V. *mur*

murex
V. *coquillage*

muriatique
V. *substance*

mûrier
V *plantes*

mûrir
V. *maturité*

murmure
V. *bruit*

murrhin
V. *substances*

musaraigne
V. *animal*

musard
V. *inaction*

musc
V. *animal*, *odeur*

muscade
V. *plantes*

muscadet V. *vin*

muscadier
V. *plantes*

muscadin
V. *élégant*

muscat
V. *raisin*, *vin*

muscle
ligament
tendon
tendron
gaine
ventre du muscle
corps
attache
aponévrose
muscle simple
muscle composé
transverse
congénère
antagoniste
fléchisseur
extenseur
tenseur
adducteur
abducteur
abaisseur
suspenseur
rotateur
accessoire
penniforme
cricoïde
oblique de la tête
droits postérieurs
droits antérieurs
droit latéral
temporaux
pyramidal
transversaire
masséter
mylo-glosse
mylo-hyoïdien
élévateur de la paupière supérieure
orbiculaire palpébral
sphincter de l'œil
moteurs de l'œil
obliques de l'œil
trochléateurs
droit interne
droit externe
rotateurs
droit inférieur
droit supérieur
élévateur
péristaphylins
corrugateur
zygomatiques
petit complexus
grand complexus
superbe
dédaigneux
ptérygoïdiens
transversal
céphalo-pharyngien
adénopharyngien
constricteur
cérato-staphylin
cérato-glosse
chondro-glosse
génio-hyoïdien
génio-glosse
hyo-glosse
sphincter labial
buccinateur

petro-salpingo-
pharyngien
canin
carré
abaisseur labial
orbiculaire labial
élévateurs de la
lèvre supérieu-
re
crico-aryténoï-
dien
thyréo-aryténoï-
dien
crico-pharyngien
palato-pharyn-
gien
crico-thyréoïdien
pharyngo-sta-
phylin
hyo-thyréoïdien
stylo-glosse
stylo-hyoïdien
hypsiloglosse
releveur de la
luette
génio-palatin
stylo-pharyngien
génio-pharyn-
gien
hyo-pharyngien
sterno-thyréoï-
dien
sterno-hyoïdien
sterno-mastoï-
incisif [dien
peaussier
interépineux
surépineux
splénius
scalènes
grand dentelé
rhomboïde
muscle trapèze
cucullaire
grand pectoral
petit pectoral
grand dorsal
deltoïde
triangulaire
surcostal
sous-costal
ilio-costal
carré lombaire
ischio-coccygien
sacro-coccygien
cremaster
curvateur
sphincter
long dorsal
inspirateur
expirateur
pyramidal
diaphragme
grand oblique
petit oblique
droit abdominal
sacro-lombaire
iliaque
iliaque interne
ischio-caverneux
fascia
fessiers
biceps crural
triceps crural
carré crural
couturier
obturateur
jambiers
muscles grêles
jumeaux
psoas
droit antérieur
pectiné
droit interne
extenseur de la
jambe
pyramidal
gastro-cnémien
jarretier
poplité
péroniers
tibiaux
tendon d'Achille
plantaire [pied
lombricaux du
pédieux
fléchisseurs
soléaire
extenseurs
coracoïdien [rius
perforé de Cassé-
sous-clavier
scapulaire
sous-scapulaire
sterno-clavicu-
laire [laire
coraco-clavicu-
grand palmaire
supinateurs
brachial anté-
rieur [rieur
brachial posté-
triceps brachial
grand rond
petit rond
anconé
musculo-cutané
biceps brachial
radial
brachio-radial
cubito-radial
pronateurs
supinateurs
coraco-brachial
coraco-radial
cubital antérieur
cubital postérieur
extenseurs
fléchisseurs
cubital
sublime
suspenseur [pien
cubito-métacar-
lombricaux de la
main
indicateur
perforant [nar
muscle antithé-
mésothénar
musculature
luxation
entorse
effort
myodynie
myomalacie
myocardite
myitis
myotomie
ténotomie
myologie
myographie

musculeux
musculaire
musclé
tendineux
aponévrotique
ligamenteux
intermusculaire

Muses
les neuf Sœurs
Filles de Mémoire
Piérides
Héliconides
chœur des Muses
Clio
Euterpe
Thalie
Melpomène
Terpsichore
Erato
Polymnie
Calliope
Uranie
Parnasse (le)
Castalie
Hippocrène

museau
mufle
groin
museler
muselière
musellement
musette
V. *harnachement*

musée
galerie
pinacothèque
dactylothèque
glyptothèque
collection
cabinet
catalogue
conservateur
conservation

musical
V. *musique*

musicien
artiste
compositeur
maëstro
harmoniste
mélodiste
symphoniste
contrapontiste
croque-note
gluckiste
picciniste
wagnérien
virtuose
exécutant
chef d'orchestre
maître de chapel-
instrumentiste [le
orphéoniste
accompagnateur
dilettante
amateur
mélomane
soliste
orchestre
chapelle
maîtrise
fanfare
orphéon
pupitre
bâton
jeu
manière
art
talent d'amateur
talent
virtuosité
maëstria
génie

inspiration
don

improviser
composer
noter
chiffrer
déchiffrer
exécuter
jouer
à livre ouvert

flûtiste
clarinettiste
bassiste
organiste
pianiste
claveciniste
violoniste
violoncelliste
contrebassiste
harpiste
mandoliniste
guitariste
cithariste
vielleur
tambourineur
timbalier
cymbalier
ménestrel
trouvère
ménétrier
pour les autres noms on emploie le nom même de l'instrument
battre la mesure
accorder
désaccorder
monter de ton
baisser de ton
flûter
trompeter
corner
moudre
seriner
pianoter
vieller
tambouriner
cliquer
bémoliser
carillonner
sonner
siffler
jouer de
toucher de
racler
pincer de
battre

taper
frapper
faire aller
conduire l'exécution
être au pupitre
V. *instruments, chant, musique*

musique

musique vocale
musique instrumentale
musique sacrée
musique d'église
musique religieuse
musique savante
musique de chambre
musique dramatique
opéra V. *opéra*
opéra-comique
opéra bouffe
musique d'orchestre
musique d'ensemble
musique militaire
suite d'orchestre
musique de danse
ballet V. *danse*
musique populaire
air patriotique
air national
chant national
V. *chant*
cantate
morceau
étude
exercice
fantaisie
caprice
scherzo
variations
mosaïque
sérénade
aubade
adagio
concerto
sonate
sonatine
symphonie
oratorio
motet
marche
ouverture
prélude
pastorale
solo

duo
trio
quatuor
quintette
sextuor
septuor
solfège
son
note
notation
méloplaste
diapason
sourdine
portée
clef
armure
armature
ronde
blanche
noire
croche
double-croche
triple-croche
quadruple-croche
point d'orgue
triolet
sextolet
pause
demi-pause
comma
silence
soupir
syncope
gamme
diatonique
chromatique
enharmonique
do
ut
ré
mi
fa
sol
la
si
dièse
bémol
bécarre
ton
ton plein
demi-ton
quart-de-ton, etc.
diton
triton
intervalle
seconde
tierce
médiante
quarte

quinte
sixte
sixième
septième
mineure
majeure
augmentée
octave
unisson
accident
agrément
fioriture
apoggiature
arpège
modulation
vocalise
échelle diatonique
tonique
sus-tonique
médiante
dominante
sus-dominante
sous-dominante
sensible
finale
mode
— majeur
— mineur
nuance
assonance
dissonance
ton
majeur
mineur
authentique
principal
plagal
inférieur
parfait
imparfait
surabondant
mixte
commixte
régulier
irrégulier
dorien
hypodorien
phrygien
hypophrygien
lydien
hypolydien
mixolydien
hypomixolydien
grave
triste
mystique
harmonique
joyeux
angélique

composition
mélodie
air
chant
cantilène
ariette
motif
lied
thème
mélopée
strette
phrase
coda
reprise
ritournelle
cadence
cabalette
mesure
contretemps
temps
valeur
rythme simple
composé
égal
double
sesquialtère
épitrite
mouvement
musurgie
harmonie (voir ce mot)
partie
partition
accompagnement
orchestration
instrumentation
exécution

sens musical
oreille
don
sensibilité
mélomanie
dilettantisme
sentiment
expression
émotion
passion
fougue
brio
brillant
verve

audition
exécution
jeu
dolce
piano
pianissimo
amoroso
affettuoso
maestoso
diminuendo
crescendo
larghetto
largo
andantino
andante
con moto
con fuoco
agitato
scherzo
pizzicato
spiccato
fugato
da capo

avoir de l'oreille
avoir l'oreille juste
cultiver la musique
musiquer
s'exercer
étudier
improviser
composer
noter
chiffrer
transposer
copier
déchiffrer
solfier
attaquer
préluder
syncoper
détonner
jouer faux
faire une fausse note
prendre le ton
donner le ton
ne pas être dans le ton
accompagner

musical
harmonique
harmonieux
expressif
sentimental
rythmique
mélodieux
juste
faux
enharmonique
philharmonique

concert
musico

musicalement
mélodieusement
harmonieusement
V. *opéra*, *harmonie* (2)

musquer
V. *odeur*

musulman
mahométan
fataliste
mahométisme
islamisme
islam
Allah
Mahomet
la Mecque
coran
houri
croissant
hégire
minaret
mosquée
muezzin
hadji
mufti
santon
fetfa
V. *Arabe*

mutabilité
V. *changement*

mutation
V. *changement*

mutiler
V. *blessure*

mutin V. *désobéir*

mutisme
V. *silence*, *taire*

mutuel
réciproque
alternatif
équilibré
balancé
en retour
par compensation
à charge de revanche
un prêté pour un rendu
bilatéral
synallagmatique
mutualité
réciprocité
échange
revanche
talion
représailles
réponse du berger à la bergère
rhubarbe, séné
revancher
revaloir
balancer
revancheur

mutule
V. *ornement*

myélite
V. *maladie*

myographie
V. *muscle*

myologie
V. *muscle*

myope V. *voir*

myosotis
V. *plante*

myotomie
V. *muscle*

myriade
V. *nombre*

myriapode
V. *animal*

myrmidon
V. *petit*

myrobolan
V. *remède*

myrrhe
V. *substance*

myrrhis
V. *plante*

myrte V. *plante*

myrtille
V. *plante*

mystagogue
V. *clergé*

mystère
arcane
secret
mythe

mystérieux
caché
secret
tacite
mythique
sacré
inintelligible
impénétrable

initiation
révélation
profanation
prêtre
hiérophante
mystagogue

mystérieusement
secrètement
sous main
tacitement
V. *obscurité*, *caché*

mysticisme
V. *religion*

mystification
V. *mentir*

mystre
V. *volume*
mythe
V. *fable, faux*
mythologie
V. *dieux, science*
myure V. *pouls*

N

nabab V. *chef*
nababie
V. *territoire*
nabot V. *petit*
nacarat
V. *couleur*
nacelle
V. *navire, ballon*
nacre
V. *coquillage* (1)
nacré
V. *lumière*
nadir
V. *astronomie*
naffe V. *remède*
nage
V. *nager, sueur*
nagée V. *nager*
nageoire
V. *poisson*
nager
se baigner
prendre un bain
surnager
émerger
flotter
voguer
faire la planche
faire la brasse
faire la coupe
faire le plongeon
plonger
piquer une tête
avoir pied
perdre pied
couler
enfoncer
boire un coup
se noyer
submerger [nage
traverser à la

natation
immersion
baignade
pleine-eau
submersion
plongeon
nage
nagée
brasse
bain
piscine
école de natation
noyade
asphyxie
Morgue
nageur
maître-nageur
plongeur
baigneur
noyé
natatoire
vessie
flotteur
scaphandre
liège
repêcher [tage
bouée de sauve-
submersible
insubmersible
V. *bain*
naguère
V. *chronologie*
naïade
V. *nymphe*
naïf
V. *ignorance*
nain V. *petit*
naïveté
V. *ignorance*
naître
venir au monde
voir le jour
éclore

naissance
éclosion
nationalité
extraction
sang
lignée
filiation
descendance
progéniture
natalité
nativité

issu
descendu
fils de
originaire
natif
naturel
indigène
insulaire
natal
généthliaque
Nancy
nancéen
nancéien
nankin V. *étoffes*
Nantes
nantais
nantir V. *gage*
napée
V. *nymphe*
napel V. *plantes*
naphtaline
V. *substance*
naphte
V. *substance*
Naples
napolitain
parthénopéen
nappe V. *linge*
Narbonne
narbonnais
narcisse
V. *plantes, orgueil*
narcotine
V. *sommeil*
narcotique
V. *sommeil*
nard
V. *plantes, odeur*
narghileh
V. *tabac*
narguer V. *rire*
narine V. *nez*
narquois
V. *rire*
narration
V. *récit*
narval
V. *animal*
nasal V. *nez*
nasard
V. *orgue*
nasarde
V. *nez, rire*
nasarder
V. *rire*
naseau V. *nez*
nasiller V. *nez*
nasse V. *pêche*
natal V. *naître*
natation
V. *nager*
nation
peuple
nationalité
peuplade
tribu
indigène
insulaire
habitant
naturels
population
pays
contrée
région
national
populeux
peupler
repeupler
dépeupler
nationalement
V. *habitant*
nativité
V. *naître*
natte
V. *vannerie*
natter V. *cheveu, vannerie, passementerie*
naturalibus
(*in*) V. *nu*
naturalisation V. *étranger*
naturalisme
V. *roman*
naturaliste
V. *sciences*
naturalité
V. *habitant*
nature V. *terre, caractère*
naturel V. *caractère, vrai, instinct, simple, nation*
naufrage
échouement
submersion
perte
sinistre en mer
échouage
engravement

faire eau
être désemparé
être en détresse
faire naufrage
échouer
couler
sombrer
s'engloutir
s'abîmer
se perdre
se briser sur
chavirer
plonger
s'enfoncer

être à la côte
s'engraver
s'ensabler

épave
perdu corps et
biens
naufragé
désemparé
à la dérive
en détresse
canon d'alarme
avarie
voie d'eau
sauvetage
bureau-veritas

naulage
V. *navire*

naumachie
V. *combat*, *navire*

nauséabond
V. *dégoût*

nausée
V. *dégoût*

nautile
V. *coquillages* (2)

nautique
V. *navire*

nautonier
V. *navigateur*

naval V. *navire*

navée V. *navire*

navet V. *plantes*

navette
V. *plantes; tissage*

naviculaire
V. *forme*

navigable
V. *rivière*

navigateur
matelot
marin
batelier
marinier
bachoteur
passeur
canotier
rameur
nocher
nautonier
gondolier
pilote
timonier
pilotin
lamaneur
toueur
haleur
gabarier
débardeur
calfat
radoubeur
armateur
fréteur
affréteur
gréeur
subrécargue
patron
maître
caboteur
pêcheur
loup de mer
flibustier
forban
corsaire
aventurier
écumeur
pirate
équipage
gabier
vigie
cambusier
coq
mousse
contremaître
quartier-maître
élève V. *officier*

navigation
V. *navire*

naville
V. *canalisation*

1. **navires** (*désignations de*)
bâtiment
embarcation
bateau [sance
bateau de plai-
bateau plat
bateau de pê-
toue [cheur
traille
bac
brelle
radeau
drome
ponton
bateau-poste
bateau à vapeur
yacht
bateau de sauve-
voilier [tage
vapeur
pyroscaphe

nef
navire de guerre
vaisseau de ligne
escadre
flotte
flottille
navire marchand
navire de pêche
transport
paquebot
steamboat
steamer
stationnaire
remorqueur
mouche
drague
barquette
barquerolle
barque
nacelle
batelet
coche-d'eau
patache
bachot
péniche
chaland
canot
chaloupe
berge
skiff
outrigger
périssoire
yole
besogue
foncet
languette
margota
gondole
pirogue
péotte
jonque
balancelle
felouque
galère
bucentaure
galère réale
galiote
hourque
galéasse
quaiche
tartane
caïque
trirème
quadrirème
quinquérème
flûte
gabare
allège
lesteur
convoyeur
chargeur
galion
baleinier
baleinière
terre-neuvier
caravelle
caraque
cabotier
dogre
prame
saïque
sloop
cutter
aviso
croiseur
chasse-marée
garde-côte
corsaire
brigantin
brigantine
lougre
brick
schooner
goélette
corvette
chebec
trois-mâts
frégate
cuirassé
canonnière
torpilleur
brûlot
bombarde

2. **navire** (*parties*
agrès [*du*)
gréement
apparaux
mâture
voilure
carcasse
rouche
charpente
quille
bec
éperon
taille-mer
cap
étrave
étambot
talon
carène
coque
avant
arrière
dunette
proue
poupe
flanc
lof
couple
crouchant
bastingue
bastingages

bâbord
tribord
gaillard
accastillages
carlingue
calaison
varangue
cale
pont
coursive
bau
tillac
passerelle
entrepont
faux-pont
tourelle
vibord
ceinture
blindage
bord
bordage
préceinte
galerie
plat-bord
coupée
tille
banc de quart
gouvernail
barre
roue
hélice
aube
cloison étanche
écubier
sabord
bossoir
mantelet
hublot
écoutille
dalot
lest
ligne de flottaison
tirant d'eau
œuvres vives
œuvres mortes
cabine
tendelet
hamac
carré
cambuse
soute
sainte-barbe
sentine
cabestan
pompe
sasse
écope
sonde
loch
boussole
vérine
sillomètre
ancre
échelles
barres
hune
cage
gabie
mât
voile
cordage
amarre
cordelle
garcette
faubert
goret
espars
perche
croc
gaffe
grappin
harpeau
harpin
hache d'abordage
esponton

3. **navire** *(substantifs d'action ou de résultat d'action)*
architecture navale
construction
calfatage
goudronnage
courée
lancement
armement
nolis
nolisement
affrètement
charte-partie
francisation
connaissement
gréement
appareillage
blindage
bastingage
amarinage
avitaillement
afflouage
embarquement
chargement
tonneau
tonnage
naulage
fret
vrac
cargaison
pacotille
barquée
batelée
navée
embargo
piraterie
baraterie
contrebande
fraude
prise
capture
lestage
partance
démarrage
pilotage
lamanage
remorque
remorquage
halage
touée
touage
navigation
traversée
passage
périple [tion
circumnaviga-
voyage au long
cabotage [cours
pêche
cinglage
allure
marche
vitesse
manœuvre
évolution
évitée
évitage
croisière
orientation
escale
sondage
ancrage
mouillage
relâche
embossage
embouquement
débouquement
chasse
dérive
roulis
tangage
abatée
chavirement
naufrage
délestage
désarmement
démâtage
renflouage
radoub
abordage
ribordage
atterrissement
amarrage
déchargement
débarquement
relâche
échelles
manéage
transbordement
mal de mer
visite
libre pratique
patente
quarantaine
lazaret
joute
naumachie
V. *naufrage.*

4. **navire** *(verbes ayant pour sujet ou pour complément direct l'idée de navire)*
construire
caréner
ponter
calfater (couvée)
spalmer (spalme)
espalmer
étouper
goudronner
lancer (ber)
caler
armer
noliser
affréter
fréter
gréer
afflouer
appareiller
cuirasser
blinder
bastinguer
affourcher
amariner
avitailler
embarquer
charger
bâcler
lester
être en partance
prendre la mer
mettre à voile
dérader
démarrer
détalinguer
débouquer
piloter

remorquer
touer
haler
tenir la mer
gagner le large
faire voile pour
alarguer
naviguer
voguer
flotter
siller
filer
faire route
cingler
mettre le cap sur
virer de bord
éviter
manœuvrer
évoluer
courir des bor-
louvoyer [dées
croiser
caboter
lofer
culer
bouliner
s'orienter
calculer le point
faire escale
sonder
jeter l'ancre
ancrer
mouiller
relâcher
embosser
empanner
être en panne
doubler un cap
embouquer
chasser sur les
rouler [ancres
tanguer
labourer
talonner
toucher
engraver
être en détresse
chavirer
affaler
faire naufrage
délester
désarmer
dégréer
désemparer
démâter
réparer
déséchouer
désensabler
radouber
renflouer
super
rader
aborder
saborder
accoster
remorquer
atterrir
amarrer
décharger
débarder
débarquer
désembarquer
transborder
pirater
V. *naufrage*

5. **navire**. Compléter à *boussole*, *ancre*, *mer*, *temps*, *navigateur*, *port*, *mâture*, *voilure*, *vent*.
ronde
quart
sillage
classe
cabine
passager
steward
à bord
à la traîne
à la remorque
à la dérive
en panne
de conserve
encâblure
nœud
rumb
auloffée
orthodromie
loxodromie
loxodromique
naval
nautique
rostral
maritime

navrer V. *tristesse* et *triste*

Naxos
naxien

Nazareth
nazaréen

nébuleux
V. *temps* (2), *obscurité* (1)

nécessaire
V. *utile*

nécessitante
V. *théologie*

nécessité
V. *obligation*

nécessiteux
V. *pauvre*

nécrologie
V. *mort*

nécromancie
V. *divination*, *devin*

nécropole
V. *cimetière*

nécrose
V. *maladie*, *os*

nectaire
V. *fleur*

nectar
V. *liqueur*

nef V. *navire*, *église*

néfaste
V. *mauvais*

néflier V. *plantes*

négatif V. *non*

négation V. *non*

négligeable
V. *importance*

négliger
V. *inaction*

négociant
V. *commerce* et *marchand*

négociateur
V. *agent* et *préparer*

négocier
V. *contrat*

nègre
négresse
négrillon
négrillonne
noir
esclave
homme de couleur
quarteron
octavon
marron
mulâtre
mulâtresse
moricaud
esclavage
esclavagiste
négrophile
négrier
traite
négrerie

neige V. *glace* (1)

nénuphar
V. *plantes*

néographie
V. *mot*

néologisme
V. *mot*

néoménie
V. *lune*

néophyte
V. *commencer*

Népaul
népâlais

néphrétique
V. *reins*

népotisme
V. *faveur*

néréide
V. *nymphes*

nerf
névrilème
racine nerveuse
papille
tronc
faisceau
branche
innervation
ramification
plexus
anastomose
fibre
ganglion
nerf moteur
nerf sensible
nerfs sensoriaux
nerfs cervicaux
nerf olfactif
nerf optique
paires
nerf facial
nerf acoustique
nerf auditif
nerf glosso-pharyngien
nerf hypoglosse
trijumeau
ptérygoïdien
pathétique
récurrent
nerfs temporaux
sous-occipital
nerf axillaire
nerf scapulo-huméral
nerf circonflexe
nerf spinal
nerf sympathique
nerf cardiaque
supérieur
moyen
inférieur
plexus cardiaque

médian
plexus brachial
cubital
radial
pneumogastrique
plexus cœliaque
plexus diaphragmatique
nerfs intercostaux
nerfs lombaires
sacré
plexus rénal
ganglion caverneux
obturateur
sciatique
plexus crural
nerf crural
nerfs jumeaux
nerf péronier
nerf tibial
cutané interne
cutané externe

action réflexe
irritabilité
surexcitation
névralgie
convulsion
éréthisme
tic
hystérie
névrite
névrose
névropathie
nervosisme

nerveux
ganglionnaire
névralgique
névritique
convulsionnaire
névrosé
hystérique
nervin
névrographie
névrologie
névrotomie
V. aussi *cerveau*

nerf-férure
V. *cheval* (6)

nérite
V. *coquillages* (2)

néroli
V. *parfums*

nerprun
V. *plantes*

nerver
V. *reliure*

nerveux V. *nerf*

nervure V. *reliure*, *feuille*

nestorianisme
V. *religion*

net V. *propre* et *certain*

nettoyer
V. *propre* et *laver*

neuf (1)
V. *nouveau*

neuf (2)
neuvaine
nonuple
neuvième
novennaire
nonidi
ennéagone
climatérique
nonupler
neuvièmement

neutre
V. *tranquille*

neuvaine
V. *neuf* (2)

Nevers
nivernais

neveu V. *famille*

névralgie
V. *nerf*

névrologie
V. *nerf*

névrose V. *nerf*

New-York
new-yorkais

nez
naseau
mufle
museau
groin
trompe
bout du nez
narine
ailes
fosses nasales
racine
cartilage
cornet
muqueuse

aquilin
bourbonien
busqué
camus
camard
en trompette
retroussé
pointu
épaté
punais
nasillard
nasilleur

sentir
flairer
parler du nez
nasiller
nasillonner
nasarder
renâcler
renifler
priser
souffler
saigner
moucher
couler
être enchifrené
éternuer

coryza
rhinite
punaisie
rhume de cerveau
nasillement
mouchoir
mucosité
éternuement
sternutation
reniflerie
reniflement
morve

rhinoplastie

nasal
morveux
sternutatoire
renifleur
moucheur
nasalement
nasalité
nasarde
V. *odeur*, *parfum*

niais V. *bête*

niaiser
V. *inaction*

niaiserie
V. *absurdité*

niche V. *trou*, *rire*

nickel
nickelage
nickelure
nickeler
nickeleur

nicodème
V. *bête*

nicotine V. *tabac*

nid
aire
couvée
nichée
nitée

faire son nid
nicher
airer
couver

nidification
nichet
œuf (voir)

nidoreux
V. *odeur*

nièce V. *famille*

nielle V. *céréales*

nielle
niellure
nielleur
nieller

nier V. *non*

Nièvre
nivernais

nigaud V. *bête*

nigauder
V. *absurdité*

nihilisme
V. *politique*

nimbe V. *auréole*

nimbus V. *nuage*

Nîmes
nîmois

Ninive
ninivite

nippe V. *vêtement*

nique V. *rire*

nitouche
V. *hyprocrisie*

nitre V. *substance*

niveau
plain pied
affleurement
arasement
affrontement
nivellement
aplanissement
égalisation
horizontalisme
égal
plan
à fleur
horizontal

égaliser
aplanir
niveler
araser
affleurer
affronter
niveleur

nobiliaire
V *aristocratie*

noblesse
V. *aristocratie* et *féodalité*
noblesse
V. *majesté* et *majestueux*
noce V. *mariage*
nocher
V. *navigateur*
noctambule
V. *nuit* (1)
nocturne
V. *nuit*
nodosité
V. *nœud*
nodus
V. *maladie*
nœud
nœud simple
nœud double
nœud de pêcheur
nœud de tisserand
nœud coulant
nœud droit
nœud allemand
nœud de galère
demi-clef
épissure

faire un nœud
arrêter un nœud
serrer
épisser
lacer
nouer
défaire
énouer
dénouer
délacer

nouement
nouet
nodosité
nouure
nœud gordien
épissoire
noir
noirâtre
noiraud
zain
deuil
jais
corbeau
suie
noircissure
encre
nègre
noirceur
sable(héraldique)
noircir
V. au mot *couleur*
noise
V. *désordre*
noisette
aveline
amande
coquille
avelinier
noisetier
noiseraie
coudrier
coudre
coudraie
coudrette
casse-noisette
noix V. *noyer*
nolis
V. *navire* (3)
nom
dénomination
appellation
désignation
nom de famille
nom patronymique
nom de baptême
prénom
petit nom
surnom
sobriquet
faux nom
pseudonyme
anonyme
prête-nom
homme de paille
appel
nomenclature
appel nominal

nommer
appeler
donner un nom
désigner
baptiser
dénommer
mentionner
surnommer
susnommé
susdit
nomenclateur
décliner ses noms et qualités
signer de son nom

homonyme
anonymat
nominal
appellatif
nominatif
susmentionné
innomé
innominé
nominalement
nominativement
V. *mot*, *grammaire* et *prénom*
nomade
V. *errer* (1)
nombre
quantité
multitude
infinité
foisonnement
grouillement
affluence
profusion
pullulation
concours
cohue
population
repeuplement
masse
rassemblement
fréquence
encombrement
entassement
amas
tas
presse
essaim
flot
pluie
déluge
inondation
nuée
kyrielle
queue
file
ribambelle
multiplicité
foule
recensement
dénombrement
contingent
effectif
personnel
cens
compte
supputation
total
somme
montant
produit
énumération
catalogue
liste
nombre abstrait
nombre concret
nombre cardinal
nombre ordinal
infinitésimal
parité
imparité
quorum
en nombre
chiffre
numéro
numération
numérotage
majorité
minorité
unanimité
statistique
unité
paire
double
couple
dualité
trinité
triple
quadruple
quintuple
sextuple
sizain
septain
huitaine
neuvaine
dizaine
douzaine
quinzaine
vingtaine
quarteron
trentaine
quarantaine
cinquantaine
soixantaine
centaine
mille
millier
milliasse
million
billion
milliard
trillion, etc.
plusieurs
pluralité

numéral
nombrant
numérique
entier
fractionnaire
divisible
indivisible
premier
pair

impair
numériquement
statisticien
V. *assemblée*, *un*, *double*, *trois*, etc.

nombreux
maint
sans nombre
innombrable
abondant
copieux
redondant
surabondant
débordant
luxuriant
touffu
plein
bondé
rempli
noir de
fréquent
commun
foisonnant
multiple
infini
sans fin
sans compter
à poignée
prodigalement
à profusion
à torrent
sans mesure
largement
répété (voir)

affluer
pulluler
pleuvoir
combler
cribler
grouiller
peupler
repeupler
repulluler
abonder en
être riche en
regorger de
fourmiller
encombrer
remplir
faire nombre
compter
énumérer
nombrer
supputer
chiffrer
numéroter
dénombrer
recenser
V. *assemblée*

nombril V. *ventre*

nomenclature V. *catalogue*

nominal V. *nom*

nomination V. *fonction*

nommer V. *nom*

non
pas
point
nenni
pas du tout
pas le moins du monde
aucunement
en rien
en aucune façon
nullement
négativement
rien
néant
rien du tout
absence
V. *absent*
manque
disparition
zéro
inconscience
impassibilité
impuissance
inaction
indécision
suppression
cassation
abolition
anéantissement
annulation
invalidation
inexécution
abrogation
extinction
renonciation
soustraction
élimination
rature
abstention
abstinence
sevrage
diète
privation
inanition
empêchement
contre-ordre
rétractation
désaveu
reniement
dédit
contradiction
contestation
démenti
contre-lettre
négation
négative
dénégation
refus
fin de non-recevoir
rejet [voir
déni
récusation
dispense
exemption
exonération
libération

manquer
disparaître
supprimer
soustraire
éliminer
raturer
effacer
s'abstenir
se refuser à
être neutre
sevrer de
mettre à la diète
priver de
empêcher
décommander
contremander
rétracter
désavouer
renier
contredire
contester
disconvenir
protester
réclamer
démentir
opposer un démenti formel
s'inscrire en faux
refuser
rejeter
dénier
nier
dire non
aller à l'encontre
renoncer
récuser
se dédire

nul
négatif
niable
contradictoire
dirimant
rédhibitoire.
renégat
récusable
reniable
inacceptable
V. *défaire*, *absent* *et la plupart des précédents*

nonagénaire V. *âge*

non-avenu V. *défaire*

nonce V. *ambassade*

nonchalance V. *inaction*

nonciature V. *ambassade*

nones V. *mois*

non-lieu V. *procédure*

nonnain V. *clergé*

nonne V. *clergé*

nonobstant V. *opposition*

nonpareille V. *imprimerie*

non-sens V. *absurde*

nonuple V. *neuf* (2)

nopal V. *plante*

nord
septentrion
pôle
septentrional
boréal
hyperboréen
arctique
polaire
circompolaire

normal V. *régulier*

Normandie
normand

nosographie V. *médecine*

nosologie V. *médecine*

nostalgie V. *voyage*

notabilité V. *importance*

notable V. *importance*

notaire
tabellion
garde-note
clerc

saute-ruisseau
étude
cabinet
panonceau
dossier
affaires
actes
titres
charge de notaire
notariat
tabellionage
par-devant notaire

notarié
notarial

notation V. *note*

note
annotation
notation
mention
remarque
observation
apostille
commentaire
nota bene
post-scriptum
scolie
glose

noter
prendre note
prendre bonne note
prendre en note
annoter
commenter
gloser
carnet

mémento
commentateur
annotateur
scoliaste
glossateur
gloseur

note V. *facture*, *écrire*, *musique*

notice V. *livre*

notifier
V. *annoncer*

notion V. *science*

notoire
V. *certain*

notoriété
V. *réputation*

noue
V. *toit*, *terrain*

nouer V. *nœud*

noueux V. *nœud*

nougat
V. *pâtisserie*

nouilles
V. *nourriture*

nourrain
V. *poisson*

nourrice V. *lait*

nourrir
alimenter
sustenter
traiter
abecquer
gaver
élever
allaiter
approvisionner
avitailler
ravitailler
viander

nourrissage
alimentation
avitaillement
ravitaillement
approvisionnement
nourricier
nourrisseur
restaurateur
nourrice

alimentaire
nutritif
nourricier
assimilable
inassimilable
lourd
indigeste
V. *manger*

1. **nourriture**
(*substantifs à idée générale de*)
nutrition
alimentation
manducation
absorption
résorption
intussusception
régime
sustentation
manière de se traiter
chère
chère lie
bonne chère
bonne table
table ouverte
maigre chère
aliment
mets
comestible
le boire et le manger
vivres
victuaille
fricot
mangeaille
provisions de bouche
provisions
denrées
subsistances
provende
sportule
avitaillement
approvisionnement
ravitaillcment
cuisine (bonne ou mauvaise)
en-cas
morceaux (bons)
menu
écroues
pitance
ration
portion
assiettée
platée
bouchée
gorgée
becquée
pâtée
pâture
viandis
pâton
cretons
mouée
manne
épicerie (voir)
boucherie (voir)
charcuterie (voir)
laitage (voir)
fruiterie (voir)
pâtisserie (voir)
confiserie (voir)
conserves
légumes (voir)
pain sec
abstinence
xérophagie

2. **nourriture**
(*assaisonnements*)
fournitures
ingrédients
condiments
apprêts
sel
croque-au-sel
poivre
muscade
moutarde
épices
kari
sagou
salep
huile
vinaigre
chapelure
câpres
cornichon
pickle
jus
coulis
jus maigre
velouté
sauce
liaison
roux
rissole
espagnole
sauce piquante
vinaigrette
saupiquet
rob
sauce tomate
— blanche
— aux câpres
— verte
— hollandaise
étuvée
mayonnaise
ravigote
rémoulade
ailloli
aillade
sauce au verjus
— matelote
— Robert
— aux rocamboles
maître d'hôtel
Sainte-Menehould
poulette
tartare
italienne
sauce à la crème
— anglaise
gasconne
provençale
allemande
sauce au suprême
béchamel
peluche verte
poivrade
sauce auxhatelets
— aux truffes
marinade
beurre noir
— d'anchois
— d'ail
— de noisette
court-bouillon

glace de viande
— de poisson
blanc

3. **nourriture**
(*désignations qualificatives générales*)
rôti
pièce de résistance
relevé
entrée
potage
soupe
entremets
hors-d'œuvre
poisson
légume
salade
dessert
crapaudine
civet
fricot
croustade
grillade
ragoût
hochepot
canapé de rôtie
hachis
estouffade
galimafrée
griblette
salmis
salmigondis
béatilles
au gras
au maigre
au naturel
nature
garni
farci
pané
bardé
en papillotes
gratiné
gratin
piqué
frit
à la broche
au four
braisé
grillé
sauté
à la poêle
mariné
en daube
en miroton
au blanc
au roux
en tortue
à la bourgeoise
en blanquette
à la sauce blanche
au sel
à la hollandaise
à la flamande
à la bordelaise
à la barigoule
en brochette

4. **nourriture**
(*espèces de*)
café au lait
café
petit noir
chocolat à l'eau
— au lait
tablette
cacao
thé
potage au pain
soupe grasse
pot-au-feu
bouillon
consommé
bouillon maigre
croûte au pot
garbure
potage aux carottes
— aux navets
julienne
potage maigre
— jardinière
— aux petits pois
vermicelle gras
— au lait
potage à la bisque
— à la fécule
— au macaroni
— aux pâtes d'Italie
— au riz
— au sagou
— à la française
— à la Colbert
purée
— Crécy
potage à la Condé
soupe au lait
mitonnage
chaudeau
œil du bouillon
bouillon de poulet
— de veau
— au poisson
soupe aux choux
— aux haricots
— aux lentilles
semoule
tapioca
potage à la citrouille
soupe à l'oignon
— à l'ail
printanier
potage aux herbes
riz au gras
— au maigre
potage purée de marrons
panade
bouillie
purée
— de lentilles au gras
— — au maigre
— de pois
— de haricots
— de navets
— de carottes
— de marrons
— d'oseille
— blanche d'oignons
— brune d'oignons
— de pommes de terre
— grasse
— maigre
— aux croûtons
relevés de potage
bœuf bouilli
— garni
— à l'écarlate
— au pain perdu
— à la mode
— en hachis
queue de bœuf en hochepot
aloyau à la broche
langue braisée
filet de bœuf à la sauce
— — aux légumes
tête de veau
— — poulette
— — frite
carré de veau à la broche
— — à la bourgeoise
poitrine de veau aux petits pois
fraise de veau
foie de veau
gigot rôti
— braisé
épaule de mouton aux légumes
rosbif d'agneau
jambon
— braisé
cochon de lait farci
hure de cochon
– de sanglier
dinde aux truffes
oie en daube
brochet au bleu
— à l'allemande
truite
turbot au court-bouillon
saumon grillé
— au bleu
alose au court-bouillon
cabillaud à la sauce blanche
pâtés chauds
— froids
hors-d'œuvre
entrée
langue de bœuf à l'italienne
tête de veau frite
foie de veau à l'italienne
cervelles de veau frites
amourettes de veau
oreilles de veau frites
pieds de veau à la Sainte-Menehould
— — frits
tendons grillés et panés
cervelles de mouton
rognons de mouton brochette
amourettes de mouton
langue de mouton en papillotes
queues de mouton panées
tranches d'agneau
pieds de cochon Sainte-Menehould
— fourrées
langues de cochon
cuisses de levraut en papillotes
lapereaux en marinade
perdreaux à la tartare
poulet à la Sainte-Menehould
poulet frit
hareng saur
— à la Sainte-Menehould
— pecs à la sauce blanche

— — purée
— — aux pom-
- mes de reinette
sardines
anchois
crabes
homard
choucroute
aubergine grillée
— farcie
— aux anchois
truffes au naturel
— à l'italienne
— à la piémon-
petits pâtés [taise
huîtres
olives
beurre
radis
concombres
artichauts poi-
cerneaux [vrade
oignons confits
cornichons
pâtisserie
timbale
tourte de volaille
— de gibier
— de godiveau
— de poisson
filet de bœuf aux
légumes
terrine paysanne
culotte de bœuf
au four [sée
noix de veau brai-
chateaubriant
bifteck
entrecôte
rumpsteck
palais de bœuf
bourgeoise
langue aux corni-
chons
— braisée
entrecôte au jus
côtes couvertes
gras-double à la
bourgeoise
— à la poulette
cervelle de bœuf
en matelote
rognons de bœuf
bourgeoise
tête de veau pou-
lette
— en tortue
fraise de veau à
la française

foie de veau à la
bourgeoise
— à la poêle
— à la broche
ris de veau piqués
— poulette
— fines herbes
cervelles de veau
au beurre noir
— en matelote
— en poulette
langue de veau
sauce piquante
oreilles de veau à
l'italienne
pieds de veau à la
poulette
mou de veau pou-
lette
— au roux
tendons de veau
en haricot
— aux petits pois
queue de veau
aux choux
veau marengo
fricandeau
carré de veau à la
broche
quasi à la bour-
geoise
blanquette de
veau
poitrine de veau
aux petits pois
longe de veau à
la broche
mouton
gigot
présalé
gigot à l'anglaise
— en chevreuil
rosbif à la Sainte-
Menehould
haricot de mouton
émincé de mou-
ton
filet de mouton en
chevreuil
— grillé
carré de mouton
à la servante
— poivrade
poitrine de mou-
ton braisée
hachis de mouton
bourgeoise
épaule de mouton
en ballon

côtelette au natu-
rel
— panée
— sautée
rognons sautés
pieds de mouton
poulette
— à la Sainte-
Menehould
queue de mouton
braisée
langue de mouton
matelote
— braisée
agneau
quartier d'agneau
côtelette d'agneau
filet
oreilles
issues d'agneau
pieds
chevreau
porc
côtelette grillée
— en ragoût
oreilles panées
— purée [quante
langue sauce pi-
pieds panés
rognons au vin de
champagne
échinée
filet mignon
jambon nature
— braisé
filet de sanglier
côtelette
chevreuil
gigot
filet
épaule
côtelette
civet
lièvre
civet bourgeoise
gâteau de lièvre
lapin
fricassée
gibelotte
lapin en matelote
lapereau fricassé
— en papillotes
— au gîte [bes
— aux fines her-
faisan
faisan farci
salmis de faisan
— de canard sau-
vage

alouettes à la mi-
nute
— en salmis
perdrix
perdrix farcie
— à l'anglaise
— aux choux
perdreau grillé
— en salmis
salmis chasseur
bécassine [ses
salmis de bécas-
caille aux choux
— aux petits pois
— rôtie
— à la flamande
volaille
poulet
poulet aux petits
pois [let
fricassée de pou-
poulet Marengo
— sauté
— au four
— grillé
abatis au riz
volatilles
capilotade
poularde à la
Montmorency
blanquette de
poulet
émincé aux con-
chapon [combres
dinde en daube
dinde purée de
marrons
dinde à la bour-
geoise
abatis bourgeoise
ailerons à la chi-
corée
ailerons purée
oie en daube
canard aux olives
— aux navets
— à l'orange
— aux petits pois
— à l'italienne
pigeon
pigeon bourgeoise
— compote
— aux petits pois
— en marinade
— à la crapau-
dine
— à la chipolata
— au blanc
poisson

brochet au bleu
— à l'allemande
— à l'étuvée [lon
— au court-bouil-
anguille à la poulette
matelote
anguille Ste-Menehould
— à la tartare
carpe grillée aux câpres
— au bleu [nière
matelote mari-
truite au court-bouillon
perche au court-bouillon
— en matelote
— au vin
tanche à l'étuvée
— à la poulette
— à l'italienne
lotte au court-bouillon
lamproie à la tartare
— en matelote
— à la poulette
barbillons grillés
goujons à l'étuvée
friture
grenouilles fricassées
turbot aux câpres
— sauce tomate
— au gratin
— en salade
saumon sauce blanche
— sauce verte
— à la genevoise
— à l'italienne
— en salade
thon à la sauce blanche [lon
— au court-bouil-
— à l'italienne
esturgeon au court-bouillon
alose au court-bouillon
— à la purée d'oseille
— sauce blanche
cabillaud sauce blanche
— à la hollandaise

morue maître d'hôtel
brandade
morue aux câpres
— à la hollandaise
— au beurre noir
— à la provençale
queues de morue à l'anglaise
raie au beurre noir
— à la bourgeoise
— sauce blanche
— en marinade
sole
— au gratin
— normande
— flamande
— à l'italienne
carrelet
— grillé
limande
plie à l'italienne
— à la sauce blanche
éperlans à l'anglaise
— sur le plat
maquereau maître d'hôtel
— au beurre noir
— à l'italienne
— sauce blanche
mulet
surmulet
rouget à la sauce blanche
merlan à la sauce tomate
— à la bourgeoise
— à l'italienne
vive à l'italienne
— à la maître d'hôtel
— sauce blanche
harengs à la bourgeoise
laitances en caisse
écrevisse en matelote
— en buisson
moules marinière
— au naturel
huîtres

huîtres en pèlerine
— à la poulette
— en ragoût
œufs
— à la coque
— sur le plat
— pochés
— récollets
crêtes de coqs en ragoût
— financière
rognons de coqs
rôts
aloyau à la broche
filet de bœuf
— piqué
rosbif à l'anglaise
culotte
cervelles frites
gigot
jambon rôti
cochon de lait rôti
— farci
lièvre rôti
levraut à la broche
faisan
pintade
canard sauvage
alouettes
bécasses
perdreau
perdrix
cailles
grives
grives rôties aux truffes
pluviers rôtis
dinde
— truffée
poulet
poularde
chapon
oie
— farcie marrons
canard
pigeon
côtelettes
côtelette Soubise
rôti maigre de poisson
anguille
carpe frite
lotte frite
entremets
animelles
croquette
galantine

anchois
écrevisses
crevettes
racinage
petits pois au lard
— à l'anglaise
— à la bourgeoi-
— goulus [se
haricots verts
— au beurre noir
haricots bour-
— au jus [geoise
— au roux
— bretonne
— provençale
lentilles à la provençale
— au roux
— à la paysanne
— maître d'hôtel
fèves
fèves dérobées
— à la bourgeoise
choux au lard
— à la bourgeoise
— farcis
— au lait
choux-fleurs sauce blanche
— sauce brune
— frits
— au gratin
— au parmesan
— en salade
oseille au jus
— aux œufs durs
— au lait
céleri
— frit
— en ragoût
— au jus
salade de céleri
laitue
— en miroton
— au jus
chicorée [té
cardons au velou-
— au consommé
— à l'espagnole
— à la bourgeoise
artichauts [vrade
— artichauts poi-
— farcis
— frits
— à l'espagnole
— sauce blanche
— barigoule
asperges

asperges aux petits pois [jus
concombres au
— farcis [ron
fricassée de potiépinards
épinards au lait
champignons
champignons au blanc
— au roux [re
carottes au beur-
— à la flamande
— au blanc
navets au blanc
— au roux
salsifis
oignons glacés
pommes de terre au four [bre
— robe de cham-
— bouillies
— frites
— à la crème [le
— à la provença-
— à la hollandai-
— barigoule [se
— au lard [gnons
— aux champi-
— à la nanette
— à la polonaise
— en ragoût
— à la maîtresse de maison
— en haricot
— au verjus
— à la poêle
— au beurre noir
— à la lyonnaise
— à l'allemande
— aux champignons
— à la maître d'hôtel
— en boulettes
— à la sybarite
— à la parisienne
— en matelote
— à la sauce blanche
gâteau de pommes de terre
œufs
œufs à la coque
— sur le plat
— au beurre noir
— frits [gne
— peau d'Espa-
— brouillés

œufs au gratin
— à la neige
— au jambon
— farcis
— à la tripe
— à la pauvre femme
omelette
— aux croûtons
— au lard [bes
— aux fines her-
— au rhum [gnons
— aux champi-
— aux rognons
— aux pointes d'asperges
— à l'oseille
— aux truffes
— soufflée
— célestine
— baveuse
— au sucre
— aux confitures
blanc-manger
bouillabaisse
brandade
cassoulet
olla-podrida
couscoussou
couscous
pilau
oille
polenta
pot-pourri
racahout
brouet
caviar
andouille
choucroute
ramequin
croustade
pâté
vol-au-vent
godiveau
quenelle
nouilles
rillettes
gâteau
pâtisserie
tarte
charlotte
charlotte russe
beignets [me
beignet à la crè-
compote
marmelade
crêpes [lat
crème au choco-
— au café

crème à la vanille
— au caramel
— fouettée
— à la frangipane
— au thé [ranger
— à la fleur d'o-
dessert
fromage
biscuit
biscuit russe
— aux avelines
— au citron
massepain
macaron
nougat
gaufre
gaufrette
gelée
confiture
rob
compotes
— de pommes
— de poires
— d'oranges
— d'ananas

5. **nourriture** (*qualificatifs et généralités*)
alimentaire
culinaire
gastronomique
végétarien
nutritif
substantiel
nourrissant
bon
mauvais
succulent
croustillant
appétissant
échauffant
laxatif
rafraîchissant
léger
sain
malsain
lourd
indigeste
raffiné
bon plat
abondant
avantageux
cuisine
gastronomie
Brillat-Savarin
V. *gourmand*, *manger*, *cuisinier*, *goût*, *repas*, *boucherie*, *fruiterie*, *épicerie*, *charcuterie*, *confiture*, *pâtisserie*, *vin*, *bière*, *liqueurs*, etc.

nouveau
neuf
qui n'a pas servi
intact
entier
vierge
récent
frais
d'hier
dernier
de fraîche date
frais émoulu
inconnu
inouï
inédit
original
sans exemple
sans précédent
moderne

nouveauté
primeur
fraîcheur
originalité

mettre à neuf
renouveler
faire table rase
rénover
innover
inventer
moderniser
moderner
rafraîchir
déflorer

rénovation
renouvellement
renouveau
renaissance
innovation
invention

rénovateur
innovateur
novateur
inventeur
inventif
néo-catholicisme
néographie
néologie
néoménie
néoplatonisme
néologisme
néo-catholique
néographe

néo-grec
néo-latin
néologique
néologue
néologiste
néophyte
nouveau-né

nouvellement
fraîchement
récemment
tout nouveau tout beau
balai neuf
V. *commencer*.

nouvelle V. *récit*, *annoncer*

nouvelliste
V. *journal*

novateur
V. *nouveau*

novelles
V. *loi*

novennaire
V. *neuf* (2)

novice
V. *ignorance* et *apprendre*

noviciat
V. *monastère*

noyade. V. *nager*

noyau V. *fruit*

noyer (1)
noix
cerneau
amande
coquille
coque
écale
brou
gaule

gauler
écaler
gaulage
casse-noix

noyer (2)
V. *nager*

nu
déshabillé
dévêtu
in naturalibus
sans voile
dépouillé de vêtements
nu comme un ver
décolleté
retroussé
court-vêtu
découvert
inabrité
ort

dévêtir
déshabiller
mettre à nu
dépouiller
défaire (se) de
ôter

nudité
modèle
académie
carnation
statue héroïque

nuage
nuée
nue
brouillard
buée
grain
stratus
cumulus
cirrus
nimbus
nuageux
couvert
nébuleux
moutonneux

moutonner
se couvrir
V. *temps*

nuaison
V. *temps*

nuancer
V. *peindre*

nubile
V. *mariage*

nudité V. *nu*

nue V. *nuage*

nuée V. *nuage*

nuer
V. *passementerie*

nuire
faire du tort
léser
atteindre
porter atteinte à
jeter un sort
faire du mal
désobliger
endommager
gâter
abîmer
détériorer
vicier
infester
endommager
dévaster
ravager
ruiner
desservir
compromettre
avilir
salir
ternir
humilier
calomnier
médire
perdre de réputation
déconsidérer
déprécier
discréditer
poursuivre
persécuter
malfaire
victimer
préjudicier

nuisible
préjudiciable
dommageable
pernicieux
funeste
désastreux
délétère
insalubre
malfaisant
malveillant
désobligeant
malintentionné
mal disposé
contraire
hostile
ennemi
dangereux
périlleux
empoisonné

mal
méchanceté
tort
préjudice
dommage
ribordage
malfaisance
malveillance
malignité
hostilité
inimitié
V. *mauvais* et *mal*

nuit
nuitée
nuit claire
nuit étoilée
serein
clair de lune
nuit obscure
nuit profonde
voile de la nuit
ténèbres
obscurité

nuitamment
de nuit
à la belle étoile

nocturne
noctambule
nyctalope
noctambulisme
nyctalopie
V. *jour*, *obscurité* *sommeil*

nul
V. *non*, *insuccès* *défaite*

nullité V. *non*

numéraire
V. *monnaie*

numéral
V. *nombre*

numérateur
V. *fraction*

Numance
numantin

numération
V. *nombre* et *arithmétique*

numéro
V. *nombre*

numismatique
V. *médaille*

nummulaire
V. *plantes*

nuncupatif
V. *héritage*

nundinal
V. *vente*

nuptial
V. *mariage*

nuque V. *cou*

nutation
V. *mouvement*

nutritif
V. *nourriture*

nyctalopie
V. *nuit*

nymphe
néréides
océanides
ondines
naïades
oréades
napées
hyades
pléiades
héliades
dryades

hamadryades
hespérides
atlantides
nyséides
sirènes
camènes
Galatée
Aganippé
Albunea
Electra
Maïa
Taygète
Alcyone
Calypso
Eucharis
Céloeno
Stérope
Mérope
Aréthuse
Amalthée
Amymone
Anna Perenna
Antiope
Appias
Ariane
Asteria
Atalante
Byblis
Callirhoé
Callisto
Camille
Clymène
Clytie
Cyane
Cydippe
Cyrène
Dioné
Doris
Dryope
Écho
Égérie
Erigone
Europe
Eurydice
Eurynome
Euryté
Glaucé
Hébé
Hélice
Hippodamie
Io
Juturne
Laruna
Leucothoé
Lotis
Marica
Melité
Néère
Orithye
Panope
Persé
Philyra
Pléione
Stéropé
Syrinx
Thétis

nymphée
V. *fontaine*

Nyons
nyonsais

O

oasis V. *désert*

obédience
obédiencier
obédientiel
lettre d'obédience
V. *clergé*

obéissance
soumission
subordination
sujétion
observance
docilité
discipline
esclavage
servitude
férule
fouet
dressage
joug
humilité

— passive
— aveugle
obéissant
soumis
docile
discipliné
inféodé
gouvernable
esclave
serf
humble

obéir
se soumettre
obtempérer
faire preuve de docilité
mettre bas pavillon
mettre les pouces
s'incliner devant
courber la tête
plier
céder
filer doux
se laisser mener par le bout du nez
écouter les ordres
suivre
observer
se conformer à
discipliner
soumettre
asservir

docilement
au doigt et à l'œil
V. *humble*, *commander*

obélisque
V. *colonne*

obérer V. *dette*

obèse V. *gras*

obier V. *plantes*

obituaire
V. *mort*

objectif
être, *volonté*

objection
V. *opposition*

objet
chose
V. *matière*, *substance*

objurgation
V. *reproche*

oblat V. *clergé*

oblation
V. *religion*

obligataire
V. *financier*

obligation
contrainte
nécessité
fatalité
coaction
coercition
violence
force majeure
exigence
assujettissement
oppression
dépendance
sujétion
redevance
réquisition
engagement
recognition

obligatoire
fatal
impérieux
coercitif
coactif
recognitif
redevable
redevancier
exigible
inexigible
contraint
nécessaire
obligé
imposé
nécessité (participe)
carte forcée
couteau sur la gorge

faire violence
tyranniser
violenter
forcer
forcer la main
imposer
obliger
astreindre à
contraindre
asservir à
réduire à
assujettir à
exiger
requérir
réquisitionner
dominer
opprimer
maîtriser
tyranniser
devoir
falloir
s'engager à
s'imposer
incomber
se soustraire à l'obligation

par force
bon gré, mal gré
de mauvais gré
pas de bon cœur
à son corps défendant
involontairement
malgré
impérieusement
V. *conscience*, *dette*, *devoir*, *certain*, *reconnaissance*

obligeance
V. *bon*, *bonté*

oblique V. *penché*, *indirect*

oblitérer
V. *défaire*
oblong V. *forme*
obole
V. *monnaie*
obombrer
V. *obscurité* (1)
obreptice
V. *hypocrisie*
obreption
V. *hypocrisie*

1. **obscurité** (*physique*)
ténèbres
ombre
voile
nuit
noirceur
épaisseur
profondeur
opacité
obscurcissement
éclipse
cône d'ombre
crépuscule
pénombre
demi-jour
faux-jour
clair-obscur
ternissure

épais
opaque
noir
impénétrable
profond
ténébreux
obscur
sombre
nébuleux
ombreux
ombragé
nocturne
crépusculaire
voilé
vague
trouble
flou
indistinct
indécis
flottant
terne
mat

obscurcir
obombrer
ombrer
assombrir
ternir
voiler
cacher
masquer
noyer
envelopper
ombrager

ombrelle
parasol
velum
store
ramure
feuillage
ombrage
nyctalope
noctambule
noctambulisme
nyctalopie

obscurément
ténébreusement
dans l'ombre
à tâtons
à l'aveuglette

2. **obscurité** (*intellectuelle*)
manque de clarté
difficulté
ambiguïté
mystère
indétermination
arcane
clandestinité
équivoque
amphibologie
incompréhensibi-
ambages [lité
malentendu
quiproquo
sous-entendu
allusion
tortillage
involution
complication
galimatias
chaos
dédale
labyrinthe
imbroglio
brouillamini
énigme
problème
logogriphe
phébus
rébus [cre
la bouteille à l'en-
de la bouillie pour
sibylle [les chats
sphinx
Œdipe

obscur
difficile
indéterminé
indistinct
nébuleux
indéfini
indéfinissable
indescriptible
ambigu
équivoque
amphibologique
compliqué
confus
abstrus
entortillé
alambiqué
inscrutable
tortueux
indébrouillable
inextricable
embrouillé
mystérieux
occulte
clandestin
confidentiel
énigmatique
apocalyptique
sibyllin
épineux
délicat
embarrassant
indéchiffrable
inexplicable
inexpliqué
insoluble
incompréhensible
inintelligible
inconcevable
impénétrable

éclaircir
deviner
démêler
résoudre
dénouer
débrouiller
s'y perdre
y perdre son latin
jeter sa langue aux chiens
être à quia
renoncer
obscurcir
compliquer
équivoquer
sous-entendre
être obscur
ne pas allumer sa lanterne

obscurément
inintelligiblement
énigmatiquement
confidentielle-ment
clandestinement
vaguement
à mots couverts
sous le manteau
en cachette
en catimini

obsécration
V. *demande*
obséder V. *ennui*
obsèques
V. *enterrement*
obséquiosité
V. *humble*
observable
V. *voir*
observance
V. *obéissance*
observateur
V. *voir*
observation
V. *attention*, *note*, *voir*
observatoire
V. *astronomie*
observer
V. *voir*
obsession
V. *ennui*, *répéter*
obsidienne
V. *substance*, *volcan*
obsidional
V. *siège*
obstacle
V. *opposition*
obstination
V. *volonté*
obstruction
V. *opposition*
obstruer
V. *fermer*
obtempérer
V. *obéissance*
obtenir
V. *avoir*
obturation
V. *fermeture*
obtus
V. *angle*, *bête*
obus V. *projectile*
obusier
V. *canon*
obvier
V. *remédier*

occase
V. *occident*
occasion
V. *hasard, marchandise*
occasionner
V. *cause*
occident
couchant
ouest
ponant
occase
occidental
occiput V. *cou*
occire V. *tuer*
occlusion
V. *fermeture*
occultation
V. *éclipse*
occulte
V. *obscurité* (2)
occupation
V. *action*
occurrence
V. *hasard*
océan V. *mer*
ocellé V. *tache*
ocelot V. *animal*
ochlocratie
V. *politique*
ocre
V. *substance*
ocreux V. *couleur*
octaèdre
V. *angle*
octave
V. *musique*
octavo V. *livre*
octobre V. *mois*
octogénaire
V. *âge*
octogone
V. *angle*
octostyle
V. *colonnade*
octroi V. *douane*
octroyer
V. *donner*
octuple V. *huit*
oculaire
V. *œil, lunette*
oculairement
V. *voir*
oculiste V. *œil*
odalisque
V. *femme*
ode V. *poésie*
odeur
dégagement
émanation
exhalaison
arome
bouquet
fumet
suavité
parfum
aromate
senteur
effluve
miasme
mofette
méphitisme
puanteur
infection
fétidité
évent
rancissure
rancidité
empyreume
remugle
ralent
punaisie

inodore
odorant
odoriférant
aromatique
fort
faible
agréable
suave
fin
exquis
aromatique
fragrant
chaud
pénétrant
piquant
empyrémateux
empyreumatique
suffocant
mauvais
désagréable
sauvagin
fade
nauséabond
infect
rance
ranci
pestilentiel
méphitique
miasmatique
fétide
punais
empesté
alliacé
enviné
nidoreux
cadavéreux
musqué
de brûlé
de roussi
de moisi
de renfermé
de faisandé

sentir
répandre
exhaler
avoir
émaner
dégager
fleurer
souffler
embaumer
parfumer
aromatiser
musquer
infecter
empoisonner
empester
puer
rancir
empuantir
imprégner
prendre à la gorge
flairer
odorer
subodorer
humer
aspirer
renifler
assainir
désinfecter

désinfection
assainissement
aromatisation
odorat
flair
nez
narine
nerf olfactif
sachet
sentine
puamment
V. *parfum, nez*
odieusement
V. *mal*
odieux V. *ennui*
odomètre
V. *marcher*
odontalgie
V. *dent*
odontoïde
V. *forme*
odontologie
V. *science, dent*
odyssée
V. *voyage*
œcuménique
V. *concile*
œdème V. *maladie*
œil
organe de la vue
vue
vision
pupille
prunelle
blanc de l'œil
paupière
commissure
cil
sourcil
taroupe
cornée
sclérotique
choroïde
uvée
rétine
bâtonnet de Jacob
punctum cæcum
nerf optique
cristallin
iris
processus ciliaire
corps hyaloïde
humeur vitrée
humeur aqueuse
zonule
chambre antérieure
chambre postérieure
muscle orbiculaire palpébral
muscle releveur de la paupière
grand oblique supérieur
trochléateur
petit oblique inférieur
droit inférieur abaisseur de l'œil
droit supérieur releveur de l'œil
abducteur
droit interne
conjonctive
caroncule lacrymale
glande lacrymale
globe de l'œil
orbite

angle optique

centre optique
optique
entoptique
larmier
clin
clignement
clignotement
papillotage
coup d'œil
regard
œillade
image
représentation
impression
sensation visuelle
portée de la vue
vue faible
myopie
vue courte
vue basse
presbytisme
diplopie
nyctalopie
daltonisme
strabisme
ophtalmie
sclérophtalmie
conjonctivite
chassie
cécité
compère loriot
cataracte
amaurose
fistule
taie
pointe
mouches
orgelet
glaucome
éraillure
albugo
ectropion
staphylôme
papillotage
lagophtalmie
xérophtalmie
exophtalmie
patte d'oie

guigner
viser
mirer
regarder
ouvrir l'œil
fermer
boucher
cligner
clignoter
papilloter

abaisser
lever
ciller
dessiller
détourner
rouler
voir
écarquiller
loucher
bigler
voir trente-six chandelles

optique
oculaire
visuel
ophtalmique
orbitaire
pupillaire
binoculaire
palpébral
ciliaire
louche
louchon
vairon
nyctalope
bigle
borgne
borgnesse
aveugle

œillère
lunette
ophtalmoscope
bandeau
visière
garde-vue
opticien
oculiste
ophtalmographie
cyclope
œil de lynx
collyre

bon
mauvais
perçant
rouge
injecté
chassieux
en amande
bien fendus
ronds
en boules de loto
bleus
noirs
gris
pers
poché
au beurre noir
gros
gonflé
œil américain
V. *voir*

œillet V. *plante, ouverture*

œilleton
V. *jardin*

œillette
V. *plante, huile*

œnologie V. *vin*

œnomètre
V. *vin, aréomètre*

œnophile V. *vin*

œsophage
V. *digérer*

œstre V. *animal*

œuf
coquille
coque
blanc
jaune
germe
embryon
membrane
chalaze
albumen
cumulus proligère
cicatricule
chambre à air
ovule
membrane caduque
chorion
amnios
allantoïde
vésicule ombilicale
couvain
lente
caviar
oviducte

pondre
couver
éclore
mirer

œuvé
pondeuse
couveuse
ovipare
ovovivipare
ovoïde
ovale
ponte
incubation
couvée
couvaison
éclosion
œuf frais
œuf dur
œuf couvi
coquetier
mouillette
couvoir
nichoir
nichet
omelette
fondue
V. *nourriture, nid*

œuvre
travail
ouvrage
production
produit
résultat
morceau
pièce
chef-d'œuvre
V. *travail, travailler, livre*

offense
V. *outrage*

offensive
V. *guerre*

offertoire
V. *messe*

office V. *devoir, fonction*

official V. *clergé*

officialité
V. *magistrat*

officiel V. *titre*

officier (verbe)
V. *messe*

officier
supérieur
galonné
sous-lieutenant
lieutenant
capitaine
officier supérieur
commandant
chef de bataillon
chef d'escadron
major
lieutenant-colonel
colonel
officier général
général de brigade
général de division
feld-maréchal
maréchal
officier de marine
aspirant de 2e classe
aspirant de 1re classe

enseigne de vaisseau
lieutenant de vaisseau
capitaine de frégate
capitaine de vaisseau
contre-amiral
vice-amiral
amiral
commodore
amirante
garde marine
état-major
chef de corps
général en chef
généralissime
état-major de régiment
état-major général
état-major d'artillerie
aide de camp
officiers d'administration
intendance
hôpitaux
subsistances
habillement
justice militaire
connétable
stratège
triérarque
consul
préteur
tribun
légat
lieutenant général
maréchal de camp
maître de camp
officier instructeur

activité
retraite
ancienneté
états de service
choix
avancement
hiérarchie
grade
commission
galon
étoile
épaulette
graine d'épinards
hausse-col
bâton
plume
maréchalat
amiralat
amirauté
vice-amirauté
généralat
lieutenance

porter l'épaulette

place
capitainerie

officieux
V. *humble*

officinal
V. *remède*

officine
V. *atelier*

offrande
V. *offrir*

offre
V. *offrir, prix*

offrir
proposer
présenter
mettre à la disposition de
dédier
consacrer
vouer
faire hommage de

offre
proposition

avances
ouvertures
présentation
dédicace
consécration
offrande
oblation
don (voir)
vœu
ex-voto

votif
dédicatoire
consécrateur

offusquer
V. *désagréable*

ogive V. *gothique*

ogre V. *peur*

oïdium V. *vigne*

oie
jars
oison
barnache
barnacle
palmipède
chénisque
Capitole

oignon
V. *plante, pied*

oignonet
V. *poire*

oignonière
V. *jardin*

oille V. *nourriture*

oindre V. *essuyer*

oing V. *gras* (1)

oiseau
volaille
volatile
oiselet
oisillon
petit
rapaces
oiseaux de proie
diurnes
nocturnes
passereaux
grimpeurs
gallinacés
échassiers
oiseaux de rivage
palmipèdes
oiseaux nageurs
coureurs
marins
aquatiques
arpenteurs
plongeurs
dactyloptère
bons voiliers
mauvais voiliers
oiseaux de passage
volatilles

bec
ailes
plume
plumage
patte
ergot
griffe
serre
membrane clignotante
bréchet
jabot
ventricule succenturié
gésier
oviducte
crête
huppe
aigrette
queue
cage (voir)
fuie
perchoir
perchée
juchoir
épouvantail
piège
trébuchet
collet
gluau
glu

abecquer
becqueter
picorer
percher
brancher
jucher
voler
planer
nicher
pondre
couver
pépier
babiller
chanter
gazouiller
ramager
roucouler
siffler
muer
formuer
dénicher
oiseler
déjucher

becquée
brochette
pépiement
babil
chant
gazouillis
gazouillement
roucoulement
sifflement
ramage
roulade
vol
essor
à tire d'aile
nidification
ponte
couvaison
couvée
nichée
petits
œuf
pépie
saurage
mue
auspice
ornithologie
aviculture
oisellerie

aviceptologie
aviculteur
oiselier
oiseleur
naturaliste
ornithologue
ornithologiste
Voir *la nomenclature à animal*

oiseux V. *inutile*
oisif V. *inaction*
oisillon V. *oiseau*
oisiveté V. *inaction*
oison V. *oie*
oléagineux V. *huile*
oléine V. *huile*
olfactif V. *odeur*
oliban V. *encens*
olifant V. *instrument*
oligarchie V. *politique*
olim V. *loi*
olinde V. *épée*
olivaire V. *forme*

olive
olivier
olivaison
olivette
olivaire
olivâtre
picholine
pocher
pocheter

olivète V. *plante*
olivier V. *plante*
ollaire V. *pierre*
olla-podrida V. *nourriture*
olographe V. *héritage*
Olympe V. *dieux*
olympiade V. *chronologie*
olympien V. *dieux*
olympique V. *cirque*
ombelle V. *fleur*
ombellifère V. *fleur*
ombilic V. *ventre*
ombrage V. *branche, jalousie*
ombrageux V. *cheval*

ombre V. *obscurité* (1)
ombrelle V. *parapluie*
ombrer V. *ombre*
omelette V. *nourriture*
omettre V. *oubli*

omnibus
diligence
coucou
coche
tramway
lignes
intérieur
impériale
plate-forme
cocher
conducteur
contrôleur
voyageur
place
numéro
correspondance
sonnerie
complet
station
bureau
queue
appel
prendre l'omnibus
monter
descendre
faire arrêter

omnipotence V. *puissance*
omniscience V. *science*
omnivore V. *manger*
omoplate V. *bras*
onagre V. *animal*
once V. *poids, animal*
onciale V. *écriture*
oncle V. *famille*
onction V. *essuyer, religion*
onctueux V. *mou*
onde V. *eau*
ondée V. *pluie*
ondine V. *eau*
ondoyer V. *baptême*
ondulation V. *mouvement*
onéreux V. *prix*
ongle V. *corne*
onglée V. *froid*
onglet V. *reliure, ornement*
onglette V. *gravure*
onguent V. *pommade*
ongulé V. *corne*
onirocritie V. *divination*
oniromancie V. *divination*
onomatopée V. *rhétorique*
ontologie V. *être*
onyx V. *joaillerie*

onze
onzième
onzièmement

oolithe V. *pierre*
opacité V. *obscurité* (1)
opale V. *joaillerie*
opaque V. *obscurité* (1)

opéra
drame lyrique
oratorio
opéra-comique
opérette
opéra bouffe
partition
libretto
livret
paroles
scénario
monstre
finale
orchestration
orchestre
chanteur (voir)
chant (voir)
musique (voir)
ouverture
monter un opéra
V. *théâtre, comédien, chant, musique*

opérateur V. *chirurgie*
opération V. *chirurgie, action*
opercule V. *fruit*
opérer V. *faire, chirurgie*
opérette V. *opéra*
opes V. *ouverture*
ophicléide V. *instruments*
ophidien V. *serpent*
ophite V. *marbre*
ophtalmie V. *œil*
ophtalmoscope V. *œil*
opiacé V. *opium*
opiat V. *opium*
opiler V. *plein*
opiniâtre V. *volonté*

opinion
manière de voir
sentiment
avis
thèse
croyance
conjecture
idée
émettre
avoir
opiner
partager une opinion
se ranger
être de
imbu de
V. *avis, juger*

opium
opiacé
opiat

opportun V. *convenir* (2)
opposer V. *opposition*
opposite V. *place*

opposition
antagonisme
résistance
achoppement

obstacle
encombrement
tablature
obstruction
embarras
difficulté
gêne
ennui
anicroche
accroc
micmac
arrêt
interception
empêchement
barrière
frein
entrave
digue
remblai
levée
barrage
conflit
lutte
contrepartie
contrepied
refus
contradiction
chicane
contestation
objection
réaction
protestation
indignation
tollé
réclamation
mauvaise volonté
disconvenance
discordance
discord
conflit
dispute (voir)
contrariété
incompatibilité
tiraillement
négation
réfutation
prohibition
inhibition
défense
interdiction
veto
embargo
interdit
antiphrase
antithèse
antipode

obstacle infranchissable
obstacle insurmontable
— puissant
— invincible
contentieux
contraire
contradictoire
inconciliable
inaccommodable
inalliable
discordant
obstructif
embarrassant
opposable
prohibitif
protestataire
rebelle
infracteur
ingouvernable
irréductible
réfractaire
insurrectionnel
antagoniste
opposant
récalcitrant
adversaire
adverse
incompatible
antithétique

s'opposer à
s'élever contre
tenir tête
regimber
être réfractaire
rebeller
rebéquer
rebiffer
se gendarmer
se récrier
s'insurger
tenir bon
renâcler
se faire tirer l'oreille [de
se dresser en face
barrer la route à
mettre un frein à
opposer une barrière
tenir barre à
contrecarrer
infirmer
rompre
refréner
casser
briser
réagir
contrebalancer
résister
opposer de la résistance
contredire
protester
récalcitrer
objecter
contester
réclamer
interdire
défendre
mettre son veto
mettre le holà
empêcher
contrarier
se refuser à
arrêter
obstruer
intercepter
barrer
encombrer
remblayer
endiguer
entraver
traverser
empêtrer
paralyser
créer des difficultés
soulever des difficultés
faire un tas d'histoires
restreindre
aller à l'encontre
obvier
repousser
rembarrer
refouler
surmonter
triompher de
vaincre
franchir
lever

contre
nonobstant
malgré
quoique
bien que
cependant
toutefois
V. *haine*, *désobéir*, *contraire*, *non*

oppresser
V. *respiration*

opprimer
V. *chef*, *commander*

opprobre
V. *réputation*

opter V. *choisir*

opticien
V. *lunette*, *optique* (2)

optimisme
V. *philosophie*

1. **optique**
(science)
dioptrique
catadioptrique
catoptrique
lumière
propagation
rayon lumineux
ombre
pénombre
ombre portée
cône d'ombre
vitesse de la lumière
Rœmer
intensité
photomètre
réflexion
angle d'incidence
angle de réflexion
miroir
miroir plan
image
miroirs parallèles
miroir incliné
kaléidoscope
miroir sphérique
— concave
— convexe
base
axe
axe secondaire
foyer
foyer conjugué
foyer virtuel
image virtuelle
réfraction
plan d'incidence
angle de réfraction
sinus
densité [tion
indice de réfraction
retour inverse
angle limite
réflexion totale
mirage
lentille
— biconvexe
— plan-convexe
— concave-convexe

lentille biconcave
— plan-concave
— convergente
centre optique
prisme
base
arête
section principale
pinceau de lumiè-
déviation [re
dilatation
coloration [gent
faisceau émer-
spectre solaire
arc-en-ciel
analyse spectrale
réfrangibilité
recomposition
rayons calorifi-
ques
rayons chimiques
rayons ultra-vio-
lets
rayons lumineux
raies du spectre
chambre claire
chambre noire
photographie
microscope
micromètre
cinématographe
lanterne magique
loupe [mique
lunette astrono-
longue-vue
lunette de Galilée
jumelles
achromatisme
polarisation
irisation
interférence
télescope

2. optique
V. *métier*
lunetterie
baromètre
thermomètre
télescope
jumelles
lorgnette
loupe
objectif
microscope
appareil photo-
graphique
chambre claire
photomètre
actinomètre
lanterne magique
thaumascope
phénakisticope
héliomètre
héliostat
graphomètre
micromètre
polémoscope
prisme
opticien
lunetier
V. *lunette* et *photographie*

opulence
V. *richesse*

opuscule
V. *livre*

or
métal précieux
or rouge
or jaune
or vert
or mat
or bruni
or pur
or vierge
or natif
or en paillettes
fil d'or
paillon
alliage
aloi
titre
carat
poinçon
contrôle
or en barre
placer
lingot
pépite
or en feuilles
or monnayé
or moulu

aurifère
doré
doublé
plaqué
vermeil
pailleté

mineur
orpailleur
batteur d'or
orfèvre
doreur
damasquineur
dorure
damasquinure
chryséléphantine
Danaé
Pactole
Midas
Californie

dorer
aurifier
V. *dorure*, *orfèvrerie*

oracle
sort
réponse
augure
auspice

consulter
répondre [oracles
prononcer des
Delphes
Cumes
Pythie
Sibylle
V. *devin*, *divination*, *avenir*

orage
ouragan
tempête
cyclone
trombe
rafale
bourrasque
tourmente
grain
houle
mer démontée
tonnerre
éclair
vent
grondement
murmure
nuage

orageux
à l'orage
tempétueux
mauvais temps
mer grosse

menacer
se déchaîner
éclater
gronder
sévir
dévaster
ravager
balayer [seurs
signes précur-
signes avant-cou-
reurs

assailli par la
tourmente
battu par la tem-
pête
V. *tonnerre*, *vent*

oraison V. *discours*, *prière*

oral V. *parler*

Oran
oranais

Orange
orangeois

orange
mandarine
cédrat
chinois
bigarade
bergamote
pépin
quartier
zeste
peau
écorce
orangeat
fleurs d'oranger
(eau de)
néroli [tugal
essence de Por-
orangeade
curaçao
oranger
mandarinier
bigaradier
pamplemousse
orangerie
oranger, ère
valence

orateur
tribun
foudre d'élo-
quence
prêcheur
prédicateur
apologiste
panégyriste
défenseur
avocat
rapporteur
substitut
procureur
accusateur
délateur
sycophante
dénonciateur
improvisateur
diseur
causeur
conférencier
discoureur
déclamateur
sophiste

rhéteur
Démosthène
Cicéron
Bossuet,
Mirabeau
V. *dire*, *discours*, *éloquent*, *éloquence*.

oratorien
V. *clergé*

oratoire
V. *éloquence*, *prière*

oratorio
V. *opéra*

orbe V. *cercle*

orbiculaire
V. *cercle*

orbitaire
V. *œil*

orbite V. *œil*, *astre*

orcanète
V. *teinture*

orchestre
V. *musique*, *musicien*, *théâtre*

orchidée
V. *plante*

orchis V. *plante*

ordinaire
V. *habitude*, *repas*

ordinal
V. *ordre* (2)

ordinand
V. *clergé*

ordination
V. *clergé*

ordo V. *messe*

ordonnance
V. *loi*, *ordre* (2), *domestique*

ordonnancer
V. *payer*

ordonnée
V. *ligne*

ordonner
V. *commander*, *ordre* (2)

ordre (1)
V. *colonne*, *commander*

ordre (2)
disposition
arrangement
aménagement
agencement
organisation
rangement
classement
classification
coordination
régularisation
êtres
méthode
harmonie
symétrie
hiérarchie
système
unification
structure
réorganisation
groupement
texture
contexture
division
subdivision
triage
tri
alignement
répartition
balancement
pondération
équilibre
rangée
rang
ensemble
tout
organisme

ordonner
mettre en ordre
mettre de l'ordre
régulariser
disposer
arranger
aménager
agencer
organiser
réorganiser
symétriser
ranger
mettre en place
classer
classifier
coordonner
unifier
grouper
diviser
subdiviser
répartir
séparer
trier
pondérer
balancer
équilibrer
démêler
débrouiller
aligner
mettre en file
mettre en rangs

ordonnateur
organisateur
forte tête
cheville ouvrière
méthodique
symétrique
systématique
hiérarchique
organique
régulier

ordinal
en ordre
en ordonnance
régulièrement
harmonieusement
systématiquement
symétriquement
hiérarchiquement
V. *précéder* et *suivre*

ordure V. *sale* et *boue*

ordurier
V. *grossier*

oreillard
V. *animal*

oreille
organe de l'ouïe
oreille externe
pavillon
ourlet
hélix
lobe
lobule
auricule
conque
anthélix
tragus
antitragus
tube auditif
conduit auditif
rocher
oreille moyenne
tympan
caisse du tympan
fenêtre ovale
fenêtre ronde
cellules mastoïdiennes
trompe d'Eustache
osselets
marteau
enclume
os lenticulaire
étrier
oreille interne
labyrinthe
vestibule
canaux semi-circulaires
limaçon
columelle
lame spirale
rampe
lame des contours
aqueduc [gno
humeur de Cotu-
périlymphe
cérumen
saccule
utricule
otolithe
nerf auditif
nerf acoustique
fibres de Corti
cure-oreille
cornet acoustique
oreillons
otorrhée
otalgie
surdité

auditif
auriculaire
acoustique
otalgique
cérumineux

oreillard
monaut
sourd
sourdaud
écouteux

remuer l'oreille
dresser l'oreille
être aux écoutes
chauvir
essoriller
corner
tinter
V. *entendre*, *bruit*, *acoustique*

oreille d'ours
V. *plante*

oreiller V. *lit*

oreillette
V. *cœur*

oreillons
V. *oreille*

orémus V. *prière*

oréographie
V. *montagne*

orfèvrerie
essai
fonte
soudure
estampage
repoussé
ciselure
monture
sertissage
gravure
émaillerie
niellure
brunissage
dorure
argenture
placage
martelé
guilloché
amati
mati
bruni
doré
oxydé
plaqué
doublé
argenté
orfévri

filigrane
pièce d'orfèvrerie
applique
flambeau
vaisselle plate
argenterie
bijouterie
boîtes
nielle
émaux
orfèvre
ciseleur
monteur
graveur V. *bijou, or, argent*

orfraie V. *animal*

organdi V. *étoffes*

organe V. *corps*

organeau V. *navire*

organique V. *corps, ordre* (2)

organiser V. *ordre* (2)

organisme V. *corps*

organiste V. *orgue*

organsin V. *soie*

orge V. *céréales*

orgeat V. *liqueur*

orgelet V. *œil*

orgie V. *repas*

orgue (1)
harmonium
harmoniflûte
banc
caisse
pédale
pédalier
talonnière
soufflerie
soufflet
clavier
double clavier
touche
note
sommier
soupape
tuyau
anche
corps
montre
buffet
positif
registre
genouillère
grand jeu
jeu
demi-jeu
expression
forte
sourdine
percussion
cromorne
bourdon
harpe éolienne
prestant
cor anglais
trompette
clairon
basson
nasard
baryton
saxophone
violoncelle
régale
voix humaine
sub-basson
coupler
double-main
flûte
clarinette
cornemuse
fifre
hautbois
voix céleste
musette
trémolo
tremblant
récit
larigot
transpositeur
volet
jalousie
doublette

toucher de l'orgue
organiste
facteur d'orgues

orgue (2)
de barbarie
serinette
ariston
boîte
caisse
cylindre
rouleau
dent
tuyau
anche
manivelle

jouer de l'orgue
moudre de l'orgue
seriner

orgueil
infatuation
vanité
arrogance
superbe (substantif)
hauteur
morgue
fatuité
fanfaronnade
forfanterie
fanfaronnerie
rodomontade
gasconnade
piaffe
prétention
suffisance
présomption
outrecuidance
jactance
vantardise
gloriole
ostentation
poudre aux yeux
dédain
pose
parade
vanterie
grands airs
embarras
raideur
enivrement
air méprisant
impertinence
insolence

orgueilleux
ivre d'orgueil
bouffi d'orgueil
altier
plein de soi-même
pétri d'orgueil
enivré d'orgueil
vaniteux
arrogant
hautain
fier
fanfaron
rodomont
fier-à-bras
tranche-montagne
matamore
gascon
bravache
prétentieux
pimbêche
empesé
affecté
pédant
renchéri
raide
rogue
suffisant
présomptueux
outrecuidant
fat
infatué
faiseur d'embarras
poseur
vantard
dédaigneux
méprisant
impertinent
insolent
parvenu
avantageux
premier moutardier du pape
fier comme Artaban
Narcisse
s'enorgueillir

être gonflé d'orgueil
mettre de l'ostentation
s'en croire
s'en faire accroire
se croire issu de la cuisse de Jupiter
prendre des airs

pontifier
trôner
être infatué de sa personne
faire la roue
morguer
parader
se pavaner
se panader
faire l'important
lever le nez
le prendre de haut
se rengorger
se prévaloir
faire étalage
le roi n'est pas son cousin

orgueilleusement
vaniteusement
arrogamment
prétentieusement
présomptueusement
V. *mépris, outrage*

Orient V. *Est*

orienter
V. *direction*

orifice V. *trou*

oriflamme
V. *drapeau*

origan V. *plante*

original
V. *nouveau*

origine
cause
motif
fondement
départ
commencement
point initial
principe
explication
raison d'être
dérivation
provenance
source
racine
germe

partir de
sortir de
soudre de
jaillir de
émaner de
venir de
naître de
descendre de
dériver
avoir pour cause
remonter jusqu'à la cause
provenir
procéder de

originel
dérivé
originaire
issu
dérivatif
intrinsèque
extrinsèque
indigène
autochtone
étranger
exotique
cosmopolite
originairement
primitivement
de la part de
V. *commencement*, *nouveau*

orignal
V. *animal*

orillon V. *prendre*

orin V. *corde*

oripeau
V. *cuivre*, *vêtement*

Orléans
orléanais

orléans
V. *étoffes*

ormoie V. *forêt*

orme V. *plante*

ormeau V. *plante*

ormille V. *plante*

ormin V. *plante*

orne V. *plante*

ornement
ornementation
décoration
décor
motif d'ornement
détail
accessoire
agrément
attribut
embellissement
enjolivement
parure
atour
toilette
chamarrure
colifichet
clinquant
fioriture
fanfreluche
ramage
damassage
simple
délicat
élégant
approprié
brillant
riche
affecté
prétentieux
de mauvais goût
surchargé

époque
goût
style
— pur
— faux
égyptien
assyrien
persique
grec
étrusque
romain
latin
byzantin
lombard
roman
saxon
ogival
fleuri
flamboyant
gothique
Louis XII
renaissance
Tudor
François Ier
Henri II
Henri IV
Élisabeth
Louis XIII
jacobite
Louis XIV
Régence
Reine Anne
Louis XV
rocaille
rococo
Pompadour
Louis XVI
néo-grec
Directoire
Consulat
Empire
Malmaison
Restauration
romantique
troubadour

frise
cul-de-lampe
amortissement
chute
couronnement
encadrement
bordure
vignette
fleuron
lettrine
lettre ornée
sculpture
gravure
dessin
découpure
dentelure
crénelure
filigrane
ornement architectural
ornement floral
figure
animal
fleur
feuille
moulure
buste
tête
atlante
cariatide
canéphore
mascarons
attributs
insignes
symbole
emblème
armoirie
allégorie
trophée
chimère
chénisque
pied à griffes
col de cygne
mufle
massacre
bucrâne
égicrâne
thyrse
rinceau
arabesque
feuillage
guirlande
enroulement
feston
entrelacement
entrelacs
lambrequin
torsade
bouquet
panache
cartouche
médaillon
compartiment

caisson
tympan
rosace
rose
rosette
palme
palmette
fleuron
pomme de pin
console
volute
modillon
corbeau
nutule
triglyphe
métope
listel
filet
réglet
bande
plate-bande
bandeau
baguette
bâton
échine
quart-de-rond
cymaise
bossage
projecture
pendentif
trompe
trompillon
talon
tore
boudin
doucine
scotie
cavet
congé
apophyge
cannelure
rudenture
gorge
bravette
chanfrein
grecque
postes
flot
onde
méandre
guillochis
vermiculures
anglet
crossette
nervure
torsade
cable
perle
fil de perles
goutte
astragale
olive
annelet
armille
anneau
bracelet
dent de scie
bâton rompu
billette
besant
chevron
imbrication
incrustation
marqueterie
oves
godrons
rais de cœur
langue de serpent
pointe de diamant
denticule
étoile
damier
échiquier
treillis
quadrillé
vannerie
coquille
pierre trouée
rocaille

ornementé
orné
historié
ouvré
ouvragé
filigrané
annelé
festonné
entrelacé
enguirlandé
découpé
palmé
cannelé
rudenté
guilloché
damassé
chevronné
godronné
dentelé
denticulé
étoilé
treillissé
vermiculé
fleuronné
ornemental
décoratif

ornemaniste
décorateur
pâtissier-mouleur
sculpteur
modeleur
peintre
dessinateur
modèle
patron
profil
gabarit
calibre
rabot
moulage

mouler
profiler
orner
décorer
parer
embellir
enjoliver
agrémenter
garnir
ouvrer
faire valoir
historier
ouvrager
découper
ajourer
festonner
enguirlander
damasser
treillisser
quarderonner
rustiquer
guillocher
V. *passementerie*, *ligne*

ornière V. *trou*
ornithogale V. *plante*
ornithologie V. *oiseau*
ornithorynque V. *animal*
orobanche V. *plante*
orobe V. *plante*
orographie V. *montagne*
oronge V. *champignon*
orpailleur V. *or*
Orphée
orphique
orphelin V. *enfance*
orphelinat V. *hôpital*
orphéon V. *chant*
orpiment V. *substance*
orpin V. *plante*
orque V. *animal*
orseil V. *plante*, *teinture*
ort V. *nu*
orteil V. *pied*
orthodoxe V. *religion*
orthodromie V. *navire*
orthogonal V. *angle*
orthographe V. *grammaire*
orthopédie V. *science*
orthopnée V. *respiration*
ortie V. *plante*
ortive V. *astronomie*
ortolan V. *animal*
orvale V. *plante*
orvet V. *serpent*
orviétan V. *remède*
Orviéto
orviétan
oryctographie V. *géologie*
oryctologie V. *géologie*
os
ossature
charpente
squelette
ossement
osselet
ostéolithe
tissu osseux
tissu éburné
tissu spongieux
périoste
moelle
symphyse
épiphyse
col
condyle
glène
crête
gomphose
cartilage
ossification
exostose

périostose
osteine
carie
nécrose
exfoliation
fraction
esquille
désossement
déboîtement
luxation
ablation
réduction
ossuaire
anatomie
ostéographie
ostéologie
ostéotomie

osseux
cartilagineux
glénoïde
interosseux
cotyloïde
glénoïdal
ostéologique

ossifier
désosser
nécroser
V. *à* squelette *la liste des os*

osciller
V. *mouvement*
oseille V. *plante*
oser V. *audace*
osier
oseraie
V. *vannerie*
osmazôme
V. *substance*
osmium
V. *substance*
osmonde
V. *plante*
ossature V. *os*
osselet V. *os, jeu*
ossification
V. *os*
ostensible
V. *certain*
ostensoir
V. *messe*
ostentation
V. *orgueil*
ostéologie V. *os*
ostéotomie
V. *os*
ostracé ..*huître*
ostracisme
V. *renvoyer*
ostracite
V. *huître*
ostréiculture
V. *huître*
otage V. *gage*
otalgie
V. *oreille*
ôter
enlever
cueillir
moissonner
glaner
retrancher
arracher
supprimer
retirer
tirer
décompter
diminuer
rayer
radier
soustraire
défalquer
retenir
prélever
couper
rogner
faucher
sarcler
mutiler
tronquer
ravir
dérober
voler
spolier
frustrer
démunir
priver
dénuder
dégarnir
dégager
emporter
remporter
rafler
décharger
débarrasser
libérer
épiler
effeuiller
décapiter
essoriller
édenter
éborgner
ébrécher
dévêtir
découvrir
écorner
équeuter
épointer
débâtir
déblayer
décombrer
déboiser
débotter
déboucher
débrider
décacheter
décarreler
déchaîner
déchaperonner
décharner
déchausser
déclore
déclouer
décoller
décortiquer
décrotter
débourrer
dédorer
déferrer
déganter
déboutonner
déboucher
dégrafer
déharnacher
délacer
délatter
délicoter
délarder
démancher
démanteler
démarquer
démâter
démeubler
démolir
démoucheter
démouler
démuseler
dénuer
dépailler
dépaver
dépeupler
dépiler
dépiquer
déplumer
dépolir
déposséder
dépouiller
dépourvoir
déraciner
déraper
désarçonner
désargenter
désarmer
desceller
désenclouer
désenfiler
désenrayer
désentraver
déshabiller
déshabituer
désherber
déshériter
désincorporer
désosser
désoxyder
dessaisir
desservir
destituer
dételer
détrôner
découronner
détrousser
dévaliser
débander
dévisser
ébarber
ébourgeonner
ébrancher
écaler
écailler
écarter
échancrer
échardonner
écharner
écheniller
écloper
écobuer
écorcher
écourter
écrémer
écroûter
écuisser
écumer
effacer
effaner
égrapper
égrener
élaguer
éliminer
élider
émonder
émoucher
épamprer
épierrer
éplucher
éponger
balayer
épousseter
épucer
épouiller
épreindre
exprimer
épuiser
équarrir
érafler
escamoter

escroquer
essarter
essoriller
étancher
étêter
étraper
étronçonner
évincer
excepter
exciser
exclure
excommunier
excorier
excortiquer
exempter
exfolier
exhéréder
exhumer
exiler
exonérer
exorciser
expatrier
expectorer
exporter
exproprier
expulser
expurger
exsuder
extirper
extorquer
extrader
extraire
racler
raboter
limer
raser
peler
muer

enlèvement
cueillette
cueillaison
moisson
glanure
glane
arrachement
arrachage
arrachis
retranchement
suppression
coupure
écornure
section
excision
avulsion
diminution
soustraction
défalcation
prélèvement
retenue
rognure
fauchage
sarclage
sarclure
mutilation
ravissement
rapt
vol
spoliation
frustration
privation
rafle
razzia
dénudation
dégagement
décharge
débarras
libération
épilation
décapitation
décollation
essorillement
ébrèchement
dévêtissement
découverte
écorniflerie
écorniflure
écornure
épointage
épointement
déblai
déblaiement
déboisement
déboîtement
lébridement
décachetage
décarrelage
déchaînement
déchargement
décharge
déchaussement
déclouement
décortication
décrottage
déferrement
dégraissage
déharnachement
démanchement
démantèlement
démâtage
démeublement
démolition
démoulage
dénûment
dépavage
dépeuplement
dépilation
dépiquage
dépolissage
dépossession
déchéance
dépouillement
dépouille
déracinement
désarmement
descellement
désuétude
déshérence
désossement
désoxydation
dessaisissement
desserte
destitution
destruction
dételage
détrônement
détroussement
dévêtissement
dévissage
ébarbure
ébourgeonnement
ébranchement
échancrure
échardonnage
échenillage
écorçage
écorchement
écorchure
écrémage
effacement
égrappage
égrenage
élagage
élimination
élision
émondage
émondes
épierrement
épluchage
épluchure
épointage
épointement
époussetage
épuisement
équarissage
éradication
éraflure
escamotage
escroquerie
essartement
essarts
étêtement
éviction
exception
excision
exclusion
exclusivisme
excommunication
excoriation
excortication
exemption
exfoliation
exhérédation
exhumation
exil
exonération
exorcisme
expatriation
expectoration
exportation
expropriation
expulsion
exsuccion
exsudation
extirpation
extorsion
extradition
abolition
annulation
abrogation
prescription
péremption
rupture
résiliation
cassation
radiation
oblitération
infirmation
rescision
limage
limaille
rabotage
rasement

cueilloir
coupoir
faulx
sarcloir
décrottoir
ébarboir
ébranchoir
écharnoir
échenilloir
émouchette
émouchoir
époussette
épuisette
étrape
lime
rabot
rasoir

cueilleur
moissonneur
glaneur
coupeur
faucheur

mutilateur
ravisseur
frustrateur
libérateur
épileur
écornifleur
décrotteur
dégraisseur
spoliateur
détrousseur
dévaliseur
échenilleur
écumeur
élagueur
émondeur
éplucheur
équarrisseur
escamoteur
escroc
exportateur
extorqueur
limeur
raseur

pelure
mue
tronçon

diminutif
frustratoire
privatif
libérable
épilatoire
dépilatif
dépilatoire
déracinable
effaçable
exclusif
expectorant
expulsif
extractif
rédhibitoire
rescisoire
résolutoire
infirmatif
V. *dépouille*

ottoman V. *turc*
ouailles V. *religion*
ouate V. *substance*
ouater V. *garnir*
oubli
omission
amnésie [moire
manque de mé-
mémoire courte
mémoire infidèle
— ingrate
négligence
prétermission
prétérition
oublieux
étourdi
distrait

oublier
avoir perdu la mémoire de
ne plus savoir
perdre la tête
rester à quia
avoir perdu le fil
passer
sauter
laisser échapper
être oublié
être sorti de la
échapper [tête
s'effacer de la mémoire
se faire oublier
se laisser oublier
Léthé
V. *distrait*, *ingrat*

oublie
V. *pâtisserie*
oublier V. *oubli*
oubliettes
V. *prison*
ouest V. *occident*
oui
amen
entendu
convenu
tope
toper
V. *affirmer*, *approbation*
ouïe V. *oreille*
ouiller V. *vin*
ouïr V. *entendre*
ouistiti V. *animal*
ouragan V. *vent*
ourdir V. *tisser*, *conjuration*
ourler V. *coudre*
ours V. *animal*
oursin V. *animal*
ourson V. *animal*
outarde
V. *animal*
outardeau
V. *animal*
outil
ustensile
instrument
instrument de travail
outillage
matériel
machine-outil
appareil
attirail
trousse

outillé
monté
fourni
affûtage
aiguisage

accordoir
affiloir
affinoir
aiguille
ajustoir
alêne
alésoir
amassette
amorçoir
aplatissoir
appui-main
archet
argue
assette
astic
attisoir
auge
avant-clou
badours
balai
balance
baratte
battant
batte
batteuse
battoir
bec-d'âne
bec-de-corbin
bêche
besaiguë
bident
bigorne
billot
binette
bistouri
blutoir
bockfil
boîte à onglets
bouloir
boulon
bourroir
bouterolle
boutoir
bouvet
brisoir
broche
brochoir
broquette
brucelles
brunissoir
burin
bute
caboche
cale à dents
calibre
canif
carde
caret
carrelet
carrelette
casse-noix
casse-noisette
casse-pierre
chalumeau
chantepleure
cheville
cisaille
ciseau
ciselet
clavette
clef
clou
cognée
coin
compas
compteur
coupelle
coupe-papier
coupe-racines
couperet
coupoir
couteau
coutelas
coutre
crampon
crépin
creuset
crible
cric
croches
crochet
cueilloir
cylindre
davier
dé
déchaussoir
découpoir
décrottoir
décrottoire
dégorgeoir
demoiselle
déplantoir
dévidoir
diable
diamant (vitrier)
doloire

drague
drille
ébarboir
ébauchoir
ébranchoir
écharnoir
échenilloir
écobue
écope
écouvillon
écussonnoir
égrugeoir
émouchoir
emporte-pièce
enclume
entoir
épissoir
éplucheoir
équarrissoir
équerre
erminette
esse
étampe
étau
étrape
étrille
éventoir
évidoir
extirpateur
fauchet
faucille
faucillon
faux
fêle
fendoir
fer à repasser
fil à plomb
filière
fléau
forces
foret
forge
fourche
fraise
fuseau
gabarit
gaffe
gaufrier
gouge
grattoir
greffoir
guillaume
hache
hache-paille
hachoir
harpin
harpon
herse
hie
hotte
houe
houlette
houssoir
hoyau
jabloire
jauge
laminoir
lancette
levier
ligneul
lime
lissoir
louchet
macque
maillet
mailloche
manche
mandrin
manicle
manique
manivelle
marquoir
marteau
martinet
masse
mèche
merlin
moussoir
mouton
navette
niveau
oiseau
ourdissoir
passe-carreau
passe-lacet
patience
peigne
pelle
pétrin
pic
pied à coulisse
pilon
pilot
pince
pioche
piton
plane
plantoir
plioir
poinçon
pointe
pointeau
polissoir
porte-foret
presse
pressoir
quenouille
rabot
racloir
radoire
râpe
rasoir
râteau
ratissoire
règle
riflard
rifloir
ripe
rivet
rogne-pied
rognoir
rossignol
roue
rouet
rouleau
roulette
rouloir
sarcloir
sas
sasse
sauterelle
scalpel
scie
sécateur
semoir
serfouette
serpe
serpette
serre-joint
simbleau
siphon
spatule
taloche
tamis
tapette
taquoir
taraud
tarière
tenaille
tiers-point
tille
tire-balle
tire-botte
tire-bouchon
tire-bourre
tire-bouton
tire-clou
tire-fond
tire-pied
tire-point
tondeuse
tour
touret
tournette
tournevis
tourniquet
traceret
traçoir
tranchelard
tranchet
trémie
trépan
tricoises
trident
tronchet
trousse
truelle
trusquin
valet
valet-à-patin
varlope
vilebrequin
vis
vrille
manier
s'armer de
emmancher
compléter aux noms de **métiers**

outrage

insulte
offense
injure
affront
camouflet
invective
attaque
grossièretés
personnalités
impolitesses
impertinences
insolences
sarcasme
irrévérence
bordée d'injures
torrent d'injures
flot d'injures
sot compliment
mauvais compliment
paroles désobligeantes
sottises
mots durs
mots
gros mots
violences
soufflet
souffletade
violences de langage

outrager
injurier
vomir des injures
insulter
toiser

morguer
faire affront
faire injure
attaquer
invectiver
souffleter
éclabousser
traîner dans la
vilipender [boue
salir
ternir la réputa-
mortifier [tion
abaisser
mettre plus bas
que terre
tourner en ridi-
déblatérer [cule
agonir
offenser
outrer
impatienter
vexer
blesser [res
proférer des inju-
abreuver d'inju-
apostropher [res
chanter pouilles
attraper
avaler un outrage
essuyer un outrage
subir un outrage
éprouver un outrage
venger un outrage
laver un outrage
réparer un outrage

outrage cruel
sanglant
injurieux
outrageant
outrageux
insultant
offensant
blessant
vexant
désobligeant
acerbe
sarcastique
irrespectueux
irrévérent
irrévérencieux
injurieusement
outrageusement
insolemment
impertinemment
grossièrement
cruellement
grièvement
irrespectueusement
irrévéremment
huée
haro !
à bas !

outrance
V. *trop*, *combat*

outrecuidance V. *orgueil*

outremer
V. *mer*

outrepasser
V. *passer*, *injuste*

outrer
V. *trop*, *outrage*

ouvert V. *ouvrir*, *sincère*

ouverture
V. *ouvrir*, *opéra*, *offrir*

ouvrable
V. *travail*

ouvrage (*à faire ou fait*)
tâche
besogne
travail
corvée
peine
occupation
labeur
produit
rendement
résultat
œuvre
chef-d'œuvre
V. *livre*, *métier*, *travail* et *fatigue*

ouvreau
V. *verre*

ouvrer
V. *ornement*

ouvreuse
V. *théâtre*

ouvrier
artisan
manœuvre
manœuvrier
manouvrier
journalier
prolétaire
salarié
gagiste
compagnon
tâcheron
aide
apprenti
patron
maître
contremaître
syndic
prud'homme
équipe
atelier
chantier
art manuel
main-d'œuvre
prolétariat
apprentissage
compagnonnage
maîtrise
garde
jurande
chef-d'œuvre
corporation
métier
partie
livret
work-house
trade-union
coalition
syndicat
grève
chômage
morte-saison
semaine
salaire
paye
mise à pied
amende
lundi (faire le)
marchandage
embauchage
journée
tâche
pièce
façon
trois-huit
embaucher
débaucher
chômer
V. *atelier* et la liste à *métiers*

ouvrir
entr'ouvrir
entre-bâiller
pousser (porte)
écarter (rideau)
écarquiller
rouvrir
éventrer
enfoncer
défaire
déployer
déplier
débâcler
déballer
débander
débarricader
déblayer
débonder
débondonner
déboucher
déclore
déboucler
déboutonner
déficeler
dégager
dégainer
dégrafer
délacer
démasquer
démouler
dénouer
dépaqueter
dépouiller
dérouler
désenclaver
désenclouer
déshabiller
désobstruer
desserrer
dessiller
développer
évaser
élargir
rélargir
forcer
percer
crocheter
s'ouvrir
rire
bâiller

ouverture
baie
brèche
passage
défilé
col
gorge
tunnel
galerie
port
percée
fenêtre
porte
couloir
corridor
dégagement
lucarne
judas
œil

ajour
creux
pommelle
pertuis
pore
œillet
boutonnière
trou
entrée
sortie
bouche
embouchure
méat
percement
débâclage
débâclement
déballage
déblai
déblaiement
débouchement
dégagement
déroulement
développement
évasement
déhiscence
réouverture

déhiscent
désobstructif
Sésame
V. *porte*, *fenêtre*, *trou*, *fente*, *extension*

ouvroir V. *atelier*
ovaire V. *fleur*
ovale V. *forme*, *cercle*
ovation V. *applaudir*
ove V. *ornement*
ovine V. *mouton*
ovipare V. *génération*
ovoïde V. *forme*
ovule V. *graine*
oxalate V. *substance*
oxalique V. *substance*
oxyde V. *substance*
oxygène V. *substance*
oxymel V. *liqueur*
ozone V. *substance*

P

pacage V. *paître*
pacager V. *paître*
pacha V. *chef*, *Turquie*.
pachalik V. *territoire*
pachyderme V. *animal*
pacificateur V. *paix*
pacification V. *paix*
pacifier V. *paix*
pacifique V. *paix*, *tranquille*
pacotille V. *qualité*, *importance*
pacte V. *contrat*
pactiser V. *paix*
Pactole V. *richesse*
padou V. *passementerie*
padouane V. *médaille*
Padoue
padouan
pagaie V. *rame*
paganisme V. *religion*
page V. *domestique*
page
feuillet
rôle
copie
feuille volante
folio
texte
ligne
colonne
marge
en-tête
pagination
numéro
bulletin
recto
verso
dos
corne
feuilleter
corner
marquer
paginer
folioter
interfolier
V. *cahier*, *affiche*

pagne V. *vêtement*
pagode V. *temple*
païen V. *religion*
paillasse V. *matelas*, *comédien*
paillasson V. *tapis*
paille
paillis
chaume
éteule
feurre
litière
botte de paille
bouchon de paille
brandon
brin
fétu
glui
paille d'Italie
paille de riz

étraper
chaumer
déchaumer
pailler
brandonner
empailler
rempailler
dépailler

empaillage
rempaillage
hache-paille
étrape
pailler
courte-paille
paillasse
paillasson
empailleur
pailleur
rempailleur

paille-en-queue V. *animal*
pailler V. *ferme*
pailler V. *garnir*, *paille*
paillet V. *vin*
pailleté V. *tache*
paillette V. *métal*
pailleur V. *paille*
pailleux V. *fer*, *métal*
paillis V. *paille*
paillon V. *émail*
pain
pain blanc
— bis
— de seigle
— de gruau
— allemand
— anglais
— viennois
— polka
— fendu
— jocko
couronne
petit pain
pain mollet
biscuit
pain de munition
biscotte
flûte
corne
pain bénit
pain azyme
chapelure
croustille
pain tendre
— rassis
— sec
— dur
miette
boulette
bouchée
mouillette
tranche
tartine
quignon
grignon
morceau
lèche
chanteau
miche
baisure
croûton
chapon (salade)
rôtie
panade
panetière
huche
marque
taille
hoche
surpoids
croûte
mie
œil

couper
entamer
rompre

émier
émietter
pétrir
défourner
paner
panifier

panification
manutention
boulangerie
pétrissage
frasage
levage
enfournage
fournage
cuisson
défournement

boulanger
mitron
pétrisseur
gindre
porteuse
panetier
pétrin
farine
levain
levure
pâte
four
fournil
pelle
banneton
paneterie

pair V. *égal, nombre, finance, aristocratie*
paire V. *deux*
pairesse V. *aristocratie*
pairie V. *chef*
paisible V. *tranquille*
paisseau V. *vigne*
paisson V. *paître*
paître
brouter
pâturer
être au vert
forpaître
pacager
parquer

pâturage
pacage
communaux
pâtis
gagnage
paisson
vaine pâture
pâquis
parcage
pâtureur
V. *berger*
paix
état de paix
neutralité
faire la paix
pactiser
conclure la paix
ratifier
rompre
traiter de
déposer les armes
mettre bas —
rendre —
capituler
se rendre
jouir de la paix
être en paix avec
pourparlers
arrangements
préliminaires
trêve
armistice
suspension
sur le pied de paix
V. *tranquille*
pal V. *supplice, blason*
paladin V. *chevalier*
palais V. *édifice*
palan V. *poulie*
palançons V. *maçonnerie*
palanque V. *fortification*
palanquin V. *litière, voiture*
palastre V. *serrure*
palatal V. *bouche*
palatin V. *noblesse*
palatine V. *vêtement*
pale V. *rame*
pâle V. *couleur*
palée V. *fermeture, fortification*
palefrenier V. *cheval*
palefroi V. *cheval*
paléographie V. *lire*
paléontologie V. *géologie*
paleron V. *viande*
Palerme
palermitain
palestine V. *imprimerie*
palestre V. *gymnastique*
palet V. *jeu*
paletot V. *vêtement*
palette V. *peindre, roue*
palétuvier V. *plante*
pâleur V. *couleur*
palier V. *escalier*
palifier V. *fermeture, fortification*
palimpseste V. *papier*
palingénésie V. *nouveau*
palinod V. *poésie*
palinodie V. *changement*
pâlir V. *couleur*
palis V. *fortification*
palissade V. *fermeture, barrière*
palissader V. *fermeture, barrière*
palissage V. *jardin*
palisser V. *jardin*
palladium V. *salut*
palliatif V. *moins*
palliation V. *moins*
pallier V. *moins*
palma-christi V. *plante*
palmarès V. *récompense*
palme V. *supériorité, gloire*
palme V. *longueur*
palmé V. *pied*
palmette V. *ornement*
palmier
palmite
palmiste
rotang
sagoutier
tallipot
tari
pumicin
palmipède V. *animal*
palmiste V. *palmier*
palmite V. *palmier*
palombe V. *animal*
palonnier V. *voiture*
palpe V. *insecte*
palpébral V. *paupière*
palper V. *toucher*
palpitant V. *intéressant*
palpitation V. *cœur*
palpiter V. *sensibilité*
paltoquet V. *mépris*
paludéen V. *marais*
palus V. *marais*
palustre V. *marais*
pâmer V. *faible, admiration*
pâmoison V. *faiblesse*
pampas V. *territoire*
pampe V. *feuille*
pamphlet V. *journal*
pamphlétaire V. *journal*
pamplemousse V. *plante*
pan V. *mur, vêtement*
panacée V. *remède*
panache
plumet
aigrette
plume
touffe
empanaché
panacher

panaché
V. *tache*
panacher
V. *tache, mélange*
panachure
V. *tache*
panade
V. *nourriture*
panader
V. *orgueil*
panage V. *porc*
panais V. *plante*
panaris
V. *maladie*
panathénées
V. *fête*
pancaliers
V. *chou*
pancarte
V. *affiche*
pancrace
V. *gymnastique*
pancratiaste
V. *gymnastique*
pancréas
V. *digérer*
pancréatique
V. *digérer*
pandémonium
V. *mélange*
pandour
V. *soldat*
pané V. *pain*
panégyrique
V. *louange*
panégyriste
V. *louange*
paner V. *pain*
panerée
V. *volume*
paneterie
V. *pain*
panetier V. *pain*
panetière
V. *pain*
pangolin
V. *animal*
panicule
V. *fleur*
panier
V. *vannerie*
panification
V. *pain*
panique V. *peur*
panne V. *étoffes, gras, charpente, marteau, navire*
panneau
trumeau
surface
parement
encadrement
panneauter
V. *filet*
panneton
V. *serrure*
panonceau
V. *inscription*
panoplie
V. *arme*
panorama
V. *voir, peinture*
panse V. *ventre*
pansement
V. *médecine, cheval*
panser
V. *médecine*
panslavisme
V. *russe*
pansu V. *gras*
pantagruélique V. *repas*
pantalon
V. *vêtement*
pantalonnade
V. *absurdité*
pantelant V. *respiration, tuer*
panthéisme
V. *philosophie*
panthéiste
V. *philosophe*
panthéon
V. *temple*
panthère
V. *animal*
pantière V. *filet*
pantin
V. *marionnette*
pantographe
V. *dessin*
pantomètre
V. *mesure*
pantomime
V. *mime*
pantoufle
V. *chaussure*
paon
paonne
paonneau
oiseau de Junon
queue
ocellé
faire la roue
rouer
papa V. *père*
papal V. *pape*
papalin V. *pape*
papas V. *clergé*
papauté V. *pape*
papavéracé
V. *pavot*
papayer
V. *plantes*
pape
Sa Sainteté
Saint-Père
Souverain Pontife
Vicaire de Jésus-Christ
papauté
Saint-Siège
Chaire de Saint-Pierre
Vatican
tiare
trirègne
sella gestatoria
mule
pouvoir temporel
temporalité
ultramontanisme
papisme
indulgences
bref
bulle
encyclique
rescrit
indult
décrétale
concordat
gallicanisme
index
suspense
aggrave
réaggrave
indiction
fulmination
excommunication
infaillibilité
Rose d'Or
denier de Saint-Pierre
annate
antipape
concile
conclave
rote
nonciature
camerlingat
pénitencerie
daterie

papal
papalin
apostolique
papiste
ultramontain
concordataire
gallican
indultaire

légat
nonce
internonce
camérier
camerlingue
protonotaire
dataire
registrateur
V. *cardinal, clergé*
papegai V. *arc*
papelard
V. *hypocrisie*
paperasse
V. *papier, inutile*
paperasser
V. *papier, inutile*
papeterie
V. *papier*
papetier
V. *papier*
Paphos
paphien
1. **papier** (feuille de) V. *page*
2. **papier**
carte
carton
cahier
main
ramette
rame
rouleau
ballot
enveloppe
pâte
corps
force
grain
encollage
glaçage
satinage
trempage
affleurage
pontuseau
marque
filigrane
vergeure
format
papier à la forme
papier à la mécanique
papier buvard
— brouillard
— à filtre
— joseph
— serpente

papier de soie
— bulle
— pelure
— parcheminé
— vélin
— petit aigle
— grand aigle
— raisin
— colombier
— couronne
— cavalier
— coquille
— Canson
— pot
— ministre
— tellière
— carré
— de Chine
— Japon
— de Hollande
— bristol
— Whatmann
— écolier
— à lettres
— à dessin
— végétal
— calque
— toile
— vergé
— réglé
— quadrillé
— margé
— chiffré
— timbré
— satiné
morceau de papier
chiffon de papier
bout —
feuille —
papillote
cornet
tiret
paperasse
papeterie
dominoterie
cartonnerie
cartonnage
tremperie
pourrissoir
papetier
serre-papiers
presse-papiers
cartonnier
cartonneur
cartier
dominotier
paperasser
paperassier

papiers (*autres*)
papiers de tenture
papiers peints
rouleau
bordure
collage
colleur

coller
tendre de
tapisser de

papier marbré
— chêne
— uni
— mat
— velouté
— gaufré
— satiné
— doré
— petit doré
— cuir
— bitumé
— goudronné
papyrus
vélin
parchemin
palimpseste
parcheminé
papyracé
parcheminier
parcheminerie

papilionacé
V. *fleur*

papille
papillaire

papillon
articulé
insecte
lépidoptère
diurne
nocturne
phalène

tête
thorax
abdomen
aile
patte
trompe
palpe
antenne
métamorphose
larve
chenille
nymphe
chrysalide
pupe
maillot
état parfait
alucite
argus
bacchante
bombyx
bombyce
machaon
sphinx

papillonner
V. *mouvement*

papillotage
V. *œil*

papillote
V. *cheveu*, *bonbon*

papilloter
V. *lumière œil*

papillotis
V. *peinture*

papisme V. *pape*

papule V. *peau*

papyracé
V. *papier*

papyrus
V. *papier*

paquebot
transatlantique
traversée
trajet
voyage
passage
billet
bagage
douane
classe
cabine
steward
mal de mer

s'embarquer
prendre le bateau
débarquer
V. pour compléter, *navigateur*, *navire*, *bagage*, *voyage*, *port*

pâquerette
V. *plante*

Pâques
Pâques fleuries
quinzaine de Pâques
pascal
célébrer la Pâque
faire ses Pâques
œuf de Pâques

paquet V. *bagage*

paqueter
V. *bagage*

pâquis V. *paître*.

para V. *monnaie*.

parabase
V. *théâtre*

parabole
V. *cercle.allégorie*

parachever
V. *finir*

parachronisme V. *erreur*

parachute
V. *ballon*

parade V. *orgueil*

parader
V. *orgueil*

paradigme
V. *grammaire*

paradis
éden
paradis terrestre
Adam
Ève
arbre de la science
serpent
tentation
pomme
paradisiaque
les huit béatitudes

paradoxe
V. *paraître*

paradoxal
V. *paraître*

parafe V. *écrire*

paraffine
V. *substance*

parage
V. *territoire*

paragoge
V. *grammaire*

paragraphe
V. *écriture*

1. **paraître** (*sembler*)
sembler
faire le simulacre de
faire semblant de
respirer (la bonté, etc.)
avoir l'air de
avoir de faux airs de
donner l'illusion de
avoir l'apparence
présenter l'aspect
évoquer l'idée de
faire illusion
passer pour
on dirait
on croirait

simuler
dissimuler

à s'y tromper
censément
sous couleur de
apparemment
sous ombre que

apparence
semblant
simulacre
simulation
air
aspect
surface
dehors
signalement
image
mirage
illusion
prestige
paradoxe

apparent
reconnaissable
méconnaissable
probable
présomptif
hypothétique
spécieux
captieux
paradoxal
prestigieux
putatif
V. *faux*, *imagination*, *orgueil*, *semblable*

2. **paraître** (*se montrer*)
apparaître
venir
se présenter
être présent
assister
figurer
faire acte de présence
faire une apparition
comparaître
comparoir
se montrer
surgir
survenir
se faire voir
être distinct
se produire
être en vue
émerger
sortir de l'ombre
se lever
poindre
percer

apparition
venue
présence
survenance
présentation
comparution
émersion
lever
feuille de présence

paralipse
V. *rhétorique*

parallaxe
V. *astronomie*

parallèle V. *ligne*

parallélipipède V. *géométrie*

parallélisme
V. *ligne*

parallélogramme
V. *géométrie*

paralogisme
V. *raisonnement*

paralyser
V. *opposition*, *inaction*

paralysie
hémiplexie
hémyplégie
paraplégie
paralysie générale
paralysie locale
asthénie
anesthésie
paralysie musculaire
— atrophique
— alterne
— dimidiée
— saturnine
— tremblante

perdre l'usage de ses membres
paralyser

paralysé
paralytique
impotent
insensible
V. *inactif*, *inaction*

paramètre
V. *ligne*

parangon
V. *diamant*, *imprimerie*

parangonner
V. *imprimerie*

parapet V. *mur*

paraphe
V. *écriture*, *signature*

paraphernal
V. *mariage*

paraphrase
V. *rhétorique*

parapluie
poignée
manche
monture
système
coulant
ressort
baleine
branche
noix
bout
élastique
fourreau
gaine
paragon

en-cas
en-tout-cas
ombrelle
marquise
parasol

se munir d'un parapluie
ouvrir
fermer

parasange
V. *longueur*

parasélène
V. *lune*

parasite
V. *mangeur*

parasol
V. *parapluie*

paratitlaire
V. *loi*

paratitles V. *loi*

paratonnerre
tige
pointe
embase
conducteur
chaîne
câble
perd-fluide

paravent
écran
devant de cheminée
feuille de paravent.

parc
V. *jardin*, *huître*

parcage
V. *paître*

parcelle
V. *division* (2)

parchemin
V. *papiers*

parcheminé
V. *papiers*

parcheminerie V. *papiers*

parcimonie
V. *avare*

parcimonieusement V. *peu*

parcours
V. *voyage*

pardessus
V. *vêtement*

pardonner
amnistier
oublier
passer l'éponge
faire grâce
accorder la grâce
gracier
faire quartier
ménager
remettre
effacer
passer
annuler
faire acte de clémence
être indulgent
être clément
se laisser fléchir
avoir pitié
s'attendrir
excuser
fermer les yeux sur...
libérer
absoudre
commuer

pardon
grâce
remise
rémission
pourvoi
indulgence
— partielle
— plénière
clémence
bonté
faiblesse
amnistie

aman
oubli
miséricorde
pitié
merci
quartier
absolution
commutation
libération

miséricordieux
indulgent
clément
exorable
coulant
pitoyable
débonnaire
rémissionnaire

attendre son arrêt
être à la merci de
implorer son pardon
crier merci
demander pardon
demander quartier
demander grâce
obtenir son pardon
se pourvoir en grâce

pardonnable
rémissible
véniel
impardonnable
irrémissible
V. *bonté*

pareil V. *semblable*
parelle V. *plante*
parement V. *autel, vêtement, panneau*
parenchyme
V. *feuille*
parenté
V. *famille*
parenthèse
V. *écriture*
parer V. *inutile, ornement*
parère V. *loi*
paresse
V. *inaction*
parfaire V. *finir*
parfait
V. *beau, bien*
parfiler
V. *tissage*
parfondre
V. *fonte* (2)
parfums
cassolette
extrait
sachet
essence
arome
parfumerie
pulvérisateur
vaporisateur
odeur

se mettre de l'odeur
se parfumer
embaumer
sentir le
sentir bon
imprégner d'odeur
aniser
aromatiser

eau de Cologne
vinaigre de toilette
benjoin
opopanax
patchouli
musc
peau d'Espagne
violette
rose
héliotrope
iris
ambre
ambrette
lavande
bergamote
foin-coupé
jasmin
vétiver
ylang-ylang
lubin
fleur d'oranger
néroli
pastille du sérail
aromate
dictame
myrrhe
cinname
encens
nard
ambroisie
aromatisation

aromatique
balsamique
V. *odeur*

parhélie V. *soleil*
parier
faire un pari
jouer
gager
ouvrir les paris
tenir un pari
risquer
mettre sur
jouer sur
parier sur
parier pour
gagner
perdre
en être pour

pari
gageure
enjeu
mise
cote
livre
pari mutuel
pair ou impair
mourre
bookmaker
parieur
joueur
perdant
gagnant
gain
perte
V. *sport, jeu*

paria
V. *importance*
parier V. *pari*
pariétaire
V. *plante*
parisyllabique
V. *syllabe*
parité V. *égal*
parjure
V. *serment*
parlage V. *parler*
parlement
représentation nationale
curie
chambre
assemblée (*Voir*)
président
chairman
speaker
vice-président
bureau
assesseur
secrétaire
tribune
verre d'eau
banc des ministres
banc
pupitre
membre
représentant
député
médaille
écharpe
questure
questeur
huissier
session
séance
quorum
appel nominal
procès-verbal
proposition
bill
amendement
interpellation
question préalable
question
délibération
discussion
débat
interruption
rappel à l'ordre
censure
exclusion
obstruction
ordre du jour
mise aux voix
vote
scrutin
par assis et levés
dépouillement
enquête
commission
droite
extrême-droite
gauche
extrême-gauche
montagne
opposition
centre
marais
centre-droit
centre-gauche
doctrinaires
clôture
prorogation
dissolution
parlementarisme
parlementaire
représentatif
V. *assemblée, politique*

parlementer
V. *siège, hésitation*
parler
prendre la parole
ouvrir la bouche
rompre le silence

opiner
préopiner
adresser la parole
s'adresser à
haranguer
porter la parole
parler couram-
ment [ce
parler d'abondan-
avoir la langue
bien pendue [let
défiler son chape-
trouver des ac-
cents [de
se faire l'organe
se faire l'interprè-
articuler [te de
prononcer
débiter
pérorer
proférer
déclamer
discourir
marmotter
bégayer
barguigner
baragouiner
bafouiller
patauger
jargonner
parler bas
chuchoter
parler entre les
murmurer [dents
grommeler
marmonner
marmotter
rognonner
parler haut
avoir le verbe
crier [haut
tempêter
tonner
s'égosiller
vociférer
ânonner
psalmodier
ne pas trouver ses
balbutier [mots
bredouiller
rester à quia
rester court
desserrerlesdents
se faire arracher
les mots de la
bouche [roles
être avare de pa-
être concis
— laconique

être sec
parler à bâtons
babiller [rompus
bavarder
causer
jaser
jacasser
jaboter
verbiager
deviser
parler du nez
nasiller
grasseyer
lier
vibrer
chevroter
zézayer
bléser

verbal
oral
oratoire
sentencieux
laconique
bref
sec
prolixe
verbeux
communicatif
expansif
commère
perroquet
parleur
causeur
phraseur
déclamateur
rhéteur
bavard
babillard
bègue
nasillard
ventriloque
articulé
inarticulé
paroles décousues
— âpres
— violentes
— agressives
— amères
— emportées
— acerbes
— adoucies
— artificieuses
parlage
parlerie
caquet
cancan
commérage
expansion

franc-parler
franchise
parloir
parole
mot
expression
phrase
pensée
maxime
sentence
apophtegme
proverbe
monologue
soliloque
tirade [toire
mouvement ora-
dialogue
causerie
volubilité
faconde
facilité
fluidité
verve
bagout
abondance
flux
bordée
flot
articulation
accent
liaisons
prononciation
élocution
diction
débit
caquet
babil
babillage
bavardage
baragouin
verbiage
ravauderie
prolixité
verbosité
déclamation
galimatias
laconisme
rotacisme
labdacisme
zézaiement
ventriloquie
concision
brièveté
velours
cuir
bégaiement
balbutiement
grasseyement
bredouillement

chevrotement
blésité
blésement

verbalement
oralement
V. *dire*, *éloquence*, *discours*, *répéter*, *conversation*, *rhétorique*

Parme
parmesan

parmesan
V. *fromage*

parodie
V. *caricature*

paroi V. *mur*

paroisse
paroissien
paroissial
V. *église*

paroissien
V. *église*

parole V. *parler*, *éloquence*, *conversation*

paroli V. *cartes*

paronomase
V. *rhétorique*

paronomasie
V. *mot*

paronyme
V. *mot*

parotide V. *tête*

paroxysme
V. *excitation*

parpaing V. *mur*

parquer V. *enfermer*, *paître*

parquet
plancher
parquetage
assemblage
mosaïque
marqueterie
à l'anglaise
à frises [grie
à point de Hon-
à bâtons rompus
à fougères
à compartiment
à la Gourguechon
lame
frise
rainure
languette
lambourde
trémie

solive
lierne
enrayure

parqueter
planchéier [de fer
passer à la paille
passer à l'encaustique
encaustiquer
frotter
cirer

parqueteur
parqueterie
frotteur
bâton
cire
encaustique

parquet
V. *magistrat*
parrain
V. *baptême*
parricide V. *tuer*
parsemer
V. *diviser*
part
V. *division* (1)
partage
V. *division* (2)
partager
V. *diviser*
partance
V. *navire*
partenaire
V. *jeu*
parterre
V. *théâtre*, *jardin*
1. **parti** V. *volonté*
2. **parti**
parti politique
opinion
couleur
cocarde
drapeau
clan
coterie
chapelle
faction
secte
partisan
sectateur
sectaire
séide
suppôt
affidé
affilié
adepte
disciple
fidèle
coreligionnaire
chef
leader
meneur [parti
embrasser un
tenir pour
être l'homme de...
épouser les idées
partager —
être du bord de
se déclarer pour
se prononcer pour
se faire des adeptes

partial V. *injuste*
participe
V. *grammaire*
participer V. *collaborer*, *association*
particulariser
V. *particulier*
particularité
V. *particulier*
particule
V. *aristocratie*

particulier
privé
individuel
personnel
propre
respectif
distinct
à part
spécial
exclusif
spécifié
consacré
technique
original
singulier
caractéristique
attributif
spécifique
distinctif
partitif
partiel
aliquante
aliquote
par tête
appartenir à
échoir en partage
être l'apanage de
être l'affaire de
être de la compétence de
être du ressort de
être le monopole
être la propriété
être le propre de
regarder
incomber à

particularité
originalité
singularité
propre
propriété
spécialité
spécification
attribution
ressort
compétence

spécifier
se singulariser
spécialiser
particulariser
spécialiste
respectivement
particulièrement
spécialement
exclusivement
proprement
partiellement
personnellement
individuellement
spécifiquement
V. *compétence*, *nouveau*, *un*

partie
V. *division* (2)
partiel
V. *particulier*
partir V. *quitter*
partisan
V. *opinion*
partitif
V. *particulier*
partition
V. *opéra*
partout
ubiquité
universel
V. *commun*, *extension*
parure V. *ornement*, *bijou*
parvenir
V. *arriver*
parvenu
V. *richesse*
parvis V. *église*
pas V. *marcher*, *longueur*
pascal V. *Pâques*
pasigraphie
V. *écriture*
pasquinade
V. *absurdité*
passable V. *peu*
passacaille
V. *danse*
passade
V. *passer*
passage V. *passer*, *livre*, *chemin*
passager V *voyage*, *paquebot*, *durée*
passation
V. *contrat*
passavant V. *navire*, *douane*
passe
V. *permettre*
passé V *vieux*
passe-carreau
V. *tailleur*
passe-debout
V. *douane*
passe-droit
V. *injuste*
passée V. *passer*
passe-fleur
V. *plante*
passe-lacet
V. *aiguille*

passementerie
rubanerie
passementier
galonnier
rubanier
passement
frange
crépine
brandebourg
soutache
chamarrure
orfroi
clinquant
embrasse
gland
marabout
campane
houppe
freluche
bouffette
rosette
chou
bouillon
crevé
nœud
tresse
galon

ruban
padou
natte
torsade
lézarde
bordure
passepoil
feston
effilé
câblé
cordelière
cannetille
chenille
ganse
cordon
cordonnet
lacet
épaulette
entretoile
lambrequin

passementer
garnir
soutacher
enrubanner
chamarrer
broder
galonner
tresser
natter
effiler
franger
assortir
nuer
nuancer
V. *mercerie* et *ruban*

passe-méteil
V. *céréales*

passe-partout
V. *clef*, *cadre*

passe-passe
V. *habile*

passe-pierre
V. *plantes*

passepoil
V. *passementerie*

passeport
V. *voyage*

passer
franchir
enjamber
traverser
dépasser
excéder
outrepasser
doubler
longer
contourner
tourner
surmonter
escalader
gravir
forcer
sauter
brûler
omettre
s'ouvrir
se frayer

passage
traverse
traversée
passade
passée
enjambement
escalade
V. *chemin*, *voyage*, *opposition*, *travers*, *précéder*, *crible*, *trop*

passerage
V. *plante*

passereau
V. *moineau*

passerelle
V. *pont*

passe-rose
V. *plante*

passe-temps
V. *plaisir*

passeur
V. *navigateur*

passe-volant
V. *soldat*

passibilité
V. *responsabilité*

passif V. *patient*, *grammaire*, *dette*

passiflore
V. *plantes*

passim V. *place*

passion
ardeur
emportement
trouble
élan
enivrement
fièvre
fureur
délire
aveuglement
fanatisme
frénésie
folie
démence
paroxysme
soif
ivresse
feu
fougue
rage
appétit
concupiscence
convoitise
cupidité
ambition
envie
désir
avarice
jeu
luxe
amour
passion ardente
— aveugle
— effrénée
— déchaînée
— folle

passionné
passionnel
fébrile
fiévreux
jouet des passions
emporté par
grisé par
enivré par
aveuglé par
asservi par
sous le coup de
passionnel
passionnellement

éveiller une passion
exciter
donner naissance
enflammer
attiser
passionner
s'adonner à
se laisser dominer par
assouvir
satisfaire
couronner

passoire
V. *cuisine*

pastel V. *plantes*, *peinture*

pastèque
V. *plantes*

pasteur
V. *berger*

pastiche
V. *semblable*

pastille
V. *bonbon*

pastoral
V. *champ*

pastoureau
V. *berger*

pastourelle
V. *berger*

patache
V. *voiture*, *navire*

pataquès
V. *erreur*

patarafe
V. *écriture*

patard
V. *monnaie*

patate V. *plante*

patatras
V. *tomber*

pataud
V. *inaction*

patauger
V. *boue*

patchouli
V. *parfum*

pâte V. *pain*

pâté V. *pâtisserie*

pâtée
V. *nourriture*

patelin
V. *hypocrite*

patelle
V. *coquillage*

patène V. *messe*

patenôtre
V. *prière*, *chapelet*

patent
V. *certain*

patente
V. *commerce*

pater V. *prière*

patère
V. *pendre*

paterne V. *bon*

paternel
V. *père*

paternité
V. *père*

pâteux
V. *dur*, *dense*

pathétique
V. *intérêt*, *sensibilité*

pathognomonique
V. *médecine*

pathologie
V. *médecine*

pathos V. *style*

patibulaire
V. *physionomie*

patient
calme
endurant
tolérant
philosophe
stoïque
impassible
froid
flegmatique
résigné
passif
doux [sition
de bonne compo-
bonne pâte
souffre-douleur
bardot
martyr
plastron
tête de Turc

patience
calme
endurance
tolérance
impassibilité
flegme
résignation
longanimité
stoïcisme

patienter [tience
montrer de la pa-
tendre l'autre
s'armer de [joue
se résigner
se résoudre
montrer de la phi-
losophie
prendre patience
s'y faire
en prendre son
parti [leuvres
avaler des cou-
être le jouet de
perdre patience
être à bout
pousser à bout
agacer les nerfs
impatienter

patiemment
stoïquement
philosophique-
longtemps [ment
avec le temps
à la longue
passivement
V. *colère*, *subir* et *tranquille*

patin
lame
courroie
patin à roulettes
patineur
patineuse
patiner
patinage
skating-rink
croisé avant
croisé arrière
dehors avant
dehors arrière
pirouette
huit
arrêt
traîneau
V. *glace*

patine V. *métal*, *vieux*

patiner V. *patin*

pâtir V. *douleur*

pâtisserie
friandise
gâteau
pâte
pâte ferme
— feuilletée
— brisée
— croustillante
— croquante
— à brioches
— à pâtés
— à flans
abaisse
godiveau
quenelle
tourte
tourteau
fouace
pâté chaud
pâté froid
petit pâté
galette [des
gâteau aux aman-
gâteau de riz
tarte
tarte aux pommes
— — cerises
— — abricots
— — confitures
— à la frangipa-
frangipane [ne
tartelette
chausson aux
biscuit [pommes
biscuit de Savoie
biscuit à la cuiller
biscuit de Mosco-
savarin [vie
pain d'épice
pavé
nonnette
biscotin
échaudé
massepain
meringue
chou à la crème
baba
madeleine
éclair
flan
brioche
macaron
nougat
croquet
craquelin
croquant
croquenbouche
croquignole
oublie
plaisir
gâteau de Nan-
gimblette [terre
petit four
gaufre
gaufrette
breton
petit-beurre
talmouse
dariole
tartine
ramequin
beignet
charlotte
vol-au-vent
bouchée à la reine
plumpudding
plumcake
macaroni

pâtissier
patronnet
gâte-pâte
rouleau
tourtière
moule
pâtissoire

pétrir
battre
lier
rouler
beurrer
faire lever
cuire
pâtisser
fraiser

patois V. *langage*

pâton
V. *nourriture*

patraque
V. *faible*

pâtre V. *berger*

patriarcat
V. *vieux*

patriarche
V. *vieux*

patriarcat
V. *territoire*

patrice
V. *aristocratie*

patriciat
V. *aristocratie*

patricien
V. *aristocratie*

patrie
lieu de naissance
pays
contrée
état
sol natal
foyers
berceau
métropole
origine
indigène
natif
naturel
originaire
autochtone
aborigène
citoyen
concitoyen
compatriote
pays
payse
émigré
émigrant
exilé
banni
patriotique
national
émigration
nostalgie
pays d'adoption
clocher

être de
être né à
s'expatrier
émigrer
naturalisation
naturaliser
patriote
chauvin
civique

incivique
chauvinisme
patriotisme
civisme
incivisme
patriotiquement
civiquement
patrimoine
V. *héritage*
patrimonial
V. *héritage*
patrologie
V. *religion*
patron
maître
chef
manufacturier
industriel
usinier
fabricant
commerçant
directeur
patronat
patron [*ple*
V. *ouvrier*, *exem-*
patronage
V. *protéger*
patronal V. *fête*
patronner
V. *louange*, *proté-*
ger
patronnesse
V. *protéger*
patronnet
V. *pâtisserie*
patronymique
V. *nom*
patrouillage
V. *sale*
patrouille
ronde
visite
garde
guet
reconnaissance
falot
mot d'ordre

surveiller
reconnaître
éclairer
patrouiller
patrouiller
V. *soldat*, *sale*
patrouillis
V. *sale*
patte V. *pied*
patte-d'oie
V. *forêt*, *œil*

patte-pelu
V. *hypocrisie*
pattu V. *pied*,
inaction
pâturage
V. *paître*
pâture
V. *nourriture*
pâturer V. *paître*
pâtureur
V. *berger*
paturin
V. *plantes*
paturon
V *cheval*
Pau
palois
paulette
V. *impôt*
paulownia
V. *plantes*
1. **paume** V. *main*
2. **paume**
sphéristique
longue paume
courte paume
balle
éteuf
pelote
barrure
raquette
triquet
trinquet
lève
jeu de paume
mail
carré
dedans
grille
trou
filet
corde
marqueur
dames
arrière-main
revers
avant-main
avantage
bisque
chasse
volée

donner beau
paumer
empaumer
peloter
rabattre
paumier
pelotier

paumelle
V. *plantes*, *porte*
paumer V. *paume*
paumure V. *cerf*
paupérisme
V. *pauvre*
paupière
palpébral
V. *œil*
pause V. *inaction*
pauvre
indigent
nécessiteux
gueux
besoigneux
dans le besoin
misérable
minable
râpé
loqueteux
déguenillé
ruiné
famélique
gêné
pauvre hère
pauvre diable
sans pain
sans ressources
sans le sou
sans sou ni maille
mendiant
réduit à la mendicité
meurt-de-faim
claquedent
va-nu-pieds
pauvresse
pauvret
marmiteux

pauvreté
indigence
gueuserie
misère
besoin
gêne
pénurie
mendicité
aumône
charité
assistance
dénûment
disette
famine
vache enragée
ruine
appauvrissement
strict nécessaire
paupérisme

bureau de bienfaisance
asile de nuit

tendre la main [té
implorer la chari-
vivre de privations
être sur la paille
tirer le diable par la queue
être ruiné
manquer de tout
faire maigre chère
en être réduit à la portion congrue
appauvrir
ruiner
gruger [le
mettre sur la pail-
V. *ruine*
pavage
pavement
dallage
relevé à bout
entretien
carrelage
mosaïque
pavage en bois
macadam
asphalte
bitume
voirie
chaussée
accotement
bordure
bord
parement
borne
caniveau
trottoir
rangée de pavés
stratification
aire
sable
empierrement
cailloutage
dalle
joint
pavé
grès
granit
porphyre
grisard
pavé de rabot
— d'échantillon
— en recherche
contre-jumelles

contre-caniveaux
dressage
piquage
dépavage
carreau
faire la forme
mise au cordeau
asseoir les caniveaux
dresser
piquer
paver
dépaver
repaver
carreler
liaisonner
macadamiser

piqueur
dresseur
compagnon
paveur
carreleur
marteau
hie
demoiselle
V. *mosaïque*

pavane V. *danse*
pavaner
V. *orgueil*
pavé V. *pavage*
pavement
V. *pavage*
paver V. *pavage*
pavesade
V. *bouclier*
paveur V. *pavage*
pavie V. *plantes*
pavillon V. *drapeau, édifice*
pavois V. *bouclier*
pavoiser
V. *drapeau*

pavot
tête
capsule
graine
opium
codéine
diacode
papavéracé

payer
solder
régler
s'acquitter de
acquitter
délier les cordons de sa bourse
débourser
mettre la main à la poche
dépocher
aligner
compter
verser
financer
dépenser
faire les frais de
avancer
être en règle
faire face à
se libérer
y être de sa poche
y mettre le prix
y être de
se cotiser
souscrire
désintéresser
dédommager
indemniser
revaloir
rembourser
rémunérer
rétribuer
appointer
soudoyer
subventionner
entretenir
pensionner
stipendier
salarier
surpayer
amortir
se rédimer
éteindre une dette
liquider
verser un acompte
corrompre
graisser la patte
gagner à prix d'argent
mandater
marchander
ordonnancer

payement
paye
règlement
libération
rançon
rançonnement
rachat
rédemption
acquittement
débours
déboursés
impenses
déboursement
versement
recette
dépense
dépens
frais
indemnité
amende
acompte
arrérage
avance
remboursement
anticipation
émolument
rémunération
salaire
gages
appointement
traitement
honoraires
vacation
rétribution
appoint
solde
prêt
cotisation
écot
subrécot
soulte
quote-part
souscription
prix
coût
subside
subvention
tribut
compte
facture
dette
arrhes
denier à Dieu
gratification
pourboire
commission
remise
pot-de-vin
échéance
acquit
solde
décharge
quitus
quart d'heure de Rabelais
surtaxe
surtaux
solvabilité
insolvabilité
casuel

payer comptant
payer à tempérament
pour solde de tout compte
pour acquit
à valoir
mettre arrêt sur les appointements
mettre opposition
frapper d'opposition

mercenaire
salarié
stipendiaire
gagiste
tributaire
solvable
insolvable
payable
remboursable
quitte
impayé
V. *dépense, prix*

pays V. *patrie, territoire*

paysage
campagne
site
vue
accident de terrain
fond
premier plan
lumière
ciel
terrain
arbre
eau
fabriques

pittoresque
paysagiste

feuiller

paysan
V. *champ*
paysannerie
V. *théâtre*
péage V. *pont*
péager V. *pont*

peau
tissu
carnation
teint
cuticule
pellicule
membrane
tégument
pelage
robe

pelure
couenne
baudruche
canepin
carbatine
vélin
épiderme
surpeau
derme
chorion
aréole [re
glande sudoripa-
glande sébacée
follicule pileux
bulbe —
réseau muqueux
couche pigmen-
pigment [taire
papille [tact
corpuscule du
pore
porosité

pli
repli
ride
sueur
écorchure
éraflure
pinçon
excoriation
exulcération
cicatrice
gerçure
engelure
ampoule
cloque
papule
verrue
excroissance
sarcome
callosité
taie
gourme
tache
tanne
éphélide
hâle
tache de rousseur
signe
grain de beauté
couperose
acné
herpès
bouton
bourgeon
pustule
zona
échauffaison
échauffure
élevure
échauboulure
picotement
fourmillement
démangeaison
prurigo
prurit
éruption
urticaire
urtication
exanthème
érythème
eczéma
pellicules
exfoliation
dartre
pellagre
dermatose
éléphantiasis
érysipèle
rougeole
suffusion
rubéfaction
chair de poule
mue
tatouage
vésicatoire

peau fine
— blanche
— rose
— satinée
— brune
— flasque
— dure
— rêche
— rugueuse
— calleuse
teint frais
— de lis
— de rose
— rosé
— vermeil
— coloré
— rougeaud
— rubicond
— fleuri
— couperosé
— basané
— hâlé
— hâve
— cuit
— pâle
— livide
— blême
— blafard
— terreux
incarnadin
incarnat
décharné
dartreux
verruqueux
herpétique
eczémateux
pelliculaire
pustuleux
éruptif
vésicant
épispastique
érysipélateux
dermique
cutané
intercutané
sous-cutané
poreux
pigmentaire

bourgeonner
hâler
bronzer
cuivrer
rougir
pâlir
excorier
exulcérer
écorcher
équarrir
érafler
peler
picoter
démanger
tatouer
muer
chamoiser

histologie
équarrissement
équarrissage
équarrisseur
V. *cuir*

peausserie
V. *cuir*

pec V. *hareng*

pécari V. *animal*

peccable V. *mal*

peccadille
V. *crime*

peccavi
V. *pénitence*

1. pêche
halieutique
pêche à la ligne
flottante
— à lancer
— de fond
accessoires
agrès
instrument
équipement
outillage
sonde
panier
boîte
épuisette
filet
aiguille à amorcer
dégorgeoir
canne à pêche
gaule
bâton
pied
branlette
scion
moulinet
ligne
jeu
crin
flotte
hameçon
empile
hampe
dard
plomb
avancée
mouche
amorce
esche
appât
asticot
ver de vase
blé

pêcher
amorcer
appâter
lancer
mordre
ferrer
attraper [son
prendre du pois-
repêcher

pêche au feu
pêche à la fouane
pêche aux balan-
ces [teille
pêche à la bou-
pêche au carrelet
pêche à l'échi-
filet [quier
épervier
gille
tramail
écrible
louve
tambour
verveux
guideau

bordigue
panterne
chalut
trouble
chausse
drague
tartane
pêchettes
eissaugue
parc
nasse
harpon
trident
harponneau
poisson
boutique
banneton
pêcherie
gord
pêcheur
terre-neuvier
corailleur
garde-pêche
V. la nomenclature de l'article *animal*, *filet*

2. **pêche** (*fruit*)
brugnon
pavie
pêche vineuse
pêche de Mon-[treuil
pêcher
persicot
pêche au vin

péché V. *crime*
pêcher V. *plantes*
pécher V. *crime*
pêcher
V. *pêche* (1)
pêcheur
V. *pêche* (1)
pécheur
V. *crime*
pécore V. *bête*
pectoral
V. *poitrine*, *tousser*
péculat V. *vol*
pécule
V. *richesse*
pécune
V. *richesse*
pécuniaire
V. *richesse*
pédagogie
V. *enseignement*
pédagogue
V. *professeur*
pédale V. *piano*, *bicyclette*
pédant V. *savant*
pédestre
V. *marcher*
pédicelle
V. *fleur*
pédiculaire
V. *pou*
pédicule V. *fleur*
pédicure V. *pied*
pédimane
V. *pied*
pédoncule
V. *fleur*
peigne
démêloir
peigne fin
dos
champ
dent
peignures
peignage
coup de peigne

coiffer
peigner
peignier
V. *cheveu*

peignoir
V. *bain*, *vêtement*
peignures
V. *peigne*, *reste*
peindre
représenter
reproduire les [traits
rendre
badigeonner
colorier
mettre en couleur
barbouiller
peinturlurer
enluminer
teinter
décorer
farder
échampir
rechampir
gouacher
jasper
marbrer
laver (lavis)
grisailler
esquisser
ébaucher
composer
camper
grouper
masser
cerner
accuser
glacer
arrondir
adoucir
retoucher
lécher
caresser
fondre
nuancer
pasticher
copier
pointiller
feuiller
repeindre
strapasser
emboire (s')
V. *peintre*, *couleur* et *peinture*

peine V. *ennui*, *fatigue*, *punition*
peiner
V. *ennui*, *fatigue*
peintre
maître
artiste
décorateur
badigeonneur
rapin
barbouilleur
peintureur
enlumineur
miniaturiste
aquarelliste
pastelliste
portraitiste
paysagiste
peintre d'histoire
peintre religieux
peintre militaire
peintre de batail-[nes
les
peintre de mari-
peintre de fleurs
peintre de genre
peintre de nature
coloriste [morte
peintre-émailleur
peintre sur porce-
laine
prix de Rome
hors concours
génie
talent
habileté
faire
manière
touche
patte
style [ture
V. *peindre*, *pein-*

peinture
art
beaux-arts
peinturage
barbouillage
badigeon
lavis
camaïeu
grisaille
décoration
enluminure
miniature
pastel
aquarelle
gouache
détrempe
fresque
à la cire
encaustique
huile
nu
académie
figure
portrait
histoire
batailles
religion
marine
intérieur
vues
scénographie
panorama
diorama
paysage
genre
chevalet
fleurs
nature morte
bambochade
pochade
réalisme
étude
ébauche
croquis
morceau
toile
tableau
tableautin
panneau
diptyque
triptyque
copie
pastiche
original
pendant
plafond
décor
croûte
dessin

ciel
lumière [mière
accident de lu-
éclairage
jour d'atelier
clair-obscur
ombre
ombre portée
rehaut
réveillon
effet
frottis
glacis
papillotis
nuance
perspective
fuite
ton
coloris
teinte
tonalité
valeur
rappel
pâte
masse
drapé
feuillé
modelé
chair
carnation
morbidesse
tout-ensemble
retouche
repeint
repentir
trompe-l'œil

pittoresque
large
pauvre
sec
strapassé
stanté
embu
flou
poncif
mannequiné
d'après nature

pose
modèle
mannequin
plâtre
atelier
chevalet
boîte
tube
vessie
godet
amassette
couteau
palette
brosse
pinceau
blaireau
pincelier
scénographique
pittoresquement

péjoratif V. *pire*
pékin V. *étoffe*
pelade V. *cheveu*
pelage V. *poil*
pélagianisme V. *religion*
pelard V. *bois*
pêle-mêle V. *désordre*
peler V. *peau*

pèlerin
bourdon
gourde
coquille
pèlerinage
pardon [nage
aller en pèleri-

pèlerine V. *vêtement*
pélican V. *animal*
pelisse V. *fourrure, vêtement*

pelle
manche
douille
palette
écope
écobue
sasse
louvet
bêche
pellée
pellerée
terrassement
pelletée
enlever à la pelle
remuer à la pelle
bêcher
terrasser
terrassier

pelleterie V. *fourrure*
pellicule V. *peau*
pelote V. *fil*
peloter V. *fil, paume*
peloton V. *fil*
pelotonner V. *attitude, fil*
pelouse V. *jardin*
pelu V. *poil*
peluche V. *étoffes*
pelucheux V. *poil*
pelure V. *fruit*
pelvien V. *ventre*
penaillon V. *vêtement*
pénal V. *punition*
pénalité V. *punition*
pénates V. *appartement, dieux*
penaud V. *humble*
penchant V. *volonté, penché*
penchement V. *penché*
penchant V. *passion* et *volonté*

penché
en pente
couché
oblique
biais
diagonal
rampant
incliné
infléchi
dévers
escarpé
raide
ardu
abrupt
montant
descendant

inclinaison
raideur
versant
montée
raidillon
talus
pente
flanc
montée
escarpement
côte
descente
déclivité
obliquité
penchement
biaisement
talutage
ados
calade
biseau
inflexion
ébrasement
chanfrein
étampure
diagonale
rampe
pente douce
— adoucie
— raide
— glissante

taluter
pencher
coucher
obliquer
incliner
infléchir
déverser
biaiser
biseauter
ébraser
chanfreiner

pendable V. *mal*
pendaison V. *pendre*
pendant V. *double*
pendard V. *mépris*
pendeloque V. *bijou*
pendentif V. *ornement*
pendiller V. *pendre*
pendoir V. *pendre*

pendre
lyncher
suspendre
appendre
rependre
dépendre
accrocher
raccrocher
pendiller

potence
gibet
pilori
garrot
croc
crochet
porte-manteau
porte-montre
patère

porte-parapluie
bélière
crémaillère
pendaison
accrochement
suspension
pendeloque
pendoir
V. *supplice*
pendule V. *mouvement, horloge*
pène V. *serrure*
pénétrer
V. *entrc*
pénible V. *ennui, difficile*
péniche
V. *navire*
péninsulaire
V. *presqu'île*
péninsule
V. *presqu'île*
pénitence
mortification
macération
cilice
discipline
haire
résipiscence
remords
contrition
regret
mea culpa
peccavi
repentir
pénitent

faire pénitence
se repentir [trine
se frapper la poi-
faire son mea
expier [culpa
se mortifier
racheter
pénitencier
pénitentiel
pénitentiaux
pénitencerie
V. *conscience*
pénitencier
V. *prison*
pénitent V. *pénitence, remords*
pénitentiaire
V. *prison*
pénitentiaux
V. *pénitence*
pénitentiel
V. *pénitence*
pennage
V. *plume*
penne V. *plume*
penné V. *feuille*
pennon
V. *drapeau*
penny
V. *monnaie*
pénombre
V. *obscur* (1)
pensée
V. *plantes*
pensée
idée
réflexion
méditation
conception
jugement
considération
spéculation
travail de tête

penser
réfléchir
méditer
peser
considérer
concevoir
songer
rêver
rêvasser
s'absorber dans ses pensées
se perdre dans ses réflexions
s'abîmer dans ses réflexions
travailler du cer-
imaginer [veau
se perdre dans les nuages
penser à part soi
penser in petto
se représenter

idée adventive
— factice
— innée
— abstraite
— claire
— confuse
— fixe
pensée profonde
mental
abstrait
conceptuel
penseur
pensif
méditatif
en soi
intérieurement
dans son for intérieur
V. *intelligence*
pension
V. *école, rente*
pensionner
V. *payer*
pensum
V. *écolier*
pentacorde
V. *instrument*
pentaèdre
V. *angle*
pentagone
V. *angle*
pentamètre
V. *poésie*
pente V. *penché*
penture V. *porte*
pénultième
V. *fin*
pénurie
V. *pauvreté*
péotte V. *navire*
péperin
V. *volcan*
pépie
V. *langue, soif*
pépier V. *oiseau*
pépin V. *graine*
pépinière
V. *jardin*
pépiniériste
V. *jardin*
pépite V. *or*
péplum
V. *vêtement*
pepsine
V. *substance*
percale V. *étoffe*
percaline
V. *étoffe*
perce V. *vin*
perce-bois
V. *animal*
percée V. *forêt*
perce-feuille
V. *plante*
percement
V. *trou*
perce-neige
V. *plante*
perce-oreille
V. *animal*
perce-pierre
V. *plante*
percepteur
V. *impôt*
perceptible
V. *sens* (2)
perception
V. *intelligence, impôt*
percer V. *ouvrir*
percevoir
V. *sens, impôt*
perche
V. *charpente*
perche V. *surface*
Perche
percheron
perchée
V. *oiseau*
percher
V. *oiseau*
perchlorure
V. *substance*
perchoir
V. *oiseau*
perclus
V. *inaction*
perçoir V. *outil*
percussion
V. *coup*
perdition
V. *navire, perdre*
perdre (1)
V. *ruine*
perdre (2)
éprouver une
subir [perte
se voir enlever
en être pour
ne plus avoir
adirer
être dépossédé de
aliéner
se dessaisir
égarer
reperdre
perte
aliénation
dépossession
perdition
dommage
préjudice
coulage
détriment
déficit
manque
amission
perte sèche
amissible
amissibilité
fourrière
perdreau
V. *animal*

perdrigon
V. *prune*
perdrix
V. *animal*
perdu V. *perdre*
père
papa
auteur des jours
parent
père d'adoption
paternité [nelle
autorité pater-
puissance pater-
paternel [nelle
paternellement
pérégrinité
V. *voyage*
péremption
V. *défaire*
péremptoire
V. *répondre, raisonnement*
perfectibilité
V. *mieux*
perfection
V. *mieux*
perfectionner
V. *mieux*
perfidie
V. *hypocrisie*
perfolié
V. *feuille*
perforer V. *trou*
péri V. *fée*
périanthe
V. *fleur*
péricarde
V. *cœur*
péricardite
V. *maladie*
péricarpe
V. *fruit*
péricliter
V. *pire*
péricrâne
V. *crâne*
péridot
V. *joaillerie*
péridrome
V. *portique*
périgée
V. *astronomie*
périhélie
V. *soleil*
Périgord
périgourdin
Périgueux
pétrocorien
péril V. *danger*

périmer V. *tard*
périmètre
V. *autour*
période V. *chronologie, rhétorique*
périodique
V. *répéter*
périœciens
V. *habitant*
périoste V. *os*
périostose
V. *os*
péripatéticien
V. *philosophe*
péripatétisme
V. *philosophie*
péripétie
V. *événement*
périphérie
V. *autour*
périphrase
V. *rhétorique*
périple
V. *navigation*
péripneumonie V. *maladie*
périptère
V *colonnade*
périr V. *mort*
périsciens
V. *habitant*
périscopique
V. *lunette*
périssable
V. *mort*
périssoire
V. *navire*
péristaltique
V. *cœur*
péristyle
V. *colonnade*
périsystole
V. *cœur*
péritoine
V. *ventre*
péritonite
V. *maladie*
perle
perle fine
baroque
œil
orient
huître perlière
perler V. *sucre*
perlier V. *perle*
permanence
V. *durée*

perméabilité
V. *liquide*
permettre
V. *permis*
permis
licite
loisible
légitime
toléré
juste
libre
autorisé
admis
concédé
admissible
tolérable

permettre
tolérer
laisser
passer
autoriser
fermer les yeux
acquiescer
concéder
souffrir [de
laisser la liberté

permission
tolérance
passe
licence
liberté
indulgence
aveu
autorisation
concession
condescendance
complaisance
bonté
douceur
tolérantisme
permissionnaire
V. *pardon*
permuter
V. *changer*
pernicieux
V. *nuire*
péroné V. *jambe*
péronnelle
V. *femme*
péroraison
V. *discours*
pérorer V. *parler*
pérot V. *tige*
Pérou
péruvien
Pérouse
pérugin

peroxyde
V. *substance*
perpendiculaire V. *droit*
perpétrer
V. *faire*
perpétuel
V. *durée*
perpétuer
V. *durée*
perpétuité
V. *durée*
perplexe
V. *hésitation*
perquisition
V. *curieux*
perron V. *porte*
perroquet
perruche
cacatois
inséparable
jacot
perchoir
bâton
perruque
V. *cheveu*
perruquier
V. *cheveu*
pers V. *œil*
perse V. *étoffes*
Perse
Iran
perse
persan
persique
shah
sofi
mage
zend
zend-avesta
Zoroastre
persécuter
V. *nuire*
persévérance
V. *volonté*
persicaire
V. *plante*
persicot
V. *liqueur*
persienne
V. *fenêtre*
persifler
V. *mépris*
persil V. *plante*
persillade
V. *nourriture*
persillé
V. *tache*

persistance V. *volonté, durée*
personnage V. *personne*
personnalité V. *personne, volonté, outrage*

personne
individu
quelqu'un
être humain
personnage
personnalité
un Tel
personnifier
personnification
V. *homme*
personnée V. *fleur*
personnel V. *particulier*
personnel V. *employé*
personnifier V. *rhétorique*
perspective V. *dessin*
perspicacité V. *intelligence*
persuader V. *éloquence*
persuasif V. *éloquent*
persuasion V. *éloquence*
persulfure V. *substance*
perte V. *perdre*
pertinemment V. *savoir*
pertinence V. *prouver*
pertinent V. *prouver*
pertuis V. *ouverture*
pertuisane V. *lance*
perturbation V. *désordre*
pervenche V. *plante*
pervers V. *criminel*
perversion V. *mal*
perversité V. *crime*
pervertir V. *pire*
pesade V. *cheval*
pesage V. *poids*
pesant V. *poids*
pesanteur V. *poids, physique*
pesée V. *poids*
pèse-lait V. *aréomètre*
pèse-lettres V. *lettre*
pèse-liqueur V. *aréomètre*
peser V. *poids, influence, importance*
peson V. *poids*
pessimisme V. *philosophie*
peste V. *maladie*
pester V. *juron*
pestifère V. *nuire*
pestiféré V. *malade*
pestilence V. *maladie*
pestilent V. *malade*
pestilentiel V. *malade*
pétale V. *fleur*
pétalisme V. *renvoyer*
pétard V. *poudre*
pétase V. *chapeau*
pétaudière V. *désordre*
pet-en-l'air V. *vêtement*
pétiller V. *feu*
pétiole V. *feuille*

petit
exigu
imperceptible
impalpable
impondérable
infinitésimal
microscopique
minime
minuscule
moléculaire
corpusculaire
atomique
embryonnaire
lilliputien
modeste
modique
mesquin
menu
ténu
fin
étriqué
mignon
étroit
exigu
étranglé
étréci
rétréci
serré
resserré
élancé
fluet
mince
exile
maigre
maigrelet
linéaire
filiforme
raccourci
fragmentaire
abrégé
court
épitomé
sommaire
aperçu
résumé
laconique
bref
concis
compendieux
succinct
éphémère
fugace
passager
momentané
transitoire
précaire
temporaire
déjeuner de soleil
rétractile
moindre
nain
myrmidon
pygmée
gnome
nabot
Tom Pouce
Petit Poucet
avorton
fétu
ratatiné
rabougri
gringalet
marmouset
astèque
moucheron
ragot
bambin
mioche
clampin
courtaud
trapu
chafouin
mignon
microcosme
miniature
microzoaire
bestiole
vibrion
microbe
flocon
atome
corpuscule
monade
molécule
brin
menuailles
détail
élément
minutie
vétille
chiquet

petitesse
exiguïté
exilité
imperceptibilité
ténuité
finesse
étroitesse
étrécissement
rétrécissement
retrait
recoquillement
rétraction
maigreur
abréviation
laconisme
concision
apetissement
rapetissement
réduction
diminution
minimum
modicité
modestie
racornissement
restriction
resserrement
condensation
rétractilité
Lilliput

abréviatif

abréviateur
restrictif
diminutif
mesquin
méticuleux
tâtillon
vétilleur
vétilleux
pointilleux
microscope
micromètre
loupe
micrographie

rapetisser
réduire
diminuer
amoindrir
restreindre
amenuiser
amaigrir
racornir
ratatiner (se)
recoquiller
recroqueviller
accourcir
raccourcir
apetisser
écourter
rogner
couper
borner
limiter
étrécir
rétrécir
se retirer
vétiller
tâtillonner
abréger
résumer
serrer
resserrer
condenser
tasser

petitement
imperceptiblement
parcimonieusement
succinctement
brièvement
laconiquement
compendieusement
sommairement
en résumé
en somme
mignonnement
méticuleusement
V. *faible*, *manque*, *peu*, *précis*

petite-fille V. *famille*

petite-maîtresse V. *toilette*

petite-nièce V. *famille*

petitesse V. *petit*

petit-fils V. *famille*

petit-gris V. *animal*, *fourrure*

pétition V. *demande*

petit-lait V. *lait*

petit-maître V. *toilette*

petit-neveu V. *famille*

pétitoire V. *procédure*

pétoncle V. *coquillages*

pétrel V. *animal*

pétri V. *orgueil*

pétrifier V. *pierre*

pétrin V. *pain*

pétrir V. *pain*. *mou*

pétrisseur V. *pain*

pétrole V. *éclairage*

pétrosilex V. *pierre*

petto (in) V. *caché*

pétulance V. *mouvement*

pétun V. *tabac*

pétunia V. *plantes*

pétunsé V. *substance*

peu

en petite quantité
médiocrement
guère
passablement
tièdement
couci-coula
cahin-caha
ni bien, ni mal
un atome
un rien
un soupçon
une ombre

imperceptiblement
un brin
insensiblement
tantet
tantinet
tant soit peu
couci-couci
graduellement
peu à peu
au fur et à mesure
goutte à goutte
pas à pas
autant dire rien

petit (*Voir*)
passable
rare
clairsemé
rarissime
unique
singulier
exceptionnel
qui ne se voit pas souvent
peu fréquent
qui ne se trouve pas dans le pas d'un cheval
introuvable
peu commun
merle blanc
rara avis
mesquin
maigre (c'est)
médiocre
tiède
platonique
à l'eau de rose
du bout des lèvres
rareté
raréfaction
manque
médiocrité
portion congrue
ménagement

raréfier
appauvrir
ménager
V. *manque*, *petit*

peuple V. *race*

peupler V. *habitant*

peuplier V. *plante*

peur

appréhension
insécurité
crainte
inquiétude
frémissement
frisson
saisissement
angoisse
alarme
sollicitude
alerte
qui-vive
souleur
suée
frayeur
transe
transissement
épouvante
effroi
effarement
consternation
stupeur
horreur
terreur
panique
affolement
affres
pusillanimité
couardise
lâcheté
poltronnerie
cacade
trac
manque de cœur
venette
timidité
confusion
menace
intimidation

dangereux
redoutable
épouvantable
effroyable
effrayant
comminatoire
terrible
terrifiant
formidable
horrible

peureux
trembleur
craintif
timide
confus
inquiet
dans l'angoisse
anxieux

effrayé
alarmé
apeuré
épouvanté
effaré
terrifié
terrorisé
affolé
frappé de terreur
saisi
glacé
pétrifié
lâche
poltron
couard
pusillanime
poule mouillée
pleutre
Thersite

faire peur
effaroucher
intimider
alarmer
inquiéter
effrayer
consterner
épouvanter
effarer
terrifier
terroriser
faire dresser les —frémir [cheveux
glacer le sang
transir

épouvantail
croque-mitaine
ogre
alarmiste

peureusement
craintivement
timidement
lâchement
poltronnement
anxieusement
dangereusement
redoutablement
formidablement
terriblement
V. *craindre*, *timide*.

peut-être
V. *hypothèse*
phaéton
V. *voiture*
phalange
V. *armée*, *main*
phalangite
V. *soldat*
phalanstère
V. *assemblée*
phalanstérien
V. *associé*
phalène
V. *papillon*
pharaon
V. *cartes*

phare
signaux
feux
lanterne
phare à feu fixe
— à éclats
— tournant
— intermittent
— à feu alternatif
pharisien
V. *hypocrisie*
pharmaceutique V. *pharmacie*

pharmacie
apothicairerie
herboristerie
pharmacopée
codex
pharmacien
apothicaire
pharmacopole
herboriste
droguiste
ordonnance
formule
pharmaceutique
préparer
pulper
V. *remèdes*
pharyngite
V. *maladie*
pharynx
V. *cou*
phase V. *lune*
phébus V. *obscur*
phénicoptère
V. *animal*
phénique
V. *substance*
phénix
V. *supériorité*
phénol
V. *substance*
phénomène V. *monstre*, *étonnant*
philanthrope
V. *bon*
philharmonique V. *musique*
philhellène
V. *Grèce*
philippique
V. *reproche*
philologie
V. *langage*
philomathique
V. *science*
Philomèle
rossignol
philosophale
V. *magicien*

philosophe
penseur
philosophiste
psychologue
logicien
dialecticien
moraliste
métaphysicien
idéaliste
spéculatif
socratique
platonicien
mystique
théophilanthrope
alexandrin
gymnosophiste
spiritualiste
déiste
cartésien
panthéiste
spinosiste
stoïcien
pythagoricien
gnostique
néo-platonicien
rationaliste
criticiste
kantien
hégélien
manichéen
empirique
cynique
positiviste
individualiste
péripatéticien
matérialiste
athée
épicurien
sensualiste
dogmatique
probabiliste
sceptique
voltairien
pyrrhonien
fataliste
optimiste
pessimiste
déterministe
conceptualiste
nominaliste
réaliste
éclectique
maître

école
philosophie
philosophisme
spéculation
psychologie
logique
dialectique
morale
éthique
théodicée
métaphysique
esthétique
enseignement
— ésotérique
— exotérique
système
théorie
école ionienne
— éléatique
— cyrénaïque
— cynique
— mégarique
— socratique
Académie
Lycée
aristotélisme
péripatétisme
Portique
zénonisme
épicurisme [cure
troupeau d'Épi-
cynisme
mysticisme
idéalisme
platonisme
spiritualisme
déisme
cartésianisme
panthéisme
spinosisme
rationalisme
criticisme
hégélianisme
manichéisme
dualisme
empirisme
positivisme
matérialisme
atomisme
dynamisme
athéisme

sensualisme
dogmatisme
probabilisme
scepticisme
pyrrhonisme
fatalisme
optimisme
pessimisme
déterminisme
scolastique
conceptualisme
nominalisme
réalisme
éclectisme
syncrétisme
individualisme

philosopher
métaphysiquer
échafauder
bâtir un système
fonder une école
philosophiquement
métaphysiquement
V. *psychologie*, *théologie*
V. *enseignement*

philotechnique V. *science*
philtre V. *magie*
phlébite V. *maladie*
phlébotomie V. *chirurgie*
phlegmasie V. *maladie*
phlegmon V. *maladie*
phlogistique V. *substance*
phlogose V. *maladie*
phonétique V. *voix*
phonique V. *voix*
phonographe V. *Addenda*
phoque V. *animal*
phosphate V. *substance*
phosphore V. *substance*
phosphorescence V. *lumière*
photographie
daguerréotypie
daguerréotype
appareil photographique
chambre noire
objectif
— achromatique
— rectilinéaire
— aplanétique
— simple
— double
viseur
obturateur
poire
diaphragme
soufflet
châssis
verre dépoli
chariot
crémaillère
pied à coulisse
photomètre
voile
bains
cuvette
égouttoir
boîte à rainures
compte-gouttes
verre gradué
collodion
plaques
sensibilisateur
révélateur
développateur
fixateur
cliché
— positif
— négatif
renforçateur
châssis-presse
papier sensible
dégradateur
épreuve
photographie
portrait-carte
album
victoria
promenade
calibre

photographe
daguerréotypeur

daguerréotyper
photographier
collodionner
sensibiliser
mettre au point
poser
impressionner
développer
renforcer
laver
retoucher
tirer une épreuve
exposer
virer
fixer

collodionnage
sensibilisation
mise au point
temps de pose
« ne bougeons plus »
impression
développement
fixage
lavage
retouche
tirage
virage
épreuve bien venue
— nette
— floue
— striée
— voilée
— faible
— en pied
— tête
— en buste
— dégradé
collodion
gélatino-bromure
nitrate d'argent
chlorure d'argent
platine
charbon
ferro-prussiate
ferrotypie
platinotypie
héliographie
héliogravure
photogravure
photographique
daguerrien

photosphère V. *soleil*
phrase
période
membre
proposition
principale
subordonnée
coordonnée
incidente
incise
V. *grammaire*
phraséologie V. *rhétorique*
phraseur V. *rhétorique*
phrénétique V. *ventre*
phrénologie V. *science*
phtisie V. *maladie*
phylactère V. *inscription*
phylarque V. *territoire*
phyllithe V. *feuille*
phylloxéra V. *vigne*
physicien V. *physique*
physiognomonie V. *physionomie*
physiologie V. *science*
physionomie
air
aspect
mine
figure
visage
tête
traits
physique (le)
face
facies
masque
minois
frimousse
moue
refrognement
agréable
aimable
sympathique
souriant
déluré
frais
vif
réjoui
épanoui
fleuri
enluminé
de rose
bouffi
poupin
rubicond
expressif
défiguré
transfiguré
grimaçant
calme

serein
morne
assombri
rébarbatif
refrogné
renfrogné
terreux
tiré
défait
hâve
bonne mine
mauvais mine
patibulaire

avoir l'air tout chose
affecter un visage calme
minauder
refrogner

facial [que
physiognomoni-
métoposcopique
physiognomonie
métoposcopie
physionomiste [te
physiognomonis-
Lavater
V. *aspect*, *peau*, *tête*

physique
V. *matière*

physique
pesanteur
chute des corps
balance
pendule
hydrostatique
force élastique
équilibre des liquides
presse hydraulique
pressions
tourniquet hydraulique
vases communicants
niveau d'eau
principe d'Archi-
poussée [mède
densité
aréomètre
balance hydrostatique
pression atmosphérique
expérience de Torricelli
hémisphères de Magdebourg
baromètre
loi de Mariotte
manomètre
aérométrie
machine pneumatique
pompe
siphon
aérostat
chaleur
pyromètre
anneau de S'-Gravesande
thermomètre
dilatation
compensateur
lois de Gay-Lus-
fusion [sac
chaleur latente
solidification
dissolution
vapeur
ébullition
marmite de Papin
distillation
alambic
conductibilité
chaleur spécifique
lois de Dalton
hygrométrie
hygromètre
atmosphère
température
vent [nante
chaleur rayon-
émission
diffusion
réflexion
absorption
rosée
électricité
magnétisme
fluide
influence [que
machine électri-
isoloir
électrophore
condensateur [de
bouteille de Ley-
tonnerre
aimant
boussole
galvanisme
pile de Volta
piles
courant
galvanoplastie
loi d'Ampère
galvanomètre
solénoïde
électro-aimant
télégraphie
induction [ke
machine de Clar-
acoustique
son
— propagation
onde
musique [des
vibration des cor-
— des tuyaux
lumière
— propagation
vitesse
réflexion
miroir
réfraction
lentille
prisme
spectre
optique
photographie
microscope
physicien

phytolithe
V. *pierre*

phytologie
V. *science*

piaculaire
V. *punition*

piaffe V. *orgueil*

piaffer V. *cheval*

piano
piano-forte
piano à queue
piano droit
épinette
clavecin
virginal
piano-mécanique
chaudron
caisse
pédale
forte
étouffoir
sourdine
transpositeur
clavier
touche
corde
cheville
sautereau
marteau
accordoir
tabouret
pianiste
claveciniste
accompagnateur
exécutant
virtuose
maître
leçon
cachet
jeu

pianoter
toucher du piano
jouer du
accompagner
déchiffrer
transposer
faire danser au piano
tapoter

piastre
V. *monnaie*

pic V. *montagne animal*, *outil*

picador
V. *cirque*

Picardie
picard

picciniste
V. *musicien*

pichenette
V. *coup*

pick-pocket
V. *vol*

picorée
V. *nourriture*

picorer
V. *manger*

picot V. *pointe*

picoter V. *pointe*, *peau*, *oiseau*

picoterie
V. *reproche*

picotin
V. *volume*

picrate
V. *substance*

pie V. *animal*, *religion*

pièce V. *division*, *théâtre*, *monnaie*

piécette
V. *monnaie*

pied
peton
cheville
malléole
cou-de-pied
talon
plante du pied

sole
orteil
doigt
ongle
tarse
métatarse
canon
corne
sabot
crochet
griffe
serre
astragale
calcanéum
scaphoïde
cuboïde
métatarsien
phalange
patte
cor
rondelle
oignon
durillon
œil-de-perdrix
engelure
gerçure
ampoule
mules
pas
marche
locomotion
piétinement
piaffement
trépignement
ruade
coup de pied
saut
cloche-pied
à pieds joints
sur la pointe du pied
à pas de loup

pédestre
apode
dipode
bipède
quadrupède
solipède
bisulce
pied fourchu
fissipède
palmé
tarsien
décapode
myriapode
millepatte
polypode
malléolaire
plantaire
ongulé
palmipède
plantigrade
digitigrade
piaffeur
pied pattu
pédimane
chèvre-pied
pied-bot
podagre

chaussure
talonnière
mules
bain de pied
pédiluve
chancelière
chaufferette
gueux
couvet
piéton
pédicure

marcher
piétiner
piaffer
trépigner
fouler aux pieds
ruer
sauter
piéter
V. *chaussure*, *marcher*

pied-à-terre
V. *appartement*

pied-d'alouette V. *plantes*

pied-de-biche
V. *dent*

pied-droit
V. *mur*

piédestal
socle
dé
base
piédouche
gaine
scabellon
stéréobate
soubassement
support
stylobate

pied-fort
V. *monnaie*

piédouche
V. *piédestal*

pied-plat
V. *mépris*

piège
embûche
embuscade
guet-apens
aguets
ruse
surprise
engin
panneau
pipée
pipeau
pantière
appeau
filet
tonnelle
rafle
hallier
trappe
tramail
traîneau
tirasse
collet
rejet
raquette
miroir
mésangette
trébuchet
reginglette
brai
brayon
assommoir
sauterelle
traquet
traquenard
hausse-pied
chausse-trape
glu
gluaux
moquette
mouvant
appelant
chanterelle
quatre de chiffre
souricière
ratière
taupière
tendue
braconnier
taupier
tonneleur
braconnage

tendre un piège
dresser des embûches
panneauter
piper
tonneler
frouer
se mettre en embuscade
s'embusquer
donner dans le piège

pie-grièche
V. *animal*

pie-mère
V. *cerveau*

Piémont
piémontais

pierraille
V. *pierre*

pierre(précieuse)
V. *joaillerie*

pierre
galet
moraine
caillou
jalet
calcul
bloc
masse
moye
roc
rocher
roche
monolithe
stèle
pavé
dalle
pétrification
carrière
libage
empierrement
cailloutage
pierraille
pavage
dallage
lapidification

lapidation
pierreux
caillouteux
calculeux
gélif
rocheux

pierre levée
dolmen
menhir
cromlech
monolithique
mégalithique

pétrifier
empierrer
paver
daller
déliter
lapider

ébousiner
épierrer

carrier
tailleur de pierre
maçon
louve
casse-pierre
Deucalion

pierre tendre
pierre dure
pierre argileuse
pierre calcaire
pierre gypseuse
silex
granit
porphyre
albâtre
basalte
banc-franc
brèche
calcaire grossier
castine
meulière
moellon
rocaille
dolomie
émeri
feldspath
grès
gypse
pierre à aiguiser.
lambourde
liais
pierre lithographique
marbre
mica
obsidienne
oolithe
ophite
pépérino
pechstein
pétrosilex
pétunsé
phonolithe
zoolithe
ichtyolithe
hippolithe
phytolithe
dendrite
aérolithe
pierre ponce
poudingue
pouf
quartz
schiste
sable
souchet
spath
spalt
pierre spéculaire
spongite
stalactite
stalagmite
stéatite
syénite
talc
trapp
travertin
pierre de touche
tuf
tuffeau

pierreux
lapidifique
siliceux
granitique
feldspathique
basaltique
gypseux
micacé
oolithique
quartzeux
sablonneux
schisteux
rocheux
rocailleux
talqueux
ollaire
tufier
lithophage
V. *marbre, maçonnerie*

pierrerie
V. *joaillerie*
pierrette
V. *carnaval*
pierreux
V. *pierre*
pierrier
V. *canon*
pierrot
V. *moineau, carnaval*
pierrure
V. *cerf*
piété
V. *religion, dévot*
piéter V. *pied*
piétisme
V. *religion*
piéton
V. *marcher*
piètre V. *mal*
pieu
V. *fermeture, barrière, fortification. bâton.*
pieuvre V. *animal.*
pieux V. *dévot*
pigeon
ramier
palombe
colombe
biset
tourterelle
cauchois
pigeon voyageur
pigeon pattu
pigeonneau
ramereau
tourtereau

volière
boulin
pigeonnier
colombier
fuie
colombin
jabot

roucouler

roucoulement
pigment
V. *peau*
pignon
V. *mur, roue*
pignoratif
V. *gage*
pilaire
V. *poil*
pilastre
V. *colonne*
pilau
V. *nourriture*
pile V. *électricité*
piler V. *briser*
pilier
V. *colonne*
pillage V. *voler*
pilon V. *briser*
pilori
V. *supplice*
piloter
V. *conduire, navigateur*
pilotin
V. *navigateur*
pilotis V. *porter*
pilule V. *remède*
pilum V. *lance*
pimbêche
V. *orgueil*
piment
V. *épicier*
pimpant
V. *élégant*
pimprenelle
V. *plante*
pin
conifère
strobile
cône
pomme de pin
aiguille
feuille aciculaire
pinastre
pinacle
V. *ornement, louange*
pinace V. *navire*
pinastre
V. *pin*
pinçard
V. *cheval* (5)
pince V. *prendre*
pinceau
V. *peinture*
pincée
V. *volume*
pincelier
V. *peinture*
pincer
V. *prendre*
pince-sans-rire V. *hypocrisie*
pincette
V. *cheminée*
pinchina
V. *drap*
pinçon V. *peau*
pindariser
V. *poésie*
pinéale
V. *cerveau*
pineau V. *raisin*
pingouin
V. *animal*
pingre V. *avare*
pinnule
V. *arpenteur*
pinque V. *navire*
pinson V. *animal*
pintade
V. *animal*
pinte V. *volume*
pioche V. *trou*
piochon
V. *charpente*
pion V. *dames*
pionner V. *dames*
pionnier
V. *soldat*

pipe
V. *volume, tabac*
pipée V. *piège*
piper
V. *dé, tromper*
piquant
V. *pointe, agréable*
pique
V. *lance, colère*
pique-assiette
V. *repas*
pique-nique
V. *repas*
piquer
V. *couture, colère*
piquer
picoter
poindre
aiguillonner
éperonner
repiquer
fourmiller
chatouiller

piqûre
picotement
fourmillement
chatouillement
formication
acuponction
acupuncture
ponction

chatouilleux
formicant
V. *pointe*
piquet
V. *carte, soldat*
piquette V. *vin*
piqueur
V. *voiture*
piquier V. *lance*
piqûre
V *couture, pointe*
pirate
V. *navigateur*
pire
pis
inférieur
dégénéré
détérioré
gâté
péjoratif
viciable

empirer
prendre une mauvaise tournure
déchoir
décliner
péricliter
décroître
dépérir
dégénérer
abâtardir
aggraver
enlaidir
pervertir
vicier
gâcher
gâter
abîmer
salir
profaner
démériter

détérioration
dommage
perversion
dépérissement
dégénérescence
abâtardissement
aggravation
déclin
décadence
déchéance
dégradation
viciation
évent
pervertissement
profanation
de mal en pis
de Charybde en Sylla
V. *ruine, pourriture, mal*
piriforme
V. *forme*
pirogue V. *navire*
pirouette
V. *rotation*
pis
V. *mamelle, pire*
pisciculture
V. *élevage*
piscine V. *bain*
Pise
pisan
pisé
V. *maçonnerie*
pissenlit
V. *légumes*
pistache
V. *plante*
pistachier
V. *plante*
piste V. *marcher*
pistil V. *fleur*
pistole
V. *monnaie*
pistolet
revolver
fontes
pistolet d'arçon
V. *fusil*
piston V. *machine, instrument*
pitance
nourriture
piteux V. *pitié*
pitié
commisération
miséricorde
attendrissement
charité
grâce
merci
quartier
ménagement

pitoyable
piteux
déplorable
touchant
miséricordieux
charitable
compatissant
accessible à la pitié

apitoyer
attendrir
émouvoir
toucher
fléchir
arracher le cœur
fendre l'âme
tirer des larmes
faire pitié
compatir
s'attendrir
déplorer
être affecté
avoir pitié
gracier
épargner
ménager
bonnement
charitablement
piteusement
pitoyablement
V. *bon, bonté*
piton V. *clou, montagne*
pitoyable
V. *pitié*
pitre
V. *comédien*
pittoresque
V. *peinture*
pituite V. *cracher*
pivert V. *animal*
pivoine
V. *plante*
pivot V. *roue*
pivoter
V. *rotation*
placage
V. *menuiserie*
placard V. *armoire, affiche*
place
endroit
lieu
point
emplacement
position
situation
côté
orientation
exposition
poste
local
coin
recoin
loge
parage
pays
région
localité
théâtre de
ubiquité
placement
disposition
stratification
opposite

en haut
en bas
en contre-bas
en contre-haut
dedans
dehors
en plein vent
au milieu
sur le bord
en face
vis-à-vis
à l'opposé
tête-bêche
derrière
devant
à côté
au premier plan
au dernier plan
à l'horizon
au loin
dans le lointain
passim

en deçà
citérieur
au delà
ultérieur
par delà
contre-mont
horizontalement
en couches
verticalement
perpendiculairement
obliquement
adossé
cornier
contigu
latéral
voisin
se toucher
se tenir
figurer
V. *déplacer*, *près*, *indirect*, *penché*, *loin* et *poser*

placer V. *poser*, *déplacer*, *place*

placer V. *or*

placet V. *demande*

placeur V. *métier*

placide V. *tranquille*

placier V. *commerce*

plafond
caisson
compartiment
voûte
dôme
coupole
soffite
solive
entrevous
solin
rosace
plafonner
plafonneur
plafonnage

plagal V. *harmonie*

plage V. *mer*

plagiaire V. *semblable*

plaid V. *vêtement*

plaider V. *avocat*, *procédure*

plaidoyer V. *discours*

plaie V. *blessure*

plaignant V. *procédure*

plain V. *plat*

plain-chant V. *chant*

plaindre V. *plainte*, *consolation*

plaine V. *plat*

plainte
gémissement
soupir
doléance
geignement
lamentation
litanies
jérémiade

se plaindre
gémir
soupirer
geindre
se lamenter
maugréer

plaintif
dolent
piteux
déplorable
lamentable

plaintivement
piteusement
hélas !
V. *pitié*

plaire V. *agréable*, *plaisir*

plaisance V. *maison*

Plaisance
placentin

plaisant V. *agréable*

plaisanter V. *rire*

plaisir
agrément
satisfaction
contentement
amusement
distraction
délassement
passe-temps
récréation
ébattement
divertissement
fête
ébat
ravissement
délice
jouissance
réjouissance
volupté
joie
gaîté
vie facile
partie de plaisir
tourbillon des plaisirs
soif
enivrement
sensualité
sybaritisme
se plaindre à
prendre du plaisir
se donner du plaisir
se donner de l'agrément
s'amuser
se distraire
passer gaiement le temps
se divertir
se délasser
prendre ses ébats
jouir de
festoyer
s'ébattre
s'ébaudir
ne pas se sentir d'aise
s'en donner à cœur joie
s'adonner au plaisir
se livrer
se jeter dans
s'étourdir
folâtrer
badiner
se délecter
s'égayer
se réjouir
goûter un plaisir
satisfaire
contenter
faire plaisir
contribuer à l'agrément

voluptueux
sensuel
sybarite
badin
folâtre
récréatif
voluptueusement
V. *agréable*, *gai*

plamée V. *poil*

plamer V. *poil*

plan V. *plat*, *dessin*

planche
feuillet
panneau
doublette
chevron
battant
plat-bord
basting
ais
volige
madrier
solive
poutre
rayon
tablette
planchette
bardeau
douve
montant

plancher V. *parquet*

planchette V. *planche*

plançon V. *jardin*

plane V. *outil*, *plat*

planer V. *haut*

planète
Mercure
Vénus
la Terre
Mars
Junon
Cérès
Pallas
Jupiter
Uranus
Neptune
planète supérieure
planète inférieure
planète télescopique
planétaire
géocentrique
V. *astronomie*

planeur V. *métier*

planimétrie V. *surface*

planisphère V. *géographie*

plant V. *jardin*

plantain V. *plante*

plantation V. *jardin*

1. **plante** V. *jardinage*, *racine*, *tige*, *branche*, *feuille*, *fleur*, *graine*, *fruit*, *arbre*

2. plante

végétal
végétatif
végétation
règne végétal
arbre
arbuste
arbrisseau
sous-arbrisseau
acaule
cotylédoné
acotylédoné
dipétale
labiée
cariophyllée
composée
baccifère
conifère
corymbifère
crucifère
cupulifère
ombellifère
édrianthe
fissipare
ficoïde
pandanée
vivace
volubile
pycnocarpe
perfolié
parvifolié
parviflore
pubescent
sarmenteux
saxatile
spongiaire
sigillée
cryptogame
herbacée
ligneuse
vivace
annuelle
bisannuelle
sauvage
cultivée
exotique
sauvageon
acérinée
amarantacée
amaryllidée
amentacée
ampélidée
amygdalée
aroïdée
asparaginée
avénacée.
balsaminée
borraginée
cactée
campanulacée
chénopodée
chicoracée
convolvulacée
cucurbitacée
épervière
éricinée
euphorbiacée
fraxinée
gentianée
graminée
iridée
jasminée
laurinée
légumineuse
liliacée
linaire
magnoliacée
malvacée
myrtacée
narcissée
nymphéacée
oléacée
oléinée
oléagineuse
orchidée
papavéracée
papilionacée
polypode
primulacée
prolifère
renonculacée
rosacée
rubiacée
rutacée
salicaire
solanée
térébinthacée
tiliacée
urticée
valérianée
verbénacée

Le nom de la plante est suivi : 1° de son fruit précédé d'un trait ; 2° de la désignation du lieu où la plante pousse.

L'astérisque renvoie à un article spécial.

abricotier
— abricot
absinthe
acacia
acajou
acanthe
ache
achillée
aconit
adiante
agaric
agnus-castus
agripaume
aigremoine
aigrin
ail*
ailante
airelle
ajonc
alaterne
albarelle
albergier
— alberge
alcée
alfa
algue
alisier
— alise
alizari
alkékenge
aloès
althœa
amadouvier
— amadou
amandier
— amande
amarante
amaryllis
ambrette
ammi
ananas
ancolie
anémone
aneth
angélique
anil
anis
api
arbousier
— arbouse
arachide
arec
argentine
aristoloche
armoise
arnicat
arrête-bœuf
arroche
artichaut*
arum
asperge*
aspérule
asphodèle
aster
attrape-mouche
aubépine
— cenelle
aubergine
aubifoin
aune
— aunaie
avelinier
— aveline
avoine
azédarac
azalée
azerolier
— azerole
bacile
badiane
bagasse
baguenaudier
— baguenaude
balisier
— balise
baloche
balsamier
— baume
balsamine
bambou
bananier
— banane
banian
baobab
bardane
basilic
baumier
becabunga
bégonia
belladone
belle-dame
belle-de-nuit
belle-d'un-jour
bergamote
berle
besi
bétel
bétoine
bette
betterave
bibassier
bigaradier
— bigarade
bigarreautier
— bigarreau
blanquette
blète
bleuet
bolet
bon-chrétien
bon-Henri
bonne-dame
bouillon-blanc
bouleau
— boulaie
boule-de-neige

bourcette
bourdaine
bourrache
bouton-d'argent
bouton-d'or
branche-ursine
brande
brignole
brocoli
brugnon
bruyère
— brande
bryon
bryone
bugle
buglosse
bugrane
buis
cabus
cacaotier
— cacao
— cacaoyère
cactus
cactier
cade
caféier
— café
— caféière
cafier
calamant
calebassier
— calebasse
camélia
camomille
campanule
campêche
camphrier
— camphre
canada
canna
canne
canneberge
cannelier
— cannelle
cantaloup
capendu
capillaire
câprier
— câpre
capronier
— capron
capucine
cardamine
cardère
cardon
carotte
caroubier
— caroube
carthame

carvi
cassier
cassis
cataire
catalpa
catillard
cédrat
cèdre
— cédrie
céleri
centaurée
cèpe
céréale*
cerfeuil
cerisier
— cerise*
— cerisaie
cétérac
champignon*
— champignon-nière
chanvre
— chènevotte
— chènevis
— chènevière
chardon
chardonnette
charme
— charmoie
chasselas
châtaignier
— châtaigne
— châtaigneraie
chaumontel
chélidoine
chêne*
— gland
— avelanède
— chênaie
chêneau
chenillette
chénopode
chervis
chèvrefeuille
chicon
chicorée
chiendent
chou
chou-fleur
chou-rave
christe-marine
chrysanthème
ciboule
ciboulette
cicérole
cicutaire
ciguë
cinéraire
cinnamome

ciste
citronnelle
citronnier
— citron
citrouille*
civette
clématite
clochette
cobœa
coca
cochléaria
cocotier
— noix de coco
cognasse
cognassier
— coing
colchique
coloquinte
colza
conferve
consoude
convolvulus
copaïer
coquelicot
coquelourde
coqueret
coralline
coriandre
cormier
— corme
cornichon
cornouiller
— cornouille
coronille
cotonnier
coudrier
— coudre
couleuvrée
courge
crassane
crécy
cresson
cresson alénois
— cressonnière
crête-de-coq
crocus
croton
cuisse-madame
cumin
curcuma
cuscute
cyclamen
cynoglosse
cyprès
— cyprière
cytise
dahlia
daphné
dattier

— datte
datura
dictame
digitale
dionée
dompte-venin
douce-amère
doucette
dragonnier
duchesse
ébénier
échalote
éclaire
églantier
— gratte-cul
ellébore
elléborine
endive
épeautre
épinard
épine-vinette
érable
ers
érucago
escarole
escourgeon
esparcette
estragon
ésule
eucalyptus
euphorbe
eupatoire
fabago
faséole
fenouil
farouche
fenouillet
fenugrec
férule
fève
féverole
figuier
— figue
— figuerie
filipendule
flageolet
flambe
flèche d'eau
foin
fougère
— fougeraie
fourrage
fouteau
fragon
fraisier*
— fraise
framboisier
— framboise
francatu

franc-réal
frangipanier
fraxinelle
frêne
— frênaie
fromager
froment
fromenteau
fuchsia
fucus
fumeterre
fusain
fustet
gaïac
galanga
galbanum
galéga
galéopsis
gantelée
garance
garou
gattilier
gaude
génépi
genestrolle
genêt
genévrier
genièvre
gentiane
géranium
gerzeau
gesse
gingembre
giroflée
giroflier
— girofle
girolle
glaïeul
glouteron
glycine
goémon
gommier
gossampin
gouet
gourgane
goyavier
— goyave
gramen
grateron
gratiole
gratte-cul
grémil
grenache
grenadier
— grenade
grenadille
grenouillet
grenouillette
griotte

groseillier
— groseille
guède
gueule-de-loup
gui
guignier
— guigne
guimauve
hanebane
haricot
hâtiveau
hélianthe
hélianthème
héliotropie
hémérocalle
herbe*
herniole
hêtre
— faîne
— foutelaie
hévé
hièble
hortensia
houblon
— houblonnière
houx
— cenelle
— houssaie
hyacinthe
hysope
if
igname
immortelle
impératoire
incarnat
indigotier
— indigo
— indigoterie
inule
iris
ive
ivette
ivraie
ixia
jacée
jacinthe
jacobée
jalap
jaquier
jarosse
jasmin
jonc
jonquille
joubarbe
jujubier
— jujube
jusquiame
karata
kouan

laceron
laiche
laiteron
laitue
larix
larme-de-Job
latanier
lauréole
laurier
laurier-rose
lavande
légume
lentisque
liane
lichen
lierre
lilas
limonier
— limon
lin
linaire
lis
liseron
lithophyte
lotier
lotus
lupin
luzerne
— luzernière
lycopode
lysimachie
mâche
macle
macre
macouba
magnolia
magnolier
mahaleb
maïs
malaguette
mancenillier
mandarinier
— mandarine
mandragore
mange-tout
manglier
— mangle
mangoustan
manguier
— mangue
manioc
marguerite
marjolaine
marronnier
— marron
marrube
martagon
martin-sec
marum

matricaire
mauve
melèze
mélilot
mélisse
melon
ménianthe
menthe
mercuriale
merisier
— merise
micocoulier
mignardise
mignonnette
mille-feuille
mille-fleurs
mille-pertuis
millet
mimosa
mirabelle
molène
morelle
morgeline
morille
morillon
mouille-bouch
mouron
mousse
mousseron
moutarde
muflier
muguet
mûrier
— mûre
musa
muscadier
— muscade
muscat
myosotis
myrrhis
myrte
myrtil
myrtille
napel
narcisse
nard
navet
navette
néflier
— nèfle
nénufar
nénuphar
népenthès
nerprun
nielle
nigelle de Damas
noisetier
— noisette
— aveline

nopal
noyer
— noix
— noiseraie
nummulaire
nymphea
obier
œillet
œillette
oïdium
oignon
oignonet
olivier
— olive
— olivette
oranger*
— orange
- orangerie
orcanète
orchis
oreille-d'ours
orge
origan
orme
ormeau
— ormoie
— ormaie
ormille
min
orne
ornithogale
orobanche
orobe
oronge
orpin
orseille
ortie
orvale
oseille
osier
— oseraie
osmonde
oursine
palétuvier
palma-christi
palmier*
pamplemousse
panais
pancaliers
panic
papayer
papyrus
pâquerette
parelle
pariétaire
passe-fleur
passe-pierre
passerage
passe-rose
passe-velours
passiflore
pastel
pastèque
patate
patchouli
patience
paturin
paulownia
paumelle
pavot
pêcher
— pêche
— alberge
— pavie
pensée
perce-feuille
perce-neige
perce-pierre
perdrigon
pérot
persicaire
persil
pervenche
pétunia
peuplier
phlox
pied-d'alouette
piloselle
pimprenelle
pin
— cône
— pomme
— strobile
pinastre
pistachier
— pistache
pivoine
plantain
plante
plaqueminier
platane
poireau
poirée
poirier*
— poire
pois
— cosse
poivrier
polygala
pommier*
— pomme
— pommeraie
pomme de terre
populus
potiron
pourpier
prêle
primevère
prunellier
— prunelle
prunier
— prune*
— prunelaie
pyracanthe
pyrèthre
quassier
— quassia
quercitron
quinquina
quintefeuille
radis
raifort
raiponce
rambour
ratanhia
rave
— ravière
ray-grass
redoul
réglisse
reine-Claude
reine-marguerite
reinette
renoncule
renouée
réséda
rhapontic
rhododendron
rhubarbe
rhus
ricin
riz
— rizière
robinier
rocambole
rocouyer
romaine
romarin
ronce
— ronceraie
roquette
rosage
rosier*
— rose
— roseraie
roseau
rotang
rotin
roudou
roure
rousselet
rouvre
rue
rutabaga
sabine
safran
sagittaire
sagouier
sagoutier
sainbois
sainfoin
salicaire
salicor
salicorne
salsepareille
salsifis
sang-de-dragon
sanicle
sanicule
sans-fleur
sans-peau
santal
santoline
santonine
sapan
sapin
— sapinière
sapinette
saponaire
sapotier
— sapote
sargasse
sarrasin
sarrette
sarriette
sassafr
satyrion
sauge
sauget
saule
— saussaie
savonnier
saxatile
saxifrage
scabieuse
scammonée
sceau de Notre-Dame
scille
scolopendre
scordium
scorsonère
scrofulaire
sebestier
seigle
semper-virens
semper-vivum
séné
seneçon
sénevé
sensitive
sequoia
seringa
serpentaire
serpolet
serrette
sésame

séséli
simarouba
sison
sisymbre
smilax
solanum
soldanelle
soleil
sorbier
— sorbe
sorgho
souchet
souchong
souci
soude
sparte
spergule
spic
spirée
squine
staphisaigre
statice
stramonium
sucrin
sumac
sureau
sycomore
syringa
tabac *
tallipot
tamarin
tamarinier
— tamarin
tamaris
tanaisie
teck
térébinthe
terre-noix
thé *
thlaspi
thuya
thym
tilleul
tithymale
tomate
tonca
topinambour
tormentille
tortillard
tournesol
toute-bonne
toute-épice
trèfle
tremble
— tremblaie
trémière
tricolor
trique-madame
troène

truffe
— truffière
tubéreuse
tue-chien
tulipe
tulipier
turbith
turneps
turquette
tussilage
ulmaire
valériane
valisnère
vanillier
— vanille
varech
vélar
velvote
vergne
verne
véronique
verveine
vesce
vesse-de-loup
vétiver
vétyver
vigne *
— raisin
— vignoble
vigne-vierge
violette
violier
viorne
vipérine
virgouleuse
vitelotte
volubilis
vomiquier
— noix vomique
vulnéraire
yeuse
ypréau
yucca
zinnia
zizanie
zostère
phytolithe
botanique
phytologie
botaniste
herbier
herborisation
venir
pousser
croître
végéter
s'étioler
mourir
herboriser

racine
pousse
pied
tige
branche
vrille
cirre
étiolement

planter
V. *jardin*

planteur
V. *agriculture*

plantigrade
V. *pied*

plantoir
V. *jardin*

planton V. *soldat, attendre*

plantureux
V. *repas*

planure
V. *rabot, reste*

plaque V. *lame*

plaquer V. *lame*

plaquette
V. *livre*

plaqueur
V. *métier*

plasticité
V. *mou*

plastique
V. *mou*

plastron V. *chemise, escrime, rire*

plastronner
V. *garnir*

plat (1) V. *vaisselle*

plat (2)
plan
nivelé
de plain pied
uni
ras
égalité
niveau
planimétrie
aplatissement
nivellement
rasement
arasement
aplanissement
égalisation
étalage
jonchée

aplanir
aplatir
égaliser
unir
raser
niveler
araser
étaler
étendre
raboter
joncher
dégonfler
désenfler
écraser
écacher

plaine
terrasse
esplanade
rez-de-chaussée
plate-forme
plateau
aire
nappe
plane
rabot
arases
surface (*Voir*)
V. *lame, extension*

platane
V. *plante*

plat-bord
V. *navire*

plateau
V. *plat, vaisselle*

plate-bande
V. *jardin*

platée V. *assiette*

plate-forme
V. *plat* (2)

plate-longe
V. *harnais*

platine
V. *métal, fusil*

platitude
V. *humble*

platonicien
V. *philosophe*

platonique
V. *peu*

platonisme
V. *philosophie*

plâtrage
V. *plâtre*

plâtras V. *plâtre*

plâtre
gypse
anhydrite
plâtre blanc
— râblé
— gris
— au panier
gros plâtre

plâtre au sac
— fin
fleur de plâtre
mouchette
stuc
plâtras
plâtrage
plâtrier
plâtrière
maçonnerie(*Voir*)
moulage
maçon
mouleur
stucateur

plâtrer
enduire
délayer
gâcher
noyer
couler
stuquer

plâtreux
gâche
auge
truelle
V. *moule*

plausible
V. *juste*, *responsabilité*

plèbe V. *société*

plébiscite
V. *politique*

plein
rempli
empli
complet
gorgé
gavé
repu
soûl
regorgeant
redondant
débordant
comble
bondé
farci
bourré
surchargé
massif
compact
dense

plénitude
masse
densité
saturation
satiété
remplissage
remblai
redondance
regorgement
affluence
trop-plein
opilation

remplir
emplir
combler
remblayer
bourrer
bonder
boucher
reboucher
opiler
farcir
saturer
gorger
gaver
surcharger
masser
condenser
tasser
regorger
déborder
rasibus
V. *trou*

plein-vent
V. *place*

plénière [*trat*
V. *pardon*, *magis-*

plénipotentiaire V. *ambassade*

plénitude
V. *plein*

pléonasme
V. *trop*

plésiosaure
V. *géologie*

pléthore
V. *trop*

pleur
larme
chaudes larmes
larmoiement
torrent de larmes
sanglot
pleurnicherie
larmes abondantes
larmes amères

pleureur
pleureuse
trempé de larmes
pleurard
pleureux
larmoyeur
pleurnicheur
lacrymal
lacrymatoire

pleurer
donner un libre cours à ses larmes
répandre des lar-
verser [mes
laisser couler
fondre en larmes
sangloter
pleurnicher
larmoyer
y aller de sa larme
être tout en larmes
arroser de ses larmes
dévorer ses lar-
tarir [mes
essuyer

yeux humides
yeux gros
yeux baignés de larmes [leine
comme une Made-

pleurésie
V. *maladie*

pleurnicher
V. *pleur*

pleuronecte
V. *animal*

pleuropneumonie
V. *maladie*

pleutre V. *peur*

pleuvoir
il tombe de l'eau
il bruine [pluie
le temps est à la
— menace [l'air
il y a de l'eau dans

pluie
ondée
giboulée
lavasse
grain
pluie fine
bruine
averse
abat
pluie battante
— torrentielle
— diluvienne
à verse
à torrent
pluvieux
pluviatile
pluvial
pluviomètre
udomètre
hygromètre
baromètre
pluviôse
parapluie
waterproof
arc-en-ciel
Saint-Médard
V. *temps* (*qu'il fait*)

plèvre V. *corps*

plexus V. *nerf*

pleyon V. *lien*

pli
repli
ride
rugosité
faux pli
alèze
retroussis
plissement
fronce
coquillé
tuyauté
bouillons
godron
rempli
ruche
troussis
froncis
gaufrage
gaufrure
sinuosité
frisure
boucle
angle
flexion
inflexion
réflexion
courbe
froissement
froissure
pliure
sillon
pliage
pliement
repliement
reploiement
plissage
plissure
retroussement
recoquillement
gauchissement
charnière

plier

fléchir
infléchir
ployer
reployer
replier
ferler
froisser
rider
plisser
chiffonner
froncer
rucher
godronner
tuyauter
gaufrer
bouillonner
remplier
friser
boucler
froisser
friper
gauchir
recoquiller
retrousser
sillonner
déployer
déplier
déplisser
goder

sinueux
rugueux
ridé
chiffonné
flexible
ployable
pliable
plicatile
plieur
plioir [*cercle*, V. *courbé*, *courber*

pliant V. *siège*
plicatile V. *pli*
plie V. *animal*
plier V. *pli*
plinthe
V. *menuiserie*
plique V. *maladie*
plisser V. *pli*
ploc V. *reste*
plomb
plomb blanchi
— coulé
— en culot
— laminé
— étiré
— estampé
— repoussé
— en saumon
plomb en navette
— à rabot
— à vitraux
— en table
— martelé
galène
massicot
litharge
mine de plomb
plombagine
graphite
minium
céruse
grenaille
attelle
moufflette
plomber
plombeux
plombier
plombeur
plomberie
plombage
balle
plomb de chasse
soldat (de plomb)
couverture
épi
chéneau

plongée
V. *fortification*
plongeon
V. *nager*
plonger V. *nager*
plongeur
V. *nager*
ploquer
V. *navire*
ployer V. *pli*
pluie V. *pleuvoir*
plumage
V. *plume*
plumasseau
V. *plume*
plumasserie
V. *plume*

1. **plume (d'oiseau)**
âme
tuyau
canon
barbe

plumage
pennage
penne
aigrette
huppe
plumet
panache
plumeau
plumasseau
duvet
édredon
lit de plume
mue
plumée
maillure
duveteux
désempenné
halbrené
plumeux

plumer
déplumer
muer
remplumer
empenner
emplumer
empanacher
plumassier
plumasserie
V. *aile*

2. **plume (à écrire)**
bec
plumier
calmar
plume métallique
— à dessin
— de ronde
— d'oie
plumée (d'encre)

tailler
cracher
s'épointer
écrire gros
écrire fin

plumeau
V. *plume*
plumée
V. *plume* (1 et 2)
plumer
V. *plume* (1)
plumet
V. *plume*
plumetis
V. *broderie*
plumeux
V. *plume* (1)
plumitif V. *procédure*, *employé*
plum-pudding
V. *pâtisserie*
plumule V. *tige*
pluralité
V. *nombre*
pluriel
V. *nombre*

plus
davantage
en plus grande
au-delà [quantité
par delà
au-dessus
supérieurement
par surcroît
en plus
en sus
de plus
en outre
ultra [marché
par-dessus le

ajouter
adjoindre
joindre
additionner
mettre en plus
annexer
surajouter
majorer
enchérir
surenchérir
renchérir sur
augmenter
accroître
agrandir
élever
surélever
excéder
dépasser
exhausser
surhausser
monter
prolonger
allonger
élargir
étendre
amplifier
gonfler
compléter
doubler
répéter
multiplier
redoubler
renforcer
aggraver
croître
accentuer
forcer la note
gagner
grossir
pousser
profiter

majoration
surplus
excès

avantage
majorité
pluralité
surcroît
différence
boni
supplément
complément
recrue
renfort
applique
appoint
subrécot
annexe
alluvion
crément
appendice
allonge
rallonge
élargissure
accession
annexion
acquêt
acquisition
allongement
adjonction
addition
multiplication
agrandissement
accroissement
accrue
regain
progression
augmentation
amplification
recrudescence
redoublement
surenchère
hausse
crue
plus-value
progrès
croissance
surtaxe
surnumérariat
préfixe
affixe
additionnel
ampliatif
augmentatif
complémentaire
supplémentaire
surnuméraire
supplétif
alluvial
amplificateur
V. *trop*, *précéder*

plusieurs
V. *nombre*

plus-value
V. *plus*

plutonien
V. *géologie*

plutôt V. *mieux*

pluvial V. *pleuvoir*, *vêtement*

pluvier
V. *animal*

pluvieux
V. *pleuvoir*

pluviomètre
V. *pleuvoir*

pluviôse V. *mois*

pneumatique
V. *physique*, *bicyclette*

pneumatologie V. *science*

pneumonie
V. *maladie*

Pô (le)
cispadan
transpadan

pochade
V. *dessin*

poche
pochette
gousset

empocher
pocheter
dépocher
fouiller [la poche
mettre la main à
V. *bourse*

pocheter
V. *poche*

pochette
V. *poche*, *violon*

podagre
V. *malade*

podestat
V. *chef*

podium
V. *théâtre*

poêle V. *mariage*, *cuisine*

poêlée V. *volume*

poêlier
V. *chaudronnerie*

poêlon V. *cuisine*

poêlonnée
V. *volume*

poème
V. *livre*, *poésie*

poésie et **poète**
inspiration
enthousiasme
lyrisme
verve
chaleur
feu
don poétique
imagination
Apollon
Muse
Parnasse
Hippocrène
Pégase
art poétique

facture
forme
harmonie
mouvement
chant
accords
poème
accents

courtiser les muses
taquiner la Muse
accorder sa lyre
prendre son luth
chanter
célébrer
rimer
pindariser
poétiser
versifier
mettre en vers
scander

versiculets
strophe
épode
stance
couplet
lai
sirvente
sonnet
madrigal
épigramme
triolet
ballade
chant royal
rondeau
villanelle
virelai
tenson
dithyrambe
héroïde
macaronée
tercet
quatrain
sixain
huitain
dizain
vers
cadence
versification
rythme
mètre
quantité
mesure
métrique
prosodie
longue
brève
commune
pied
dactyle
spondée
trochée
chorée
ïambe
tribraque
amphibraque
anapeste
crétique
amphimacre
péon
bacchius
antibacchius
dochmius
ionique
molosse
choriambe
antispaste
procéleusmatique
diiambe
dispondée
pyrrhique
thesis
arsis
temps fort
temps faible
irrationnel
monopodie
dipodie
tripodie
tétrapodie
pentapodie
monomètre
dimètre
trimètre
senaire
tétramètre
septénaire
octonaire
base
hiatus
syncope
hypermètre
catalectique

acatalectique
hypercatalec-
anacrouse [tique
résolution
contraction
césure
diérèse
penthémimère
trochaïque
hephthémimère
trihémimère
hipponactique
scazon
ithyphallique
logaédique
asclépiade
sapphique
adonique
alcaïque
phalécien
éolique
praxilléen
phérécratien
glyconique
glyconien
épitritique
anaclase
distique
hexamètre
pentamètre
décasyllabe
hendécasyllabe
monostique
monorime
vers léonins
centon
vers rimés
rime
vers blancs
anagramme
tautogramme
palindrome
acrostiche
palinod
alexandrin
enjambement
rejet
hémistiche
coupe
métromanie
licence
cheville

poète
poétesse [Muses
nourrisson des
favori d'Apollon
chantre de
barde
scalde
rapsode
trouvère
troubadour
félibre
poétesse
rimeur
poétereau
rimailleur
versificateur
métromane
bucoliaste
fabuliste
poète pastoral
idyllique
didactique
gnomique
lyrique
dithyrambique
pindarique
satirique
épique
dramatique
élégiaque
cyclique
héroï-comique
burlesque
poétique
prosodique
inspiré

macaronique
poétiquement
V. *style*, *livre*

poids
lourdeur
pesanteur
gravité
charge
faix
chargement
fardeau
surcharge
lest
lestage
équilibre
contrepoids
surpoids
poids spécifique
masse
légèreté
impondérabilité
pesage

lourd
fort (poids)
pesant
écrasant
accablant
lourd comme du plomb
lourd comme un âne mort
léger
lège
pondérable
poids faible
impondérable
portatif
sans poids
aérien
comme une plume
comme l'air
comme le vent

peser
contre-peser
soupeser
alourdir
appesantir
charger
embâter
enger
surcharger
recharger
accabler
écraser
faire plier
courber
contre-balancer
balancer
équilibrer
lester
alléger
délester

pesée
double-pesée
milligramme
centigramme
décigramme
gramme
décagramme
hectogramme
hecto
kilogramme
kilo
myriagramme
quintal
tonne
tonneau
millier
last
livre
demi-livre
quarteron
marc
once
gros
scrupule
grain
carat
arrobe
balance (*Voir*)
peson
haltère
centre de gravité
remède
tolérance
pesamment
lourdement
peseur
V. *balance*

poignant
V. *intérêt*

poignard
V. *épée*

poigne
V. *force*

poignée
V. *volume*

poignet
V. *bras*

poil
crin
crinière
soie
laine
toison
pelage
robe
mantelure
testif
poil follet
taroupe
duvet
système pileux
villosité
bulbe
horripilation
rebroussement

poilu
velu
pelu
couvert de poils
pileux
hirsute
hérissé
hispide
crépu
frisé
ras
laineux
sébacé
chauve
glabre
rasé

tondu
pilaire
dépilatif
dépilatoire
épilatoire
lanugineux
tomenteux
duveteux
pelucheux
velouté

tondre
raser
épiler
plamer
tonsurer
dépiler
retondre
hérisser
rebrousser
muer

rasement
tondaison
tonte
tonture
tonsure
épilation
dépilation
à rebrousse-poil
tondeur
tondeuse
alopécie
pelade
xérasie
calvitie
mue
plamée
V. *cheveu*, *rasoir*, [*laine*

poinçon V. *trou*, *cachet*, *charpente*

poinçonner
V. *cachet*

poindre
V. *soleil*, *pointe*

poing
poignée
poigne
coup de poing
empoigner
V. *main*

point
ponctuation
pointillage
ponctuer
pointiller
V. *place*

pointage
V. *nombre*

pointal
V. *charpente*

pointe et saillie
piquant
acuité
piqûre
bec
aspérité
rugosité
saillie
ressaut
éminence
avance
arête
relief
bas-relief
demi-relief
bosse
bossage
ronde-bosse
mamelon
protubérance
sommet
crête
pic
promontoire
cap
encorbellement
ressaut
balcon
corbeau
modillon
console
potence
dent
aiguille
aiguillon
épine
dard
flèche
croc
crochet
harpon
grappin
gaffe
broche
poinçon
alêne
clou
vrille
ardillon
griffe
épée
hérisson
pique
fourche
picot
aigu
pointu
subulé
lancéolé
affûté
aiguisé
acéré
affilé
crochu
fourchu
piquant
perçant
térébrant
rugueux
âpre
saillant
proéminent
épointé
émoussé
mousse
écaché

percer
piquer
poindre
picoter
saillir
faire saillie
dépasser
avancer
ressortir
pointer
épointer
émousser
rapointir
V. *piquer*

pointer V. *canon*

pointeur
V. *canon*

pointillage
V. *point*

pointilleux
V. *petit*

pointu V. *pointe*

pointure
V. *mesure*

poire
blanquette
épargne
anglaise
duchesse
crassane
doyenné
louise-bonne
beurré
besi
colmar
bon-chrétien
curé
sans-peau
rousselet
chaumontel
catillard
catillac
cuisse-madame
sept-en-bouche
Saint-Jean
caillot-rosat
mouille-bouche
toute-bonne
virgouleuse
franc-réal
madeleine
martin-sec
oignonet
Saint-Germain
belle-angevine
poire blette
poire tapée
poiré
poirier
piriforme

poiré V. *poire*

poireau V. *plante*

poirée V. *plante*

poirier V. *poire*

pois V. *plante*

poison
toxique
aqua-Tofana
venin
virus
miasme
infection
empoisonnement
intoxication
vénéfico

empoisonner
intoxiquer
envenimer

vénéneux
toxique
vireux
empoisonné
venimeux
infectieux
poison violent
poison lent
poison minéral
poison végétal
dose
contrepoison
antidote
thériaque
alexipharmaque
Mithridate
empoisonneur

empoisonneuse
aconit
arsenic
belladone
champignon
ciguë
curare
datura
mancenillier
nicotine
strychnine
toxicodendron
noix vomique
upas
araignée
scorpion
vipère
serpent
gobbe
boulette
toxicologue
toxicologique
thériacal
toxicologie
V. *pourriture*

poissard
V. *poisson*

poisser V. *poix*

poisseux V. *poix*

poisson
queue
nageoire
écaille
arête
opercule
barbe
branchies
évents
ouïes
vésicule

poissons osseux
— acanthoptérygiens
— malacoptérygiens
— malacoptérygiens abdominaux
— malacoptérygiens subbranchiens
— malacoptérygiens apodes
— lophobranches
pleuronecte
plectognathes
stock-fish
cartilagineux
chondroptérygiens
sélaciens
cyclostomes
sturioniens
banc de poissons
œuf
caviar
laitance
frai
fretin
alevin
murrain
blanchaille
poissonnaille
boutique
aquarium
vivier
écrille
caque
torquette
poissonnière
truelle
turbotière
poissonnerie
alevinage
empoissonnement
rempoissonnement
ichtyolithe

pisciforme
ichtyoïde
branchial
laité
œuvé
poissonneux
ichtyophage

ichtyologie
pisciculture
pêche
pêcherie
marée
ichtyophagie
maigre (faire)

empoissonner
aleviner
rempoissonner
pêcher
encaquer

ichtyologue
pisciculteur
pêcheur
poissarde
poissonnier
ichtyocolle
colle de poisson
matelote
friture
V. *pêche*, *nager*, et, au mot *animal*, la nomenclature

Poitou
poitevin
pictave

poitrail
V. *poitrine*

poitrinaire
V. *malade*

poitrine
poitrail
coffre
thorax
sein
côte
sternum
creux de l'estomac
gorge
pectoraux
mamelle
aréole

— développée
large
forte
en dedans
pectoral
thoracique

croix pectorale
rational
fermail
plastron
V. *mamelle*

poivre
poivrade
poivrière
poivrier
poivrer

poix
goudron
calfatage
poisser
empoisser
calfater
goudronner
poisseux
ligneul
calfat

polacre V. *navire*

polaire V. *nord*

polarisation
V. *physique*

polarité
V. *magnétisme*

polder
V. *territoire*

pôle
polaire
circompolaire
V. *territoire*, *astronomie*

polémarque
V. *chef*

polémique
polémiste
engager une polémique
ouvrir
soulever
V. *journal*

polenta
V. *nourriture*

poli V. *essuyer* et *politesse*

police
surveillance
ordre
force publique
gendarmerie
maréchaussée
garde municipale
brigade de sûreté
la sûreté
personnel
préfet
commissaire
officier de paix
brigadier
gardien de la paix
sergent de ville
policier
agent
inspecteur
garde municipal
commissariat
poste
violon
argousin
recors
sbire
limier
mouchard
exempt
gendarme
constable
policeman
alguazil
barigel
barisel

policer
V. *politesse*

polichinelle
V. *carnaval*

poliment
V. *politesse*

polir V. *essuyer*
polisson
V. *grossier*
politesse
honnêteté
civilité
courtoisie
amabilité
affabilité
distinction
accortise
urbanité
savoir-vivre
tact
convenance
bienséance
messéance [pas ce qui ne se fait
usages
étiquette
préséance
protocole
décorum [tesse
formule de poli-
hommage
compliment
respects
devoirs
félicitation
gracieuseté
salut
saluade
salamalec
effusions [cour
eau bénite de
présentation

présenter ses hommages
— ses civilités
faire acte de politesse [ges
connaître les usa-
gracieuser
féliciter
complimenter
congratuler
présenter
messeoir
policer

poli
honnête
bien élevé
civil
courtois
aimable
affable
accort
gracieux
distingué
réservé
discret
cérémonieux
façonnier
comme il faut
homme du monde
galant homme
gentleman
gentilhomme
talon rouge
Régence
séant
bienséant
convenable

poliment
honnêtement
civilement
V. *accueil*, *aristocratie*

politique
affaires publiques
gouvernement
institutions
pouvoir
état
constitution
régime
représentatif
parlementaire
administration
décentralisation
polysynodie
gestion
mêlée politique
parti
opposition
absolutisme
théocratie
carlisme
légitimité
légitimisme
droit divin
bonapartisme
napoléonisme
plébiscite
appel au peuple
oligarchie
aristocratie
philippisme
orléanisme
démocratie
républicanisme
constitutionnalis-
libéralisme [me
opportunisme
radicalisme
communisme
commune
collectivisme
démagogie
ochlocratie
nihilisme
parti réactionnaire
— clérical
— théocratique
— droit divin
— légitimiste
— aristocratique
— oligarchique
— de l'ordre
— du trône et de l'autel
— bonapartiste
— plébiscitaire
— conservateur
— libéral
— fédéraliste
— séparatiste
— oligarchique
— démocratique
— radical
— démagogique
— révolutionnaire
— socialiste
— communiste
homme politique
personnage —
partisan
séide
sectaire
suppôt
absolutiste
ultra
réactionnaire
clérical
blanc
légitimiste
aristocrate
tory
orléaniste
la droite
centre-droit
conservateur
libéral
whig
centre
marais
centre-gauche
constitutionnel
modéré
doctrinaire
fédéraliste
démocrate
opportuniste
radical
avancé
montagne
rouge
révolutionnaire
démagogue
socialiste
communiste
collectiviste
nihiliste
carliste
bonapartiste
napoléonien
impérialiste
philippiste
babouviste
robespierriste
club
clubiste
couleur politique
opinion
drapeau
cocarde
idée
parti

constitutionnel
inconstitutionnel
anticonstitution-
public [nel
adopter une opinion
embrasser
se lancer dans la politique
se jeter dans
faire de
s'occuper de
se mêler de politique
politiquer
V. *constitution*
polka V. *danse*
pollen V. *fleur*
pollicitation
V. *promesse*
Pologne
polonais
staroste
vitchoura
magnat
starostie
schapska
pospolite
poltron V. *peur*
polychrome
V. *couleur*
polyèdre
V. *angle*
polygamie
V. *mariage*

polyglotte
V. *langage*
polygone
V. *forme*
polygraphe
V. *écrivain*
polynome
V. *algèbre*
polype V. *animal. maladie*
polypétale
V. *fleur*
polypeux
V. *malade*
polypode
V. *plante*
polysyllabe
V. *mot*
polysynodie
V. *politique*
polythéisme
V. *religion*

pommade
onguent
cérat
rosat
cosmétique
vaseline
brillantine
glycérine
crème
cold-cream
pot à pommade
pommader
lisser
pomme
pomme d'api
calville
capendu
francatu
sans-fleur
pomme-figue
pigeon d'hiver
reinette
rambour
canada
fenouillet
malique
cidre
beignet
marmelade
charlotte
pommier
pommeraie
pomme de terre
hollande
patate
patraque
vitelotte
yeux
germe
gale
frisolée
rouille
V. *nourriture* (4)
pommé V. *chou*
pommeau
V. *épée*
pommelé
V. *tache*
pommelle
V. *ouvrir*
pommer V. *chou*
pommeraie
V. *pomme*
pommette
V. *tête*
pommier
V. *pomme*

pompe
pompe à incendie
— à feu
— d'épuisement
— à bras
— à vapeur
— centrifuge
— rotative
— mobile
— fixe
— élevatoire
— à simple effet
— aspirante
— refoulante
— à double effet
— à main
bras
levier
brimbale
balancier
piston
corps
cylindre
soupape
clapet
crapaudine
conduit
tuyau
bouche à incendie
prise d'eau
seau
chaîne (faire la)
échelle de sauvetage
devidoir

amorcer
affranchir
pomper
manœuvrer

manœuvre
débit
pompier
capitaine
Pompée
pompéien
pomper
V. *pompe*
pompeux
V. *majesté*
pompier
V. *pompe*
pompon
V. *passementerie*
pomponner
V. *toilette*
ponant V. *ouest*
ponce V. *pierre*
ponceau
V *couleur*, *pont*
poncer
V. *essuyer*
ponceux
V. *pierre*
poncire V. *citron*
poncis V. *dessin*
ponction
V. *chirurgie*
ponctualité
V. *régulier*
ponctuation
V. *ponctuer*
ponctuer
guillemeter
ponctuation
point
— d'exclamation
— d'interrogation
— de suspension
— virgule
deux points
virgule
crochet
tiret
parenthèse
guillemet
trait d'union
pondérable
V. *poids*
pondération
V. *modéré*
pondeuse
V. *œuf*
pondre V. *œuf*
poney V. *cheval*
pongo V. *singe*

pont
pont fixe
— mobile
— volant
— de bateaux
— tournant
— -levis
— suspendu
tunnel
ponceau
passerelle
viaduc
aqueduc

tête
avalée
avant-terre
butée
culée
aile
tablier
parapet
arche
arche-maîtresse
volée
pilier
avant-bec
brise-glace
arrière-bec
couchis

péage
billette
pontonage
péager
pontonnier
jeter un pont sur
Pont-à-Mousson
mussipontin
Pontarlier
pontissalien
ponte V. *œuf*
ponte V. *cartes*
ponter
V. *navire*, *cartes*
pontet V. *fusil*
pontife
pontifical
pontificat
pontificalement
V. *clergé*
pontifier
V. *orgueil*
Pontivy
pontivien
pont-levis
V. *pont*
pont-neuf
V. *chant*

ponton V. *navire*
pontonage
V. *impôt*
pontonnier
V. *soldat, pont*
pontuseau
V. *papier*
pope V. *clergé*
popeline
V. *étoffe*
poplité V. *jambe*

populace
tourbe
canaille
lie du peuple
bas-fonds de la société
vile multitude
ramassis
racaille
populacier
V. *grossier, mépris, assemblée*
populacier
V. *grossier*
populaire
V. *gloire, race*
populariser V. *gloire, extension*
popularité
V. *gloire*
population
V. *habitant*
populéum
V. *remède*
populeux
V. *nombre*

porc
cochon
verrat
pécari
truie
pourceau
cochonnet
goret
cochonnée
compagnon de Saint-Antoine
groin
soie
échinée
quartier
languier
porcherie
porcher
langueyeur
glandée
panage
langueyer
trichine
trichinose
porcin
V. *charcuterie*
porcelaine
V. *céramique*
porcelainier
V. *céramique*
porc-épic
V. *animal*
porchaison
V. *sanglier*
porche V. *porte*
porcher V. *porc*
porcherie
V. *porc*
porcine (race)
V. *porc*
pore V. *ouverture*
porphyre
V. *marbre*
porphyriser
V. *briser*
porracé
V. *couleur*
port (1) V. *attitude*
port (2)
havre
escale
Échelles du Levant
relâche
port marchand
port militaire
port d'attache
atterrage
atterrissage
accore
rade
brise-lames
chenal
goulet
passe
jetée
môle
estacade
sémaphore
cure-môle
front
digue
avant-port
bassin
écluse
dock
darse
quai
quayage
gat
débarcadère
formes de radoub
mâture
carénage
lazaret
portulan
morte-eau
vive-eau
signaux
amers
balise
baliser
baliseur
atterrer
atterrir
aborder
rader
toucher
débarquer
relâcher
portage
V. *porter*
portail V. *porte*
portant
V. *théâtre*
portatif
V. *poids, porter*

porte
entrée
sortie
dégagement
issue
huisserie
portail
porche
grille d'entrée
porte cochère
porte-charretière
porte bâtarde
poterne
porte basse
porte-fenêtre
contre-porte
guichet
huis
chatière
judas
claire-voie
portière
trappe
bâcle

jambage
pied-droit
linteau
chasse-roue
gond

crapaudine
penture
ferrure
montant
ébrasure
embrasure
ouverture
jouée
chambranle
imposte
battant
vantail
traverse
tableau
moulure
panneau
seuil
pas
marteau
heurtoir
poignée
bouton
serrure
loquet
loqueteau
bobinette
béquille
bec-de-cane
plaque de propreté
arrêt de porte
marquise
perron
propylée

percer
condamner
entre-bâiller
entr'ouvrir
ouvrir
enfoncer
fermer
frapper à
heurter à
sonner à

concierge
portier
suisse
guichetier
geôlier
porteballe
V. *métier, porter*
porte-bonheur
V. *succès*
porte-chape
V. *porter*
porte-cigares
V. *tabac*
porte-clefs
V. *prison*
porte-crayon
V. *dessin*

porte-croix
V. *porter*
porte-crosse
V. *porter*
porte-Dieu
V. *porter*
porte-drapeau
V. *drapeau*
portée V. *musique, importance*
porte-enseigne V. *drapeau*
porte-épée
V. *épée*
porte-étendard V. *drapeau*
porte-étriers
V. *selle*
porte-étrivières V. *selle*
portefaix
V. *porter*
porte-fenêtre
V. *porte*
portefeuille
V. *cahier*
porte-liqueurs
V. *vaisselle*
porte-malheur
V. *malheur*
portemanteau
V. *pendre*
portement
V. *porter*
porte-monnaie
V. *bourse*
porte-montre
V. *pendre*
porte-mors
V. *harnachement*
porte-mouchettes V. *éclairage, lumière*
porte-mousqueton
V. *chaîne*
porteplume
V. *écrire*
porter
supporter
soutenir
lever
soulever [les
avoir sur les épau-
colporter
apporter
transporter
transférer
emporter
enlever
rapporter
remporter
reporter
traîner
charger
recharger
brouetter
camionner
voiturer
charrier
transborder

porteur
commissionnaire
portefaix
crocheteur
fort de la halle
besacier
porteballe
colporteur
porte-crosse
porte-croix
porte-chape
porte-clefs
porte-drapeau
porte-enseigne
porte-étendard
porte-Dieu
massier
débardeur
déchargeur
charretier
voiturier
bête de somme

soutien
support
soutènement
fondement
substruction
base
pieu
pilotis
tréteau
échafaud
échafaudage
estrade
oiseau
crochet
bard
civière
comète
brancard
hotte
brouette
véhicule
voiture (*Voir*)
litière
port
soulèvement
factage
transfert
transit
transport
translation
enlèvement
portage
colportage
portement
poids (*Voir*)
charge
chargement
rechargement
transbordement

portable
transportable
portatif
vade-mecum
V. *emporter, poser*
porter V. *bière*
portereau
V. *charpente*
porte-respect
V. *respect*
porte-voix
V. *voix*
portier
V. *concierge*
portière
V. *porte, rideau*
portion
V. *division*
portique
porche
portail
galerie
arcade
loggia
pœcile
péridrome
xyste
colonnade (*Voir*)
péristyle
préau
arc de triomphe
portor V. *marbre*
portrait
image
effigie
représentation
facies
photographie
de face
de profil
trois quarts
tête
buste
en pied
grandeur nature
d'après nature
vivant
ressemblant
parlant
flatté
portraitiste
pose [traits de
reproduire les
attraper la ressemblance
V. *peindre*
Portugal
portugais
posage V. *poser*
pose
V. *poser, portrait*
posé V *tranquille*

poser
placer
poster
aposter
embusquer
établir
imposer
camper
situer
mettre
déposer
localiser
transiter
remiser
rencogner
reporter
replacer
colloquer
consigner
implanter
planter
jucher
loger
caser
emboîter
remboîter
monter
fourrer
installer
fixer
reposer
juxtaposer
interposer
substituer
transposer
superposer
étaler
échelonner

enligner
aligner
étager
étendre
joncher
déplacer
déplanter
transplanter
transborder
transférer
transfuser
transvaser
passer

pose
installation
mise
localisation
déposition
apposition
juxtaposition
placement
situation
position
superposition
imposition
place
report
établissement
transposition
translation
déplacement
déposition
déplantation
transplantation
transbordement
transfèrement
transfert
transfusion
transvasement
passage
transition
transit
posage
montage

sis
horizontal
vertical
en long
en large
dessus
sur
dessous
sous-jacent
sous
à côté
à plat
horizontalement
couché
debout
V. *attitude*, *place*

poseur V. *orgueil*

positif
V. *certain*, *électricité*, *photographie*, *orgue*

position
V. *poser*, *attitude*

positivisme
V. *philosophie*

pospolite
V. *Pologne*

possédé
V. *diable*

posséder
V. *avoir*, *propriété*

possible
V. *facile*

postal V. *lettre*

postcommunion V. *messe*

postdate
V. *suivre*

poste
V. *lettre*, *place*

poster V. *poser*

postérieur
V. *suivre*

postériorité
V. *suivre*

postérité
V. *suivre*

postes
V. *ornement*

postface V. *livre*

posthume
V. *mort*, *suivre*.

postiche
V. *faux*

postillon
V. *cocher*

post-scriptum
V. *lettre*

postulant
V. *demande*

postulat
V. *géométrie*

postuler
V. *demande*

posture
V. *attitude*

pot V. *récipient*, *vaisselle*

potable
V. *boire*

potage
V. *nourriture*

potager
V. *jardin*

potasse
V. *substance*

potassium
V. *substance*

pot-au-feu
V. *nourriture* (4)

pot-de-vin
V. *payer*

pote V. *inaction*

poteau V. *bâton*

potée V. *volume*

potelé V. *gras*

potence
gibet
pilori
fourches
corde
hart
échelle
Montfaucon
pendaison
pendre
brancher
lyncher
pendu
patibulaire

potentat
V. *chef*

potentiel
V. *hypothèse*

poterie
V. *céramique*

poterne V. *porte*

potiche
V. *céramique*

potier
V. *céramique*

potin V. *métal*

potion V. *boire*

potiron
V. *plante*

pot-pourri
V. *désordre*

pou
vermine
lente
pouilleux
pédiculaire
épouiller
phtiriasis

pouacre V. *sale*

pouah! V. *mépris*

pouce V. *main*

poucettes
V. *lien*

poucier V. *gant*

pou-de-soie
V. *étoffe*

poudingue
V. *pierre*

1. **poudre** (en général)
grains
poussier
grenaille
poudrette

mettre en poudre
réduire en poudre
pulvériser
porphyriser
écraser
triturer
grenailler
écacher
broyer
moudre
râper
saupoudrer
poudrer

poudreux
impalpable
friable
sablonneux
pulvérisable
triturable

pulvérisation
trituration
porphyrisation
pulvérisateur
râpe
poudrier
V. *poussière*

2. **poudre de chasse et de guerre**
grain
traînée de
poudre sans fumée
poudre de mine
poudre chloratée
dynamite
mélinite
roburite
panclastite
fulmicoton
nitroglycérine
fulminate
charge
gargousse
fougasse
pétard
fusée

cartouche
poire à poudre
pulvérin
amorçoir
poudrière
poudrerie
soute
Sainte-Barbe
explosif
explosible
fulminant
détonant
inexplosible
pyrotechnie
explosion
détonation
pétardier
poudrier
pétarder
miner
faire sauter

poudrière
V. *poudre*

pouf
V. *pierre*, *siège*

pouffer V. *rire*

pouille
V. *reproche*

pouillé V. *liste*

pouilleux
V. *pou*

poulailler
V. *cage*

poulain V. *cheval*

poulaine
V. *navire*, *chaussure*

poularde V. *coq*

poule V. *coq*

poulet V. *coq*

poulette V. *coq*

pouliche
V. *cheval*

poulie
chape
axe
gorge
poulie fixe
poulie folle
poulie de transmission
moufle
palan

poulinière
V. *cheval*

poulpe
V. *animal*

pouls
pulsation
battement
fréquence
intermittence
intercadence

faible
pulsatif
ondulant
vermiculaire
intercadent
formicant
capricant
caprisant
myure

tâter le pouls

poumon
organe de la respiration
plèvre
hile du poumon
trachée-artère
bronches
parenchyme pulmonaire
lobule
ramuscule
canalicule
pulmonaire
pulmonique
bronchial
bronchique
bronchotomie
granulation
infiltration
anthracosis
charbon pulmonaire
tumeur
cancer
tubercule
V. aussi *maladie*, et *respiration*

poupe
V. *navire*

poupée
V. *marionnette*, *jouet*

poupin
V. *toilette*

poupon
V. *enfance*

pourboire
V. *don*, *payer*

pourceau
V. *porc*

pourchasser
V. *renvoyer*

pourfendeur
V. *orgueil*

pourfendre
V. *tuer*

pourlécher
V. *langue*

pourparler
V. *conversation*

pourpier
V. *plante*

pourpre V. *couleur*, *cardinal*

pourpris
V. *terrain*

pourquoi
V. *question*

pourrissoir
V. *papier*

pourriture
putréfaction
corruption
infection
impureté
putrescence
purulence
récrément
décomposition
fermentation
croupissement
rancidité
évent
moisissure
acescence
chancissure
aigreur
malandre
carie
chancre
gangrène
nécrose
charogne
zymologie
pourrir
putréfier
corrompre
décomposer
fermenter
moisir
se gâter
faisander
tomber en pourriture
se carier
chancir
croupir
rancir
s'éventer
passer
blettir
aigrir
surir
tourner
se gangrener
se nécroser

pourri (et les autres participes)
putride
infect
chaucreux
gangreneux
malandreux
acescent
rance
aigre
gâté
blet
tabide
purulent
septique
antiseptique
putrescible
putrescibilité

poursuivre
courir après
se lancer à la poursuite
pourchasser
donner la chasse
dissiper
balayer
relancer
presser
serrer
acculer
atteindre
ratteindre
rattraper
rejoindre
forcer
traquer

poursuite
traque
V. *renvoyer*

pourtour
V. *autour*

pourvoi
V. *procédure*

pourvoir V. *préparer*, *garnir*

pourvoyeur
V. *nourriture*

pousse V. *arbre*

pousser
bousculer
refouler
chasser devant soi
poussée
bousculade
impulsion
heurt

propulsion
percussion
V. *arbre, renvoyer*
poussette V. *jeu*
poussier
V. *poudre, charbon*
poussière
poudre [sière
nuage de pous-
tourbillon —
rafale —

poudreux
pulvérulent
[lève
la poussière se
— s'abat
faire tomber la poussière
épousseter
balayer
poussif
V. *cheval*
poussin V. *coq*
poussinière
V. *cage*
poutre
V. *charpente*
pouvoir
être capable de
— susceptible de
avoir les moyens de
être en mesure de
être à même de
avoir le bras long
disposer en maître
tailler, rogner
cela dépend de
se heurter à
faculté
possibilité
susceptibilité
puissance
pouvoir
habilité
inhabilité
impossibilité
V. *puissance, chef, commander, commandement, facile, compétence*
pouzzolane
V. *volcan*
prairie
V. *champ*
praline
V. *confiserie*
prame V. *navire*
praticable
V. *facile, théâtre*
praticien
V. *sculpture*
pratique V. *commerce, expérience, habitude*
pratiquer
V. *faire*
pré V. *champ*
préadamite
V. *religion*
préalable
V. *précéder*
préambule
V. *commencement*
préau V. *portique*
prébende
V. *rente*
précaire
V. *durée*
précaution
V. *prudence*
précéder
venir avant
préexister
prendre les de-
devancer [vants
prévenir
dépasser
distancer
doubler
forcer [garde
venir en avant-
— en éclaireur
— en messager
être en tête
tenir la tête
ouvrir la route
— la marche
primer
préopiner
prédestiner
précompter
préétablir
préméditer
préjuger

précédent
précurseur
prédécesseur
primitif
préétabli
devancier
préexistant
avant-garde
éclaireur
courrier
messager
avant-coureur
avant-courrière

antérieur
précité
susnommé
susdit
primordial
premier
princeps
préliminaire
préalable
préopinant
prématuré
précoce
préhistorique
préjudiciel
préventif
préconçu
préfixe
antécédent
stage
initiation
apprentissage
préface
prolégomène
prélude
préexistence
avant-propos
préambule
prologue
dédicace
symptôme
prodrome
signe
pronostic
prédestination
préméditation
pressentiment
prévision
présage
divination
prophétie
oracle
passé
dossier
casier judiciaire
antécédents
antériorité
primeur
prémices
prévention
précocité
préemption
prématurité
préfixe
priorité
préséance

précédemment
avant
auparavant
antérieurement
plus haut
ci-dessus
antécédemment
ci-devant
ex
ancien
préalablement
préliminairement
prématurément
V. *commencer, vieux*
préceinte
V. *navire*
précepte V. *enseignement, loi*
précepteur
préceptorat
préceptoral
V. *professeur*
précession
V. *astronomie*
prêche
V. *discours*
prêcher V. *discours, éloquence*
prêcheur V. *discours, éloquence*
précieux V. *prix, subtil, style*
préciosité
V. *style*
précipice
V. *trou*
précipitation
V. *vite*
précipité
V. *reste*
précipiter
V. *jeter, vite*
préciput
V. *héritage*
précis
net
distinct
juste
déterminé
strict
formel
positif
exact
ponctuel
méticuleux

soigneux
pointilleux
vétillard
vétilleux
tatillon
clair
catégorique
défini
circonscrit
typique
carré
franc
péremptoire

précision
netteté
clarté
franchise
détermination
justesse
exactitude
ponctualité
soin
stipulation
tatillonnage
vétille
pointe d'aiguille

préciser
mettre les points sur les *i*
spécifier
déterminer
définir
circonscrire
stipuler
tatillonner
vétiller

précisément
à la lettre
nettement
formellement
carrément
expressément
positivement
franchement
péremptoirement
strictement
heure militaire
montre en main
à point nommé
ponctuellement
exactement
recta
ric-à-ric
V. *petit*

précité
V. *précéder*, *nom*

précocité V. *vite*

précompter
V. *précéder*

préconçu
V. *précéder*

préconiser
V. *louange*

précurseur
V. *précéder*

prédécéder
V. *mort*

prédécesseur
V. *précéder*

prédestination V. *religion*

prédétermination V. *religion*

prédication
V. *discours*

prédiction
V. *deviner*

prédilection
V. *préférer*

prédire
V. *deviner*

prédisposer
V. *préparer*

prédominance
V. *supériorité*

prééminence
V. *supériorité*

préemption
V. *prix*

préétabli
V. *précéder*

préexistence
V. *précéder*

préface V. *livre*

préfecture
sous-préfecture
préfet
sous-préfet
préfectoral

préférer
aimer mieux
préférence
prédilection
chérubin
préférable
V. *choisir*

préfet
V. *préfecture*

préfix
V. *précéder*

préfixe
V. *grammaire*

préhension
V. *prendre*

préhistorique
V. *préceder*

préjudice
V. *nuire*

préjudiciaux
V. *procédure*

préjudiciel
V. *procédure*

préjudicier
V. *nuire*

préjugé
prévention
parti-pris
partialité
opinion toute faite
infatuation

avoir des préjugés
préjuger
être imbu de préjugés
avoir des présomptions
infatuer
s'infatuer

partial
prévenu
préconcu
V. *injuste*, *opinion*

prélasser (se)
V. *inaction*

prélat V. *clergé*

prêle V. *plantes*

prélegs
V. *héritage*

préléguer
V. *héritage*

prélever
V. *prix*, *ôter*

préliminaire
V. *commencement*

prélude
V. *commencement*

prématuré
V. *vite*

préméditation V. *précéder*

prémices
V. *précéder*

premier
V. *précéder*

prémisses
V. *syllogisme*

prémunir
V. *garnir*

prenable
V. *prendre*

prendre
saisir
ramasser
empoigner
s'attacher à
serrer
capter
capturer
mettre la main sur
s'emparer de
pincer
empaumer
attraper
décrocher
dépendre
harper
happer
cueillir
tenir
avoir dans la main
gripper
agripper
repêcher
ressaisir
remporter
emporter
rafler
ravir
confisquer
lever
prélever
enlever
préhensif
prenable
à portée
sous la main

prise
préhension
empoignement
capturé
pincement
prélèvement
confiscation
enlèvement
rapt
razzia
rafle

main
cirre
vrille
attache
dent
étau
pince
tenaille
pincette
fourchette
grappin
harpon
croc
épuisette

attrape-papillon
filet
piège (*Voir*)
manche
queue
anneau
orillon
anse

prise
butin
dépouille
proie
ramasseur
enleveur
ravisseur
V. *ôter*, *dépouiller*, *dépouille*, *vol*

prénoms

Abel
Abraham
Achard
Achille
Adalbert
Adam
Adélaïde
Adèle
Adeline
Adhémar
Adolphe
Adolphine
Adrien
Adrienne
Agathe
Agénor
Aglaé
Agnan
Agnel
Agnès
Aimé
Aimée
Alain
Albéric
Albert
Albertine
Albin
Albine
Alcibiade
Alcide
Aldegonde
Alexandra
Alexandre
Alexandrine
Alexis
Alfred
Alice
Aline
Alix
Alphonse
Alphonsine
Amable
Amand
Amanda
Amaury
Ambroise
Amédée
Amélie
Anaïs
Anastase
Anastasie
Anatole
André
Andréa
Andrée
Ange
Angèle
Angélina
Angélique
Anicet
Anna
Anne
Annette
Anselme
Anténor
Anthelme
Anthime
Antoine
Antonio
Antoinette
Antonin
Antonine
Antony
Apollinaire
Apolline
Ariste
Aristide
Armand
Armande
Armandine
Arnaud
Arnold
Arnolphe
Arnoul
Arsène
Arsinoé
Artémise
Arthur
Aspasie
Athanase
Athanasie
Athénaïs
Aubin
Augusta
Auguste
Augustin
Augustine
Aurélie
Aurélien
Aurore
Babylas
Balthazar
Baptiste
Baptistine
Barbe
Barnabé
Barthélemy
Bartholomé
Basile
Bastien
Bathilde
Béatrice
Béatrix
Bénédict
Bénigne
Benjamin
Benoît
Bérénice
Bernard
Bernardin
Bernardine
Berthe
Bertrade
Bertrand
Blaise
Blanche
Blandine
Bonaventure
Boniface
Brice
Brigitte
Bruno
Calixte
Camille
Candide
Carl
Caroline
Casimir
Castor
Catherine
Cécile
Céleste
Célestin
Célestine
Célina
Céline
Celse
Césaire
César
Césarine
Charlemagne
Charles
Charlotte
Childebert
Christian
Christine
Christophe
Chrysostome
Clair
Claire
Clara
Clarence
Clarisse
Claude
Claudie
Claudien
Claudine
Clémence
Clément
Clémentine
Cléopâtre
Clodomir
Clorinde
Clotaire
Clotilde
Cloud
Clovis
Colas
Colette
Colin
Colomb
Colombe
Côme
Conrad
Constance
Constant
Constantin
Cora
Coralie
Corneille
Cornélie
Cornélius
Crépin
Crépinien
Crescent
Cunégonde
Cyprien
Cyprienne
Cyr
Cyrille
Dagobert
Damascène
Damase
Damien
Damienne
Daniel
David
Delphine
Démosthène
Denis
Denise
Déodat
Désiré
Diane
Didier
Dieudonné

Diodore
Diogène
Dominique
Donat
Donatien
Dorothée
Edgar
Edith
Edme
Edmée
Edmond
Édouard
Éléazar
Éléonore
Éleuthère
Éliacin
Élie
Élien
Elisa
Élisabeth
Élise
Élisée
Élodie
Éloi
Elvina
Elvire
Elzéar
Émile
Émilie
Émilien
Émilienne
Emma
Emmanuel
Emmeline
Éponine
Ernest
Ernestine
Esprit
Estelle
Estève
Esther
Étienne
Eudo
Eudore
Eudoxe
Eudoxie
Eugène
Eugénie
Eulalie
Euloge
Eumène
Euphémie
Euphrasie
Euphrosine
Eusèbe
Eustache
Éva
Ève
Évariste
Éveline
Exupère
Ézéchiel
Fabien
Fabienne
Fabrice
Fanchon
Fanny
Faustin
Faustine
Faustinien
Félicie
Félicien
Félicité
Félix
Ferdinand
Fernand
Fernande
Fiacre
Fidèle
Fidès
Firmin
Flavie
Flavien
Flore
Florence
Florent
Florentin
Florentine
Florestan
Florestine
Florian
Florimond
Florine
Fortunat
Fortuné
Francine
Francis
Francisqu
François
Françoise
Frantz
Frédéric
Frédérique
Frédégonde
Fridolin
Frumence
Fulbert
Fulgence
Fulvie
Furcy
Gabriel
Gabrielle
Gaëtan
Galatée
Gaspard
Gasparine
Gaston
Gatien
Gautier
Geneviève
Geoffroi
Georges
Georgette
Georgina
Gérard
Gérardine
Germain
Germaine
Gertrude
Gervais
Gervaise
Gilbert
Gilberte
Gille
Gillette
Girard
Gisèle
Glycère
Godefroy
Gontran
Gonzague
Grâce
Gratien
Grégoire
Gudule
Guérin
Guillaume
Guillelmine
Gustave
Guy
Harold
Harry
Hector
Hedwige
Hégésippe
Hélène
Héloïse
Henri
Henriette
Herbert
Herman
Hermance
Hermine
Herminie
Hilaire
Hilarion
Hippolyte
Honorat
Honoré
Honorine
Horace
Hortense
Hubert
Hyacinthe
Ida
Ignace
Ildefonse
Indiana
Inès
Innocent
Iphigénie
Irène
Irénée
Irma
Isaac
Isabeau
Isabelle
Isaïe
Isidore
Isménie
Israël
Jacinthe
Jack
Jacob
Jacqueline
Jacques
James
Janvier
Javotte
Jean
Jeanne
Jeannette
Jeanneton
Jenny
Jephté
Jérémie
Jérôme
Joachim
John
Jonas
Jonathan
Joseph
Joséphin
Joséphine
Josué
Jovien
Jude
Judith
Jules
Julia
Julie
Juliette
Julien
Julienne
Just
Juste
Justin
Justine
Justinien
Juvénal
Ladislas
Lambert
Lambertine
Laure
Laurence
Laurent

Laurentine
Lazare
Léa
Léandre
Lélia
Léo
Léocadie
Léon
Léonard
Léonce
Léonie
Léonora
Léontine
Léopold
Léopoldine
Lesbie
Lia
Lionel
Lisbeth
Lise
Lisette
Lodoïska
Lothaire
Louis
Louisa
Louise
Louisette
Louison
Lubin
Luc
Lucain
Luce
Lucie
Lucien
Lucienne
Lucile
Lucinde
Lucrèce
Lucius
Ludovic
Lydie
Macaire
Maclou
Madeleine
Madelon
Magloire
Magnus
Malvina
Mamert
Manon
Manuel
Marc
Marcel
Marcelle
Marcelin
Marceline
Marcien
Marcienne
Marguerite
Margot
Maria
Marie
Marion
Marianne
Mariette
Marin
Marius
Marthe
Martial
Martin
Martine
Mathieu
Mathilde
Mathurin
Mathurine
Maur
Maurice
Mauricette
Max
Maxence
Maxime
Maximien
Maximilien
Maximilienne
Maximin
Médard
Médéric
Mélanie
Melchior
Menehould
Merri
Mesmin
Michel
Michelette
Michelin
Micheline
Michelle
Mina
Miranda
Modeste
Moïse
Monique
Morin
Nanette
Napoléon
Narcisse
Natalis
Nathalie
Nathaniel
Nazaire
Nectaire
Nelly
Népomucène
Nestor
Nicaise
Nicéphore
Nicette
Nicias
Nicodème
Nicolas
Nicomède
Nina
Ninon
Noé
Noël
Noémi
Octave
Octavie
Octavien
Octavienne
Odet
Odette
Odile
Odilon
Odon
Olga
Olinde
Olivia
Olivier
Olympe
Olympia
Omer
Onésime
Ophélie
Opportune
Optat
Oscar
Osmond
Oswald
Othon
Ovide
Pacôme
Palmyre
Paméla
Pamphile
Pancrace
Pandore
Pantaléon
Parfait
Pascal
Pascaline
Patrice
Patrick
Paul
Paula
Paule
Paulette
Paulin
Pauline
Pélage
Pélagie
Pépin
Pernelle
Perpétue
Pétrone
Pétronille
Philarète
Philéas
Philémon
Philibert
Philiberte
Philippe
Philippine
Philomène
Pierre
Pilate
Placide
Platon
Polycarpe
Polydore
Polyeucte
Ponce
Procope
Prosper
Protais
Prudence
Prudent
Pulchérie
Quentin
Rachel
Radegonde
Raimond
Raoul
Raphaël
Raphaëlle
Raymond
Raymonde
Rébecca
Régina
Régis
Reine
Remi
Renaud
René
Renée
Richard
Rigobert
Robert
Robertine
Rodolphe
Rodolphine
Rodrigue
Roger
Roland
Romain
Romuald
Rosa
Rosalba
Rosalie
Rose
Roselinde
Rosemonde
Rosine
Rupert
Rustique
Ruth

Sabin
Sabine
Salomon
Samson
Samuel
Sara
Saturnin
Saül
Sauveur
Savinien
Scolastique
Sébastien
Séraphin
Séraphine
Serge
Servais
Servan
Sévère
Séverin
Séverine
Scholastique
Sidoine
Sidonie
Sigebert
Sigisbert
Sigismond
Silvain
Silvère
Silvie
Siméon
Simon
Simonne
Simplice
Simplicie
Sixte
Socrate
Solange
Solon
Sophie
Sophronie
Sosthène
Spire
Spiridion
Stanislas
Stella
Stéphane
Stéphanie
Sulpice
Suzanne
Suzette
Suzon
Sylvestre
Sylvie
Symmaque
Symphorien
Tacite
Tancrède
Théobald
Théodore

Théodora
Théodorine
Théodose
Théodosie
Théodote
Théodule
Théophile
Théophraste
Théotime
Thérèse
Thierry
Thomas
Thomase
Tiburce
Timothée
Tobie
Toinette
Tony
Toussaint
Tranquille
Tristan
Trivulce
Trophime
Tullie
Ulric
Uranie
Urbain
Ursule
Valdémar
Valentin
Valentine
Valentinien
Valère
Valérie
Valérien
Valérienne
Véronique
Vial
Victoire
Victor
Victoria
Victorien
Victorin
Victorine
Vigile
Vincent
Virgile
Virginie
Vital
Vivien
Venceslas
Wilfrid
William
Wladimir
Xavier
Yolande
Yves
Yvette
Yvon

Yvonne
Zaccharie
Zaïre
Zélie
Zénaïde
Zénobie
Zéphirin
Zéphirine
Zoé
Zulma
V. *baptême*

prénotion
V. *science*

préoccupation
V. *tristesse*

préopinant
V. *parler*

préparer
organiser
apprêter
machiner
arranger
ménager
combiner
élaborer
préméditer
prédisposer
pourvoir à
mûrir
mitonner
mijoter
négocier
s'arranger pour
mâcher la besogne
commencer
déblayer
préparer les voies
débrouiller
ébaucher
mettre en train
ouvrir
entamer
engager

préparation
disposition
combinaison
arrangement
machination
élaboration
préméditation
prédisposition
apprêts
négociation
préparatifs
préliminaires
dispositions

être prêt
— en état de
avoir son siège fait
préparateur
organisateur
négociateur
précurseur
machinateur
préparatoire
prêt
mûr
à point
de longue main

prépondérance V. *supériorité*

préposer
V. *supériorité*

préposition
prépositif

prérogative
V. *puissance*

près
proche
ambiant
environnant
envoisiné
touchant
en contact
aux environs
à côté
côte à côte
contre
le long de
rez
presque
à peu près
approximativement
à peu de chose près
voisin
limitrophe
contigu
attenant
apposé
adossé
adjacent
circonvoisin
juxtaposé
tangent
rapproché
mitoyen
approximatif
approchant

confiner
border
raser
coudoyer
longer
avoisiner

côtoyer
brûler (être près)
rapprocher
juxtaposer
appliquer
apposer
s'approcher
se toucher

proximité
voisinage
tangence
contiguïté
contact
juxtaposition
rapprochement
approximation
V. *presque*, *toucher*, *vite*

présage
V. *deviner*

pré-salé
V. *viande*

presbyte V. *œil*

presbytère
V. *curé*

presbytérien
V. *religion*

prescience
V. *divination*

prescription
V. *loi*

préséance
V. *politesse*

présence
assistance
comparution
appel nominal
feuille de présence

présent
assistant
comparant
badaud
témoin
spectateur
auditeur
auditoire
galerie

assister
compter parmi
faire acte de présence
figurer
se présenter
venir
comparoir
comparaître
ester
contradictoire (jugement)

présent V. *don*

présent V. *chronologie*

présentable
V. *toilette*

présentation
V. *politesse*

présenter
V. *montrer*

préservation
V. *protéger*

présider
occuper la présidence
diriger la discussion
ouvrir la séance
suspendre — —
clore — —
se couvrir
donner la parole
fauteuil de président
sonnette
bureau
président
vice-président
président d'âge
présidence
vice-présidence
présidentiel
V. *parlement*

présides
V. *prison*

présidial
V. *magistrat*

présomptif
V. *hypothèse*

présomption
V. *hypothèse*, *orgueil*

présomptueux
V. *orgueil*

presque
à peu de chose près
à moitié
quasi
quasiment
environ
grosso-modo
à vue de nez
sur le point de
à deux doigts de
autant dire
approximativement

s'en falloir peu
n'être pas loin de
faire mine de
faillir
toucher
approcher
côtoyer
friser
tirer sur
grisailler
nuance
approximation
pénombre
péninsule
presqu'île
blanchâtre
noirâtre
bleuâtre
rougeâtre
verdâtre
jaunâtre
roussâtre
grisâtre
céladon
olivâtre
vague
flou
V. *obscurité*, *près*, *semblable*

presqu'île
V. *île*

pressant
V. *vite*

presse V. *outil*, *journal*, *nombre*

pressé V. *vite*

presser
V. *serrer*

pressentiment V. *sentiment.*

pressentir
V. *questionner*

presse-papiers V. *papier*

presser
V. *serrer*, *vite*

pressier
V. *imprimerie*

pression
V. *serrer*, *influence*

pressis
V. *nourriture*

pressurage
V. *vin*

pressurer
V. *vin*, *impôt*

pressureur
V. *vin*

prestance
V. *majesté*

prestant
V. *orgue*

prestation
V. *impôt*, *serment*

preste
V. *mouvement*

prestidigitation V. *main*

prestige
V. *majesté*, *imagination*

présumer
V. *hypothèse*

présupposer
V. *hypothèse*

présure V. *lait*

prêt
V. *préparer*, *dette*

prétendre
V. *volonté*

prétendu
V. *faux*

prête-nom
V. *nom*

prétentieux
V. *orgueil*, *style*

prétention
V. *orgueil*, *style*, *demande*

prêter
V. *mont-de-piété*, *dette*

prétérit V. *vieux*

prétérition
V. *oubli*

préteur
V. *magistrat*

prétexte
V. *responsabilité*

pretintaille
V. *vêtement*

prétoire
V. *magistrat*

prétorien
V. *soldat*

prêtre V. *clergé*

préture
V. *magistrat*

preuve
V. *prouver*

prévaloir
V. *supériorité*, *orgueil*

prévarication
V. *crime*

prévenance
V. *caresse*

prévenir
V. *précéder*

préventif
V. *protéger*
prévention
V. *prison, précéder, préjugé*
prévenu
V. *accusation*
prévision
V. *avenir*
prévoir V. *avenir*
prévôt
prévôté
prévôtal
prévôtalement
V. *magistrat*
prie-dieu
V. *prière*
prier
V. *demander, prière*
prière
oraison
orémus
patenôtres
rogations
impioration
invocation
génuflexion
adoration
action de grâces
pater
oraison dominicale
avé
salutation angélique
angélus
bénédicité
grâces
confiteor
mea culpa
miséréré
prière des agonisants
invitatoire
jaculatoire
pénitentiaux
litanie
chapelet
rosaire
signe de la croix
neuvaine
ferveur
ex-voto

prier
adresser des prières
implorer
adorer
s'agenouiller
invoquer
réciter des prières
marmotter
marmonner
dire son chapelet
se signer

prie-Dieu
oratoire
livre de messe
missel
paroissien
eucologe
liturgie

fidèle
pieux
dévot
religieux
fervent
ouailles
liturgique
liturgiste
V. *messe, dévot*
prieur V. *clergé*
prima donna
V. *chanteur*
primaire
V. *ecole*
primat V. *clergé*
primatie
V. *clergé*
primauté
V. *supériorité*
prime
V. *escrime, don*
prime-abord
(de) V. *vite*
primer
V. *supériorité*
prime-saut (de)
V. *vite*
prime-sautier
V. *volonté, vite*
primeur
V. *nouveau*
primevère
V. *plante*
primicier
V. *clergé*
primipilaire
V. *légion, soldat*
primitif
V. *vieux, précéder*
primogéniture V. *âge*
primordial
V. *commencement*
primulacées
V. *plantes*
prince
princesse
principicule
principat
principauté
princier
princièrement
V. *chef, aristocratie, dauphin*
princeps V. *livre*
princesse
V. *aristocratie*
principal
V. *importance, université*
principat
V. *chef*
principauté
V. *territoire*
principe
fondement
base
point d'appui
axiome
vérité première
a priori
partir d'un principe
V. *raisonner*
printanier
V. *printemps*
printanière
V. *nourriture*
printemps
renouveau
printanier
vernal
priorité
V. *précéder*
prise
V. *prendre, tabac*
prisée V. *prix*
priser
V. *juger, prix*
priseur
V. *prix, tabac*
prismatique
V. *forme*
prisme V. *forme*
prison
dépôt
pénitencier
maison d'arrêt
maison de détention
geôle
maison de correction
violon
salle de police
poste
chemin de ronde
bastille
châtelet
plombs
carcere duro
ergastule
oubliettes
préau
cabanon
cachot
cellule
casemate
guichet
barreau
fers
chartre
présides
geôlage
geôlier
guichetier
porte-clefs
prévention
jugement
mandat d'amener
descente
souricière
panier à salade
arrestation
prise de corps
écrou
temps à faire
reclusion
captivité
rançonnement
rançon
emprisonnement
incarcération
internement
détention
claustration

prisonnier
détenu
reclusionnaire
captif
reclus

arrêter
appréhender
pincer
mettre en état d'arrestation
opérer une arrestation
livrer à la justice
se constituer prisonnier
se faire arrêter

emmenotter
enchaîner
empoigner
emprisonner
incarcérer
interner
séquestrer
consigner
écrouer
enfermer
encager
chambrer
claquemurer
garder à vue
élargir
relâcher
libérer
relaxer
rançonner
régime cellulaire
régime pénitentiaire
évasion
libération
élargissement
Latude
Silvio Pellico

Privas
privadois

privatif
V. *moins*

privation
V. *moins*

privauté
V. *aimer*

priver V. *ôter*

privilège
V. *monopole*

prix
coût
cote
valeur
value
évaluation
estimation
prisée
ventilation
enchère
montant
quotité
total
somme
prélèvement
prix d'achat
prix de revient
prix de fabrique
prix de gros
prix de vente
prix fixe
prix net
juste prix
bas prix
prix modique
prix réduit
haut prix
prix surfait
enchérissement
cherté
surtaux
taxation
honoraires
prix élevé
hausse
prix courant
tarif
taxe
mercuriale
taux
cours
dépréciation
vileté
rabais
cote mal taillée
diminution
réduction
baisse
réfaction
remise
solde
reliquat
offre
demande
préemption

coûter
valoir
arrêter le prix
fixer
coter
estimer
évaluer
ventiler
priser
donner un prix
être payé
— taxé
— marqué
— tarifé
— majoré
monter à
s'élever à
revenir à
diminuer
baisser
rabattre
enchérir
augmenter de
prendre de la valeur
[fou
coûter un prix de
coûter les yeux de la tête
coûter gros [d'or
valoir son pesant
tenir la dragée
surfaire [haute
saler
écorcher
rançonner
surtaxer
doubler
tiercer
prélever
marchander
débattre le prix
déprécier

bon marché
à bon compte
à vil prix
pour un morceau de pain
économique
avantageux
une occasion
gratuit
pour rien
sans bourse délier
libre de droits
gratuitement
franchise
franco
gratis
pour le roi de Prusse
gâte-métier
précieux
de valeur
fin
cher
chèrement
exorbitant
onéreux
dispendieux
moyennant
priseur
rançonneur
taxateur
V. *acheter* et *payer*

probabilisme
V. *philosophie*

probabilité
V. *hypothèse*

probant
V. *prouver*

probation
V. *religion*

probatique
V. *laver*

probité
V. *honnête*

problématique V. *hypothèse*

problème
question
données
poser
élucider
résoudre
V. *obscur*

proboscidien
V. *eléphant*

procéder
V. *manière(d'agir)*

procédure
poursuites
diligence
formes
formalités
instrumentation
conduite d'un procès
ministère d'huissier
ministère d'avoué
pratique
acte
exploit
action judiciaire
dossier
pièces
acte authentique
enregistrement
timbre
entérinement
homologation
minute
grosse
expédition
copie
ampliation
duplicata
double
rôle
extrait
papier timbré
paperasse
affaire
procès
cause
litige
chicane
contentieux

mise en cause
citation
assignation
avertissement
commandement
sommation
mise en demeure
dénonciation
command
dévolution
conciliation
transaction
opposition
mainmise
notification
signification
exécution
décharge
main levée
maintenue

plainte
complainte
placet
requête
mémoire
factum
conclusion
articulation
grief
dires
réquisition
demande reconventionnelle
engagement
cédule
convention
reconvention
reconduction
récognition
déclinatoire
action préjudicielle
action possessoire
pourvoi
appel
cassation
confirmation
liquidation
mandat
procuration
pouvoirs
séquestre
restitution
remise [voué
constitution d'a-
débats
défense
tribunal

audience
délibéré
instructions
arrêt
jugement
verdict
plumitif
libellé
dispositif
jonction
disjonction
rétention [faut
jugement par dé-
exception [toire
commission roga-
caution
renvoi
ajournement
remise
huitaine (à)
nullité
cassation [re
exception dilatoi-
communication des pièces
vérification
compulsoire
expertise
arbitrage
incident
litispendance [vil
faux incident ci-
rapport d'expert
interrogatoire
intervention
reprise d'instance
désaveu
règlement
désistement
matière sommaire
tierce opposition
requête civile
prise à partie
dommages - intérêts [tes
reddition de comp-
dépens et frais
protêt
constat
saisie-arrêt
saisie-exécution
saisie-brandon
saisie immobiliè-
ordre [re
emprisonnement
référé [tion
saisie-revendica-
procès-verbal de carence

surenchère [lés
apposition de scel-
opposition aux scellés
levée du scellé
inventaire [ges
cahier des char-
vente
partage
licitation
adjudication
bénéfice d'inventaire
renonciation
antichrèse
curatelle
tutelle
ordre
recréance
répétition
recours
récusation
péremption
prescription
résolution
non-lieu
sursis
délai
introduction
instance
instruction
interlocution
forclusion
enquête
contre-enquête
appel comme d'a-
offres [bus
opposition
bordereau
frais
préjudiciaux
dépens [pens
distraction des dé-
taxation
rescription
provision
honoraires
vacations
gain de cause
forclusion
par défaut
contumace
contradictoire
évocation
pertinence
rescision
supercession
réintégrande
juridiction

compétence
ressort
finage
tribunal
greffe

chicaner [cès
instruire un pro-
avoir un procès
soutenir —
intenter —
plaider
être en procès
actionner
poursuivre
traduire à la barre
introduire une
dénoncer [plainte
accuser
mettre en cause
appeler devant
citer
assigner
intimer
constituer avoué
être assisté de
comparaître
ester
faire défaut
conclure
exciper de
exposer
produire
plaider au fond
prendre acte de
notifier
signifier
sommer
requérir
protester [civile
se porter partie
récuser
saisir
se pourvoir
en appeler de
aller en appel
interjeter appel
faire appel
transiger
gagner
perdre
impétrer
incidenter
intervenir
instrumenter
grossoyer
se présenter pour
occuper pour
verbaliser

requérir
répliquer
inscrire au rôle
passer
recevoir
retenir
disjoindre
joindre
purger
renvoyer devant
évoquer
relever de
remettre
renvoyer
ajourner
suspendre
surseoir
débouter
confirmer
motiver
libeller
prononcer
sentencier
forclore
homologuer
enregistrer
entériner
exécuter
rescinder
casser
taxer
ventiler

plaideur
partie
partie civile
justiciable
colitigant
partie adverse
demandeur
demanderesse
défendeur
défenderesse
client
officier public
huissier
étude
clerc
praticien
avoué
étude
clerc
saute-ruisseau
agréé
avocat
cabinet
défenseur
procureur
juge
tribunal
justice
palais
greffier
greffe
expert
arbitre
tiers-arbitre
liquidateur
rapporteur
syndic
plaignant
requérant
appelant
intimé
ayant cause
ayant droit
comparant
veniat
défaillant
contumax
témoin
— instrumentaire
— déposition

chicanier
processif
procédurier
litigieux
plaidable
suspensif
requérable
reliquataire
provisionnel
contraignable
pétitoire
évocatoire
exécutoire
interlocutoire
rescisoire
résolutoire
rogatoire
récursoire
récognitif
rétentionnaire
extrajudiciaire
matière à procès
contradictoirement
judiciairement
provisionnellement
V. *magistrat*

procès
V. *procédure*

processif
V. *procédure*

procession
V. *suivre*

prochain
V. *homme*, *suivre*

proche
V. *famille*, *près*

prochronisme
V. *erreur*

proclamer
V. *annoncer*

proconsul
V. *chef*

procréer
V. *faire*

procurateur
V. *magistrat*

procuration
V. *commission*

procurer
V. *donner*

procureur
V. *magistrat*

prodige
V. *étonnant*

prodigue V. *dépensier*, *dépenser*, *bon*, *donner*

prodrome V. *maladie*, *précéder*

productif
V. *fécond*

produire
V. *faire*

proéminence
V. *haut*

profaner V. *pire*, *laïque*

proférer V. *dire*

profès V. *moine*

professer V. *avis*, *métier*

professeur
docteur
pédagogue
maître
sous-maître
maîtresse
sous-maîtresse
maître de conférences
titulaire
délégué
chargé de cours
suppléant
répétiteur
maître-répétiteur
préparateur
magister
M. Petdeloup
maître d'école
maître de pension
professeur libre
instituteur
professorat
pédagogie

professer
ouvrir un cours
donner des leçons
enseigner
professoral
pédagogique
V. *école*, *enseignement*, *université*

profession
profession libérale
carrière
fonction
poste
situation
qualité
charge
métier
gagne-pain
travail

embrasser un état
exercer un état
choisir un état
remplir une fonction
occuper un poste
professer
s'établir
professionnel
secret professionnel
V. la liste à *métiers*

profil V. *dessin*

profiler V. *forme*

profit V. *gain*, *mieux*

profitable
V. *utile*

profiter
V. *mieux*, *utile*

profondeur
V. *trou*

profusion
V. *nombre*

progéniture
V. *enfance*

programme
V. *affiche*

progrès
V. *mieux*

progression
V. *plus*

prohiber
V. *défendre*
proie
V. *prendre*

projectile
potée
munitions
caillou
dard
flèche
grain de plomb
cendrée
plomb
balle
balle forcée
balle mâchée
chevrotine
biscaïen
grenade
boulet
boulet ramé
boulet rouge
obus
bombe
torpille
mitraille
trajectoire
amplitude
balistique
V. *canon, artillerie, jeter, poudre, fusil*
projection
V. *dessin, jeter*
projecture
V. *ornement*
projet V. *dessein, volonté*
prolégomènes
V. *commencement*
prolepse
V. *rhétorique*
proleptique
V. *maladie*
prolétaire
V. *ouvrier*
prolifère
V. *plante*
prolifique
V. *génération*
prolixe V. *parler*
prologue
V. *commencement*
prolonger
V. *long*
promenade
V. *marcher*
promenoir
V. *marcher*

promettre
se faire fort de
jurer ses grands dieux
assurer
certifier
protester
dire
s'engager à
faire vœu de
vouer

promesse
pollicitation
assurance
protestation
engagement
vœu [La Châtre
bon billet qu'a
prometteur

tenir une promes- [se
accomplir
remplir un engagement
être fidèle à
acquitter une promesse
faire faux bond
manquer à
V. *serment*
promiscuité
V. *mélange*
promontoire
V. *mer*
promoteur
V. *cause*
promotion
V. *fonction*
promouvoir
V. *mieux*
prompt V. *vite*
promulguer
V. *loi*
pronaos
V. *temple*
prône V. *messe*
prôner V. *louer*
pronom
V. *grammaire*
prononcer
V. *parler, avis*
pronostic
V. *divination*
pronunciamiento
V. *Espagne*
propagande
V. *enseignement*

propagation
V. *extension*
propension
V. *volonté*
prophète V. *devin, divination*
prophylactique V. *remède*
prophylaxie
V. *médecine*
propice V. *faveur*
propitiation
V. *sacrifice*
propolis
V. *abeille*
proportion
rapport
raison
harmonie
pondération
équilibre
balancement
ordre
comparaison
proportionnalité
échelle
quote-part
prorata
coéquation

proportionner
balancer
mettre en rapport
ordonner
harmoniser
équilibrer

proportionnel
relatif
en rapport
par rapport à
au prorata de
selon
en raison directe
en raison inverse
proportionnellement
proportionnément
propos
V. *conversation*
proposer
offrir
faire une ouverture
soumettre
faire une proposition

proposition
offre
avances
ouverture
motion
agréer une proposition
accueillir une —
proposition (grammaire)
sujet
verbe
attribut
compléments
incise
protase
indépendante
principale
affirmative
négative
universelle
particulière
singulière
dubitative
interrogative
exclamative
optative
modale
conditionnelle
complétive
complémentaire
subordonnée
coordonnée
1. **propre** V. *particulier, propriété* et *convenable*
2. **propre**
immaculé
blanc
net
nettoyé
lavé
débarbouillé
décrassé
savonné
débarrassé
rincé
présentable
essuyé
brossé
épousseté
décrotté
débourbé
balayé
épongé
fourbi
astiqué
blanchi
dégraissé
détaché
monde
propret

nettoyer
essuyer
brosser
épousseter
housser
balayer
décrotter
éponger
fourbir
astiquer
blanchir
dégraisser
détacher
épurer
monder
curer
écurer
récurer
draguer
épouiller
épucer

propreté
nettoyage
savonnage
essuyage
brossage
époussetage
décrottage
curage
fourbissage
asticage

serviette
essuie-main
éponge
savon
brosse
époussetoir
écouvillon
balai
décrottoir
plumeau
drague
cureur
benzine
proprement
V. *laver*, *balai*, *essuyer*

propréteur
V. *magistrat*

propriété
bien
avoir
possession
fortune
pécule
une propriété
propriété foncière
propriété immobilière
biens fonds
tréfonds
terre
domaine [ment
propriété d'agré-
propriété mobiliaire
biens meubles
patrimoine
acquêts [naux
biens parapher-
bien de famille
héritage
avant-part
copropriété
alleu
franc-alleu
apanage
allodialité
majorat
fief
bénéfice
mainmorte
capital
magot
sac
acquisition
usucapion
hypothèque
adjudication
licitation
partage
tenure

posséder
avoir
avoir à soi [sion
entrer en posses-
prendre possession
s'approprier
acquérir
acheter
avoir pignon sur
s'arrondir [rue
s'agrandir
s'étendre
lotir
diviser
morceler
se défaire de
aliéner
vendre
mettre en vente
hypothéquer
appartenir à
être à
ensaisiner
réintégrer
propriétaire
terrien
possesseur
acquéreur
adjudicataire
héritier
copropriétaire
apanagiste
allodial
possessionnel
possessoire
possessif
propre
mainmortable
impermutable
nominatif
indisponible
insaisissable
inaliénable
foncier
tréfoncier
immobilier
mobiliaire

titres de propriété
impôt foncier
expropriation
saisie
séquestre
prescription
impermutabilité
ensaisinement
réintégrande
réintégration
V. *avoir payer*, *vente*, *don*, *richesse*

propulseur
V. *mouvement*

propulsion
V. *mouvement*

propylée
V. *porte*

prorata
V. *proportion*

prorogation
V. *tard*

prosaïque
V. *style*

proscrire V. *renvoyer*, *punir*

prose
V. *livre, écrivain*

prosecteur
V. *chirurgie*

prosélyte
V. *religion*

prosodie
V. *poésie*

prosopopée
V. *rhétorique*

prospectus
V. *affiche*

prospère
V. *bonheur*

prosterner
V. *attitude*

prosthèse
V. *grammaire*

prostration
V. *inaction*

prostyle
V. *colonne*

protagoniste
V. *comédien*

protase
V. *théâtre*

prote
V. *imprimerie*

protection
V. *protéger*

protectionnisme V. *commerce*

protéger
défendre
prémunir
préserver
couvrir
appuyer
soutenir
épauler
recommander
faire la courte échelle [l'étrier
mettre le pied à
abriter sous son
servir d'abri [aile
garer [ce de
être la providen-
être le bon ange de [pion de
se faire le cham-
patronner
chaperonner
apostiller
s'employer pour
garder
sauvegarder
garantir [corps
couvrir de son

protection
recommandation
apostille
référence
patronage

préservation
appui
défense
porte-respect
sauvegarde
garde
garage
protectorat
soutien
tutelle
curatelle

tuteur
protuteur
protecteur
bienfaiteur
patron
patronnesse
Mécène
champion
chevalier
défenseur
tutélaire
défensif
secourable
providentiel
préventif
prophylactique
patronal
V. *faveur*, *bon*

protestant
V. *religion*

protester
V. *opposition*

protêt V. *traite*

prothèse
V. *dent*

prococarbure
V. *substance*

protochlorure
V. *substance*

protocole
V. *cérémonial*

protonotaire
V. *pape*

prototype
V. *exemple*

protubérance
V. *haut*

protuteur
V. *protéger*

proue V. *navire*

prouesse
V. *action*

prouver
démontrer
déduire
expliquer
montrer
faire voir
élucider
tirer au clair
éclaircir
faire la lumière
certifier [sur
justifier
persuader
convaincre
entraîner [ves
appuyer de preu-
étayer de preuves
se fonder sur
montrer par A
établir [plus B
confirmer
corroborer
motiver [preuve
administrer la
fournir la preuve
militer
réfuter

preuve
confirmation
fondement
motif
considérant
pièce à l'appui
dossier
document
déduction
démonstration
explication
élucidation
justification
persuasion
valeur
pertinence
criterium
pierre de touche
réfutation

probant
pertinent
convaincant
persuasif
sans réplique
péremptoire
catégorique
confirmatif
démonstratif
déductif
explicatif
justificatif

car
en effet
puisque
parce que
attendu que
vu que
étant donné que
pertinemment
preuve faible
— forte
— irréfutable
— irréfragable
manifeste
évident
V. *raisonner*

provéditeur
V. *magistrat*

provenance
V. *origine*

Provence
provençal

provende
V. *provision*

provenir
V. *origine*

proverbe
maxime
pensée
sentence
devise
parole
mot
apophtegme
aphorisme
formule
adage
dicton
lieu commun
thèse
opinion
réflexion
précepte
observation [lisse
vérité de La Pa-
sagesse des na-
gnomique [tions
moraliste
proverbial
sentencieux
M. Prudhomme
formuler
proverbialement
sentencieuse-
ment

providence
V. *protéger*, *théologie*

providentiel
V. *succès*

provigner
V. *vigne*

provin V. *vigne*

province
V. *territoire*

provincial
V. *moine*

Provins
provinois

proviseur
V. *université*

provision
approvisionne-
réserve [ment
stock
pourvoirie
provende

avoir en magasin
s'approvisionner
faire des provi-
sions [sions
aller aux provi-
pourvoyeur
V. *nourriture*

provisionnel
V. *procédure*

provisoire
V. *durée*

provisorat
V. *université*

provoquer
V. *défi*

proximité
V. *près*

prude V. *pudeur*

prudence
précaution
circonspection
réserve
économie
tire-lire

défiance [dent
se montrer pru-
user de circon
spection
se tenir sur ses
gardes
ne pas se risquer
se tenir en garde
se tenir sur la
réserve
s'observer
se défier
se précautionner
prendre des pré-
cautions

prudent
circonspect
défiant
politique

posé
réservé
avisé
Fabius Cunctator
chat échaudé
la prudence du serpent
prudemment
posément
V. *provision*, *avare*

pruderie
V. *pudeur*

prud'homie
V. *sagesse*

prud'homme
V. *ouvrier*

prune
prunier
prunellier
prunelaie
prune de reine-Claude
prune de Monsieur
perdrigon
mirabelle
pruneau
prunelle
brignole

peau
pelure
chair
noyau
confiture
marmelade
moyeu

prurigo V. *peau*
prurit V. *peau*
prussique
V. *substance*

prytane
V. *magistrat*

prytanée
V. *magistrat*

psalmiste
V. *hymne*

psalmodier
V. *hymne*

psaltérion
V. *instruments*

psaume
V. *hymne*

psautier
V. *hymne*

pseudo V. *faux*
pseudonyme
V. *nom*

psora V. *gale*
psyché V. *glace*

psychologie
psychologue
psychologique
psychologiquement
phénomène psychologique
fait psychologique
faculté
attribut
raison
conscience
perception
attention
comparaison
abstraction
jugement
raisonnement
mémoire
association des idées
le moi
unité
simplicité
identité
spiritualité
liberté
immortalité
spiritualisme
V. *philosophie*, *intelligence*

psylle V. *serpent*
ptérodactyle
V. *géologie*

ptyalisme
V. *cracher*

puanteur
V. *odeur*

pubescent
V. *plante*

public
commun
ouvert
national
communal
banal
collectif
publier
ban
V. *affiche*, *annonces*

publicain
V. *impôt*

publicité
V. *affiche*, *renommée*

publier
V. *éditer*, *dire*

puce V. *animal*
puddler V. *fer*
pudeur
modestie
décence
chasteté
innocence
continence
pudicité
pureté de mœurs
moralité
pruderie
bégueulerie

modeste
décent
chaste
innocent
pur
honnête (en parlant de la femme)
continent
pudique
de bonnes mœurs
pudibond
prude
bégueule
chipie
rosière
vertu (c'est une)
Lucrèce

baisser les yeux
rougir

effaroucher
scandaliser
alarmer

décemment
modestement
pudiquement
V. *humble*

puer V. *odeur*
puéril V. *enfance*
pugilat V. *cirque*
puîné V. *enfance*
puiser V. *liquide*

puissance
toute-puissance
omnipotence
prépondérance
pouvoir
domination
empire
hégémomie
souveraineté
suprématie
maîtrise
premier rang
primauté
le haut de pavé
la haute main
autorité
prérogative
insignes
marque
virtualité
vertu
faculté
possibilité

puissant
tout-puissant
omnipotent
absolu
souverain
suprême
dominateur
prépondérant
discrétionnaire
arbitraire
virtuel
maître
despote
potentat (v. chef)

avoir la puissance
exercer le pouvoir
faire acte d'autorité
être le maître
trancher en maître
faire la pluie et le beau temps
agrandir son pouvoir
affermir son pouvoir
asseoir son autorité
être à l'apogée de
user
abuser
puissamment
virtuellement
V. *pouvoir*, *commandement*, *chef*

puits
puits artésien
puisard
citerne
forage
sondage
curage
nappe d'eau
margelle
seau
corde
poulie
puisatier
puiser
tirer

pulluler
V. *nombre*
pulmonaire
V. *poumon*
pulmonie
V. *maladie*
pulpe V. *fruit*
pulper
V. *pharmacie*
pulsatif
V. *pouls*
pulsation
V. *pouls*
pulvérin
V. *poudre*
pulvériser
V. *poudre*
pumicin
V. *huile*
punais V. *odeur*
punaise
V. *animal*
punaisie
V. *odeur*
punch V. *liqueur*
punique
V. *Carthage*

punir
châtier
corriger
faire un exemple
ne pas laisser impuni [ne
frapper d'une pei-
infliger une peine
édicter
prononcer
appliquer
administrer une correction
condamner à
adoucir
aggraver
proscrire
réprimer
sévir
mériter
s'exposer à
encourir [de
être sous le coup
être passible de
recevoir un châ-
damner [timent
expier
payer
sanctionner
verbaliser
victime
patient
juge
justicier
punisseur
sévère
peine
punition
châtiment
répression
sanction
pénalité
expiation
vindicte
verdict
jugement
procès-verbal
condamnation
peine corporelle
peine afflictive
peine infamante
maximum de la
amende [peine
dommages-intérêts
dédommagement
indemnité
confiscation
flétrissure
marque
mort civile
perte des droits
arrêts
bâton
bastonnade
flagellation
fouet
garcette
correction
schlague
claie
estrapade
roue
écartèlement
boulet
fers
cangue
pilori
exposition
dégradation
garrot
carcan
détention
prison
emprisonnement
reclusion
internement
emprisonnement
incarcération
bagne
galères
travaux forcés
pénitencier
essorillement
échafaud
peine capitale
supplice
décapitation
décollation
guillotine
exécution
pendaison
gibet
potence
expulsion
déportation
transportation
relégation
exil
bannissement
proscription
ostracisme
pétalisme
index
commutation
damnation
sévérité
impunité

pénal
pénitentiaire
correctif
correctionnel
répressif
sévère
rigoureux
expiatoire
piaculaire
passible
inexpiable
afflictif
infamant
pécuniaire
corporel
punissable
répressible
réprimable
impuni
inexpié

confisquer
flétrir
marquer
bâtonner
fouetter
écarteler
pilorier
emprisonner
interner
incarcérer
essoriller
supplicier
exécuter
décapiter
guillotiner
pendre
expulser
déporter
reléguer
exiler
bannir
proscrire
commuer
lever
expier
faire sa peine
échapper à une peine

repris de justice
récidiviste
judiciairement
exemplairement
correctionnellement
pénalement
pécuniairement
impunément

pupillaire V. *œil*
pupille
V. *tuteur*, *œil*
pupitre V. *table*

pur
sans mélange
clair

limpide
apurer
épurer
décaper
écumer
clarifier
filtrer
décanter
purifier
raffiner

essence
quintessence
limpidité
pureté
affinage
raffinage
purification
apurement
clarification
décapage
affinerie
raffinerie

purificatoire
probatique
pureau V. *toit*
pureté
V. *pur, pudeur*
purgation
V. *remède*
purgatoire
V. *enfer*
purge V. *remède*
purger V. *procédure, hypothèque*
purifier V. *pur*
puriforme
V. *excréments*
purin V. *fumier*
purisme
V. *langage*
puriste V. *style*
puritain
V. *religion*
purpurin
V. *rougir*
purpurine
V. *vernis*
purulence
V. *pourriture*
pus V. *excréments*
pusillanime
V. *peur*
pustule V. *peau*
putatif
V. *hypothèse*
putois V. *animal*
putréfaction
V. *pourriture*
puy V. *haut*
pygmée V. *petit*
pylone
V. *colonne*
pyrale V. *animal*
pyramide
V *forme*
Pyrénées
pyrénéen
pyrèthre
V. *plante*
pyrique V. *feu*
pyrite V. *fer*
pyroligneux
V. *substance*
pyromètre
V. *feu*
pyroscaphe
V. *navire*
pyrosis
V. *maladie*
pyrotechnie
V. *artifice*
pyrrhique
V. *danse*
pyrrhonisme
V. *philosophie*
pythagorisme
V. *philosophie*
pythie
V. *magicien*
pythonisse
V. *magicien*

Q

quadragénaire V. *quarante, âge*
quadragésime
V. *carême*
quadrangulaire V. *forme*
quadrature
V. *cercle*
quadrige
V. *voiture*
quadrilatère
V. *forme*
quadrille
V. *danse*
quadriller
V. *ligne*
quadrinôme
V. *algèbre*
quadrumane
V. *singe, main*
quadrupède
V. *pied*
quadruple
V. *quatre*
quai V. *port*
quaker
V. *religion*
qualificateur
V. *inquisition*
qualification
V. *qualité*

1. **qualité**
(*personnes*)
qualité naturelle
don
disposition
capacité
aptitude
prédisposition
tendances
penchant
pente
tempérament
nature
caractère
vocation
feu sacré
esprit
intelligence
goût
sentiment
vertu
sagesse
justice
équité
intégrité
désintéressement
abnégation
austérité
honnêteté
probité
droiture
délicatesse
sensibilité
bonté
humanité
philanthropie
compassion
charité
bienfaisance
générosité
libéralité
munificence
bienveillance
civilité
politesse
urbanité
aménité
amabilité
affabilité
gentillesse
cordialité
gratitude
reconnaissance
bonhomie
bénignité
simplicité
ingénuité
candeur
docilité
résignation
patience
tolérance
complaisance
obligeance
déférence
fidélité
constance
respect
modestie
retenue
convenance
bienséance
décence
pudeur
exactitude
prudence
ardeur
zèle
activité
fermeté
volonté
énergie
résolution
courage
bravoure
héroïsme
patriotisme
loyauté
franchise
sincérité
véracité
gaîté
vivacité
entrain
promptitude
adresse
finesse
dextérité
habileté
jugement
mémoire
imagination
justesse
lucidité
précision
netteté
perspicacité
discernement
réflexion
sagacité
pénétration
talent
génie
frugalité
tempérance
sobriété
propreté

doué
capable
apte
né pour
vertueux
sage
juste
équitable
intègre
désintéressé
austère
honnête

probe
droit
délicat
sensible
bon
humain
philanthrope
humanitaire
compatissant
charitable
bienfaisant
généreux
libéral
bienveillant
civil
poli
bien élevé
aimable
affable
gentil
cordial
reconnaissant
simple
ingénu
candide
docile
résigné
patient
tolérant
complaisant
obligeant
respectueux
fidèle
constant
modeste
convenable
décent
chaste
pudique
exact
prudent
réfléchi
ardent
zélé
actif
ferme
énergique
résolu
courageux
brave
héros
héroïque
patriote
loyal
franc
sincère
véridique
gai
vif
prompt
adroit
fin
habile
judicieux
imaginatif
sensé
précis
net
perspicace
sagace
pénétrant
frugal
tempérant
sobre
propre

posséder une qualité
avoir une qualité
être doué de
qualifier
qualification
qualificatif
V. *importance*

2. **qualité** (*choses*)
état
condition
constitution
manière d'être
degré de force
excellence
camelote
rebut
pacotille
bon
exquis
mauvais

être
se comporter
V. *bonté*, *mauvais*, *importance*, *méprisable*, *convenir*

quantité
quotité
quantum
dose
combien
quotient
mesure
nombre
effectif
contingent

quantitatif

doser
mesurer
contenir
tenir
être composé de
V. *nombre*, *volume*, *nombreux*, *moins*, *plus*, *peu*, *mesure*, *assemblée*, *plein*

quarante
quarantaine
quadragénaire
quadragésime
quadragésimal
quarantième

quarderonner V. *ornement*

quart V. *quatre*, *navigation*

quartaut V. *tonneau*

quarte V. *escrime*, *fièvre*, *musique*

quarteron V. *nombre*, *nègre*

quartier V. *ville*, *quatre*

quartier-maître V. *navigateur*

quarto V. *quatre*

quartz V. *pierre*

quasi V. *presque*

quasiment V. *presque*

quassia V. *remède*, *plante*

quaternaire V. *quatre*, *géologie*

quaterne V. *loto*

quatorze
quatorzième
quatorzièmement

quatrain V. *poésie*, *quatre*

quatre
quatuor
quadruple
quaternaire
quadrangulaire
quadrilatéral
tétrastyle
quadrilobé
quadrifide
quatriennal
quadrumane
quadrupède
quadrige
tétracorde
quadrilatère
tétragone
tétraèdre
carré
quadrinôme
quartidi
quarte
quart
quartier
quadrille
quaterne
quatrain
partie carrée
quatrième
quatrièmement
quarto
quadrupler
fils Aymon

quatre-temps V. *faim*

quatre-vingts
octante
quatre-vingtième
octantième
octogénaire

quatrième V. *quatre*

quatriennal V. *année*

quatuor V. *musique*, *quatre*

quayage V. *impôt*

quelquefois
parfois
de temps à autre
de temps en temps
se voir

quémander V. *demander*

qu'en dira-t-on V. *réputation*

quenelle V. *nourriture*

quenouille V. *rouet*

quercitron V. *chêne*

querelle V. *discussion*

questeur V. *magistrat*

question V. *énigme*, *problème*, *obscurité*. (2) *questionner*, *supplice*

questionner
interroger
poser une question
adresser une question

procéder à l'interrogatoire de
demander
consulter
examiner
sonder
pressentir
scruter
s'informer
interviewer
s'enquérir
tirer les vers du [nez
faire parler
arracher un secret

question
questionnaire
interrogation
interrogatoire
information
interview
enquête
consultation
examen

interrogateur
questionneur
curieux
indiscret
mouton
examinateur
pourquoi
V. *curieux*

questure
V. *magistrat*

quêter
V. *demander*

queue
balai
fouet
queue basse
queue en trompette
anoure
caudal
courtauder
chien d'Alcibiade
V. *nombre, billard*

queuter
V. *billard*

queux V. *cuisine*

queux *ou* **queue**
V. *aiguiser*

quia (à)
V. *difficulté*

quiet V. *tranquille*

quiétisme
V. *religion*

quiétude
V. *tranquille*

quignon V. *pain*

quillage V. *impôt*

quille
boule
jeu
quillier

viser
abattre
quiller

quillette
V. *jardin*

quinaire V. *cinq*

quinaud
V. *difficulté*

quincaillier
quincaillerie
serrurerie
ferronnerie
taillanderie
outil
métaux
ferrure
cuivrerie
fonte
clouterie
vis
piton
fil de fer
treillage
outils de jardinage
poudre
plomb
collier de chien
chaîne
muselière
articles de chasse
bec de cane
verrou
sonnette
crémone
espagnolette
porte-chapeau
poignée de porte
ustensiles de cuisine
batterie de cuisine
fourneau
casserole
filtre
moulin
chauffage
poêle
grille
pelle
pincette
quincaille
articles de ménage
plumeau
balai
coutellerie
quincaillerie d'écurie

quinconce
V. *ligne*

quindécemvir
V. *magistrat*

quine V. *cinq, loto*

quinine V. *remède*

quinquagénaire V. *cinquante*

quinquagésime V. *cinquante*

quinquennal
V. *année*

quinquennium
V. *cinq*

quinquérème
V. *navire*

quinquet
V. *éclairage*

quinquina
V. *remède*

quintaine
V. *jeux*

quintal V. *poids*

quinte V. *musique tousser, cartes*

quintefeuille
V. *plantes*

quintessence
V. *substance, subtil*

quintessencier V. *subtil*

quintette
V. *musique*

quinteux
V. *colère*

quinto V. *cinq*

quintuple
V. *cinq*

quinze
quinzaine
quinzième
quinzièmement
quindécemvir
quindécagone

quiproquo
V. *erreur*

quittance
V. *facture*

quitte V. *payer*

quitter
abandonner
laisser
lâcher
partir
sortir
émaner
émerger
s'en aller
émigrer
disparaître
faire place nette
s'enfuir
s'expatrier
repartir
fuir
déserter
déménager
faire défection
résilier
renoncer à
rompre
sacrifier
abdiquer
résigner
renier
abjurer
se démettre
se désister
rétracter
se dépouiller de
dévêtir
sacrifier
se dessaisir
se démunir de
déposer
se débarrasser
se dégager
secouer
ôter
rejeter
jeter
ne plus vouloir de
faire le sacrifice [de
se défaire de
laisser vacant
dire adieu
planter là
délaisser
se séparer
répudier
divorcer
exposer (enfant)
emmener
extravaser
faire quitter

abandon
départ
sortie
émigration
exode

disparition
émersion
éruption
fuite
désertion
défection
délaissement
résiliation
renonciation
rupture
sacrifice
abdication
reniement
rétractation
abjuration
apostasie
démission
désistement
dessaisissement
séparation
répudiation
divorce
exposition
déposition
adieu
perte
exosmose
exeat

fuyard
déserteur
transfuge
renégat
apostat
démissionnaire
V. *ôter*, *absent*, *fuir*, *voyage*

quitus V. *payer*
qui-vive V. *peur*
quoailler V. *cheval*
quolibet V. *mépris*
quote V. *proportion*
quotidien V. *jour*
quotient V. *division*
quotité V. *quantité*, *prix*

R

rabâcher V. *répéter*
rabais V. *prix*
rabaisser V. *tomber*, *mépris*
rabat V. *cravate*
rabat-joie V. *triste*
rabatteur V. *renvoyer*
rabattre V. *renvoyer*, *couture*, *moins*
rabbin V. *juif*
rabdologie V. *science*
rabdomancie V. *source*
rabique V. *rage*
râble V. *corps*
râblé V. *force*
rabonnir V. *mieux*

rabot
varlope
bouvet
galère
guillaume

fût
lame
poignée
lumière

raboter
dresser
aplanir

raboteur
copeau
planure
V. *plat*, *ôter*

raboteux V. *toucher*
rabougri V. *petit*
rabouillère V. *lapin*
racahout V. *nourriture*
racaille V. *populace*
raccommoder V. *mieux*
raccord V. *un*
raccourcir V. *petit*
raccroc V. *hasard*
raccrocher V. *pendre*

race
peuple
gent
engeance
sang
caucasique
celtique
sémitique
pélasgique
saxonne
finnoise
turque
kourilienne
persane
hindoue
mongole
indo-sinique
hyperboréenne
américaine
colombienne
peaux-rouges
brasiléo-guaranienne
pampéenne
ando-péruvienne
groenlandaise
Esquimaux
polynésienne
malaise
nègre
éthiopienne
hottentote
boschimane
cafre
foulah
cophte
nubienne
abyssinienne
berbère
guanche
mélanésienne
australienne
barbare
civilisée
blanche
jaune
rouge
noire
créole
métis
mulâtre
abénaki
abencérage
abyssin
achanti
aduatuque
africain
afghan
aïnos
akkas
alain
albanais
alfouras
algonquin
allemand
allobroges
amalécite
amazone
ambarre
ambron
ammonite
amorrhéen
andécave
angles
annamite
apache
araméen
arien
arménien
arverne
arya
assyrien
astèque
baskir
basque
bellovaque
berbère
boshiman
bructère
burgonde
cadurque
calédonien
caraïbe
catte
celte
celtibère
chérusque
chéroki
cinghalais
chippeway
cimbre
çomali
galibi
cosaque
créole
croate
dace
éolien
dorien
ionien
druse
éburon
édonien
élamite
fellatah
feloups
flamand
foulahs
gallas
gaulois
gépide
gipsy
goth

ostrogoth
visigoth
hun
vandale
germain
gétule
gitano
grison
hellène
helvète
hernique
ibère
indien
indo-européen
kabyle
kalmouck
khmer
kymri
lélège
ligure
lombard
mandingue
marcoman
marses
maskégons
massagètes
maures
mayas
niam-niams
osques
pannoniens
parthes
pawnies
pygmées
ruthènes
rutules
sabelliens
sabéens
samoyèdes
sarmates
sarrasins
scandinaves
sémites
sicambres
sicules
sicanes
slaves
slovènes
tartares
tectosages
teutons
toltèques
turcomans
tzigane
vascons
vénètes
wallons
wendes
zoulous
ethnographie
ethnologie
ethnographique
ethnologique
ethnographe
ethnologue
populaire
V. *origine*

rachat V. *ravoir*

rachidien V. *squelette*

rachis V. *squelette*

rachitique V. *faible, malade*

rachitisme V. *maladie*

racinage V. *nourriture*

racinal V. *charpente*

racine
base
collet
sommet
radicule
radicelle
tubercule
fibrille
chevelu
souche
rhizome
racine pivotante
— simple
— entière
— rameuse
— composée
— fasciculée
— fibreuse
— coléorhizée
— accessoire
— adventive
— aérienne
— piléorhizée
— primaire
— axile
— latérale
radiculaire
radical
radicant
enraciné
déraciné
griffe
bouture
oignon
bulbe
caïeu
éradication
radication

raciner [cines pousser des ra-
enraciner
déraciner

racler V. *ôter*

raclure V. *reste*

racoler V. *armée*

raconter V. *récit*

racornir V. *petit*

racquitter V. *ravoir*

rade V. *port*

radeau V. *navire*

rader V. *navire, mesure*

radiaires V. *animal*

radial V. *bras*

radiation V. *ôter*

radical V. *racine, politique*

radicant V. *racine*

radicelle V. *racine*

radié V. *roue*

radier V. *ôter*

radier V. *maçonnerie*

radieux V. *gai*

radis V. *plantes*

radius V. *bras*

radoire V. *mesure*

radoter V. *répéter*

radouber V. *navire*

radoucir V. *mieux*

rafale V. *vent*

raffermir V. *force*

raffinage V. *sucre*

raffiner V. *subtil*

raffoler V. *aimer* (1)

rafistoler V. *mieux*

rafler V. *ôter, prendre*

rafraîchir V. *froid, boire, mémoire*

ragaillardir V. *gai*

rage
hydrophobie
enragé
hydrophobe
rabique
antirabique
flâtrer
Pasteur
V. *colère*

ragot V. *petit, sanglier*

ragoût V. *nourriture, agréable*

ragréer V. *mieux*

raïa V. *Turquie*

raide V. *penché*

raidillon V. *chemin*

raidir V. *droit*

raie V. *animal, ligne*

raifort V. *plantes*

rail V. *gare*

railler V. *rire*

railway V. *gare*

rainette V. *animal*

rainure V. *trou*

raiponce V. *plantes*

raire V. *cerf*

rais V. *roue*

raisin V. *vigne*

raisiné V. *confiture*

raison V. *intelligence, cause, juste, vrai*

raisonnable V. *raisonner, juste*

raisonnablement V. *raisonner, assez*

raisonner
argumenter
discuter
débattre
expliquer
induire
inférer
déduire
démontrer

prouver
conclure
poser en fait[cipe
partir d'un prin-
échafauder un raisonnement
conduire son raisonnement
tirer une conséquence
aboutir à une conséquence
démontrer par l'absurde
ratiociner
déraisonner
ergoter
épiloguer
chicaner
objecter
réfuter
rétorquer
retourner
renverser
ruiner [de
militer en faveur

dialectique
logique
méthode
ratiocination
raisonnement
argumentation
débat
explication
discussion
induction
déduction
démonstration
conclusion
syllogisme
enthymème
sorite
épichérème
sophisme
paralogisme
analogisme
paradoxe
principe
axiome
postulat
prémisse
opinion
thèse
question
problème[cussion
terrain de la dis-
corollaire
conséquence

analogie
dilemme
argument
argument ad hominem
cercle vicieux
pétition de prin-
argutie [cipe
casuistique
chicane
pointe d'aiguille
chinoiserie
distinguo
preuve
réfutation
rectitude
mauvaise foi
bonne foi

logicien
dialecticien
raisonneur
argumentateur
casuiste
sophiste
ergoteur

discursif
déductif
inductif
analytique
synthétique
victorieux
irréfutable
accablant
péremptoire
judicieux
juste
logique
serré
probant
absurde
insoutenable
faux
vicieux
spécieux
réfutable [base
qui pèche par la
qui ne tient pas
sans suite [debout
rationnel
raisonnable
soutenable
raisonnablement
logiquement
rationnellement
V. *vérité*, *syllogisme*, *prouver*, *sophisme*, *discussion*

rajah V. *Inde*
rajeunir V. *jeune*
rajuster V. *mieux*
râle V. *animal*
râle V. *mort*
ralingue V. *corde*
ralinguer V. *navire*
rallier V. *un*
rallonge V. *long*
rallumer V. *feu*
ramadan V. *fête*
ramage V. *oiseau*, *ornement*
ramas V. *assemblée*
ramasse V. *neige*
ramasser V. *prendre*
ramassis V. *assemblée*
Rambouillet
rambolitain
1. **rame** V. *papier*, *jardin*
2. **rame**
aviron
godille
pagaie

palette
pale
bras
manche
V. *canotage*
ramé V. *projectile*
rameau V. *branche*
ramée V. *branche*
ramender V. *terrain*
ramener V. *rendre*
ramentevoir V. *mémoire*
ramequin V. *pâtisserie*
ramer V. *canotage*, *jardin*
ramereau V. *pigeon*
ramette V. *papier*
rameur V. *canotage*

rameux V. *branche*
ramier V. *pigeon*
ramifier V. *extension*
ramilles V. *branche*
ramingue V. *cheval*
ramollir V. *mou*
ramoner V. *cheminée*
rampe
main courante
barreau
pomme
balustre
volée
V. *escalier*
ramper
raser la terre
rampant
reptile
rampement
reptation
rampin V. *cheval* (5)
rancart V. *renvoyer*
rance V. *odeur*
rancher V. *échelle*
rancio V. *vin*
rancir V. *pourriture*
rançon V. *prisonnier*
rancune V. *haine*
randonnée V. *chasseur*
rang V. *ligne*
ranger V. *ordre*
ranimer V. *vie*
ranz V. *berger*
rapace V. *avare*, *oiseau*
rapatelle V. *crin*
rapatrier V. *voyage*
râper V. *poudre*, *vêtement*
rapetasser V. *mieux*
rapetisser V. *petit*
rapidité V. *vite*

rapiécer
V. *mieux*
rapiéceter
V. *mieux*
rapière V. *épée*
rapin V. *peintre*
rapointir
V. *pointe*
rappareiller
V. *semblable*
rapparier
V. *semblable*
rappel V. *appel, tambour*
rappeler
V. *appel, mémoire*
rapport V. *proportion, société, semblable, récit, bénéfice*
rapporteur
V. *espion, angie*
rapprochement V. *près, semblable*
rapsode
V. *poésie*
rapsodie
V. *livre*
rapt V. *prendre*
râpure V. *reste*
raquetier
V. *métier*
raquette V. *jeux*
rare V. *peu*
ras V. *poil, terrain*
rasade V. *boire*
raser V. *couper*

rasoir
paire de
semaine de
cuir
savonnette
poudre de savon
pinceau
blaireau
plat à barbe

raser
repasser
coup de rasoir
estafilade
étrenne de la barbe
rassade V. *verre*
rassasier
V. *faim*
rassembler
V. *assembler*
rasséréner
V. *tranquille*
rassortir
V. *semblable*
rassurer
V. *tranquille*

rat
rate
surmulot
campagnol
souris
raton
souriceau
rongeur
souriquois
ratière
souricière
ratier
ratafia
V. *liqueur*
ratanhia
V. *plantes*
ratatiné
V. *petit*
1. **rate** V. *rat*

2. **rate**
splénique
désopilatif
dérater
érater
désopiler
désopilation
râteau
ratissoire
fauchet

dent
manche

ratisser
râteler
égaliser
râtelée
ratissage
râtelage
ratissure
râteleur
rater V. *mal*
ratier V. *chien*
ratière V. *piège*
ratification
V. *approbation*
ratine V. *drap*
ration
portion congrue
rationner
rationnement
V. *division* (2)
rational
V. *vêtement*
rationalisme
V. *philosophie*
rationnel
V. *raisonner*
rationner
V. *ration*
ratisser
V. *râteau*
raton V. *rat*
rattacher
V. *lien*
ratteindre
V. *pousuivre*
rattraper
V. *poursuivre*
rature V. *défaire*
raucité V. *voix*
rauque V. *voix*
ravager
V. *dépouille*
ravalement
V. *maçonnerie*
ravaler
V. *manger, mépris*
ravauder
V. *mieux*
ravauderie
V. *parler*
rave V. *plantes*
ravelin
V. *fortification*
ravi V. *gai*
ravier
V. *vaisselle*
ravière
V. *plantes*
ravin V. *trou*
ravine V. *trou*
raviner V. *trou*
ravir
V. *ôter, agréable*
raviser (se)
V. *contraire*
ravissement
V. *gaîté*
ravisseur V. *ôter*
ravitailler
V. *nourriture*
raviver
V. *mémoire, vie*
ravoir
reprendre
regagner
réoccuper
reconquérir
recouvrer
récupérer
retrouver [dans
être réintégré
rentrer en posses-
rempocher [sion
faire rendre gorge
racheter
se racquitter
se remplumer
se refaire

reprise
recouvrement
rentrée
répétition
réintégration
réintégrande
rachat
rayer
V. *ligne, défaire*
rayon
radiation
rayonnement
irradiation
rayonner
rayonnants
radié
irradié
radiomètre
actinomètre
rayure V. *ligne*
razzia V. *ôter*
réactif
V. *chimie*
réaction
V. *contraire, politique*
réaggrave
V. *pape*
réagir
V. *contraire*
réal V. *monnaie*
réale V. *navire*
réalisable
V. *facile*
réaliser V. *faire*
réalisme V. *philosophie, peinture*
réalité V. *être*
rebaptisants
V. *religion*
rébarbatif
V. *physionomie*
rebattre
V. *répéter*
rebaudir
V. *chien*
rebec
V. *instruments*

rebelle
V. *désobéir*
rebéquer (se)
V. *volonté*
rebiffer (se)
V. *volonté*
reboiser V. *forêt*
rebondi V. *gras*
rebondir V. *saut*
rebord V. *bord*
reboucher
V. *plein*
rebours
V. *contraire*
rebouteur
V. *chirurgie*
rebrocher
V. *reliure*
rebrousser
V. *contraire, poil*
rebuffade
V. *accueil*
rébus V. *obscur*
rebut V. *reste*
rebuter
V. *dégoûter*
récalcitrant
V. *désobéir*
récapituler
V. *répéter, liste*
recéder V. *rendre*
recéler V. *cacher*
recensement
V. *liste*
récent V. *nouveau*
recépage
V. *forêt*
récépissé V. *facture, recevoir*
réceptacle
V. *récipient, fleur*
réception
V. *recevoir*
recette V. *recevoir, manière*
recevable
V. *responsabilité*
receveur
V. *recevoir*
recevoir
accepter
agréer
percevoir
lever
prélever
encaisser
émarger
toucher
empocher
recueillir
récolter
attraper
empaumer
mettre dans son [sac
embourser
palper
recouvrer
accuser réception

recette
réception
acceptation
agrément
perception
encaissement
rentrée
émargement
récépissé
recouvrement
prix
receveur
percepteur
destinataire
irrécouvrable
rechampir
V. *peindre*
rechange
V. *remplacer*
réchapper
V. *salut*
recharger
V. *poids*
rechasser
V. *renvoyer*
réchaud
V. *cuisine*
réchauffer
V. *cuire*
réchauffoir
V. *cuisine*
rêche V. *toucher*
rechef (de)
V. *répéter*
recherche
V. *style, curiosité, vêtement*
rechercher
V. *chercher*
rechigner
V. *opposition*
rechute V. *tomber, maladie*
récidive
V. *répéter*
récif V. *mer, roc*
récipé V. *remède*
récipiendaire
V. *académie*
récipient
vase
réceptacle
pot
poterie
vaisselle

emplir
empoter
dépoter
rempoter
verser
vider
égueuler

aiguière
alcarazas
amphore
canope
hydrie
canthare
cratère
coupe
rhyton
lécythus
gargoulette
gobelet
tasse
verre
hanap
vidrecome
timbale
pichet
cruche
cruchon
bouteille
flacon
jarre
jatte
jale
boulier
tourie
bonbonne
dame-jeanne
outre
bocal
assiette
plat
écuelle
bol
gamelle
terrine
soupière
marmite
saladier
légumier
ravier
sucrier
beurrier
poivrière
moutardier
salière
vinaigrier
huilier
burette
buire
coquetier
rince-bouche
bouilloire
bouillotte
huguenote
samovar
cafetière
théière
chocolatière
cassolette
brûle-parfum
pot-pourri
encensoir
navette
ampoule
bénitier
calice
ciboire
vaisseau
urne
potiche
jardinière
porte-bouquet
bouquetier
pincelier
tire-lire
esquipot
cagnotte
tronc
boîte
cuvette
pot-à-eau
broc
baignoire
tub
seau
seille
bac
baquet
bassin
brassin
cuvier
cuveau
cuve
cellule
piscine
aquarium
vasque
auge
bassiot
râtelier
mangeoire
crèche

barbotière
auget
chaudron
bassine
bidon
boîte à lait
tonneau
réservoir
boîte
étui
fourreau
gaine
capsule
alvéole
cellule
sébile
porte-monnaie
bourse
gibecière
havre-sac
aumônière
sabretache
ridicule
sac
sacoche
bissac
besace
carnassière
carnier
blague à tabac
cornet
panier
manne
caisse
malle
armoire
V. la plupart de ces mots et *bouteille*, *cuisine*, *vaisselle*, *chaudronnerie*, etc.

réciproque
V. *mutuel*

récit
narration
compte rendu
rapport
relation
narré
on-dit
racontar
conte
nouvelle
histoire
historiette
anecdote
heptaméron
décaméron
fait
événement
description
tableau
détail
incident
épisode
dénouement

raconter
conter
narrer
rendre compte
rapporter
relater
décrire
tracer
retracer
détailler
conter par le menu
ne rien omettre
dire
communiquer
faire part
exposer
écrire
coucher par écrit
confier au papier

récit piquant
récit fidèle
conteur
narrateur
nouvelliste
V. *histoire*, *style*, *conversation*

récitatif
V. *opéra*

réciter
V. *mémoire*

réclamation
protestation
plainte
doléance
grief
revendication
répétition

réclamer
protester
se plaindre
se récrier
rebéquer
rebiffer
regimber
jeter les hauts cris
revendiquer
redemander
protestataire

réclame
V. *affiche*

réclamer
V. *réclamation*

reclure
V. *fermer*

reclusion
V. *prison*

recognitif
V. *obligation*

recognition
V. *procédure*

recoin V. *place*

recolement
V. *liste*

récollection
V. *réflexion*

recolliger
V. *réflexion*

récolte
produit
rendement
cueillette
cueillage
cueillaison
grappillage
coupe
fenaison
moisson
engerbage
engrangement
fauche
andain
guéret
fauchée
fauchage
verse
chaumage
fauchaison
gerbage
glanage
javelage
fanage
fanaison
rentrée
vendange
foulage
pressurage
saisie-brandon

moissonner
récolter
cueillir
chaumer
faucher
couper
engerber
engranger
enjaveler
gerber
glaner
javeler
lier
faner
rentrer
vendanger
grappiller
égrapper
épamprer
fouler
battre
pressurer

cueilloir
faux
faucille
faucillon
faucheuse
panier
hotte
pressoir
cuve
cuvier
grenier
aire
grange
airée
fléau
meule
moyette
fauchée
gerbe
gerbée
glanure
glane
javelle
éteule
regain
hottée

moissonneur
messier
faucheur
glaneur
faneur
javeleur
lieur
meulier
vendangeur
grappilleur
pressureur
vigneron
Cérès
Bacchus
V. *vendange*, *foin*, *agriculture*

recommandable V. *honnête*

recommandation V. *protéger*

recommencer
V. *répéter*

récompense
prix
prime
salaire
rémunération
gratification
décoration
prix d'honneur
arme d'honneur
accessit
mention
médaille
diplôme
palmarès
livre d'or
hors concours

récompenser
revaloir
donner une récompense
médailler
mentionner
diplômer
décerner une récompense
mériter une récompense
remporter une récompense

recomposer
V. *un*

réconcilier
remettre
rapatrier
rapprocher
réunir
raccommoder
replâtrer

réconciliation
rapprochement
raccommodement
replâtrage
oubli
retour
l'enfant prodigue
réconciliateur
réconciliable
V. *ingrat, mémoire*

reconduction
V. *procédure*

reconduire
V. *suivre*

réconfort
V. *consolation, consoler*

reconnaissable V. *semblable*

reconnaissance
gratitude
mémoire
grâce
merci
remercîment
obligation
service rendu
dette

rendre grâce
remercier
dire merci
être reconnaissant
se montrer reconnaissant
témoigner sa reconnaissance
payer de retour
reconnaître
redevoir
revaloir

reconnaissant
non oublieux
redevable
merci !

reconnaître
V. *semblable*

reconquérir
V. *ravoir*

reconstituer
V. *répéter*

reconstruire
V. *répéter*

reconvention
V. *procédure*

recopier
V. *semblable*

recoquiller
V. *petit*

recorder
V. *mémoire*

recors V. *police*

recoupe
V. *farine*

recourber
V. *cercle*

recours V. *demande, secours*

recouvrer
V. *ravoir*

récréance
V. *procédure*

récréation
V. *inaction*

récrier (se)
V. *opposition*

récriminer
V. *reproche*

recru
V. *fatigué*

recrudescence V. *plus*

recrue
V. *soldat, plus*

recrutement
V. *armée*

recruteur
V. *armée*

recta V. *précis*

rectangle
V. *forme*

recteur
V. *université*

rectifier
V. *mieux*

rectiligne
V. *ligne*

rectitude
V. *raisonnement*

recto V. *page*

rectum
V. *digérer*

recueil
V. *choisir*

recueillement
V. *tranquille, réflexion*

recueillir
V. *recevoir*

recul
V. *mouvement*

récupérer
V. *ravoir*

récursoire
V. *procédure*

récuser V. *non*

rédacteur
V. *journal*

rédaction
V. *style*

redan
V. *fortification*

rédemption
V. *payer*

rédemptoriste V. *clergé*

redevable
V. *obligation*

redevance
V. *obligation, impôt*

redevancier
V. *impôt*

redevoir
V. *reconnaissance*

rédhibition
V. *vente*

rédhibitoire
V. *vente*

rédiger V. *écrire*

rédimer
V. *impôt, payer*

redingote
V. *vêtement*

redire V. *répéter*

redondance
V. *trop, style*

redoublement
V. *répéter*

redoutable
V. *peur*

redoute
V. *fortification*

redouter
V. *craindre*

rédowa V. *danse*

redresser
V. *droit, mieux*

réduire
V. *moins, vaincre*

réduit
V. *appartement*

réduplication
V. *répéter*

réel V. *être*

réélire
V. *élection*

réexpédier
V. *renvoyer*

réexporter
V. *renvoyer*

réfaction
V. *prix*

refaire
V. *répéter, mieux*

refait V. *jeu*

réfection
V. *mieux, répéter*

réfectoire
V. *repas*

refend V. *mur*

référé
V. *procédure*

référence
V. *gage, protéger*

référendaire
V. *magistrat*

référer V. *témoin*

réfléchir V. *réflexion, lumière*

réflecteur
V. *éclairage*

reflet V. *lumière*
réflexe
V. *mouvement*
réflexibilité
V. *renvoyer*
1. **réflexion**
V. *lumière*
2. **réflexion**
méditation
supputation
calcul
recueillement
retour sur soi-même
recollection

réfléchir
méditer
calculer
peser
rouler dans son [esprit
supputer
recolliger (se)
recueillir (se)
rentrer en soi-même
s'absorber
s'abîmer dans
être plongé dans
ruminer
repasser
repenser
revenir sur

réfléchi
méditatif
absorbé
recueilli
V. *intelligence, distrait*
refluer V. *retour*
reflux V. *mer*
refondre
V. *mieux*
réformé
V. *religion*
réformer
V. *mieux*
refouler
V. *renvoyer*
réfractaire
V. *feu, loi*
réfracter
V. *renvoyer*
refrain V. *chant*
réfrangibilité
V. *lumière*
refréner
V. *opposition*
réfrigérant
V. *froid*
réfringent
V. *lumière*
refroidir V. *froid*
refuge V. *abri*
refuite V. *cerf*
refuser V. *non*
réfuter V. *preuve, répondre*
regagner
V. *ravoir, retour*
regain
V. *plus, répéter*
régal
V. *repas, agréable*
régale
V. *impôt, orgue*
régalement
V. *terrain*
régaler V. *repas*
régalien V. *impôt*
régaliste
V. *impôt*
regard V. *œil, canalisation*
regardant
V. *avare*
regarder V. *voir*
régate V. *canotage, cravate*
régence V. *roi*
régénérer
V. *mieux*
régent V. *roi*
régenter
V. *commander*
régicide
V. *roi, tuer*
régie V. *impôt*
regimber
V. *opposition*
régime V. *politique, grammaire, nourriture*
régiment
V. *armée*
région
V. *territoire*
régir
V. *commander*
régisseur
V. *comédien*
registre
V. *cahier*
règle
V. *dessin, loi*
régler
V. *ligne, loi*
réglet
V. *ornement*
réglisse
V. *plante, remède*
réglure V. *ligne*
règne
V. *roi, division*
régner
V. *roi, extension*
regnicole
V. *habitant*
regorger
V. *plein*
regouler
V. *renvoyer*
regrat V. *vente*
regret
dépit
ennui
deuil

regretter
déplorer
pleurer
être triste de la perte [doigts
s'en mordre les
porter le deuil
être marri
faire son deuil
oublier
regret amer
regrettable.
V. *remords*
régule
V. *substances*
régulier
normal
réglementaire
dans la règle
ponctuel
selon la règle
réglé
ordinaire
régulièrement
normalement
ponctuellement
régularité
ponctualité
régularisation
régulariser
régulateur
V. *bien, précis*
réhabiliter
V. *réputation*
rehausser
V. *haut, mieux*
rehaut
V. *peinture*
Reims
rémois
rein
rénal
néphrétique
surrénal
reinté
reine V. *roi*
reine-claude
V. *prune*
reinette
V. *pomme*
réintégrande
V. *procédure, ravoir*
réintégrer
V. *ravoir*
réis V. *Turquie*
réitérer
V. *répéter*
reître V. *cavalerie*
rejaillir V. *jeter, réputation*
rejet V. *poésie*
rejeter V. *non*
rejeton
V. *enfance*
rejoindre V. *un*
réjouir V. *gaité*
relâche V. *inaction, navire*
relâchement
V. *inaction*
relâcher
V. *liberté*
relais V. *voiture*
relancer V. *jeter, poursuivre*
relaps
V. *double, religion*
relater V. *récit*
relatif
V. *proportion*
relaxer V. *liberté*
relayer V. *fiacre*
relégation
V. *renvoyer, punir*
reléguer
V. *renvoyer*
relent V. *odeur*
relevé V. *nourriture, goût*
relèvement
V. *mieux*
relever V. *haut, répondre, remplacer, guérir*
releveur
V. *muscle*

reliage V. *tonneau*
relief V. *forme*, *pointe*, *reste*
relier V. *assembler*, *reliure*
relieur V. *reliure*
religieusement V. *scrupule*
religieux V. *clergé*

1. **religion**
culte
dogme
gnose
credo
foi
croyance
article de foi
catéchisme
symbole
révélation
culte de latrie
— — dulie
hyperdulie
Ecriture
Testament
Bible
Coran
King
miracle
extase
mystère
sacrement
église
autel
liturgie
rite
rituel
ritualisme
patrologie
sacerdoce
piété
ferveur
ardeur
dévotion
onction
componction
religiosité
prière
apostolicité
prédestination
prédétermination
eulogies
reliques
œuvre pie
oblation
conversion
abjuration
apostasie
hérésie
schisme
exorcisme
anathème
interdit
excommunication
monition
monitoire
aggrave
catéchèse
probation
noviciat
inamissibilité
sacramentaire
tolérance
tolérantisme
intolérance
fanatisme
intolérantisme

religieux
dogmatique
mystique
canonique
orthodoxe
ecclésiastique
sacramentel
scriptural
liturgique
rituel
pieux
dévot
pratiquant
bigot
recueilli
extatique
illuminatif
fervent
prêtre
fidèle
ouailles
sectateur
séide
adepte
coreligionnaire
converti
prosélyte
néophyte
catéchumène
initié
sacristine
ritualiste
rubricaire
orthodoxe
hétérodoxe
hérésiarque
hérétique
schismatique
infidèle
hagiologique
inamissible
renégat
traditeur
relaps
apostat
exorcisé
excommunié
interdit
sacrilège

catéchiser
évangéliser
convertir
prêcher
semer
pratiquer
faire son salut
V. *dévot*. *prière*, *clergé*, *église*, *adorateur*, *messe*

2. **religions** (les)
religion naturelle
religion révélée

anglicanisme
anthropomorphisme
arianisme
arminianisme
Augsbourg (confession d')
bouddhisme
brahmanisme
calvinisme
caraïsme
catholicisme
christianisme
conformisme
déisme
donatisme
dosithéisme
évangélisme
évhémérisme
fétichisme
figurisme
gnosticisme
huguenotisme
iconoclasme
iconolâtrie
idolâtrie
illuminisme
jansénisme
judaïsme
luthéranisme
magisme
mahométisme
mahométanisme
manichéisme
martinisme
mazdéisme
méthodisme
millénarisme
molinisme
monothéisme
monothélisme
montanisme
mormonisme
mosaïsme
mysticisme
néocatholicisme
nestorianisme
paganisme
panthéisme
particularisme
pélagianisme
pharisaïsme
piétisme
polythéisme
presbytérianisme
protestantisme
puritanisme
quakérisme
quiétisme
rabbinisme
réforme
réformation
sabéisme
sabellianisme
saducéisme
sintoïsme
socinianisme
théisme
théophilanthropie
théosophie
unitarisme
zoolâtrie

anthropomorphique
bouddhique
brahmanique
panthéistique
rabbanique
rabbinique
talmudique
dissident
sectaire
adepte
adhérent
albigeois
anabaptiste
anglican
arien
arminien
baptiste
basilidien
bouddhiste
brahmaniste
calviniste
camisard

caraïste
catholique
chrétien
conformiste
confucéen
convulsionnaire
covenantaire
déiste
donatiste
épiscopaux
essénien
eutychéen
évangéliste
féticliste
figuriste
flagellant
caraïte
gentilité
gentils
ethnique
gnostique
guèbre
hernute
huguenot
hussite
iconolâtre
iconoclaste
iconomaque
idolâtre
ignicole
illuminé
israélite
jacobite
janséniste
judaïsant
juif
lollard
luthérien
mahométan
manichéen
marcioniste
martiniste
mazdéiste
melchite
méthodiste
millénaire
moliniste
monothéiste
monothélite
montaniste
morave
mosaïste
mozarabe
mystique
néo-catholique
nestorien
non-conformiste
païen
panthéiste
particulariste
pélagien
pharisien
piétiste
préadamite
presbytérien
protestant
puritain
quaker
quiétiste
rabbiniste
réformé
rebaptisant
religionnaire
remontrant
rose-croix
sabéen
sabellien
saducéen
salutiste
schiite
sintoïste
socinien
sunnite
svédenborgien
taborite
talmudiste
templier
théiste
théophilanthrope
théosophe
trembleur
trinitaire
turlupin
ubiquiste
ubiquitaire
unitaire
vaudois

embrasser une religion
se convertir
pratiquer
suivre
apostasier
renier
abjurer
sentir le fagot

reliquaire
V. *reliques*

reliquat V. *reste*

reliquataire
V. *procédure*

reliques
reliquaire
châsse
enchâsser

relire V. *lire*

reliure
couverture
emboîtage
cartonnage
bradel
demi-reliure
reliure entière
— pleine

dos
nervure
plat
coin
tranche
gouttière
garde
tranchefile
signet
onglet

doré sur tranche
reliure sur onglets
reliure brisée
tranche ébarbée
— rognée
— dorée
— peinte
— marbrée
— jaspée
— ciselée
cuir
peau
basane
vélin
papier
percaline
titre
dorure
filet
grecque
antique
fleuron
fer
roulette
petit fer
mosaïque
jaspure
brocher
rebrocher
relier
emboîter
cartonner
nerver
dorer
grecquer
antiquer
jasper
marbrer
glairer
dérelier

reluire
V. *lumière*

reluquer V. *voir*

remanier
V. *mieux*

remarier
V. *mariage*

remarquable
V. *beau*

remarque
V. *note*

remarquer
V. *voir*

rembarquer
V. *navire*

rembarrer
V. *reproche*

remblai
V. *terrain*

remblaver
V. *céréales*

remblayer
V. *plein*

remboîter
V. *poser*

rembourrer
V. *garnir*

rembourser
V. *payer*

rembrunir
V. *temps*

rembucher
V. *cerf*

1. **remède**
V. *remédier*

2. **remède**
drogue
médicament
baume
orviétan
vulnéraire
stimulant
stimulus
codex
médication
cure
traitement
régime
ordonnance
formule
récipé
résorption
pharmacie (*Voir*)

ordonner
préparer
administrer
prendre
droguer
médicamenter
résorber

vacciner
sinapiser

médicamentaire
médicamenteux
magistral
préservatif
prophylactique
curatif
souverain
panacée
agglutinatif
abstergent
abstersif
astringent
émollient
lénitif
édulcorant
adjuvant
carminatif
curatif
dépuratif
dépuratoire
diaphorétique
diurétique
roboratif
tonique
analeptique
béchique
révulsif
épulotique
fébrifuge
vermifuge
hydragogue
malactique
masticatoire
maturatif
minoratif
officinal
résolvant
alexipharmaque
antidote
contrepoison
styptique
répercussif
stupéfactif
suppositoire
antalgique
anthelminthique
antiapoplectique
antiarthritique
antiasthmatique
anticatarrhal
anticholérique
antidartreux
antiépileptique
antifébrile
fébrifuge
antigoutteux
antihémorroïdal
antinéphrétique
antiparalytique
antipestilentiel
antiphlogistique
antipsorique
antiputride
antiscorbutique
antiscrofuleux
antiseptique
antispasmodique
antivermineux

coton
compresse
charpie
ouate
gaze
amadou
taffetas
sparadrap
taffetas d'Angleterre
papier
sinapisme
moxa
ventouse
vésicatoire
mouche
emplâtre
cataplasme
cautère
exutoire
magdaléon
bandage
bandelette
bande
ceinture
serre-bras
plastron
bas
attelle
mortier
pilon
pierre infernale
pince
ciseaux
bistouri
lancette
aiguille
séton
vaccine
vaccination
compte-gouttes
pinceau
spatule
flacon
verre dosimétrique
œillère
sonde

seringue
canule
clysoir
clysopompe
irrigateur
clystère
lavement
injecteur
goudronnière
vaporateur
vaporisateur
digesteur
inhalateur
émanateur
respirateur
pulvérisateur
bassin
porte-pierre
tire-lait
tetine
urinal
gant de crin
peau de chat
cartouche-pansement
collodion
lotion
liniment
looch
potion
infusion
tisane
purgatif
teinture
émulsion
solution
soluté
rob
eau
essence
extrait
élixir
alcoolat
colature
collyre
mixture
excipient
huile
vin
vinaigre
sirop
julep
crème
onguent
épithème
cérat
topique
fomentation
pommade
opiat

gargarisme
pâte
globule
perle
granule
ovule
capsule
pilule
dragée
bonbon
pastille
biscuit
prise
poudre
cachet
goutte
feuille
follicule
fleur
fruit
herboristerie
espèce
cigarette
cigare
dose
spécialités

absinthine
aconitine
alcool de menthe
alkermès
aloès
ambrette
analgésine
anticors
antipyrine
apiol
arnica
bain de Pennès
bain de Barèges
baume du commandeur
baume Fioravanti
baume Opodeldoch
baume du Pérou
baume de Tolu
baume tranquille
bière de Faucon
biscuit Ollivier
biscuit purgatif
bismuth
boule de Mars
boule de Nancy
calomel
cannelle
cérat de Galien
charbon
chloral

chloroforme
cigare antiasthmatique [phrée
cigarette camclous fumants
coaltar-saponiné
coca
codéine
coricide
coton iodé
comophyline
dentifrice
diachylum
diacode
diapalme
diascordium
digitaline
eau de Botot
— de Cologne
— fleurs d'oran-
— mélisse [ger
— lavande
eau-de-vie camphrée
eau-de-vie allemande
eau sédative
— d'arquebuse
— vulnéraire
élatine
électuaire
élixir de Garus
— parégorique
— de longue vie
embrocation
émulsion
esprit de menthe
éther (sirop d')
éther (perles d')
eucalyptol
extrait mou de quinquina
farine lactée
farine de lin
fer
fer réduit
fer dialysé
fer diastasé
fleurs pectorales
glycérolé [sirop]
glycophénique
goudron
graine de lin
grain de santé
guimauve
hémoglobine
huile de foie de morue
huile camphrée
huile de croton
— de ricin
injection
iodoforme
ipécacuanha
kino
kousso
lichen
limonade
liseronine
magnésie
manne
méconium
morphine
mouche de Milan
moutarde
myrobolan
naffe
naphtaline
nitrate d'argent
noix de Kola
feuilles de noyer
onguent [mère
onguent de la
papier d'Arménie
— Fayard
— Wlinsi
pastille de chlorate de potasse
pastille de kermès
pastille de menthe
pastille de santonine
pastille de Vichy
pâte de guimauve
— jujube
peptone
pepsine
pepto-fer
phénol [phylle
pilule de podo-
pilule du pauvre homme
pilule suisse
polybromure
pommade
populéum
purgatif
superpurgation
purgation
drastique
quassia amara
quinine
quinquina gris
— jaune
— rouge
racahout
réglisse
revalescière
rhubarbe
salicylate
salsepareille
sangsue
santonine
sel d'Epsom
— Glauber
semen contra [lot
sinapisme Rigol-
thapsia
sulfate de quinine
tamar indien
teinture d'arnica
teinture d'iode
teinture de Mars
thériaque de Venise
vin aromatique
— de coca
— de quinquina
vinaigre anglais
sirop antiscorbutique
sirop de Tolu
— diacode
— de mûres
— de raifort
— d'éther
terpine
thé suisse
thé Chambart
thymol

remédier
obvier
réparer
apaiser
amortir
guérir
remonter
rétablir
porter remède à
contre-balancer
déjouer
paralyser
arrêter
réprimer [de
se rendre maître
maîtriser
couper
couper court à
endiguer
refréner
mettre un frein à
préserver de
sauver de
corriger
faire face à
sauveur
panacée
révulsion
V. *salut* (1), *guérir*

remémorer
V. *mémoire*

remercier
V. *reconnaissance*

réméré V. *vente*

remettre V. *donner*, *pardonner*, *attendre*, *mieux*

réminiscence
V. *mémoire*

remise
V. *attente*, *voiture*

remiser V. *poser*

rémission
V. *pardon*

rémittence
V. *maladie*

remonte
V. *cheval* (1)

remonter V. *répéter*, *consoler*

remontoir
V. *horloge*

remontrance
V. *reproche*

rémora
V. *animal*

remords
contrition
meâ culpâ
pénitence
repentir
repentance
résipiscence
syndérèse
attrition
impénitence [nale
impénitence fi-
contrit
pénitent
repentant [mords
bourrelé de re-
rongé par le remords
dévoré par le remords [mords
en proie aux re-
repenties
satisfactoire
impénitent
endurci
se repentir
se reprocher
V. *conscience*

remorquer
V. *tirer*
remorqueur
V. *navire*
rémoulade
V. *nourriture*
rémouleur
V. *aiguiser*
remous V. *eau*
rempailler
V. *paille*
remparer
V. *mur*
rempart V *mur*
remplacer
prendre la place
supplanter
suppléer
tenir lieu de
jouer le rôle de
relayer
relever
subroger
se substituer
succéder

remplacement
suppléance
supplantation
intérim
régence
subrogation
succession
alternance
rechange
procuration

vice-amirauté
vice-consulat
vice-légation
vice-présidence
vice-royauté
proconsulat
remplaçant
suppléant
substitut
doublure
alter ego
fondé de pouvoirs
gérant
représentant
intérimaire
régent
successeur
vice- (et ses composés)
vice-amiral
vice-chancelier
vice-consul
vice-gérant
vice-légat
vice-président
vice-recteur
vice-roi
vice-reine
pro- (et ses composés)
proconsul
procurateur
pronom
propréteur
protuteur
remonte
relais
otage
succédané
de rechange
remplage
V. *tonneau*
remplier V. *pli*
remplir V. *plein*
remplissage
V. *trop*
remploi
V. *mariage*
remplumer
V. *plume*, *mieux*
rempocher
V. *recevoir*
rempoissonner V. *poisson*
remporter
V. *prendre*
rempoter
V. *récipient*
remuer
V. *mouvement*
remugle V. *odeur*
rémunérer
V. *payer*
renâcler
V. *nez*, *opposition*
renaître V. *vie*
rénal V. *rein*

renard
renarde
renardeau
isatis
renardière
terrier
traquenard
glapir
renchéri
V. *orgueil*
renchérir
V. *plus*, *prix*
rencogner
V. *poser*

rencontre
heurt
croisement
intersection

rencontrer
heurter
croiser
nez à nez
V. *rendez-vous*, *toucher*
rencorser
V. *vêtement*
rendement
V. *bénéfice*
rendez-vous
rencontre
abord
abouchement
confrontation

rencontrer
se jeter dans
trouver
aborder
accoster
se croiser [vous donner rendez-
convenir d'un rendez-vous
prendre un rendez-vous
assigner un rendez-vous
fixer un rendez-vous
arrêter un rendez-vous
prendre heure
manquer [avec
faire faux bond
être exact à
heure militaire
V. *conversation*, *attente*, *accueil*
rendormir
V. *sommeil*
rendre
remettre
restituer
ramener
rapporter
recéder
rembourser
rendre gorge
s'acquitter de sa
payer [dette
solder
liquider
revaloir
restitution
remboursement
remise
rêne
V. *harnachement*
renégat
V. *changeant*
rénette V. *ferrer*
renfaîter V. *toit*
renfermé
V. *odeur*
renfermer
V. *fermer*
renflement
V. *forme*
renflouer
V. *navire*
renfoncement
V. *trou*
renforcement
V. *force*
renformir
V. *mur*
renfort
V. *aide*
renfrogné
V. *bourru*
rengaine
V. *répéter*
rengainer
V. *trou*
rengorger
V. *orgueil*
rengréner
V. *monnaie*
renier V. *non*
renifler V. *nez*
renne V. *anima.*

Rennes
rennois
renom
V. *renommée*
renommée
bruit public
notoriété
renom
rumeur
opinion
trompettes de la renommée
publicité
lancement
réclame
prône
ban
affiche
affichage
annonce

quatrième page
prospectus
circulaire
homme-sandwich
faveur
vogue
mode
engouement
célébrité
retentissement

annoncer
publier
prôner
répandre
faire connaître
renommer
colporter
divulguer
vulgariser
lancer
trompeter
afficher

barnum
V. *affiche*, *gloire*, *réputation*, *louange*

renonce V. *cartes*

renoncement
V. *honnêteté*

renoncer V. *cartes*, *non*, *quitter*

renoncule
V. *plantes*

renouée
V. *plantes*

renouer
V. *nœud*, *nouveau*

renouveau
V. *nouveau*, *printemps*

renouveler
V. *nouveau*

renseignement
témoignage
certificat
livret
attestation
enquête
recherche
contre-enquête
référence
autorité
dossier

se renseigner
s'enquérir
s'éclairer
aller aux renseignements
puiser un renseignement
V. *science*, *dire*, *annoncer*, *témoin*

rente
annuité
intérêt
usure
loyer
pension
retraite
revenu
arrérage
tant pour cent
fermage
conversion
hausse
baisse
cours
quartier
terme
échéance
coupon
rente viagère
prébende
subvention
censive
cens
surcens
commanderie
mense
commende

constituer une rente
subventionner
pensionner
acheter de la rente
servir une rente
faire une pension
renter
arrenter
convertir

rentier
retraité
pensionnaire
commendataire
usurier
usuraire
inconvertible
irrachetable
V. *finance*

rentoiler
V. *tableau*

rentraire
V. *couture*

rentrée
V. *recevoir*, *entrée*

rentrer V. *entrer*

renverse
V. *tomber*

renverser
V. *tomber*

renvoi
V. *renvoyer*

renvoyer
mettre dehors
mettre à la porte
chasser
faire sortir
exporter
emporter
réexpédier
réexporter
exclure
écarter
éloigner
congédier
donner congé à
signifier congé
envoyer au diable
envoyer ad patres
éconduire
évincer
pousser dehors
déloger
déposter
déjucher
débusquer
rabattre
repousser
refouler
bousculer
regouler
presser
pourchasser
rechasser
culbuter
disperser
balayer
faire place nette
faire table rase
donner un coup de [balai
destituer
mettre à la retraite
mettre à la ré-[forme
réformer
fendre l'oreille
dégommer
déplacer
détrôner
déposer
suspendre
mettre à pied
révoquer
exproprier
déposséder
expulser
épurer
remercier
libérer
licencier
exorciser
éliminer
mettre au rancart
bannir
exiler
déporter
transporter
expatrier
reléguer
proscrire
réfléchir
répercuter
réverbérer
réfracter

exportateur
ravisseur
proscripteur
rabatteur

renvoi
exportation
exclusion
congé
éviction
débusquement
repoussement
refoulement
bousculade
presse
dispersion
balayage
épuration
retraite
réforme
destitution
déplacement
détrônement
déposition
révocation
mise à pied
suspension
expropriation
dépossession
expulsion
libération
licenciement
exorcisme
élimination
bannissement
exil
xénélasie

ostracisme
pétalisme
déportation
transportation
relégation
proscription
tablettes de proscription
réflexion
répercussion
réverbération
écho
réflexibilité

convict
renvoyé (et les participes passés des verbes susdits).
V. *dehors*, *déplacer*, *quitter*

réoccuper
V. *ravoir*

Réole (la)
réolais

réordination
V. *titre*

réorganiser
V. *ordre*

repaire V. *abri*

repaître
V. *manger*

répandre V. *extension*, *tomber*, *renommée*

réparer V. *mieux*

reparler
V. *répéter*

repartie
V. *répondre*

repartir V. *quitter*, *répondre*

répartir
V. *diviser*

répartiteur
V. *impôt*

répartition
V. *division*

repas
banquet
mess
festin
gala
régal
agapes
orgie
ripaille
bombance
bâfre
frairie
lippée
pique-nique
repas de corps
repas de noce
Saint-Charlemagne
premier déjeuner
breakfast
déjeuner [re
déjeuner dînatoi-
goûter
five o'clock
collation
lunch
dînette
dîner
souper
médianoche
réveillon
thé
carte
menu
ordinaire
service
desserte
restes
relief
salle à manger
réfectoire
table
nappe
toile cirée
couvert
verre
assiette
vaisselle
cure-dent
rince-bouche
ramasse-miettes
chaise
servante
timbre
sonnette
toast
santé
bénédicité
grâces
écot

hôte
hôtesse
amphitryon
maître de maison
architriclin
place d'honneur
convive
invité
convié
hôtes
commensal
tablée
dîneur
soupeur
parasite
pique-assiette
écornifleur
fricoteur
gros mangeur
bonne fourchette
invitation
réception [pot
à la fortune du
au hasard de la fourchette
maison du bon Dieu
table ouverte
hospitalité [lité
liens de l'hospita-
écorniflerie

inviter
convier
prier
être « des nôtres »
contremander
déprier [table
admettre à sa
recevoir
régaler [verte
tenir table ou-
héberger
faire les honneurs
servir
découper
traiter
festoyer
festiner
ripailler
restaurer
goberger [lère
pendre la crémail-
s'attabler
se mettre à table
prendre ses repas
casser une croûte
écornifler
déjeuner
dîner
goûter
collationner
luncher
souper
réveillonner
faire passer
changer d'assiette
mettre la nappe
— le couvert
— la table
dresser la table
— le couvert
desservir
lever le couvert
— la table
écuyer tranchant
maître d'hôtel
Lucullus
Sardanapale [de)
Gamache (noces
pantagruélique
plantureux
hospitalier
V. *nourriture* (4), *inviter*, *manger*, *auberge*

repasser V. *retour*, *aiguiser*, *mémoire*

repaver
V. *pavage*

repêcher V. *pêche* (1), *salut* (1)

repeindre
V. *peindre*

rependre
V. *pendre*

repenser
V. *réflexion*

repentir
V. *remords*

repercer
V. *trou*

répercussif
V. *remède*

répercussion
V. *renvoyer*

reperdre
V. *perdre*

repère V. *trouver*

repérer V. *signe*

répertoire
V. *signe*, *trouver*, *théâtre*

répéter
redire
dire de nouveau
ressasser
rebattre
seriner
réitérer
radoter
rabâcher [tapis
remettre sur le
revenir à la charge

insister
reparler
revenir sur [tons
revenir à ses mou-
raviver (un souvenir)
récapituler
repasser
revoir [chanson
toujours la même
ne savoir qu'une
bégayer [chanson
bisser

perroquet
écho
bis
encore
de nouveau
à nouveau
derechef
fréquemment
continuellement
toujours
sans cesse
à foison
souvent
à n'en plus finir

réitération
répétition
reproduction
récapitulation
reprise
rabâchage
rabâcherie
allitération
tautologie
dada
ritournelle
obsession
antanaclase
datisme
redite
radotage
rengaine
vieillerie
bégaiement
radoteur
rabâcheur
ressasseur
bègue
tautologique
itératif

répéter (une action)
refaire
recommencer
renouveler
récidiver
s'y reprendre
redoubler
bisser
trisser [de
ne pas se lasser
reproduire
recopier
remonter
reconstruire
reconstituer
replâtrer
obséder

répétition
recommencement
récidive
retour
périodicité
fréquence
réduplication
réfection
regain
reconstitution
replâtrage
rechute

itératif
fréquent
réduplicatif
habituel
périodique

itérativement
souvent
fréquemment
sans cesse
toujours
de nouveau
derechef
V. *habitude, double, trop*

repeupler V. *nombre*
repic V. *cartes*
repiquer V. *jardin*
répit V. *inaction*
replacer V. *poser*
replanter V. *jardin*
replâtrer V. *mieux*
replet V. *gras*
repli V. *pli, terrain*
réplique V. *réponse*
replonger V. *trou*
reployer V. *pli*
répondant V. *gage*
répondre V. *réponse, gage*
répons V. *messe*

réponse
réplique
riposte
repartie
contre-partie
objection
réfutation
récrimination
rétorsion

répondre
répliquer
riposter
repartir
objecter
rétorquer
relever
réfuter
se disculper
rendre réponse
retourner réponse [se
faire réponse
avoir réponse à tout
renvoyer la balle
relever
rembarrer
river son clou à
récriminer
confondre (une accusation)
en réponse à
retour du courrier
catégorique
péremptoire
récriminatoire
V. *responsabilité*

report V. *poser, finance*
reporter V. *journal*
reporter V. *poser*
repos V. *inaction*
reposée V. *abri*
reposer V. *inaction, sommeil*
reposoir V. *autel*
repoussant V. *laideur*
repousser V. *renvoyer*
repoussoir V. *laid*
répréhensible V. *crime*
répréhension V. *reproche*
rependre V. *ravoir, reproche*
représaille V. *vengeance*
représentant V. *député*
représentatif V. *politique*
représentation V. *théâtre, reproche*
représenter V. *théâtre, reproche*
répressible V. *punir*
répressif V. *punir*
répression V. *punir*
réprimande V. *reproche*
réprimer V. *punir, opposition*
reprise V. *prendre, couture, théâtre*
réprobation V. *désapprobation, désapprouver*

reproche
réprimande
blâme
observation
remontrance
semonce
picoterie
gronderie
récrimination
algarade
mercuriale
philippique
répréhension
représentation
admonition
admonestation

reprocher
réprimander
blâmer
faire observer
reprendre

représenter
chanter pouilles
gronder
récriminer
gourmander
admonester
tancer
semoncer
sermonner
tarabuster
malmener
rembarrer
rudoyer
grogner

reprochable
répréhensible
récriminatoire
sermonneur
grognon
grondeur
sèchement
durement
vertement
V. *colère*, *accuser*

reproduire
V. *semblable*, *génération*

réprouver
V. *désapprouver*

reps V. *étoffe*

reptile
sang froid
crochet
venin
reptation
chéloniens
sauriens
ophidiens
herpétologie
V. *animal*, *serpent*

repu V. *plein*

république
démocratie
républicanisme
républicain
démocrate
démocratique
rouge
sans-culotte
bonnet phrygien
arbre de la Liberté
Marseillaise
V. *Révolution*

répudier V. *mariage*, *renvoyer*

répugnance
V. *dégoût*

repulluler
V. *nombre*

répulsion
V. *dégoût*

réputation
considération
nom
honneur
mémoire
souvenir
popularité
vogue
estime
notoriété
qu'en dira-t-on
réhabilitation
renom
renommée
gloire
considéré
estimé
notable
coté
immaculé
honoré
célèbre
couru
réputé
fameux
famé (bien ou mal)

avoir une bonne réputation
jouir d'une bonne réputation
bâtir sa réputation sur
passer pour
considérer
réputer
compromettre
salir
ternir
entacher
se déshonorer
attaquer
diffamer
déconsidérer
déprécier
flétrir
traîner dans la boue
dépriser
décrier
décréditer
discréditer
perdre de réputation
vilipender
honnir
s'entre-déchirer
rejaillir sur
réhabiliter

mauvaise réputation
honte
esclandre
scandale
infamie
ignominie
opprobre
tare
tache
souillure
flétrissure
déshonneur
discrédit
dépréciation
déconsidération

honorifique
déshonorant
honteux
scandaleux
infamant
infâme
ignominieux
diffamatoire
V. *accusation*, *gloire*

requérable
V. *procédure*

requérant
V. *procédure*

requérir V. *commander*, *accuser*

requête
V. *demande*

requiem
V. *hymne*

requin V. *animal*

réquisition
V. *obligation*

réquisitoire
V. *accuser*

rescinder
V. *procédure*

rescisoire
V. *procédure*

rescousse
V. *aider*

rescription
V. *procédure*

rescrit V. *loi*

réseau V. *maille*

résection
V. *chirurgie*

réséda V. *plantes*

réséquer
V. *chirurgie*

réservé V. *modéré*, *humble*

réserver
mettre de côté
mettre à part
garder pour
préserver
excepter

provision
réserve
économie
stock
pain sur la planche
poire pour la soif
préservation
réservation
V. *prudence*, *provision*

réserviste
V. *soldat*

réservoir
V. *récipient*

résidant
V. *habitant*

résidence
V. *appartement*

résident
V. *habitant*

résider
V. *appartement*

résidu V. *reste*

résignation
V. *patient*

résigner
V. *quitter*

résilier
V. *défaire*

résille V. *maille*

résine
V. *substance*

résistance
V. *opposition*

résolution
V. *volonté*, *courage*

résolutoire
V. *procédure*

résolvant
V. *remède*

résonner
V. *bruit*

résorber
V. *remède*

résorption
V. *remède*

résoudre V. *problème*, *volonté*

résous V. *temps*

respect
vénération
révérence
déférence
égard
hommage
honneurs
salut
génuflexion
marque de respect
révérencielle
porte-respect
chaperon
inviolabilité

respectable
vénérable
considérable
saint
sacré
sacro-saint
inviolable
révérend
révérendissime
respectueux
révérencieux
déférent
plein d'égards
honorifique

respecter
vénérer
révérer
avoir de la déférence
honorer
saluer
s'incliner
plier le genou
rendre hommage
adresser ses hommages
présenter ses respects
rendre les honneurs
faire honneur

respectueusement
humblement
respectablement
révéremment
révérencieusement
V. *mépris*

respectif
V. *particulier*

respiration
aspiration
inhalation
expiration
souffle
haleine
air
soupir
bâillement
gémissement
geignement
sternutation
éternuement
ronflement
ébrouement
sanglot
gaz
borborygme
hoquet
toux
asthme
dyspnée
orthopnée
rhume
bronchite
pneumonie
haleine courte
quinte
oppression
suffocation
essoufflement
cornage
étouffement
étranglement
strangulation
râle
asphyxie

organe respiratoire
poumon
bronche
branchie
trachée
stigmate
vésicule aérienne
respiration aérienne
respiration aquatique

respiratoire
pulmonaire
bronchial
branchial
trachéal
aspiratoire
aspirateur
expirateur
asphyxiant
sternutatoire
asthmatique
bronchique
pneumonique
poussif
pantelant
respirable
irrespirable

respirer
aspirer
humer
inhaler
inspirer
expirer
exhaler
souffler
soupirer
pousser un soupir
bâiller
gémir
geindre
éternuer
renifler
ronfler
s'ébrouer
corner
sangloter
tousser
avoir une quinte
suffoquer
oppresser
haleter
essouffler
étouffer
râler
étrangler
asphyxier
V. *bouche*, *poumon*, *larynx*

resplendir
V. *lumière*

responsabilité
charge
mission
charge d'âmes
garantie
caution
couverture
endos
compte
solidarité
passibilité
irresponsabilité
imputation
raison
défense
excuse
force majeure
raison majeure
explications
justification
prétexte
faux-fuyant
échappatoire
subterfuge
porte de derrière
désaveu
majorité
minorité
émancipation

imputer
s'en prendre à
impliquer
compromettre
retomber sur
rejaillir sur
assumer la responsabilité
endosser la responsabilité
prendre sur soi
prendre sous son bonnet
payer pour
payer les pots cassés
avoir bon dos
couvrir
motiver
s'expliquer
rendre compte
se décharger de
se soustraire à
esquiver
se disculper
se justifier
exciper
désavouer
s'en laver les mains
prétexter
s'excuser
se retrancher derrière
mettre en avant
invoquer
faire valoir
mettre hors de cause
émanciper

responsable
passible
imputable
indemne
prête-nom
homme de paille
bouc émissaire
endosseur
garant
justifiable
excusable
défendable
plausible
valable

recevable
justificatif
irresponsable
mineur
interdit
évasif
indéfendable
inexcusable

exprès
à bon escient
en connaissance de cause
à dessein
consciemment
involontairement
par mégarde
innocemment
sans le vouloir
V. *réponse*, *gage*

ressac V. *mer*
ressaigner V. *sang*
ressaisir V. *prendre*
ressasser V. *répéter*
ressaut V. *pointe*
ressauter V. *saut*
ressembler V. *semblable*
ressemeler V. *chaussure*
ressemer V. *semer*
ressentiment V. *haine*
ressentir V. *sensibilité*
resserrer V. *serrer*
resservir V. *usage*
ressort
bander
débander
tendre
détendre
déclic
V. *compétence*

ressortir V. *supériorité*, *compétence*
ressource V. *richesse*, *manière d'agir*
ressouvenir V. *mémoire*.
ressuer V. *sueur*
ressui V. *abri*
ressusciter V. *vie*
restant V. *reste*
restaurant V. *auberge*
restauration V. *mieux*
restaurer V. *mieux*, *repas*
reste
restant
glane
éteule
reliquat
solde
stock
boni
revenant-bon
soulte
résidu
effondrilles
rebut
tare
détritus
scorie
fraisil
limaille
miette
rogaton
ploc
déchet
tronçon
tesson
têt
tuileau
discale
retaille
rognure
sciure
planure
raclure
râpure
desserte
épluchure
trognon
arlequin
rossignol
garde-boutique
relief
débris
culot
lie
dépôt
sédiment
précipité
marc
cendre
poussier
balayure
lavure
rinçure
ramasse-miettes
reliquataire
V. *ruine*

restituer V. *rendre*
restreindre V. *moins*
restriction V. *moins*, *taire*
résultat
effet
conséquence
suite
influence
effet utile
résultante
portée
contrecoup
enchaînement
aboutissement
conclusion
terminaison
fin
succès
efficacité
innocuité
insuccès
résultat négatif

avoir pour résultat
aboutir à
atteindre
arriver à
produire
entraîner
créer
effectuer
causer
sortir
tirer à conséquence
ne faire ni chaud, ni froid
effectif
efficace
souverain
panacée
inefficace
inoffensif
anodin
bénin
implexe
implicite
indemne
hors d'affaire
V. *insuccès*, *succès*, *importance*, *inutile*, *malheureux*

résumer V. *petit*
résurrection V. *vie*
retable V. *autel*
rétablir V. *mieux*
retaille V. *reste*
retaper V. *mieux*
retard V. *tard*
retenir V. *tenir*, *mémoire*, *opposition*
rétention V. *procédure*
retentir V. *bruit*
retenue V. *ôter*, *qualité*
retercer V. *labourer*
rétiaire V. *cirque*
réticence V. *taire*
réticulaire V. *maille*
rétif V. *cheval* (5)
rétine V. *œil*
retiration V. *imprimerie*
retiré V. *loin*
retirer V. *ôter*, *petit*
retombée V. *tomber*
retomber V. *tomber*
retondre V. *poil*
retordre V. *tourner*
rétorquer V. *réponse*
retors V. *habile*
rétorsion V. *réponse*
retoucher V. *mieux*
retour
retraite
rétrogradation
réversibilité
réversion
ricochet

rétroaction
rétroactivité
nostalgie

retourner
revenir
regagner
repasser
se replier
battre en retraite
se retirer
rétrograder
rebrousser
virer de bord
refluer
ricocher

rétrograde
réversible
rétroactif
rétrospectif
vice versa
dans l'autre sens
inversement
à rebours

retourne V. *carte*
retourner V. *tourner*
retracer V. *récit*
rétracter V. *non*
rétractile V. *petit*
retrait V. *petit*
retraite V. *abri, inaction, rente*
retraite V. *traite*
retranchement V. *fortification, ôter*
rétrécir V. *petit*
retremper V. *force*
rétribution V. *payer*
rétroactif V. *retour*
rétrocéder V. *donner*
rétrograder V. *retour*
rétrospectif V. *retour*
retrousser V. *pli*
retrouver V. *trouver*
rets V. *filet*
réunion V. *assemblée*
réussir V. *succès*
revaloir V. *payer, vengeance*
revanche V. *vengeance*
revancher V. *vengeance*
revancheur V. *vengeance*
rêvasser V. *imagination, rêve*

rêve

songe
cauchemar
mauvais rêve
rêvasserie

rêver
faire un rêve
voir en rêve
rêver à
songer
rêvasser

onirocritie
oniromance
oniromancie
la clef des songes
rêveur
rêvasseur

revêche V. *bourru*

réveil

éveil
saut du lit
matines
diane
lever

s'éveiller
se réveiller
ouvrir les yeux
s'arracher au sommeil
réveiller
en sursaut
réveil-matin

matinal
matineux

réveillon V. *repas*
révélation V. *dire, théologie*
révéler V. *dire*
revenant V. *fantôme*
revenant-bon V. *bénéfice*
revendication V. *demande*
revendre V. *vente*
revenir V. *retour, prix, répéter*
revente V. *vente*
revenu V. *rente*
rêver V. *rêve, imagination*
réverbération V. *renvoyer, lumière*
réverbère V. *éclairage*
reverdir V. *vert*
révérence V. *salut*
révérend V. *clergé*
révérer V. *respect*
rêverie V. *rêve, imagination*
revers V. *insuccès*
reverser V. *verser*
reversis V. *cartes*
réversion V. *retour*
revêtement V. *mur*
revêtir V. *vêtement*
rêveur V. *rêve, imagination*
revirement V. *volonté*
reviser V. *voir*
revivifier V. *vie*
revivre V. *vie*
révocatoire V. *procédure*
révocation V. *renvoyer*
revoir V. *voir*
révoltant V. *colère*
révolte V. *désobéir*
révolu V. *vieux*

révolution (en général)

trouble
émeute
sédition
faction
insurrection
soulèvement
révolte
rébellion
mutinerie
mouvement
agitation
fermentation
désordre
licence
communisme
anarchie
guerre civile
guerre fratricide
guerre des rues
barricade
journées
appel aux armes
mouvement agraire

révolutionnaire
émeutier
séditieux
insurgé
révolté
rebelle
mutin
agitateur
factieux
subversif
démagogue
communiste
anarchiste

révolutionner
troubler
ameuter
soulever
fomenter la guerre civile
déchaîner la guerre civile
allumer la guerre civile
s'insurger
se lever
se rebeller
se révolter
prendre les armes

révolution française

droits de l'homme
cocarde

la patrie en danger
enrôlement
Marseillaise
Salut public
Terreur
club
la Raison
l'Être suprême
commissaire
conventionnel
jacobin
montagnard
dantoniste
robespierriste
thermidorien
girondin
hébertiste
feuillant
citoyen
carmagnole
sans-culotte
père Duchêne
V. *mois*

revolver
V. *arme*

révoquer
V. *renvoyer*

revue V. *voir*

révulsif
V. *remède*

rez V. *près*

rez-de-chaussée V. *plat*

rhabillage
V. *horloge.*

rhapontic
V. *plantes*

rhéteur
V. *rhétorique*

rhétoricien
V. *écolier*, *rhétorique*

rhétorique
art oratoire
rhéteur
rhétoricien
phraseur
déclamateur
sophiste
invention
preuve
mœurs
passions
exorde
confirmation
péroraison
disposition
élocution
action
fleurs
topiques
figure
figure de pensée
figure de mot
figure de grammaire
anticipation
antéoccupation
accumulation
allusion
antanagoge
anticlimax
régression
épanorthrose
antithèse
antiphrase
chiasme
apostrophe
imprécation
interrogation
communication
comparaison
parallèle
concession
épitrope
correction
dépréciation
description
éthopée
hypotypose
énumération
épiphonème
exclamation
gradation
climax
hyperbole
déclamation
ironie
euphémisme
litote
atténuation
obsécration
optation
prétérition
paralipse
prétermission
prolepse
prosopopée
réticence
subjection
suspension
dubitation
anastrophe
anaphore
antanaclase
antimétabole
métabole
ellipse
hypallage
énallage
hyperbate
inversion
pléonasme
diaphore
syllepse
trope
image
métaphore
allégorie
catachrèse
antonymie
autonomase
métonomasie
métonymie
synecdoche
synecdoque
métalepse
métastase
conversion
disjonction
onomatopée
périphrase
paraphrase
répétition
alliance
amplification
paronomase
paronomasie
astéisme
tour
tournure
rythme
cadence
période
harmonie
nombre
chute
transition
anacoluthe
ithos
pathos
phraséologie
emphase
redondance

déclamatoire
artificiel
déclamatoire
périphrastique
fleuri
périphraser
personnifier
V. *style*

Rhin
rhénan
cisrhénan
transrhénan

rhingrave
V. *vêtement*

rhinocéros
V. *animal*

rhodanien
V. *Rhône*

Rhodes
rhodien

rhodium
V. *substances*

rhododendron
V. *plantes*

rhombe
V. *losange*

rhomboïde
V. *forme*

Rhône
rhodanien

rhubarbe
V. *plantes, remède*

rhum V. *liqueur*

rhumatisme
V. *maladie*

rhume V. *tousser*

ribambelle
V. *nombre*

ribaud V. *soldat*

ribordage
V. *navire*

ricaner V. *rire*

ric-à-ric
V. *précis*

richard
V. *richesse*

riche
V. *richesse*, *rime*

richesse
fortune
argent
or
écus
ressource
de quoi
aisance
moyens
abondance
biens
luxe
faste
apparat
somptuosité
magnificence
opulence
splendeurs
magot
sac
trésor

monnaie
picaillons
pécune
quibus
pécule
livres de rente
éclat des richesses
Pactole
Pérou
poule aux œufs d'or
veau d'or
Plutus
Crésus
nabab
millionnaire
capitaliste
riche à millions
richissime
parvenu
riche
richard
opulent
rentier
thésauriseur
fastueux
luxueux
magnifique
cossu
somptueux
somptuaire
voluptuaire
pécuniaire

s'enrichir
bâtir sa fortune
amasser
gagner
capitaliser
entasser
épargner
thésauriser
faire sa pelote
accumuler
vivre dans le luxe
nager —
regorger de richesse
avoir de quoi
mener grand train
être à l'abri du besoin
avoir la bourse bien garnie
rouler sur l'or
être cousu d'or
avoir des écus

en grand arroi
richement
opulemment
luxueusement
fastueusement
somptueusement
grassement
V. *dépense, avare, monnaie*

ricin V. *plantes, remède*

ricochet
V. *retour*

rictus V. *rire*

ride V. *fente*

rideau
double rideau
vitrage
store
portière
custode
pente
bonnes grâces
cantonnière
lambrequin
tête flamande
barre
flèche
embrasse
tirage
lever
baisser
tirer
fermer

ridelle V. *voiture*

rider V. *fente*

ridicule
V. *rire, sac*

ridiculiser
V. *rire*

rien
néant
zéro
absence
manque
buisson creux
chou-blanc
suppression
annulation
anéantissement
destruction
démolition
consomption
extinction
disparition
abolition
abrogation
résiliation
cassation
neutralisation
oblitération
effacement
rature
radiation
escamotage
monnaie de singe
aucun
nul
anéantir
consumer
V. *absence, manque, défaire, partir, ôter, moins*

riflard V. *outil*

rigide
V. *droit, sévère*

rigodon V. *danse*

rigole
V. *canalisation*

rigueur
V. *cruauté*

rillettes
V. *nourriture*

rime
assonance
rime masculine
— féminine
— riche
— pauvre
— suffisante
consonne d'appui
rimes plates
— suivies
— croisées
— redoublées
— couronnées
— libres
— mêlées
— à écho
— batelée
— empérière
— équivoque
rimer
rimailler
rimeur
rimailleur

rinceau
V. *ornement*

rincer V. *laver, blanchissage*

rinçure V. *reste*

ringard
V. *métal*

Riom
riomois

ripaille V. *repas*

ripe V. *outil*

ripopée V. *vin*

riposte
V. *réponse*

rire
sourire
risette
gaîté
hilarité
risée
éclat de rire
plaisanterie
esprit
ironie
moquerie
trait
saillie
facétie
brocard
persiflage
raillerie
cavillation
bouffonnerie
tabarinage
turlupinade
dérision
charge
caricature
parodie
badinage
batifolage
farce
tour
niche
berne
brimade
mystification
ricanement
ricanerie
sarcasme
nique
nargue
nasarde
rictus
ridicule
risibilité
ridiculité

rire
sourire
rire dans sa barbe
ne pas garder son sérieux
rioter
faire risette
dauber
batifoler
badiner
plaisanter
railler
se moquer
ridiculiser

tourner en ridicule
nasarder
persifler
chansonner
brocarder
faire la nique
gouailler
narguer
brimer
berner
ricaner
éclater de rire
rire aux éclats
pouffer
se tenir les côtes
faire des gorges chaudes
se pâmer
mourir de rire
rire aux larmes
rire à gorge déployée
dérider
désopiler
exciter le rire
divertir
faire rire

rieur
ricaneur
rioteur
sarcastique
sardonique
ironique
railleur
moqueur
spirituel
persifleur
goguenard
daubeur
berneur
brocardeur
loustic
farceur
facétieux
gouailleur
narquois
plaisantin
bouffon
zani
fagotin
falot
plastron
burlesque
grotesque
comique
risible
ridicule
plaisant
drôle
cocasse
impayable
divertissant

rire homérique
rire jaune

ridiculement
risiblement
V. *esprit* (2), *mépris*, *comédie*

risque V. *danger*, *hasard*, *audace*
rissole
V. *nourriture*
rissoler V. *cuire*
ristorne
V. *assurance*
ritournelle
V. *musique*, *répéter*
rituel V. *religion*
rivage
rive
bord
berge
littoral
côte
fiord
lagune
plage
falaise
dune
baie
crique
anse
golfe
quai
halage
V. *rivière*, *eau*, *mer*
rival V. *concours*
rive V. *rivage*
Rive-de-Gier
ripagérien
river V. *clou*
riverain
V. *rivière*
rivet V. *clou*
rivière
gave
source
embouchure
affluent
confluent
gué
écluse
pont
lit
courant
rive

prendre sa source
prendre naissance
se jeter dans
arroser
baigner
baisser
grossir
déborder
sortir de son lit
charrier

étiage
cours
courant
fil
amont
aval
hausse
baisse
crue
débordement
inondation
navigable
guéable
riverain
V. *eau*, *pont*, *écluse*, *rive*
rivure V. *clou*
rixdale
V. *monnaie*
rixe V. *discussion*
riz V. *plantes*
rob V. *remède*
rob V. *cartes*
robe V. *vêtement*, *magistrat*
robin V. *magistrat*
robinet
cannelle
boisseau
clef
béquille
voie
coup de bélier

tourner
ouvrir
fermer
poser
V. *canalisation*
robinier
V. *plantes*
roboratif
V. *remède*
robuste V. *force*
roc
rocher
écueil
brisant
récif
roche
pointe de rocher
rocheux
rocaille
V. *pierre*
rocambole
V. *plantes*
roche V. *roc*
Rochefort
rochefortais
Rochelle (la)
rochelais
rocher V. *roc*
rochet V. *vêtement*, *évêque*
rochet V. *roue*
rocheux V. *roc*
rock V. *monstre*
rococo V. *ornement*, *vieux*
rocou
V. *teinture*
rocouyer
V. *plantes*
roder V. *user*
rôder V. *errer*
Rodez
ruthénois
rodomont
V. *orgueil*
rogations
V. *prière*
rogatoire
V. *procédure*
rogaton
V. *reste*
rogne V. *gale*
rogne-pied
V. *ferrer*
rogner V. *ôter*
rognon
V. *viande*
rognonner
V. *parler*
rognure
V. *reste*
rogomme
V. *voix*
rogue V. *orgueil*
roi
sire
majesté
monarque
reine
maison royale

sang royal
dynastie
roi légitime
roi absolu [nel
roi constitution-
roitelet
constitution
charte
trône
royauté
pouvoir
monarchie
diadème
bandeau
couronne
sceptre
manteau
liste civile
cassette [le
prérogative roya-
médiatisation
dauphin [tif
héritier présomp-
infant
dauphine
infante
altesse
monsieur
madame
élévation au trône
accession au trô-
loi salique [ne
avènement
sacre
couronnement
règne
lit de justice
politique
abdication
déchéance
détrônement
cour
protocole
chambellan
courtisan
dame d'honneur
favori
favorite
prince
princesse
prétendant

sacrer [trône
monter sur le
être couronné
ceindre la couronne
gouverner
tenir le sceptre
régner
poser la couronne
se démettre du pouvoir
abdiquer
découronner
détrôner
médiatiser

restauration
minorité
interrègne
régence
régent
régicide
royal
monarchique
royaliste
monarchiste
royaume
royalement

rôle V. *comédien, procédure*

Romagne
romagnol

romaine V. *plantes, balance*

roman
nouvelle
intrigue
action
canevas
milieu
personnage
passion
observation
philosophie
pathétique
intérêt
romancier

attachant
intéressant
captivant
idéaliste
sentimental
naturaliste
de mœurs

écrire
composer
V. *écrire, écrivain, style*

roman
V. *ornement*

romance
V. *chant*

romancier
V. *roman*

romanesque
V. *imagination*

Romans
romanais

romantique
V. *style*

romarin
V. *plantes*

Rome
romain
latin (*Voir*)

rompre
V. *briser*

rompu V. *fatigué, expérience*

ronce V. *plantes*

rond
rotondité
rondeur
arrondir
arrondissement
rotonde
V. *cercle*

rondache
V. *bouclier*

ronde V. *musique, danse*

rondeau
V. *poésie*

ronde-bosse
V. *sculpture*

rondelet V. *gras*

rondelettes
V. *voilure*

rondelle
V. *pied, cercle*

rondement
V. *vite*

rondeur
V. *sincère*

rondin V. *bâton*

rond-point
V. *chemin*

ronflant V. *importance, style*

ronfler
V. *sommeil*

ronger V. *user*

ronron V. *chat*

roquentin
V. *élégant*

roquer V. *échecs*

roquet V. *chien*

roquette
V. *plantes*

rosace
rose [therine
roue de Ste-Ca-
œil
rosette

rosacées
V. *plantes*

rosaire V. *prière*

rosat
V. *pommade*

rosbif
V. *nourriture*

1. **rose**
reine des fleurs
bouton
fleur
épine
églantine
roseraie
églantier
rosier
rosier grimpant
rosier de Bengale
rose-thé
rose de Provins
rose moussue
eau de rose

2. **rose** V. *couleur*

roseau
bambou
chalumeau
grand roseau
roseau à que-
pipeaux [nouille
syrinx
mirliton

rosée
serein
irroration
goutte de rosée
aiguail

roséole
V. *maladie*

roseraie
V. *rose* (1)

rosette
V. *décoration*

rosier V. *rose* (1)

rosière
V. *pudeur*

rosse V. *cheval*

rossignol
Philomèle

rossolis
V. *liqueur*

rostral
V. *colonne*

rostre V. *navire*

rôt
V. *nourriture* (4)

rotang
V. *palmier*

rotateur
V. *rotation*

rotation
révolution
mouvement circulaire
mouvement giratoire
tourbillonnement
orbite
circonvolution
tournoiement
circumnavigation
contournement
orbe
tour
demi-tour
roulement
conversion
pirouette
virevolte
moulinet
remous
tourbillon
ronde
volte
vertige
torsion
contorsion
tournis
vertigo

circulaire
circulatoire
giratoire
tournant
orbiculaire
rotatoire
rotateur
rotatif

girouette
roue
roulette
touret
rouleau
moulin
volant
derviche tour-
valseur [neur
meule
tourniquet
toupie
toton
sabot
tournebroche
poulie
rouet
pivot
gond
crapaudine

tourner
virer
pivoter
rouler
tournailler
tourbillonner
pirouetter
tordre
contourner
biaiser
faire le tour
faire un tour
décrire un tour
retourner
tournoyer
V. *indirect, tourner, roue*

rote V. *pape*
rôti V. *nourriture*
rôtir V. *cuire*
rôtissoire
V. *cuisine*
rotonde V. *édifice, vêtement*
rotondité
V. *cercle*
rotule V. *jambe*
roture V. *société*
rouage V. *roue*
rouan V. *cheval*
rouanne
V. *tonnellerie*

Roubaix
roubaisien
rouble
V. *monnaie*
rouche V. *navire*
roucouler
V. *oiseau*
roudou
V. *plantes, teinture*

roue de voiture
moyeu
essieu
esse
frette
happe
rayon
rais
jante

charron
charronnage
carrosserie
embatage
embatre
fretter
enrayer
désenrayer
radié

roues (autres)
volant
lanterne
hélice
touret
rouage
roulette
poulie
moufle
cabestan
arbre
axe
pivot
tourillon
tourniquet
pignon
boite
galet
bille
courroie de trans-
dent [mission
alluchon
engrenage
aube
rochet
turbine
auge
palette
échelon

roué V. *habile*
rouelle V. *cercle*

Rouen
rouennais
rouennerie
V. *étoffes*
rouer V. *coup*
rouerie
V. *habileté*

rouet
roue
manivelle
pédale
broche
fuseau
ploque
quenouille
quenouillée
chambrière

filer
mouliner

fileuse
quenouille des
Parques [rite
rouet de Margue-
rouet d'Omphale
la reine Berthe
(filer)
V. *fil*

rouge V. *couleur rougir*
rouge-gorge
V. *animal*
rougeole
V. *maladie*
rouget
V. *animal*
rougette
V *animal*
rougeur
V. *rougir*

rougir
devenir rouge
vermillonner
devenir cramoisi
se congestionner
s'empourprer
rubéfier
monter au visage
(le sang)
s'injecter
soleil (piquer un

rouge
rougissant
rubicond
écarlate
cramoisi
pourpre
en feu
injecté
coloré
animé
vermeil
incarnat
incarnadin
rouge comme une
rougeur [pivoine
rubéfaction
fard [*ble*
V. *couleur, humble*

rouille
rouillure
érugineux
rouiller
rouir V. *tissu*
roulade
V. *chant*
roulage
V. *voiture*

rouleau
V. *rotation*
roulement
V. *rotation*, *tambour*, *tonnerre*
rouler
V. *rotation*
roulette
V. *roues*
rouleur
V. *tonneau*
roulier
V. *voiture*
roulis V. *navire*
rouloir V. *outil*

Roumanie
roumain
Roumélie
rouméliote
roupie
V. *monnaie*
rousselet
V. *poire*
rousseur
V. *peau*
roussi V. *odeur*
roussin
V. *cheval*

roussir
rousseur
roux
roussâtre
rousseau
rout V. *assemblée*
route V. *chemin*
routier V. *habile*, *soldat*, *carte*
routine
V. *habitude*
routoir V. *toile*
rouvieux
V. *gale*
roux V. *roussir*
royal V. *roi*
royale V. *barbe*
royaume
V. *territoire*
royauté V. *roi*
ru V. *eau*
ruade V. *saut*

ruban
galon
padou
bride(de chapeau)
chevron
sardine
jarretière
tirant
signet
rubanier
rubanerie
enrubanner
V. *passementerie*
rubéfaction
V. *rougir*
rubiacées
V. *plantes*
rubican
V. *cheval*
rubicond
V. *rougir*
rubis V. *joaillerie*
rubricaire
V. *religion*
rubrique
V. *inscription*
ruche V. *abeille*
rucher
V. *abeille*, *pli*
rude V. *toucher*
rudenté
V. *colonne*
rudéral
V. *ruine* (1)
rudesse
V. *cruauté*
rudiment
V. *commencement*
rudoyer
V. *reproche*
rue V. *chemin*
ruelle
V. *chemin*, *lit*
rueller V. *vigne*
rueur V. *saut*
rugine
V. *chirurgie*
ruginer
V. *chirurgie*, *user*
rugir V. *lion*
rugosité
V. *toucher*
ruilée V. *mur*

1\. **ruine** (de construction)
mauvais état
dégradation
avarie
dommages
détérioration
dégât
lézarde
crevasse
fissure
dislocation
gravats
gravois
plâtras
démolitions
débris
décombres
carcasse
squelette
délabrement
éboulement
écroulement
effondrement
affaissement

se dégrader
se détériorer
se lézarder
se crevasser
se fendre
s'effriter
se disloquer
ne plus tenir debout
se délabrer
s'ébouler
s'écrouler
s'effondrer
crouler
s'affaisser
menacer ruine
tomber en ruines
détériorer
démantibuler

masure
baraque
rudéral
V. *insuccès*, *pire*

2\. **ruine**
bouleversement
catastrophe
cataclysme
fléau
sinistre
destruction
anéantissement
suppression
disparition
dissolution
renversement
verse
vimaire
subversion
consomption
démantèlement
pillage
sac
saccage
saccagement
ravage
désolation
dévastation
désastre
fer et feu
incendie
inondation
explosion
disette
vandalisme
jacquerie

ruiner
dévaster
piller
ravager
saccager
mettre à sac
incendier
livrer aux flammes
mettre à feu et à sang
promener le fer et la flamme
semer la ruine
mettre en ruine
couvrir de ruines
faire le désert
anéantir
raser
démolir
jeter bas
détruire
abattre
renverser
subvertir
culbuter
désoler
dévorer
perdre

pillard
dévastateur
incendiaire
destructeur
vandale
désastreux
ruineux
subversif
en ruine
désemparé
ruineusement
à vau-l'eau
V. *défaire* et *insuccès*

3\. **ruine** (d'argent
déconfiture
mauvaises affaires
être ruiné
être réduit à misère
n'avoir plus le sou

faire la culbute
ruineux
V. *dépense*, *pauvre*
ruinure
V. *maçonnerie*
ruisseau
écoulement
rigole
caniveau
contre-caniveau
contre-jumelle
bordure de trottoir
V. *eau*
ruisseler
V. *couler*
rumb V. *vent*
rumen V. *digérer*
rumeur V. *bruit*
ruminer
V. *digerer*
runes V. *Suède*
runique
V. *Suède*
rupture
V. *briser*, *haine*
rural V. *champ*
ruse V. *habile*, *hypocrisie*, *piège*
Russie
russe
slave
moscovite
tzar
tzarine
tzarévitz
pope
icone
boyard
hetman
moujik
isbah
kabak
ukase
rouble
kopeck
panslavisme
rustaud
V. *grossier*
rusticité
V. *grossier*, *champ*
rustiquer
V. *ornement*
rustre
V. *grossier*
rutilant
V. *briller*

S

sabbat V. *juif*
sabéisme
V. *religion*
sabellianisme
V. *religion*
sabine V. *plantes*
sable
sablon
sable de rivière
sable de plaine
sable rouge
sable réfractaire
caillou
gravier
mignonnette
caillasse
gravillon
balast
arène
banc de sable
sirtes
syrtes
dune
javeau
sablière
sablonnière
atterrissement
arénation
enlizement
ensablement
engravement

sableux
sablonneux
graveleux

draguer
cribler
tamiser
sabler
ensabler
engraver
sablonner
enlizer

crible
tamis
drague
dragueur
sablonnier
sablier
Sablé
sablésien
sabord V. *navire*
sabot V. *chaussure*, *jouet*
saboter V. *mal*
sabotier
V. *métier*
sabotière
V. *danse*
sabouler
V. *colère*
sabre V. *épée*
sabretache
V. *vêtement* (5)
sabreur V. *tuer*
saburre
V. *digérer*
sac
ridicule
réticule
sacoche
sachet
sachée
ensachement
ensacher
V. *bagage*
saccade
V. *mouvement*
saccager
V. *ruine*
saccharin
V. *sucre*
sacerdoce
V. *clergé*
sachée V. *sac*
sacoche
V. *bourse*, *sac*
sacramentaire V. *religion*
sacramentel
V. *sacrement*
sacre V. *animal*
sacre V. *roi*
sacré
respectable
vénérable
auguste
saint
sacro-saint
inviolable
consacré
inviolabilité
V. *respect*, *saint*
sacrement
baptême
confirmation
eucharistie
viatique
pénitence
ordre
mariage
extrême-onction
ordination
consécration
saint chrême
saintes huiles
sacramentel
sacramental
sacramentalement [ment
sacramentellement
sacramentaux

administrer
baptiser
confirmer
communier
confesser
ordonner
marier
sacrer
V. *roi*, *juron*
1. **sacrifice** (abstrait)
abandon
désintéressement
abnégation
esprit de sacrifice

sacrifier
faire le sacrifice
subordonner [de
faire passer après
négliger
V. *dévouement*
2. **sacrifice** (concret)
immolation
hécatombe
holocauste
taurobole
propitiation
sacrificature
expiatoire
propitiatoire

sacrifier
immoler
offrir en sacrifice

sacrificateur
victimaire
victime
Isaac
Iphigénie
sacrifier V. *sacrifice*, *quitter*
sacrilège
V. *impie*
sacripant
V. *mépris*
sacristain
V. *église*

sacristie
V. *église*
sacro-saint
V. *sacré*
sacrum
V. *squelette*
saducéen
V. *religion*
safran V. *plantes, teinture*
sagacité
V. *intelligence*
sage V. *sagesse*
sage-femme
V. *accouchement*

sagesse
raison
maturité
expérience
bon sens
prud'homie
sens
prudence
modération
prévoyance
réflexion
intelligence

sage
raisonnable
mûr
expérimenté
prudent
sensé
modéré
prévoyant
réfléchi
intelligent
de bon conseil
droit

assagir

sagement
raisonnablement
mûrement
prudemment
Voir *honnêteté, réflexion* et *tranquille*
sagittaire
V. *astre, arc*
Sagonte
sagontin
sagou
V. *substance*
sagouin V. *singe*
sagum
V. *vêtement*
saie V. *vêtement*
saigner V. *sang*
saillie V. *pointe, esprit*
sain V. *santé*
saindoux
V. *charcuterie*
sainfoin
V. *plante*

saint
élu
confesseur
martyr
juste
bienheureux
patron

canonisable
hiératique

auréole
nimbe
vision béatifique
canonisation
béatification
sainteté
dulie
commémoraison

canoniser
béatifier
sanctifier

martyrologe
hagiographie
hagiographique
hagiologie
hagiographe
sanctification
saintement
Voir *prénom*
Saint-Brieuc
briochain
Saint-Denis
dionysien
Saint - Domingue
dominicain
Saint-Étienne
stéphanois
Saint-Flour
sanflorain
Saint-Gaudens
Saint-Gaudinois
Saint-Girons
Saint-Gironnais
Saint-Lô
laudinien
Saint-Malo
malouin
Saint-Office
V. *inquisition*
Saint-Omer
audomarois
Saint-Ouen
audonien
Saint-Yrieix
arédien
saïque V. *navire*
saisie
V. *procédure*
saisine
V. *héritage*
saisir V. *tenir*
saisissement
V. *sensibilité*

saison
trimestre
renouveau
printemps
été
beaux jours
belle-saison
canicule
automne
arrière-saison
été de la Saint-Martin
hiver

printanier
vernal
estival
automnal
hibernal
hivernal
hiémal
salade
saladier
couvert
huilier
salade cuite
assaisonnement
fourniture
chapon
verdurier
fruitier
faire la salade
remuer la salade
fatiguer la salade
Voir *légumes*
salage V. *sel*
salaire V. *payer*
salaison V. *sel*
salamalec
V. *salut* (2)
salamandre
V. *animal*
salarier V. *payer*

sale
malpropre
dégoûtant
immonde
répugnant
sordide
infect
crasseux
taché
maculé
souillé
crotté
boueux
fangeux
graisseux
chassieux
poudreux
impur
trouble
troublé
croupi
pouacre
sali
encrassé

contaminé
éclaboussé
moucheté
saligaud
sagouin
salaud
salope
salisson
souillon
ordurier
à ne pas prendre avec des pincettes
salissant
vermineux

salissure
saloperie
tache
saleté
vermine
encrassement
sordidité
malpropreté
ternissure
ordure
crasse
patrouillage
patrouillis
sentine
fange
crotte
boue
immondice
souillure

impureté
peigne
torchon
vermine
sanie
bave
pus
suppuration
dépôt
écoulement
humeur
purulence

salir
souiller
maculer
encrasser
contaminer
troubler
ternir
croupir
tacher
crotter
graisser
éclabousser
patrouiller
infecter
laver
nettoyer
détacher
faire disparaître

salement
malproprement
crasseusement
sordidement

salep V. *substance*
saler V. *sel*
saleron
V. *salière*
saleté V. *sale*
salicaire
V. *plante*
salicoque
V. *animal*
salicor V. *plante*
salicylate
V. *substance*
salière
saleron
V. *sel*
salifier V. *sel*
salignon V. *sel*
salin V. *sel*
saline V. *sel*
salique
V. *héritage*
salir V. *sale*
salisson V. *sale*
salissure V. *sale*

salive
sialisme
salivation
calculs salivaires
fistules salivaires
glandes
— parotides
— sous - maxillaire
— sublinguales
— labiales
— molaires
— génale
sialalogue
V. *cracher*
salle
V. *appartement*
salmigondis
V. *désordre*, *nourriture*
salmis
V. *nourriture*
saloir V. *sel*
salon
petit salon
grand salon
salon à l'italienne
meuble de salon
canapé
fauteuil
chaise

tenir salon
faire salon
salorge V. *sel*
salpêtre
nitre
nitrate de potasse
nitrière
salpêtrière
salpêtrerie
salpêtrage
salpêtrier
salpêtrer
salsepareille
V. *plantes*
salsifis
V. *plantes*
saltarelle
V. *danse*
saltation
V. *danse*
saltimbanque
V. *comédien*
salubre V. *santé*
saluer
V. *salut* (2)
salure V. *sel*
1. **salut** (*sauver*)
sauvetage
préservation
libération
délivrance
affranchissement
guérison
rétablissement

sauf
hors de danger
sain et sauf
planche de salut
branche de salut
ancre de salut
bouée
bateau de sauvetage
palladium
panacée
sauf-conduit
sauvegarde
terre-neuve

être sauvé
sortir de danger
échapper
en réchapper
tirer son épingle du jeu
s'en sortir
sauver
tirer d'affaire
repêcher
préserver
libérer
délivrer
affranchir
guérir
devoir un fameux cierge
rétablir

sauveur
sauveteur
ex-voto
salutaire
salutairement
V. *protéger*

2. **salut** (*saluer*)
politesse
coup de chapeau
chapeau bas
révérence
courbette
salutation
saluade
salamalec
compliment
bonjour

saluer
se découvrir
souhaiter le bonjour
faire la révérence
tirer la révérence
saluer militairement
répondre au salut
V. *respect*
salutation
V. *salut* (2)
salve V. *artillerie*, *applaudir*
samedi
V. *semaine*
Samos
samien
san-benito
V. *inquisition*
sanctifier
V. *saint*
sanction V. *loi*
sanctuaire
V. *église*
sanctus V. *messe*
sandale
V. *chaussure*
sandaraque
V. *substance*
sandwich
V. *charcuterie*
sang
sang aortique
sang artériel
sang veineux
fibrine
sérum
plasma
hématie
globule
leucocyte
caillot
veine
artère
circulation
système artériel
système veineux
vaisseaux sanguins
cœur
pouls
pulsation
intermittence
épistaxis
hémoptysie
hématurie
hémostase
hématocèle
hémorragie
phléborragie
phléborrhexie
phlébite
varice

diapédèse
embolie
épanchement
congestion
touffeur
coup de sang
hémorroïde
apoplexie
anémie
appauvrissement
chlorose
saignée
sangsue
transfusion
phlébotomie
artériotomie
hématose
sanguification
stase

hémoptysique
hémostatique
hémorroïdal
variqueux
sanguin
congestionné
apoplectique
exsangue
anémique
chlorotique
injecté
saignant
sanguinolent
sanglant

saigner
ensanglanter
couvrir de sang
ressaigner
transfuser
figer
couler
V. *pouls*, *cœur*

sang-dragon
V. *substance*

sang-froid
V. *tranquille*

sanglade
V. *coup*

sanglant
V. *sang*

sangle V. *bande*

sanglier
ragot
laie
hure
boutoir
broche
boutis
fouaille
miré
bauge
souille

fouger
vermiller
herbeiller
porchaison

sanglot
V. *pleurer*

sangsue
V. *animal*

sanguification V. *sang*

sanguinaire
V. *tuer*

sanguine
V. *substance*

sanguinolent
V. *sang*

sanhédrin
V. *assemblée*

sanicle V. *plante*

sanie
V. *excréments*

sanitaire
V. *santé*

sanscrit
V. *Inde*

sans-culotte
V. *révolution*

sans-façon
V. *simple*

sans-fleur
V. *pomme*

sansonnet
V. *animal*

sans-peau
V. *poire*

sans-souci
V. *tranquille*

santal V. *plante*

santé
bonne santé
brillante santé
santé florissante
mauvaise santé
état
complexion
diathèse
idiopathie
idiosyncrasie
résistance
tempérament
constitution
eucrasie
rétablissement
se bien porter
aller bien
respirer la santé
être dans son assiette
grossir
prendre du ventre
s'arrondir
se porter comme un charme
se porter comme le Pont-Neuf
se porter à ravir
ragaillardir
assainir
désinfecter
se rétablir
reprendre

bien portant
solide
florissant
vert
dispos
gaillard
vigoureux
valide
sanitaire
fonctionnel
climatérique
salubre
sain
hygiénique
fortifiant
tonique
prophylactique
désinfectant
antiseptique
antipestilentiel
antipsorique
antiputride
sanatorium
désinfection
cordon sanitaire
quarantaine
hygiène
assainissement
salubrité
V. *malsain*, *maladie*, *guérison*

santon V. *clergé*

santonine
V. *plante*

sapa V. *vigne*

sapajou V. *singe*

sapan V. *teinture*

sape V. *tomber*

sapèque
V. *monnaie*

saper V. *tomber*

saphène
V. *jambe*

saphique
V. *poésie*

saphir
V. *joaillerie*

saphirine
V. *joaillerie*

sapide V. *goût*

sapin V. *plante*

sapinière
V. *plante*

saponacé
V. *savon*

saponaire
V. *plante*

saponifier
V. *savon*

saporifique
V. *goût*

sarabande
V. *danse*

sarbacane
V. *vent*

sarcasme
V. *rire*

sarcelle
V. *animal*

sarcler
V. *agriculture*

sarcologie
V. *viande*

sarcome
V. *maladie*

sarcophage
V. *cimetière*

Sardaigne
sarde

sardine
V. *animal*

sardoine
V. *joaillerie*

sardonique
V. *rire*

sargasse V. *mer*

sarigue
V. *animal*

sarisse V. *lance*

sarment
V. *branche*, *vigne*

sarrasin
V. *céréales*

sarrasine
V. *siège* (1)

sarrau
V. *vêtement*

sarrette
V. *plante*

sarriette
V. *plante*
sas V. *crible*, *écluse*
sassafras
V. *plante*
sasse V. *pelle*
satanique
V. *diable*, *rire*
satellite
V. *accompagner*
satiété V. *trop*
satin V. *étoffe*
satiner V. *papier*, *peau*

satire
pamphlet
libelle [tire
le fouet de la sa-
pamphlétaire
satirique
mordant

attaquer
flageller [cule
tourner en ridi-
satiriser
Juvénal
satiriquement
satisfaction
V. *plaisir*
satisfactoire
V. *remords*
satisfaire
V. *contenter*
satrape
V. *territoire*
saturer V. *plein*
saturnales
V. *fête*
satyre V. *dieux*
sauce
V. *nourriture*
saucière
V. *vaisselle*
saucisse
V. *charcuterie*
saucisson
V. *charcuterie*
sauf V. *salut* (1)
sauf-conduit
V. *voyage*
sauge V. *plante*
saugrenu
V. *absurde*
saule V. *plante*
saumâtre
V. *goût*
saumon
V. *animal*

Saumur
saumurois
saumure V. *sel*
saunage V. *sel*
saupiquet
V. *nourriture*
saupoudrer
V. *poudre*
saur V. *hareng*
saurage
V. *oiseau*
sauriens
V. *animal*
saurissage
V. *hareng*
saussaie
V. *plante*
saut
enjambée
bond
soubresaut
élancement
culbute
cabriole
saut périlleux
croupade
ruade
coup de pied
cahot
sautillement
gambade
rebondissement
sursaut
voltige
saute-mouton

sauter
enjamber
franchir
bondir
s'élancer
rebondir
cabrioler
faire la culbute
culbuter
gambader
sautiller
cahoter
ruer

sauteur
rueur
clown
tremplin [*ment*
V. *tomber*, *mouve-*
saute V. *vent*
sautelle V. *vigne*
sauter V. *saut*
sautereau
V. *piano*

sauterelle
V. *animal*, *outil*
saute-ruisseau V. *procédure*
sautiller V. *saut*
sautoir
V. *indirect*

sauvage
barbare
peuplade
horde
anthropophage
cannibale
sauvagesse
barbarie
sauvagerie
anthropophagie
cannibalisme
hutte
sauvagement
V. *grossier*, *cruel*
sauvageon
V. *tige*
sauvagin V. *goût*
sauvegarde
V. *salut* (1)
sauve-qui-peut V. *fuir*
sauver
V. *salut* (1)
sauvetage
V. *salut* (1)
sauveur
V. *salut* (1)
savane
V. *terrain*

savant
instruit
docte
érudit
fort
ferré
avancé
versé dans
entendu
compétent
éclairé
cultivé
lettré
mandarin
docteur
humaniste
helléniste
latiniste
chercheur
puits de science
science infuse

esprit transcen-
— universel [dant
— encyclopédique
de omni re scibili
Pic de la Mirandole
lumière de la science (une)
phénix
flambeau
oracle

doctoral
scientifique
superficiel
pédant
savantasse
pédantesque

pédantiser
V. *science* 1, 3, *compétence*, *enseignement*
savate
V. *chaussure*
saveter V. *mal*
savetier
V. *chaussure*
saveur V. *goût*

Savoie
savoisien
savoyard
savoir
V. *science*, *savant*
savoir-faire
V. *habileté*
savoir-vivre
V. *politesse*

savon
pain de savon
barre
savonnette
savon de toilette
savon de cuisine
savon noir
saponaire
saponine
bulle de savon
mousse
savonnage
savonnerie
saponification
savonneux
saponacé
saponifiable
savonner
saponifier
savonnier

savourer
V. *goût*
savouret
V. *viande*
savoureux
V. *goût*
savoyard
V. *Savoie*
saxatile
V. *plante*

Saxe
saxon
saxhorn
V. *instrument*
saxifrage
V. *plante*
saxophone
V. *instrument*
saynette
V. *théâtre*
sayon V. *vêtement*
sbire V. *police*
scabellon
V. *piédestal*
scabieuse
V. *plante*
scabreux
V. *grossier*
scalde V. *poésie*
scalène
V. *triangle*
scalpel V. *couper*
scalper
V. *couper*
scammonée
V. *plante*
scandale
esclandre
éclat
bruit
pierre de scandale

s'afficher
faire du scandale
casser les vitres
mettre les pieds dans le plat
scandaliser
effaroucher [dale
assoupir un scan-
étouffer — —
scandaleux
éhonté
scandaleusement
scander
V. *poésie*
scaphandre
V. *nager*
scapulaire
V. *vêtement*
scarabée
V. *animal*
scare V. *animal*
scarification
V. *chirurgie*
scarlatine
V. *maladie*
sceau V. *cachet*
scélérat
V. *criminel*
sceller V. *cachet*
scénario
V. *opéra*
scène V. *théâtre*

sceptique
pyrrhonien
douteur
incrédule
incertain
indécis
esprit fort

scepticisme
pyrrhonisme
doute
incertitude

douter [cer
ne pas se pronon-
ne pas croire
ne pas affirmer
révoquer en doute [*sitation*
V. *hypothèse et hé-*
sceptre
V. *roi, bâton*
schabraque
V. *harnachement*
shah V. *Perse*
shako V. *chapeau*
schapska
V. *Pologne*
schelling
V. *monnaie*
schène
V. *longueur*
scherzo
V. *musique*
schisme
V. *religion*
schiste
V. *substance*
schlague V. *coup*
schlich
V. *substance*
schooner
V. *navire*
sciatique
V. *maladie*
scie
armature
châssis
monture
archet
garrot
lame
dent
traverse
sommier
équier
chevalet
X
passe-partout
scie à main
scie allemande
scie savoyarde
scie à métaux
scie circulaire
égoïne
trait de scie

scier
débiter
chantourner
refendre
affûter

scierie
sciage
sciure
scieur de long
affûteur

1. **science**
connaissance
notions
acquis
bagage
teinture
vernis
prénotion
fonds
culture
savoir
compétence
force
instruction
lumières
initiation
érudition
études
classes
humanités
lettres
expérience
habitude
entente
exercice
omniscience
universalité
pédantisme
pédanterie
philomathique
philotechnique
scientifique

connaître
tenir de
avoir vent de
cultiver
savoir
être dégrossi
— débrouillé
— décrassé [de
avoir une teinture
ne pas ignorer
avoir appris
être informé
— renseigné
— au courant
— instruit de
— ferré sur
s'y entendre
s'y connaître
posséder [avec
être familiarisé
— barbouillé de
avoir de l'acquis

sciemment
sur le bout du doigt
rubis sur l'ongle
V. *savant, compétence*

2. **sciences**
doctrine
corps de doctrine
facultés [voir
branches du sa-
science de raisonnement [tes
sciences abstrai-
sciences mathématiques
mathématiques pures
arithmétique
algèbre
calcul intégral
calcul différentiel
calcul des variations
calcul des proba-
géométrie [bilités
trigonométrie

géométrie analytique
mathématiques appliquées
mathématiques mixtes
sciences métaphysiques
logique transcen-[dante
morale transcendante [vation
sciences d'obser-
science physique
science naturelle
morale [que
science histori-
science industrielle
beaux-arts
critique litté-[raire

acoustique
actinométrie
aérographie
aérologie
aérométrie
aérostation
agriculture
agronomie
allopathie
anatomie
anémométrie
angiographie
angiologie
anthropologie
anthropométrie
apiculture
agriculture
archéologie
architecture
aréométrie
aréotectonique
arpentage
artériologie
astronomie
aviceptologie
bactériologie
balistique
bibliographie
biologie
botanique
calorimétrie
cartographie
catoptrique
céroplastie
chartographie
chimie
chimiatrie
chirurgie
chondrologie
chorographie
chronologie
climatologie
conchyliologie
cosmogonie
cosmographie
cosmologie
craniologie
cranioscopie
cranologie
cristallographie
cryptographie
dactyliologie
dialectique
dioptrique
diplomatique
docimasie
droit (le)
dynamique
échométrie [que
économie politi-
économie sociale
écriture
électricité
électro-chimie
électro - dynamique [tisme
électro - magné-
embryogénie
entomologie
épigraphie
erpétologie
esthétique
ethnographie
ethnologie
éthologie
eudiométrie
exégèse [tisme
galvano - magné-
galvanoplastie
gastronomie
gazologie
géodésie
géognosie
géographie
géologie
glyptique
gnomonique
goniométrie
grammaire
halotechnie
harmonie [ce)
héraldique (scien-
hercotechnique
herméneutique
herpétologie
hippiatrique
histoire
histologie
homéopathie
horographie
horométrie
hydraulique
hydrodynamique
hydrographie
hydrologie
hydrométrie
hydroscopie
hydrostatique
hygiène
hygrométrie
hypsométrie
ichtyologie
iconographie
iconologie
idéologie [cul)
infinitésimal (cal-
jurisprudence
lecture
législation
lexicographie
lexicologie
linguistique
lithologie
liturgie
logique
mathématiques
mécanique
médecine
métallographie
métaphysique
météorologie
métrique
métrologie
micrographie
minéralogie
mnémonique
mnémotechnie
musique
myographie
myologie
névrologie
nosographie
nosologie
numismatique
obstétrique
odontologie
ontologie
ophtalmographie
oréographie
ornithologie
orographie
orthopédie
oryctographie
oryctologie
ostéographie
ostéologie
paléographie
paléontologie
pathologie
philologie
philosophie
phlébographie
phonétique
physiologie
physique
phytographie
planimétrie
pneumotologie
poliorcétique
politiques (scien-
pomologie [ce
prosodie
psychologie
sarcologie
sélénographie
séméiologie
séméiotique
sociologie
somatologie
spasmologie
sphragistique
splanchnologie
statistique
statique
stéganographie
sténographie
stéréographie
stéréométrie
stéréotomie
stratographie
tachygraphie
tachymétrie
technologie
télégraphie
téléphonie
terminologie
théodicée
théologie
thérapeutique
topographie
toxicologie
uranographie
versification
zoographie
zoologie
zootomie
zymologie

sciences (prétendues)
aéromancie
alchimie
arithmomancie

astrologie
cartomancie
chiromancie
démonographie
démonologie
divination
graphologie
gyromancie
hermétique
hydroscopie
magie
magnétisme
nécromancie
onirocritie
oniromance
oniromancie
ornithomance
ornithomancie
phrénologie
physiognomonie
métoposcopie
rabdomancie
rabdologie
sorcellerie
thaumaturgie

3. **s c i e n c e s** (qualificatifs à idée de personnes)

savant (*Voir*)
mathématicien
arithméticien
calculateur
algébriste
géomètre
ontologiste
métaphysicien
moraliste
physicien
chimiste
botaniste
physiologiste
cosmographe
astronome
géographe
géologue
psychologiste
logicien
historien
critique
agriculteur
agronome
allopathe
allopathiste
anatomiste
anthropologiste
archéologue
architecte
arpenteur
bibliographe
biologue
biologiste
cartographe
céroplaste
chartographe
chirurgien
conchyliologiste
cristallographe
dialecticien
économiste
électricien
écrivain
entomologiste
épigraphiste
ethnographe
exégète
feudiste
gastronome
grammairien
harmoniste
hippiatre
homéopathe
hydraulicien
hydrographe
hydrologue
hygiéniste
ichtyologiste
iconographe
iconologiste
iconologue
idéologue
jurisconsulte
lecteur
législateur
lexicographe
lexicologue
linguiste
liturgiste
médecin
météorologiste
météorologue
métrologiste
métrologue
micrographe
minéralogiste
musicien
naturaliste
numismate
ornithologue
ornithologiste
orthopédiste
paléographe
paléontologue
paléontologiste
pathologiste
philologue
philosophe
phytographe
pomologiste
psychologue
statisticien
sténographe
tachygraphe
théologien
thérapeutiste
topographe
toxicologue
zoologue
zoologiste
alchimiste
astrologue
cartomancien
chiromancien
démonographe
démonologue
devin
magicien
magnétiseur
nécromancien
nécromant
phrénologue
phrénologiste
physiognomoniste
rabdomancien
sorcier
thaumaturge

4. **s c i e n c e s** (qualificatifs de choses)

scientifique
technique
ontologique
métaphysique
moral
naturel
acoustique
aérostatique
agricole
agronomique
algébrique
allopathique
anatomique
anthropologique
anthropométrique
archéologique
architectural
architectonique
aréométrique
astronomique
bibliographique
biologique
botanique
calorimétrique
cartographique
céroplastique
chimique
chirurgique
chorographique
chronologique
climatologique
cosmographique
cosmologique
craniologique
cranologique
cristallographique
critique
économique
électrique
embryogénique
entomologique
épigraphique
esthétique
ethnographique
ethnologique
eudiométrique
exégétique
galvanoplastique
gastronomique
géodésique
géognostique
géographique
géologique
géométrique
grammatical
harmonique
historique
homéopathique
hydraulique
hydrographique
hydrologique
hydrométrique
hydrostatique
hygiénique
hygrométrique
hypsométrique
ichtyologique
iconographique
iconologique
idéologique
juridique
législatif
lexicographique
lexicologique
liturgique
logique
mathématique
mécanique
médical
métoposcopique
métrologique
minéralogique
mnémotechnique
musical

numismatique
oréographique
ornithologique
orographique
ostéologique
paléographique
paléontologique
pathologique
philologique
philosophique
physiologique
physique
phytographique
planimétrique
prosodique
psychologique
scriptural
sociologique [que
stéganographi-
sténographique
stéréographique
stéréométrique
tachygraphique
tachymétrique
technologique
théologique
topographique
toxicologique
trigonométrique
uranographique
zoologique
alchimique
astrologique
divinatoire
magique
magnétique
phrénologique
physiognomoni-
que
thaumaturgique

scille V. *plante*
scinder
V. *diviser*
scinque
V. *animal*
scintiller
V. *lumière*
scion V. *branche*
scission
V. *division*
scissure V. *fente*
sciure V. *scie*
**sclérophtal-
mie** V. *œil*
sclérotique
V. *œil*
scolaire
V. *école*
scolastique
V. *philosophie*
scoliaste V. *note*
scolie V. *note*
scolopendre
V. *animal*
scombre
V. *animal*
scorbut
V. *maladie*
scordium
V. *plante*
scorie
V. *métal*, *reste*
scorifier
V. *métal*
scorpion
V. *animal*
scorsonère
V. *plante*
scotie
V. *ornement*
scottisch
V. *danse*
scribe V. *écrivain*
scriptural
V. *religion*
scrofulaire
V. *plante*
scrofule
V. *maladie*
scrupule
conscience
égard
considération
délicatesse

se faire un scru-
pule
se faire un cas de
conscience
être arrêté par
l'idée
— — — une con-
sidération

scrupuleux
consciencieux
délicat
pointilleux
vétilleux

scrupuleusement
consciencieuse-
ment
religieusement
scruter
V. *curieux*
scrutin
V. *élection*
scubac V. *liqueur*
sculpture
art sculptural
statuaire
toreutique
ciselure
repoussé
plastique
modelage
céroplastique
phelloplastie
estampage
fonte
basse-taille
bas-relief
demi-relief
demi-bosse
bosse
ronde-bosse
intaille
camée
gravure
glyptique

étude
ébauche
maquette
argile
terre
cire
modèle
cuisson
reproduction
répétition
réduction
bronze
marbre
mise aux points
épannelage
dégrossissement

attribut
mascaron
massacre
mufle
masque
tête
buste
figure
personnage
statue équestre
groupe
allégorie
sculpture monu-
mentale
— colossale
acrolithe
hermès
terme
figure colossale
statue
statuette
figurine
idole
magot
atlante
télamon
cariatide
canéphore
original
copie
moulage
surmoulage
terre cuite
plâtre
bronze (un)
marbre
chryséléphantine
ivoire

tenon
terrasse
piédestal
gaine
piédouche
niche
style
galbe
drapé

sculpteur
statuaire
animalier
modeleur
céroplaste
ciseleur
graveur
praticien
bronzier
fondeur
atelier
selle
ébauchoir
mirette
fermoir
maillet
masse
ciseau
ciselet
ripe [seur
compas d'épais-
fil à plomb
sonde
sculpter
tailler
ciseler
modeler

sculptural

scytale V. *lettre*
Scythie
scythe
scythique
séance
V. *assemblée*
séant V. *politesse*
seau V. *récipient*
sébacé V. *suif*
sébile V. *récipient*
sécante
V. *géométrie*
sécateur
V. *jardin*
sécession
V. *division*
sèche V. *animal*
sèchement
V. *reproche*
sécheresse
aridité
siccité
desséchement
dessiccation
tarissement
séchage
étanchement
étanche

sec
aride
anhydre
tari
tarissable
sec comme pendu
siccatif
dessiccatif
hydrofuge
séchoir
éponge
papier-buvard

sécher
tarir
boire
dessécher
assécher
étancher
éponger
second
V. *inférieur*
secondaire
V. *importance*
seconde
V. *temps*
seconder
V. *aide*
secouer V. *quitter*, *mouvement*, *liberté*
secourable
V. *bon*
secourir V. *aide*
secousse
V. *mouvement*
secret (*substantif*)
mystère
cachotterie [nel
secret profession-
confidence

mystérieux
clandestin
confidentiel
furtif
cachottier [che
anguille sous ro-
secret de Polichi-
arcane [nelle
cryptographie
grille
chiffre
sphinx

cachotter
révéler
trahir
transpirer
V. *cacher*, *aveu*, *obscur*, *taire*, *mystère*
secrétaire
V. *employé*, *meuble*
sécréter
V. *goutte*
sécrétion
V. *excréments*
sécrétoire
V. *excréments*
sectaire
V. *religion*, *politique*
secte V. *religion*
secteur
V. *géométrie*
section
V. *division*
sectionner
V. *diviser*
séculaire
V. *année*, *vieux*
séculariser
V. *laïque*
séculier
V. *laïque*
sécurité
V. *tranquille*
sédatif
V. *tranquille*
sédentaire
V. *inaction*
sédiment
V. *reste*
sédition
V. *révolution*
séduire
V. *agréable*
segment
V. *division*
ségrairie
V. *forêt*
ségrais V. *forêt*
séide V. *religion*, *politique*
seigle
V. *céréales*
seigneurie
V. *féodalité*
seille V. *récipient*
sein V. *poitrine*
seine V. *filet*
Seine
séquanais
séquanien
seing V. *cachet*
séjour
V. *appartement*
séjourner
V. *durée*
sel
salaison
saumure
salage
salure
salignon
salinage
salorge
halurgie
halotechnie
saunage
faux-saunage
gabelage
marais salant
varaigne
saunaison
stockfisch
gabelle
saline
saunerie
saunière
égrugeoir
salière
saleron
saleur
saunier
salinier
gabeler
saler
salifier
égruger
dessaler
salé
salin
demi-sel
sélection
V. *choix*
sélénite
V. *substance*
sélénographie
V. *lune*
selle
bât
pommeau
troussequin
arçon
fontes
garrot
pontet
quartier
porte-étriers
porte-étrivières
sangle
seller
bâter
embâter
sangler
dessangler
desseller
débâter
désarçonner
ensellé
en selle
à cru
à nu
a poil
sellerie
sellier
sellier-bourrelier
sellier-harna-
cheur
serre-point
V. *harnachement*
seller V. *terrain*
sellerie V. *selle*
sellette
V. *tribunal*
sellier V. *selle*
semaille V. *semer*
semaine
lundi
mardi

mercredi
jeudi
vendredi
samedi
dimanche
férie
jour férié
jour de semaine
huitaine
quinzaine

hebdomadaire
bi-hebdomadaire
hebdomadier
semainier [ment
hebdomadaire-
heptaméron
férial
dominical
ouvrable

sémaphore
V. *port*

semblable
pareil
identique
littéral
textuel
mot pour mot
conforme
le même
ressemblant
tout craché
trait pour trait
à s'y tromper
trompe-l'œil
parlant
cousin germain
sosie [main
deux doigts de la
deux gouttes
analogue [d'eau
similaire
reconnaissable
congénère
ejusdem farinæ
homogène
homologue
imitable [genre
dans le même
à l'avenant
comparable
monotone
uniforme
imitatif|

ressembler
être tout le portrait de
tenir de
reproduire
représenter
faire la paire
être le pendant
avoir un air de
sembler
simuler
faire celui qui
faire semblant de
faire le simulacre
faire mine de [de
rappeler
imiter
rendre
singer
se conformer
marcher sur les
copier [traces
plagier
démarquer
tirer de
calquer
contrefaire
pasticher
piller
appareiller
assimiler
rapparier
rappareiller
rassortir
reconnaître
méconnaître
identifier

ressemblance
identité
parité
rassortiment
similitude
affinité
rapprochement
rapport
conformité
corrélation
analogie
imitation
image
copie
simulacre
double
duplicata
ampliation
fac-similé
monotonie
uniformité
plagiat
contrefaçon
pastiche
centon
calque
imitation servile
identification
jus vert et verjus
bonnet blanc.
blanc bonnet
imitateur
contrefacteur
copiste
plagiaire
singe
contrefaiseur
moutonnier
mouton de Pa-
d'après [nurge
selon
à l'instar de
comme
de même que
autant
aussi
ainsi
semblablement
pareillement
tout comme
V. *faux* et *portrait*

sembler
V. *paraître*

séméiologie
V. *médecine*

séméiotique
V. *médecine*

semelle
V. *chaussure*

semence
V. *semer*

semen-contra
V. *remède*

semer
ensemencer
emblaver
remblaver
ressemer
sursemer

semailles
emblavage
semence
semis
ensemencement
emblavure
ligne d'avaire
quinconce
billon
semeur
séminal
semoir
sillon

semestre
V. *mois*

semestrier
V. *soldat*

semeur V. *semer*

sémillant V. *ac-*

séminaire [*tion*
V. *clergé*

séminal V. *semer*

séminariste
V. *clergé*

semis V. *semer*

sémite V. *race*

sémitique
V. *langage*

semoir V. *semer*

semonce
V. *reproche*

semoule
V. *nourriture*

semper-virens
V. *plantes*

sempiternel
V. *durée*

Semur
semurois

sénat
assemblée sénatoriale
chambre haute
sénateur
père conscrit
sénatorial
sénatorien
sénatrice

assembler
convoquer
réunir

législature
session
séance
sénatus-consulte
sénatorerie

senau V. *navire*

séné V. *remède*

sénéchal
V. *magistrat*

seneçon
V *plantes*

senelle V. *plantes*

sénevé V. *plantes*

sénile V. *vieux*

Senlis
senlisien

1. **sens**
V. *signification*

2. **sens**
sensibilité
sensation

impression
perception

sentir
percevoir
éprouver une sensation
avoir une sensation
être impressionné

toucher
tact
vue
ouïe
odorat
goût
sensorium

sensible
perceptible
insensible
imperceptible
confus
net

organe
nerf sensorial
nerf sensitif
V. *toucher*, *œil*, *oreille*, *odeur*, *goût*, *voir*, *entendre*

3. **Sens**
sénonais

sensation
V. *sens* (2)

sensé V. *sagesse*

sensibilité
affection
émotion
émoi
impression
saisissement
délicatesse
sentiment
sentimentalisme
sentimentalité
tendresse
sympathie
sensualité
fibre
sensiblerie

sensible
délicat
sensitif
tendre
sympathique
facile à émouvoir
sensitive
sentimental

impressionnable
susceptible
chatouilleux

émouvoir la sensibilité
attendrir
affecter
toucher
impressionner
frapper
saisir
remuer
empoigner
captiver
attacher
agir sur
trouver la corde sensible
faire vibrer la corde sensible
enflammer
entraîner
aller au cœur
être douillet
s'écouter
sentir
ressentir
éprouver
palpiter
se soucier

intéressant
attachant
captivant
dramatique
saisissant
empoignant
palpitant
touchant
pathétique
enlevant
sensuel
charnel
voluptueux
matériel
sybarite

sensiblement
sensuellement
sentimentalement
douillettement
V. *sentiment*, *trouble*

sensorium
V. *sens* (2)

sensualisme
V. *philosophie*

sente V. *chemin*

sentence V. *proverbe*, *procédure*

sentencier
V. *procédure*

sentencieux
V. *parler*

senteur V. *odeur*

sentier V. *chemin*

sentiment
cœur
enthousiasme
ardeur
illusion
passion
excitation
tendresse
émotion
sentiment élevé
sentiment bas
pressentiment

sentimental
sensitive
instinctif

sentir
ressentir
éprouver
nourrir
être en proie à
V. *passion*, *sensibilité* et *qualité*

sentine V. *odeur*

sentinelle
V. *faction*

sentir V. *sens*, *sensibilité*, *sentiment*, *odeur*

seoir V. *attitude*, *convenir*

sépale V. *fleur*

séparatiste
V. *territoire*

séparer V. *diviser*, *entre*, *ôter*, *mariage*

sépia V. *couleur*

seps V. *animal*

sept
septénaire
septennal
septième
septuple
heptagonal

septemvir
heptacorde
heptaèdre
heptagone
heptaméron
heptarchie
Septimanie
septidi
semaine
septuor
septennalité
septennat
septupler
septimo

septante
V. *soixante*

septembre
V. *mois*

septembriseur V. *tuer*

septénaire
V. *sept*

septennal
V. *sept*

septentrion
V. *Nord*

septidi V. *sept*

septique
V. *pourriture*

septuagénaire
V. *âge*

septuor V. *sept*

septuple V. *sept*

sépulcral
V. *cimetière*, *voix*

sépulcre
V. *cimetière*

sépulture
V. *cimetière*

séquelle
V. *suivre*

séquence
V. *cartes*

séquestre V. *prison*, *procédure*

séquestrer
V. *prison*

sequin
V. *monnaie*

sérail V. *femme*

sérancolin
V. *marbre*

séraphin V. *ange*

séraskier
V. *Turquie*

Serbie
serbe

serein V. *nuit*, *tranquille*

sérénade
V. *chant*

sérénité
V. *tranquille*

séreux V. *lait*

serf V. *esclave*

serfouette
V. *jardin*
serfouir
V. *jardin*
serge V. *étoffe*
sergent
V. *soldat*
sergerie V. *tissu*
séricicole
V. *soie*
sériciculture
V. *soie*
série V. *liste*
sérieux
posé
grave
sévère
austère
froid
flegmatique
empesé
solennel
gourmé
guindé
affecté
pince-sans-rire
qui ne rit pas

gravité
sévérité
austérité
froideur
flegme
solennité

sérieusement
posément
gravement
froidement
V. *majesté*, *tranquille*
serin V. *animal*
seriner
V. *répéter*
serinette
V. *instruments*
seringue
V. *jeter*, *lancer*
serment
parole d'honneur
foi jurée
vœu
jurement
faux serment
parjure
prestation de serment
test

jurer
prêter serment
prononcer un serment
lever la main
s'engager par serment
en appeler à Dieu
attester par serment
se lier par serment
dégager sa parole
déférer le serment
relever d'un serment
se parjurer

caution juratoire
sous le sceau de l'honneur
sous la foi du serment

assermenté
sermenté
inassermenté
insermenté
parjure
V. *témoin*
sermon
V. *discours*
sermonnaire
V. *livre*
sermonner
V. *conseiller*
sérosité V. *lait*
serpe V. *couteau*

serpent
anneaux
dard
crochet

ramper
fasciner

herpétologie
charmeur
psylle
V. *reptile*, *animal*
serpentaire
V. *plantes*
serpente
V. *papier*
serpenter
V. *indirect*
serpentin
V. *carnaval*, *alambic*
serpentine
V. *joaillerie*
serpette
V. *couteau*
serpillière
V. *étoffe*
serpolet
V. *plantes*
serre
V. *jardin*, *pied*
serre-file
V. *soldat*
serre-frein
V. *gare*
serre-joint
V. *outil*
serre-papiers
V. *papier*
serre-point
V. *selle*

serrer
comprimer
piétiner
fouler
tasser
tordre
condenser
resserrer
presser
pressurer
contracter
replier
crisper
ramasser
aplatir
cylindrer
laminer
calandrer
piler
étrangler

serrement
pression
compression
foulage
piétinement
torsion
tassement
concentration
condensation
resserrement
contraction
contracture
spasme
crispation
réduction
aplatissement
laminage
strangulation
étranglement
presse
pressoir
tenaille
pince
étau
ceinture
contractilité
contractile
compact
coercible
compressible
V. *ceinture*, *condenser*

serre-tête
V. *chapeau* (2)

1. **serrure** (la)
palastre
cloison
pêne
rebord
tête
têtière
étoquiaux
arrêts
vis
couverture
foncet
canon
garniture
ressort
gorge
garde
équerre
picolet
gâchette
foliot
pêne à demi-tour
— dormant
— fourchu
barbes du pêne
queue —
encoche —
ergot —
arrêt —
gâche
cache-entrée
faux fond
bouton coudé
bouton de coulisse
bouton de porte
bec-de-cane
broche

clef
— anneau
— balustre
— canon
— panneton
— museau
— dent
passe-partout
crochet

rossignol
mettre la clef
engager la clef
tour de clef

ouvrir
fermer
donner un tour
fermer à double
crocheter [tour
faire sauter
serrurier
crocheteur
cambrioleur
crochetage

2. **serrures** (les)
serrure de sûreté
bénarde
dormante
verrou
targette
vertevelle
loquet
loqueteau
clenche
bobinette
cadole
cadenas
cramponnet
moraillon
auberon
auberonnière
platine
mentonnet
poucier

tirer le verrou
verrouiller
cadenasser
déverrouiller
tirer
V. *cadenas*

serrurerie
serrurerie d'art
ferronnerie
enclume
forge
étau
étampe
archet
foret
ciseau
tenaille
pince
lime
ferrière

forger
marteler
souder
boulonner
river
tarauder
forge
façon
ferrement

poutre
poitrail
filet
solive
ferme
comble
charpente
pan de fer
pont
serre
veranda
balcon
grille
rampe
chaîne
barre
penture
armature
étrier
lien
potence
sonnette
serrure
verrou
targette
loquet
paumelle
fiche
charnière
couplet
clef
piton
crochet
vis
clou
boulon
rivet

sertir
V. *joaillerie*
sérum V. *lait*
servage
V. *esclave*, *féodalité*
serval V. *animal*
servante V. *domestique*, *table*
serviable V. *bon*
service V. *bonté*, *soldat*, *vaisselle*, *usage*
serviette
V. *linge*
servile V. *humble*
servir V. *utile*, *rente*, *soldat*
serviteur
V. *domestique*
servitude
V. *esclave*
sésame
V. *plantes*
sessile V. *fleur*
session V. *durée*
sesterce
V. *monnaie*
setier V. *volume*
seton V. *remède*
seuil V. *porte*
seul V. *un*
sève V. *tige*
sévère
rigoureux
rigide
dur
rigoriste
strict
brutal
âpre
sec
farouche
violent
rogue
rébarbatif
intraitable
pas commode
qui ne badine pas
qui ne plaisante [pas
rabat-joie
main de fer
draconien

être sévère
user de sévérité
sévir

sévérité
rigueur
rigidité
raideur
rigorisme
dureté
brutalité
violence

sévèrement
durement
rigoureusement
brutalement
âprement
sèchement
vertement
violemment
V. *commander*, *cruauté*, *sérieux*, *punir*
sévices
V. *cruauté*
Séville
sévillan
sévir V. *cruauté*, *punir*
sevrer
V. *lait*, *ôter*
sexagénaire
V. *soixante*
sexe
genre
masculinité
mâle
garçon
fille
femelle
sexuel
masculin
féminin
V. *génération*
sextant
V. *astronomie*
sexte V. *musique*
sextil
V. *soixante*
sexto V. *six*
sextuple
V. *six*
sexuel V. *sexe*
shérif
V. *magistrat*
si
à supposer que
dans le cas où
supposé
à condition que
pourvu que
quand même
dans l'hypothèse que
V. *hypothèse*
sialalogue
V. *salive*
sialisme
V. *cracher*
Siam
siamois
siamoise
V. *étoffe*
Sibérie
sibérien
sibilant V. *siffler*
sibylle V. *devin*

sicaire V. *tuer*
siccatif
V. *sécheresse*
Sicile
sicilien
sicilienne
V. *danse*
sicle V. *monnaie*
sidéral V. *astre*
siècle
centurie
centenaire
séculaire
V. *année*
1. **siège**
blocus
investissement
sortie
rationnement
ravitaillement
famine
circonvallation
galerie
cheminement
parallèle
approches
contre-approches
travaux
contrevallation
gabionnade
fascinage
fascine
gabion
sarrasine
mine
contre-mine
contre-attaque
brèche
assaut
escalade
prise d'assaut
capitulation
reddition
intelligences dans la place
parlementaire
drapeau blanc
démantèlement
aréotectonique
hercotechnique
poliorcétique
attaque des places
défense
batterie
contre-batterie

assaillir
assiéger
bloquer
cerner
investir [devant
mettre le siège
tenir assiégé
attaquer
pratiquer une
escalader [brèche
donner l'assaut
monter à l'assaut
prendre d'assaut
emporter d'assaut
prendre
se rendre maître
amener à reddition
prendre par la fa-
affamer [mine
lever le siège
ravitailler
débloquer
gabionner
repousser les
tenir [assauts
faire une sortie
sortir avec les honneurs de la guerre
sortir avec armes et bagages
parlementer
capituler
se rendre
livrer
démanteler
raser

obsidional
inexpugnable
imprenable
ville ouverte
2. **siège** (meuble)
banc
banquette
chaise longue
ottomane
divan
sofa
canapé
trône
chaise curule
chaire
fauteuil
trémoussoir
bergère
chaise
causeuse
fumeuse
prie-Dieu
stalle
trépied
marchepied
X
tabouret
pliant
strapontin
placet
pouf
escabeau
escabelle
bout de pied
chaise percée
chaise-à-porteurs
coussin
pieds
barreau
bâton
roulettes
siège
cannage
rembourrage
bras
accoudoir
accotoir
miséricorde
manchette
dossier
montant
housse
ébéniste
chaisier
canneur
rempailleur
V. *asseoir (s')*
siéger
tenir séance
séance
audience
assises
audition
session
législature
Sienne
siennois
sierra
V. *montagne*
sieste
V. *sommeil*
sifflet
huchet
siffler
siffloter
frouer
hucher
siffleur
sifflement
bordée
sibilant
sifflable
sigillaire
V. *cachet*
sigisbée
V. *amour*
sigle V. *lettre*
sigmoïde
V. *forme*
signal
signe
faire un signe
donner le signal
sémaphore
phare
vigie
amers
bouée
balise
poteau
drapeau
balisage
diane
boute-selle
baliser
V. *montrer*, *trompette*, *tambour*, *cloche*
signalement
anthropométrie
description
indication
désignation
indice
détail [tiques
traits caractéris-
signe particulier
portrait
V. *physionomie*
signataire
V. *signer*
signature
V. *signer*
signe
marque
criterium
indice
indicule
indication
trace
piste
empreinte
vestige
erres
pas
sillage
ornière
traînée
brisées

boutis
foulées
abatture
repère
symptôme
prodrome
avant-coureur
pronostic
stigmate
tache
annonce
préliminaire
attribut
insigne
caractère
emblème
couleur
livrée
enseigne
diagnostic
signe concomitant
frappe
timbre
visa
contrôle
point de repère
signet
fiche
page cornée
borne

caractéristique
typique
symptomatique

souligner
marquer
contremarquer
noter
numéroter
stigmatiser
laisser des traces
suivre la menée
suivre à la trace
suivre à la piste
Petit-Poucet
rallye-paper
V. *enseigne*, *montrer*, *signal*, *signification*, *cachet*

signer
apposer sa signature
mettre sa signature au bas
mettre sa griffe
parafer
sceller
marquer
contresigner
légaliser

signature
griffe
parafe
seing
contreseing
sous-seing
sceau
croix
faux
signataire
soussigné
faussaire
authenticité
légalisation

faire un faux
commettre un faux
contrefaire

signet V. *reliure*

signification
sens
acception
désignation
conception
extension
portée
valeur
force
sens rare
sens dérivé
sens détourné
sens figuré
sens propre
sens littéral
contresens
faux sens

présenter un sens
signifier
exprimer
rendre
désigner
dénoter
témoigner
marquer
vouloir dire
manifester
prendre dans le sens de
entendre... par...
mettre les points sur les i
concevoir
comprendre
débrouiller
interpréter
traduire

dans l'acception
dans toute la force du terme
précisément
formellement
littéralement
à la lettre

clair
précis
significatif
expressif
typique
net
formel
fort
obscur
équivoque
ambigu
détourné
torturé
synonymique
synonyme
synonymie
V. *montrer*, *mot*, *traduction*

sil V. *substance*

silence
calme
paix
réticence
discrétion
bâillon
mutisme

le silence règne
faire silence
avaler sa langue
ne pas ouvrir la bouche
ne pas desserrer les dents
se taire
rester court
rester à quia
perdre le fil
ne dire mot
ne pas souffler mot
ne pas faire de bruit
marcher à pas de loup
étouffer le bruit
imposer le silence
faire faire silence
fermer la bouche
réduire au silence
ôter ta parole
bâillonner

silencieux
muet
aphone
sobre de paroles
discret
sûr
muet comme une carpe
bouche cousue
sous-entendu
tacite

silencieusement
tacitement
in petto
chut!
motus
V. *taire*

silex V. *pierre*
silhouette V. *dessin*
silicate V. *substance*
silice V. *substance*
silicium V. *substance*
silique V. *enveloppe*
sillage V. *navire*
siller V. *navire*
sillet V. *violon*
sillon V. *agriculture*
sillonner V. *agriculture*, *voyage*
silo V. *grain*
silure V. *animal*
simagrée V. *hypocrisie*
simarouba V. *plantes*
simarre V. *vêtement*
simbleau V. *charpente*
simien V. *singe*
similaire V. *semblable*
similitude V. *semblable*
similor V. *métal*
simoniaque V. *criminel*
simonie V. *crime*
simoun V. *vent*
simple
sans apprêt

sans prétention
sans orgueil
sans cérémonie
sans façon
le cœur sur la main
franc
cordial
sincère
carré
rond
frugal
pauvre
à la fortune du pot
familier
vulgaire
prosaïque
terre à terre
humble
ingénu
candide
patriarcal

n'y pas aller par quatre chemins

simplicité
absence de prétention
franchise
cordialité
sincérité
rondeur
frugalité
pauvreté
familiarité
vulgarité
humilité
ingénuité
simplesse
candeur

simplement
franchement
carrément
ingénument
modestement
candidement
naïvement
bonnement
à la bonne franquette
V. *facile*, *bête*, *pauvre*, *sincère*, *humble*

simulacre V. *paraître*, *semblable*
simuler V. *hypocrisie*, *semblable*
simultané
V. *ensemble*

sinapisme
V. *remède*

sincère
franc
loyal
ouvert
droit
cru
carré
rond
véridique
cordial
franc comme l'or
communicatif
expansif
cœur sur la main
paysan du Danube
explicite
net
formel

sincérité
franchise
bonhomie
candeur
loyauté
droiture
rondeur
cordialité
expansion
véracité
sincèrement
franchement
loyalement
ouvertement
crûment
cordialement
carrément
cartes sur table
sans fard
à la bonne franquette
sans artifice
sans masque
à cœur ouvert
à découvert
nettement
tout uniment
foncièrement
explicitement
formellement
hautement
V. *simple*

sincipital
V. *tête*
sinciput V. *tête*
sindon
V. *vêtement*

sinécure
V. *inaction*

singe
quadrumane
guenon
guenuche
babouin
homme des bois
chimpanzé
magot
ouistiti
sajou
sapajou
sagouin
fagotin
orang-outang
pongo
jocko
maki
macaque
mandrill
lémurien
simien
simiesque
V. *animal*

singer
V. *semblable*
singerie
hypocrisie
singulariser (se) V. *particulier*
singularité
V. *étonnant*
singulier
V. *un*, *étonnant*
sinistre V. *ruine*
sinologue
V. *Chine*
sinople V. *blason*
sinué V. *indirect*
sinueux
V. *indirect*
sinuosité
V. *indirect*
sinus V. *angle*
siphon V. *liquide*
sire V. *chef*
sirène
V. *monstre*
siroco V. *vent*

sirop
sirupeux
V. *liqueur*
sirvente
V. *poésie*
sis V. *poser*
site V. *paysage*
sitôt V. *vite*

situation
V. *place*
situer V. *poser*
six
sixain
sizain
sixte
sexte
sextolet
sextidi
sextil
sextuor
hexamètre
hexacorde
hexaèdre
hexagone
sextuple
sixième
hexagonal
sixièmement
sexto
sextupler
slave V. *Russie*
sloop V. *navire*
smalah V. *Arabie*
smiller
V. *maçonnerie*
sobre V. *boire*
sobriquet
V. *nom*
soc V. *charrue*
sociabilité
V. *société*
social V. *société*
socialisme
V. *politique*
sociétaire
V. *associé*
1. **société** (haute) V. *aristocratie*

2. **société**
population
rapport
commerce
fréquentation
contact
classes
caste
hiérarchie sociale
échelle
condition
état social
rang
monde
hautes classes
aristocratie (*Voir*)
clergé (*Voir*)
roture

tiers-état
classe moyenne
profession libé-
robe [rale
bourgeoisie
industrie
commerce (*Voir*)
peuple
plèbe
multitude
foule
bas peuple
menu peuple
prolétariat
masse
commun
populace
bas-fond
lie
écume

aristocrate
mondain
noble
prêtre
roturier
bourgeois
robin
industriel
négociant
commerçant
plébéien
prolétaire
artisan
croquant
manant
vilain
serf

social
public
populaire
popularité
sociabilité
mondanité
mondain
dyscole
V. *poli*, *triste*, *accueil*, etc.

socinianisme
V. *religion*

socle V. *piédestal*

socque
V. *chaussure*

socratique
V. *philosophie*

sodium
V. *substance*

sœur
aînée
cadette
puînée
utérine
consanguine
fraternel

sofa V. *siège* (2)

soffite
V. *plafond*

soie
soierie
écheveau
soie crue
soie cuite
soie floche
soie grège
soyeux
séricicole
cocon
bombyx
ver à soie
magnanerie
sériciculture
moulinage
mûrier
magnanier
canut

décruser
filer
mouliner
décrusage
filage
gattine
moulineur
moulinier
V. *étoffe*

soif
altération

avoir soif [che
avoir la gorge sè-
mourir de soif
apaiser
étancher
assouvir
se désaltérer
se rafraîchir
donner soif
altérer
pépie
soif de pendu
V. *boire*

soigner
V. *médecine*, *soigneux*

soigneux
méticuleux
vétilleux
minutieux
méthodique
ordonné
rangé
soigné
compassé
tiré à quatre épingles
consciencieux
scrupuleux

soigner
mettre tout son
s'appliquer [soin
veiller à
fignoler
lécher
limer
traiter avec amour

soigneusemeut
méticuleusement
minutieusement
méthodiquement
consciencieuse-ment
scrupuleusement

soin
sollicitude
scrupule
minutie
méthode
ordre
conscience
V. *beau*, *élégant*

soir
tombée de la nuit
entrée de la nuit
déclin du jour
coucher du soleil
à la brume
crépuscule
soirée
vesper
vespéral
crépusculaire

Soissons
soissonnais

soixante
sexagésime
soixantaine
sexagénaire
sexagésimal
soixantième
soixanter

soixante-dix
septante
septuagésime
septuagénaire

sol V. *terrain*, *musique*

solaire
V. *soleil*

solandre
V. *cheval*

solanées
V. *plante*

solanum
V. *plantes*

solbature
V. *cheval*

soldanelle
V. *plantes*

soldat
militaire
milicien
troupier
soudard
soldatesque
traîneur de sabre
fusilier
passe-volant
enfant de troupe
conscrit
recrue
réserviste
engagé
volontaire
conditionnel
remplaçant
simple soldat
fantassin
V. *infanterie*
cavalier
V. *cavalerie*
train (soldat du)
munitionnaire
tirailleur
étapier
pionnier
pontonnier
garde-côte
estafier
sentinelle
factionnaire
planton
ordonnance
brosseur
estafette
vaguemestre
semestrier
serre-file
caporal
brigadier
fourrier
sergent
grognard
vétéran
réformé
réfractaire

insoumis
disciplinaire
déserteur
transfuge
traînard
fourrageur
maraudeur
routier
ribaud
soudrille
passe-volant
taupin
enfant-perdu
miquelet
pandour
strélitz
traban
zaïm
timariot
cipaye
turco
spahi
légionnaire
hastaire
primipilaire
triaire
prétorien
contingent
effectif
appel
classe
conscription
tirage au sort
conseil de revi-
réforme [sion
réformer
bon pour le ser-
dispense [vice
dispensé
réformable
irréformable
volontariat
temps
service
mot d'ordre
consigne
corvée
faction
sentinelle
ronde
grand'garde
patrouille
escouade
piquet
peloton
exercice
théorie
mouvement
école de peloton
école de bataillon
manœuvres
opérations
revue
défilé
champ de Mars
polygone
évolution
charge
marche
contremarche
étape
position
campement
cantonnement
bivouac
campagne
entrée en campa-
mobilisation [gne
attaque
défense
tir
décharge
fusillade
garnison
caserne
casernement
chambrée
lit de camp
solde
gamelle
bidon
cantine
vivres
ration
pain de munition
réquisition
billet de logement
maraude
maraudage
ambulance
infirmier
débandade
panique
fuite
retraite
ralliement
uniforme
chevron
fourniment
giberne
grenadière
feuille de route
permission
congé
libération
vétérance
désertion
conseil de guerre
dégradation
pénitencier
dépôt
prison
arrêts
salle de police
V. *légion*, *armée*

soldat (verbes)
faire partie de la classe
être appelé
répondre à l'appel
tirer au sort
tomber au sort
réformer
dispenser
ajourner
s'engager
s'enrôler
s'embrigader
incorporer
faire son temps
servir [peaux
être sous les dra-
monter la faction
monter la garde
être en faction
faire sentinelle
patrouiller
manœuvrer
se développer
se mettre en ligne
se ranger en bataille [lon
former le batail-
former le carré
se masser
se déployer [ne
marcher en colon-
s'ébranler
se mettre en mou-
évoluer [vement
faire une conver-
obliquer [sion
faire un mouvement tournant
charger
marcher
défiler
camper
faire les faisceaux
bivouaquer
être en garnison
tenir garnison
cantonner
mobiliser
passer en revue
marauder
fourrager
rompre les rangs
se débander
lâcher pied
se replier
battre en retraite
fuir
se rallier
se reformer
porter armes
présenter armes
épauler
tirer
V. *armée*, *arme*, *cavalerie*, *infanterie*, *guerre*, *vêtement militaire*, *officier*, *fusil*, *épée*

solde V. *payer*, *soldat*, *reste*

solder V. *payer*

sole
V. *animal*, *terrain*

solécisme
V. *mot*

soleil
astre du jour
char du soleil
lumière
photosphère
tache
macule
lever
coucher
rayon
aphélie
parhélie
périhélie
solstice
insolation
coup de soleil
héliomètre
hélioscope
solaire
solsticial
héliocentrique

poindre
se lever
être masqué
darder
rayonner
brouir
V. *lumière*

solennel
V. *majesté*

solennité
V. *majesté*, *fête*

solfatare
V. *soufre*
solfège V. *chant*
solidaire
V. *associé*
solide
V. *immobile*
solidifier
V. *condenser*
solidité V. *force*
soliloque
V. *parler*
solin V. *plafond*
solipède V. *pied*
solitude V. *un*
solive
V. *charpente*
solliciter
V. *demander*
sollicitude
V. *soigneux*, *peur*
solo V. *musique*, *un*
Sologne
solignot
solstice
V. *soleil*
soluble V. *fonte*
solution
V. *fonte*, *problème*
solvabilité
V. *payer*
somatologie
V. *science*
sombre
V. *couleur*, *triste*
sombrer V.
noyer, *vigne*, *chant*
sommaire
V. *petit*
sommation
V. *demande*
somme
V. *prix*, *sommeil*

sommeil
somme
repos
sieste
méridienne
assoupissement
somnolence
dodo [ble
marchand de sa-
coma
carus
sopor
léthargie
ronflement
bâillement
insomnie
nuit blanche
veille
hypnotisme
narcotisme
somnambulisme
éveil
réveil
sursaut
pavots
Morphée
marmotte

endormi
assoupi
somnolent
dormeur [meil
accablé de som-
plongé dans un
sommeil
s'endormir
reposer
fermer l'œil [meil
tomber de som-
avoir sommeil
dormir debout
sommeiller
dormir serré [més
— à poings fer-
— comme un son-
neur [matinée
faire la grasse
bâiller
s'assoupir
ronfler [léger
avoir le sommeil
endormir
hypnotiser
se rendormir
bercer
réveiller
éveiller
veiller
passer la nuit
compter les heu-
res de la nuit

dormitif
soporifique
soporifère
somnifère
soporeux
soporatif
narcotique
hypnotique
comateux
léthargique
narcotine
lit (*Voir*)
dortoir
moustiquaire
veilleuse

sommeil profond
— de plomb
V. *rêve*
sommelier
V. *vin*
sommellerie
V. *vin*
sommer
V. *demander*
sommet V. *haut*
sommier V. *lit*,
comptabilité, *voûte*
sommité
V. *supérieur*
**somnambulis-
me** V. *sommeil*
somnifère
V. *sommeil*
somnolence
V. *sommeil*
somptuaire
V. *dépense*
somptuosité
V. *richesse*
son V. *bruit*, *mu-
sique*, *chant*, *cri*
son
furfuracé
V. *farine*
sonate
V. *musique*
sonder
V. *trou*, *curieux*
songe V. *rêve*
songe-creux
V. *imagination*
songer
V. *réflexion*, *rêve*
sonnaille
V. *cloche*
sonner
V. *cloche*, *sonnette*
sonnette
sonnerie
timbre
battant
manche
cordon [te
renvoi de sonnet-
poire
bouton [teur
tableau indica-
poser une son-
sonner [nette
agiter
tirer
sonneur
V. *cloche*
sonnez V. *dé*
sonore V. *bruit*
sophisme
ignoratio elen-
chi [jet
ignorance du su-
pétition de prin-
cipe [causa
non causa pro
dénombrement
imparfait
fallacia composi-
tionis [posé
du divisé au com-
du relatif au caté-
gorique [que
abus de l'équivo-
induction défec-
tueuse
sophismes pas-
sionnels
V. *raisonnement*
sophistiquer
V. *faux*, *raison-
nement*
sopor V. *sommeil*
soporifique
V. *sommeil*
soprano
V. *chanteur*
sorbe V. *plantes*
sorbet V. *froid*
sorbier
V. *plantes*
Sorbonne
V. *université*
sorcier
V. *magicien*
sordide V. *sale*
sorgho
V. *céréales*
sorite
V. *syllogisme*
sornette
V. *bagatelle*
sort V. *hasard*
sortable
V. *bien*
sorte V. *division*
sortie
V. *quitter*, *colère*
sortilège
V. *magicien*
sortir V. *quitter*,
résultat
sosie
V. *semblable*

sot V. *bête*
sotie V. *théâtre*
sot-l'y-laisse V. *viande*
sottise V. *bêtise*
sou V. *monnaie*
soubassement V. *piédestal*
soubresaut V. *saut*
soubrette V. *domestique*
soubreveste V. *vêtement*
souche V. *famille, tige*
souchet V. *plantes, pierre*
soucheter V. *forêt*
souci V. *plantes, triste*
soucier V. *sensibilité*
soucieux V. *triste*
soucoupe V. *vaisselle*
soudain V. *vite*
soudard V. *soldat*
soude V. *substance*

souder
braser
soudure
brasure
chrysocolle

soudoyer V. *payer*
soudrille V. *soldat*
soufflage V. *verre*
souffler V. *respiration, théâtre*
soufflerie V. *orgue, dames*
1. **soufflet** V. *outrage, coup*

2. **soufflet**
ais
flasque
tuyère
âme
quartier

souffleur V. *comédien*
soufflure V. *verre*
souffrance V. *douleur*
souffre-douleur V. *patient*
souffreteux V. *faible*
souffrir V. *douleur*

soufre
sulfure
sulfate
sulfite
persulfure
hyposulfate
hyposulfite
hydrosulfate
solfatare
soufrière
soufrage
vulcanisation
sulfureux
sulfurique
sulfhydrique
hydrosulfureux
hyposulfureux
hyposulfurique
soufrer
ensoufrer
vulcaniser

souhait V. *envie*
souille V. *sanglier*
souiller V. *sale*
souillure V. *sale, réputation*
soûl V. *plein*
soulager V. *moins*
souleur V. *peur*
soulever V. *haut, révolution*
soulier V. *chaussure*
souligner V. *ligne*
soulte V. *payer, reste*
soumettre V. *obligation, vaincre*
soumission V. *obéissance, vendre*

soupape
valve
valvule
clapet
crapaudine

soupçon
suspicion
défiance
méfiance
crainte
appréhension
doute
incrédulité
scepticisme
pyrrhonisme
prévention
préjugé
discrédit

suspect
douteux
discrédité
louche
véreux
sujet à caution
ne dire rien qui vaille
sembler louche
défiant
méfiant
craintif
ombrageux
soupçonneux
inquiet
timoré
timide

se méfier
se défier
être en garde
être sur ses gardes
se tenir sur le qui vive
ne pas se livrer
ne pas se laisser prendre à
soupçonner
suspecter
flairer
se douter
avoir vent
avoir la puce à l'oreille
douter
concevoir des doutes
se garder de
éveiller les soupçons
se laver de

bloc enfariné
femme de César

soupe
tremper la soupe
soupière
assiettée
louche
assiette creuse
assiette à soupe

souper V. *repas*
soupeser V. *poids*
soupière V. *vaisselle*
soupir V. *respirer*
soupirail V. *fenêtre*
soupirer V. *respirer*
souple V. *mou, adroit*
souquenille V. *vêtement*

source
veine
filet
geyser

sourdre
jaillir

sourcier
rabdomance
rabdomancie
hydroscope
hydroscopie

sourcil V. *œil*
sourciller V. *œil*
sourcilleux V. *haut*
sourd V. *entendre, oreille*
sourdine V. *moins, instrument.*
sourdre V. *source*
souriceau V. *rat*
sourire V. *rire*
souris V. *rat*
sournois V. *hypocrisie*
sous V. *bas, inférieur, porter, piédestal*
sous-aide V. *inférieur*
sous-barbe V. *harnachement*
sous-chef V. *employé*
souscrire V. *approbation, payer*
sous-cutané V. *peau*

sous-diaconat V. *clergé*
sous-diacre V. *clergé*
sous-dominante V. *musique*
sous-entendre V. *obscur*
sous-garde V. *fusil*
sous-gorge V. *harnachement*
sous-lieutenant V *officier*
sous-main V. *écrire*
sous-marin V. *mer*
sous-maxillaire V. *mâchoire*
sous-multiple V. *multiplication*
sous-nitrate V. *substance*
sous-officier V. *officier*
sous-ordre V. *inférieur*
sous-pied V. *chaussure*
sous-préfecture V. *territoire*
sous-seing V. *signer*
sous-sel V. *substance*
soussigné V. *signer*
sous-sol V. *terrain*
soustraction
reste
différence
excédent
excès
opérer
soustraire
V. *ôter, moins*
sous-ventrière V. *harnachement*
soutache V. *passementerie*
soutane V. *vêtement*
soutanelle V. *vêtement*
soute V. *navire*
soutenable V. *raisonner*
soutenance V. *université*
soutènement V. *porter*
soutenir V. *porter, affirmer*
souterrain V. *terrain*
soutenu V. *attention*
soutien V. *porter, protéger*
soutirer V. *vin*
souvenir V. *mémoire*
souvent V. *répéter*
souverain V. *chef, résultat*
souveraineté V. *puissance*
soyeux V. *soie*
spacieux V. *grand*
spadassin V. *duel*
spalmer V. *navire*
spalt V. *substance*
sparadrap V. *remède*
spare V. *animal*
Sparte V. *Lacédémone*
sparte V. *plantes*
sparterie V. *vannerie*
spasme V. *maladie*
spasmologie V *sciences*
spath V. *substance*
spathe V. *fruit*
spatule V. *outil*
spécial V. *particulier*
spécieux V. *paraître*
spécifier V. *particulier, précis*
spécimen V. *exemple*
spectacle V. *voir, théâtre*
spectateur V. *voir, théâtre*
spectral V. *lumière*
spectre V. *fantôme, lumière*
spéculaire V. *lumière*
spéculation V. *finance, philosophie*
spencer V. *vêtement*
spergule V. *plantes*
spermaceti V. *substance*
sphacèle V. *maladie*
sphénoïde V. *crâne*
sphère
globe
boule
sphère armillaire
sphéroïde
hémisphère
sphéricité
sphéromètre
sphérique
sphéroïdal
hémisphérique
sphincter V. *muscle*
sphinx V. *monstre, obscur, papillon*
spic V. *plantes*
spicilège V. *livre*
spinal V. *épine*
spinelle V. *joaillerie*
spinosisme V. *philosophie*
spiral V. *cercle*
spiration V. *théologie*
spire V. *cercle*
spirée V. *plantes*
spiritisme V. *sciences* (prétendues)
spiritualisme V. *philosophie*
spirituel V. *esprit* 1 et 2
spiritueux V. *liqueur*
splanchnologie V. *viande*
spleen V. *triste*
splendeur V. *lumière, richesse, gloire*
splénique V. *rate*
spoliation V. *dépouille*
spondée V. *poésie*
spondyle V. *squelette*
spongieux V. *mou*
spontané V. *vite, volonté*
sporadique V. *maladie*

1. **sport**
turf
course
steeple-chase
réunion
sportsman
gentleman-rider
hippodrome
pesage
paddock
tribune
pelouse
écurie
entraîneur
dresseur
jockey
couleurs
starter
betting
piste
omnium
grand prix
épreuve
programme
engagement
partant
lot
étalon
pur sang
cheval
jument
pouliche
trotter
grand favori
favori
cote

pari
pari mutuel
unité
parieur
bookmaker
livre
départ
arrivée
poteau
gagnant
perdant
placé
réclamer
bon premier
longueur
encolure
dead-heat
canter
scratch
handicap

entraîner
mener le train
mener devant
faire son train
prendre le meilleur
faire le jeu
prendre l'avantage
battre
claquer
jouer
parier
mettre sur
gagner
perdre

pari
mise
gain
perte
entraînement
dressage
grand prix
sportif
Derby
Epsom
Longchamps
concours hippique
flots de rubans
élevage
haras
maquignon
stud-book
V. *cheval*, *pari*

2. **sports**
V. *gymnastique*, *courir*, *bicyclette*, *canotage*

sportule
V. *nourriture*

sputation
V. *cracher*

squale
V. *animal*

squameux
V. *écaille*

square
V. *jardin*

squelette
charpente
ossature
système osseux
carcasse
os (*Voir*)
condyle
articulation (*Voir*)
spondyle
gomphose
glène
diastase
crâne (*Voir*)
colonne vertébrale
épine dorsale
rachis
vertèbre (*Voir*)
clavicule
omoplate
humérus V. *bras*
radius
cubitus
carpe V. *main*
métacarpe
phalange
côte V. *poitrine*
sternum
bréchet
ilion
os iliaque
os ischion
sacrum
coccyx
fémur V. *jambe*
rotule
péroné
tibia
calcanéum
V. *pied*
tarse
métatarse

osseux
interosseux
vertébral
claviculé
huméral
radial
cubital
costal
fémoral
crural
tibial
tarsien
glénoïdal
cotyloïde
rachidien
mastoïde
mastoïdien

squirrhe
V. *maladie*

stabilité V. *immobile*, *constant*

stade
V. *cirque*, *long*

stage V. *avocat*

stagiaire
V. *avocat*

Stagire
stagirite

stagnant
V. *immobile*

stalactite
V. *substances*

stalagmite
V. *substances*

stalle V. *siège*

stance V. *poésie*

staphisaigre
V. *plantes*

staphylin
V. *animal*

staphylôme
V. *œil*

staroste
V. *Pologne*

stase V. *sang*

statère
V. *monnaie*

stathouder
V. *chef*

statice V. *plantes*

station
V. *inaction*, *gare*

stationnaire
V. *immobile*

stationner
V. *immobile*

statique
V. *mécanique*

statistique
relevé
état
pointage
établir une s.
relever la s.
statisticien
V *liste*.

statuaire
V. *sculpture*

statue
V. *sculpture*

statuer V. *juger*

statuette
V. *sculpture*

statu quo
V. *immobile*

stature
V. *corps*

statut V. *loi*

steamboat
V. *navire*

steamer
V. *navire*

stéarine
V. *substance*

stéatite
V. *substance*

steeple-chase
V. *sport*

stéganographie V. *écriture*

stèle V. *colonnes*

stellaire
V. *étoiles*

stellionat
V. *crime*

sténographie
V. *écriture*

steppe V. *désert*

stère V. *volume*

stéréobate
V. *piédestal*

stéréographie
V. *géométrie*

stéréométrie
V. *géométrie*

stéréoscope
V. *jouet*

stéréotomie
V. *géométrie*

stéréotypie
V. *imprimerie*

stérile
improductif
pauvre
infécond
infertile
ingrat
maigre
infructueux

stérilité
pauvreté
infécondité
infertilité
lande

désert
steppe

stériliser
appauvrir
stérilement
V. *inutile*
sterling
V. *monnaie*
sternum
V. *poitrine*
sternutatoire
V. *éternuer*
stéthoscope
V. *médecine*
stibié V. *substance*
stigmate
V. *signe*
stigmatiser
V. *signe, désapprouver*
stil-de-grain
V. *substance*
stillation
V. *couler*
stimuler V. *exciter, excitation*
stimulus
V. *remède*
stipe V. *tige*
stipendier
V. *payer*
stipule V. *feuille*
stipuler
V. *contrat*
stock V. *reste*
stoff V. *étoffes*
stoïcisme
V. *philosophie*
stoïque V. *patient*
stomacal
V. *estomac*
stomachique
V. *digérer*
stopper V. *arrêt*
storax
V. *substance*
store V. *rideau*
strabisme
V. *œil*
strangulation
V. *respirer*
strapasser
V. *peindre*
strapontin
V. *siège*
stras V. *joaillerie*
stratagème
V. *manière d'agir*
stratégie
V. *guerre*
stratification
V. *place*
stratographie
V. *sciences*
stratus V. *nuage*
strélitz V. *soldat*
strette
V. *musique*
strict V. *précis*
strident V. *bruit*
strie V. *ligne*
strigile
V. *essuyer*
strobile V. *pin*
strophe V. *poésie*
structure
V. *ordre*
strychnine
V. *poison*
stryge
V. *monstre*
stuc V. *plâtre*
studieux
V. *travail*
stupéfactif
V. *remède*
stupéfaction
V. *étonné*
stupeur V. *peur*
stupide V. *bête*
1. **style** (architecture) V. *ornement*

2. **style** (littéraire)
manière
forme
tour
langue
rédaction
élocution
parole
plume
expression
ton
tournure
improvisation
premier jet
puriste

3. **style** (qualités et défauts du)
correction
pureté
propriété
mouvement
originalité
personnalité
éloquence
chaleur
force
vivacité
énergie
puissance
sublimité
vigueur
hardiesse
concision
brièveté
laconisme
relief
couleur
éclat
richesse
élégance
ornement
atticisme
agrément
grâce
onction
noblesse
majesté
abondance
naturel
facilité
aisance
fluidité
simplicité
clarté
netteté
limpidité
fleurs de rhétorique
harmonie
nombre
cadence

familiarité
bassesse
trivialité
négligence
âpreté
dureté
âcreté
incorrection
impureté
impropriété
langueur
froideur
faiblesse
banalité
vulgarité
pauvreté
maigreur
nudité
platitude
sécheresse
embarras
obscurité
galimatias
emphase
apprêt
prétention
boursouflure
pompe
affectation
maniérisme
mièvrerie
recherche
préciosité
euphuisme
gongorisme
enflure
verbiage
verbosité
redondance
prolixité
longueurs
inégalité
désordre

4. **style** (qualificatifs du)
correct
pur
châtié
choisi
élégant
plein de mouvement
original
personnel
éloquent
sublime
plein
nourri
riche
fort
énergique
nerveux
puissant
mâle
vigoureux
hardi
incisif
mordant
concis
serré
laconiqu
expressi
bref
lapidaire
travaillé
orné
coloré
chaud
imagé
romantique
pittoresque
éclatant

attique
brillant
agréable
aimable
onctueux
gracieux
noble
abondant
naturel
aisé
facile
fluide
coulant
limpide
simple
clair
net
tranchant
acéré
fleuri
harmonieux
nombreux
cadencé

familier
bas
trivial
négligé
âpre
dur
incorrect
barbare
impur
impropre
contestable
languissant
langoureux
traînant
délayé
froid
glacial
faible
banal
commun
vulgaire
quelconque
prosaïque
pauvre
maigre
étriqué
nu
plat
rampant
sec
aride
embarrassé
filandreux
pâteux
obscur

amphigourique
tendu
emphatique
prétentieux
ambitieux
boursouflé
dithyrambique
pompeux
guindé
mièvre
affecté
empesé
théâtral
solennel
maniéré
précieux
recherché
enflé
ronflant
ampoulé
déclamatoire
redondant
verbeux
prolixe
diffus
lâche
lâché
confus
inégal
décousu
haché
coupé
entrecoupé
heurté
désordonné
narratif
épistolaire
marotique
académique
classique
tempéré
poétique

style d'apparat
petit style
style honnête
longueurs
digression
hors-d'œuvre
tartine
tirade
redite
rabâchage
répétition
circonlocution
périphrase
amphigouri
amphibologie
équivoque

pathos
métaphore
image
figure
mauvais goût
archaïsme
néologisme

correctement
purement
proprement
originalement
éloquemment
chaleureusement
fortement
vivement
énergiquement
puissamment
sublimement
vigoureusement
hardiment
brièvement
laconiquement
richement
élégamment
gracieusement
onctueusement
noblement
majestueusement
abondamment
d'abondance
naturellement
facilement
aisément
simplement
clairement
nettement
limpidement
harmonieusement
familièrement
bassement
trivialement
négligemment
âprement
durement
incorrectement
impurement
languissamment
froidement
faiblement
banalement
vulgairement
pauvrement
maigrement
platement
bassement
sèchement
pâteusement
obscurément

emphatiquement
prétentieusement
ambitieusement
pompeusement
solennellement
précieusement
déclamatoirement
prolixement
lâchement
inégalement
V. *écrivain*, *écrire*, *littérature*, *rhétorique*, *subtil*, *simple*

styler
V. *conseiller*

stylet V. *épée*

stylobate
V. *colonne*

suaire
V. *enterrement*

suave V. *odeur*

subalterne
V. *inférieur*

subdiviser
V. *diviser*

subir
éprouver
supporter
souffrir
tolérer
endurer
ressentir
sentir
recevoir
essuyer [leuvres
avaler des cou-

martyr
victime
patient (*Voir*)
tenable
supportable
tolérable

subit
V. *vite* et *imprévu*

subjectif
V. *être*

subjonctif
V. *grammaire*

subjuguer
V. *vaincre*

sublimation
V. *chimie*

sublime V. *beau*

sublimé
V. *substance*

sublimité
V. *beauté*

sublingual
V. *langue*
sublunaire
V. *lune*
submerger
V. *noyer*
subodorer
V. *odeur*
subordination
V. *inférieur*
subordonné
V. *dépendance*, *inférieur*
suborner
V. *tromper*, *témoin*
subrécargue
V. *navigateur*
subrécot
V. *payer*
subreptice
V. *hypocrisie*
subroger
V. *remplacer*
subséquent
V. *suivre*
subside V. *payer*
subsidiaire
V. *dépendance*
subsistance
V. *nourriture*
subsister
V. *durée*

1. **substance**
(*sens le plus général*)
âme
esprit
immatérialité
matière
chose
produit
mélange
composition
impastation
alliage
amalgame
matérialité
élément
principe
atome
monade
homéomerie

matériel
physique
concret
palpable
tangible
perceptible
organique
inorganique
simple
homogène
composé
hétérogène
immatériel
intellectuel
conceptuel

2. **substances**
*L'adjectif est précédé d'un tiret. Les mots suivis d'un * sont l'objet d'un article spécial. Se reporter à métal, pierre, marbre, minéralogie, bois, joaillerie, fonte, remède*
acétate
— acétique
aétite
air*
albâtre
albumine
— albumineux
— albuminé
alcali*
alcool*
aluminium
alun*
amadou
ambre
amiante
amide
amidon*
ammoniac
— ammoniacal
ammoniaque
aniline
antimoine
— stibié
— antimonial
arcanson
ardoise*
argent*
argile*
— argileux
arsenic
— arsenical
— arsénique
— arsénieux
arséniate
arsénite
asbeste
azote
azotate
azoture
— azoté
— azoteux
— azotique
baleine
baryte
baryum
benjoin
benzine
— benzoate
— benzoïque
beurre*
bismuth
blanc de céruse
blanc de plomb
bois*
— pyroligneux
borax
bore
— borique
bouse
brai
brome
bromure
burgau
burgaudine
cachou
cadmium
cæsium
caféine
calamine
calcium
cambium
camphre
caoutchouc
carabé
carbone
carbonate
carbure
bicarbure
bicarbonate
protocarbure
— carbonique
— bicarbonique
carton
caséum
celluloïd
cément
cérum
cérumen
céruse
chapelure
charbon*
chaux*
chlorate
chlore
— chloreux
chlorhydrate
— chlorhydrique
— chlorique
— hypochloreux
chlorite
hypochlorite
perchlorure
protochlorure
chloroforme
chrome
cinabre
cire*
citrate
— citrique
clinquant
cobalt
codéine
coke
colcotar
collodion
copal
corail
corne
coton*
craie*
crème
créosote
cristal
cuir*
cuivre*
— cuprique
prussiate
cyanure
— cyanogène
— prussique
— cyanhydrique
— cyanique
dextrine
diamant*
diastase
didymium
dolomie
eau*
— aquatique
eau seconde
eau-forte
eau régale
écaille*
écume
émail*
émeri
empois
encens*
encre*
engrais
éponge
erbium
esprit de sel
esprit-de-vin
étain
— stannique
étoupe
farine*
— farineux

fécule
— féculent
fer *
fer-blanc
fiente
fil *
flint-glass
fluor
— fluorhydrique
— fluorique
fluorure
fonte *
galène
galipot
gallique (acide)
galuchat
gaz *
gélatine
— gélatineux
glace *
glette
glu
glucinium
glucose
gluten
glycérine
gneiss
gomme
goudron
graisse *
graphite
grenat
grès
gutta-percha
houille
huile *
hydrate
— hydraté
hydrochlorate
hydrosulfate
hydrogène
hydrure
hydrosulfure
— hydrosulfureux
ilménium
indigo
inuline
iode *
— iodé
iodure
— ioduré
— iodique
iridium
ivoire *
jade
jais
jaspe
kaolin
ladanum
lait *
lactate
— lactique
laine *
lanthane
lapis
laque
— laqué
lard (pierre de)
lave
lazuli
lazulite
liais
liège *
lignite
lin *
lithium
magnésie
magnésium
malachite
malt
manganèse
manne
marcassite
margarine
— margarinique
marne
mastic
mercure *
— mercuriel
métal *
mica
— micacé
minium
mucilage
— mucilagineux
muriate
— muriatique (acide)
murrhin
musc
myrrhe
nacre
naphte
naphtaline
nard
natron
nickel
nicotine
nielle
niobium
nitre
nitrate
sous-nitrate
nitrite
— nitreux
— nitrique(acide)
ocre
onyx
opium *
or *
orpiment
os *
osmazôme
osmium
ouate
oxygène
oxyde
bioxyde
tritoxyde
peroxyde
— oxygéné
— oxydable
— oxygénable
— oxhydrique
— inoxydable
oxalate
— oxalique
ozone
paille *
papier *
paraffine
peau *
pélopium
pepsine
perle *
pétunsé
phénol
— phénique
phosphore
phosphate
phosphure
— phosphoré
— phosphaté
— phosphoreux
— phosphorique
— hypophosphoreux
— hypophosphorique
picrate
— picrique
platine
plâtre *
plomb *
potassium
potasse
régule
résine
rhodium
rouille *
rubidium
rubis
ruthénium
sable *
sagou
salep
salicylate
— salicylique
sandaraque
schiste
schlich
sel *
salicine
salpêtre
sang-dragon
saphir
sardoine
savon *
schiste
sélénium
sélénite
— sélénieux
sérum
sil
silex
silicium
silicate
silice
— silicique
similor
smalt
sodium
soude
soufre *
spalt
spath
spermaceti
staff
stalagmite
stalactite
stéarine
stéatite
stil-de-grain
storax
stras
strontium
stuc
sublimé
succin
suie *
suif *
talc
— talqueux
tan
tanin
— tanique
tantale
tartrate
tartre
— tartrique (acide)
tartrite
tellure
terbium
térébenthine
terre
thallium

thorrium
titane
tôle
topaze
toutenague
tripoli
tuf
tungstène
tutie
turquoise
urane
uranium
urate
urée
— urique
vaccin
vanadium
verdet
verre*
vin*
vinaigre
vitriol
yttrium
zéolithe
zinc
zirconium

3. **substances** (verbes)
alcaliser
alcooliser
aluner
ambrer
amidonner
empeser
argenter
camphrer
cirer
collodionner
émailler
encrer
étamer
ferrer
engluer
gommer
goudronner
huiler
ioder
iodurer
laquer
mastiquer
nickeler
nieller
dorer
oxyder
désoxyder
ouater
plomber
rouiller
sabler
saler
soufrer

substantiel
V. *nourriture*

substantif
V. *grammaire*

substituer
V. *remplacer*

substitut
V. *magistrat*

substitution
V. *remplacer*

substruction
V. *porter*

subterfuge
V. *responsabilité*

subtil
délicat
raffiné
affiné
fin
pur
affecté
apprêté
alambiqué
tâtillon
entortillé
quintessencié
maniéré
mignard
minaudier
précieux
mijaurée
mièvre

subtiliser
raffiner
tâtillonner
affecter
alambiquer
avocasser
chicaner
jouer sur les mots
raisonner sur des pointes d'aiguilles
chercher midi à quatorze heures
quintessencier
minauder
flirter
marivauder

subtilité
délicatesse
raffinement
affinement
quintessence
finesse
subtilisation
affectation
apprêt
mièvrerie
afféterie
mignardise
minauderie
flirtage
marivaudage
prétention
recherche
préciosité
gongorisme
euphuisme
chinoiseries
distinguo
chicane
argutie
cavillation
sophisme
subtilement
délicatement
finement
précieusement

subulé V. *pointe*

suburbain
V. *ville*

suburbicaire
V. *ville*

subvenir
V. *aider*

subvention
V. *rente*, *payer*

subversif
V. *ruine*

subvertir
V. *ruine*

suc
jus
humeur
sécrétion
excrétion
sève
succulence
succulent
exprimer
extraire

succédané
V. *remplacer*, *remède*

succéder V. *remplacer*, *suivre*

succès
réussite
heureuse issue
bon résultat
couronnement
heureuse tournure
bonheur
chance
gain
avantage
victoire
triomphe
apogée
florès
porte-bonheur

réussir
arriver
arriver au but
arriver à ses fins
venir à bout
remporter des succès
être heureux
voir ses efforts couronnés par le succès
être né coiffé
être le fils de la poule blanche
avoir la main heureuse
triompher
avoir le dessus
damer le pion
s'en sortir
prospérer
gagner
monter
faire son chemin
percer
aller sur des roulettes
aller bien
marcher bien
tourner bien
prendre une bonne tournure
mener à bien

lauréat
providentiel
à souhait
V. *vaincre*

succession
V. *remplacer*, *héritage*

succin
V. *substance*

succinct
V. *petit*

succion V. *sucer*

succomber
V. *insuccès*

succulent
V. *nourriture*

succursale
V. *boutique*

sucer
exprimer
extraire
aspirer
suçoter

succion
sucement
suçoir
trompe
tentacule
ventouse
sangsue
suceur
suçon

sucre
morceau
pain
sucre candi
sucre d'orge
sucre de pomme
caramel
casson
cassonade
mélasse
moscouade
glucose
canamelle
confiture
confiserie
rhum
sucrerie
raffinerie
raffineur
sucrier
pince à sucre

sucrer
perler
caraméliser
édulcorer
candir
raffiner
terrer

terrage
raffinage
saccharine
sacchareux
saccharifère
sucrin
saccharification
saccharifier
saccharimètre
saccharin
saccharose
cannaie
canne à sucre
bagasse
vesou

sud
midi
austral
méridional
antarctique

sudorifique
V. *suer*

Suède
Scandinavie
suédois
scandinave
rune
runique
scalde
barde

suée V. *peur*

suer
transpirer
être en moiteur
être en nage
exsuder
suinter
transsuder
ressuer
éponger

sueur
suée
transpiration
exsudation
diaphorèse
transsudation
suintement
moiteur
exosmose
suette
ressuage
goutte de sueur
flanelle

sudorifique
diaphorétique

suffète
V. *magistrat*

suffire V. *assez*

suffisance
V. *orgueil*

suffixe
V. *grammaire*

suffoquer
V. *respiration*

suffragant
V. *évêque*

suffrage
V. *élection*

suffusion
V. *peau*

suggérer
V. *conseiller*

suicide V. *tuer*

suie
noir de fumée
fuligineux
ramonage
ramoner
ramoneur

suif
chandelle
bougie
stéarine
suint
suiffer
sébacé
stéarique

suint V. *laine*

suinter V. *couler*

1. **Suisse**
Helvétie
suisse
suissesse
helvétique
cantons
ranz

2. **suisse**
V. *concierge*

suite V. *suivre*

suivre
venir après
succéder
remplacer
continuer
survivre
faire suite
accompagner
reconduire
faire la conduite

suite
succession
héritage
survie
survivance
continuation
série
ligne
colonne
chaîne
file
kyrielle
procession
conduite
reconduite
cortège
haie
acolyte
séquelle
suivant
suppôt
survivancier
descendance
postérité
généalogie
dynastie
nomenclature
queue
arrière-garde
fin
suffixe
désinence
terminaison
chute
épilogue
postdate
post-scriptum
appendice
supplément
complément
reliquat
solde
conséquence
corollaire
résultat

de fil en aiguille
proche
prochain
immédiat
subséquent
ultérieur

postérieur
suivant
consécutif
puîné
posthume
traînard
tardif
retardataire
implexe
implicite
suite naturelle
conséquence forcée
conséquence logique
après
ensuite
postérieurement
ultérieurement
prochainement
consécutivement
subséquemment
logiquement
implicitement
à fortiori

V. *accompagner*, *résultat*, *tard*, *poursuivre*

sujet
matière
objet
affabulation
trame
canevas
chapitre
argument
question
point
texte
teneur
libellé
thème
thèse [sion
terrain (de discus-
champ — —
tapis — —
fond
ordre du jour
programme

soulever (une
agiter [question
traiter
aborder
approfondir
creuser
analyser
développer
épuiser [jet
revenir à son su-
revenir à ses moutons [une
digression (faire
il s'agit de
le débat roule sur
être en question
être sur le tapis
V. *grammaire*

sujétion
V. *obéir*

sulfate V. *soufre*

sultan V. *Turquie*

sultanin
V. *monnaie*

sumac V. *plantes*

superbe
V. *beau*, *orgueil*

supercherie
V. *faux*, *hypocrisie*

superfétation
V. *trop*

superficie
V. *surface*

superficiel
V. *intelligence*, *savant*

superfin
V. *supérieur*

superflu V. *trop*

supérieur
premier
au dessus de
prépondérant
suréminent
suprême
éminent
superlatif
meilleur
superfin
extra
éminence
sommité
nec plus ultra
phénix

avoir barre sur
l'emporter sur
emporter la balance
avoir la palme
surpasser
prédominer
prévaloir
s'impatroniser
écraser
éclipser
ressortir [rang
tenir le premier
avoir la priorité
à lui la pomme
à lui le pompon
après lui, on peut tirer l'échelle

supériorité
premier rang
prépondérance
prédominance
prééminence
suprématie
primauté
tête
maîtrise
éminence
sommité
maximum
hors ligne
supérieurement
superlativement

superposer
V. *poser*

superpurgation V. *remède*

superstition
crédulité
fétichisme
superstitieux
crédule
fétichiste
vendredi
treize
treize à table
superstitieusement

supin
V. *grammaire*

supinateur
V. *muscle*

supplanter
V. *remplacer*

suppléer
V. *remplacer*

supplément
V. *plus*

supplier
V. *demander*

supplice
tourment
torture
géhenne
question
martyre
exécution
peine
châtiment
punition
sanction
talion

patient
victime
condamné
justicier
exécuteur
bourreau
servant
peloton
tortionnaire

décollation
hache
billot
décapitation
guillotine
échafaud
pendaison
gibet
potence
écartèlement
roue
claie
bâillon
poire d'angoisse
pal
empalement
chevalet
estrapade
bûcher
autodafé
tenaille
pince
bâton
bastonnade
knout
schlague
cangue
pilori
exposition
gémonies
brodequin
garrot
carcan
lapidation
mise en croix
enfer

supplicier
torturer [ture
mettre à la tor-
mettre à la ques-
bâillonner [tion
pilorier
exposer
empaler
pendre
écarteler
guillotiner
rouer
brûler
bâtonner
crucifier
exécuter
fusiller [armes
passer par les
lapider
V. *punition*, *bourreau*, *pendre*, *inquisition*

supplique
V. *demande*

support
soutien
appui
colonne
base
piédestal
socle
piédouche
pied
cale
taquet
béquille

canne
échasse
embasement
caler
V. *appui*
supporter
V. *porter, subir*
supposer
V. *hypothèse*
suppositoire
V. *remède*
suppôt V. *suivre*
supprimer
V. *ôter, moins*
suppurer
V. *couler*
supputer
V. *réflexion*
suprématie
V. *supérieur, chef*
sûr V. *tranquille*
sur V. *porter*
surabondance
V. *trop*
surajouter
V. *plus*
suranné V. *vieux*
surard
V. *vinaigre*
surbaissé
V. *arcade*
surcens V. *rente*
surcharge
V. *poids*
surcharger
V. *poids, trop*
surcroît V. *plus*
surdité
V. *oreille*
surdos
V. *harnachement*
sureau V. *plantes*
surélever
V. *haut*
surenchère
V. *vente*
surérogation
V. *trop*
sûreté
V. *tranquille*
surexciter
V. *exciter*
suret V. *acide*
surface
plan
superficie
étendue
aire
espace
face
recto
paroi
dessus
dehors
dessous
envers
verso
centimètre carré
décimètre —
mètre —
décamètre —
hectomètre —
kilomètre —
myriamètre —
centiare
déciare
are
hectare
acre
perche
journal
arpent
verge
arpentage
planimétrie

mesurer
verger
V. *arpentage, extension*
surfaire V. *prix*
surfaix
V. *harnachement*
surgeon
V. *arbre*
surgir V. *haut*
surhausser
V. *haut*
surhumain
V. *trop*
surintendant
V. *chef*
surir V. *aigre*
surjet V. *couture*
surlonge
V. *viande*
surmener
V. *fatiguer*
surmonter
V. *vaincre*
surmouler
V. *moule*
surmoût V. *vin*
surmulet
V. *animal*
surmulot V. *rat*
surnager
V. *nager*
surnaturel
V. *trop*
surnom V. *nom*
surnuméraire
V. *plus, employé*
suros V. *cheval* (6)
surpasser
V. *mieux, vaincre*
surpayer
V. *payer*
surpeau V. *peau*
surplis
V. *vêtement*
surplomb
V. *haut*
surplus V. *plus*
surprendre
V. *étonner*
sursaut
V. *mouvement*
sursemer
V. *semer*
surseoir V. *tard*
sursis V. *tard*
surtaux V. *prix*
surtaxe
V. *impôt*
surtout
principalement
en première ligne
d'abord
avant tout
importance (*Voir*)
surtout
V. *vêtement*
surveille
V. *chronologie*
surveiller
V. *voir*
survenir
V. *paraître*
survente
V. *vente*
survider
V. *verser*
survie V. *vie*
survivance
V. *vie, suivre*
survivre
V. *vie, suivre*
1. **susceptible**
ombrageux
chatouilleux
sensible

se fâcher
prendre la mouche
se piquer
susceptibilité
2. **susceptible**
V. *pouvoir*
susception
V. *théologie*
susciter
V. *cause*
suscription
V. *lettre*
susdit V. *nom*
susmentionné
V. *nom*
susnommé
V. *nom*
suspect
V. *soupçon*
suspendre
V. *prendre, attente*
suspens
V. *hésitation*
suspense
V. *pape*
suspenseur
V. *muscle*
suspension
V. *pendre, éclairage, attente*
suspicion
V. *soupçon*
sustenter
V. *nourriture*
suture V. *union*
suzerain
V. *féodalité*
svelte V. *action*
sybarite
V. *plaisir*
sycomore
V. *plantes*
sycophante
V. *hypocrisie*
syllabe
pied
diphtongue
monosyllabe
dissyllabe
trissyllabe
décasyllabe
hendécasyllabe
syllabique
monosyllabique
dissyllabique
parisyllabique
imparisyllabique
syllabaire
tmèse

scander
articuler

syllogisme
terme
grand
moyen
petit
proposition
prémisses
majeure
mineure
conclusion
question
quantité
qualité
syllogisme simple
— incomplexe
— conjonctif
— compréhensif
— complexe
— conditionnel
— disjonctif
— copulatif
sorite
gradation
dilemme
épichérème
enthymème
mode
mode concluant
figure
réduction
conversion
syllogistique
scolastique
V. *raisonner*
sylphe V. *fantôme*
sylvain V. *dieux*
sylvestre
V. *forêt*
sylviculture
V. *forêt*
symbole
V. *allégorie*
symétrie
V. *ordre*
sympathie
V. *sensibilité*
symphonie
V. *musique*
symphyse V. *os*
symptôme
V. *signe*
synagogue
V. *assemblée*
synalèphe
V. *grammaire*
synallagmatique V. *contrat*
synanthéré
V. *fleur*
synchronisme
V. *ensemble*
syncope V. *maladie*, *grammaire*
syncrétisme
V. *philosophie*
syndérèse
V. *remords*
syndic V. *faillite*
syndicat
V. *assemblée*
synecdoche
V. *rhétorique*
synérèse
V. *grammaire*
synode
V. *assemblée*
synonyme
V. *mot*
synonymie V. *mot*, *signification*
synoptique
V. *ensemble*
synovie
V. *articulation*
syntaxe
V. *grammaire*
synthèse
V. *ensemble*
Syrie
syrien
syriaque
syringa
V. *plantes*
syrtes V. *sable*
systaltique
V. *cœur*
système V. *ensemble*, *ordre*
systole V. *cœur*
systyle
V. *colonnade*
syzygie
V. *astronomie*

T

tabac
petun
nicotiane
jus de tabac
nicotine [meurs
cancer des fumeurs
tabac à fumer
caporal
scaferlati
maryland
levant
latakié
bird's eye
tabac à priser

tabatière
grivoise
râpe à tabac
prise
tabac à chiquer
mâchicatoire
chique
corde
carotte
ficelle
cigare
bout coupé
bordeaux
damita
londrecito
londrès
medianito
manille
trabuco
panatella
regalia
porte-cigare
fume-cigare
bout d'ambre
coupe-cigare
cigarette
cigarette toute faite [main
cigarette à la
moule à cigarettes
porte-cigarette
papier
blague
pot à tabac

pipe
bout
tuyau
fourneau
calumet
chibouque
houka
narghileh

allumette
briquet
fumoir
estaminet
kabak
tabagie
wagon des fumeurs
fumeur [meurs
priseur

fumer
aspirer la fumée
renvoyer la fumée
rouler une cigarette
bourrer une pipe
culotter une pipe
débourrer une pipe
fumer comme un
priser [Suisse
prendre une prise
offrir une prise
chiquer

bureau de tabac
débit
buraliste
carotte
régie
entreposeur

haschich
opium
V. *allumette*
tabagie V. *tabac*
tabarinage
V. *rire*
tabatière
V. *tabac*
tabellion
V. *notaire*
tabernacle
V. *autel*
tabide
V. *pourriture*
tabis V. *étoffes*
tablature V. *ennui*, *instrument*

table
table-bureau
pupitre
table de toilette
table-comptoir
établi
table de cuisine
table à jeu
table à ouvrage
crédence
dressoir
servante
console
guéridon
pupitre
somno
table de nuit

dessus
pied
entrejambe
volet
battant
abatant

tiroir
allonge

nappe
toile cirée
tapis de table
tablée
s'attabler
V. *repas, meuble*

tableau
tableautin
toile
panneau
canevas
croûte
encadrer
embordurer
rentoiler
maroufler
V. *cadre, peinture*

tabletier
V. *marqueterie*

tablette V. *armoire, cheminée, chocolat*

tablier V. *linge, cheminée*

taborites
V. *religion*

tabouret V. *siège*

tac V. *gale*

1. **tache** V. *sale*

2. **tache**
marque
moucheture
ramage
veine
madrure
maillure
bigarrure
marbrure
moirure
panachure
jaspure
tavelure

tacheté
taché
marqué
madré
persillé
moucheté
chiné
vergeté
truité
marbré
pailleté
granité
tigré
zébré
jaspé
pommelé
tisonné
tourdille
piqueté
ocellé
ponctué
tiqueté
tatoué
tavelé
bigarré

tacheter
moucheter
veiner
marbrer
jasper
panacher
moirer
tatouer
taveler
V. *couleur, ligne, poil*

tâche V. *ouvrage*

tacher V. *sale*

tâcher V. *volonté*

tacheté V. *tache*

tachygraphie
V. *vite*

tachymétrie
V. *vite*

tacite V. *taire*

taciturne
V. *triste*

tact V. *toucher, politesse*

tac-tac
V. *mouvement*

tactique V. *guerre, manière d'agir*

taël V. *monnaie*

taffetas V. *étoffes*

tafia V. *liqueur*

taïaut V. *tayaut*

taïcoun V. *Japon*

taie V. *linge, œil*

taillable
V. *impôt*

taillandier
V. *fer*

taillant
V. *couteau*

taille V. *corps, impôt, couper, jardin*

taille-douce
V. *gravure*

taille-mer
V. *navire*

tailler V. *couper*

tailleur
confectionneur
costumier
couturier
couturière
culottier
giletier
coupeur

prendre mesure
couper
faufiler
bâtir
essayer
épingler
retoucher
piquer
border
doubler
rapiécer
rapiéceter
stopper
raccommoder

confection
coupe
essayage
façon
pièce
doublure
fourniture
passe-carreau
carreau
toilette pour contenir l'ouvrage
V. *couture* et *vêtement*

taillis V. *forêt*

taillon V. *impôt*

tain V. *glace* (2)

taire
garder pour soi
cacher
dissimuler
passer sous silence
omettre
négliger
sous-entendre
cachotter

cachottier
mystérieux
tacite
tacitement
bouche cousue
motus
cachotterie
restriction
réticence
mutisme
V. *silence*

talapoin
V. *clergé*

talc V. *pierre*

taleb V. *juif*

talent
don
vocation
goût pour
facilité
bosse
moyens
aptitude
aisance
art
dispositions
souffle
inspiration
tempérament
virtuosité
force
génie
maîtrise
excellence
supériorité
puissance
fécondité

doué
inspiré
apte
né pour
artiste
consommé
virtuose
maître
magistral
puissant
talent d'amateur

s'y entendre
s'y connaître
traiter
enlever
V. *art*

talion
V. *vengeance*

talisman
fétiche
amulette
grigri
corde de pendu
talismanique
fétichiste
superstition (*Voir*)

talle V. *tige*

tallipot
V. *palmier*

talma V. *vêtement*

talmouse
V. *pâtisserie*

talmud V. *juif*
taloche
V. *coup, outil*
talon V. *pied*
talonner
V. *exciter*
talonnière
V. *Mercure*
talqueux
V. *pierre*
talus V. *penché*
taluter V. *penché*
tamanoir
V. *animal*
tamarinier
V. *plantes*
tamaris
V. *plantes*
tambour
caisse
peau d'âne
baguette
timbre
tirant
cuissière

canne de tambour-major
tambour-major
tambour
tapin
timbalier
tambourineur

battre le tambour
tambouriner

tambourinage
roulement
rataplan
diane
assemblée
retraite
chamade
générale
charge
rappel
grosse caisse
tambourin
timbale
tambour de basque
tympanon
tamis
crible
passoire
filtre
tamiser
cribler
passer
filtrer
tampon
V. *trou, toucher*
tam-tam
V. *instruments*
tan V. *cuir*
tanaisie
V. *plantes*
tancer
V. *reproche*
tanche V. *animal*
tangage
V. *navire*
tangara
V. *animal*
tangence
V. *toucher, près*
tanguer
V. *navire*
tanière V. *abri*
tanin
V. *substance*
tannage V. *cuir*
tanne V. *peau*
tanner V. *cuir*
tante V. *famille*
tantinet V. *peu*
tantôt V. *vite*
taon V. *animal*
tapage V. *bruit*
tapecu V. *voiture*
taper V. *coup*
tapette
V. *jeu, marteau*
tapinois
V. *caché*
tapioca
V. *nourriture*
tapir
V. *animal, abri*

tapis
carpette
descente de lit
foyer
galerie
passage
tapis de pied
tapis de table
dessus de piano
dessous de lampe
tapis d'Orient
tapis de prière
Daghestan
Smyrne
tapis d'Aubusson
tapis de Beauvais
savonnerie

dessin
coloration
fond

uni
chiné
point
velouté
ras
à mèche
à haute laine
point noué
point bouclé
chaîne
trame
broche
duite
Jacquard
moquette
Bruxelles
bordure
encadrement
frange
thibaude
feutre
tapis d'Avignon
aloès
coco
sparterie
natte
paillasson
tapis-brosse
jute
linoléum
toile cirée
tapis de fourrure
peau de mouton

poser un tapis
clouer —
secouer —
battre —

tapissier
tapisser
V. *garnir*

tapisserie
tenture
panneau
lambrequin
rideau (*Voir*)
portière
Gobelins
Aubusson
savonnerie
Beauvais
haute-lisse
basse-lisse
chaîne
trame
point
navette
métier
tapisser
tendre de
tapissier
décorateur
V. *papier peint, tenture, rideau*
tapon V. *linge*
tapoter
V. *toucher, piano*
taquet V. *support*
taquiner
V. *ennui*
taquoir
V. *imprimerie*
tarabuster
V. *reproche*
tarare
V. *agriculture*
taraud V. *vis*
Tarbes
tarbais
tard
en retard
trop tard
à la longue
être en retard
retarder
tarder
ne pas se presser
prendre son temps
n'en pas finir
traîner en longueur
s'appesantir sur
traînasser
remettre
ajourner
proroger
atermoyer
différer
suspendre
surseoir
reculer
renvoyer
temporiser
laisser passer l'heure
manquer
périmer
passer

retard
remise
délai
ajournement
prorogation
renvoi
atermoiement
temporisation

sursis
tardiveté
retardement
prescription
péremption

retardataire
traînard
traîneur
tardif
temporiseur
temporisateur
Fabius
arriéré
prescrit
périmé
dilatoire
prorogatif
tardigrade
tardivement
moutarde après dîner
V. *attendre*, *suivre*

tare V. *réputation*, *reste*
tarentelle V. *danse*
tarentule V. *animal*
tarer V. *mesure*
taret V. *animal*
targe V. *bouclier*
targette V. *serrure*
targuer (se) V. *orgueil*
tari V. *palmier*
tarière V. *outil*
tarif V. *prix*
tarin V. *animal*
tarir V. *sécheresse*
tarlatane V. *étoffe*
tarot V. *cartes*
taroupe V. *poil*
tarse V. *pied*
tartan V. *étoffes*
tartane V. *navire*
tarte V. *pâtisserie*
tartine V. *pain*
tartre
tartrate
tartrique
tartarique
tartareux

tartuferie V. *hypocrisie*
tas V. *ensemble*
tasse V. *vaisselle*
tasseau V. *armoire*
tassement V. *condenser*
tâter V. *toucher*, *goût*
tâteur V. *hésiter*
tatillon V. *petit*
tâtonner V. *toucher*, *hésiter*
tâtons (à) V. *obscurité*
tatou V. *animal*
tatouage V. *peau*, *tache*
tattersall V. *cheval* (1)
taudis V. *appartement*
taupe
taupinée
taupinière
taupier
taupière
taupin V. *soldat*
taure V. *bœuf*
taureau V. *bœuf*
taurobole V. *sacrifice*
tautochrone V. *temps*
tautogramme V. *poésie*
tautologie V. *répéter*
taux V. *prix*
tavaïolle V. *baptême*
tavelé V. *tache*
taverne V. *auberge*
taxe V. *impôt*
technique V. *particulier*
technologie V. *sciences*
teck V. *plantes*
Te Deum V. *hymne*
tégument V. *enveloppe*
teigne V. *maladie*
teindre V. *teinture*

teint V. *peau*
teinte V. *couleur*
teinter V. *peindre*
teinture
coloration
ton
teinte

apprêter
décruer
teindre
passer en couleur
biser
brésiller
garancer
rocouyer
déteindre

teinturier
teinturerie
indigoterie
apprêt
mordant
bain
garançage
gaude
campêche
guède
quercitron
brésil
fuchsine
orseille
alizarine
alapin
génestrolle
grenettes
safran
sapan
aniline
brou
carthame
garance
rocou
orcanète
indigo
orseille
racinage
henné

tinctorial
V. *couleur*

télégraphe
télégraphe Chappe
— électrique
ligne télégraphique
bureau télégraphique
pile
appareil
manipulateur
récepteur
cadran
manivelle
courant
fil
poteau
isolateur
câble
transmission
communication
signaux
dépêche
petit bleu
télégramme
télégraphie
télégraphiste
télégraphique
télégraphier
câbler
télégraphie pneumatique
carte-télég.
câblegramme
télégraphiquement

téléphone
ligne téléphonique
communication
transmission
abonnement
bureau
cabine
récepteur
allo
se mettre en communication
téléphoner
téléphonie
téléphoniste
téléphonique

télescope V. *lunette*
tellière V. *papier*
tellure V. *substance*
téméraire V. *audace*
témoin
— à charge
— à décharge
— oculaire
— direct
— auriculaire
— instrumentaire
faux témoin

témoigner
rendre témoignage
porter témoignage
attester
jurer

déposer
récuser
suborner
acheter
référer (se) [moins
produire des té-
rapporter (s'en) à

témoignage
déposition
version
attestation
audition
confrontation
récusation
affidavit
témoignage accablant
— écrasant
— probant
— véridique
— autorisé
— payé
— acheté
— faux
testimonial
V. *serment*, *voie*

tempe
temporal
V. *tête*

tempérament
V. *santé*, *moins*

tempérance
sobriété
tempérant
sobre
abstème
sobrement

température
V. *temps* (2)

tempérer
V. *moins*

tempête
V. *orage*, *vent*

temple
église
chapelle
synagogue
pagode
mosquée
laraire
pronaos
basilique
panthéon
parthénon
capitole
V. *autel*, église, *édifice*

temporaire
V. *durée*

temporal
V. *tempe*

temporel
V. *pape*

temporiser
V. *tard*

1. **temps**
seconde
instant
moment
minute
heure
demi-journée
matinée
après-midi
soirée
jour
journée
semaine
mois
année
siècle
période
cycle
époque
ère
date
durée (voir)
chronologie (voir)
passé
vieux (voir)
futur
avenir

actualité
contemporanéité
simultanéité
synchronisme
tautochronisme
isochronisme
antériorité
prochronisme
postériorité
métachronisme
anachronisme

simultané
actuel
contemporain
antérieur
postérieur
V. *précéder*, *suivre*, *vite*, *tard*

2. **temps** (qu'il fait)
ciel
climat
température
pression [trique
hauteur baromé-
beau temps
belle journée
beau fixe
variable
incertain
couvert
nébuleux
brumeux
résous
bas
— à la pluie
— à l'orage
il y a de l'orage dans l'air
lourd
accablant
affreux
tempêtueux
tourmenteux
neigeux
— à la neige
temps de chien
mauvais temps
grain
intempérie
nuage
pluie
grêle
grêlon
brouillard
brume
bruine
tourmente
tempête
orage
nuaison
changement de
bonace [temps
éclaircie
embellie
filandres
fil de la Vierge

jouir d'un beau temps [temps
avoir un beau
il fait beau
le temps est au
s'adoucir [beau
s'assombrir
se rembrunir
s'embrumer
tourner
pleuvoir
grêler
neiger
se gâter
V. *vent*, *chaleur*, *froid*, *pleuvoir*, *nuage*, *orage*, *baromètre*, *thermomètre*

tenable V. *subir*

tenace V. *volonté*

tenaille V. *outil*

tenaillon
V. *fortification*

tenancier
V. *cartes*

tendance
V. *volonté*

tendelet
V. *tente*

tender
V. *locomotive*

tendineux
V. *muscle*

tendon V. *muscle*

tendre V. *mou*, *sensibilité*, *extension*

tendron
V. *demoiselle*

tendue V. *piège*

ténèbres
V. *obscurité*

tènement
V. *ferme* (3)

ténesme
V. *digérer*

teneur V. *sujet*

ténia V. *animal*

tenir
détenir
retenir
saisir
prendre
maintenir
maîtriser
empoigner
serrer
manier
manipuler
s'accrocher à
se pendre à
se prendre à
s'attacher à
se cramponner
V. *semblable*, *savoir*, *héritage*, *volume*, *volonté*

tenir (se)
V. *attitude*

tenon
V. *menuiserie*

ténor V. *chanteur*
tension V. *tirer*
tenson V. *poésie*
tentacule
V. *sucer*
tentation
séduction
obsession
fascination
charme
envie
désir

tenter
éprouver
succomber à
résister à

tentateur
suborneur
enjôleur
V. *agréable*
tentative
V. *commencement*
tente
gourbi
douar
pavillon
tendelet

dresser
planter
étendre
tendre
tenter
V. *tentation*
tenture
toile peinte
perse
cretonne
toile de Jouy
toile à voile
andrinople
papier peint

tendre de
tapisser
garnir [*pier*
V. *tapisserie*, *pa-*
ténu V. *petit*
tenue V. *attitude*,
vêtement
ténuité V. *petit*
tenure
V. *propriété*
ter V. *trois*
tercer V. *vigne*
tercet V. *poésie*
térébenthine
V. *substance*

térébinthe
V. *plantes*
térébration
V. *trou*
tergiverser
V. *hésitation*
terme V. *mot*, *fin*,
locataire
terminaison
V. *fin*
terminer V. *fin*
terminologie
V. *mot*
termite
V. *animal*
ternaire V. *trois*
1. **terne**
pâle
amorti
décoloré
fané
flétri.
terreux
trouble
vitreux
livide
blême
mat
plombeux
ocreux
sourd
sombre
passé
mourant
mort

ternissure
délavage
décoloration

amatir
matir
ternir
amortir
assourdir
éteindre
délaver [*tion*
V. *sale*, *réputa-*
2. **terne** V. *trois*
terrage V. *sucre*
terrain
sol
terre [ches
plancher des va-
rase campagne
plein vent
bien-fonds
fonds
tréfonds
propriété

sous-sol
hypogée
souterrain
crypte
cave
catacombe
couche
stratification
remblai
jectisses
alluvion
marne
glaise
motte
glèbe
terreau
humus
terre végétale
terroir
repli
accident
pli
sinuosité
sole
terre marneuse
— argileuse
— crayeuse
— crétacée
— calcaire
— sablonneuse
— franche
— grasse
— maigre
— lourde
— légère
— meuble
— forte
inculte
abandonné
en friche
à l'abandon
sauvage
terrain vague
— accidenté

culture
agriculture (*Voir*)
colmatage
engrais
emblavure
défrichement
essartement
inculture
enclave
enclos
noue
varenne
brande
lande

garigue
jungle
pampas
lhanos
steppe
polder
pourpris
savane
ravière

terreux
terraqué
alluvial
foncier

terrer
enterrer
inhumer
exhumer
déterrer
terrasser
remblayer
fouiller
terrir
se seller
se tasser
mouver
défricher
essarter
cultiver
emblaver
ramender
amender
vallonner

enterrement
inhumation
terrassement
régalement
fouille
mouvance

engrais (*Voir*)
terrassier
V. *plantes*
terrasse
terre-plein
plate-forme
terrasser
V. *terrain*, *tom-*
ber (2)
1. **terre** (*planète*)
globe
monde
monde sublunaire
macrocosme
continent
mer
atmosphère
éléments
nature

rotation
gravitation
révolution
axe
pôle
méridien
longitude
latitude
parallèle
tropique
équateur
hémisphère
marcation
périgée
apogée
géocentrique
astronomie (*Voir*)
géologie (*Voir*)
géognosie
géodésie
géographie (*Voir*)
géorama
terrestre

2. **terre** V. *terrain, territoire*

terreau
V. *terrain*

terre-neuve
V. *chien*

terre-neuvier
V. *pêche*

terre-noix
V. *plantes*

terre-plein
V. *terrasse*

terrer
V. *terrain, sucre*

terrestre
V. *terre* (1)

terreur V. *peur*

terreux V. *terne*

terrible V. *peur*

terrien
V. *propriété*

terrier V. *abri*

terrifier V. *peur*

terrine
V. *récipient*

terrinée
V. *volume*

terrir V. *tortue*

territoire
région
contrée
pays
espace
endroit
lieu
parage
marcation
partage
autochtone
aborigène
hémisphère
partie du monde
monde
terre ferme
continent
bassin
île
presqu'île
état
empire
domination
dominium
royaume
république
principauté
protectorat
colonie
gouvernement
gouvernance
cercle
landgraviat
marche
électorat
marquisat
duché
comté
tétrarchie
heptarchie
fief
timar
province
division
département
préfecture
sous-préfecture
canton
circonscription
district
ville
bailliage
sénéchaussée
généralité
intendance
ressort
finage
banat
nababie
patriarcat
imanat
pachalik
sandjiakat
satrapie
ethnarchie
tétrarchat
exarchat
enclave
légatoire

territorial
agraire
régional
local
continental
insulaire
colonial
urbain
séparatiste

topographie
géographie
topographique
géographique
carte
plan
cadastre
satrape
tétrarque
V. *arpenteur, département, ville, terrain, chef*

territoriale
V. *armée*

terroir
V. *goût, terrain*

terroriser
V. *peur*

terroriste
V. *révolution* (2)

tertiaire V. *trois*

tertio V. *trois*

tertre V *haut*

tesson V. *reste*

test V. *serment. enveloppe*

testacé
V. *coquillage*

testament
V. *héritage, bible*

testamentaire
V. *héritage*

tester
V. *héritage*

testif V. *poil*

testimonial
V. *témoin*

teston
V. *monnaie*

testonner
V. *toilette*

têt V. *reste*

tétanos
V. *maladie*

têtard
V. *grenouille*

tête
caboche
chef
massacre
mufle
hure
masque
face
facies
mascaron

front
arcade sourcilière
tempe
sourcil
œil (*Voir*)
cil
joue
pommette
nez (*Voir*)
fossette
menton
lèvre (*Voir*)
mâchoire (*Voir*)
oreille (*Voir*)
cheveu (*Voir*)
huppe
crâne (*Voir*)
occiput
sinciput
crête

acéphale
acéphalien
bicéphale
acrocéphale
microcéphale
brachycéphale
mégalocéphale
dolichocéphale
céphalopode
capital
céphalique
facial
occipital
sincipital
céphalalgique

acéphalie
céphalalgie
décapitation
décollation

décapiter
décoller
guillotiner
trancher
couper

avoir la tête haute
tenir la tête haute
incliner

pencher
dodeliner
courber
hocher
renverser
avoir la tête basse
phrénologie
phrénologue
V. *crâne*, *cheveu*, *physionomie*, *peau*, *corps*

tête-bêche
V. *opposition*

téter V. *lait*

têtière
V. *harnachement chapeau*, *enfance*

tétracorde
V. *instruments*

tétradrachme
V. *monnaie*

tétraèdre
V. *angle*

tétralogie
V. *théâtre*

tétrarchat
V. *territoire*

tétras V. *animal*

têtu V. *volonté*

teutonique
V. *Allemagne*

texte
teneur
contenu
libellé
énoncé
formule
contexte
sens
page
morceau
passage
variante
leçon

textuaire

textuel
littéral

collationner
vidimer

textuellement
littéralement
en propres termes
V. *lire*, *écrire*, *traduire*, *note*

textile
V. *tissu*

textuaire
V. *texte*

textuel V. *texte*

texture
V. *tissu*, *ordre*

thaler V. *monnaie*

thalweg V. *eau*

thaumaturge
V. *étonnant*

thé
thé noir
thé vert
sou-chong
infusion

infuser
passer
théière
théiforme

théatin V. *clergé*

1. théâtre
théâtre subventionné.
théâtre national
comédie
opéra
hippodrome
cirque
café-concert
salle de concert
colisée
odéon
tréteaux
estrade

location
billet
coupon
subvention
droit des pauvres
billet de faveur
entrée de faveur
recette
queue
guichet
bureau
contrôle
couloir
vomitoire
podium
vestiaire
ouvreuse
petit banc
place
gradin
travée
banc
fauteuil
stalle
strapontin
orchestre
amphithéâtre
parterre
avant-scène
rez-de-chaussée
loge grillée
loge fermée
loge ouverte
baignoire
balcon
galerie
cintre
paradis
poulailler
spectateur
claqueur
claque
romain
représentation
spectacle
affiche
programme
lorgnette
censure

tableau vivant
pantomime
chanson
musique instrumentale
trois coups
toile
rideau
manteau d'arlequin
lever de rideau
entr'acte
intermède
contremarque
foyer
sonnette du théâtre
lustre
rampe
trou du souffleur
scène
planches
cantonade
coulisse
loge d'acteur
feu
herse
mise en scène
portant
décor
frise
toile de fond
praticable
changement à vue
truc
dessous
trappe
machine
chute du rideau
répétition
saison théâtrale
clôture
relâche
bénéfice
gala
première
réouverture
reprise
répertoire
sifflet
applaudissement
bravo
bis
rappel
chut
succès
chute
four
ours

impresario
directeur
comité de lecture
censeur
critique
critique dramatique
régisseur
metteur en scène
souffleur
chef d'orchestre
comédien
habilleur
habilleuse
machiniste

jouer
représenter
donner
mettre en répétition
mettre en scène
souffler
monter
répéter
reprendre
faire relâche
fermer
ouvrir
frapper les trois coups
lever le rideau
lever la toile
baisser la toile
aller voir
assister à

voir
entendre
voir jouer
applaudir
bisser
trisser
rappeler
chuter
siffler

théâtral
scénique
dramatique
V. *comédien* et *théâtre* (2)

2. **théâtre**
art théâtral
art dramatique
pièce
répertoire
reprise

trilogie
tétralogie
tragédie
mystère
drame
mélodrame
drame historique
pièce militaire
pièce à grand spectacle
adaptation
vaudeville
comédie
lever de rideau
farce
féerie
revue
parodie
bouffonnerie
sotie
paysannerie
moralité
scène
saynette
opéra
opéra-comique
opéra bouffe
scénario
libretto
paroles
ballet
pantomime
sujet
affabulation
charpente
ficelles
chorège
chœur
parabase
personnages
rôles
intrigue
nœud
exposition
prologue
protase
action
péripétie
épitase
scène à faire
dénouement
épilogue
coup de théâtre
épisode
scène
tirade
monologue
récit
dialogue
réplique
entrée
sortie
acte
dramaturge
auteur
tragique
comique
vaudevilliste
librettiste
parodiste
scénique
jouable
injouable
protatique
V. *comédie, tragédie, comédien, insuccès, succès*

Thèbes
thébain

théière V. *thé*

théisme
V. *religions*

thème V. *écolier, traduire, sujet*

théocratie
V. *politique*

théodicée
athéisme
anthropomorphisme
déisme
athée
théiste
V. *religions, théologie*

théodosien
V. *loi*

théogonie
V. *dieux*

théologal
V. *vertu*

théologie
théologie naturelle
— révélée
— positive
— dogmatique
— morale
apologétique
casuistique
herméneutique
scolastique
somme théologique
thomisme

théologien
docteur
autorité
père
dogmatiste
canoniste
thomiste
uléma

diplôme aulique
vespérie
droit ecclésiastique
canon
théologique
théologal
canonique

canonicité
providence
révélation
prédestination
spiration
hypostase
grâce
— efficace
— nécessitante
— inamissible
inamissibilité
susception
transsubstantiation.
théologiquement

théophilanthrope
V. *philosophie*

théorbe
V. *instruments*

théorème
V. *géométrie*

théorie
principes
système
conception
manière de voir
point de vue

théorique
idéal
absolu

théoricien
théoriquement
V. *opinion*

théosophe
V. *religion*

thérapeute
V. *clergé*

thérapeutique
V. *médecine*

thériacal
V. *poison*

thériaque
V. *poison*

thermal
V. *chaleur*

thermes V. *bain*

thermidor
V. *mois*

thermidorien
V. *révolution* (2)

thermomètre
réservoir
tube
échelle
degré
graduation

thermomètre centigrade
— Réaumur
— Fahrenheit
— à alcool
— à mercure
— à maxima
pyromètre
thermoscope
température
thermométrique

thésauriser
V. *richesse, avare*

thèse V. *affirmer, université*

thesmothète
V. *magistrat*

théurgie
V. *magicien*

thibaude
V. *tapis*

thlaspi
V. *plantes*

thomisme
V. *théologie*
thon V. *animal*
thorax
V. *poitrine*
thridace
V. *laitue*
thuriféraire
V. *encens, louer*
thuya V. *plantes*
thym V. *plantes*
thyrse V. *bâton*
tiare
V. *chapeau, pape*
tibia V. *jambe*
tic V. *mouvement*
ticket V. *billet*
tic-tac
V. *moulin, bruit*
tiède
V. *chaleur, moins*
tierce V. *musique, cartes, imprimerie*
tiercelet
V. *fauconnerie*
tiercer V. *prix*
tierceron
V. *voûte*
tiers V. *trois*
tiers-arbitre
V. *procédure*
tiers-ordre
V. *moine*
tiers état
V. *société*

tige
rhizome
bulbe
tubercule
— tronqué
— écailleux
moelle
étui médullaire
sève
faisceau fibro-vasculaire
cœur
duramen
bois
aubier
trachée
vaisseau ponctué
rayon médullaire
cambium [fère
vaisseau latici-
fibre corticale
écorce
mésoplœum
liber [reuse
enveloppe subé-
entre-nœud
axe primaire
— secondaire
— tertiaire, etc.
tige herbacée
— ligneuse
talle
trochée
tronc
stipe
sauvageon
cépée
pérot
souche
liège
épiderme
cuticule

tige fistuleuse
— simple
— rameuse
— volubile
— grimpante
— rampante
acaule
caulescente
annuelle
bisannuelle
vivace
ligneux
tigette
tigelle
plumule

pousser
taller
V. *écorce, bois, branche*
tigette
V. *ornement*
tigre V. *animal*
tigré V. *tache*
tilbury V. *voiture*
tiliacée
V. *plantes*
tillac V. *navire*
tillage V. *écorce*
tille V. *outil*
tille V. *navire*
tiller V. *écorce*
tilleul V. *plantes*
timar V. *Turquie*
timariot
V. *soldat, Turquie*
timbale V. *récipient, instrument*
timbalier
V. *musicien*
timbre
V. *cachet, voix*
timbre-poste
V. *lettre*
timbrer V. *cachet*
timide
humble
honteux
rougissant
déconcerté
confondu
interdit
rouge
timoré
craintif
sensitive

timidité
honte
rouge (subs.)
rouge au front
rougeur
confusion
vergogne

rougir
avoir peur
ne pas oser
sentir la rougeur monter au visage
timidement
V. *peur* et *hésitation*
timon V. *voiture*
timonier V. *navigateur, voiture*
tin V. *tonneau*
tinette
V. *tonneau*
tintamarre
V. *bruit*
tintement
V. *bruit, oreille*
tintouin
V. *ennui*
tique V. *animal*
tiquer V. *cartes*
tiqueté V. *tache*
tir V. *fusil*
tirade V. *parler*
tirage V. *tirer*
tiraillement
V. *opposition*
tirailleur
V. *soldat*
tirant
V. *chaussure*
tirasse V. *filet*
tire-balle
V. *fusil*
tire-botte
V. *chaussure*
tire-bouchon
V. *bouteille, cheveu*
tire-bouton
V. *bouton*
tire-d'aile
V. *oiseau*
tire-fond
V. *tonnellerie*
tire-ligne
V. *dessin*
tire-lire
esquipot
cagnotte
tire-pied
V. *chaussure*
tire-point
V. *outil*

tirer
épreindre
tendre
étendre
traîner
attirer
amener à soi
haler
touer
remorquer
entraîner
tirailler
charrier
trainer à sa suite

traction
tension
épreinte
entraînement
tirage
traînage
halage
touage
touée
remorquage
remorqueur
toueur
toue
remorqueuse
à la remorque
charroi
tirant
laisse
bricole
brancard
trait
V. *extension, ôter*

tiret V. *ligne*
tiretaine
V. *étoffes*
tireur V. *fusil*
tiroir V. *armoire*
tisane V. *remède*
tison V. *feu*
tisonné V. *tache*
tisonner
V. *cheminée*
tisonnier
V. *cheminée*

tissage
métier à la tire
métier Jacquard
haute-lisse
basse-lisse
métier à mailles
métier à tulle
métier à tricot
ensouple
chaîne
trame
duite
passée
enverjure
lisse
lame
marche
navette
chase
pointizelle
canette
peigne
poitrinière
battant
pas clos
pas ouvert
bobinage
dévidage
bobine
broche
ourdissage
cantre
portée
musette
asple
plot
pliage
tambour
montage
parage
remettage
affiquet

armure
texture
croisure
maille
point
filure
mise en carte
lisage
perçage
assemblage
empontage
appareillage
colletage
pendage
tontisse
tissu
étoffe
tulle
molesquine

tisser
tistre
rouir
parfiler
tramer
bobiner
ourdir
serger
croiser

tisserand
tisseranderie
tissutier
filateur
texture
textile
filature
sergerie
V. *étoffes*

tissu
V. *tissage*, *étoffes*
tithymale
V. *plantes*
titillation
V. *toucher*

1. **titre** (livre)
rubrique
en-tête
intituler

2. **titre** (métal)
V. *métal*

3. **titre**
distinction
honneur
grade
diplôme
parchemin
rang
charge
fonction
qualité

collation
nomination
exaltation
intronisation
avènement
investiture
ordination
réordination
promotion
avancement
hiérarchie
destitution
mise à pied
remplacement
dégradation
déchéance
détrônement

solliciter
obtenir
conférer
déférer
confier
titulariser
titrer
investir
pourvoir
appeler à un poste
élever à — —
exalter — —
introniser — —
promouvoir
destituer
mettre à pied
remplacer
congédier
dégrader
titulaire

officiel
honorifique
honoraire
collatif
émérite
en titre
en pied
attitré
officiel
officiellement
V. *aristocratie*, *féodalité*, *université*

tituber
V. *tomber*
titulaire V. *titre*
tmèse
V. *grammaire*
toast V. *repas*
tocane V. *vin*
tocsin V. *cloche*
toge V. *vêtement*
tohu-bohu
V. *désordre*

toile
toilerie
frise
gingas
lin
afioume
chanvre
brin
filasse
étoupe
chènevotte
chènevière
teille
tille
rouissage
teillage
tillage
peignage
filage
charroi
filerie

macque
brisoir
broie
routoir
affinoir
haloir
rouet

filer
écanguer
macquer
teiller
tiller
peigner
rouir
entoiler

filassier
chanvrier
écangueur
peigneur
toilier
linier

écru
textile
V. *étoffe* et *tissage*

1. **toilette** (*dans le vêtement*)
mise

se mettre
s'habiller
se vêtir
s'arranger
s'attifer
se pomponner
s'adoniser

testonner
endimancher
décolleter
fagoter

poupin
petit-maître
gravure de modes
petite-maîtresse
présentable
minable [ment
V. *élégant*, *vête-*

2. **toilette** (*tête et mains*)
cabinet de toilette
table de toilette
— piètement
— marbre
— garniture
lavabo
toilette-commode
toilette chemin-de-fer
duchesse
victoria
coiffeuse
psyché
glace
miroir
triple miroir
séchoir
cuvette
pot à l'eau
broc
seau
serviette de toi-
boîtes [lette
peigne
brosses
pommades
dentifrice
nécessaire de toi-
onglier [lette
rasoir
lime
ciseau
canif
savon
parfum
vaporisateur
sachet
cosmétique
poudre de riz
houppette
fard
rouge
mouche
assassin
mal peigné
défrisé
décoiffé
dépoudré
faire sa toilette
procéder à sa toilette
se bichonner
se laver
se savonner
se mirer
se coiffer
se peigner
se pommader
se raser
se parfumer
se poudrer
se plâtrer
se farder
se grimer
se mettre du rouge
se maquiller
V. *cheveu*, *barbe*, *parfum*, *laver*, *élégant*, *rasoir*, *savon*, *vêtement*

toise V. *long*

toiser V. *mesure*, *mépris*, *voir*

toison V. *mouton*

toit
toiture
couverture
faîtage
faîte
comble
auvent
avant-toit
versant
battellement
égout
pente
brisis
noue
faux comble
croupe
carène
enfaîteau
enfaîtement
comble à pignon
— à potence
— à terrasse
— en équerre
— plat
— surbaissé
— en patte d'oie
— pointu
— conique
— vitré
cornière
mansarde
lucarne
tabatière
crête
épi
girouette
paratonnerre
antéfixe
ardoise
agrafes
tuile
faîtière
chanée
chapeau
flamande
pureau
plomb
zinc
crochet
chaume
carton bitumé
charpente
ferme
poinçon
aisselier
lien
entrait
tirant
arbalétrier
sous-arbalétrier
lierne
blochet
coyau
échantignole
panne
chevron
jambette
contrefiche
sablière
chéneau
gouttière
gargouille

couvert
hypèthre

couvreur

couvrir
enfaîter
renfaîter

toiture V. *toit*

tôle V. *fer*

tolérance V. *bonté*, *permis*

tolérantisme V. *religions*

tolérer V. *permis*

tôlerie V. *fer*

tolle V. *opposition*

tomahawk V. *marteau*

tomaison V. *livre* (2)

tomate V. *plantes*

tombac V. *métal*

tombal V. *cimetière*

tombeau V. *cimetière*

tombelier V. *voiture*

tomber
vaciller
basculer
chavirer
perdre pied
glisser
broncher
butter
chopper
trébucher
perdre l'équilibre
perdre son assiet-
tituber [te
chanceler
faire la culbute
culbuter
se renverser
tomber à la renverse
— tout de son long
— les quatre fers en l'air
se rompre le cou
se casser le nez
tomber d'aplomb
retomber sur ses pieds
faire une chute
crouler
s'abattre
s'effondrer
s'écrouler
s'affaisser
s'ébouler
choir
rouler
dégringoler
descendre
retomber
locher

chute
chavirement
glissade
glissement

trébuchement
vacillation
titubation
chancellement
culbute
renversement
rechute
retombée
croulement
effondrement
écroulement
affaissement
éboulement
ruine
dégringolade
descente
éboulis

vacillatoire
caduc
renversable

patatras
V. *ruine*

tomber (faire)
jeter
abattre
saper
mettre à terre
terrasser
tomber
renverser
faire toucher terre
culbuter
verser
répandre
passer la jambe
désarçonner
démonter
rabaisser
abaisser
joncher

renversement
versement
sape
croc-en-jambe

tombereau
V. *voiture*

tombola
V. *loterie*

tome V. *livre* (2)

tomenteux
V. *poil*

ton V. *musique, voix, peinture*

tonalité
V. *musique*

tonca V. *plantes*

tondre V. *couper*

tonique V. *musique, remède*

tonlieu V. *impôt*

tonnage
V. *volume, navire*

tonne V. *tonneau, volume*

tonneau
baricaut
barillet
baril
tonnelet
feuillette
demi-muid
fût
futaille
pièce
barrique
queue
pipe
tonne
quartaut
muid
foudre
boucaut
caque
tine
tinette
cade
baquet
seille
V. *tonnellerie*

tonneleur
V. *piège*

tonnelier
V. *tonnellerie*

tonnelle
V. *jardin*

tonnellerie
barillerie

feuillard
éclisse
bourdillon
douvain
plane
erminette
doloire
tarière
tire-fond
perçoir
jabloire
gibelet
foret
entonnoir
siphon
robinet
cannelle
chantepleure
fausset
douzil
chantier

fond
douve
jable
barre
cercle
collet
ventre
bonde
bondon
bouge
tin

foncer
jabler
cercler
bondonner
débonder
débondonner
défoncer
décercler
décuver
combuger
entonner
encaquer
enchaper
enfutailler
enchanteler
mécher
soutirer
mettre en perce
rouanner
velter
jauger

cerclage
reliage
débondonnement
encaquement
soutirage
remplage
décuvage
décuvaison
baissière
lie
jauge
velte
rouanne
jaugeage

jaugeur
velteur
tonnelier
rouleur
encaqueur
haquetier
haquet
V. *cave*

tonnerre
éclair
fulguration
foudre
coup de tonnerre
grondement
roulement
éclat
carreau
fluide

tonner
gronder
éclater
éclairer (neutre)
déchirer la nue
sillonner le ciel
foudroyer
la foudre tombe

foudroiement
choc en retour
paratonnerre
fulgurite
V. *orage*

Tonnerre
tonnerrois

tonsure V. *clergé*

tonte V. *mouton*

tontine
V. *association*

tontisse
V. *tissage*

tonture V. *poil*

topaze
V. *joaillerie*

toper V. *oui*

topinambour
V. *plantes*

topique V. *remède, rhétorique*

topographie
V. *géographie*

toquade
V. *volonté*

toque V. *chapeau*

toquet
V. *chapeau*

torche
V. *éclairage*

torcher
V. *essuyer*

torchère
V. *éclairage*

torchis
V. *maçonnerie*

torchon V. *linge*

tordre V. *tourner*

tore V. *ornement*

toréador V. *cirque*
tormentille V. *plantes*
toron V. *corde*
torpeur V. *inaction*
torpille V. *projectile*
torpilleur V. *navire*
torquette V. *vannerie*
torréfier V. *feu*
torrent V. *eau*
torrentiel V. *pleuvoir*
torrentueux V. *vite*
torride V. *chaleur*
torsade V. *tourner*
torse V. *corps*
torsion V. *tourner*
tort V. *injuste*
torticolis V. *maladie*
tortillage V. *obscurité*
tortiller V. *tourner*
tortillon V. *tourner*
tortionnaire V. *supplice*
tortis V. *tourner*
tortu V. *indirect*

tortue
caret
kahouanne
bouclier
carapace
plastron
écaille
chélonien
terrir

tortueux V. *indirect, obscurité*
torture V. *supplice*
tory V. *politique*

Toscane
toscan

tôt V. *vite*
total V. *entier*
toton V. *jouet*
touage V. *tirer*
touaille V. *linge*
toucan V. *animal*
touche V. *piano, peindre*
1. **toucher** V. *près, sensibilité, recevoir*

2. **toucher**
mettre la main à
mettre la main sur
porter la main
atteindre
aveindre
attraper
passer la main sur
caresser
flatter
effleurer
frôler
chatouiller
titiller
frotter
gratter
tâter
tâtonner
palper
manier
patiner
tripoter
pétrir
masser
manipuler
malaxer
heurter
achopper
cogner
frapper
tapoter
battre
choquer
entre-choquer
coudoyer
tamponner
trinquer
toquer

tact
toucher
main
trompe
palpe
tentacule
peau
périphérie
caresse
effleurement
frôlement
attouchement
chatouillement
titillation
frottement
grattage
tâtonnement
palpation
maniement
massage
pétrissage
manipulation
malaxation
heurt
coudoiement
tamponnement
coup
choc
contact
tangence
tangent
tangible
intangible
inaccessible
tangibilité
tactile
tactilité
masseur
chatouilleux
rêche
rude
dur
rugueux
raboteux
lisse
poli
velouté
rudesse
rugosité
V. *près, main*

touer V. *tirer*
touffe V. *ensemble*
touffeur V. *sang*
touffu V. *nombre*
toug V. *drapeau, Turquie*
toujours V. *durée*

Toul
toulois

Toulon
toulonnais

toupet V. *cheveu*
toupie V. *jouet*
1. **tour** V. *cercle, rire, outil, rotation*

2. **tour**
donjon
beffroi
clocher
campanile
tourelle
tournelle
minaret
échauguette
poivrière
tour de Babel
tour de Pise
tour Eiffel
V. *édifice, clocher*

Touraine
tourangeau

tourbe V. *charbon, populace*
tourbillon V. *vent, eau, rotation*
tourd V. *animal*
tourdille V. *tache*
tourelle V. *tour* (2)
touret V. *roue*
tourie V. *récipient*
tourière V. *monastère*
tourillon V. *roue, canon*
touriste V. *voyage*
tourmaline V. *joaillerie*
tourment V. *ennui*
tourmente V. *vent*
tournant V. *chemin*
tournebride V. *auberge*
tournebroche V. *cuisine*
tournée V. *voyage*
tournelle V. *tour*
1. **tourner** (*sens neutre*) V. *rotation*

2. **tourner** (*sens actif*)
faire tourner
virer
dérouler
enrouler
retourner
tortiller

tordre
distordre
retordre
bistourner
entortiller

retordement
distorsion
torsion
tortillement
torsade
torquès
tortis
tortil
tortillon

tortueux
tors
tort
retors
distors
tortuosité
tortille
torticolis
roue
tourniquet
toupie
sabot
V. *rotation*

3. **tourner** (*action du tourneur*)
tour
tour à pointe
tour en l'air
tour à plateau
tour parallèle
tour à chariot
machine à fileter
pointe
poupée
jumelles
support à chaise
semelle
chaise
cale
pédale
gouge
ciseau
fermoir
mandrin
grain d'orge
burin
plane

tourner

tourneur

tournesol
V. *plantes*

tournevis V. *vis*

tourniquet
V. *rotation*

tournis
V. *mouton*

tournisse
V. *mur*

tournoi
pas d'armes
carrousel
combat à la barrière
bague
champ clos
lice
barrière
champion
armes
couleurs
héraut
lance
caparaçon

entrer en lice
relever le gant
rompre une lance
V. *caparaçon*, *lance*, *combat*, *armure*

tournois
V. *monnaie*

tournoyer
V. *rotation*

tournure
V. *manière d'être*

Tours
Touraine
tourangeau

tourte
V. *pâtisserie*

tourteau
V. *pâtisserie*, *nourriture*

tourterelle
V. *animal*

tourtière
V. *cuisine*

touselle
V. *céréales*

tousser
cracher
graillonner
être enrhumé
attraper un rhume
avoir une quinte
être enchifrené
éternuer
être grippé
enrhumer
enrouer
désenrhumer
désenrouer

toux
enrouement
rhume
bronchite
pneumonie
fluxion de poitrine
grippe
coryza
rhume de cerveau
quinte
le rhume mûrit
le rhume pourrit

béchique
pectoral
tousseur
quinteux
pris de la gorge

tout
total
totalité
bloc
ensemble
généralité
universalité
unanimité
tutti

tout-beau
V. *chien*

toute-bonne
V. *poire*

tout-coi
V. *chien*

toute-épice
V. *plantes*

toutefois
V. *opposition*

toutenague
V. *substance*

toutou V. *chien*

toux V. *tousser*

toxique
V. *poison*

traban V. *soldat*

trabée
V. *vêtement*

trabuco V. *tabac*

tracas V. *ennui*

trace V. *signe*

tracer
V. *dessiner*

trachée
V. *respirer*

trachée-artère
V. *respirer*

trachéotomie
V. *chirurgie*

traçoir V. *outil*

traction V. *tirer*

traditeur
V. *religion*

tradition
V. *habitude*

traduire
translater
interpréter
déchiffrer
comprendre
rendre
expliquer
serrer le texte
s'écarter du texte

traduction
interprétation
herméneutique
explication
version
thème
traduction fidèle
— exacte
— servile
— littérale
— mot à mot
— juxtalinéaire
— inexacte
— infidèle
— libre
— large
contresens
faux sens
erreur
original
texte
auteur
littéralité
traducteur
interprète
truchement
drogman
« belles infidèles »
interprétatif
traduisible
intraduisible
indéchiffrable
hébreu (c'est de l')
littéralement
facilement

trafic V. *commerce*

tragédie
intrigue
action
trame
passion

caractère
personnage
confident
trois unités
unité d'action
unité de temps
unité de lieu
prologue
exposition
nœud
dénouement
deus ex machina
scène
dialogue
monologue
tirade
récit
songe
chœur
tragédien
Bacchus
Thespis
tragi-comédie

tragique
tragi-comique

tragiquement
V. *écrivain*, *style*, *théâtre*

trahir
livrer
vendre

trahison
traîtrise
félonie
perfidie

traître
félon
perfide
vendu
Judas
traîtreusement
V. *hypocrite*, *siège* (1)

traille V. *navire*
train V. *gare*, *bruit*, *richesse*, *vite*
traînage V. *tirer*
traînant
V. *voix*, *style*
traînard
V. *soldat*, *tard*
traînasse
V. *filet*
traînasser
V. *tard*
traîne
V. *vêtement*

traîneau
V. *glace*, *voiture*
traînée V. *poudre*
traîner V. *tirer*
traîneur V. *tard*
traire V. *lait*
trait V. *dessin*, *arc*, *esprit*, *harnachement*, *physionomie*
traitable V. *bon*
traitant
V. *impôt*
traite
billet
effet
lettre de change
valeur
papier
chèque
reconnaissance
carnet
portefeuille

accepter
avaler
endosser
tirer
émettre
tirer sur
tirer à vue
passer
mettre en circulation
négocier
escompter
réaliser
faire honneur à
faire honneur à sa signature
renouveler
protester
faire retour

acceptation
aval
endos
endossement
escompte
escompte en dedans
escompte en dehors
change
négociation
échéance
terme
protêt
prescription
usance
renouvellement
novation

tireur
endosseur
accepteur
escompteur
porteur

bonne
mauvaise
véreuse
négociable
V. *dette*

traité V. *contrat*
traitement
V. *médecin*
traiter
V. *accueil*, *repas*
traiteur
V. *auberge*
traître V. *trahir*
trajectoire
V. *ligne*
trajet V. *voyage*
tramail V. *filet*
trame V. *tissage*
tramer V. *tissage*, *conjuration*
tramontane
V. *vent*
tramway
V. *omnibus*
tranchant
V. *couteau*, *voix*
tranche
V. *division*
tranchée V. *trou*
tranchefile
V. *reliure*
tranche-montagne V. *orgueil*
trancher V. *couper*, *difficulté*, *voir*
tranchet
V. *outil*
tranchoir
V. *assiette*

tranquille
calme
paisible
coi
posé
en paix
serein
quiet
stoïque
philosophe
sûr
assuré
placide
pacifique

imperturbable
doux
impassible
froid
flegmatique
indifférent
neutre
impartial
sans-souci
insouciant
incurieux
pacificateur
sédatif

tranquillité
calme
paix
pacification
apaisement
sécurité
sûreté
quiétude
sérénité
recueillement
stoïcisme
ataraxie
philosophie
assurance
placidité
froideur
flegme
sang-froid
indifférence
neutralité
neutralisation
impartialité
imperturbabilité
insouciance
incuriosité
indifférence
désinvolture
accalmie
bonace
embellie
éclaircie

se posséder
vivre en paix
vivre dans le calme
dormir sur les deux oreilles
rassurer
remettre
tranquilliser
rasséréner
calmer
pacifier
neutraliser
apaiser

adoucir
abattre
ramener le calme
rétablir la paix
éteindre
neutraliser
s'en moquer comme de l'an 40

tranquillement
paisiblement
pacifiquement
stoïquement
philosophiquement
doucement
patiemment
avec calme
sans se troubler
imperturbablement
froidement
flegmatiquement
posément
V. *paix, inaction, courage*

transaction V. *contrat*
transalpin V. *Alpes*
transbordement V. *porter*
transcendance V. *importance*
transcription V. *écrire*
transe V. *peur*
transept V. *église*
transférer V. *déplacer*
transfigurer V. *changer*
transformer V. *changer*
transfuge V. *soldat, quitter*
transfuser V. *sang, déplacer*
transgresser V. *loi*
transi V. *froid*
transiger V. *céder*
transit V. *marchandise*
transitif V. *grammaire*
transition V. *rhétorique*
transitoire V. *vite*
translater V. *traduire*
translation V. *déplacer*
translucide V. *lumière*
transmettre V. *héritage, donner*
transmigration V. *voyage*
transmission V. *héritage*
transmuer V. *changer*
transmutation V. *changement*
transparent V. *lumière*
transpercer V. *trou*
transpirer V. *sueur*
transplanter V. *déplacer*
transport V. *porter*
transportation V. *punir*
transporter V. *porter, enthousiasme*
transposer V. *déplacer, musique*
transrhénan V. *Rhin*
transsubstantiation V. *théologie*
transsuder V. *suer*
transvaser V. *déplacer*
transversal V. *indirect*
trantran V. *manière d'agir*
trapèze V. *forme*
trappe V. *porte*
trappiste V. *clergé*
trapu V. *petit, force*
traquenard V. *piège*
traquer V. *poursuivre*
traquet V. *piège, moulin*
traumatique V. *blessure*
travail

travail manuel
main-d'œuvre
manœuvre
travail intellectuel
travail de tête
zèle
assiduité
application
ardeur au travail
acharnement
occupation
besogne
ouvrage
corvée
labeur
exercice
fabrication

travailleur
laborieux
actif
appliqué
studieux
acharné
accablé
travail rude
— pénible
— difficile
— délicat
— fatigant
— absorbant
— épuisant

avoir du travail par-dessus la tête
être surchargé
être occupé
avoir en train
avoir sur le chantier
avoir sur le métier
préparer
se mettre à
se livrer à
s'adonner à
vaquer à
attaquer
entreprendre
avancer
abattre de la besogne
être en train
travailler avec ardeur
travailler comme un nègre
— d'arrache-pied
— à bâtons rompus
abuser de ses forces
mourir à la tâche
se tuer de travail
ne pas être en train
se battre les flancs
se donner du mal
peiner
suer sang et eau
être débordé
s'exercer

repos
répit
chômage
morte-saison

ouvrable
V. *ouvrage, métier, ouvrier, action, faire, fatigue, mal, bien, inaction*

travée V. *charpente*
travers V. *mal, indirect*
traversée V. *navire*
traverser V. *passer, opposition*
traversin V. *matelas*
travestir V. *changer, carnaval*
trébucher V. *tomber*
trébuchet V. *piège, balance*
tréfiler V. *métal*
trèfle V. *plante, ornement*
tréfoncier V. *propriété*
tréfonds V. *terrain*
treillage V. *jardin*
treille V. *jardin*
treillis V. *maille*
treize V. *superstition*
tréma V. *écriture*
tremblaie V. *forêt*

tremble
V. *plantes*

tremblement
frisson
vibration
frémissement
frissonnement
tressaillement
vacillation
trépidation
secousse
saccade
trémolo

trembler
vibrer
frissonner
tressaillir
remuer
vaciller
frémir
grelotter
trembloter

vacillatoire
V. *mouvement, peur, tomber*

trembler
V. *tremblement, peur*

trembleur
V. *peur*

trémie V. *moulin*

trémière
V. *plantes*

trémolo
V. *tremblement*

trémousser
V. *mouvement*

trémoussoir
V. *siège*

trempage
V. *papier*

trempe
V. *mouiller, fer*

tremperie
V. *papier*

tremplin
V. *saut*

trentaine
V. *trente* (2)

1. **Trente**
trentin

2. **trente**
trentaine
trentenaire
trentième

trente et un
V *jeu beau*

trépan
V. *chirurgie, trou*

trépas V. *mort*

trépidation
V. *tremblement*

trépied V. *siège*

trépigner
V. *mouvement*

trépointe
V. *chaussure*

trésor
V. *richesse*

trésorier
V. *richesse, impôt*

tressaillir
V. *tremblement*

tresse V. *cheveu, passementerie, vannerie*

tréteau
V. *porter, théâtre*

treuil V. *grue*

trêve
V. *inaction, arrêt*

Trèves
trévire

tri V. *choisir*

triade V. *trois*

triaire
V. *légion*

triangle
trilatère
— rectangle
— équilatéral
— isocèle
— scalène

angle
côté
hypoténuse
hauteur
médiane
bissectrice
base
sommet
trilatéral
triangulaire
trigonométrique
triangulation
trigonométrie
delta

triangulaire
V. *forme*

triangulation
V. *arpenteur*

tribord V. *navire*

tribu V. *nation*

tribulation
V. *ennui*

tribun
tribunat
tribunitien

tribunal
palais
aréopage
officialité
justice
juridiction
judicature
prétoire
chambre
sellette
barre
banc
cour
chancelier
juge
président
assesseur
audiencier
jury
juré
arbitre
tiers-arbitre
justicier
comparution
judiciaire
juridictionnel
justiciable
V. *magistrat, procédure*

tribune
estrade
chaire
rostres
abat-voix
escalier
degré
verre d'eau sucrée
monter en chaire
monter à la tribune
V. *parlement, orateur*

tribut V. *payer*

triceps V. *muscle*

tricher V. *jeu*

trichine V. *porc*

triclinium
V. *repas*

tricoises
V. *outil*

tricolore
V. *couleur*

tricorne
V. *chapeau*

tricot V. *maille*

trictrac V. *dé*

tricycle
V. *bicyclette*

trident V. *fourche*

trièdre V. *angle*

triennal
V. *année*

trier V. *choisir*

trifide V. *trois*

trigaud
V. *hypocrisie*

triglyphe
V. *ornement*

trigonocéphale V. *animal*

trigonométrie
V. *géométrie*

trilatéral
V. *triangle*

trille V. *musique*

trilogie
V. *théâtre* (2)

trimestre
V. *mois*

trimètre
V. *poésie*

trin
V. *astrologie*

tringle
V. *rideau*

tringler
V. *ligne*

trinitaire
V. *religion*

trinité V. *trois*

trinôme
V. *algèbre, trois*

trinquer
V. *boire*

trinquette
V. *voilure*

trio V. *chant, trois*

triolet V. *poésie*

triomphe
V. *gloire, succès, vaincre, cartes*

tripartit
V. *trois*

tripe V. *ventre*

triple V. *trois*

triplicité
V. *trois*

Tripoli
tripolitain

tripot V. *cartes*

tripoter V. *toucher, finance*

trique V. *bâton*

triqueballe
V. *voiture*

trique-madame V. *plantes*
triquet V. *paume*
trirègne V. *pape*
trirème V. *navire*
trisaïeul
V. *famille*
trisannuel
V. *année*
trissyllabe
V. *syllabe*
triste
chagrin
morose
morne
désolé
inconsolable
désespéré
éploré
navré
abattu
accablé
affligé
peiné
mécontent
affecté
attristé
contristé
marri
dolent
soucieux
préoccupé
sombre
taciturne
ténébreux
aigri
maussade
mélancolique
atrabilaire
misanthrope
pessimiste
hypocondre
hypocondriaque
bilieux
rabat-joie
trouble-fête
figure de carême
chevalier de la triste figure
triste comme un bonnet de nuit
triste comme une porte de prison
déçu
désenchanté
désappointé
désillusionné
mélodramatique
tragique
funèbre
lugubre
lamentable
affreux
cruel
poignant
déchirant
pénible
empreint de tristesse
tristesse
chagrin
morosité
maussaderie
préoccupation
souci
désolation
désespoir
douleur
serrement de cœur
crève-cœur
plainte
lamentation
jérémiade
litanie
abattement
accablement
affliction
désillusion
déboire
désappointement
déception
désenchantement
amertume
contrariété
épreuve
ennui
anicroche
contretemps
aigreur
atrabile
hypocondrie
misanthropie
pessimisme
idées noires
spleen
taciturnité
humeur massacrante
bile
mélancolie
peine
martel en tête

avoir de la tristesse
éprouver de la tristesse
ressentir de la tristesse
être assailli de
être abreuvé de
être plongé dans
être accablé sous [le poids de
succomber à
s'attrister
être contrarié
se contrister
s'abîmer dans le chagrin
être en proie à la douleur
souffrir le martyre
avoir le cœur gros
en avoir gros sur le cœur
être rongé par le chagrin
se miner
se manger le sang
avoir le cœur serré
se désoler
se chagriner
désespérer
être abattu
avoir des désillusions, etc.
avoir le cœur brisé
avoir le cœur ulcéré
porter sa croix
se faire de la bile
faire un nez
faire la moue

attrister
chagriner
désoler
navrer
saigner le cœur
désespérer
abattre
affliger
atterrer
obséder
peiner
mécontenter
assombrir
contrister
aigrir
chagrin profond
— cuisant
— cruel
la mort dans l'âme
alléger la tristesse
soulager la tristesse
dissiper la tristesse
consoler

tristement
inconsolablement
la mort dans l'âme
V. *triste*, *pleur*, *plainte*
triton
V. *monstre*, *musique*
tritoxyde
V. *substance*
triturer
V. *poudre*
triumvir
V. *magistrat*
trivial
V. *style*
trivium
V. *université*
troc
V. *changement*
trocart
V. *chirurgie*
trochanter
V. *jambe*
trochée
V. *poésie*, *tige*
trochet
V. *fleur*
troène V. *plantes*
trognon V. *reste*
Troie
Ilion
troyen
trois
triple
troisième
ternaire
tertiaire
tiers
troisièmement
tiercement
tertio
ter

trinité
triade
triplicité
trio
triplicata
tripler
triduum
trimestre
triennat

triennalité
triangle
trièdre
trinôme
trimètre
trissyllabe
triphtongue
tricycle
tricorne
trident
triglyphe
triptyque
trirème
trépied
trilogie
triumvir

tricolore
trifide
trifacial
tripartit
trimestriel
triennal
trisannuel

trois-mâts
V. *navire*

trois-six
V. *liqueur*

trôler V. *vente*

trombe V. *vent*

tromblon
V. *fusil*

trombone
V. *instruments*

trompe
V. *instruments*

trompe-l'œil
V. *semblable*, *tromper*

tromper
duper
abuser
décevoir
leurrer
dépister
induire en erreur
attraper
escroquer
piper
tricher
frustrer
carotter
enjôler
capter
entortiller
suborner
embéguiner
mettre dedans
tendre un piège
— un panneau
— des embûches
jouer un tour
faire une niche
mystifier
abuser de l'ignorance
dorer la pilule
en donner à croire
tromperie
duperie
déception
leurre
collusion
escroquerie
contrebande
baraterie
fraude
dol
piperie
tricherie
trompe-l'œil
frustration
captation
piège
ruse
malice
panneau
artifices
embûches
attrape-nigaud
niche
tour
farce
fumisterie

trompeur
dupeur
captatoire
captieux
collusoire
insidieux
artificieux
rusé compère
abuseur
suborneur
captateur
escroc
enjôleur
mystificateur

dupe
nigaud
jocrisse
gobe-mouches
gogo
simple
niais
naïf
captieusement
V. *habile*, *bête*, *faux*, *imagination*, *hypocrisie*, *rire*

trompette
clairon

clef
embouchure
pavillon
banderole

appel
sonnerie
boute-selle
chamade
fanfare
son de la trompette
accents de la trompette
un coup de trompette

emboucher
sonner de
jouer de
souffler de
donner de
trompetter
trompette (le)
V. *instruments*

trompeur
V. *tromper*

trompillon
V. *ornement*

tronc
V. *tige*. *récipient*

tronchet
V. *outil*

tronçon V. *reste*

trône V. *roi*

trôner V. *orgueil*

tronquer
V. *moins*

trop
excessivement
immodérément
follement
abusivement
démesurément
monstrueusement
exagérément

démesuré
exclusif
excessif
monstrueux
abusif
exorbitant
intolérable
exagéré
immodéré
effréné
fanatique
énergumène
forcené
outré
surnaturel
surhumain
disproportionné
surabondant
redondant
superflu
surérogatoire
explétif
hypertrophié
pléthorique

abus
excès
immodération
exagération
outrance
disproportion
satiété
dégoût
indigestion
surabondance
redondance
superfluité
hors-d'œuvre
double emploi
superfétation
trop-plein
surplus
cumul
empiétement
surérogation
hyperbole
pléonasme
redite
hypertrophie
pléthore
fanatisme

surabonder
excéder
passer la mesure
passer les bornes
déborder
regorger
surcharger
surmener
mésuser
abuser
empiéter
exagérer
outrer
V. *injuste*, *plein*, *inutile*

trope
V. *rhétorique*
trophée
V. *dépouille*
tropical
V. *chaleur*

tropique
tropical
intertropical
V. *géographie*
trop-plein
V. *trop*
troquer
V. *changer*
trot V. *cheval* (3)
trotte-menu
V. *marcher*
trotter V. *cheval, marcher*
trottiner
V. *marcher*
trottoir
V. *chemin*

trou
ouverture
cavité
vide
brèche
trouée
approfondissement
passage
creux
pore
alvéole
glène
cave
caveau
crypte
hypogée
souterrain
citerne
puits
puisard
silo
antre
grotte
caverne
concavité
anfractuosité
excavation
affouillement
fondrière
ornière
renfoncement
niche
profondeur
sillon
fosse
fossé
rigole
tranchée
crevasse
ravin
ravine
combe
val
vallon
vallée
cirque
précipice
gouffre
abîme
mine
carrière
galerie
rainure
ajour
découpure
forage
térébration
percement
éventrement
forure
enfouissement
fouille

orifice
fond
paroi

alvéolaire
concave
creux
profond
insondable
béant
ouvert
large
foraminé
poreux
caverneux
anfractueux
raviné
miné
térébrant

creuser
fouiller
fouir
caver
déblayer
raviner
approfondir
crever
piocher
défoncer
éventrer
fossoyer
enfouir
vermillonner
pratiquer
faire
percer
perforer
aléser
trépaner
ajourer
trouer
forer
ouvrir
transpercer
sonder
piquer
larder
étamper
fermer
boucher
tamponner
combler
remblayer
rengainer
plonger
replonger

fossoyeur
pioche
foret
vilebrequin
vrille
poinçon
gibelet
mandrin
V. *outil, fermeture, ouvrir, terre*
troubadour
V. *poète*
1. **trouble**
V. *filet*
2. **trouble** (physique) V. *désordre*
3. **trouble** (moral)
émotion
émoi
bouleversement
révolution
saisissement
surprise
impression
secousse
coup
passion
sentiment

troubler
émouvoir
émotionner
impressionner
faire de l'effet
frapper
agiter
affecter
remuer
bouleverser
révolutionner
passionner
déconcerter
désorienter
décontenancer
abasourdir
mettre sens dessus dessous
casser bras et jambes

éperdu
hagard
V. *sensibilité*
trouble-fête
V. *triste*
troubler
V. *trouble, terne, sale*
trouer V. *trou*
trou-madame
V. *jeu*
troupe V. *assemblée, armée, comédien*
troupeau
V. *assemblée*
troupier
V. *soldat*
trousse V. *outil*
trousseau
V. *vêtement*
trousse-queue
V. *harnachement*
troussequin
V. *selle*
trousser V. *vite*
troussis V. *pli*
trouver
rencontrer
se buter à

découvrir
retrouver

trouvaille
découverte
trouveur

trouvable
introuvable
V. *invention*
trouvère
V. *poète*
truc V. *théâtre* (1)

truc V. *wagon*
truchement
V. *traduire*
truelle V. *maçonnerie.*
truffe V. *plante*
truffer
V. *nourriture*
truffière
V. *plante*
truie V. *porc*
truite V. *animal*
trullisation
V. *maçonnerie*
trumeau V. *mur*
trusquin V. *outil*
tsar V. *Russie*
tu
tutoiement
tutoyer
être à tu et à toi
tuable V. *tuer*
tuant
V. *fatigant*
tube
tubulure
canal
conduit
canon
tuyau
tuyère
sarbacane
siphon
chalumeau
arrugie
ajutage

tubulé
coudé
tubulaire
tubuleux
tuyauté
capillarité
V. *canalisation*
tubercule
V. *racine*
tuberculose
V. *maladie*
tubéreuse
V. *plante*
tubérosité
V. *haut*
tubulaire
V. *forme, tube*
tubulure V. *tube*
tudesque
V. *Allemagne*
tuer
occire
mettre à mort
assommer
immoler
sacrifier
verser le sang
détruire
achever
avancer la mort
faire mourir
donner la mort
supprimer
égorger
exterminer
massacrer
empoisonner
assassiner
étrangler
tordre le cou
étouffer
asphyxier
noyer
éventrer
passer au fil de l'épée
pourfendre
sabrer
poignarder
brûler la cervelle
fusiller
passer par les armes
exécuter
tremper ses mains dans le sang
entre-détruire
entr'égorger
guillotiner
décapiter
décoller
pendre
abattre
ensanglanter
saigner
suicider (se)

assassin
spadassin
sicaire
bravo
tueur
pourfendeur
sabreur
meurtrier
sanguinaire
homicide
déicide
parricide
fratricide
régicide
tyrannicide
empoisonneur
bourreau
exécuteur
septembriseur
assommeur
étrangleur

tuable
pantelant

assassinat
déicide
homicide
parricide
fratricide
infanticide
mise à mort
immolation
abat
abatage
sacrifice
destruction
achèvement
coup de grâce
mort
meurtre
égorgement
extermination
hécatombe
massacre
tuerie
carnage
empoisonnement
étranglement
strangulation
étouffement
asphyxie
noyade
éventrement
suicide
V. *mort, poison*
tue-tête
V. *voix*
tueur V. *tuer*
tuf V. *pierre*
tugend-bund
V. *assemblée*
tuile
V. *céramique, toit*
tuileau V. *reste*
tuilerie
V. *céramique*
tulipe V. *plantes*
tulipier
V. *plantes*
tulle V. *tissage*
tuméfier V. *haut*
tumeur
V. *maladie*
tumulaire
V. *cimetière*
tumulte
V. *désordre*
tumulus V. *haut*
tunique
V. *vêtement*
tunnel
V. *voûte, pont*
turban
V. *chapeau*
turbine V. *roue*
turbiné
V. *coquillage* (1)
turbinite
V. *coquillages* (2
turbith V. *plantes*
turbot V. *animal*
turbotière
V. *cuisine*
turbulent
V. *mouvement*
turcie V. *écluse*
turco V. *soldat*
turf V. *sport*
turgescence
V. *haut*
turlupinade
V. *rire*
turpitude
V. *méprisable*
turquette
V. *plantes*
Turquie
Sublime Porte

ottoman
turc
commandeur des croyants
sultan
Validé
Hautesse
firman
chéfakat
medjijé
pacha
séraskier
vizir
dey
effendi
cadi
mufti
toug
timariot
timar
zaïm
raïa
caftan
doliman
fez

réis
sérail
harem
turquoise
V. *bleu, joaillerie*
tussilage
V. *plantes*
tutélaire
V. *protection*
tutelle
curatelle
tuteur
protuteur
co-tuteur
subrogé-tuteur
tuteur datif
tuteur ad hoc
tuteur onéraire
curateur au ventre
curateur
conseil de famille
conseil judiciaire
mineur
pupille
minorité
incapacité
interdiction
comptes de tutelle

émancipation
pupillaire

tutélaire
émanciper
tutie V. *substance*
tutoyer V. *tu*
tuyau V. *tube, canalisation, pli*
tuyère V. *soufflet*
tympan V. *fronton, oreille*
tympanite
V. *maladie*
tympanon
V. *instruments*
type V. *exemple, imprimerie*
typhoïde
V. *maladie*
typhon V. *vent*
typhus
V. *maladie*
typique V. *precis, signification*
typographie
V. *imprimerie*
Tyr
tyrien
tyran V. *chef*
tyrannicide
V. *tuer*
tyrannie V. *chef*
Tyrol
tyrolien
tzar
V. *Russie*
tzigane V. *race*

U

ubiquiste
V. *religion*
ubiquitaire
V. *religion*
ubiquité
V. *partout*
udomètre
V. *pleuvoir*
uhlan
V. *cavalerie*
ukase V. *loi, Russie*
ulcère V. *blessure*
ulcéré V. *douleur*
uléma
V. *théologie*
ulmaire
V. *plantes*
ultérieur
V. *suivre*
ultimatum
V. *demande*
ultra V. *plus*
ultramontain
V. *pape*
un
unique
irréductible
simple
incomplexe
indivisible
indivis
unitif
seul
solitaire
individuel
singulier
isolé
retiré
abandonné
délaissé [même abandonné à lui-
sauvage

ermite
ours
loup
hibou
misanthrope
monade
as
individu
particulier
centre
bloc
unité
solitude
singularité
individualisme
unitarisme
indivision
indivisibilité
simplicité
uniformité
unification
isolement
solo
ermitage
à part
à l'écart
en aparté
loin de

vivre en ours
vivre en hibou
se confiner
se cantonner
barricader sa porte
faire bande à part
unifier
unir
uniformiser
séparer
isoler
monologuer

unitaire
soliste
unicolore
uniflore
unisexuel
univalve
univoque
monadelphe
monarque
monaut
monocotylédone
monolithe
monopétale
monophylle
monoptère
monorime
monosyllabique
monothéiste
monotone
uniforme
unipersonnel

monandrie
monadelphie
monarchie
monocle
monocorde
monogramme
monographie
monologue
monopole
soliloque
monostique
monosyllabe
monothéisme
monotonie

uniquement
individuellement
personnellement
par tête
isolément
solitairement
particulièrement
indivisément
indivisiblement
V. *assemblée, accord, mélange, lien, union*
unanime
V. *volonté*
unau V. *animal*
unguis V. *tête*
uni V. *plat*
unifier V. *un*
uniforme [ment
V. *semblable. vêtement*
unilatéral
V. *contrat*
uniment V. *sincère*
union
réunion
cohésion
coordination
simplicité
indivision
amalgame
cotisation
raccord
anastomose
suture
unification
unisson

rallier
unir
raccorder
rejoindre
ne faire qu'un

massif
homogène
incomplexe
indécomposable
simple
individuel
indivis
insécable
indivisible
V. *assemblée, associé, mélange, ensemble, harmonie*

unipersonnel V. *grammaire*

unique V. *un, peu*

unir V. *harmonie* (1), *lien*

unisson V. *chant*

unitaire V. *religion*

unité V. *un*

unitif V. *un*

univalve V. *coquillage*

univers V. *astronomie*

universaliser V. *extension*

universalité V. *tout*

universel V. *commun*

Université
corps enseignant
enseignement
instruction publique
lettres
sciences
humanités
grammaire
ministère
conseil supérieur
enseignement secondaire supérieur
enseignement secondaire
enseignement classique
— moderne
— primaire supérieur
enseignement primaire
inspection
tournée
rapport
académie
rectorat
Sorbonne
faculté
conseil
assemblée
décanat
chaire
cours
conférences
travaux pratiques
inscription
faculté des lettres
— des sciences
— de droit
— de médecine
— de théologie
école normale supérieure
école normale secondaire
école normale primaire
lycée
division primaire
division élémentaire
quadrivium
division de grammaire
trivium
division supérieure
division préparatoire
provisorat
économat
secrétariat
collège
principalat
professorat
programme
diplôme
titre
grade
parchemin
équivalence
examen
certificat d'études
brevet élémentaire
certificat d'aptitude
baccalauréat
— ès lettres
— ès sciences
— restreint
— moderne
licence
agrégation
doctorat
thèse
présentation
soutenance
épreuves écrites
— éliminatoires
— orales
admissibilité
réussite
échec
refus
ajournement

universitaire
membre de l'enseignement
ministre
grand-maître
personnel
inspecteur général
— d'académie
— primaire
inspection
recteur
rectorat
rectoral
vice-recteur
doyen
décanat
décanal
normalien
lycéen
proviseur
provisorat
censeur
économe
économat
collégien
principal
professeur
professoral
robe
toge
toque
intrant
diplômé
gradé
titré
pourvu de
jury
examinateur
candidat
bachelier
licencié
agrégé
docteur
préparer
se présenter
se mettre sur les rangs
aspirer au titre de
affronter les épreuves
passer
être admis
être reçu
être refusé
échouer
être ajourné

mention
boule blanche
boule noire
V. *professeur, école, enseignement*

univoque V. *mot*

upas V. *poison*

urane V. *substances*

uranium V. *substances*

uranographie V. *astronomie*

urate V. *urine*

urbain V. *ville*

urbanité V. *politesse*

urcéolé V. *forme*

ure V. *animal*

urée V. *urine*

urgence V. *vite*

urine
pissat
pissement
sécrétion
besoin
urée
urate
incontinence
rétention
dysurie
hématurie
gravelle
gravier
calcul
hypostase
pierre

urineux
urinaire
graveleux
diurétique

uriner
lâcher de l'eau
pisser

pissoir
pissotière
urinoir
vespasienne
colonne Rambuteau
latrines
urinal
pot

bassin
urne V. *récipient*
ursuline
V. *clergé*
urticaire
V. *peau*
urtication
V. *peau*
urticées
V. *plantes*
us V. *habitude*
1. **usage**
V. *habitude*

2. **usage**
emploi
exploitation
service
destination
utilité
disposition
usufruit
jouissance
utiliser
destiner à
mettre à profit
se servir
faire usage
jouir de
disposer de
profiter de
avoir recours à
mésuser
servir
resservir

exploiteur
usager
usufructuaire
usufruitier
V. *utile*, *employer*
user
limer
ronger
roder
corroder
élimer
manger
râper
gâcher
consumer
éculer
érailler [ceaux
mettre en mor-
ruginer
vermouler
élimer (s')
n'être plus bon
être hors d'usage
être en ruine
être en loques

usure
affouillement
vermoulure
vétusté
délabrement
érosion
mordacité
mangeure
corrosion
attrition
vieillerie

mordicant
corrosif
usine
fabrique
manufacture
manufacturier
industriel
V. *atelier*, *faire*
usité. V. *habitude*
usquebac
V. *liqueur*
ustensile
V. *outil*
ustion V. *feu*
usucapion
V. *propriété*
usuel V. *habitude*
usufruit
V. *usage* (2)
usure V. *rente*
usurpation
V. *vol*
utile
nécessaire
indispensable
essentiel
important
capital
profitable
fructueux
avantageux
précieux
commode
bon
convenable
valable
efficace
salutaire
souverain
panacée
utilisable
disponible [tages
avoir des avan-
présenter — —
fournir — —
offrir — —
procurer — —
faire l'affaire de
rendre service
servir
obliger
aider
se rendre utile
sauver [à
trouver avantage
tirer avantage de
exploiter
profiter
utiliser
tirer un bon parti
valider [de
valoir

utilité
efficacité
avantage
profit
fruit
commodité
utilisation
exploitation
nécessité
validité
validation

positif
utilitaire
intéressé
obligeant
vade-mecum
ancre de salut
branche de salut
planche de salut
vache à lait
poule aux œufs
utilement [d'or
profitablement
V. *bénéfice*, *bon*
utopie
V. *imagination*
uvée V. *œil*
Uzès
uzèque

V

vacance
V. *inaction*
vacant V. *vide*
vacarme V. *bruit*
vacation
V. *payer*
vacciner
V. *remède*
vache
V. *bœuf*, *lait*
vaciller V. *tremblement*, *tomber*
vacuité V. *vide*
vade V. *cartes*
vade-mecum
V. *utile*
va-et-vient
V. *mouvement*
vagabondage
V. *errer*
vagir V. *enfance*
vague
V. *mer*, *obscurité*
vaguemestre
V. *soldat*
vaguer V. *errer*
vaillance
V. *courage*
vain V. *inutile*
vaincre
mettre hors de combat
mettre à bas
avoir raison de
mettre à la raison
battre
triompher [toire
remporter la vic-
gagner la bataille
avoir l'avantage
sortir vainqueur de [échec
faire subir un
battre à plates coutures
mettre en fuite
débander
culbuter
disperser
défaire
enfoncer
foudroyer
écraser
hacher
mettre en pièces
tailler en pièces
dompter
réduire
soumettre
subjuguer
surmonter
asservir
assujettir au joug
— à sa loi [tion
— à la domina-
ranger sous sa loi
abattre

forcer
conquérir

victorieux
triomphant
vainqueur
triomphateur
triomphal
couvert de lau-[riers
couronné de lau-[riers
victoire
succès
avantage
triomphe
exploit
fastes
ovation
palmes
lauriers
trophées
dépouille
dépouilles opimes
victoire chèrement achetée
victoire à la Pyrrhus
V. *supérieur, officier, guerre, succès, tuer, ruine, gloire*

vaincu (être)
V. *insuccès*
vainqueur
V. *vaincre, gloire*
vair V. *fourrure*
vairon V. *œil*
vaisseau V. *navire, récipient*
vaisselle
faïence
porcelaine
vaisselle plate
argenterie
service de table
service à dessert
assiette
— creuse
— à soupe
— plate
écuelle
plat
soucoupe
tasse
bol
soupière
ravier
barquette
saucière
réchaud
légumier
saladier
compotier
sucrier
huilier
beurrier
salière
poivrier
moutardier
cafetière
théière
cuiller
louche
fourchette
couteau
truelle
cave à liqueurs
cabaret
porte-liqueurs
verre
hanap
vidrecome
buffet
dressoir
servante
vaisselier
V. *récipient, cuisine, repas*

val
vallon
vallée
thalweg
valable V. *utile, responsabilité*
Valachie
valaque
Valence
valentinois

valériane
V. *plantes*
valet
V. *domestique*
valetaille
V. *domestique*
valeter V. *mouvement, humble*
valétudinaire
V. *malade*
valeur V. *courage, prix, finance*
valide V. *fort*
Validé V. *Turquie*
valider V. *utile*
validité V. *utile*
valise V. *bagage*
vallaire
V. *couronne*
vallon V. *val*
vallée V. *val*
valoir
V. *prix, utile*
valse V. *danse*
value V. *prix*
valve V. *coquilles*
valvule V. *cœur*
vampire
V. *monstre*
van V. *vannerie*
vandalisme
V. *ruine*
vanille
V. *plantes*
vanillier
V. *plantes*
vanité
V. *orgueil, inutile*
vannage
V. *vannerie*
vanne V. *écluse*
vanneau
V. *animal*
vannerie
sparterie
cannage
osier
sparte
jonc
brin
attache
anse
natte
tresse

agrafer
natter
tordre
tortiller
tresser
clisser
entrelacer
croiser
enverger
canner
vanner

vannier
canneur
nattier

éclisse
corbillon
clisse
claie
clayonnage
natte
gabion
clayon
maniveau
bourriche
torquette
banne
bannette
manne
chauffe-linge
van
éventaire
hotte
panier à pain
corbeille à pain
berceau
cabas
panier
corbeille
mannequin
vannage
Vannes
vannetais
vantail V. *porte*
vantard
V. *orgueil*
va-nu-pieds
V. *pauvre*
vapeur
buée
vaporisation
évaporation
discale
éolipyle

vaporiser
évaporer

vaporeux
V. *locomotive, machine, gaz*
vaquer
V. *travail, vide*
varaigne V. *sel*
varangue
V. *navire*
vare V. *long*
varech V. *mer*
varenne
V. *terrain*
vareuse
V. *vêtement*
variable
V. *changeant*
variante V. *texte, changement*
varice V. *jambe*
varicelle
V. *maladie*
varié
hétéroclite
hétérogène

mélangé
divers
mâtiné
panaché
hétérogénéité
diversité
V. *changer*, *tache*
varier V. *changer*
variété
V. *changement*
variole
V. *maladie*
variqueux
V. *malade*
varlope V. *rabot*
vasculaire
V. *viande*

1. **vase**
pot
cache-pot
évasement
évasure
évasé
V. *récipient*
2. **vase** V. *boue*
vasistas
V. *fenêtre*
vasque
V. *récipient*
vassal
V. *féodalité*
vaste V. *grand*
vau-de-route
V. *vite*
vaudeville
V. *livre*
vau-l'eau
V. *ruine*
vaurien
V. *méprisable*
vautour
V. *animal*
vautrait V. *chien*
vautrer
V. *attitude*
vayvode V. *chef*
veau V. *bœuf*
vecteur V. *ligne*
véda V. *Inde*
végétation
V. *plantes*
végéter V. *mal*
véhément
V. *fort*
véhicule
V. *voiture*
veille V. *chronologie*, *sommeil*
veiller
V. *sommeil*, *soin*
veilleuse V. *sommeil*, *éclairage*

veines et artères
appareil circulatoire
circulation
petite circulation
grande circulation
artère aorte
crosse de l'aorte
artère carotide
— basilaire
— céphalique
— coronaire
— jugulaire
— œsophagienne
— faciale
— ranine
— temporale
— vertébrale
— sous-clavière
— scapulaire
— axillaire
— mammaire
— brachiale
— médiane
— splénique
— cœliaque
— intercostale
— mésentérique
— lombaire
— rénale
— émulgente
— iliaque
— sacrée
— radiale
— salvatelle
— tibiale antérieure
— surale
— tibiale postérieure
— saphène
— péronière
— pédieuse
vaisseaux capillaires
veine cave supérieure
— — inférieure
— porte
artère pulmonaire
veine pulmonaire

tunique
tronc
valvule
valvule sigmoïde

veinule
artériole
anastomose
diastole
systole
périsystole
anévrisme
oblitération
induration
phlébite
phléborrhoxie
phléborrhagie
rupture
varice

aortique
veineux
artériel
émulgent
coronaire
variqueux
anévrismal
saignée
phlébotomie
artériotomie

s'anastomoser
phlébotomiser
saigner

angiologie
angiographie
artériologie
phlébographie
vélar V. *plantes*
vélin
V. *peau*, *papier*
vélite V. *légion*
velléité
V. *volonté*
véloce V. *vite*
vélocipède
V. *bicyclette*
vélocité V. *vite*
velours V. *étoffe*
velouté
V. *toucher*
veltage
V. *mesure*
velte V. *volume*
velu V. *poil*
velvote
V. *plantes*
venaison
V. *gibier*
vénalité
V. *vendre*
vendable
V. *vendre*
vendange
V. *récolte*
Vendée
vendéen
vendémiaire
V. *mois*
vendetta
V. *vengeance*
vendeur
V. *vendre*
Vendôme
vendômois
vendre
mettre en vente
mettre à l'encan
mettre aux enchères
se défaire de
aliéner
réaliser
liquider
faire argent de
battre monnaie
céder [avec
rétrocéder
revendre
débiter
trôler
trafiquer de
écouler
adjuger
liciter
vendre à prix coûtant
— à perte
mévendre
vendre à l'amiable
— à bénéfice
— comptant
— par licitation
— par autorité de justice
— à la criée
— à crédit [ment
— à tempéra-
— à terme
— à réméré
— en gros
— en bloc
— en détail

vente
aliénation
réalisation
cession
rétrocession
mévente

survente
revente
débit
trafic
trôle
regratterie
regrat
écoulement
débouché
licitation
réméré
mohatra
adjudication
encan
criée
mise en vente
inventaire [ges
cahier des char-
commissaire-priseur
notaire
crieur
feux
marteau
prisée
enchère
offre
soumission
surenchère
folle enchère

enchérir
surenchérir
mettre [dication
obtenir par adju-
mettre en adjudication
soumissionner

rabais
vendeur
colicitant
covendeur
débitant
trafiquant
détaillant
monopoleur
regrattier
soumissionnaire
adjudicataire
command

aliénable
vénal
nundinal
vendable
incessible
inaliénable
invendable
invendu
laissé pour compte
rossignol
rédhibition
rédhibitoire
aliénabilité
vénalité
inaliénabilité
incessibilité
étrenne
vénalement
V. *achat*, *facture*, *marchandise*, *commerce*

vénéfice
V. *magicien*

venelle
V. *chemin*

vénéneux
V. *poison*

vénérer
V. *respect*

vénerie
V. *chasse*

Vénétie
Venise
vénitien
doge

veneur
V. *chasseur*

Vénézuela
vénézuélien

vengeance
représaille
revanche
talion
réparation
raison
vendetta
œil pour œil
dent pour dent
se venger
tirer vengeance
prendre sa re-
revaloir [vanche
revancher
faire payer cher
venger
laver
chien de sa chienne (garder un)
avoir une dent contre

vengeur
vengeresse
revancheur
vindicatif
rancunier
Némésis

veniat
V. *procédure*

véniel
V. *crime*, *faute*

venimeux
V. *poison*

venin V. *poison*

venir V. *arriver*, *paraître*

Venise
V. *Vénétie*

vent
souffle
bouffée
vent coulis
courant d'air
air
brise
zéphir
antan
coup de vent
saute de vent
tourbillon
bise
aquilon
rafale
verse
vimaire
bourrasque
trombe
typhon
cyclone
tourmente
aire des vents
rose des vents
rumb
Auster
Borée
Eurus
Notus
tramontane
vent alizé
— étésien
galerne
mistral
mousson
sirocco
simoun
vent largue
revolin
lunaison

impétueux
fort
violent
doux
venteux
tourmenteux

venter
éventer
s'abattre
s'apaiser
mollir
tomber
se lever
se soulever
murmurer
souffler
siffler
se déchaîner
faire rage
mugir [pête
souffler en tem-
chasser les nua-
cingler [ges
ventiler

éventail
abat-vent
paravent
écran
girouette
ventilateur
sarbacane
canonnière
anémomètre
anémoscope
ventilation
anémométrie
ventôse
Eole

ventail V. *casque*

vente V. *vendre*

venter V. *vent*

ventilation
V. *air*

ventiler V. *air*, *procédure*

ventôse V. *mois*

ventouse
V. *remède*

ventre
abdomen
panse
gaster
épigastre
bas-ventre
hypogastre
bassin
giron
flanc
aine
nombril
ombilic
diaphragme
médiastin
péritoine
entrailles

viscère
boyau
intestin
tripe

abdominal
ventral
alvin
entérique
intestinal
phrénétique
iliaque
inguinal
ombilical
pelvien
ventru
pansu
ventriloque

colique
entérite
péritonite
gastrotomie
ventriloquie
ventrière
sous-ventrière

éventrer
étriper
V. *digérer*

ventricule
V. *cœur*

ventriloquie
V. *parler*

ventru V. *gras*

venue V. *arriver*

Vénus
Aphrodite
Cypris
Cythérée

Vêpres V. *messe, jour*

ver
annélide
helminthe
tubellarié
cestoïde
rotateur
vermisseau
entozoaire
ver solitaire
ténia
lombric
oxyure
trichine
ascaride
asticot
ver à soie
chenille
ver luisant
lampyre
ver-coquin
luciole
douve
ver de terre
mite
hydatide

annelé
vermiculaire
vermiforme
vermineux
vermoulu
vermiculé
piqué
véreux
vermifuge
vermoulure
piqûre
vermiculures

véracité
V. *vérité, sincère*

véranda V. *abri*

verbal V. *parler*

verbaliser
V. *punir*

verbe
V. *grammaire*

verbénacées
V. *plantes*

verbeux V. *parler, style*

verbiage
V. *parler*

ver-coquin
V. *vétérinaire*

verdâtre
V *couleur*

verdée V. *vin*

verdelet V. *vin*

verderie
V. *forêt*

verdet V. *substances*

verdeur V. *force, acide*

verdict
V. *procédure*

verdier V. *animal, forêt*

verdir V. *couleur*

verdoyer
V *couleur*

verdure
V. *feuille, couleur*

verdurier
V. *salade*

véreux V. *ver, soupçon*

verge V. *bâton surface*

vergé V. *papier*

verger V. *surface, jardin*

vergeté V. *tache*

vergette
V. *brosse*

vergeure
V. *papier*

verglas
V. *glace* (1)

vergne V. *plantes*

vergogne
V. *humble*

vergue V. *mâture*

véricle
V. *joaillerie*

véridique
V. *vérité*

vérifier V. *vérité*

vérin V. *grue*

vérine V. *navire*

véritable (2)
V. *vérité*

vérité
exactitude
véracité
véridicité
justesse
certitude
réalité
franchise
sincérité
axiome

dire la vérité
dire le vrai
démêler le vrai
ne pas mentir
être dans le vrai
avoir raison
penser juste
juger sainement
proclamer la vérité de [vrai
admettre comme vrai
se refuser à admettre
contester l'exactitude
ramener dans le vrai chemin
ramener au vrai
détromper
désabuser
désaveugler
dessiller les yeux
désillusionner
éclairer
vérifier
contrôler
s'assurer de
se rendre compte
examiner
certifier
vidimer
éclaircir
tirer au clair

vrai
véritable
véridique
exact
juste
certain
assuré
positif
réel
mathématique
démontré
acquis
incontesté
vraisemblable

vérification
éclaircissement
vraisemblance
contrôle
certificat
preuve
vidimus
vérificateur

véritablement
vraiment
certainement
véridiquement
certes
V. *certain, prouver, sincère, enseignement, raisonnement*

verjus
V. *vigne, vin*

vermeil
V. *rougir, métal*

vermicelle
V. *nourriture*

vermiculaire
V. *ver*

vermiculures
V. *ver, ornement*

vermiforme
V. *ver*

vermifuge
V. *ver*

vermiller
V. *sanglier*

vermillon
V. *couleur*
vermillonner
V. *trou, rougir*
vermine V. *sale*
vermisseau
V. *ver*
vermouler
V. *user*
vermoulu
V. *user*
vermoulure
V. *ver*
vermouth
V. *liqueur*
vernal
V. *printemps*
vernier V. *long*
vernir V. *vernis*
1. **vernis**
V. *science* (1)

2. **vernis**
brillant
enduit
couche
encaustique
cire
laque
purpurine

vernir
vernisser
enduire
encaustiquer
cirer
laquer
glacer

vernissage
vernissure
vernisseur
laqueux
véronique
V. *plantes*
verrat V. *porc*
verre
glace
cristal
crown-glass
flint-glass
émail
pâte de verre
fritte
verre mousseline
craquelé
vitre
carreau
cive
verre de Bohême
verre de Venise
miroiterie
verroterie
chambourin
serre
châssis
vitrine
larme batavique
fulgurite
rassade
soufflure
bulle
vitrification

hyalurgie
vitrerie
émaillerie
glacerie
coulage
gobeleterie
verrerie
fusion
four
ouvreau
fritte
creuset
ringard
canne
pontil
étendage
soufflage
moulage
torsinage
taille
meule

vitrifier
verrer

vitreux
hyalin
cristallin
vitrifié
vitrescible
vitrifiable
achromatique
poli
dépoli
douci
gravé
émaillé
verrier [rier
gentilhomme ver-
V. *vitrail* et *vitre*
verrée V. *volume*
verrière
V. *vitrail*
verroterie
V. *verre*
verrou V. *serrure*
verrue
verruqueux
V. *peau*
vers V. *poésie, direction*
versant
V. *penché*
versatile
V. *changeant*
verse
V. *récolte, vent*
verseau
V. *étoiles*
versement
V. *payer*
1. **verser**
V. *payer*

2. **verser**
vider
répandre
faire tomber
déverser
tirer (du vin, etc.)
reverser
survider
transfuser
transvaser

versoir
déversoir
effusion
reversement
transfusion
transvasement
V. *rotation, tomber, vide*
verset V. *bible*
versification
V. *poésie*
version V. *traduire, affirmer*
verso V. *page*
versoir
charrue
verste V. *long*
vert
verdâtre
verdoyant
porracé
verdir
verdoyer
reverdir
verdure
reverdissement
vert-de-gris
verdet
vertébral
V. *vertèbre*
vertèbre
corps
apophyse
— épineuse
— transverse
trou
trous de conjugaison
demi-facette
axis
atlas
vertébré
vertébral
V. *squelette, dos, os*
vertement
V. *sévère*
vertical V. *droit*
verticille
V. *fleur*
vertige
V. *rotation*
vertigineux
V. *vite*
vertigo V. *vétérinaire, volonté*
vertu
morale
vertus cardinales
— sagesse ou prudence
— force ou courage
— justice
— tempérance
vertus théologales
— foi
— espérance
— charité
V. *qualités, devoir, honnêteté, etc.*
vertugadin
V. *vêtement*
Vertumne
V. *jardin*
verve
V. *esprit*(2), *parler*
verveine
V. *plantes*
vervelle V. *lien*
verveux V. *filet*
Vervins
vervinois
vésanie V. *folie*
vesce V. *fourrage*
vésical V. *vessie*
vésicatoire
emplâtre
caustique
moxa

mouche
sinapisme
cautère
exutoire
pointe de feu
épispastique
ventouse
vésicant
V. *remède*

vésicule V. *peau*

vesou V. *sucre*

Vesoul
vésulien

vespéral V. *soir*

vespérie
V. *théologie*

vespétro
V. *liqueur*

vesse-de-loup
V. *champignon*

vessie
vésical
cystique
cystocèle
cystite
cystotomie
cystotome
lithiasie
lithotomie
lithontriptique
calcul

vessigon
V. *cheval* (6)

veste
V. *vêtement*

vestiaire
V. *vêtement*

vestibule
V. *appartement*

vestige V. *signe*

veston
V. *vêtement*

1. **vêtement** (en général)
vestiaire
costume
habillement
tenue
mise
garde-robe
effets
hardes
trousseau
nippes
défroque
loque
penailion
oripeau
guenille
friperie
saint-frusquin
livrée
uniforme
affublement
accoutrement
ajustement
pretintaille
falbala
franfreluche
affûtiau
affiquet
toilette
atour
deuil
demi-deuil
parure
déguisement
confection
coquetterie
recherche

vêtir
habiller
costumer
nipper
affubler
accoutrer
parer
atourner
attifer
culotter
mettre
endosser
revêtir
porter
ajuster
changer
ôter
défaire
dévêtir
quitter
déshabiller
tailler
coudre
réparer
rencorser

vêtu
habillé
costumé
mis
mettable
présentable
nippé
affublé
accoutré
emmantelé
emmitouflé
ajusté
paré
bien mis
mal mis
négligé
dépenaillé
débraillé
déguenillé
mal fagoté
râpé
luisant
graisseux
large
ample
étroit
étriqué
juste
soigné
endimanché
trou
tache

mode
coupe
costumier
tailleur
confectionneur
fripier
habilleur
somptuaire
V. *élégant*, *couture*

2. **vêtement (éléments de)**
col
collet
encolure
manche
gigot
emmanchure
poignet
manchette
dos
entournure
parement
revers
empiècement
corps
corsage
pan
basque
poche
gousset
pochette
bouton
boutonnière
boucle
agrafe
entrejambe
ceinture
fond
pont
brayette
canon
patte
bas (d'une robe)
traîne
queue
doublure
coulisse
ourlet
liseré
volant
ruche
V. *passementerie*, *couture*, *tailleur*, *linge*

3. **vêtement civil masculin**
toge
prétexte
laticlave
augusticlave
trabée
épitoge
pallium
chlamyde
lacerne
anaxyrides

collet
capuche
capuchon
cape
capote
carrick
houppelande
burnous
macfarlane
ulster
manteau
limousine
souquenille
sarrau
balandran
robe
simarre
cafetan
dolman
pelisse
douillette
vitchoura
pardessus
paletot
paletot-sac
raglan
caban

talma
surtout
caoutchouc
imperméable
pare-poussière
plaid
crispin
redingote
tunique
hoqueton
lévite
justaucorps
rhingrave
pourpoint
trousse
habit
frac
jaquette
carmagnole
blouse
cotteron
bourgeron
blaude
mandille
veston
vareuse
veste
pet-en-l'air
robe de chambre
gilet
pagne
haut-de-chausse
chausses
pantalon
culotte
braies
grègues
caleçon
sindon
maillot
peignoir
houseaux
saie
sayon
sagun
fichu
foulard
cache-nez
garde-manche
V. *chaussure*, *coiffure*, *linge*, *gant*

4. **vêtement religieux** *(et accessoires)*

amict
aube
aumusse
cagoule
camail
capuce
chape
chasuble
cilice
colobe
crosse
dalmatique
éphod
étole
froc
gant
grémial
haire
manipule
mitre
mozette
orfroi
pallium
pectoral
pluvial
rabat
rational
rochet
soutane
soutanelle
surplis
tiare
ailes
anneau
bague
gant
scapulaire
chasublier
V. *linge*

5. **vêtement militaire**

équipement
uniforme
habillement
fourniment
tenue
aigrette
cocarde
pompon
plumet
panache
coiffure (*Voir*)
casque (*Voir*)
aiguillettes
épaulette
chevron
galon
brandebourg
baudrier
buffleterie
ceinturon
giberne
sac
sabretache
dolman
capote
vareuse
veste
cuirasse (*Voir*)
tunique
hoqueton
surcot
soubreveste
jaque
paludamentum
V. *coiffure*, *chaussure*, *armure*, *arme*, *épée*, *fusil*, *linge*

6. **vêtement féminin**

peplum
tunique
jupe
jupon
cotillon
panier
crinoline
tournure
vertugadin
cotte
corset
maillot
domino
casaquin
peignoir
matinée
capote
capeline
capuche
capuchon
pèlerine
capulet
mantille
mante
châle
cachemire
grisette
waterproof
voilette
fichu
pointe
madras
écharpe
mantelet
spencer
corsage
robe
amazone
rotonde
douillette
palatine
fourreau
foulard
guimpe
gant
barbette
béguin
voile
cornette
V. *linge*, *toilette*, *chaussure*, *chapeau*

vétéran V. *soldat*

vétérinaire

artiste vétérinaire
hippiatre
art vétérinaire
hippiatrique
zootomie
Alfort
feu
couteau de feu
emmiellure
embrocation
friction
topique
électuaire
plumasseau
séton
épizootie
météorisme
boiterie
tac
ver-coquin
vertigo
météorisme
metéorisation
avertin
tournis
clavelée
phalère
chancre
hydrophobie
rage
charbon
pépie
ladrerie
rouget
trichine
faim-valle
pousse
morve
cornage
forme
jarde
mémarchure
hippolithe
gape
étranguillon
syngamose
mammite

molette
piétin
ægagropile
capelet

épizootique
ladre
farcineux
chancreux
clavelé
morveux
poussif
météorisé
flâtrer

vétille
V. *bagatelle*

vétiller V. *petit*

vêtir V. *vêtement*

veto V. *opposition*

vêture V. *moine*

vétusté V. *vieux*

vétyver
V *plantes*, *parfum*

veuf V. *mariage*

veule V. *faible*

veuvage
V. *mariage*

vexer V. *outrage*

viabilité
V. *chemin*

viable V. *vie*

viaduc V. *pont*

viager V. *vie*

viande
viande rouge
— blanche
— noire
abattoir
boucherie
charcuterie
triperie
hippophagie
morceau
tranche
peau
chair

charnu
carnivore
carnassier

gras
charnage
maigre
carême
os
réjouissance
bœuf
pot-au-feu
bouilli
savouret
bouillon
consommé
œil
osmazôme
collier
paleron
macreuse
plate-côte
entrecôte
côte découverte
gras de poitrine
tendron
aloyau
filet mignon
filet
faux filet
bifteck
flanchet
tranche grasse
culotte
tranche
gîte
gîte à la noix
plat de joue
langue
cervelle
rognon
ris
fagoue
queue
veau
— escalope
— émincé
— tête
— collet
— bas du carré
— épaule
— éclanche
— grosse poitrine
— crosse
— poitrine
— carré
— filet
— rognon
— longe
— entre-deux
— quasi
— cuissot
— rouelle
— talon
— jarret
— noix
— côtelette
— ris de veau
— mou
— fressure
— pied
mouton
— tête
— collet
— épaule
— éclanche
— carré
gigot
pré-salé
— manche
— noix
— souris
côtelette
gibier
— cuissot
— hure
agneau
— quartier
chevreau
volaille (*Voir*)
— aile
— croupion
— sot-l'y-laisse
— pilon

boucher
étal
étalier

abattre

débiter
couper
mettre à la broche
embrocher
entamer
servir
peser
incarner
carnifier

vasculaire
sarcologie
splanchnologie
V. *gibier*, *nourriture*

viander
V. *nourrir*

viandis
V. *nourriture* (1)

viatique V. *sacrement*, *voyage*

vibord
V. *navire* (2)

vibration
V. *mouvement*

vibrion V. *petit*

vicaire V. *clergé*

vice V. *crime*

vice- ... V. *le mot simple pour le composé*

vicennal
V. *année*

Vicence
vicentin

vice-versa
V. *contraire*

vicier V. *pire*

vicinal V. *chemin*

vicissitude
V. *ennui*

vicomte
V. *aristocratie*

victimaire
V. *sacrifice* (2)

victime V. *sacrifice* (2). *nuire*

victoire
V. *vaincre*

victoria
V. *voiture*

victorieux
V. *vaincre*

victuaille
V. *nourriture* (1)

vidame
V. *aristocratie*

vidange V. *vide*

vide
vacuité
solitude
dégorgement
déblaiement
expulsion
extraction
évacuation
vacance
dépeuplement
dépopulation

faire le vide
vider
épuiser
évider
désemplir
dégorger
tirer
soutirer
dégarnir
décharger
déblayer
exprimer
expulser
extraire
verser
tarir
étancher
évacuer
déserter
dépeupler

vaquer
machine pneumatique

vide
désert
solitaire
infréquenté
abandonné
nu
net
inhabité
inoccupé
vacant
libre

personne
pas un chat

vidange
vidangeur
V. *absent*

vider V. *ôter*, *sécheresse*, *verser*

vidimer
V. *texte*, *vérité*

vidrecome
V. *vaisselle*

vie
existence
être
âme
souffle
respiration
vitalité
archée
principe vital
cours de la vie
années
temps
destin
destinée
jours
fil de la vie
longévité
survie
survivance
résurrection

vivre
exister
être
respirer
compter
jouir de la lumière
être de ce monde
être encore de ce monde
survivre
revivre
vivoter
végéter
avoir la vie dure
passer sa vie à
consacrer sa vie
ranimer
rappeler à la vie
renaître
ressusciter
vivifier
raviver
revivifier

vivant
vif
viable
vivace
vital
viager
vivifiant
vivifique
vivipare
ovovivipare

vivisection
vivification
animisme

vieillard
V. *vieux*

vieillerie
V. *répéter*, *user*

vieillesse
V. *vieux*

vielle
V. *intruments*

Vienne
viennois

1. **Vierge**
madone
Notre-Dame
mère de Dieu
Marie
Immaculée Conception
Annonciation
Visitation
Nativité
Purification
Présentation
Fuite en Égypte
Assomption
vouer au bleu
Raphaël

2. **vierge**
virginal
virginité

3. **vierge**
V. *forêt*, *cire*

1. **vieux** (personnes)
âgé
vieillot
M. et Mad. Denis
vieillard
vétéran
grognard
grison
barbon
patriarche
septuagénaire
octogénaire
nonagénaire
centenaire
Mathusalem
vieux comme les maisons
vieux beau
roquentin

vivre vieux
vieillir
envieillir
parvenir à un âge avancé

âge
grand âge
longévité
vitalité
sénilité
glace de l'âge
vieux jours
déclin
décrépitude
tête chauve
cheveux blancs
rides
enfance

encore vert
caduc
cassé
usé
voûté
ridé
décrépit
sénile
patriarcal

2. **vieux** (choses)
ancien
antique
passé
révolu
immémorial
lointain
rococo
vieux jeu
suranné
antédiluvien
préhistorique
archéologique
archaïque
primitif
invétéré
périmé
prétérit
parfait

vieillesse
ancienneté
antiquité
haute antiquité
antiquité reculée
archaïsme
la nuit des temps (se perdre dans)
rouille
ruine
vieillerie
décrépitude
vétusté
antiquaille
archéologie
archéologue

autrefois
jadis
dans le temps
anciennement
V. *histoire*

vif
V. *vie*, *mouvement*

vif-argent
V. *mercure*

vigie V. *voir*

vigilance
V. *voir*

vigile V. *fête*

vigne
treille
vignoble
cru
complant
plant
cep
pied
nœud
rameau
sarment
râpé
rafle
raffe
râpe
œil
bourgeon
bouton
coton
pleur
grappe
grappilion

grain
pépin
vrille
cirre
feuille
échalas
paisseau
pampre
thyrse
moissine
sautelle
provin
crossette
cépage
ampélidées
ampélographie
viticulture
viticulteur
vigneron
échalassement
accolage
déchaussement
provignage
provignement
terçage
reterçage
recépage
épamprage
épamprement
grappillage
égrappage
coulure
pleyon
accolure
recépée

accoler
déchausser
échalasser
sombrer
provigner
tercer
retercer
recéper
épamprer
grappiller
égrapper
rueller
verjuter
chènevotter
couler
nouer
marier

viticole
raisin blanc
— noir
— frankenthal
— muscat
— muscadin
raisin chasselas
— pineau
— gamay
— gamet
— croissant
— grenache
— madeleine
— morillon
— malaga
— blanque
— fromenteau
— de Corinthe
— de Damas
— sec
— vert
jus
glucose
sapa
verjus
raisiné
lambruche
vigne vierge

sarmenteux
viticole
phylloxéré
pyrale
phylloxéra
oïdium
mildew
rouleur

Noé
Bacchus
V. *récolte*, *vin*

vigne vierge
couleuvrée

vignette
V. *dessin*

vignoble
V. *vigne* [*mal*

vigogne V. *ani-*

vigoureux
V. *force*

viguerie V. *forêt*

vigueur V. *force*

viguier V. *forêt*

vil V. *méprisable*

vilain V. *difforme*, *féodalité*

vilebrequin
V. *outil*

vilenie
V. *méprisable*

vileté V. *prix*

vilipender
V. *accuser*

villa V. *édifice*

villace V. *ville*

village V. *ville*

villanelle
V. *poésie*

ville
cité
métropole
centre
capitale
chef-lieu
préfecture
sous-préfecture
chef-lieu d'arrondissement
chef-lieu de canton
villace
paroisse
commune
municipe
localité
bourg
bourgade
village
aldée
hameau
clocher
trou
trou perdu

hôtel de ville
mairie
centre
intérieur
cœur de la ville
barrière
porte
murs
murailles
rempart
arrondissement
quartier
district
section
ville haute
casbah
acropole
ville basse
octroi
faubourg
intra muros
extra muros
dépendance
annexe
banlieue
environs
place
rue
boulevard
pâté
îlot
promenade
square
esplanade
cours
circulation
commerce
population
feux
habitant
âme
municipalité
édilité
ville forte
— de garnison
— ouverte
— importante
— commerçante
— populeuse
jolie ville
petite ville
citadin
villageois
paroissien
faubourien
maire

urbain
municipal
communal
métropolitain
paroissial
suburbain
suburbicaire
cantonal

vimaire
V. *vent*, *ruine*

vin
année
récolte
vinée
vin blanc
vin rouge
vin pur
eau rougie
abondance
vin de table
vin de dessert
vin d'office
ordinaire
esprit-de-vin
cru
cuvée
moût
surmoût
fumet
bouquet
paille
pierre à fusil
corps

dégustation
essai
gleucomètre
œnomètre
pèse-vin
tâte-vin
perce

Falerne
Bordeaux
Médoc
St-Estèphe
Fronsac
Castillon
St-Émilion
St-Julien
St-Loubès
St-Georges
Fabrezan
Pomerol
Haut-Brion
Château-Laroze
Cantenac
Léoville
Pontet-Canet
Château-Margot
Château-Laffitte
Tonneins
Petits-Graves
Graves
Barsac
Sauterne
Château de la Rame
Château-Lamarque
Château-Yquem
Côtes
Côte-Rôtie
Bourgogne
Beaujolais
Mâcon
Fleury
Chenas
Morgon
Thorins
Moulin à vent
Beaune
Pomard
Volnay
Corton
Clos-Vougeot
Nuits
Chambertin
Pouilly
Chablis
Chablis-Moutonne
Meursault
Montrachet
Champagne
Ay
Tisane
Crème-de-Bouzy
Fleur-de-Sillery
Grand-Crémant
Moët et Chandon
Clicquot
Romanée
Rœderer
Madère
Malaga
Xérès
Moscatel
Muscat
Frontignan
Rancio
Alicante
Porto
Grenache
Marsala
Zucco
Lacryma-Christi
Chypre
Malvoisie
Constance
Tokay
vermouth
verdée
vin du Rhin
Assmannhausen
Moselle
Nierstein
Liebfraumilck
Johannisberg
hypocras
Lunel
muscadet
Roussillon
Rivesaltes
Banyuls
Paillet
Ermitage
grenache
Anjou (vin d')
Auvernat
blanquette de Limoux
Algérie (vin d')
piquette
piccolo
ginguet
verjus
tocane
vin nouveau
— doux
— mousseux
— bourru
— gros
— capiteux
porter à la tête
vin chargé
— sec
— chaud
— généreux
— velouté
— vieux
— dépouillé
— gai
— clair
— léger
— clairet
— frappé
— fabriqué
— coupé
— frelaté
— falsifié
— plâtré
— afflé
— piqué
— aigre
— besaigre
— fermenté
— potable
— buvable

fleurs
lie
gravelée
ripopée
baissière
vin en fût
— en pièce
— en cercles
— en bouteilles
vin nu
vin logé

pressurage
collage
coupage
mouillage
soutirage
mise en bouteilles
étampage
ouillage
cave
cellier
chai
sommellerie
sommelier
caviste

pressurer
viner
aviner
étendre
baptiser
mouiller
clarifier
coller
couper
cuver
décuver
mettre en perce
soutirer
ouiller
étamper

vinification
œnologie
vinage
œnomancie
jalage

vinicole
œnophile
vinaire
vineux
enviné
œnophore
œnochoé
civet
V. *cave* et *tonneau*

vinage V. *vin*

vinaigre
vinaigre de vin
vinaigre de bois
surard
vinaigre de toilette
vinaigré
mariné
acétique
vinaigrier
marinade
vinaigrette
salade
oxymel
vinaigrer
vinaigrerie

vinaire V. *vin*

vindas V. *grue*

vindicatif V. *vengeance*

vindicte V. *punir*

vinée V. *vin*

viner V. *vin*

vineux V. *vin*

vingt
vingtaine
vingtième
vicennal
vingtièmement
isocaèdre

vinicole V. *vin*

vinification V. *vin*

violation V. *loi*

viole
V. *instrument*
violence V. *force*
violer V. *loi*
violet V. *couleur*
violette
V. *plantes*
violier V. *plantes*
violon
pochette
crincrin
alto
archet
hausse
crins
âme
S
ouïes
éclisse
table
manche
collet
sommier
touche
cheville
clef
chevalet
sillet
sourdine
cordier
queue
cordes
chanterelle
bourdon
bouton
colophane
caisse
violoniste
Paganini
ménétrier
luthier
lutherie
stradivarius
V. *musique*
violoncelle
V. *instruments*
violoncelliste
V. *musicien*
violoniste
V. *violon*
viorne V. *plantes*
vipère V. *animal*
vipérine
V. *plantes*
virago V. *femme*
virelai V. *poésie*
virer V. *rotation*, *changer*
V. *poison*

virevolte
V. *cheval*
virevousse
V. *mouvement*
Virgile
virgilien
virginal
V. *vierge* (2)
virginal
V. *instruments*
virginité
V. *vierge* (2)
virgouleuse
V. *poire*
virgule
V. *ponctuation*
viril V. *masculin*, *volonté*
virole V. *couteau*
virtuel
V. *hypothèse*
virtuose
V. *musicien*
virulence
V. *force*
virus V. *poison*
vis
vis de rappel
piton
écrou
tête
tête plate
tête ronde
tête carrée
goutte de suif
tête de violon
corps
pas de vis
filet
filet rectangulaire
filet carré
taraud
filière
taraudage
filetage

tarauder
fileter
visser
dévisser

tournevis
vissage
dévissage
dévissement
visa V. *certitude*
visage V. *physionomie*, *tête*
vis-à-vis V. *place*

viscère V. *ventre*
visée V. *ambition*
viser V. *but*
visible V. *voir*
visière V. *œil*
vision V. *voir*, *imagination*
visite
réception
entrevue
interview
audience
soirée
sauterie
raoût
thé
lunch
matinée
five o'clock
rendez-vous
rencontre
abouchement
rapport
visite d'adieu
P. P. C.
visite de digestion
visite de politesse
visite du jour de l'an
accès
entrée
introduction
présentation
carte de visite
jour de visite
jour

aller voir
visiter
déposer sa carte
demander audience
faire antichambre
obtenir audience
avoir ses grandes et ses petites entrées
rendre une visite
avoir accès auprès de
être reçu chez
rendre ses devoirs
rendre visite
trouver un bon accueil
recevoir un brillant accueil
— un accueil favorable
être bien accueilli
trouver visage de bois
être visible
avoir son jour
faire salon
recevoir
faire bon visage
accorder audience
faire grise mine
accueillir froidement
recevoir en petit comité
s'aboucher
visiteur
V. *rendez-vous*, *conversation*
vison V. *animal*
vison-visu
V. *voir*
visqueux
V. *colle*
visser V. *vis*
visu V. *voir*
visuel V. *voir*
vitalité V. *vie*
vitchoura
V. *vêtement*
vite
promptement
rapidement
lestement
vitement
prestement
hâtivement
au galop
en courant
au pas de course
à bride abattue
ventre à terre
d'un trait
d'une traite
d'une haleine
à perdre haleine
à la vapeur
tout chaud, tout bouillant
sans tarder
précipitamment
tambour battant
toujours courant
sans débrider
au pied levé
au débotté
à brûle-pourpoint
en sursaut
à l'instant
tôt
tantôt

bientôt
incessamment
aussitôt
sitôt
à la minute
à la parole
d'emblée
de prime-saut
incontinent
immédiatement
soudain
subitement
soudainement
sans dire gare
instantanément
en un clin d'œil
en un tour de main
sur-le-champ
séance tenante
en toute hâte
quatre à quatre
à point nommé
subito
presto
tout de go
expéditivement
à la hâte
en hâte
en toute hâte
rondement
vivement
bon train
activement
précipitamment
fougueusement
impétueusement
par à-coups
à vau-de-route
sans donner le temps de souffler
aussitôt dit, aussitôt fait
aussitôt pris, aussitôt pendu

rapide
prompt
prompt comme
leste [l'éclair
véloce
preste
fougueux
impétueux
torrentueux
vertigineux
hâtif
pressé
vif
pétulant
agile
vif comme la poudre
impatient
expéditif
prime-sautier
spontané
actif
diligent
empressé
accéléré
activé
hâté
précoce
prématuré
improvisé
inopiné
inattendu
immédiat
imminent
urgent [meure
péril en la de-
criard (dettes)
pressant
précipité
fébrile
brusque
soudain
instantané
fugitif
fugace
transitoire
subit
bâclé
troussé
sabré
sténographe
tachygraphe
hâter
presser
se dépêcher
bousculer
brusquer
expédier
improviser
trousser
dépêcher
talonner
activer
abattre
accélérer
forcer l'allure
pousser
précipiter
aller bon train
mener bon train
courir la poste
faire diligence
arriver comme une bombe
surgir à l'impro-
éclater [viste
menacer
courir
galoper
presser le pas
doubler [sogne
pousser la be-
avancer
voler
dévorer l'espace
mener rondement

vitesse
célérité
promptitude
vélocité
prestesse
hâte
activité
fougue
impétuosité
pétulance
agilité
vivacité
instantanéité
soudaineté
presse
impatience
urgence
brusquerie
à-coup
imminence
empressement
diligence
zèle
accélération
précocité
prématurité
improvisation
impromptu
premier jet
précipitation
course
galop
sténographie
tachygraphie
tachymétrie
tironien
V. *imprévu*, *mouvement*, *cheval* (3)

vitesse V. *vite*
viticole V. *vigne*
viticulture V. *vigne*
vitrage V. *vitre*
vitrail
verrière
verrine
mosaïque
grisaille
armature
plomb
âme
aile
barbotière
verge
vergette
nille
cive
cul de bouteille
médaillon
fond
vitre
carreau
mastic
clou
diamant
feuille de verre
casser un carreau
poser un carreau
vitrier
vitrerie
vitrine
vitrer
vitrage
vitrescible V. *verre*
vitreux V. *terne*
vitrier V. *vitre*
vitrifier V. *verre*
vitrine V. *vitre*
vitriol V. *substance*
vivace V. *vie*
vivacité V. *vite*
vivandier V. *armée*
vivat V. *applaudir*
vive V. *animal*
viveur V. *débauché*
vivier V. *poisson*
vivifier V. *vie*
vivoter V. *vie*
vivre V. *vie*
vivres V. *nourriture*
vizir V. *Turquie*
vocable V. *mot*
vocabulaire V. *dictionnaire*

vocal
V. *musique, voix*
vocaliser
V. *chant*
vocatif V. *cas*
vocation
V. *talent*
vociférer V. *cri*

vœu
ex-voto
votif
vouer
vouer au bleu
vogue
V. *renommée*
voguer V. *nager*
voie V. *chemin*
voile V. *chapeau, voilure*
voilé V. *voix*
voiler
V. *cacher, voilure*
voilette V. *chapeau de femme*
voilier
V. *navire* (1)

voilure
voile
voilerie
voilier
voile carrée
— majeure
— basse
— latine
— à trait carré
— aurique
— brigantine
— à livarde
— à houari
— à bourcet
— au tiers
— quadrangulaire
— triangulaire
— trapézoïde
clin foc
grand foc
petit foc
voile de beaupré
civadière
petit perroquet
bout dehors de bonnette
petit hunier
bonnette de hune
misaine
trinquet
bonnette basse
grand perroquet
grand hunier
grande voile
perruche
voile d'artimon
fougue
empointure
envergure
guindant
battant
portage
ris
voile d'étai
trinquette
tourmentin

voiler
amener la voile
abaisser
amurer
tendre
déplier
déployer
carguer
arriser
bourcer
enverguer
hisser
ferler
larguer
ralinguer
serrer
mettre voiles bas
appareiller
mettre à la voile
déferler
fasier

câble
cordage
étai
baderne
ralingue
raban
amure
balancine
enfléchure
drisse
écoute
noyale
rondelette
ferlage
déferlage [hors
toutes voiles de-

voir
apercevoir
entrevoir
regarder [d'œil
jeter un coup
lancer un regard
lancer un coup d'œil
jeter un regard
fixer les yeux
braquer les yeux
couver des yeux
suivre des yeux
discerner
découvrir
constater
remarquer
observer
distinguer
aviser
examiner
surveiller
contrôler
inspecter
épier
ouvrir l'œil
avoir l'œil à
espionner
considérer [sur
arrêter le regard
jeter les yeux
porter son atten-
guigner [tion
guetter
lorgner
reluquer
reconnaître
mirer
contempler
envisager
bornoyer
dévisager
toiser
éplucher
passer en revue
revoir
reviser

vue
vision
regard
coup d'œil
observation
découverte
examen
surveillance
guet
aguets
vigilance
contrôle
constatation
remarque
inspection
espionnage
considération
attention
reconnaissance
contemplation
revue
revision
contrôleur
inspecteur
guetteur
vedette
espion
spectateur
vigie
bonne vue
vue faible
— basse
— trouble
— puissante
— perçante
œil de lynx
spectacle
panorama
tableau
aspect
vue
microscope
télescope
lunette
visible
distinct
net
précis
criard
trancher (sur)
lucide
clair
transparent
translucide
diaphane
observable

curieux
contemplatif
observateur
revisable
synoptique
optique

clarté
transparence
translucidité
diaphanéité
visibilité
lucidité

aux aguets
à l'affût
oculairement
à vol d'oiseau
vison-visu

de visu
V. *œil*, *montrer*, *optique*, *lunette*, *curieux*

voirie V. *chemin*

voisin V. *près*

voiture

véhicule
attelage
moyen de transport
voiture de luxe
— de remise
— de place
— de louage
— de commerce
chaise à porteurs
pousse-pousse
palanquin
litière
traîneau
cabriolet
équipage
coupé
demi-fortune
landau
chaise de poste
malle-poste
victoria
carrosse
huit-ressorts
berline
berlingot
omnibus de famille
calèche
briska
cab
corricolo
troïka
fiacre
tilbury
wiski
boghei
phaéton
milord
dog-cart
tapecu
break
panier
charrette anglaise
char à bancs
tapissière
tramway
omnibus
coche
diligence
coucou
patache
automobile
roulotte
corbillard
bard
brouette
vinaigrette
diable
bayart
binard
banne
voiture à bras
carriole
charrette
limonière
chariot
basterne
tombereau
éfourceau
guimbarde
camion
triqueballe
chasse-marée
fardier
haquet
wagonnet
fourgon
wagon
tender
truc
voiture suspendue
affût
caisson
char
bige
quadrige
attelage à la Daumont
voiturage
timonier

avoir voiture
avoir équipage
rouler voiture
atteler
prendre une voiture
monter en voiture
voiturer
cartayer
conduire
cahoter
verser
accrocher
écraser
enrayer
tourner
hue !
dia !

encombrement
enrayement
station
écurie
remise
hangar
numéro
coupe-file

bras
brancard
limon
limonière
timon
flèche
volée
palonnier
armon
avant-train
col de cygne
roue
cheville ouvrière
siège
caisson
coquille
ressort
caisse
ridelle
fond
dossier
custode
banquette
banc
strapontin
intérieur
tablier
capote
soufflet
bâche
portière
glace
store
marchepied
palette
garde-crotte
chambrière
frein
enrayure
liure
tortoir

charge
chargement
roulage
messagerie
charroi
charretée
stationnement
relais
loueur
voiturin
messager
cocher
piqueur
postillon
charretier
roulier
tombelier
voiturier
gravatier
V. *cocher*, *fiacre*, *omnibus*, *cheval*, *porter*, *écurie*, *harnais*

voix

voix de gorge
— de tête

filet de voix
articulation
accent
débit
ton
intonation
timbre
phonétique
phonographe
porte-voix

vocal
phonique
rauque
sépulcrale
caverneuse
nasillarde
grêle
cassée
enrouée
avinée
éraillée
traînante
voilée
sourde
langue pâteuse
voix de Stentor
— de rogomme
aphone

adoucir
baisser
hausser
élever
sombrer
bourdonner
murmurer
voiler
muer

raucité
chat
aphonie
mue

tue-tête
V. *chant*, *parler*, *musique*

1. vol V. *aile*, *oiseau*

2. vol
larcin
détournement
soustraction
rapine
brigandage
pillage
arrachis
maraude
maraudage
piraterie
baraterie
grivèlerie
fraude
grivelée
escroquerie
concussion
barbotage
péculat
tripotage
malversation
spoliation
friponnerie
malhonnêteté
filouterie
indélicatesse
volerie
usurpation
empiétement

voler
dérober
détourner
soustraire
distraire
faire disparaître
subtiliser
escamoter
s'approprier
usurper
faire main basse
ravir
piller
marauder
chaparder
pirater
frauder
griveler
frustrer
spolier
dépouiller
dévaliser
détrousser
escroquer
barboter
tripoter
filouter
friponner
recéler
usurper
empiéter

voleur
cambrioleur
pillard
maraudeur
pirate
détrousseur
fraudeur
griveleur
concussionnaire

spoliateur
usurpateur
escroc
tripoteur
filou
fripon
volereau
indélicat
friponneau
pick-pocket
receleur
monseigneur
fausse-clef
rossignol

volable
frauduleux
frustratoire

volage
V. *changeant*

volaille
carcasse
cuisse
pilon
aile
cheval
blanc
fourchette
cou
tête
abatis
aileron
croupion
sot-l'y-laisse
V. *coq* et *nourriture*

volant V. *jouet*

volatil V. *gaz*

volatilisation
V. *gaz*

vol-au-vent
V. *nourriture*

volcan
cratère
cône
éruption
lave
pouzzolane
ponce
péperin
vomir
volcanique

vole V. *cartes*

volée V. *aile*, *cloche*, *voiture*

voler V. *aile*, *vol* (2)

volereau
V. *vol* (2)

volerie V. *vol* (2)

volet V. *fenêtre*

voleter V. *aile*

voleur V. *vol* (2)

volière V. *oiseau*

volige
V. *menuisier*

volition
V. *volonté*

volontaire
V. *volonté*, *soldat*

volontariat
V. *soldat*

volonté
volition
idée
velléité
lubie
fantaisie
caprice
revirement
toquade
dada
manie
marotte
vertigo
gré
guise
tendance
pente
penchant
propension
goût
aspiration
vues
don
prédisposition
dispositions
inclination
bosse
personnalité
vocation
projet en l'air
prétention
projet
intention
parti
entreprise
but
objectif
visée
idéal
plan
préméditation
dessein
décision
détermination
résolution
coup de tête
spontanéité
initiative
entêtement
obstination
acharnement
persistance
ténacité
opiniâtreté
insistance
implantation
persévérance
unanimité

spontané
capricieux
libre
facultatif
prime-sautier
décidé
volontaire
entreprenant
résolu
déterminé
viril
entêté
opiniâtre
acharné
têtu
têtu comme un mulet
rétif
tenace
intransigeant
persévérant
entier
systématique
despote
arbitraire
voulu
projeté
prémédité
fait exprès
arrêté

volontaire
intentionnel
porté à
disposé à
enclin à
unanime
indélibéré
involontaire
réflexe
malgré soi

avoir l'idée de
— la velléité
être disposé à
bâtir des projets
mitonner
éprouver un goût
être né pour
avoir la bosse
incliner à
projeter
avoir l'intention
nourrir le projet
préméditer
mûrir
s'arrêter à l'idée
vouloir [de
tenir à
prétendre
tâcher
adopter un parti
prendre un parti
entreprendre
se déterminer
décider [sion
prendre la déci-
résoudre de
se résoudre à
prendre à tâche
s'entêter [de
s'acharner
se buter
se heurter
rebéquer
rebiffer
s'opiniâtrer
persévérer
persister
insister
s'obstiner
ne pas en démor-
dre [cus
soutenir mordi-
avoir la ferme
volonté de
entendre que
exiger
désentêter
ébranler

spontanément
de bon cœur
volontiers
arbitrairement
comme il lui
à sa guise [chante
à sa tête
capricieusement
de gaîté de cœur
de bon gré
volontairement
exprès
à la longue
bon gré, mal gré
de gré ou de force
quand même
à tout prix
mordicus
patiemment
en dépit de
malgré
V. *responsabilité*, *conseiller*, *commencer*

voltaïque
V. *électricité*

voltairien
V. *philosophe*

volte V. *cheval*(1)

volte-face
V. *changement*

voltige V. *saut*

voltiger V. *aile*

voltigeur
V. *infanterie*

volubilité
V. *parler*

1. **volume**
cube
cubage
cubature
tonnage
grosseur
épaisseur
profondeur
contenance
contenu
compréhension
capacité
développement
dilatation
amplification
accroissement
agrandissement
corps
embonpoint
graisse
énormité
grossissement
enflure
boursouflure
gonflement
ballonnement
intumescence

cuber
contenir
tenir
comprendre
embrasser
grossir
épaissir
s'amplifier
s'accroître
s'agrandir
se développer
se dilater
prendre de l'accroissement
prendre du corps
s'enfler
se boursoufler
se gonfler
se tuméfier
engraisser

gros
volumineux
énorme
épais
profond
ample
grand
cubique
V. *plus*, *forme*, *récipient*

volumes
(mesures des)
goutte
grain
pincée
prise
fourchetée
cuillerée
poignée
jointée
coupe
lampée
gorgée
verrée
bouchée
assiettée
écuellée
augée
cruchée
poêlée
poêlonnée
potée
terrinée
jattée
pannerée
picotin
charretée
verre
canon
bock
carafon
choppe
boujaron
demi-setier
moos
canette
bouteille
chopine
pichet
roquille
poisson
demi-poisson
setier
litre
conge
amphore
cratère
hémine
voie
cotyle
cyathe
médimne
métrète
minot
litron
boisseau
rasière
bichet
arobe
gallon
quartaut
pinte
pipe
mystre
sac
feuillette
cade
tonneau
barrique
muid
foudre
tonne
corde
stère
décistère
velte [teille
V. *tonneau*, *bouteille*

volupté
V. *plaisir*

voluptuaire
V. *richesse*

voluptueux
V. *plaisir*
volute
V. *ornement*
vomiquier
V. *plantes*
vomir
rendre
recracher
cracher
vomissement
vomiturition
déjection
vomitif
vomitoire
V. *théâtre*
voracité
V. *gourmand*
vote V. *élection*
votif V. *vœu*
vouer V. *vœu*
vouloir
V. *volonté*
voussoir
V. *voûte*
voussure
V. *voûte*
voûte
cintre
clef
contre-clef
sommier
claveau
reins
naissance
courbe
arc
tierceron
voussure
voussoir
douelle extérieu-
extrados [re
douelle intérieure
intrados
lit
tête [che
voussoir à bran-
voussoir fourchu
voussoir à cros-
sette
arrière-voussure

voûter
cintrer
arquer

voûte simple
— composée
— surhaussée
voûte rampante
— annulaire
— en berceau
— d'arête
— à lunette
coupole
dôme
cul-de-four
niche
tunnel
arche
pont
V. *arc*
voyage
marche
promenade
ascension (faire
tour [une)
tournée
parcours
excursion
déplacement
villégiature
émigration
exode
odyssée
migration
immigration
transmigration
pérégrination
exploration
voyage d'agré-
ment
voyage circulaire
passage
traversée
navigation
circumnavigation
voyage au long
cours
tour du monde
pèlerinage

aller
départ
embarcadère
train
omnibus
direct
express
séjour
étape
escale
station
arrêt
repos
nostalgie
retour
V. *fin*
itinéraire
trajet
cicerone
guide
passeport
sauf-conduit
viatique
billet
ticket
carte
classe
temps
bagage
passeport
alpinstock
moyen de trans-
port
navire
V. *navire* (5)
voiture
chemin de fer

voyager
partir en voyage
aller en voyage
faire un tour
se déplacer
émigrer
immigrer
explorer
naviguer
aller en pèlerina-
voir du pays [ge
parcourir le mon-
rouler [de
sillonner
courir le monde
être par voies et
par chemins
être par monts et
par vaux
faire ses prépa-
ratifs de départ
être sur son dé-
part
faire ses malles
V. *bagages* [re
fixer son itinérai-
établir —
tracer —
modifier —
partir
arriver à l'heure
— en retard
manquer le train
prendre le train
s'arrêter dans, à,
chez
descendre chez
voyager à petites
journées
brûler une station
faire halte
faire étape
prendre par [tion
changer de direc-
arriver à bon port
faire bon voyage
souhaiter — —
revenir [min
rebrousser che-
rentrer dans ses
foyers
être de retour
rentrer
voyager inco-
rapatrier [gnito

voyageur
marcheur
promeneur
ascensionniste
touriste
émigrant
explorateur
passager
navigateur
pèlerin
nomade
caravane
hospitalité
inhospitalité
hospitalier
inhospitalier
pérégrinité
cosmopolite
V. *gare*, *wagon*, *locomotive*, *navire*, *bagage*, *voiture*, *quitter*, *arriver*
voyant V. *couleur*, *devin*
voyelle V. *lettres*
voyer V. *chemin*
vrac V. *marchandise*
vrai V. *vérité*
vraisemblance V. *vérité*
vrille V. *trou*, *prendre*
vrillette
V. *animal*
vue V. *voir*, *œil*, *peinture*, *volonté*
vulcaniser
V. *soufre*

vulgaire
V. *commun*
vulgariser
V. *enseignement*
vulgate V. *Bible*
vulnérable
V. *blessure*
vulnéraire
V. *remède*

W

wagon
voiture
truc
balast
train
file
convoi
roue
marchepied
portière
glace
store
banquette [de
boule d'eau chau-
sonnette d'alarme
compartiment
fumeurs
dames seules
escalier
marche
impériale
classe
première
seconde
deuxième
troisième
Walkyrie
V. *dieux*
warrant
V. *marchandise*
water-closet
V. *excréments*
waterproof
V. *vêtement, pleu-
voir*
whig V. *politique*
whisky V. *liqueur*
whist V. *cartes*
wiski V. *voiture*

X

xénélasie
V. *renvoyer*
xérasie V. *cheveu*
xérophagie
V. *nourriture* (1)
xérophtalmie
V. *œil* [*mal*
xiphias V. *ani-*
xylographie
V. *gravure*
xylophage
V. *manger* [*tique*
xyste V. *gymnas-*

Y

yacht V. *navire* (1)
yack V. *animal*
yankee V. *Amé-
rique*
yard V. *long*
yatagan V. *épée*
yeuse V. *plantes*
yole V. *navire* (1)
ypréau
V. *plantes*
yucca V. *plantes*

Z

zagaie V. *lance*
zaïm V. *Turquie,
soldat*
zain V. *cheval* (4)
zani V. *rire*
zèbre V. *animal*
zébré V. *tache*
zébu V. *animal*
zèle
ardeur
flamme
feu
chaleur
fougue
entrain
brio
verve
impétuosité
élan
diligence
vigilance
empressement
assiduité
dévouement
diable au corps
feu sacré
ferveur
passion
enthousiasme
exaltation
chauvinisme
fanatisme

zélé
zélateur
ardent
enflammé
chaud
chaleureux
fougueux
forsenant
vigilant
empressé
actif
remuant
fébrile
dévoué
assidu
fervent
passionné
enthousiaste
exalté
chauvin
fanatique
tout feu, tout
flamme
mouche du coche
activité dévoran-
— fiévreuse [te

faire du zèle
déployer du zèle
mettre de l'ardeur
s'empresser
s'évertuer
s'ingénier à
se dépenser
se multiplier [le
faire assaut de zè-
se mettre en
quatre
ne pas se le faire
dire deux fois
faire feu des qua-
tre pieds
V. *vite*
Zend V. *Perse*
Zend-Avesta
V. *Perse* [*nomie*
zénith V. *astro-*
zénonisme
V. *philosophie*
zéolithe V. *sub-
stances*
zéphire V. *vent*
zéro V. *rien*
zest V. *hésiter*
zeste V. *fruit* [*ler*
zézayer V. *par-*
zibeline
V. *fourrure*
zigzag V. *indirect*
zinc
zinguer
zingueur
zinzolin
V. *couleur*
zirconium
V. *métal*
zizanie V. *plan-
tes, désordre*
Zodiaque
zodiacal
V. *étoiles*
zollverein
V. *douane*
zona V. *peau*
zone V. *cercle*
zoographie
V. *science* [*ligion*
zoolatrie V. *re-*
zoolithe V. *pierre*
zoologie
V. *science* [*mal*
zoophyte V. *ani-*
zouave
V. *infanterie*
zygoma
zygomatique
V. *tête*
zymologie
V. *science, pour-
riture*

ADDENDA

abri
embusqué

absurdité
nigauderie
irraisonnable

accompagner
convoyer
reconduite

accuser
maldisant

acide
verjuté
verjus

action
prouesse
équipée

aéroplane
aéro
avion
monoplan
biplan
hydravion
fuselage
hélice
planer
piquer
aviation
aérodrome
aviateur
pilote
as

agréable
délectation
exquis

aider
souffler
recrue
suppôt
complice

aigle
orfraie
pygargue

aimer
dilection

allumette
briquet
molette
mèche
pierre
ferro
estampille

ambassade
récréance

amidon
inuline

angle
cornier
goniométrie

année
triennat
triennalité
septennat

anthropomé-[trie
anthropométri-que
fiche signaléti-que
empreinte digi-tale

appel
hucher

approbation
plausible

arc
quintaine

architecture
monumental

armée
désarmement
mobiliser
mobilisation
démobiliser
démobilisation

armoire
huche

assemblée
cortès

assiette
écuellée

auberge
musico
kabak

automobile
limousine
torpédo
taxi
tank
char d'assaut.
voiturette
motocycle
châssis
train
frein
direction
volant
commande
débraiement
transmission
débrayage
panne
moteur
ailettes
culasse
silencieux
différentiel
carburateur
brûleur
interrupteur
radiateur
bougie
allumage
accumulateur
dynamo
cylindre
injecteur
burette
graisseur
trembleur
chauffeur
wattman

embardée
faire panache
capoter

autre
méconnaissable

avenir
futurition

aventure
trappeur
forban
écumer

bagatelle
faribole
ravauderie
ravauder

bagne
rupture de ban

bain
étuviste
strigile

balançoire
brandilloire

battre
houspiller

bicyclette
acatène
motocyclette
quadricycle
cale-pied
cône
réglage
potence

bière
guillage

billard
truc

blanchissage
couler

bœuf
étranguillon

boire
tempérant
tempérance

bord
flanquer

bouche
gueule

boules
piéter

boussole
vérine

brosse
vergeter
vergetier

but
destination

canalisation
noulet

canon
volée
écouvillon
écouvillonner
artillerie lourde.

carême
charnage

caresse
minaudier

cartes
facer
esquicher

cavalerie
polacre
écuyer

cendre
gravelée

céréales
jarousse

cérémonie
préséance
façonnier

cerf
merrain
refuire
forlonger

cerise
gobet
mahaleb
bigarreautier

certain
flagrant

certitude
tirer au clair
en avoir le cœur net

chaleur
étuve

chameau
testif

changeant
versicolore

charbon
fraisil

chasser
vener
giboyer
forlonger
hucher
frouer
rabatteur
giboyeur
trappeur

chasseur
trappeur

chauffage
falourde
radiateur

chaussure
embauchoir

chaux
dolomie

chemin
tortille
triviaire

cheminée
attisoir

chêne
tan

cheval
trotteur
locatis
sous-barbe
foulée
croupade
râpes
vertigo
cornage
enclouure
morfondure
tourdille
tisonné
écouteux
s'entabler

chien
mouée
fourrière
hâler
flâtrer
acquêter
rebaudir
forsenant

choisir
éclectisme
éclectique
extraits
spicilège

chou
chou-milan

cinématographie
cinéma
cinématographier
film

cloche
copter

clou
enclouer

colère
imprécation
tollé
fulminer

colle
futée

colonie
partiaire

concours
émulateur

condition
formalité

conseil
invite

contrat
toper

convenir (2)
à point nommé

coq
tétras

corbeau
freux
grolle

corde
funin
funambule

couler
stillation

couleur
tricolore
versicolore

coup
tamponnement
achoppement
torgniole
tamponner

couteau
tranchelard

couverture
blinder

crâne
phrénologie

cri
hourra

crible
rapatelle

crier
piauler

crime
inexpiable

criminel
gredin

croix
se signer

cuisine
majordome
nouet

dactylographie
dactylographe
dactylo
dactylographier
taper
machine
ruban
carbone

danger
insécurité

danse
saltation
matassin

dehors
extrinsèque

demoiselle
miss

dépense
panier percé

description
monographie

désert
infréquenté

désespérer
renoncer
rebuter (se)

désobéir
infracteur
réfractaire
ingouvernable

désordre
débandade

dessin
perspectif

dette
reliquataire

devin
nécromant

devoir
règle
incomber

dévot
componction

dévouement
renoncement

diable
pandémonium

dictionnaire
vocabuliste

difficulté
tiraillement
tu autem

digérer
intussusception

digne
encourir

dire
mentionner

divisé
parcellaire

doigt V. *main*

domestique
valetage

don
aumônière
tronc

douceur
affadir

droit
relever

durée
transitoire

écriture
tachygraphie
pasigraphie

double
alternative

édifice
monumental

église
stationnale
paroissiale

enfance
rejeton
marmaille

ennui
martel en tête
faire des misères

enseignement
prosélytisme

épaule
sous-clavier

équitation
montoir
calade

erreur
malentendu
quiproquo

esclavage
marronnage

espérance
Messie.

étable
stabulation

étranger
pérégrinité

étourderie
mégarde

excommunication
monition
monitorial

factionnaire
relever de

facture
quitus
quittancer

faible
veule

faim
passer faim

fantôme
stryge

fatigué
de guerre lasse

fauconnerie
ventolier

faux
maquignonner
camouflage

fécond
reproduction

femme
féminisme
féministe

ferme
métayage

ferrer
rogne-pied
tricoises

fin
parachèvement
expiration
expirer

fontaine
vasque

forêt
vimaire

fortification
mantelet
retirade
remparer

fourrure
armeline

franc-maçon
triangle
trois-points
la Veuve

fréquenter
se commettre avec

froid
réfrigération
réfrigératif

fumier
purin

gaz
ypérite

greffer
enture

grossier
trivial
trivialité

grue
bigue

habitude
trantran

harnachement
gourmer

haut
puy

héritage
capter
captatoire

hypocrisie
air de commande

hypothèse
problématique
présomptif
pressentir
pressentiment

inaction
respirer
toupiller
semaine anglaise
grève perlée

influence
pression
mener par le bout du nez

inopportun
intempestif
fâcheux
importun
gêneur

IMPRIMÉ EN FRANCE PAR BRODARD ET TAUPIN
Usine de La Flèche (Sarthe).
LIBRAIRIE GÉNÉRALE FRANÇAISE - 6, rue Pierre-Sarrazin - 75006 Paris.
ISBN : 2 - 253 - 04840 - 2

30/7939/9